吴清源自选百局

[日] 吴清源 著　官岚行 译　牛力力 审订

摄于昭和七年（一九三二年）秋（背景图像是濑越宪作寄予未曾谋面的少年吴清源的信件，用以激励他并力邀他赴日）

序　言

　　承蒙先师濑越宪作照拂而于昭和三年（一九二八年）来到日本，我在其后半个世纪之中，创出了约八百局的棋谱。那些棋谱已全数收录于平凡社出版的《吴清源对局全集》（吴清源打碁全集）。而这次我又得了出版社"从中自选'百局'成书"的建议，因此有了由我自行选出的这可称精髓、铭心刻骨的一百局结册出版。

　　本书我特别予以注意的是，每局棋的对局条件都一并做了记入，又再加笔记叙了当时的背景，譬如时代风貌或我的生活状况诸此种种。另外，在提示一局推进中的败因、败着的同时，对值得一说的胜着也做了拾珍。

　　可谓全八百局之凝缩的本书，对垂阅赏鉴我对局的诸位而言，说是恰适的终极版我想也不为过。

　　相比较于现代的棋士，我的对局数或给人以极其之少的感觉。"那是因为棋局内容有相应于此的高密度"，还愿诸位作如此解释。

　　本书上卷五十局择自赴日之时至二战结束后不久，下卷则从其后至最近选取五十局。

昭和五十七年（一九八二年）初冬　吴清源

目 录

序　言

⃝上 ⃝卷

民国十五年（一九二六年）

| 1 | 座子棋 | | 黑 | 汪云峰
吴清源 | 3 |

民国十六年（一九二七年）

| 2 | 井上孝平五段 | | 五段
黑 | 井上孝平
吴清源 | 5 |

民国十七年/昭和三年（一九二八年）

| 3 | 北京的测验棋 | | 四段
黑 | 桥本宇太郎
吴清源 | 8 |

| 4 | 在日第一战 | | 四段
黑 | 筱原正美
吴清源 | 13 |

| 5 | 秀哉授二子局 | 二三二 | 名人
受二子 | 本因坊秀哉
吴清源 | 18 |

昭和四年（一九二九年）

| 6 | 模仿棋 | 先相先　黑 | 四段
三段 | 木谷实
吴清源 | 23 |

昭和五年（一九三〇年）

| 7 | 艺兄木谷实 | | 五段 黑 三段 | 木谷实 吴清源 | 27 |

| 8 | 大手合全胜 | 先二先 | 六段 黑 三段 | 林有太郎 吴清源 | 30 |

昭和六年（一九三一年）

| 9 | 连过十人 | 先二先 | 七段 黑 四段 | 雁金准一 吴清源 | 32 |

昭和七年（一九三二年）

| 10 | 朝日决胜局 | | 六段 黑 四段 | 加藤信 吴清源 | 35 |

| 11 | 读卖闻关局 | 先二先 | 七段 黑 四段 | 铃木为次郎 吴清源 | 38 |

| 12 | 时事报连胜 | 先相先 | 五段 黑 四段 | 村岛谊纪 吴清源 | 41 |

昭和八年（一九三三年）

| 13 | 新布局的萌芽 | 互先 | 五段 黑 五段 | 木谷实 吴清源 | 44 |

| 14 | 十六六指 | 先相先 | 五段 黑 四段 | 吴清源 小杉丁 | 49 |

| 15 | 三三·天元局 | 二先二 | 名人 黑 五段 | 本因坊秀哉 吴清源 | 52 |

| 16 | 对艺兄执白和棋 | 互先 | 五段 黑 五段 | 吴清源 木谷实 | 66 |

| 17 | 新布局诞生局 | 互先 | 五段 黑 五段 | 木谷实 吴清源 | 69 |

昭和九年（一九三四年）

| 18 | 新旧对立 | 先相先 | 黑 五段 四段 | 吴清源 向井一男 | 73 |

| 19 | 悬赏三番棋 | 先相先 | 六段 黑 五段 | 木谷实 吴清源 | 78 |

| 20 | 二十岁六段 | 先相先 | 黑 六段 五段 | 宫坂寀二 吴清源 | 81 |

| 21 | 坂田少年局 | 受二子 | 五段 初段格 | 吴清源 坂田荣男 | 83 |

昭和十年（一九三五年）

| 22 | 久保松天元局 | 互先 | 六段 黑 六段 | 吴清源 久保松胜喜代 | 90 |

昭和十一年（一九三六年）

| 23 | 对局过多的年份 | | 六段 黑 四段 | 吴清源 高桥重行 | 96 |

| 24 | 贴目的先驱 | 互先 | 六段 黑 六段 | 吴清源 久保松胜喜代 | 99 |

昭和十三年（一九三八年）

| 25 | 复活之秋 | 互先 | 六段 黑 六段 | 吴清源 小野田千代太郎 | 108 |

昭和十四年（一九三九年）

| 26 | 时隔三年 | 先相先 | 七段 黑 六段 | 木谷实 吴清源 | 112 |

| 27 | 坂田四段 | | 六段 黑 四段 | 吴清源 坂田荣男 | 117 |

28	七段升段	黑 七段 先相先 六段	木谷实 吴清源	122
29	镰仓十番棋	互先 七段 黑 七段	吴清源 木谷实	127
30	木谷第二局	互先 七段 黑 七段	木谷实 吴清源	135

昭和十五年（一九四〇年）

31	木谷第三局	互先 七段 黑 七段	吴清源 木谷实	140
32	木谷第四局	互先 七段 黑 七段	木谷实 吴清源	145
33	木谷第五局	互先 七段 黑 七段	吴清源 木谷实	150
34	木谷第六局	互先 七段 黑 七段	木谷实 吴清源	155

昭和十六年（一九四一年）

35	雁金第一局	互先 七段 黑 琼韵社八段	吴清源 雁金准一	161
36	雁金第二局	互先 琼韵社八段 黑 七段	雁金准一 吴清源	167
37	雁金第三局	互先 七段 黑 琼韵社八段	吴清源 雁金准一	172

昭和十七年（一九四二年）

38	雁金第四局	互先 琼韵社八段 黑 七段	雁金准一 吴清源	177

39	雁金第五局	互先 黑 琼韵社八段	七段	吴清源 雁金准一	182
40	八段晋级谱	先相先 黑 六段	七段	吴清源 长谷川章	187
41	藤泽定先第一局	黑 六段	八段	吴清源 藤泽库之助	191

昭和十八年（一九四三年）

42	藤泽第二局	黑 六段	八段	吴清源 藤泽库之助	196
43	藤泽第四局	黑 六段	八段	吴清源 藤泽库之助	201
44	藤泽第五局	黑 七段	八段	吴清源 藤泽库之助	206

昭和十九年（一九四四年）

45	藤泽第七局	黑 七段	八段	吴清源 藤泽库之助	212

昭和二十一年（一九四六年）

46	战后的第二局	互先 黑 八段	八段	吴清源 桥本宇太郎	217
47	桥本第三局	互先 黑 八段	八段	桥本宇太郎 吴清源	222
48	桥本第四局	互先 黑 八段	八段	吴清源 桥本宇太郎	227

昭和二十二年（一九四七年）

49	桥本第八局	互先 八段	吴清源	232
		黑 八段	桥本宇太郎	

昭和二十三年（一九四八年）

50	坂田三番棋	八段	吴清源	237
		先相先 黑 七段	坂田荣男	

下 卷

昭和二十三年（一九四八年）

1	岩本薰和十番棋	互先 八段	吴清源	245
		黑 八段	岩本薰和	

2	岩本十番棋第二局	互先 八段	岩本薰和	250
		黑 八段	吴清源	

3	岩本十番棋第六局	互先 八段	岩本薰和	254
		黑 八段	吴清源	

昭和二十四年（一九四九年）

4	藤泽秀行五段	八段	吴清源	259
		先二先 黑 五段	藤泽秀行	

5	长谷川章七段	八段	吴清源	262
		先相先 黑 七段	长谷川章	

6	洼内秀知六段	八段	吴清源	266
		黑 六段	洼内秀知	

7	细川千仞七段	八段	吴清源	270
		先相先 黑 七段	细川千仞	

| 8 | 宫下秀洋六段 | 黑 | 八段 六段 | 吴清源 宫下秀洋 | 275 |

| 9 | 前田陈尔七段 | 先相先 | 黑 八段 七段 | 吴清源 前田陈尔 | 280 |

昭和二十五年（一九五〇年）

| 10 | 炭野武司六段 | 黑 | 八段 六段 | 吴清源 炭野武司 | 285 |

| 11 | 坂田荣男七段 | 先相先 黑 | 八段 七段 | 吴清源 坂田荣男 | 289 |

| 12 | 第二次桥本十番棋 | 先相先 黑 | 九段 八段 | 吴清源 桥本昭宇 | 294 |

昭和二十六年（一九五一年）

| 13 | 藤泽库之助十番棋 | 互先 黑 | 九段 九段 | 吴清源 藤泽库之助 | 299 |

| 14 | 藤泽十番棋第三局 | 互先 黑 | 九段 九段 | 吴清源 藤泽库之助 | 306 |

昭和二十七年（一九五二年）

| 15 | 藤泽十番棋第七局 | 互先 黑 | 九段 九段 | 吴清源 藤泽库之助 | 311 |

| 16 | 藤泽十番棋第八局 | 互先 黑 | 九段 九段 | 藤泽库之助 吴清源 | 317 |

| 17 | 藤泽十番棋第九局 | 互先 黑 | 九段 九段 | 吴清源 藤泽库之助 | 322 |

昭和二十八年（一九五三年）

| 18 | 第二次藤泽十番棋 | 黑 九段
先相先 九段 | 吴清源
藤泽库之助 | 329 |

| 19 | 中村勇太郎六段 | 九段
先二先 受二子 六段 | 吴清源
中村勇太郎 | 333 |

| 20 | 坂田十番棋第二局 | 黑 九段
先相先 八段 | 吴清源
坂田荣男 | 335 |

| 21 | 坂田十番棋第八局 | 黑 九段
先相先 八段 | 吴清源
坂田荣男 | 340 |

昭和三十年（一九五五年）

| 22 | 高川十番棋第一局 | 黑 九段
互先 八段 | 吴清源
高川秀格 | 345 |

| 23 | 高川十番棋第二局 | 互先 九段
黑 八段 | 吴清源
高川秀格 | 350 |

昭和三十一年（一九五六年）

| 24 | 岛村利博八段 | 九段
先相先 黑 八段 | 吴清源
岛村利博 | 355 |

| 25 | 村岛谊纪七段 | 九段
先相先 黑 七段 | 吴清源
村岛谊纪 | 357 |

| 26 | 洼内秀知八段 | 九段
先相先 黑 八段 | 吴清源
洼内秀知 | 359 |

| 27 | 高川十番棋第八局 | 互先 九段
黑 八段 | 吴清源
高川秀格 | 361 |

昭和三十二年（一九五七年）

| 28 | 大雪崩内拐 | 黑 九段
互先 八段 | 吴清源
高川秀格 | 366 |

| 29 | 睽违十三年 | 互先 九段
黑 九段 | 吴清源
木谷实 | 371 |

| 30 | 难解的一局 | 互先 九段
黑 九段 | 吴清源
坂田荣男 | 376 |

昭和三十三年（一九五八年）

| 31 | 最强战优胜战 | 互先 九段
黑 九段 | 木谷实
吴清源 | 381 |

昭和三十四年（一九五九年）

| 32 | 规则问题局 | 互先 九段
黑 八段 | 吴清源
高川秀格 | 387 |

| 33 | 名人战前夜 | 互先 九段
黑 九段 | 吴清源
坂田荣男 | 392 |

昭和三十六年（一九六一年）

| 34 | 名人战开始 | 互先 九段
黑 九段 | 宫下秀洋
吴清源 | 397 |

| 35 | 交通事故之后 | 互先 九段
黑 九段 | 半田道玄
吴清源 | 405 |

| 36 | 过关斩将 | 互先 八段
黑 九段 | 岩田达明
吴清源 | 410 |

昭和三十七年（一九六二年）

| 37 | 一举得胜 | 互先 九段
黑 九段 | 吴清源
杉内雅男 | 415 |

| 38 | 守住第二名 | 互先 九段
黑 九段 | 吴清源
桥本宇太郎 | 420 |
| 39 | 痛悔的和棋 | 互先 九段
黑 九段 | 吴清源
坂田荣寿 | 425 |

昭和三十八年（一九六三年）

| 40 | 名人挑战者决定战 | 互先 九段
黑 九段 | 吴清源
坂田荣寿 | 430 |
| 41 | 与爱徒的对局 | 互先 九段
黑 七段 | 吴清源
林海峰 | 435 |

昭和三十九年（一九六四年）

42	关西的新秀	互先 八段 黑 九段	宫本直毅 吴清源	440
43	关西的中坚	互先 九段 黑 九段	桥本昌二 吴清源	445
44	再一次的挑战者决定战	互先 九段 黑 九段	藤泽秀行 吴清源	450

昭和四十三年（一九六八年）

| 45 | 木谷门下俊英 | 互先 九段
黑 五段 | 吴清源
加藤正夫 | 455 |

昭和四十四年（一九六九年）

| 46 | 对一击专业户的反攻 | 互先 八段
黑 九段 | 工藤纪夫
吴清源 | 460 |

昭和四十五年（一九七〇年）

| 47 | 顽强的桥本昌二 | 互先 九段
黑 九段 | 桥本昌二
吴清源 | 465 |

48	山部变幻流	互先 九段 黑 九段	山部俊郎 吴清源	470

昭和四十七年（一九七二年）

49	石之心梶原武雄	互先 九段 黑 九段	梶原武雄 吴清源	475

昭和四十八年（一九七三年）

50	好对手	互先 九段 黑 九段	藤泽朋斋 吴清源	480

注 释　　　　　　　　　　　　　　　　　485

后 记　　　　　　　　　　　　　　　　　493

吴清源自选百局

上卷 ●

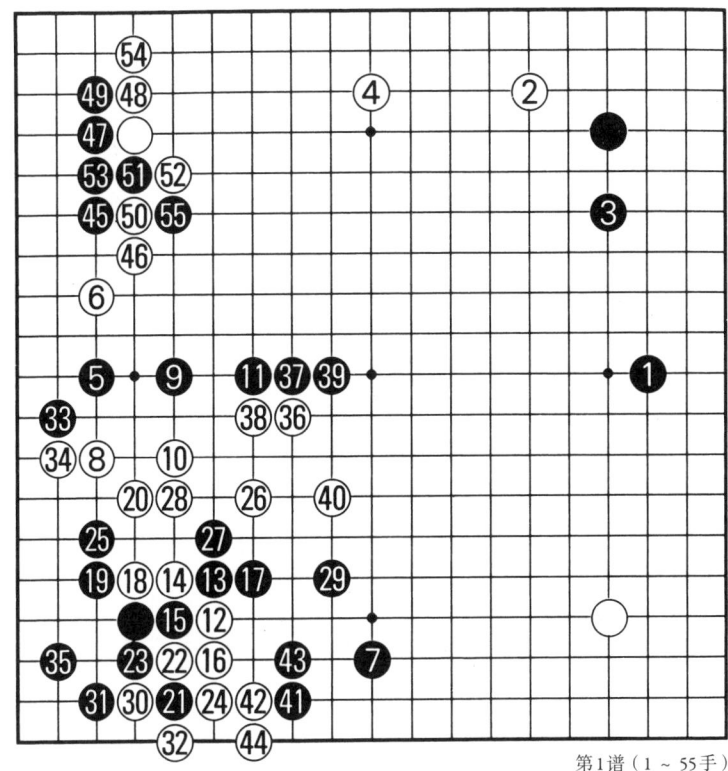

第1谱（1～55手）

民国十五年（一九二六年）弈于北京

汪云峰
黑　吴清源

1　座子棋

第1谱　元老与少年

时值吾父吴毅去世的次年。我十一岁，给爱好围棋的段祺瑞将军当盘上对手，由此获取学费等资助。在北京棋界，我已逐渐能同一流棋士们战成平手。其中老前辈要数年届六十的汪云峰先生，当时但凡有棋士从日本前来游历，必由这位汪老先生出面对局。除此之外有名的棋手，中年有顾水如（名思浩），青年有刘棣怀（名昌华）。

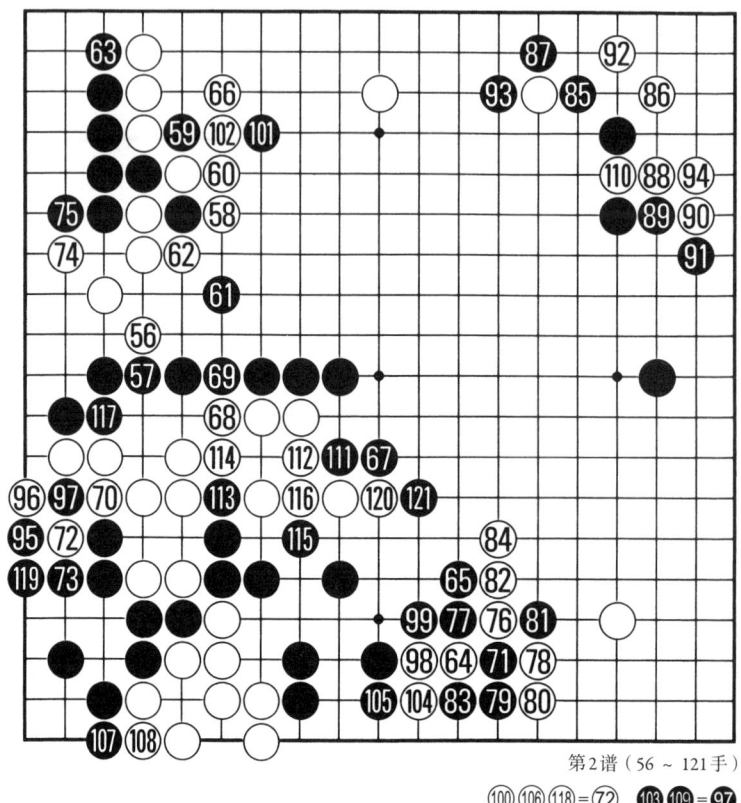

第2谱（56～121手）

⑩⑩=㊀ ⑩⑩=㊈

第2谱 大龙骤死

这盘棋，黑白各自在星位呈对角状被事先置了两子。当时尚存像这样的对弈形式，称为"座子棋"。我经由先父的特训，打过好几百局日本的棋谱。因此，不太了解日本定式的汪老提出，要是座子棋的话倒可以和我下。本次对局就在这样的前提下产生。究其缘由，若采取座子棋的形式，即便不懂角上复杂的定式也应对得了。

然而棋行至黑121手，因白子大龙骤死，对弈草草迎来了终局。

121手终　黑中盘胜

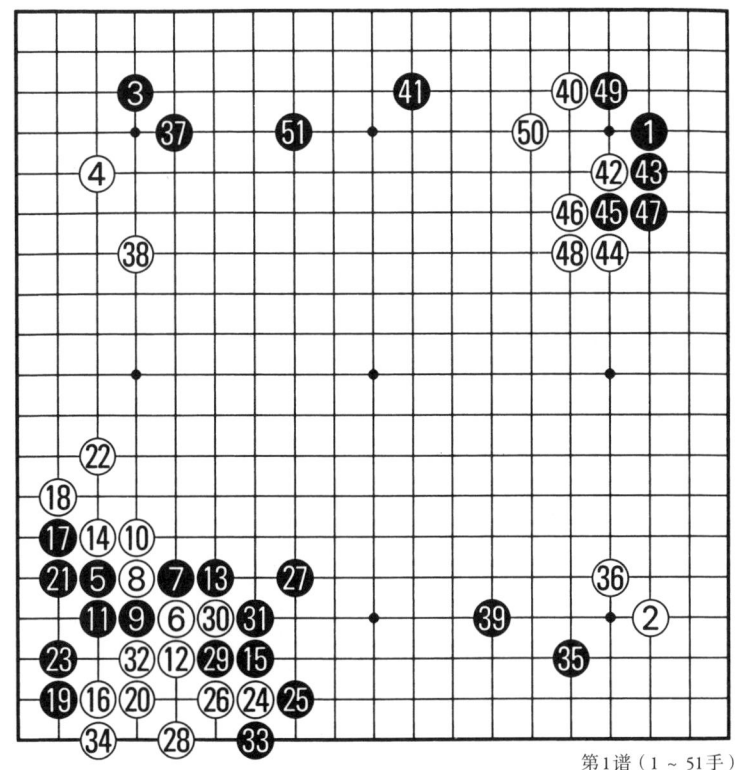

第1谱（1～51手）

民国十六年（一九二七年）十一月二十五日弈于北京李律阁宅

2 井上孝平五段

五段　　井上孝平
黑　　　吴清源

第1谱　第四次

一九二七年（原文为民国十六年。考虑国内读者阅读习惯，本书正文内年号表记统一改为公元年。——编者注），日本方面井上孝平五段经由东北地区来到北京。我得其两局让两子、一局让先的指教，但三局皆在打挂后不了了之。此处所述则是第四次对局。

这些棋谱由驻北京的日本古美术品商人山崎有民先生递往日本，送交到濑越宪作七段手中。此事成为了我受到濑越老师认可的契机。

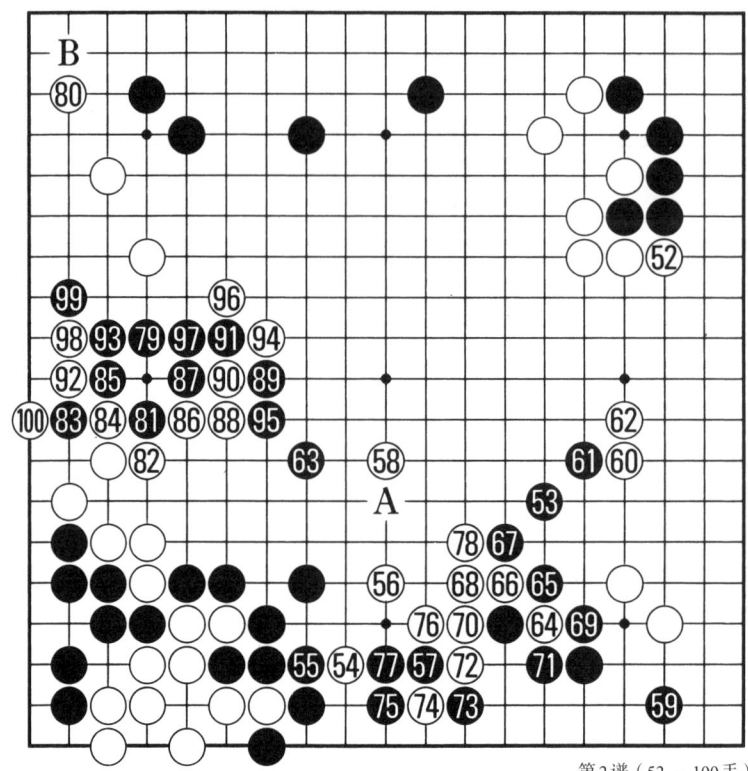

第2谱（52～100手）

第2谱 十二小时

上午八点开局的这场对弈，我记得应该是花了十二个小时左右。

白子第 64 至 78 手，尽管破了中下部黑子的阵势，想来却似乎不那么有效。濑越老师有评：

"以白 78 补强虽为本手，但因左边被黑 79 打入不好，此机 78 手或当在 79 位围空。"

我的话，以现下重摆本盘走向的感受来说，黑 57 显得稍缓了些。57 手应在 A 位镇头攻击为好。另外左边的黑 81 也不合理。这一手本该直接下在 83 位，据情况可用其做弃子，以图在左上角 B 位靠挡。

不过按原谱行棋，黑棋简明。

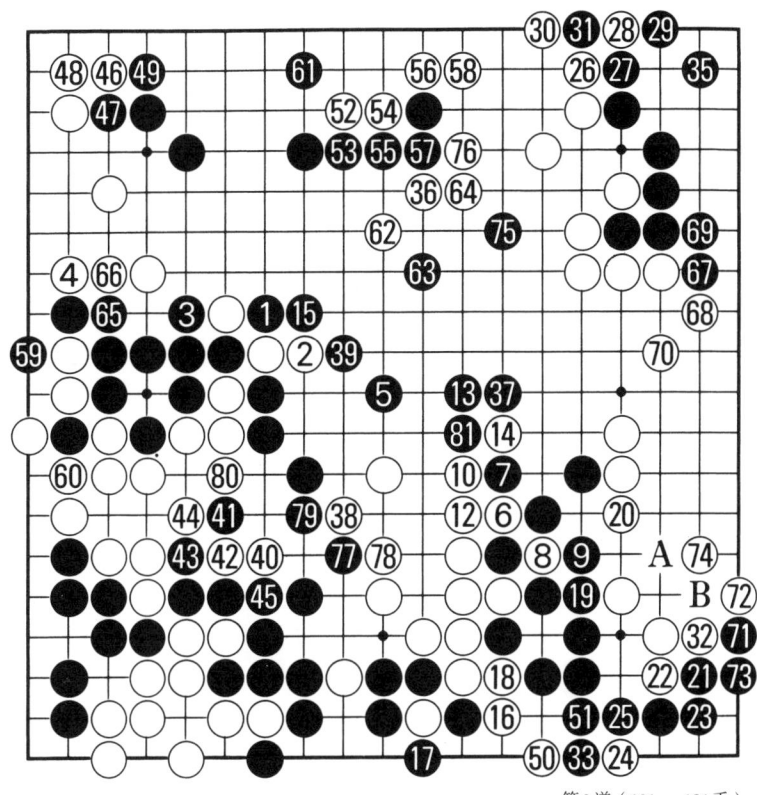

第3谱（101～181手）

⑪=⑧左　㉞=㉘

第3谱　39定成败

黑 1 若于左方 66 位虎，即便白棋以退来应，黑子遭封锁仍旧不妙。以黑 1、3 取得先手，5 再于天元压制白棋，如此则占得主导。

右面白 6 若落在 7 位，黑 6 位团，白不好。另外白 20 在 23 位靠，则黑 22 位、白 21 位，黑有 A 位跳出的手段。由此可见实战的行棋是必然结果，白 26 如果往 33 位执意来破黑子眼形，黑有 B 位跳的手筋，终归兼得地而活棋。

黑 39 断绝祸根，就此大势已定。至黑 81，白子大龙已无活路。

181 手终　黑中盘胜

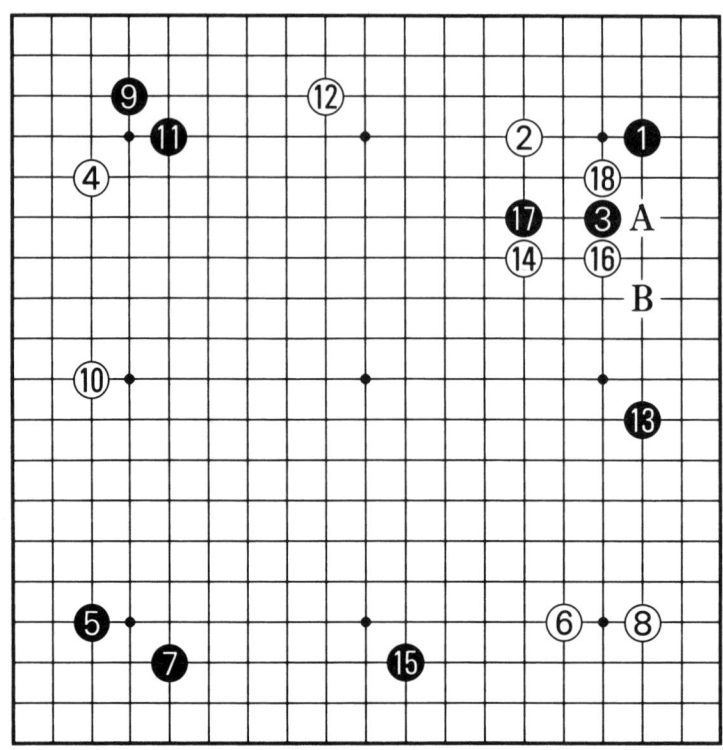

第1谱（1～18手）

民国十七年（一九二八年）九月四日弈于北京杨子安宅，第66手打挂，翌日于山崎有民宅续弈

3 北京的测验棋

四段　桥本宇太郎
黑　　吴清源

第1谱　濑越老师的代理

我十四岁那年秋天，桥本宇太郎四段从日本来到北京。濑越宪作七段门下的他身负师命提出的对局，是对我的某种测验。

我执先下了两局，幸运地得到两胜。继而日本留学之事层层顺利进展，定下当年内就赴日。

此处一局是我们最初的对弈，历经两天用时九个半小时。日后就本局有评论说，白18手若改 A 位扳、黑18位退、白 B 位虎则稳健。

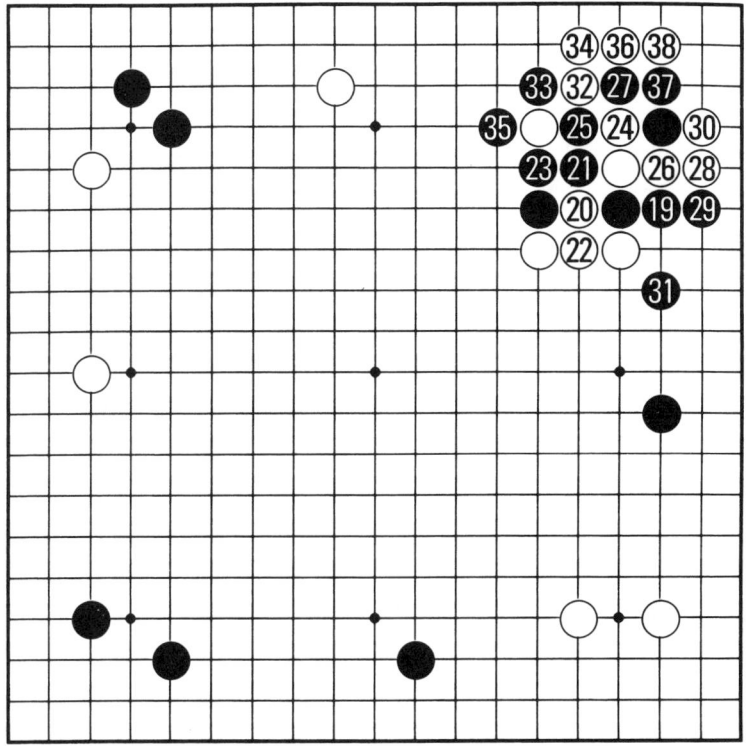

第2谱（19～38手）

第2谱 反省黑23手

我第23手过分了。易为图1那样的话会是简明的局面。而白子若顺势将26手立在27位，以期促成图2的走向，那就该是白方有颇佳的形势了。

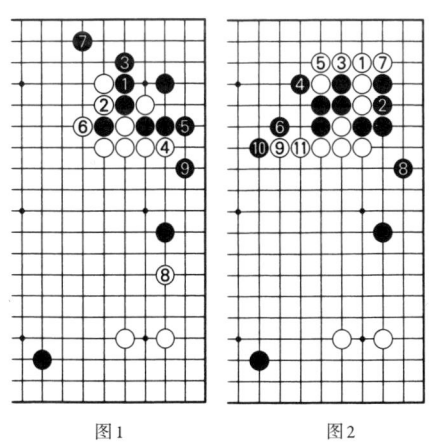

图1　　　图2

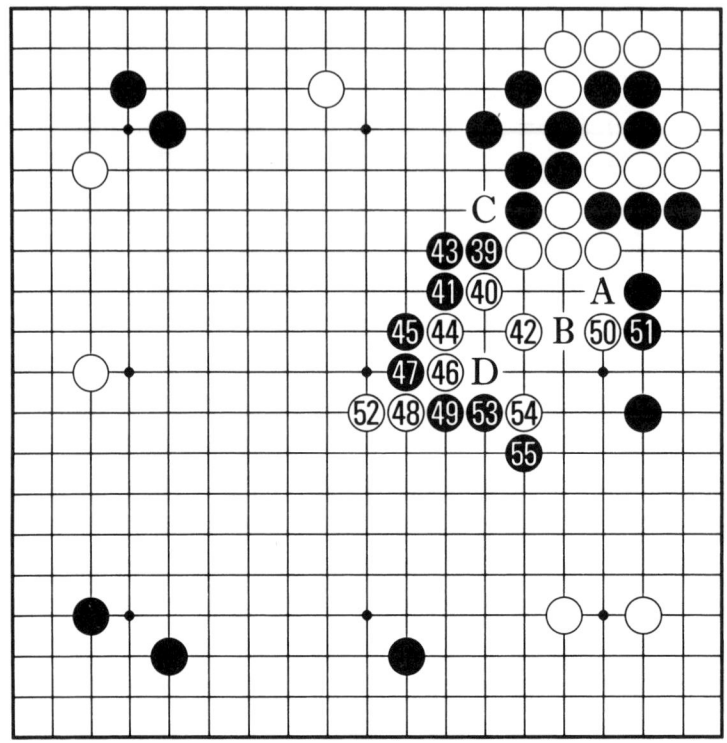

第3谱（39～55手）

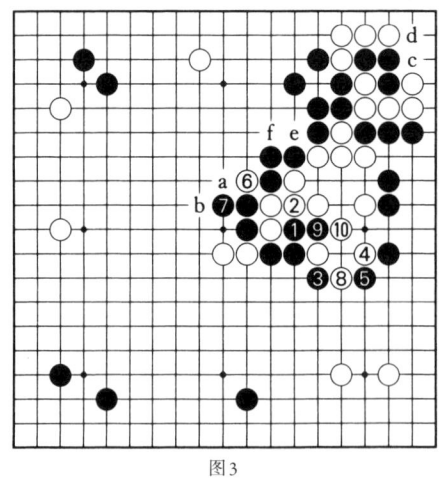

图3

第3谱 劫材不足

黑41连扳是危险的一着，因可致白50位、黑A位、白B位、黑51位、白C位的反击。不过当时我计算至此后三十手左右，觉得如此也不要紧。关于黑55手，虽有濑越、岩佐两位七段共同评价称应当于D位破眼，但那样会形成图3的劫争，致使白a位、黑b位应，黑c位、白d位应，白e位、黑f位应，黑方劫材不足。

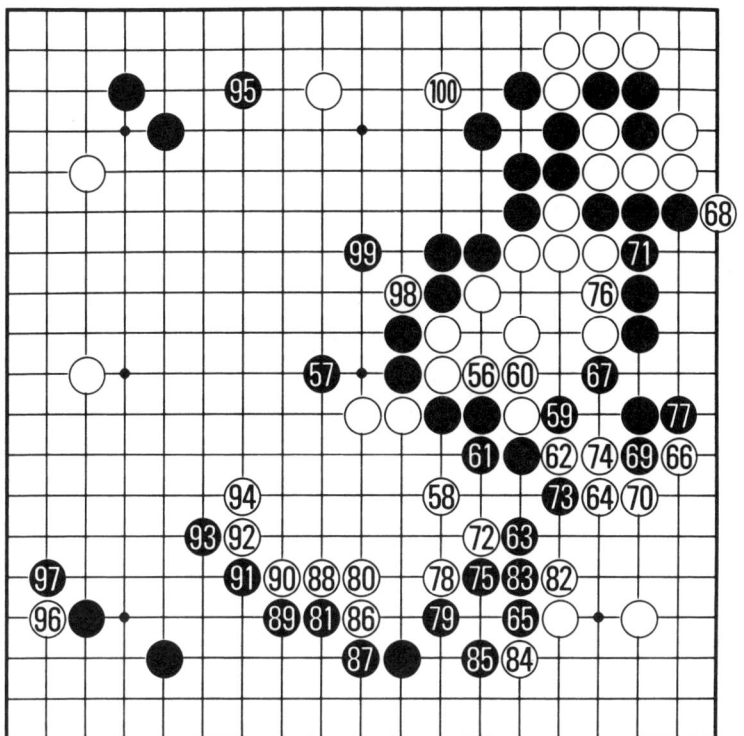

第4谱（56～100手）

第4谱 阻断有危险

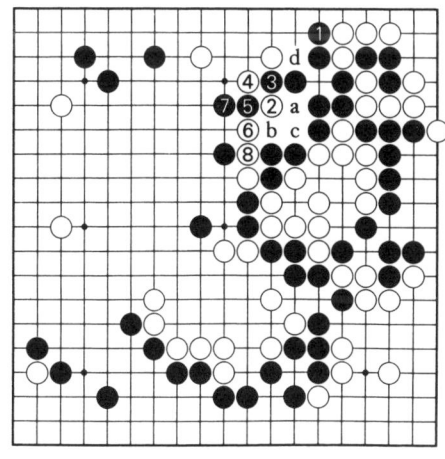

图4

面对白98手的切断，黑方以弃两子为方略枷于99位承其锋芒，这一着得到了好评。而就上边的第100手，意欲对其进行阻断的着法有危险。照此则如图4所示，白子有2、4、6至8的进攻手段，其后是黑a位、白b位、黑c位、白d位。

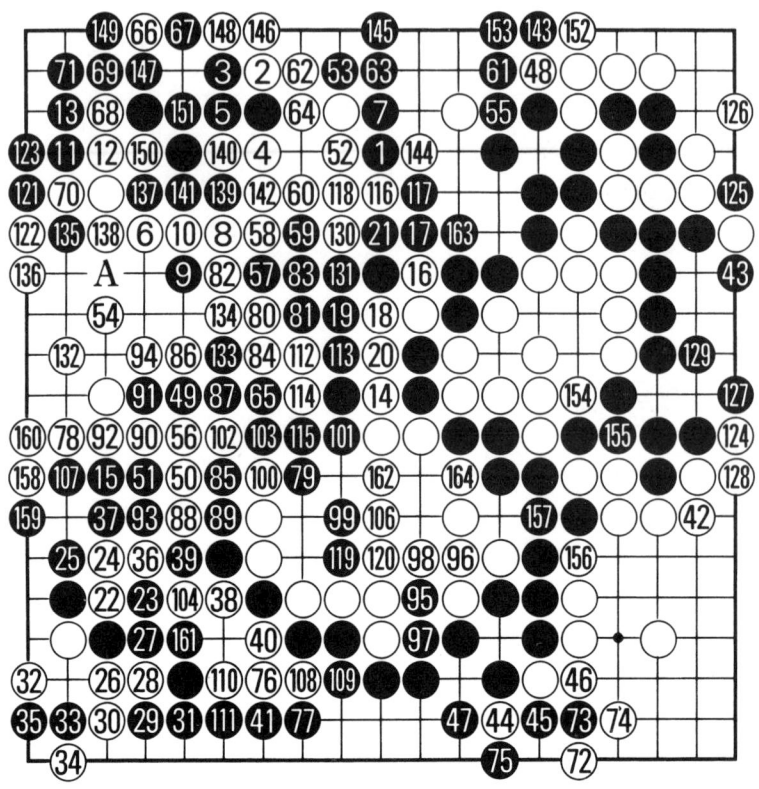

第5谱（101~264手）
⑮ = ㊱

第5谱 白66妙着

左上角的黑11本是意在眈视A位点入的手段。

桥本先生66一手是妙着，白子因而终以先手挡在了70位。由此看来，黑子一方不得不更在那之前——比如黑65——就于70位爬一手。然而，这与胜败并无关系。

这盘棋之后，双方在北京围棋会的场地进行第二次对局，历时两天，以黑胜四目的结果告终。

264手终 黑胜六目

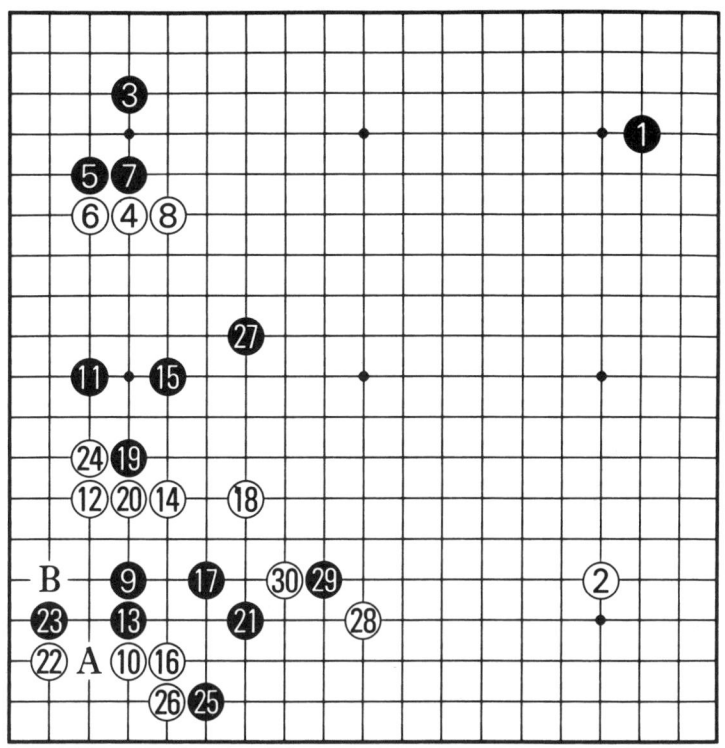

第1谱（1～30手）

昭和三年（一九二八年）十二月一、三、七日弈于日本棋院
[（原）东京府东京市麴町区永田町二丁目一番地]¹

4 在日第一战

四段　筱原正美
黑　　吴清源

第1谱　无时间限制

托濑越宪作老师之福，日本棋院副总裁大仓喜七郎男爵将保障我两年间每月两百日元²的生活费，我便和母亲、兄长一同于一九二八年秋天来到了日本。这里要谈的是我在日本的第一局棋。顾念我或许还没适应环境，这一局我特别得到允许能以无时间限制的形式来下。

黑5小飞意在取得先手。白14关则是好着。14手若在A位立，黑子就准备跳一手到B位。黑29手的时候被白子在30位一靠吓我一跳。不愧是刚劲的筱原流。

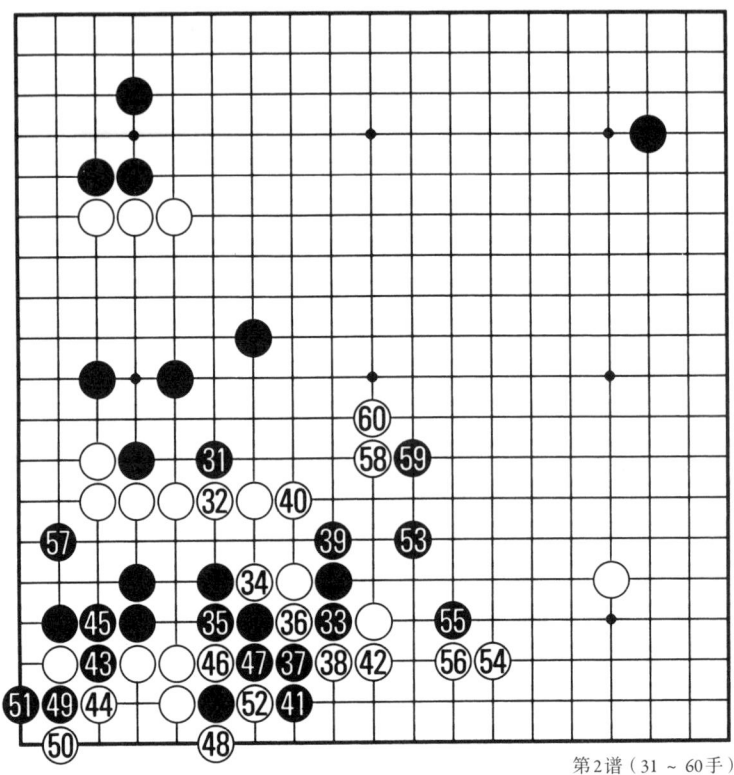

第2谱（31～60手）

第2谱 初日打挂

棋局第一天持续到挺晚，最后开了电灯，在第60手打挂。对局时间大约五小时。黑55一手在对局结束后被批评说是否过于急进了。不过我的计算是，如果受到图1白1长的反击的话，黑子可飞于2位并继续按图示应对。面对黑10，白子a位扳，则以黑b扭断。

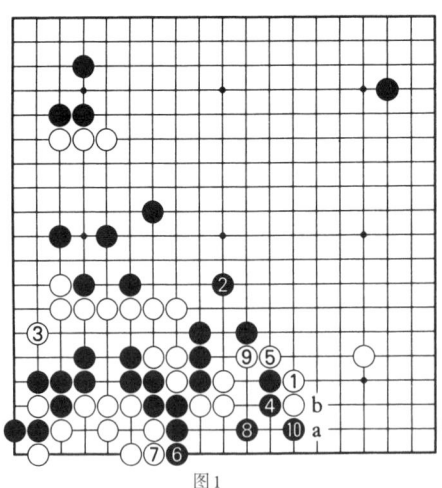

图1

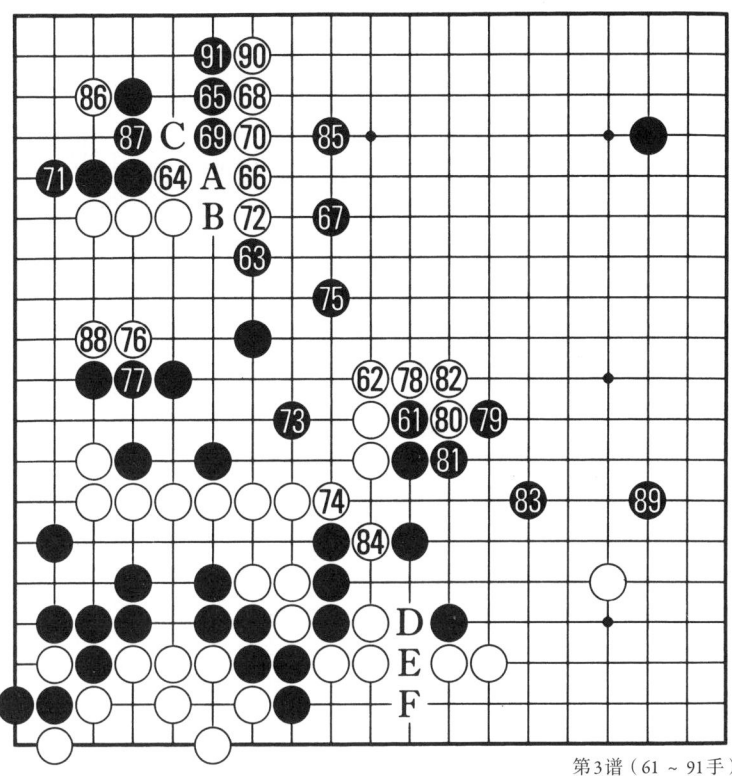

第3谱（61～91手）

第3谱 以攻得先

第71手若黑A位、白B位、黑72位冲断白子，之后白子不应C位冲，而有87位挖的手段。黑83手看漏了白84手所致的接不归。抢在此前预先以黑D交换白E的话倒是就能防止丢子，可这里黑子是适于F位而非D位觑的棋形。虽被吃掉三子，但转而进攻左上角后，依然还是黑子占优。黑91手脱先的情况则推想如图2。黑15是至关重要的一着。此图中白10若在11位提吃则如图3，这样一来角上就成了双活。

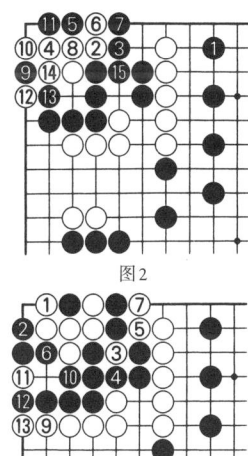

图2

图3 8=③

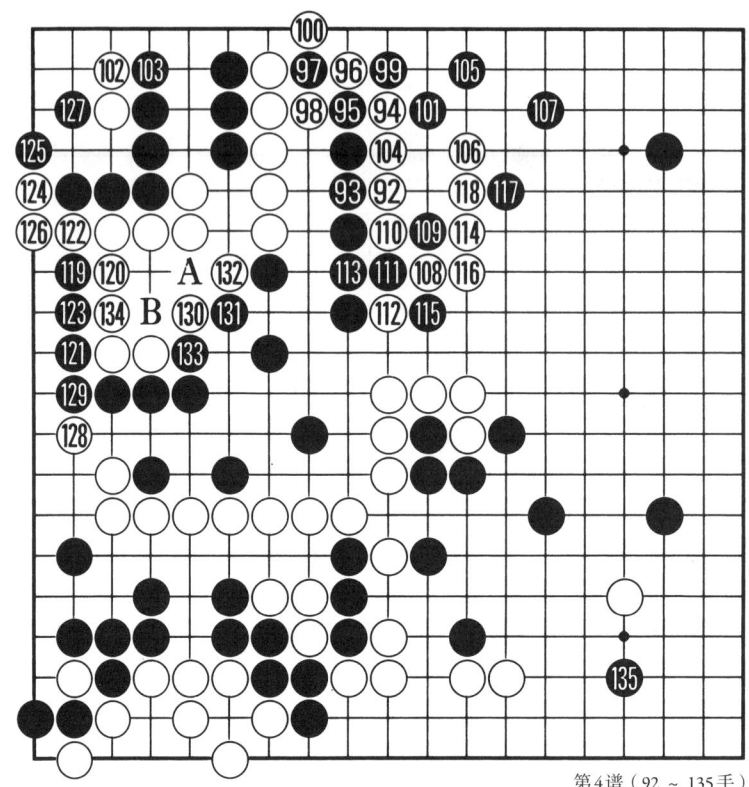

第4谱（92～135手）

第4谱 白子后手活

这一局面下双方所在意的是，左上部白子的死活能先手解决吗，还是说会落得个后手收拾呢？结果是，白子不得不后手做活，黑子则拿到宝贵的先手，得以转到右下角135位。就此黑子胜局已定。

白130手虽是想下在131位的，但那样便会因黑132位、白A位、黑B位而成不了眼。在此之前，黑119及其后诸着已确定黑子在左边保住了自己的半只眼。白120处第二天打挂，121手起对局进入第三天。这两天的对弈都耗费了三个小时左右。

黑131、133手的定型也十分重要，欺压对手的同时还确保了自己的眼形。

在此之后，眼见大势已去的白子为寻适宜时机投子还在右上布置了一阵，不过看起来我似乎已能把第一局的胜利收入囊中了。

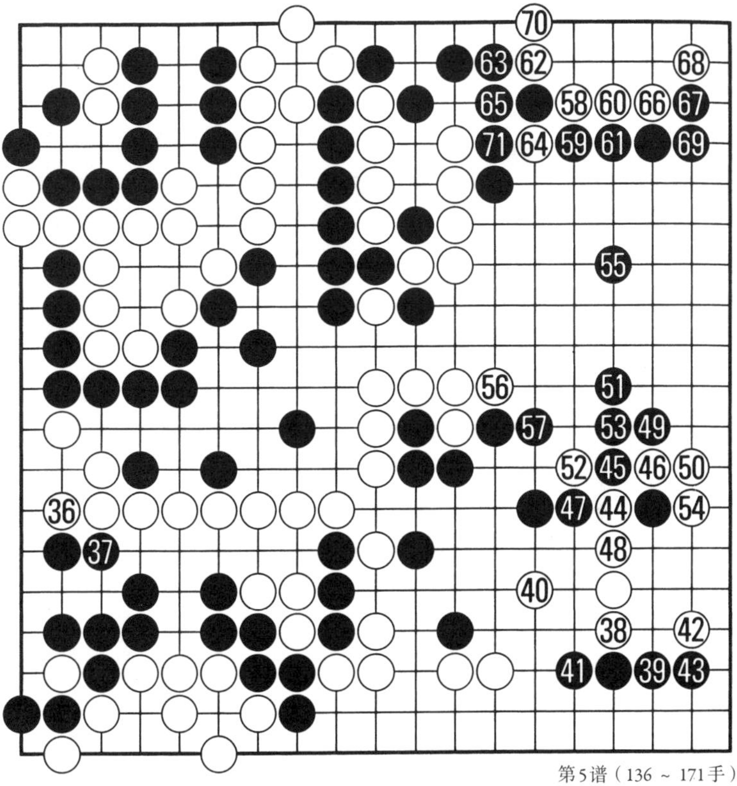

第5谱（136～171手）

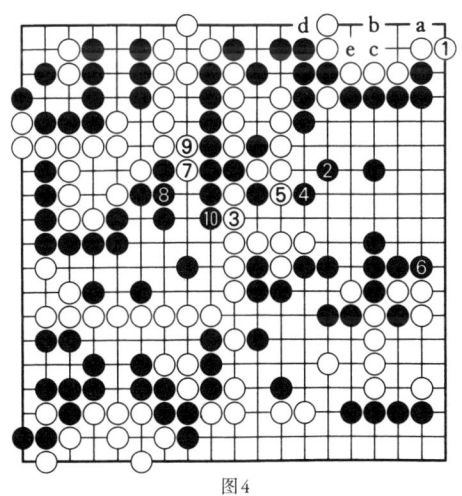

图4

第5谱 得授三段位

白方投子后若继续棋局的推想如图4所示。白1脱先的话则黑a位、白1位、黑b位、白c位、黑d位、白e位，这样可成双活也可成劫。这盘棋之后我又取得连胜，一跃被认可为三段，可以说相当于现在的五段水平。

171手终 黑中盘胜

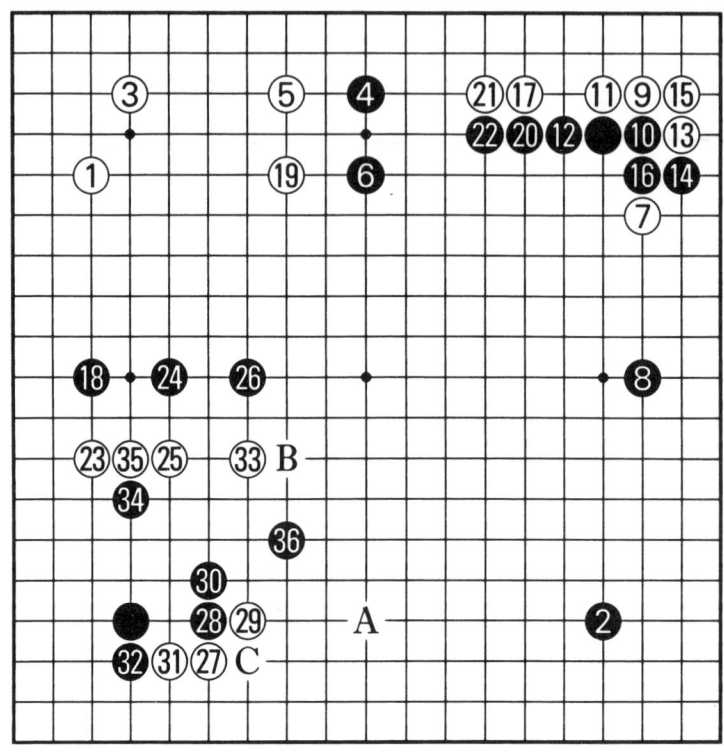

第1谱（1～36手）

昭和三年（一九二八年）十二月二十六日弈于日本棋院贵宾室

5 秀哉授二子局

名人　　本因坊秀哉
二三二　受二子　　吴清源

第1谱　将军抽车[3]

　　这盘棋上午十一点开局下到夜里十二点，在一天内了结。我起初认为会是授三子局，但秀哉名人给了指示："授两子。"黑2是那时我在得让两子的对局中的固定着法。黑18手若放到现今的话，应该是下在A位三连星了吧。第20、22手是一般分寸。

　　虽就这样循序渐进来到了黑36，不过借这一手，黑子如同将军抽车必擢一利般同时盯住了上下B、C两处。

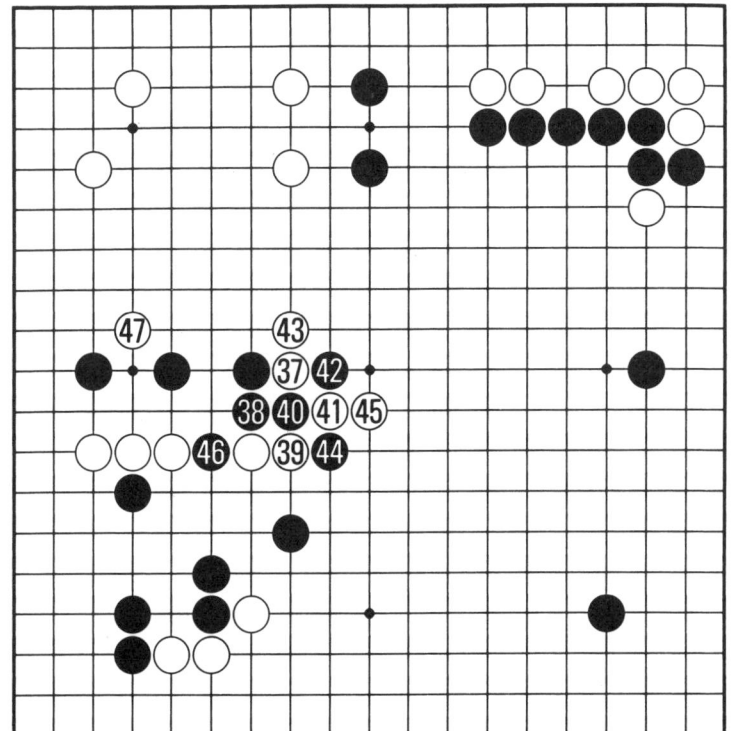

第2谱（37～47手）

第2谱 白47显风范

黑46手次序失误。实际上白47的好手我事先并未觉察到。

由此看来，黑子第46手非得如图1那样来下不可。而若局面照此图发展，白方想必也会觉得难办。白47手确实厉害，黑子再粘就不好了。

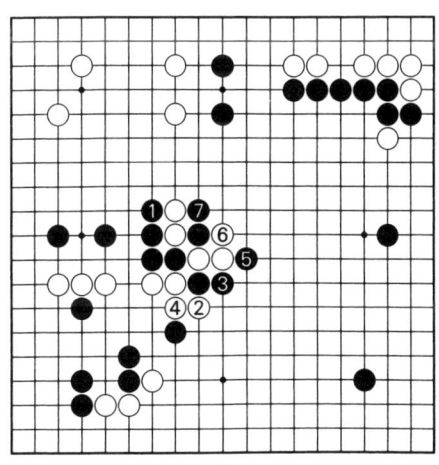

图1

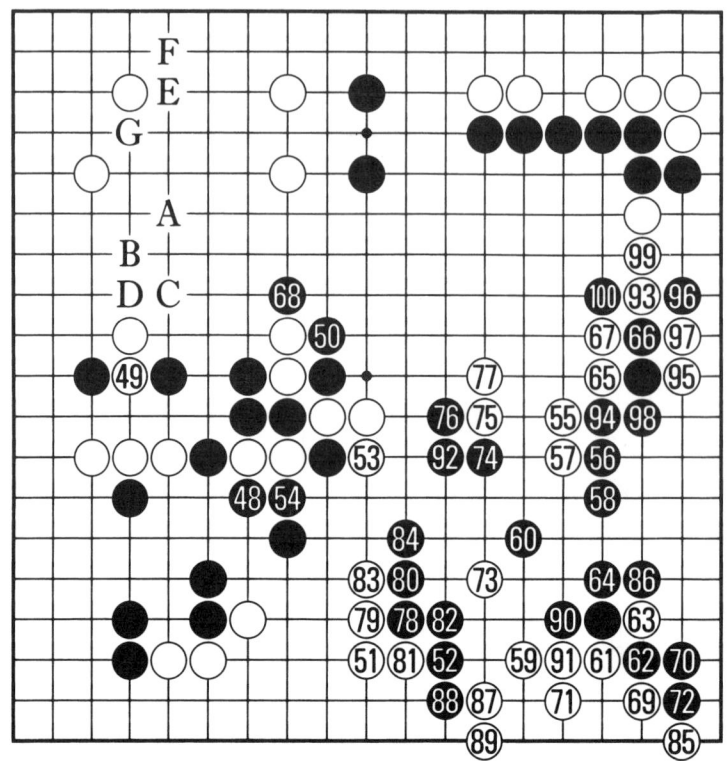

第3谱（48～100手）

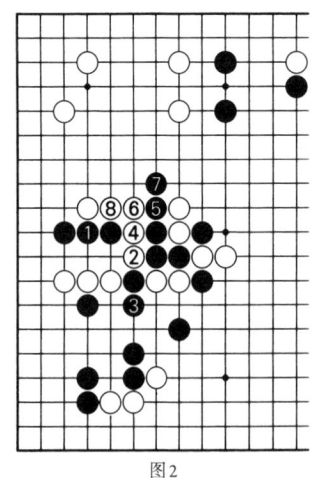

图2

第3谱 68手的意图

黑方虽想在左边粘起三子，可那会如图2般演进为缺乏变化余地的模样，是无益之举。因此我选择了48至50手的走向，任白子做冲断。这终归让白子得到一丝喘息之机。

白57手点62位三三突入，这种情况的话下边白子薄弱，并不好。故而白子选择下在了第59位。

我在中央68位补一手，黑A位、白B位、黑C位、白D位、黑E位、白F位、黑G位的发展自然也就进入了视野。

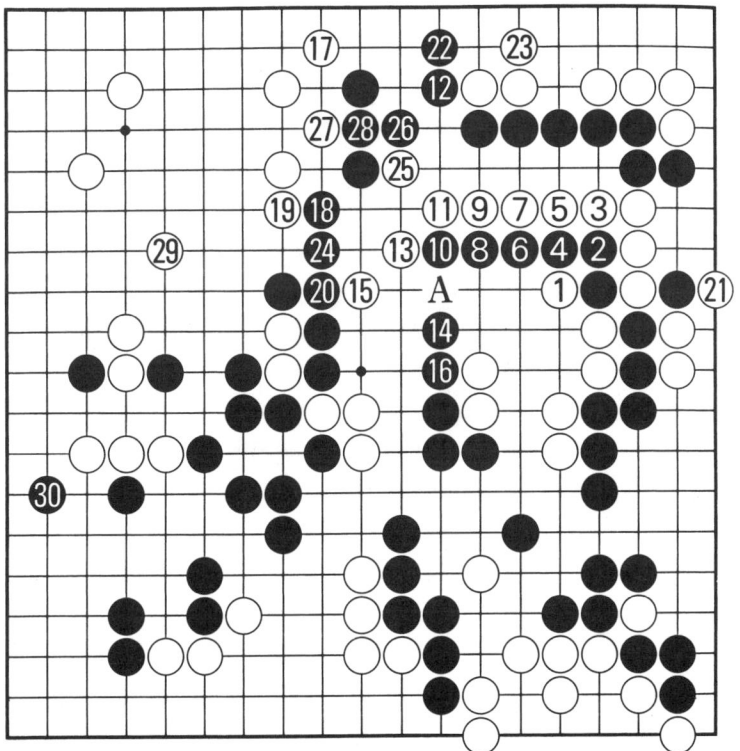

第4谱（101～130手）

第4谱 黑20权害取轻

白1至13是必然的发展。此时下白15是妙手。黑16则是为防白子A位挖的无奈之举。面对白17、19，黑子以20对应同样痛苦，但除这一手外也不作他想。若是黑20按常规退在图3中1位，被白2一挤便遭切断陷入穷途。这是因为白a位、黑b位、白c位、黑d位白有先手利，可于e位逃出。

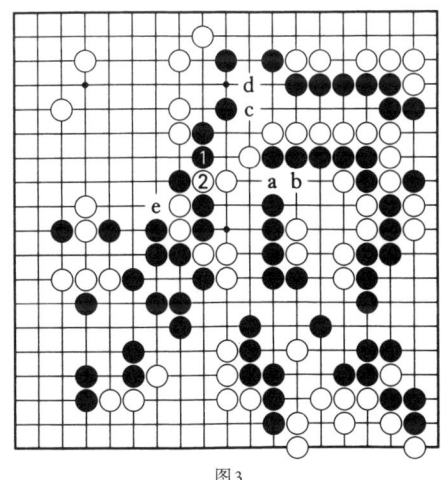

图3

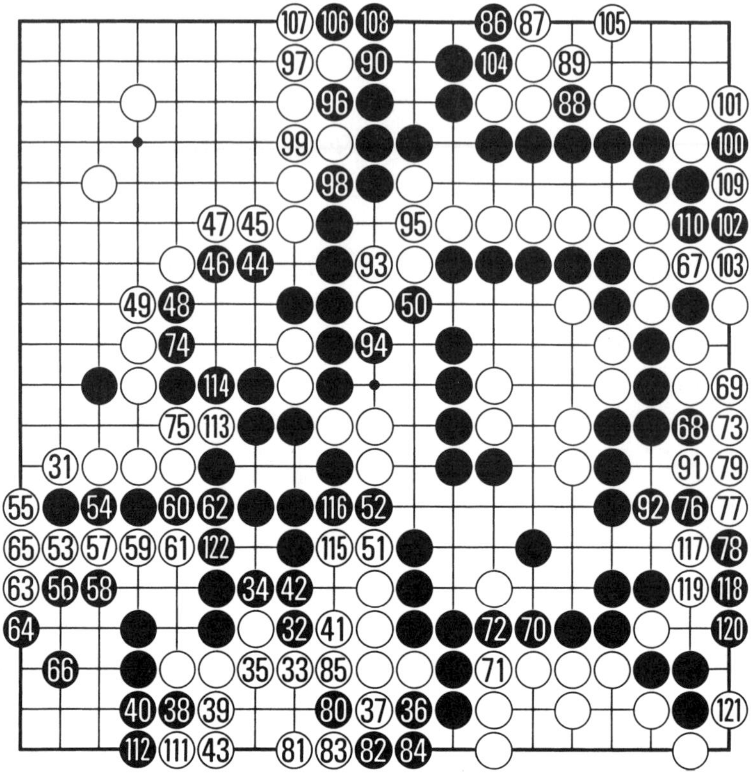

第5谱（131 ~ 223手）

100=123

图4

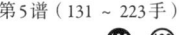

第5谱 胜十目的棋

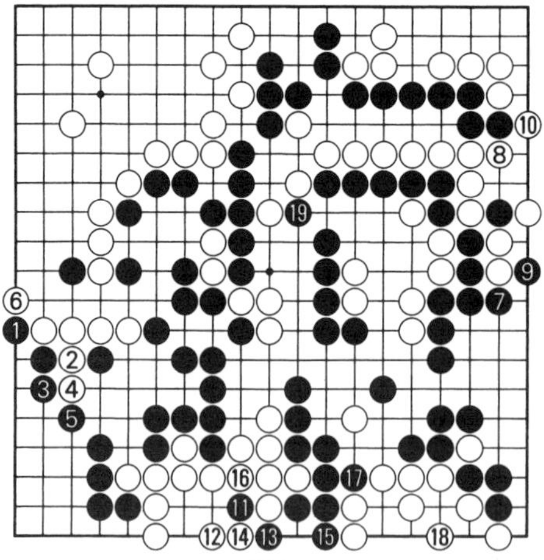

黑50该照图4的样子来下的，那样收官的话便成黑方胜十目的一局了。右上方的黑86亦改托87位为好。

223手终 黑胜四目

限时各9小时

白方用时6小时53分

黑方用时4小时19分

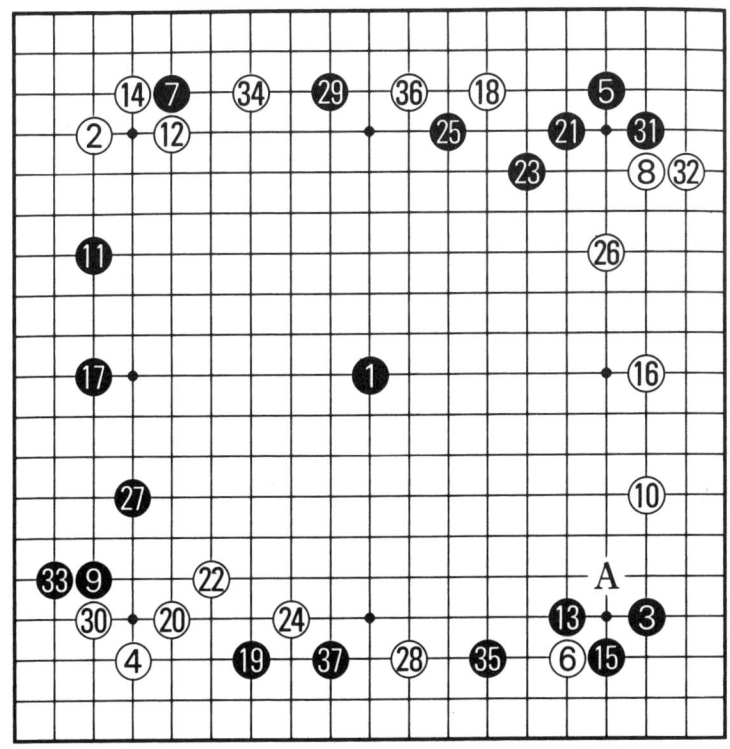

第1谱（1～37手）

昭和四年（一九二九年）六月三日～二十五日刊载于《时事新报》

6 模仿棋

四段　　木谷实
先相先　黑　三段　　吴清源

第1谱　天元之后模仿

对局前我问桥本宇太郎艺兄"第一手下天元是否也行呢"征求意见，艺兄回说"那样也成吧"。我原想着这样一来再加模仿个几手，就会转成中央的空中战。然而木谷先生却不离开边角行棋，这样我不经意就下出了很长一段模仿棋。

本因坊秀哉名人有评："黑子第1手是趣向问题，好坏并不在可评价范围内。第11手应当在A位尖。"

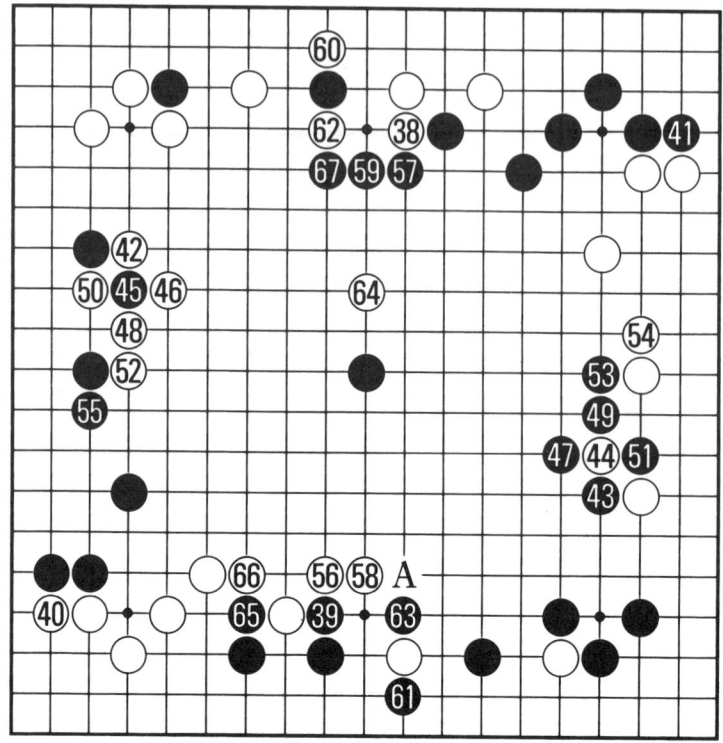

第2谱（38～67手）

第2谱 黑65始变着

对这没曾想的一路模仿，最为不知所措的要数我的对手木谷四段。木谷先生好几次冲到走廊上，逮住时事新报社的记者三谷水平先生（笔名三连星，后改称芦屋伸吾）和他谈判："这样你们报社也头疼吧，倒是给想想办法！"一来二去渐渐地说话声音大了起来，连坐在对局室的我都开始听得见他们的争论了。三谷先生安抚着"不管怎么说请您先继续下"，把木谷先生又推回对局室里来。

我从第65手起变着，但时机上有疑问，或许当时该把模仿再多持续一会儿。

本因坊秀哉名人讲评中有言："黑65和白66的交换使天元一子变弱。还是在A位贴起为好。"

又，这一局是无贴目的授先棋。

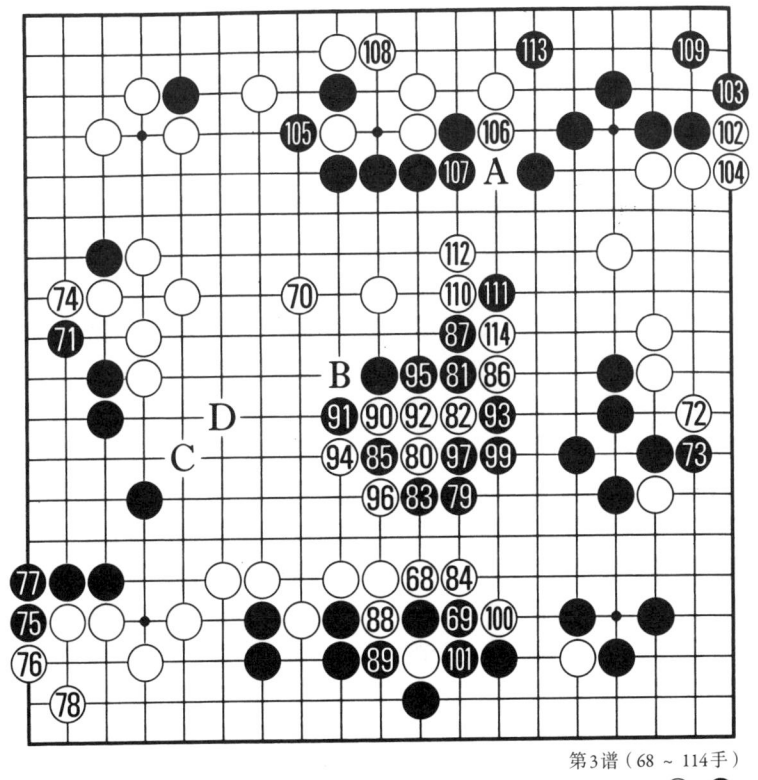

第3谱（68～114手）
⑱=㊵

第3谱 黑113败着

便如前述也尚且是黑子占几分优的形势，却因黑113手一举搅坏。本是以这113先令白方应一手，然后再回身A位补强的打算，可这想法有点过于一厢情愿了。

白114手的切断是酷烈一击，这下黑子失掉了补A位的余裕。

由此可见黑113手应该老实地A位粘，这样一来按白B位、黑C位、白D位的感觉发展，正中是围不成太像样的白地的。

实战中，结果是给白子先手下了B位的切断，随后又让白飞了C位，这番出入造成的差距至关重大。

无论如何，从黑子角度来说，不防住白子借A位发挥的手段是不行的，可想白114真真是毫不留情的一手。

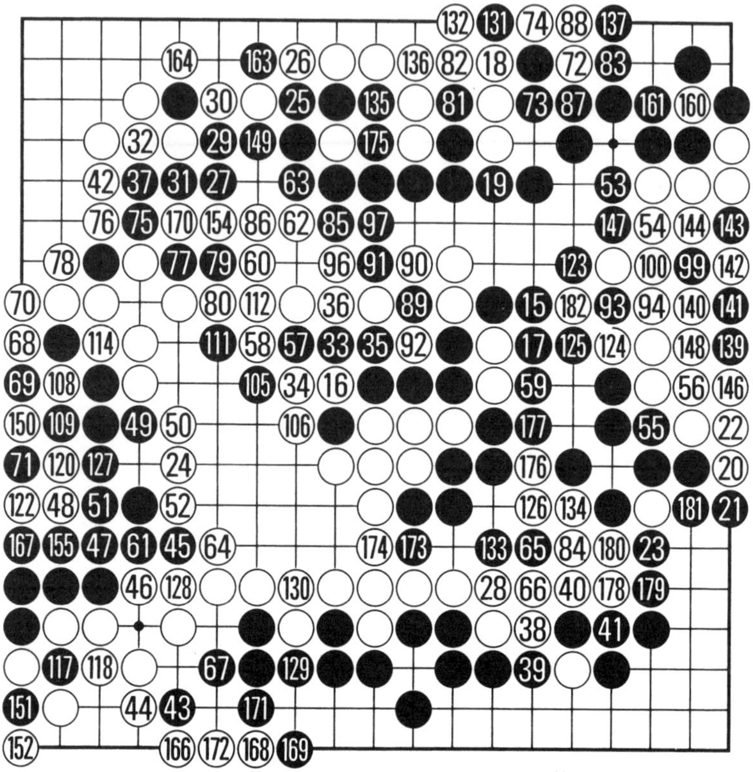

第4谱（115～282手）

⑨⑤ ⑩① ⑩⑦ ⑪③＝㊽ ⑨⑧ ⑩④ ⑪⓪ ⑪⑤＝⑨② ⑩② ⑰左 ⑩③＝⑤⑨左 ⑪⑥ ⑫① ＝⑩⑧ ⑪⑨＝⑩⑧上
⑬⑧＝⑬① ⑭⑤ ⑮⑦＝⑭② ⑮③ ⑮⑨ ⑯⑤＝⑦① ⑮⑥ ⑯②＝⑮⓪ ⑮⑧＝⑭① 单劫白粘

第4谱 黑方力有不逮

　　黑以 89、91 开劫相争。左边成为万年劫的形状，黑子在该处也以劫争做了努力。但最终还是有所不逮。白 16 以先手切断，此处白地已成，黑空由是不够。

282手终　白胜三目

限时各6小时　　白方用时5小时59分

黑方用时5小时26分

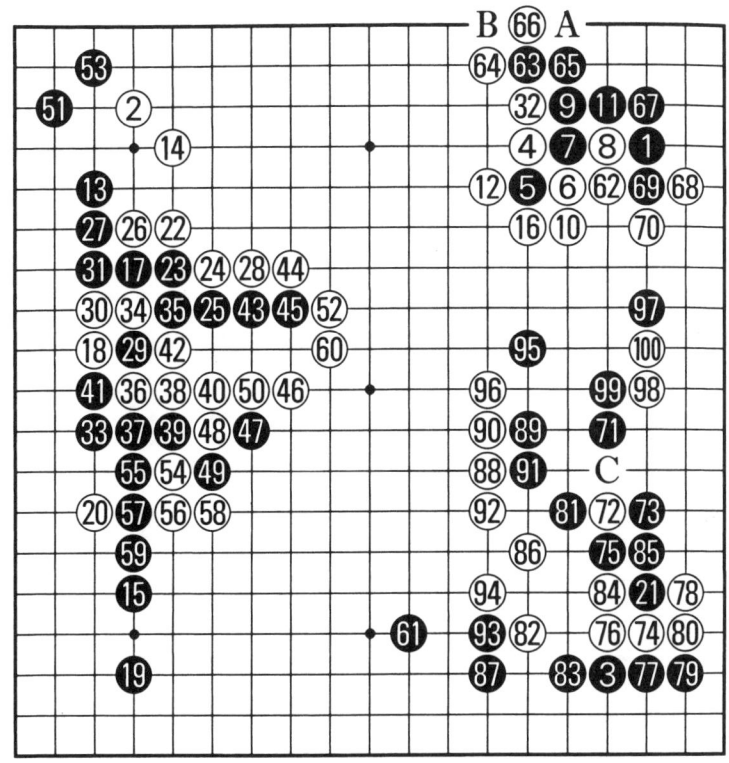

第1谱（1～100手）

东京《日日新闻》"新秀突围棋战"
昭和五年（一九三〇年）（七月二十八日～八月十四日报面刊载）

7 艺兄木谷实

五段　　木谷实
黑　三段　　吴清源

第1谱　第三局

　　天元模仿棋之后我参加了大手合[4]，在三月末执黑被木谷五段击败。这里则是我们之间第三次对局。

　　虽说这盘棋走了运，但那段时期，对上别的棋士且不论，从木谷先生这里我却是轻易难得一胜。

　　本因坊秀哉名人有评："黑25手要在29位压，则白36位扳，黑42位瞄住断点。黑51手该52位长出。黑71手改A位打吃，白B位粘而后黑C位开拆才算正着。白98手掏入太深，100位程度便够吧。"

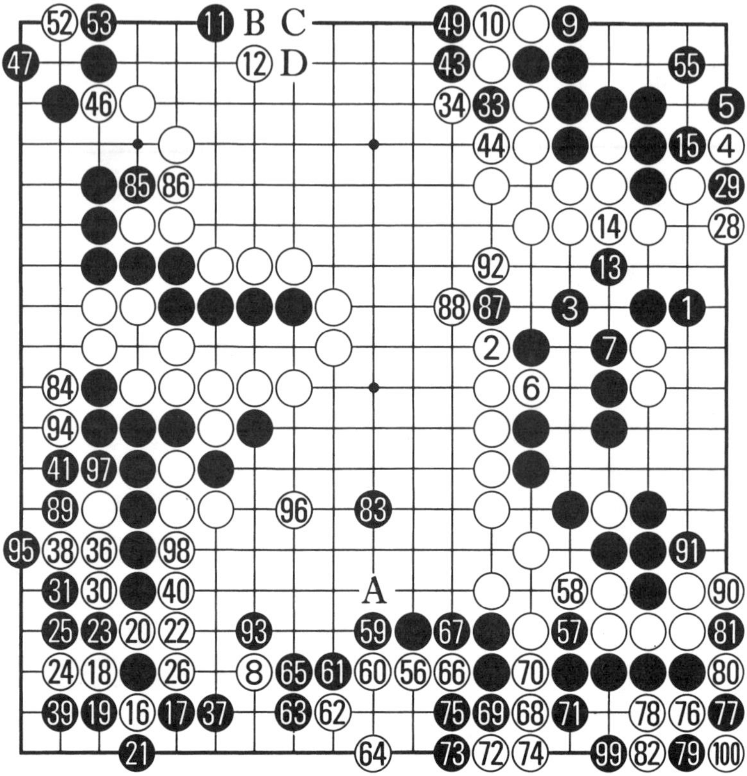

第2谱（101 ~ 200手）

27=16　32 42 48 54=4　35 45=29　50=33　51=29

第2谱　秀哉评

以下为本因坊秀哉名人的讲评：

“右上角的黑55过分坚实。应该选择右下黑57位、白58位，以此继续劫争。

“白56于A位肩冲黑子，心向中央进行经营，以防止黑子扩张为好。

“黑85则可在上边B位爬进，对白C挡还以D位断。于该处求取活路的手段也是有的吧。

“黑89一如对局者自己的感想，应在97位紧气为好。右下角劫争由黑子消解后，看盘上的形势，白子难免会露些败象。”

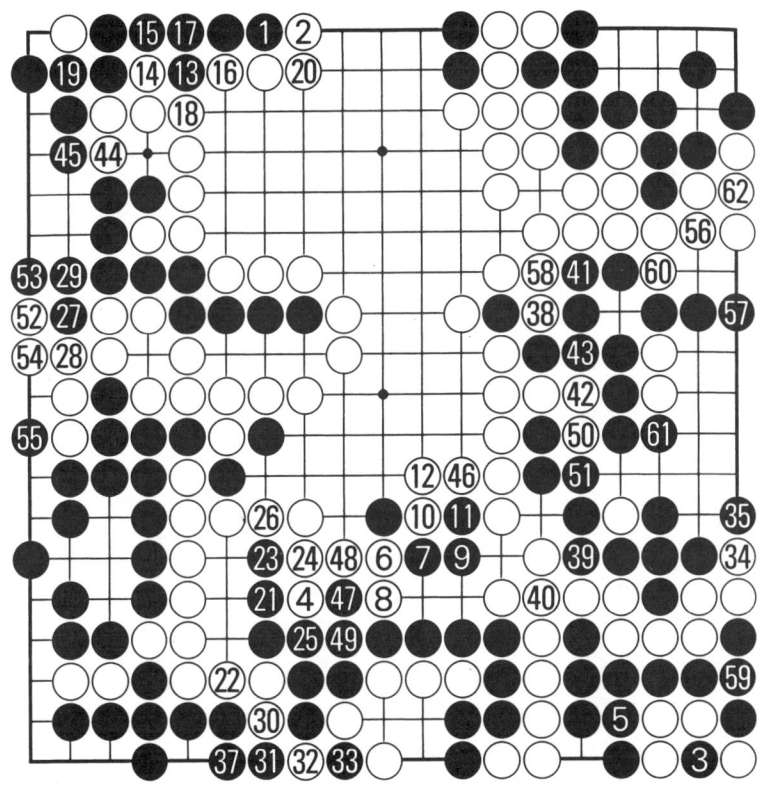

第3谱（201～262手）

㊱=㉜

第3谱 黑胜六目

　　那时候的围棋界，决定棋手升段与否的大手合是最高规格的棋赛，按分春秋两季的形式每年举办。新闻棋战[5]则是在大手合间歇时期的活动。我从一九三〇年开始出战大手合，走最短距离[6]成为四段。在当时，本因坊秀哉名人是棋界最高权威，八段位中无人，广濑平治郎、岩佐銈、铃木为次郎、濑越宪作同列七段[7]。大手合为点数制，当时规定的是比现在要严格的70点升段。而要从四段升至五段，再花两年四期修习是必要条件[8]。

262手终　黑胜六目

限时各9小时　白方用时8小时57分

黑方用时8小时30分

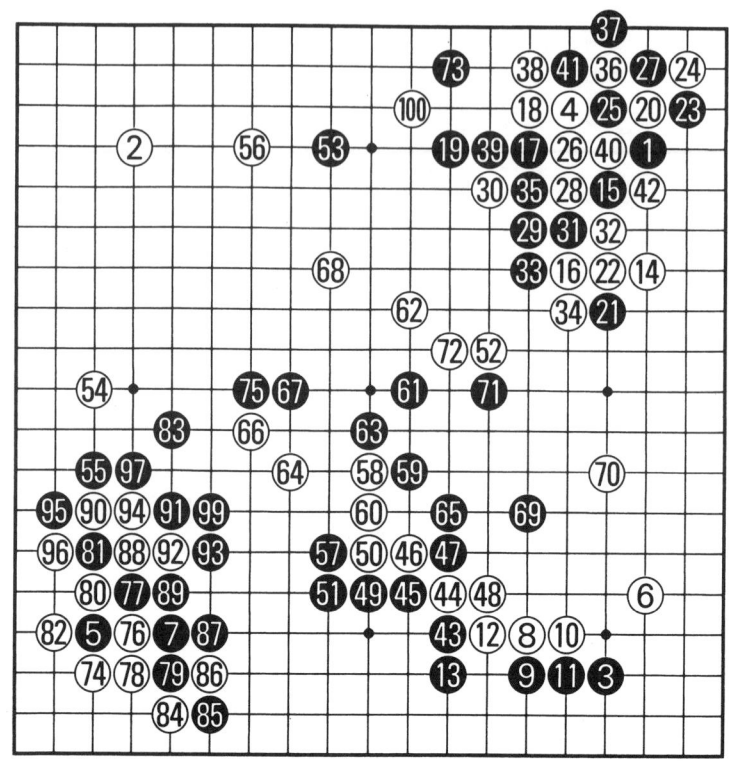

第1谱（1～100手）

98 = 81

日本棋院秋期大手合
昭和五年（一九三〇年）十一月二十六、二十七日

8 大手合全胜

六段　　林有太郎
先二先　黑　三段　　吴清源

第1谱　右上功成

以下为对局者的感想。

白方："右上白30手太为轻率了。应该简单在31位粘上。"

黑方："感到万幸是行至39手外势变厚了。"

白方："74无论如何都应在75位长出。我是出于先探黑子应手的打算才点了74着手角上的，却即刻就因黑挡75陷入困境，确实大意了。"

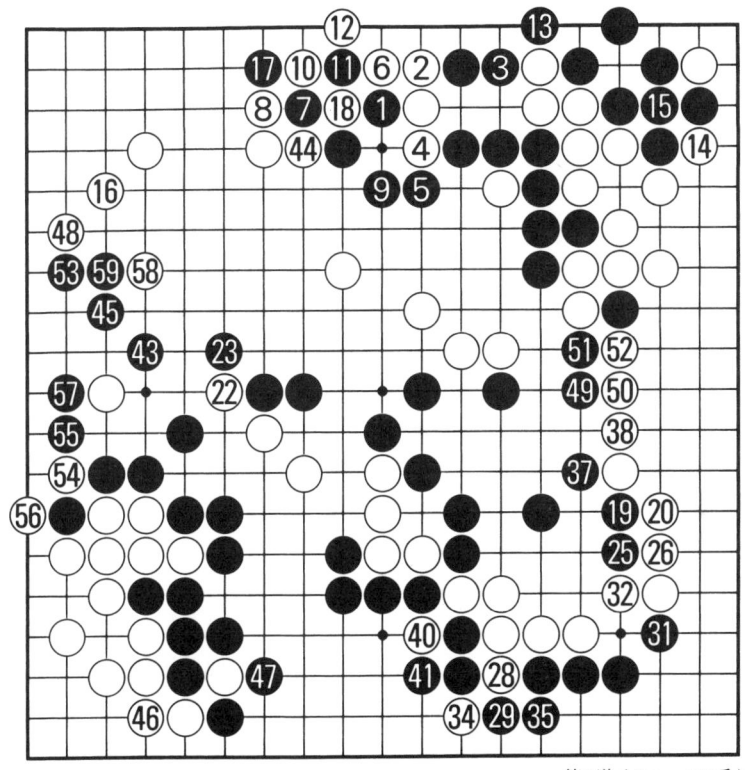

第2谱（101～159手）

㉑㉗㉝㊴=⓫　㉔㉚㊱㊷=⑱

第2谱 最后一搏

白方："白2以下诸着自然不是有什么成算，但还是想着于这最后一役投身一试痛快地玉碎以搏。被黑17一断，胜败就彻底决出了。"

这一季的大手合我七战全胜[9]，以每局平均87.85点受颁优胜金牌和全胜奖。加以春季的七胜一败，两期综合成绩为据，确定晋四段。只是按当时的惯例，到次年春天在闭幕式上正式受颁证书为止，我将仍以三段身份继续对局。

159手终　黑中盘胜

限时各9小时　　白方用时7小时13分

黑方用时6小时50分

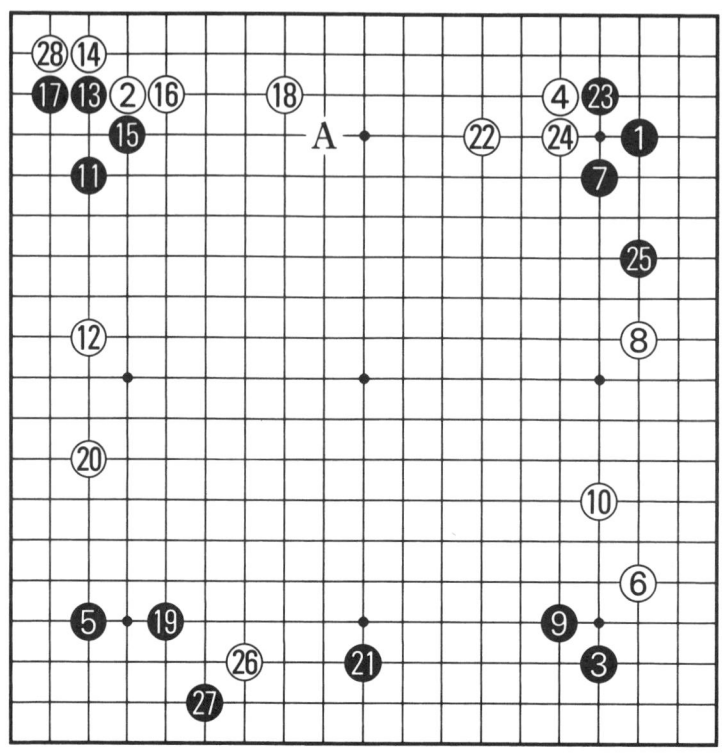

第1谱（1～28手）

读卖新闻主办"特选手合"
昭和六年（一九三一年）（七月十七日～八月十三日报面刊载）

9 连过十人

七段　雁金准一
先二先　黑　四段　吴清源

第1谱 入住

事起一九三〇年事终一九三二年，我在读卖新闻的棋赛中连胜了十人[10]。诸前辈分别是小野田千代太郎六段、桥本宇太郎四段、林有太郎六段、前田陈尔四段、加藤信六段、宫坂寀二六段、久保松胜喜代六段、濑越宪作七段、稻垣日省七段、雁金准一七段。第九名的稻垣日省公七十六岁高龄，第十名、棋正社的雁金老师则有五十一岁。这局棋是住进读卖新闻社附近的旅馆里进行的。

白方自评："28虽想避黑子A位肩冲，却是个疑问手。"

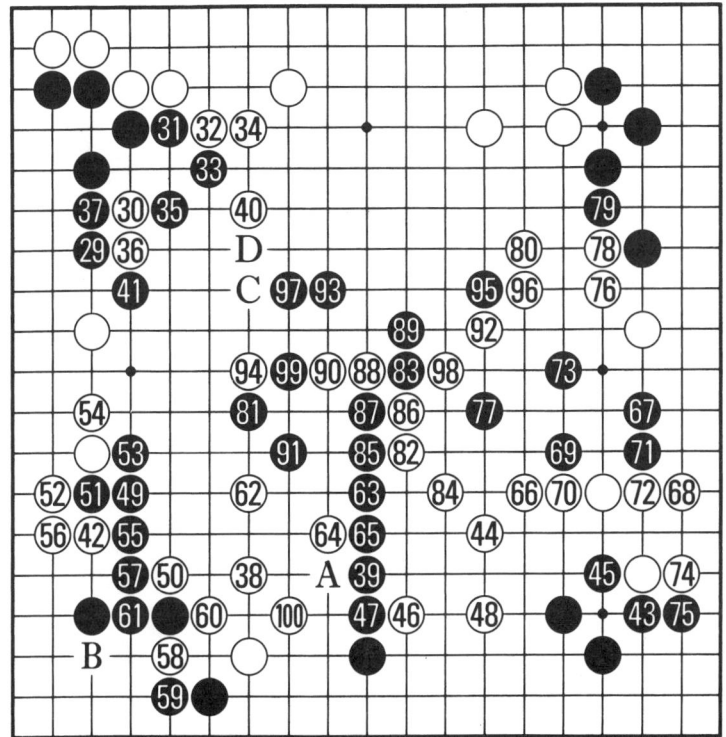

第2谱（29～100手）

第2谱　转换

以下是白方的感想：

"左下白38手平平无奇。或应象步飞A位？总之让黑39一个跳起，白子就没意思了。左上白40手是为加厚上边所用的权宜之计，但我想还是右下44那样吊一下或许会更开阔些吧。左边白54手该是夹58位以求变化的时候。那样一来似是能成黑55位、白B位的进行。如实战谱面那样被黑57手冲出分割，则白子变薄形势不利。中央白82手毕竟拼死进行了转换，行至白92手以后，味道开始有点出来，成了不甚明朗的盘面感觉。虽则用白98切断了右方的黑子，但这一手之前还是先在C位顶一下同黑D交换为好。先能这样的话，之后98位分断会更有效果。"

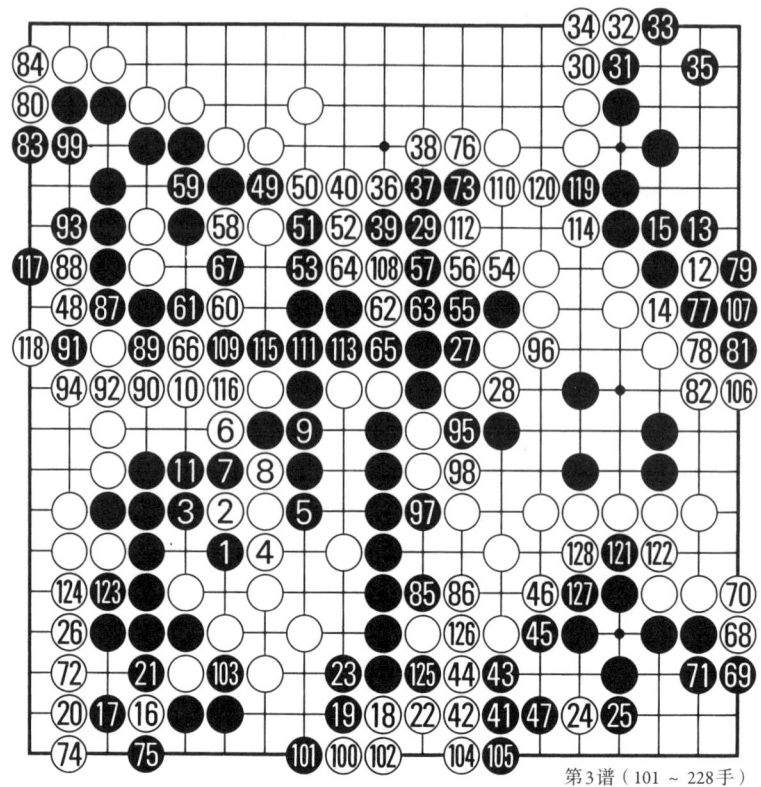

第3谱（101～228手）

第3谱 孤高的雁金老师

雁金准一老师出身本因坊秀荣门下，一九二四年虽参与创立日本棋院，却很快从中脱离转而坚守棋正社，是一名孤高的棋士。对局部他有着超群的敏锐。

也是在这一九三一年，我于日本棋院的大手合中取得春季六胜两败、秋季八战全胜的成绩。

而从该年度跨至一九三二年，在时事新报社的"时事棋战"中我实现了连过十八人。

各持9小时的棋局是两日制，第二天大多变成持续到后半夜的对弈。

228手终　黑胜二目

限时各9小时　白方用时7小时56分

黑方用时7小时34分

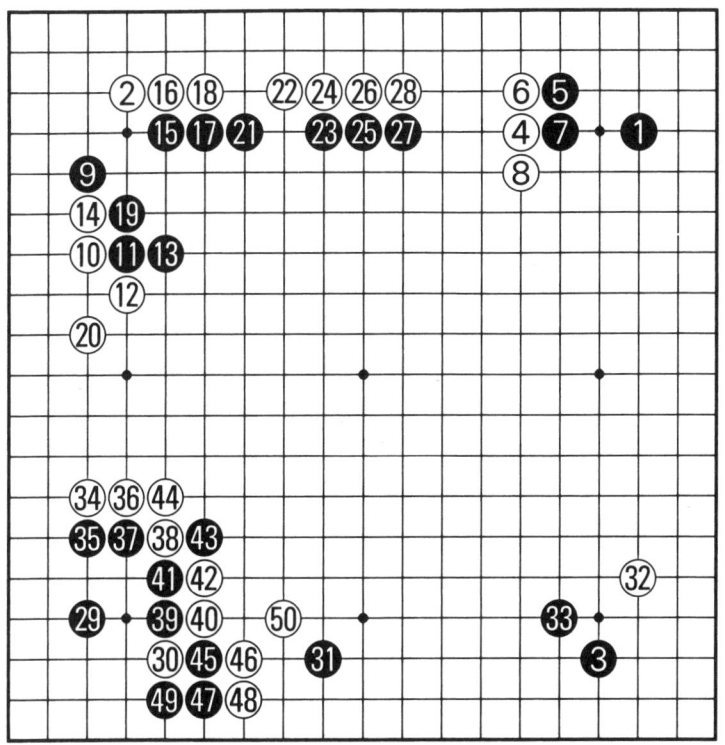

第1谱（1～50手）

东京朝日新闻主办 日本棋院大手合决胜战
昭和七年（一九三二年）（一月六日～十九日报面刊载）

10 朝日决胜局

六段　　加藤信
黑　四段　吴清源

第1谱 大手合决胜战

当时，棋院会选拔大手合中成绩好的棋士，由朝日新闻社组织进行特别棋战。我在大手合里相对还常赢棋，因此每年都被要求参加这项棋战。由于那会儿秋季大手合是在十一月末结束，特别棋战的对局便在十二月进行。这一期我先是执黑胜了久保松胜喜代六段，又执白以三目之差（贴四目）胜了长谷川章四段，接着便被安排下了这盘棋。

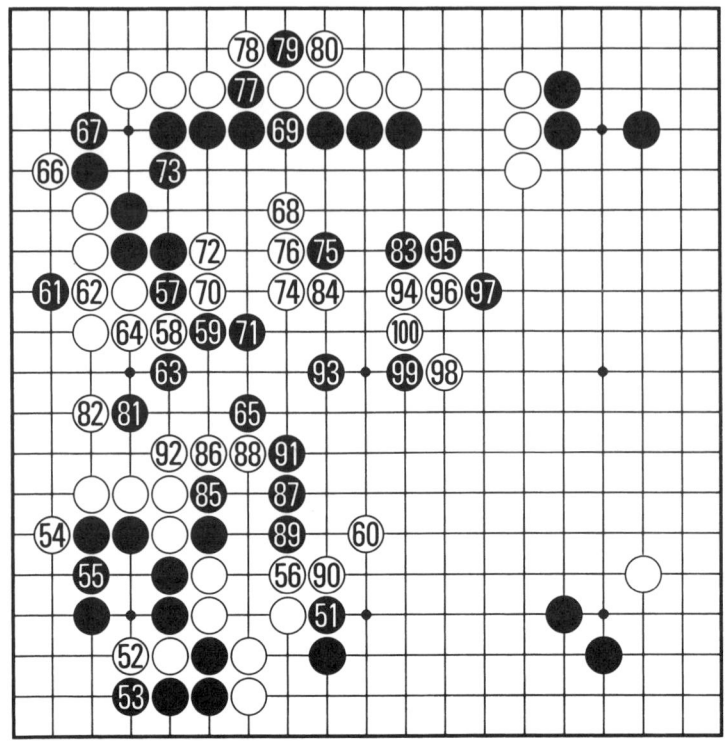

第2谱（51～100手）

第2谱 反对贴目

加藤信老师生于一八九一年，拜入广濑平治郎门下，是岩本薰九段[11]的师兄。一九二四年参与创建日本棋院，虽一度转投棋正社终又于一九二六年回归。后在大手合中达到升段分数晋为七段，一九四二年受推举成为八段，一九五二年殁。加藤老师以其稳重厚实的棋风，在第一期本因坊战中与关山利一六段争夺头衔。决胜六番棋，双方各自赢下执黑局得到三胜三败，据预选成绩加藤老师排到了第二名。

自我赴日以来，这是第四次与加藤老师对局。虽说其间不论哪盘棋都是我得了侥幸，这情势却也持续了下去，到一九四〇年已经是我十连胜了。但在那一年，第一期本因坊战预选第三轮第一局中，我执白以半目之差首度负于了加藤老师。加藤老师虽反对贴目棋，在贴四目半的本因坊战中却讽刺性地取得了好成绩。因为该局的一败，我在那次本因坊战中位列第三。

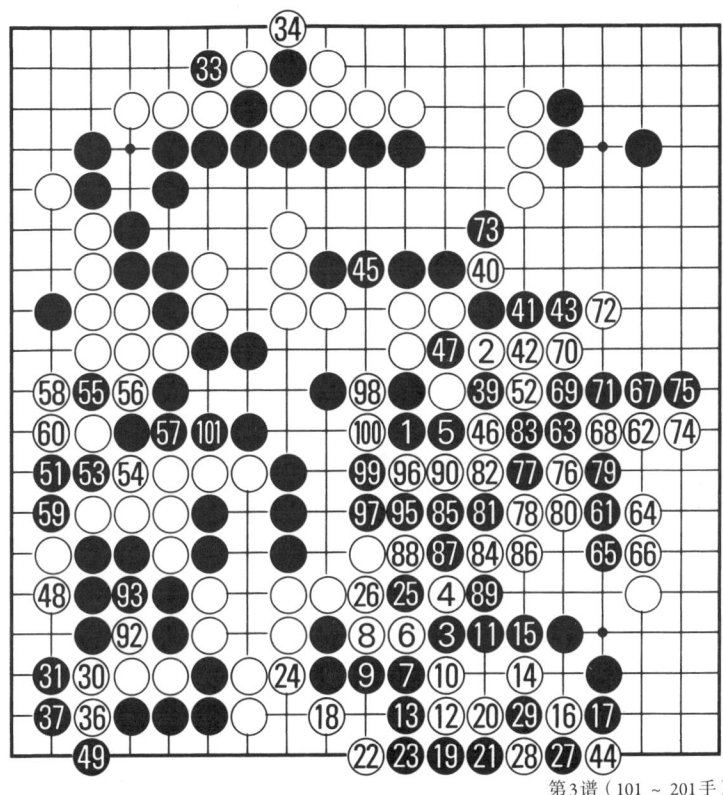

第3谱（101～201手）

㉜㊳=㉘ ㉟=㉙ ㊿=㊼下 ㉛=㉕ ㊚=④

第3谱 白78误算

以下为岩佐铉七段的讲评：

"白44提吃消劫、黑45粘共为必然。黑61虽只需在左方101位拿下就不会有问题，但还是转向右边夹61位。这是因为在补强右下己方棋子的同时，黑已决意做右边的经营了。与此对阵，白64以下简明。也是无其他方略可用了吧。白78连扳是误算。这里不管怎样都必须在79位粘上才行。由此一举，大势已决。"

201手终　黑中盘胜

限时各9小时　白方用时7小时30分

黑方用时6小时21分

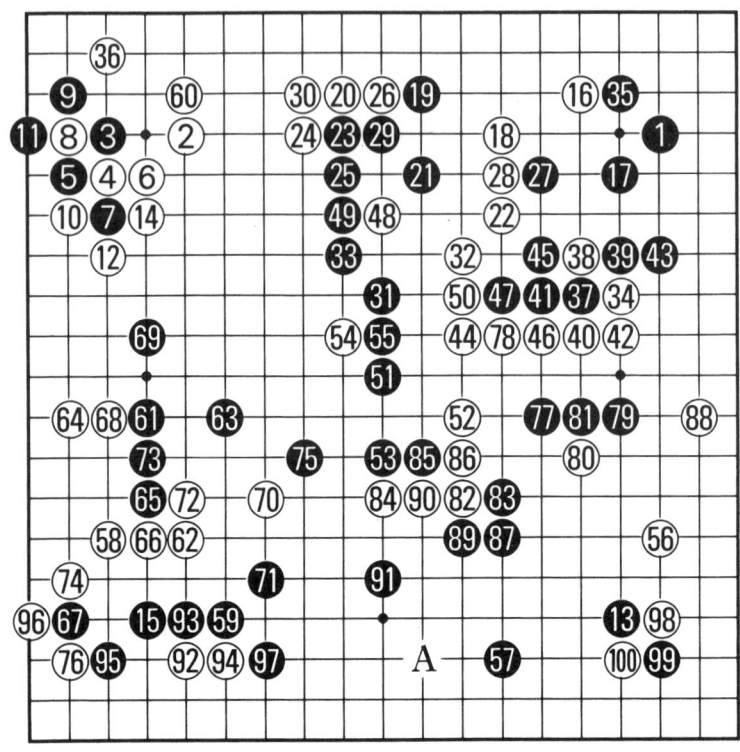

第1谱（1～100手）
读卖新闻社"特选手合"
昭和七年（一九三二年）（二月二十五日～三月二十三日报面刊载）

11 读卖闯关局

七段　铃木为次郎
先二先　黑　四段　吴清源

第1谱　第十一人

如前所述在读卖新闻社的特选手合中连过了十人的我，迎来作为第十一位对手的铃木为次郎老师，终归就此被遏止了势头。铃木老师那时候便是大手合也特别地持有十六小时的限时，一局棋花费四天来下。这盘棋也是那样的时间条件，由我前往造访西荻洼[12]的铃木邸来延续对局。但棋局途中听闻所剩时长，铃木老师勃然大怒，结果时限又延长两小时定成了十八小时。

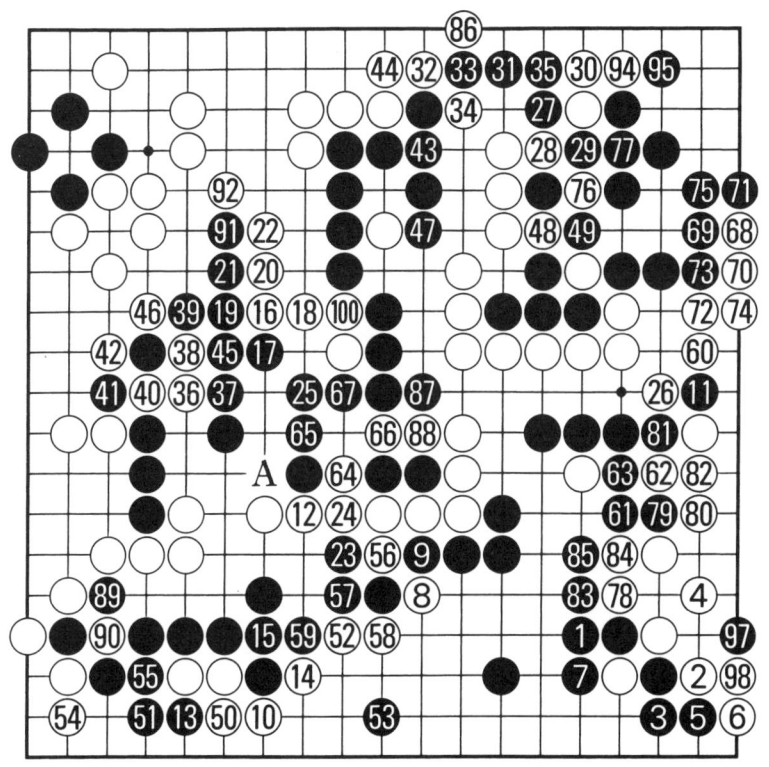

第2谱（101～200手）

㉓㉙=㉚左　㊏=㊐

第2谱　长考驰名

以下是铃木为次郎七段的感想：

"前一谱左上角第60手立改62位跳比较厚实。白70手小飞也是，在A位打入的话说不定型早早就定下来了。右下角造扭十字是打了主意要先手安定的。本谱24或许原也可有A位曲的手段。另外26就该要直接点至36位的。"

铃木老师生于一八八三年，被引荐给岩崎健造老师后拜入其门下，一九〇七年直取三段成为职业棋手。一九一四年远渡新加坡经营橡胶种植园，但事业未能成功，于一九一九年归国。[13] 一九二六年铃木老师成为七段，此后与宿敌野泽竹朝所展开的十番棋争夺颇为有名。一九五七年受赠名誉九段，一九六〇年七十七岁上殁。其门下弟子有木谷实、关山利一、岛村俊广等。

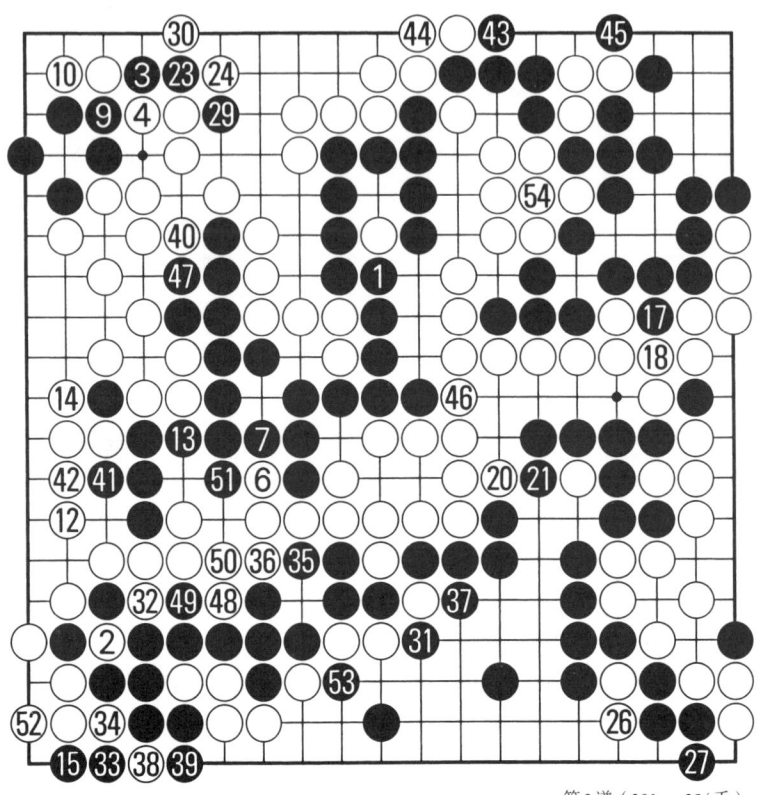

第 3 谱（201～254 手）

❺⓫⓳㉕=②左　⑧⑯㉒㉘=②

第 3 谱　西荻洼

我那时候住在西荻洼濑越宪作老师的隔邻。由于铃木老师同在这附近安居，部分也出于节约时间的意图，就在铃木邸进行对局了。因铃木老师长考超群，身上有颇多现在的年轻棋士们根本都无法想象的轶闻。

　　　　　　　　254 手终　白胜二目
限时各 18 小时　白方用时 17 小时 33 分
　　　　　　黑方用时 10 小时 37 分

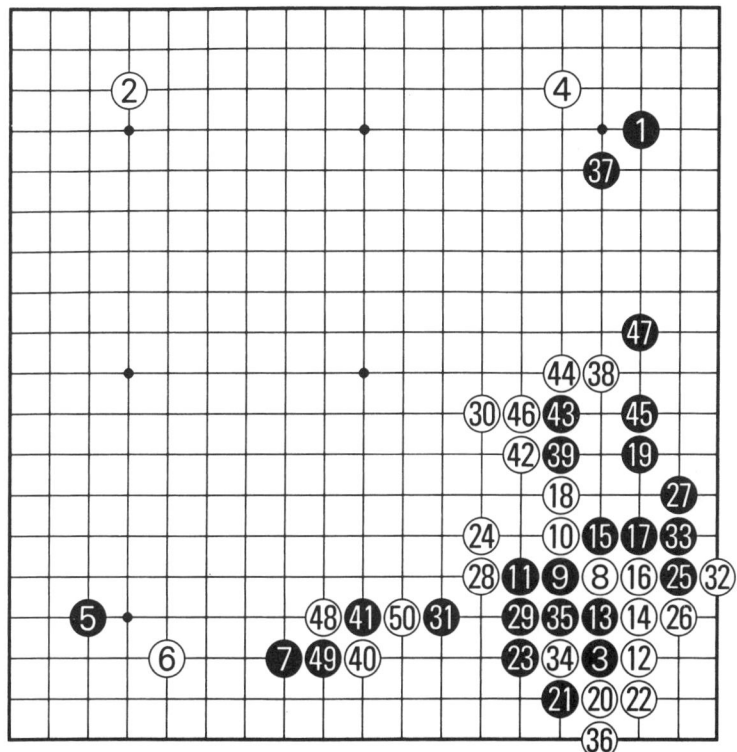

第1谱（1～50手）
《时事新报》"时事棋战"
昭和七年（一九三二年）（三月十四日～十九日与四月十一日～二十日两阶段报面刊载）

12 时事报连胜

	五段	村岛谊纪
先相先 黑	四段	吴清源

第1谱 村岛五段，第十人

《时事新报》自我赴日以来，对报道我的棋局一贯颇下力气。相应地我在时事报的棋战中也状态颇佳地持续胜出。这次是第十人。

本因坊秀哉名人的讲评有言："白30手该是改跳43位才最妥当吧。白42手处会想即刻于48位扳出。即便行至46手也还是48以下诸着优先。"

又，村岛五段为坊门[14]弟子，同门中有福田正义、高桥俊光、前田陈尔、宫下秀洋。

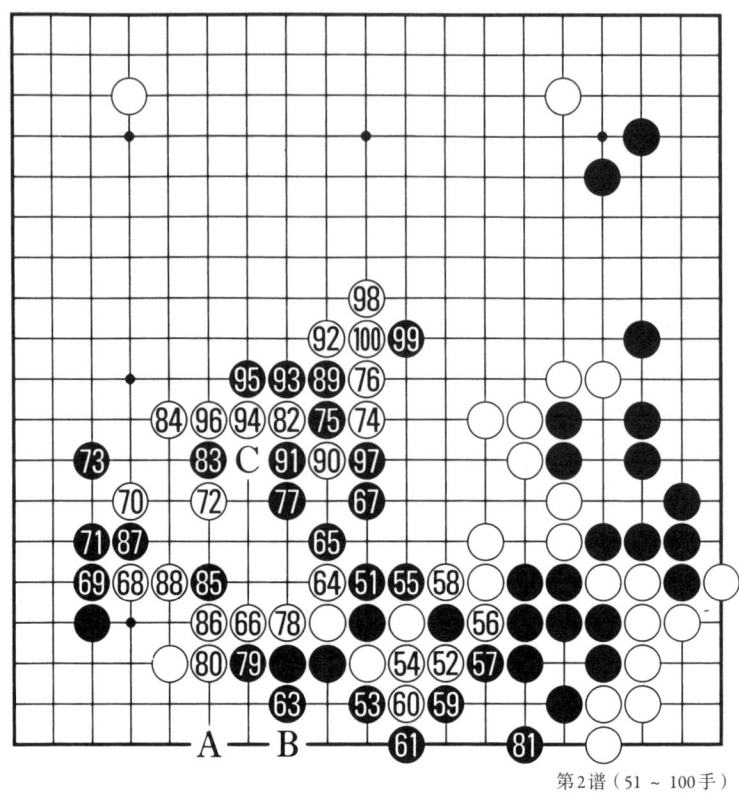

第2谱（51～100手）

㊵=㊽下

第 2 谱 中断的理由

以下为本因坊秀哉名人的讲评：

"白 82 手应该下在 94 位。白 84 手想它至 A 位交换黑 B 位，此时 C 位扳出与黑子一战。"

下新闻棋与大手合的时候不同，是由对局双方商量决定打挂，视情况来调整休息时间，因此进程相当地松散。本棋谱的连载在途中中断，也是基于那样的情形发生的。我那时候被安排同时进行着好几处的棋局。

这盘棋之前我已战胜的分别是藤田丰次郎四段、加藤三七一三段、岩本薰六段、长谷川章四段、小岛春一四段、高桥重行三段、加藤信六段、小野田千代太郎六段、木谷实五段。而这位村岛五段正好成为了第十人。

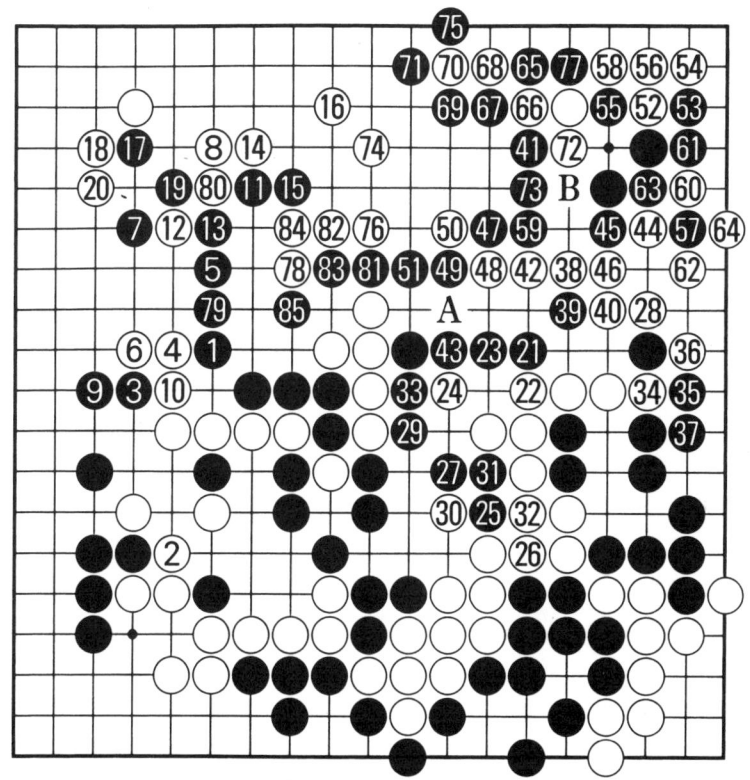

第3谱（101～185手）

第3谱 连胜十八人

同样引自本因坊秀哉名人讲评：

"白38平凡，应43位冲，于黑A交换之后，再下42位。白44也重了。事到如今，除了72位长出黑B位挡白再73位切断一战，白子已无其他杀出血路的方法。"

在这盘棋之后，我又与宫坂寀二六段、桥本宇太郎四段、福田正义五段、筱原正美五段、小杉丁四段、向井一男四段、前田陈尔五段、铃木秀子三段对局，连胜了十八人。然而这势头被第十九位对手关山利一四段给遏止了。

185手终　黑中盘胜

限时各9小时　　白方用时8小时43分

黑方用时6小时46分

第1谱（1～46手）

时事新报主办十番棋第一局
昭和八年（一九三三年）（三月二十九日～四月二十一日报面刊载）

13 新布局的萌芽

互先　五段　木谷实
黑　　五段　吴清源

第1谱　时事十番棋

因为我晋升五段一事定下，时事新报筹办了我同木谷五段的十番棋。与日后的升降十番棋不同，这时候未采升降制。双方带着执黑胜的成绩战至第六局结束，因木谷先生成为六段，十番棋便被中止了。当时的段差棋份制度就是这么严格。

本谱黑1、3手的对角星或已能视作是新布局的萌芽了吧。

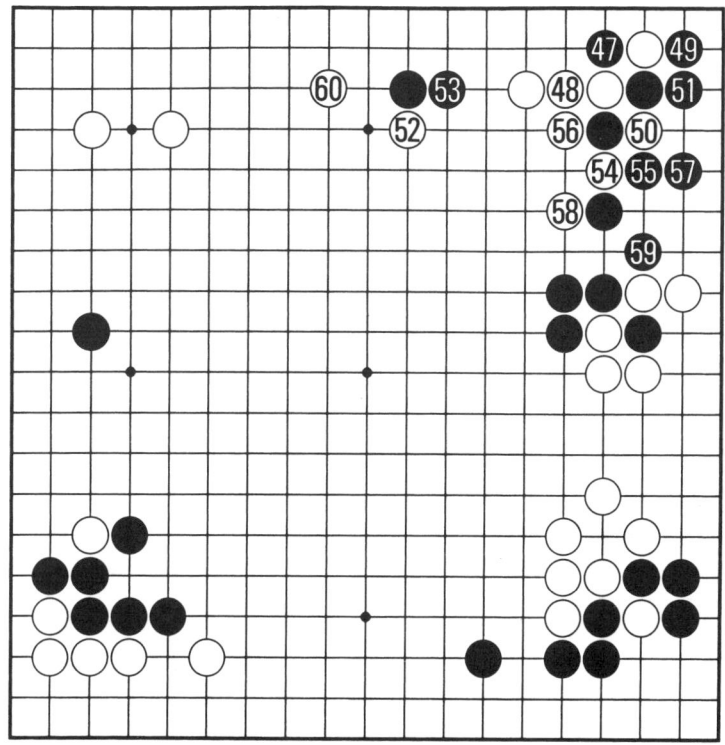

第2谱（47～60手）

第2谱 白子的意图

对白52这手靠，黑子扳起以应则如图1，这是白子的意图。于是我长53位做了抵抗。接下来是用黑55、57手强取了白子的眼形，但55手若长在了56位成图2，便又顺了白子的意。由于该图白子还有a位的便宜，至白9，黑棋自讨没趣。

白60手微微有行棋方向反了的感觉，但出于求取地盘均衡考虑，还是不得不这样下一手。

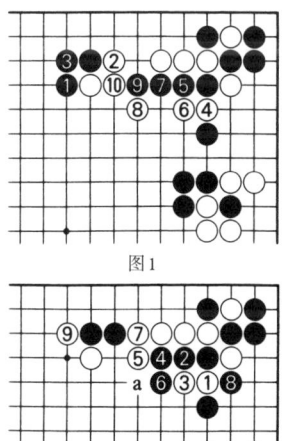

图1

图2

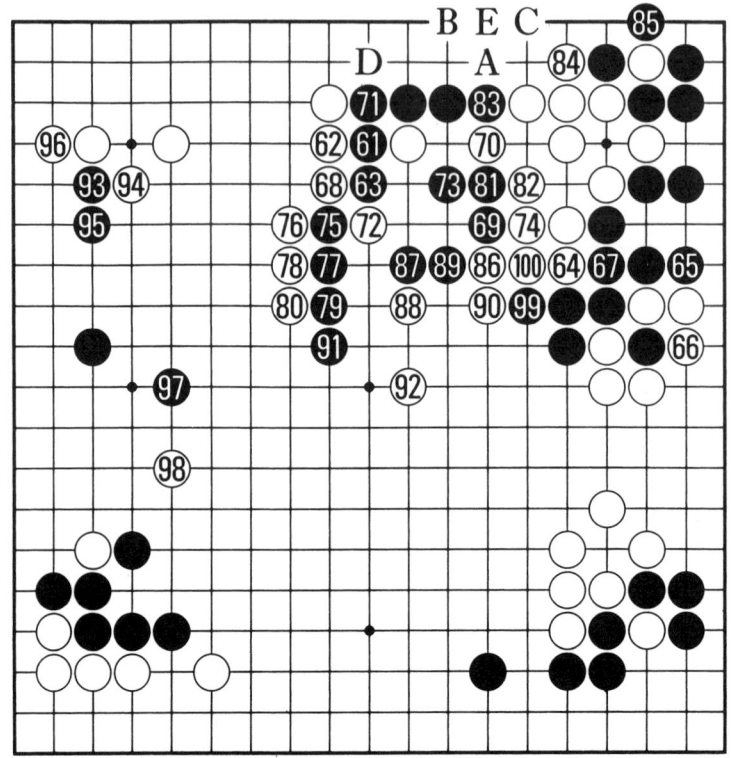

第3谱（61～100手）

第3谱 进攻的效果

白子若于68手跳86位则四平八稳，但这样一来被黑子在68位拐头，左上角显著弱化。因而在对将受攻击有所觉悟的基础上，白子选择在68位贴起。

黑69手是进攻之要害。

这里必须注意的问题是，白子在上边再有一眼的话会怎么样。不过对于白A位虎，黑B位、白C位、黑D位的应对之法已经备下。白子除应在E位之外别无良策，但这形状还留有黑C位右一路的劫。对白子来说，便再补一手于此保一眼得活，也是颇为痛苦。这是因为黑子还另有借D位一子向左上侵入的便利。

黑子以进攻中央为隐意，自93至97手围空将左边纳入势力范围，正所谓"大局观"。

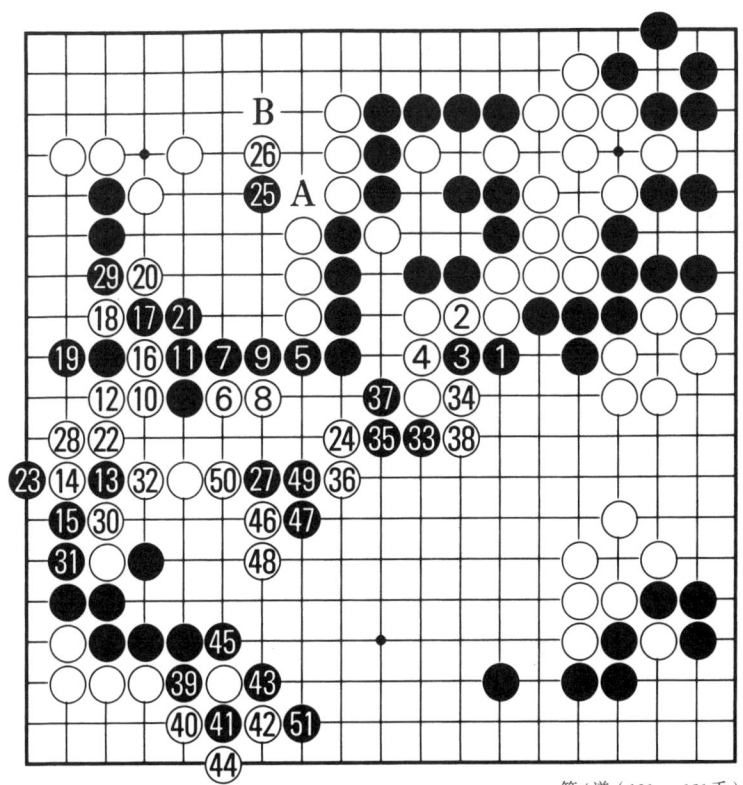

第4谱（101～151手）

第4谱 26与让步

以下为本因坊秀哉名人的讲评：

"即便白24急奔散地，也未伴有任何的实质。老实地下28位粘，黑29位，白30位应接，早早对安全地带的建设做出努力才对。"

黑23的打吃是好手，这样白子就轻易无法成眼了。黑25是用来观察情况的试应手，白子若是选A位粘的话，黑子则在补29位之后瞄准B位的跳入。由此，白方也无心再管顾那三子，自然应于26位了。

再引本因坊名人讲评：

"针对黑51，白子无论如何也只能粘劫，寄期望于最后一战，除此别无他法。这是因为白子此处若连续被拔，角部将死，终成大差。"

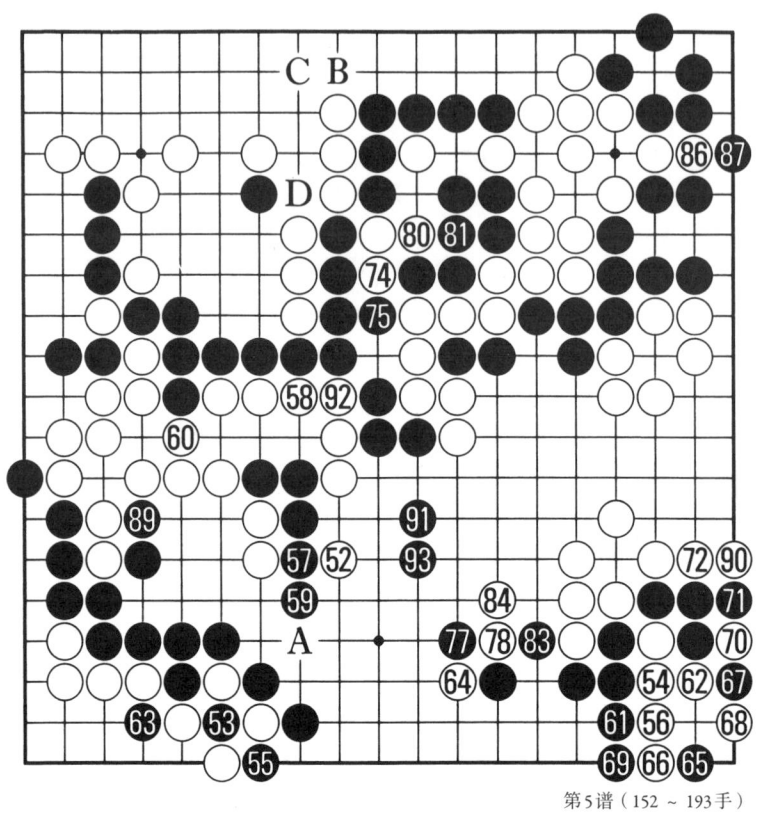

第5谱（152～193手）

㊟㊴㊺=㊿　㊻㊽㊿=㊽

第5谱 隔世之感

白子在不消劫的前提下以52做了一番努力，但若在53位粘上，黑便不一定非得去吃白子。下A位的补强，再追击出逃白子的话，下边就会成为黑地。接着取得先手对上边做如黑B位扳、白C位反扳、黑D位断的推进，这样便可得胜。

不过说起来，受围棋爱好者好评的十番棋因对局者之一的升段给取消掉，像这样讲究段差棋份的对局制度是以现在的角度无法想象的。而今再看，有如隔世。

193手终　黑中盘胜

限时各11小时　白方用时10小时46分

黑方用时7 小时56分

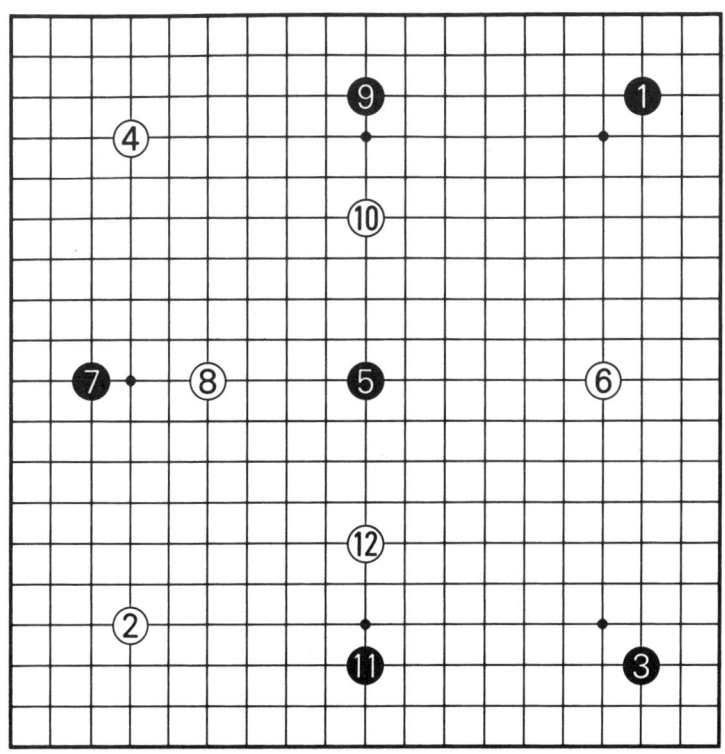

第1谱（1～12手）

日本棋院秋季大手合
昭和八年（一九三三年）十月十、十一日

　　　　　　　　　　　五段　　吴清源
先相先　黑　四段　　小杉丁

14　十六六指[15]

第1谱　对抗新布局

　　一九三二年的大手合中我以春季八战全胜、秋季七胜一败的成绩升段，一九三三年倒也是春季七胜一败、秋季七胜一和的好成绩。而更比这令世间震惊的是木谷先生与我从秋天开始下出的新布局。何况两人又同以此频取胜果，由是，将要做我俩对手的棋士为对抗这新布局下了各式各样的工夫。此处一局俗称为"十六六指"。

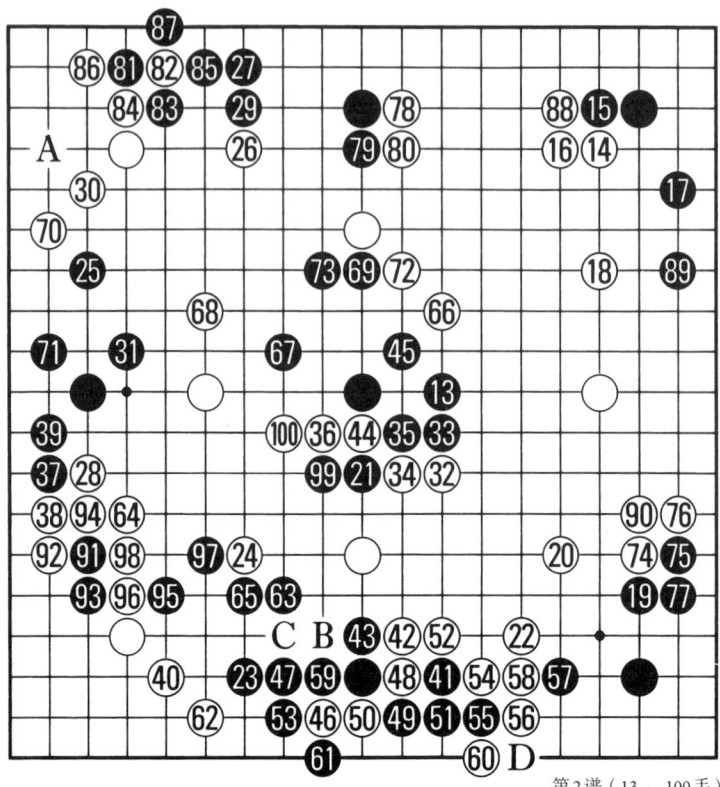

第2谱（13～100手）

第2谱 46手定大势

黑29是缓着，这一手的话本该抢占A位。黑31虽是出色的一手，但有被白30便宜之嫌，这其中便有29手的罪责。黑37手会想直接些以44位粘来应。黑41手前后还尚是黑子并不坏的形势。

黑43应当于48位粘上，这手43位成了败着。

白46手是胜着。黑47手挡50位的话，白子47位尖顶后便会渡至左方。另外黑53手若56位跳的话，白59位冲、黑B位挡、白C位断，黑棋左方两子便没了救。由是终究让白子先手下了54至62诸着。

由于眼形尚非清晰可见，黑65手事出无奈。此外白子视情况尚余有D位粘上的手段，剑指包围圈内的同时眈视右下角的黑子。右上角黑子89位脱先，则将因白子至此而陷入危险。

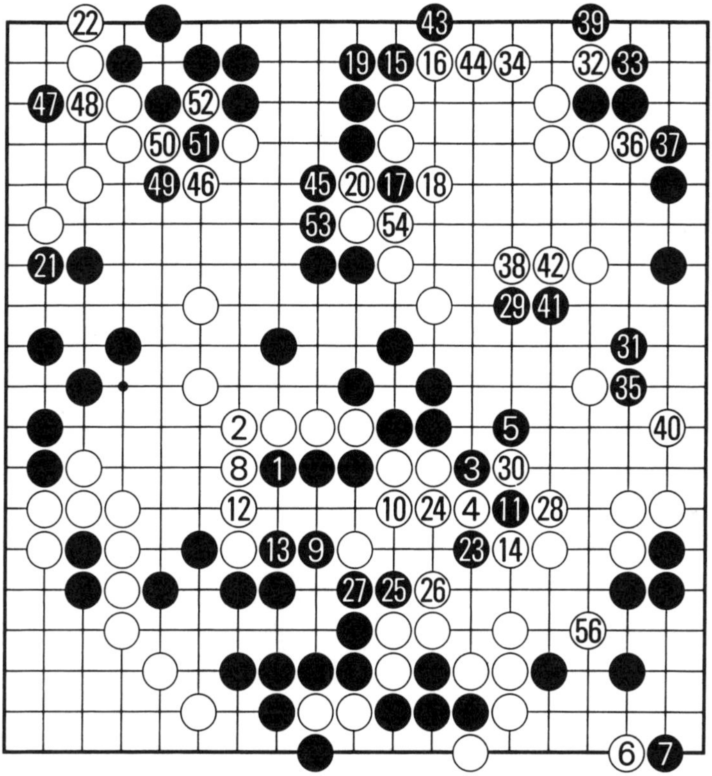

第3谱（101 ~ 156手）

(55)=(51)

第3谱 种种对策

针对我与木谷先生的新布局，有用一如既往的低位旧布局来正面对阵者，有以比新布局位置更高的布局奋起对抗者，有极端地采实利本位瞄低位进攻摆开架势者，有秉以其人之道还治其人之身反而也祭出此新布局者等等，如是各棋士一路费心对局而来。而另一边业余棋手也都争先恐后地下起三连星，新布局成为不得了的流行趋势。这盘棋布局或可谓珍奇，不过沿此进行到中途时黑子倒并不坏。

156手终 白中盘胜

限时各9小时　白方用时3小时35分

黑方用时6小时30分

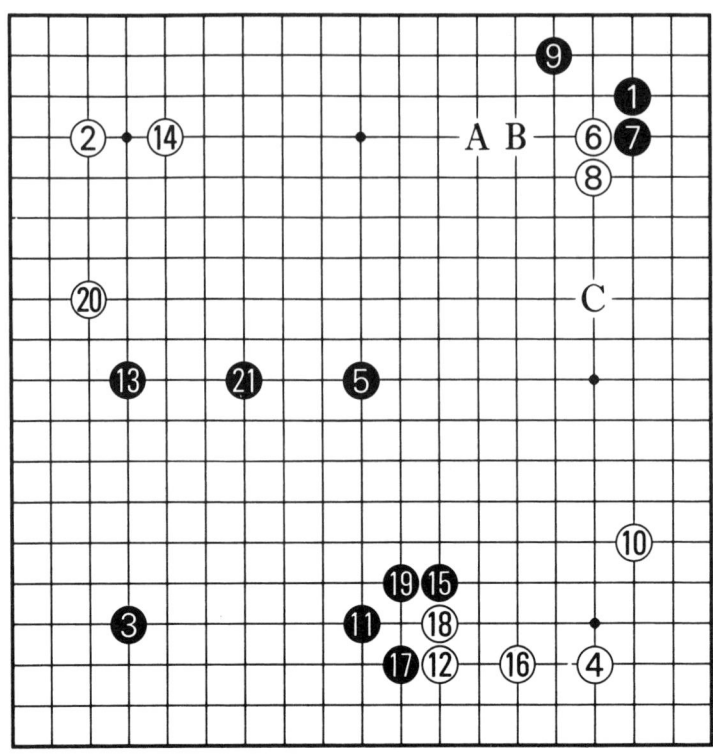

第1谱（1～21手）

昭和八年（一九三三年）十月十六日～昭和九年（一九三四年）一月二十九日

15 三三·天元局

名人　本因坊秀哉
二先二　黑　五段　　吴清源

第1谱　十月十六日

　　十九岁成为五段的我，面对当时棋界的最高峰秀哉名人能得无授子执黑先行，这是个特例。每周一进行对弈，皆在黑方一手之后打挂是此局的惯例。因为开局左右同形，黑5手我便想选天元来下了。若在现在的话白12手就是选A位了吧。又黑13手若走B位，白走C位，黑14位，如此更能使天元一子发挥效力。这盘棋十月份对弈开始，次年一月末迎来终局。

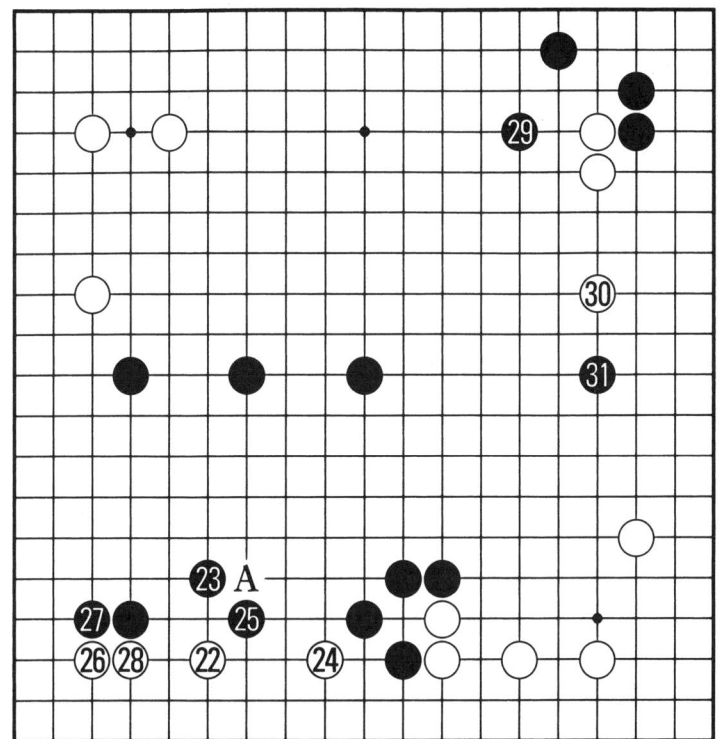

第2谱（22～31手）

第2谱 十月二十三日

下边的白24是看准了接下来A位靠的，而黑25尖防掉了这一手。

白26手处或也产生过图1的构想吧。不过虽说实战谱中黑29手的攻击狠厉，可一旦拐1位，其后至白9为一段落。白30手用了一小时十三分来考虑，而黑31手是三十分钟。

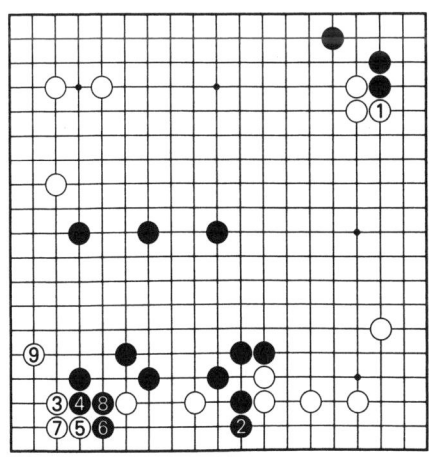

图1

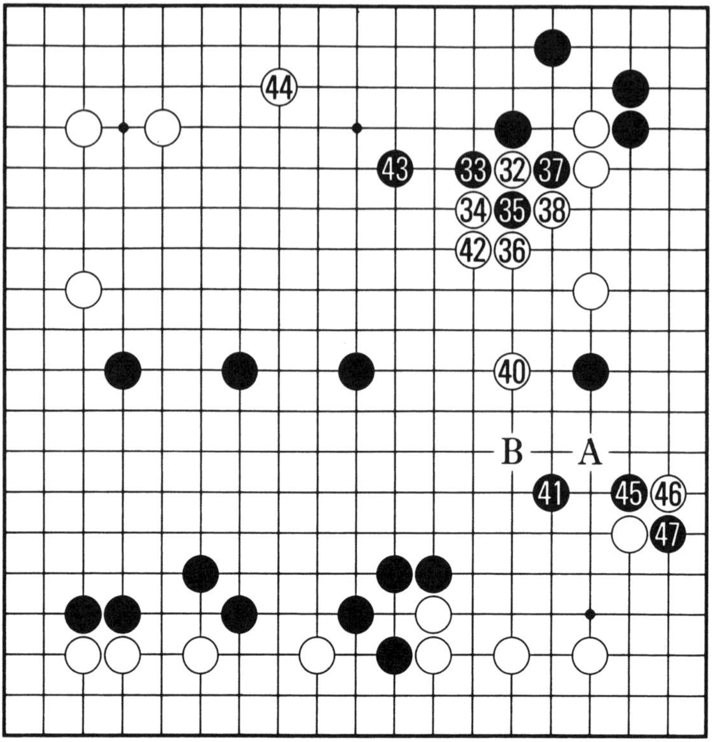

第3谱（32 ~ 47手）

❸❾=㉜

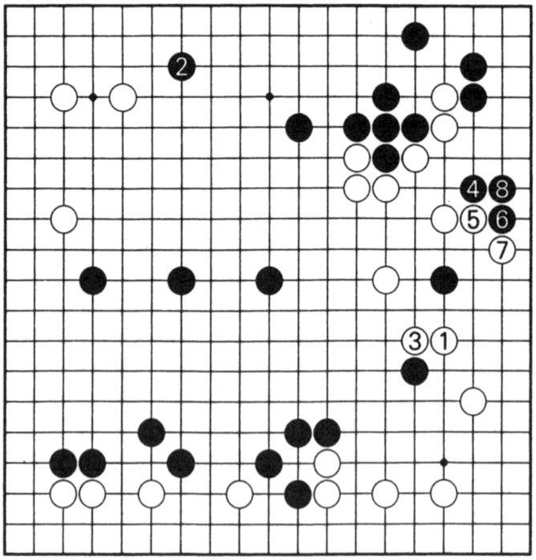

图2

第3谱 十月三十日

第三天对局，至第39手粘梅钵形，黑子并无不满。黑41手跳A位则白跟至B位，黑子滞重不佳。对白42手应以黑43，是因为此处被白子连扳便坏了。白44是粗看便一手值三十目的要着。白方在此处长考，或许是想到了图2的变化？如是行至黑8，白子收获不充分。

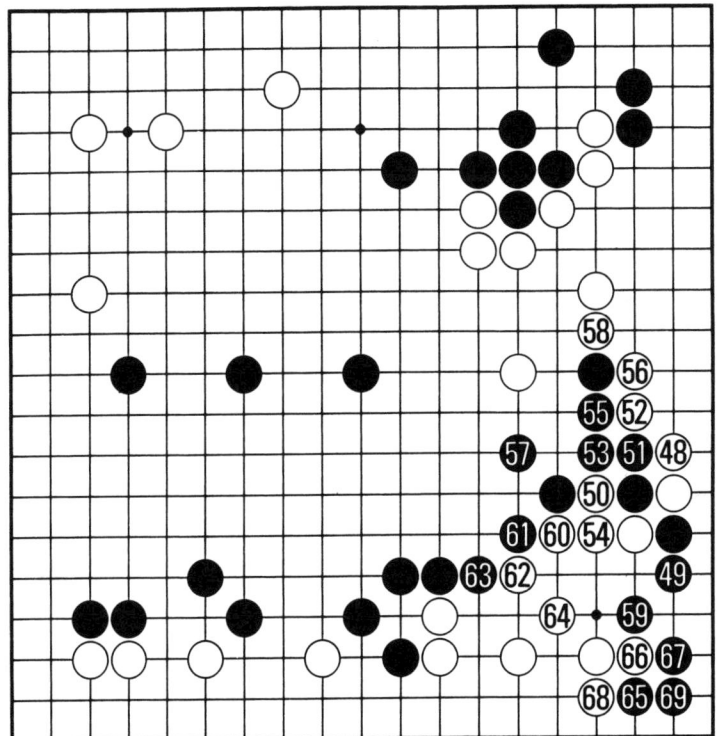

第4谱（48~69手）

第4谱 十一月六日

第四天，69手之后黑先手有图3从黑1到黑7的手段。

白子即便为预防以上情形如图4所示下1位、3位，黑子相应于此也有2、4直至24的强手。因黑将拔天下劫，右下白子黑a一手即死。

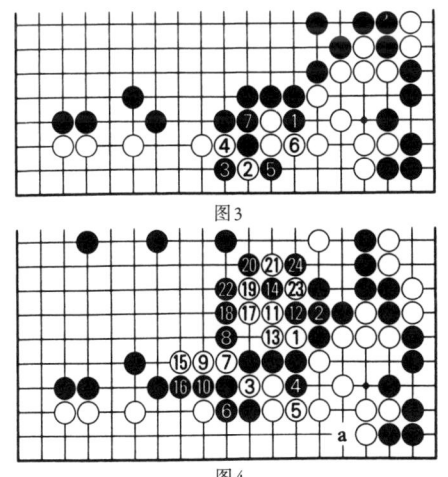

图3

图4

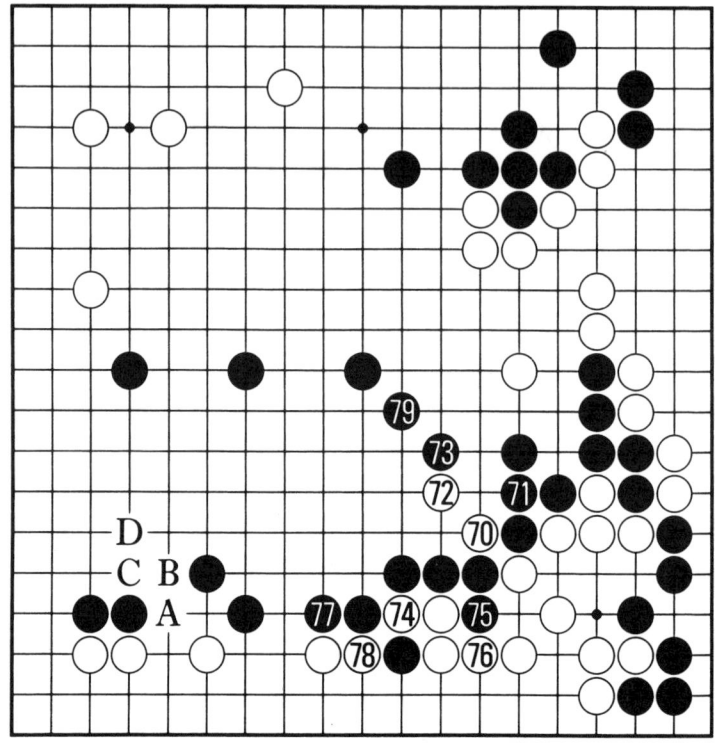

第5谱（70～79手）

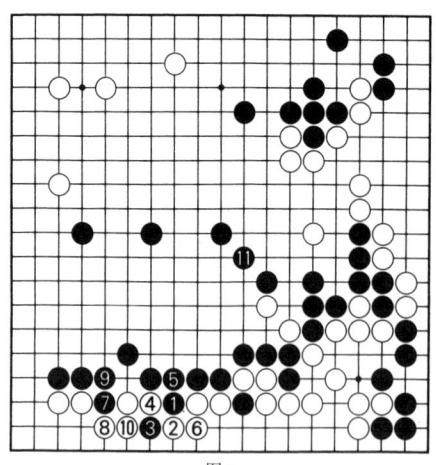

图5

第5谱 十一月十三日

第五天，黑79手是一分钟考虑的结果。但现在重新一想，觉得该像图5中那样先从黑1到白10交换一番，之后再下11位。黑79手上秀哉名人进行了三个小时的大长考，结果就这么打挂了。白A位、黑B位、白C位则我是做黑D位的打算。

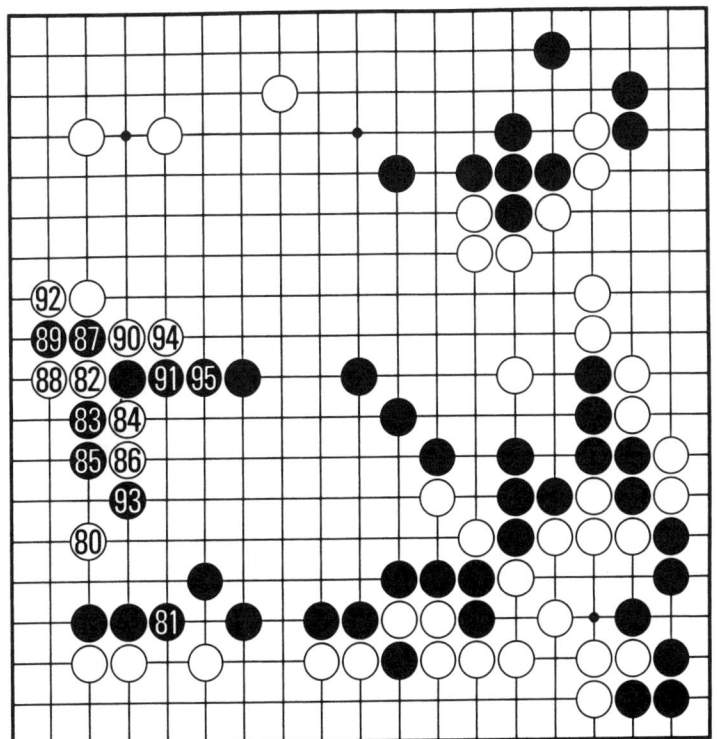

第6谱(80~95手)

第6谱 十一月二十日

第六天,白80是煞费苦心的一着,82手托、84手断的行动皆在其预定中。黑87、89位的弃子事出无奈。

黑95处虽是想如图6一般下成虎的,但这样一来被白4位挤便头疼了。白子是两厢睨视着a位断以及白b黑c白d断的。

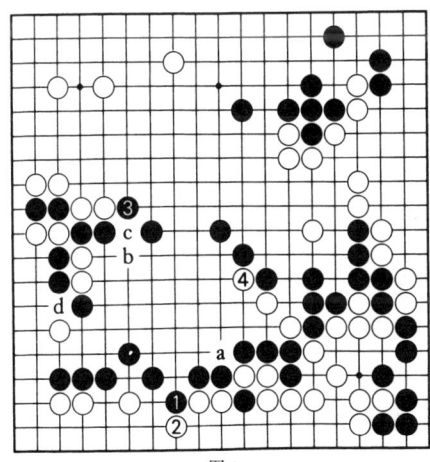

图6

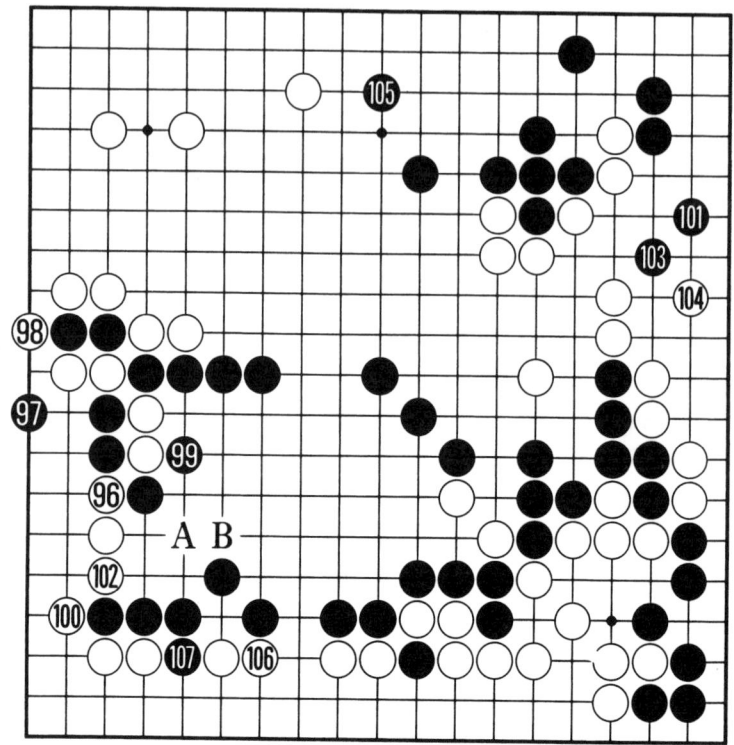

第7谱（96～107手）

第7谱 十一月二十七日

第七天，白106手先A位与黑B交换再爬106位才是正确的顺序。推后再下A位的话会有图7中的反击。对白△还以黑1至黑15后，左上正是17位定型的时机。黑17选a位粘也可。实战过程中黑方同样算漏了这张图的变化，局势又回到了原点。

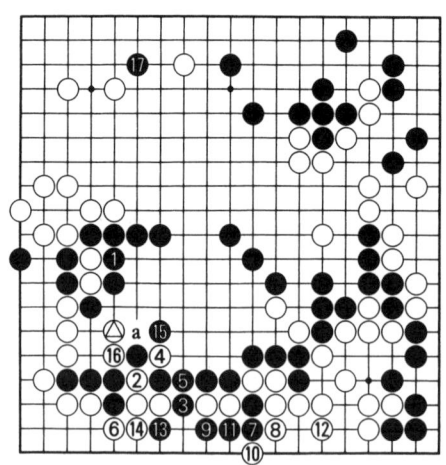

图7

第8谱（108～109手）

第8谱 十二月四日

每周一我与秀哉名人对局，读卖报则从次日至下周一在晨报上对手顺进行连载。

可这第八天，秀哉名人对着上回我的第107手做了二十四分钟的考虑，而后落下了这手白108。对该手我思考两分钟应了109挡，棋局的行进便就此停顿不前了。

秀哉名人从那刻开始长考了三小时三十七分，却总归这样没落子就打挂而终了。

黑方落子后打挂是当时的惯例，况且又没有封棋等制度，因此我倒也什么都没多想。觉得困扰的是读卖报，到下个周一为止，围棋专栏的棋谱六天里一手都没动过。对现代棋士来说这是颇为难以置信的事儿吧。

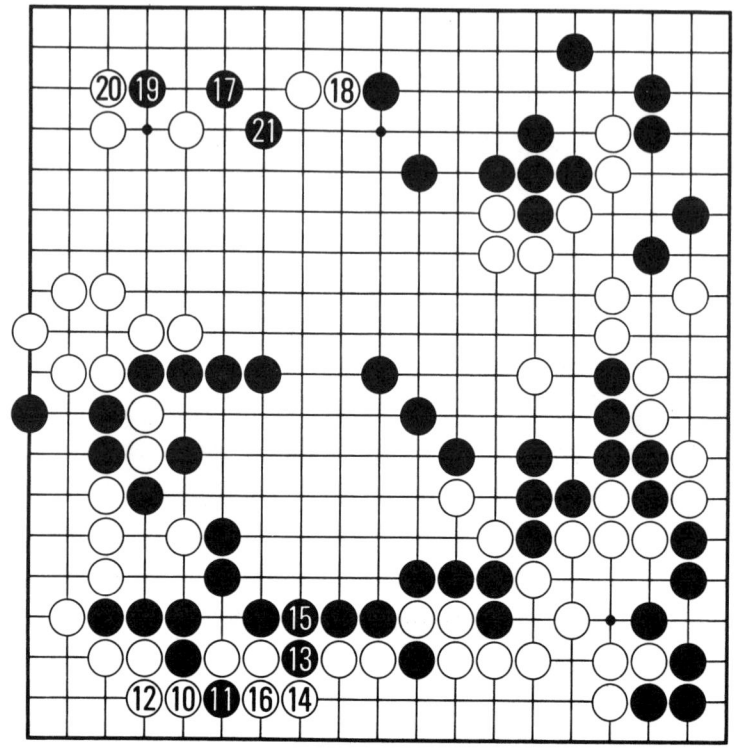

第9谱（110～121手）

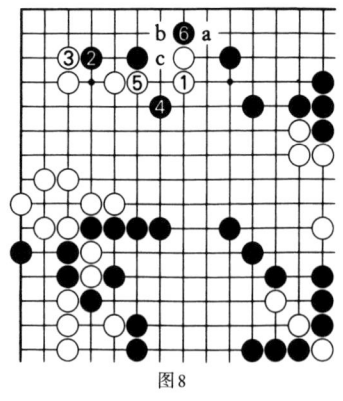

图8

第9谱 十二月十一日

第九天，以黑17打入盘面左上。我判断如此黑棋不坏。

黑方的这一子不会被吃。举例来说白子若下图8中1位，黑子按2位、4位、6位的手顺便能漂亮地顶住。白a位的话黑b位，若是白b位则黑c位。黑4与白5的交换在其中发挥了大用处。由是，白子也就另辟了18以后的变化。

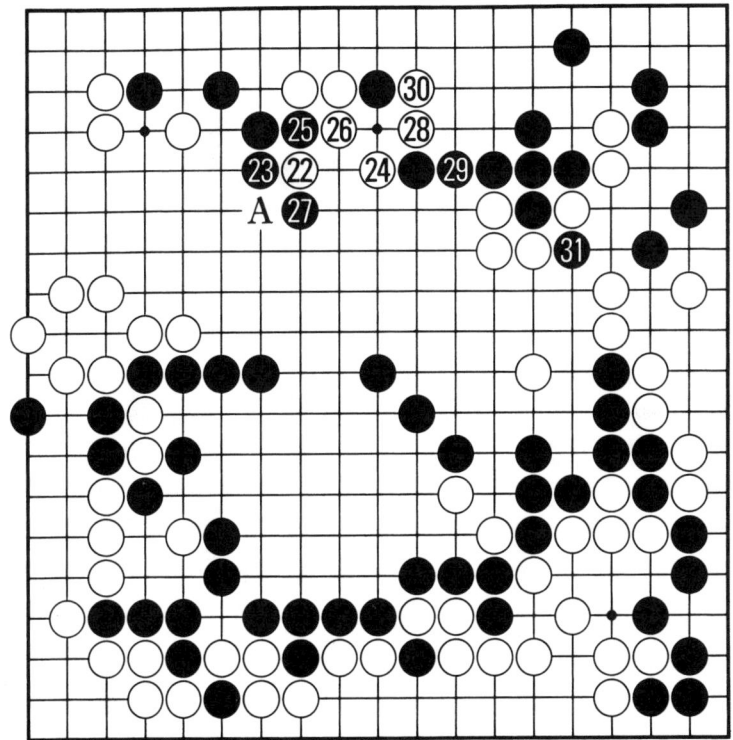

第10谱（122～131手）

第10谱 十二月十八日

第十天，对黑子在左上角的打入，白子也做出反拨，自此便演变为了双方相互掏空。

白24关是巧妙的手段，这着若是27位长，被黑子也跟着A位长，白棋危险。

且若A位扳，则会落得被黑子27位切断的结果。

至白30，两方皆究尽了最佳的着法。

如斯黑子侵略了左上角的白地，而白子也剜进了上边的黑地，正可谓平分秋色。

只是，这会儿我认为是于黑有余地的形势。毕竟面对的是不贴目的黑棋，白棋要在盘面上取胜也不是容易的事。

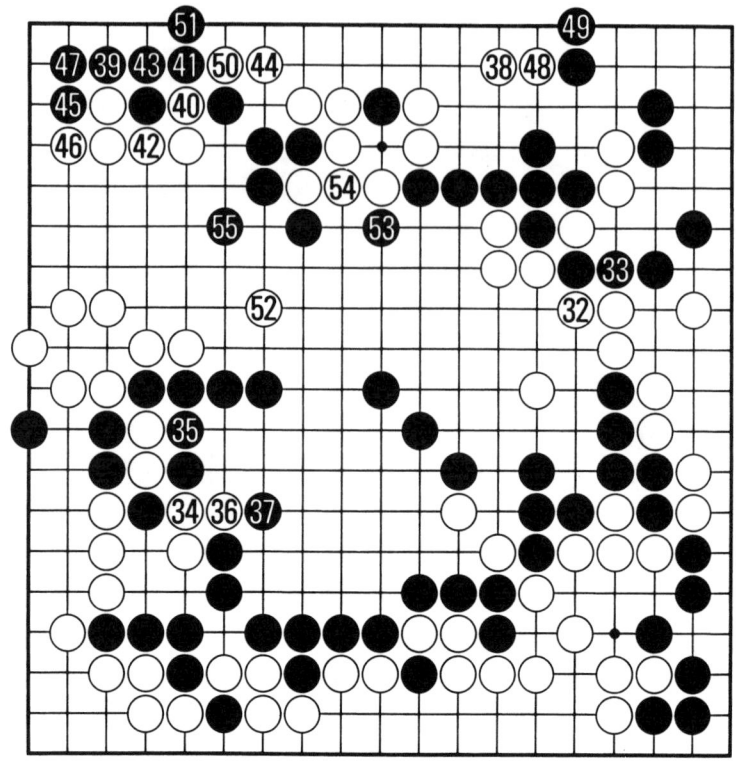

第11谱（132～155手）

第11谱 十二月二十五日

第十一天，左上白子在44位觑这一手时，我要是二话不说粘了50位就好了。那样的话，胜果无疑会留于黑方之手。

黑棋45以下诸着是全然无用的努力，故而被白子在50位切断，致使正中的黑子终而变薄，生出了后来的白60鬼手。

黑子若从善如流老实地粘在50这个点位，前述波澜不会生发，便可认为黑棋已成功甩开对手。

我在这盘棋的对弈过程中还被安排下了大手合六局、其他新闻棋战四局。况且这时期一局棋，大多是三日制或两日制的，因此相当需要体力。再者又多是近乎通宵地对弈，我不日便因此陷入了过劳。

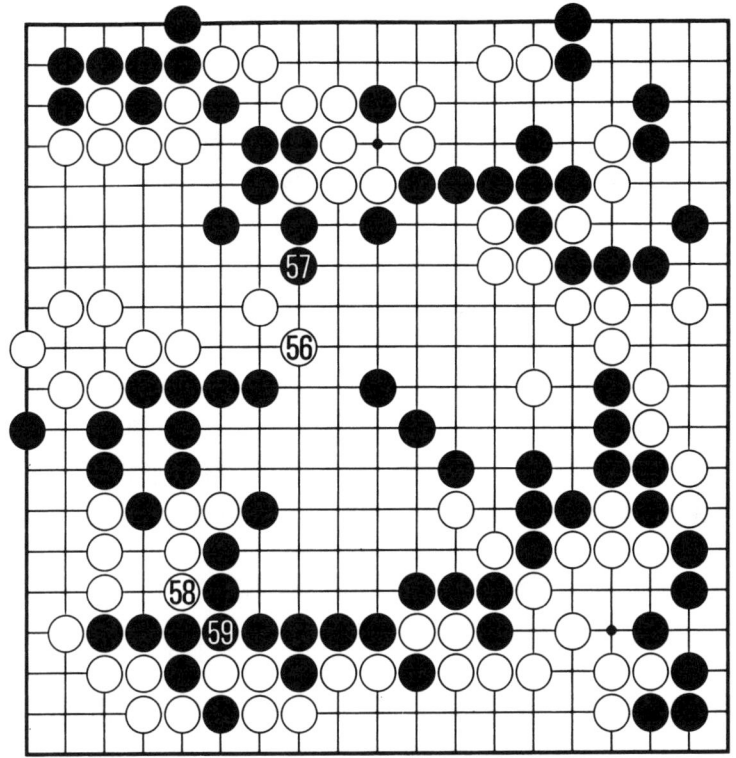

第12谱（156～159手）

第12谱 一月十五日

第十二天的对弈，一月一日是元旦，一月八日我染风寒发了四十摄氏度的烧，结果就暂休了。

黑57处非得跨在图9的1位，保持良好味道行至黑7，以此预防之后的白60鬼手不可。此图白2若是下a位，则后为黑b位、白6位、黑c位。

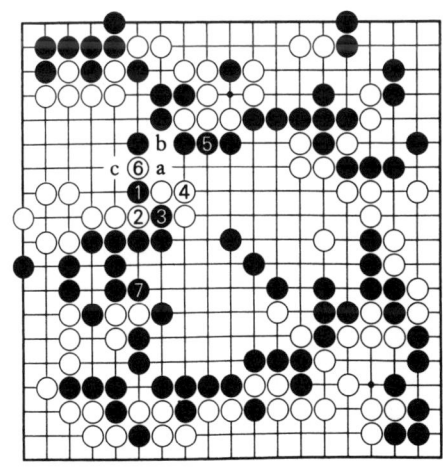

图9

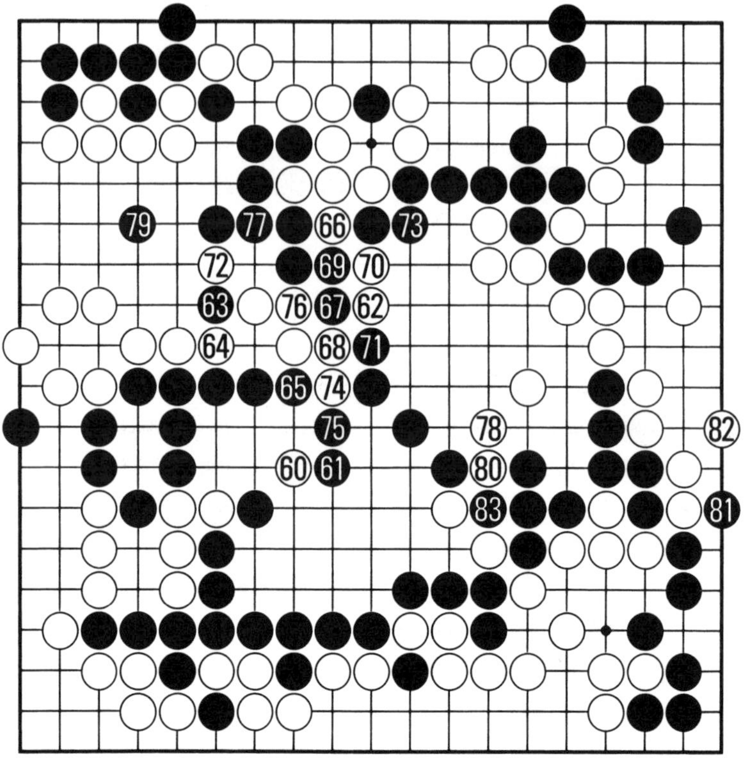

第13谱（160～183手）

第13谱 一月二十三日

第十三天，白60为鬼手，就此白子转而占优。我为其后的黑61苦虑了一小时二十五分之久，可基本上黑棋的领先优势已自此消失了。亦有传是坊门的前田陈尔五段发现了这着鬼手。如图10，黑子应1位则经白2以下诸着黑棋溃灭。其后黑a位、白b位。

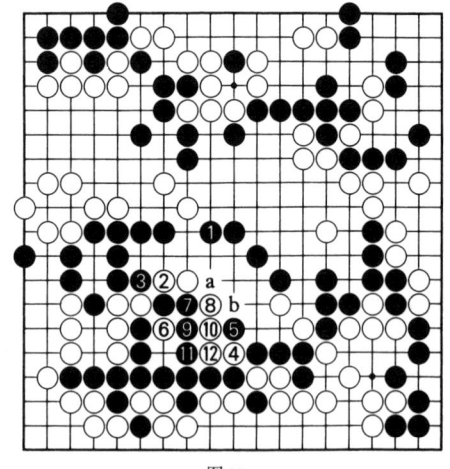

图10

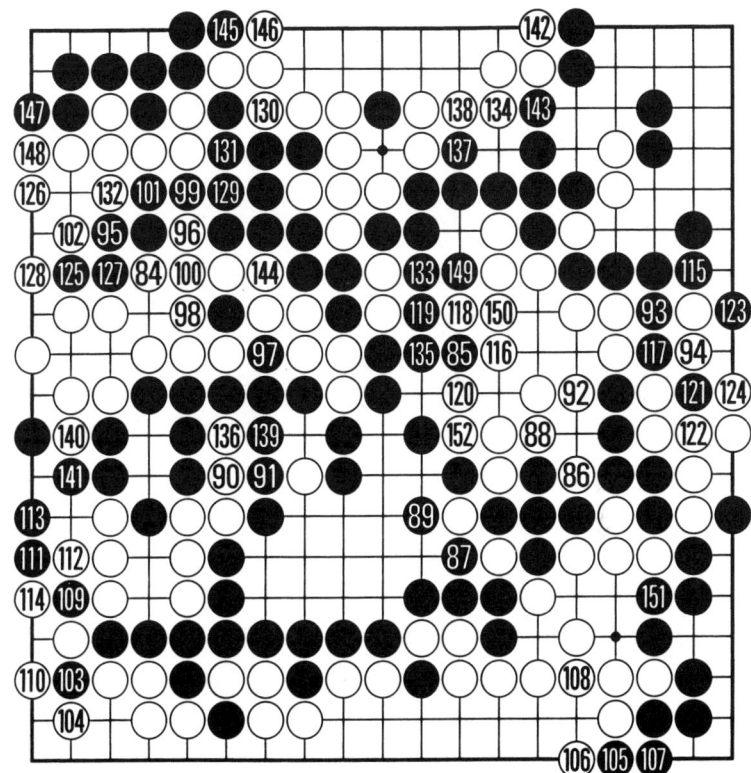

第14谱（184～252手）

第14谱 一月二十九日

第十四天棋局终了。那时候我经常下三三。就这盘棋之前也还以三三出战了数局。然而面对作为老前辈的名人走了三三，便起了非议被认为傲慢不逊。我那时虽全然不知，但三三却是本因坊家的鬼门之手[16]，听闻这我除了惊讶无法作何他想。

对局场地最初是在西银座三丁目读卖新闻社[17]楼顶上紧急设置的和室，但因觉得静不下心来就移去了京桥的旅馆。

252手终　白胜二目

限时各24小时　白方用时22小时16分

黑方用时22小时 6 分

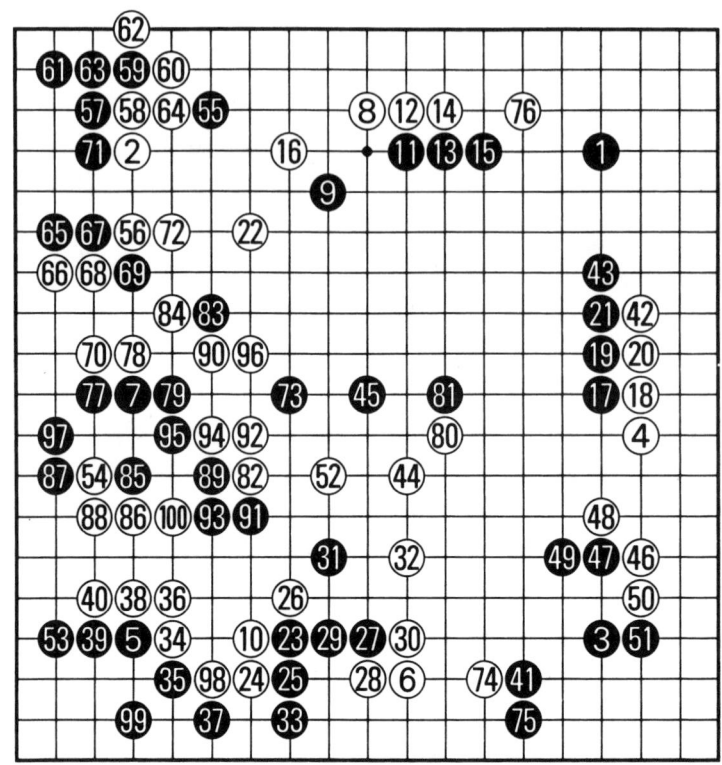

第1谱（1～100手）

日本棋院秋季大手合
昭和八年（一九三三年）十一月二十二、二十三日

16 对艺兄执白和棋

互先　五段　吴清源
黑　五段　木谷实

第1谱　大手合好状态

对战赴日以来一直难得赢过的艺兄木谷先生，春期的执白六目胜[18]令我很是开心，不过秋季的这一局也是占到了优势的棋。

白方感想如下：

"没有直接挂角，而是于第4、6手变化了一下看看。"

黑方的感想则是：

"第57手拐15位的上一路，81手则应当飞91位。另外83手和84手的交换也是个问题。"

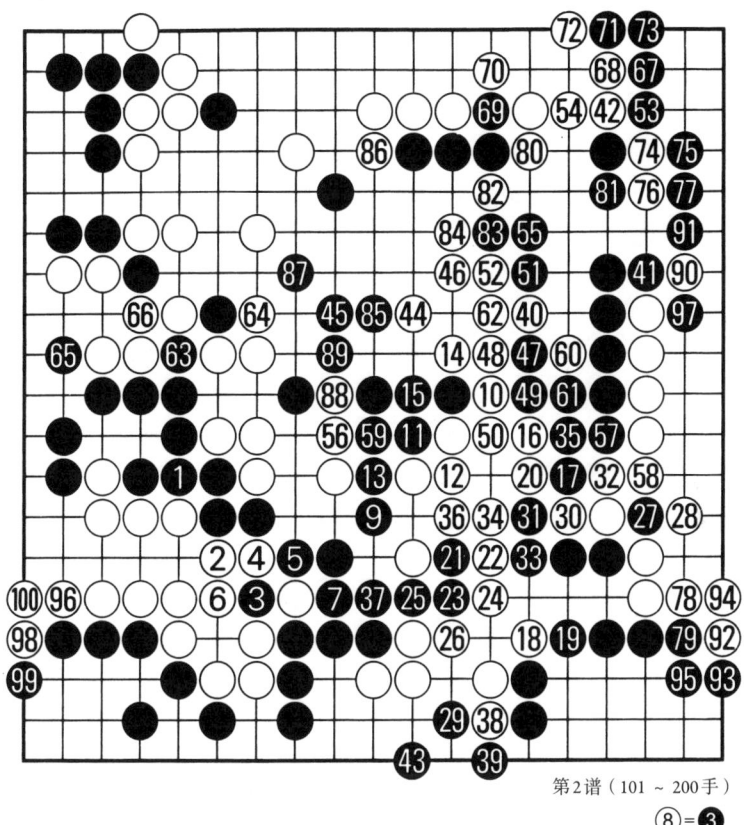

第2谱（101～200手）
⑧=❸

第2谱 78处乐观

白方感想：

"左下的白2单只是在6位做出眼来便好了。中央白子下14位打、16位虎，我认为这是可采的最为强硬的态度了。右下下了白78我感觉形势倒是还不错……"

黑方感想：

"下黑17那会儿因为眼看时间就只剩两分钟，没可能再允许我一一考量找出够满意的方案了。这一手是20位急所的靠最为严厉。黑25没拿捏好。首要的是26位冲出，必须得先与白子的粘交换，然后再断25位。另外黑51至不济也该朝52位靠上，纵使终归吃不掉此处的白子也一样。"

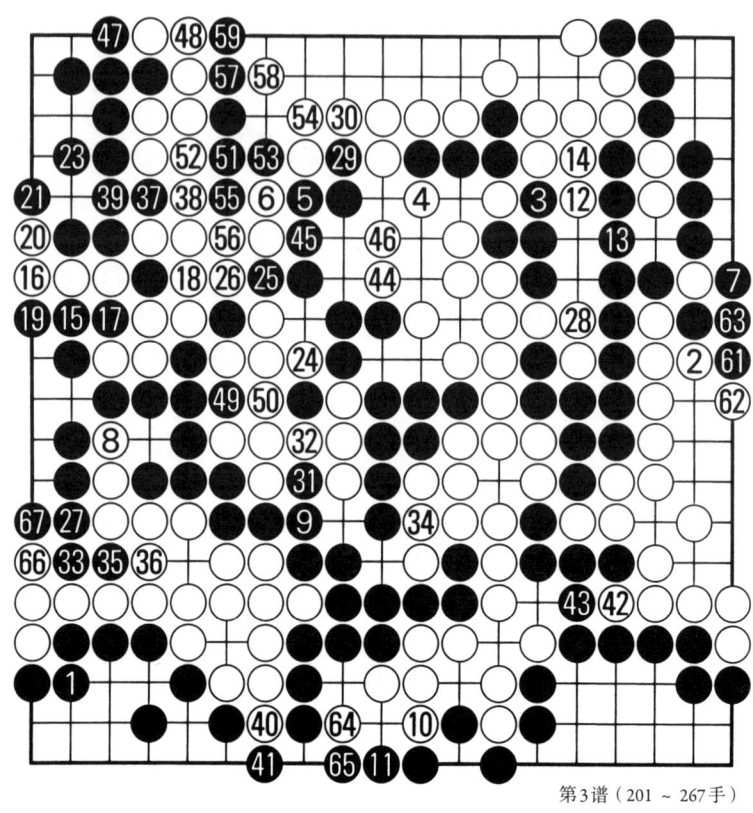

第3谱（201～267手）
㉒=⑱左　㉚=㉖下

第3谱 失算的官子

以下为白方的感想：

"白子要花24往后的几手，先以白39位、黑粘、白37位处理盘面左上。那样的话虽说微细，胜机却还是留在白方的吧。

"白46一手也是，若事先在44位之左挤，趁黑粘起，白子下在46位上一路，之后对黑47以白57缓手应，果然就还是白棋有余地。

"黑51以下的漂亮收官我全然没想到。真真是无可辩驳的失算。"

267手终　和棋

限时各11小时　白方用时10小时11分

黑方用时10小时59分

第1谱（1～30手）

时事新报主办十番棋第五局
昭和八年（一九三三年）（十一月二十四日～十二月十四日报面刊载）

17 新布局诞生局

互先　五段　木谷实
黑　五段　吴清源

第1谱　改主意

限时各11小时虽是惯例，不过下新闻棋的话安排宽松，这盘棋便也如此。夏日里开了局，却在当天下午两点时分一手白30之后——"打挂了吧。"——有来自木谷先生的如是提案，便就此结束了第一天的对弈，而后两个人去了信州的地狱谷温泉[19]。续弈是在差不多一个月之后，而打挂时计划要在A位打入的我变了主意，改像下一谱那样下了。

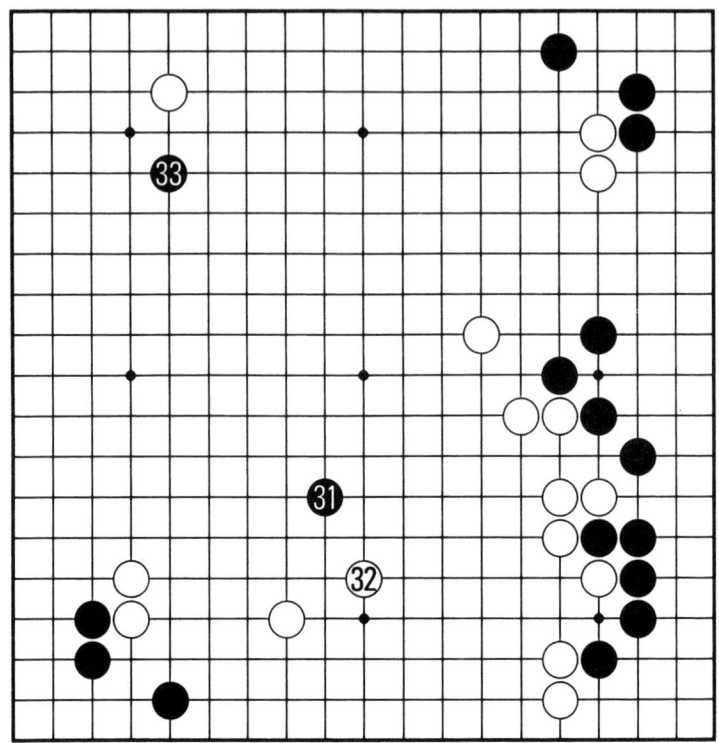

第2谱（31～33手）

第2谱 意气相投

温泉旅馆是木谷先生新婚妻子美春夫人的娘家经营的。[20]

木谷先生在那里对其棋书《定式与布局的统合》（定石と布石の统合）做了口述。我待在近旁听着，接受上天的启示，自此热心地同木谷先生就布局进行讨论，两人意气颇为相投。

回东京以后两人续弈此局，而那时我已经转为31位高吊的方针了。这盘棋结束后的检讨中，木谷先生讲述其感想，认为败着是左上的白子，说这手白棋该要下在较高位置的33处。

后世将此处一局称为新布局诞生之局，便是因为有这么些轶事。

本因坊秀哉名人有评："32手选33位棋的局面更广。"

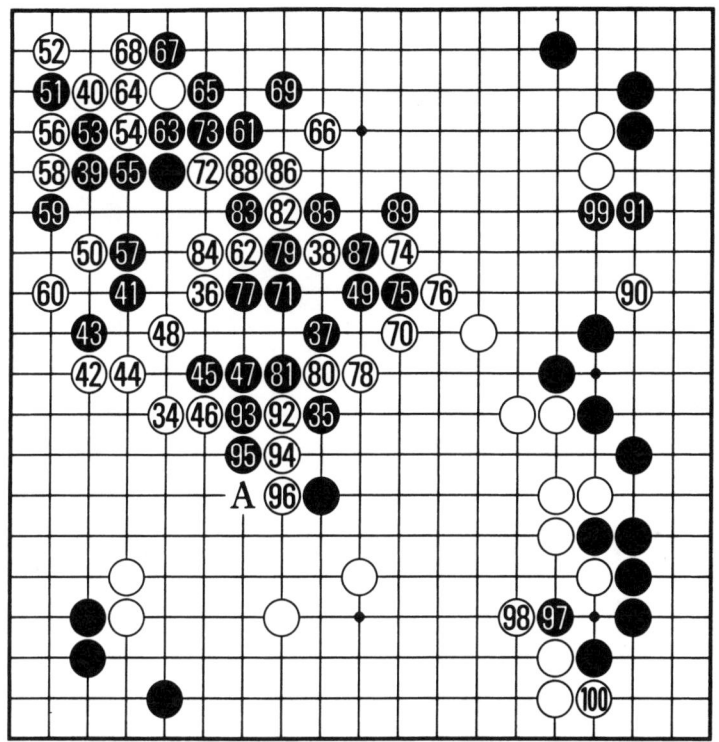

第3谱（34～100手）

第3谱 90手过虑

以下为本因坊秀哉名人的讲评：

"中央的黑35手多跳一路进至80位，即便多少有些间隙留出来，但这样起步快，能较早走出不易捕捉的棋形。故而80位较35位更胜一筹。另一厢的白棋，36手之时会想不能放跑机会，应该镇于37位以窥黑子动静。

"黑棋在上边的89手扳倒算合意的着眼点，遗憾的是感觉其中并未伴随实质的好处。退开去占据A位要点，将游离在下边的数子纳入安全范围内的话，黑棋的胜势便就此被确立下来了吧。

"白棋右边的90手过虑。反而倒给黑棋顺手了。率直地在中央92位将黑子两断为好，我没看出这样有何不可。"

当时的秀哉名人讲评是日本棋院编辑部在籍的和田实氏代笔，恰切地表现了讲评者的意思与风格。

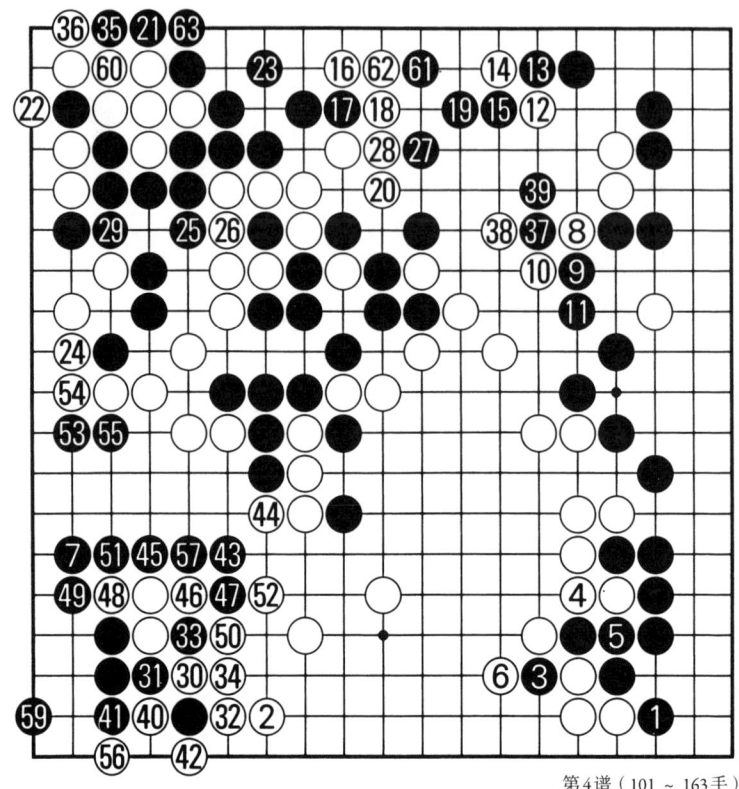

第4谱（101～163手）

㊺=㉝

第4谱 白14无谋

同为本因坊秀哉名人讲评：

"右上白14挡应该是顾虑到左方的几分余味，但将焦点放得甚远，毋宁说是近于无谋之举了。

"若以14跳19位采稳健之策，令局势极度微细化，前路所趋轻易判别不了。蒙受黑子间不容发在15位的切断，以下被推进至19，白棋大势已去。"

就在这一九三三年的秋季大手合中木谷先生晋升为了六段。

由于这个原因，时事新报社将他与我的十番棋中止在随后的第六局，改于次年四月起新举办木谷对吴的先相先三番棋。

163手终　黑中盘胜

无时间记录

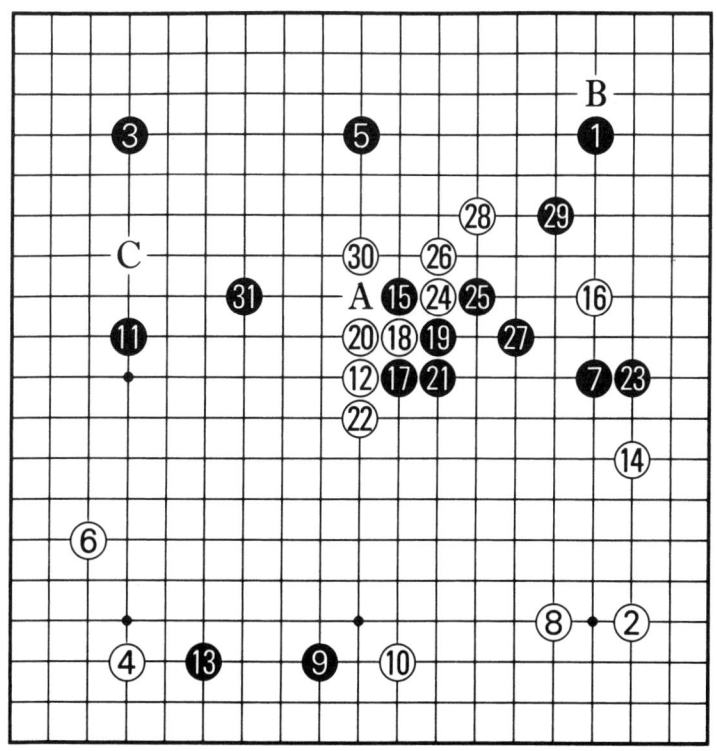

第1谱（1～31手）

日本棋院春季大手合
昭和九年（一九三四年）四月二十五、二十六日

黑　五段　　　吴清源
先相先　四段　　向井一男

18 新旧对立

第1谱 向井流

向井老师生于一九〇〇年，是位一心追求棋道的棋士，也是旧布局的遵从者。对我的新布局，其以旧布局正面对阵，这棋的序盘便成了有趣的展开。

在新布局范围内而言，我也颇爱用三三与星位，而三连星则是木谷先生开始得要早得多。

黑15手正是难做抉择的时候。白16手靠A位则黑准备20位挖。黑17手至白24手是盘上情势所趋。黑31手立在B位，则白C位的打入将颇为严厉。

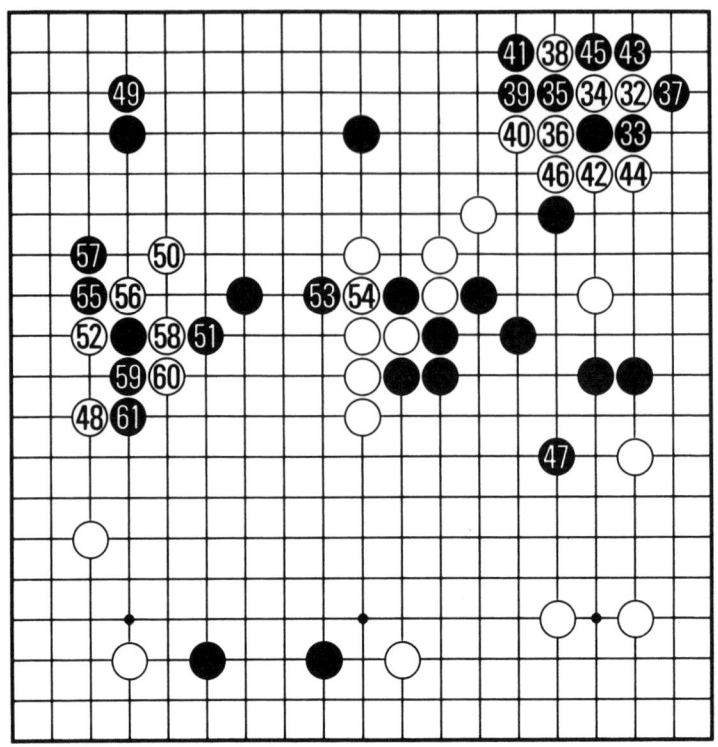

第2谱（32～61手）

第2谱 52手败着

左上白50是向井先生称意的一着，可随后的52成了败着。52手时如图1所示在黑子的势力圈内做活便好了。本图之后，黑a位、白b位、黑c位的着法不会轻易定型。这是由于白子多半会在d位回应。被黑55手切断，白棋担子不轻。

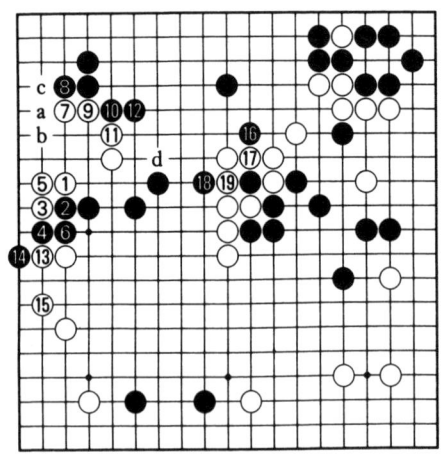

图1

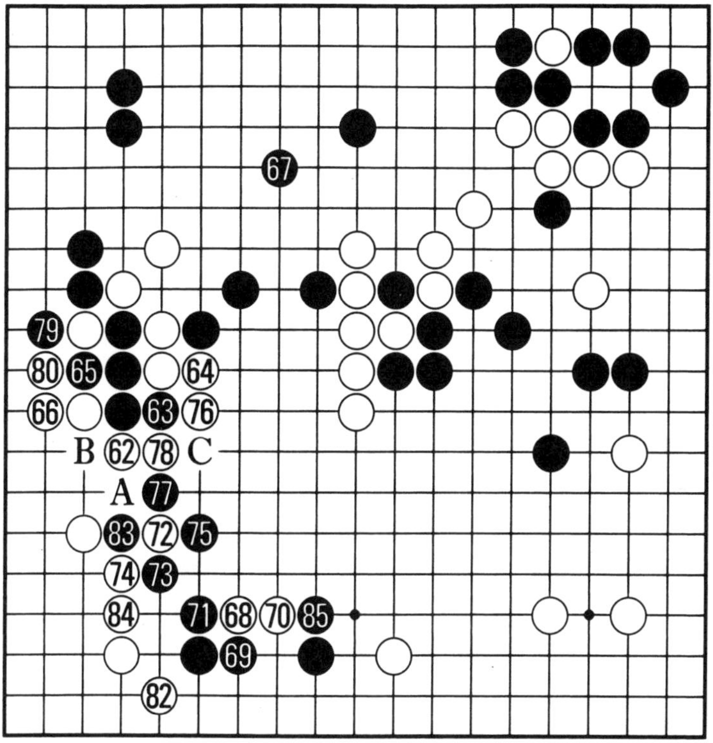

第3谱（62 ~ 85手）

81=79右

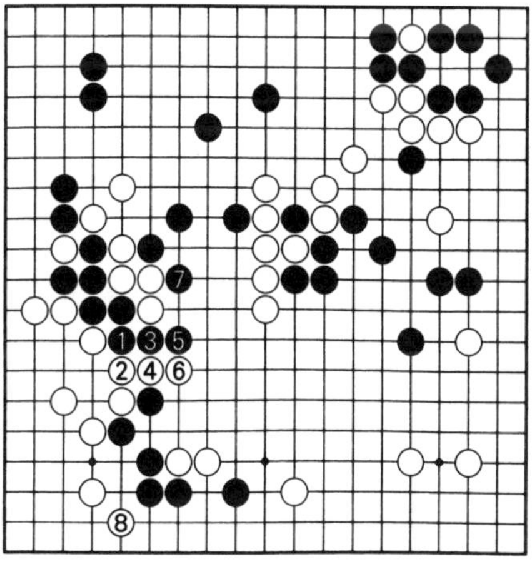

图2

第3谱 拒绝转换

对于白76，黑77手若78位冲出则如图2发展，形成大规模的转换。

白方做的是用这一变化将局势拖入胜负决战的盘算，故而我拒绝转换，实战谱77手以后诸着以平稳为旨。黑85手之后，黑A位、白B位、黑C位将成为价值很大的着法。

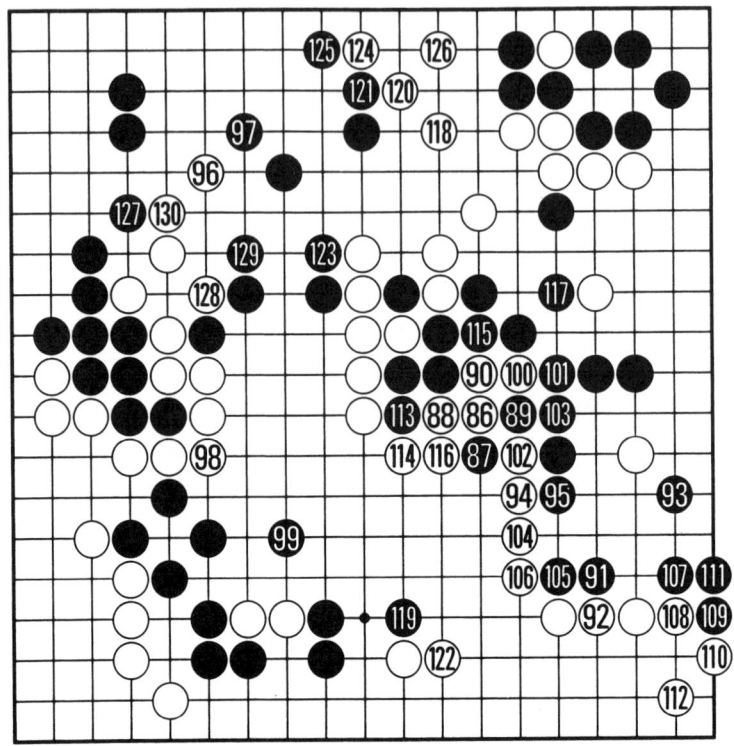

第4谱（86～130手）

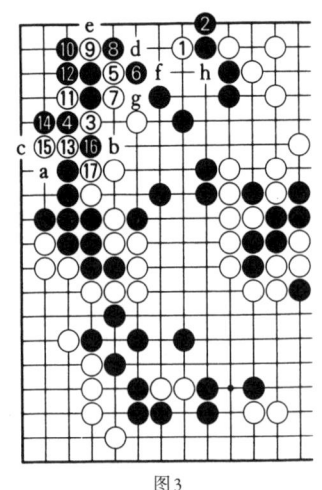

图3

第4谱 白子的意图

黑棋虽视坚实为旨，白棋尤以求取决胜之心穷追不舍。

上边白子的124、126手蕴有高妙的意图。黑子对此以127之后诸着防住。但若黑棋不下127位，则如图3那样会被白1至17吃掉左边九子。要是可惜这九子而在那手白17后渡以黑a位、白b位、黑c位的话，对方还以白d位、黑e位、白f位、黑g位、白h位，这便又是个问题。

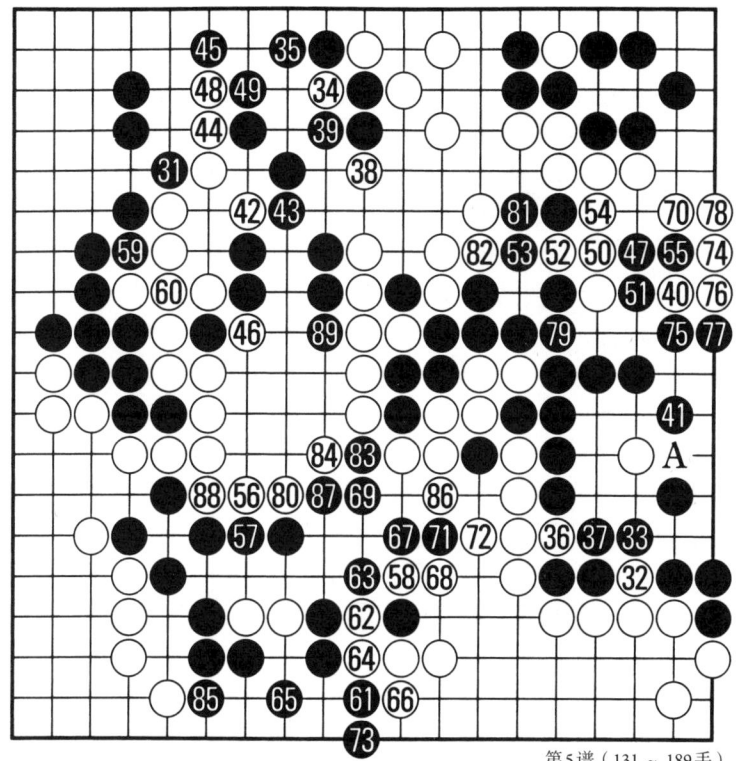

第5谱（131～189手）

第5谱 谨慎行事

向井先生是山部俊郎九段[21]的师父，一九五九年成为七段，一九六九年殁。他身着和服挺起胸膛单手执扇反复进行长考的姿影极其令人印象深刻。下称心的一手时，会将一度置下的棋子重新提起并第二次、第三次并意念一起哐地强力拍在棋盘上。

本谱若省去黑31一手，白35位夹再尖至49位，左上角便有求活的鬼手。另外右边的黑41一处，若脱先，白A位挡则成大逆转。黑41尖顶75位也会因白41尖而有危险，因此我选择下41位谨慎行事。

189手终 黑中盘胜

限时各9小时 白方用时8小时58分

黑方用时5小时23分

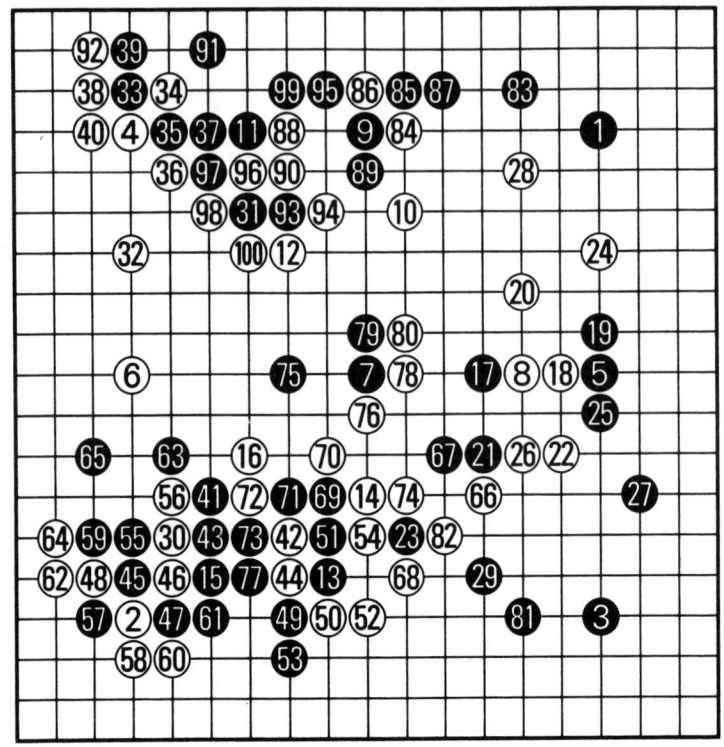

第1谱（1～100手）

时事新报"悬赏三番棋"第一局
昭和九年（一九三四年）（五月八日～六月一日报面刊载）

19 悬赏三番棋

六段　　木谷实
先相先　黑　五段　　吴清源

第1谱　两千日元

前述时事报主办的"木谷·吴十番棋"因木谷先生的升段六局而止，接下来这回便是以一段差的先相先形式举办三番棋战。现代的话九段与初段之间也是互先来对局，但当时的段差一事颇为严肃，即便只相差一段，互先也不被允许。时事报这边给读者的胜负预测设了两千日元的奖金。那是个人们会说"要是有一千块就建栋房子"的时代。这盘棋双方三连星，是新布局本色的开局模样。

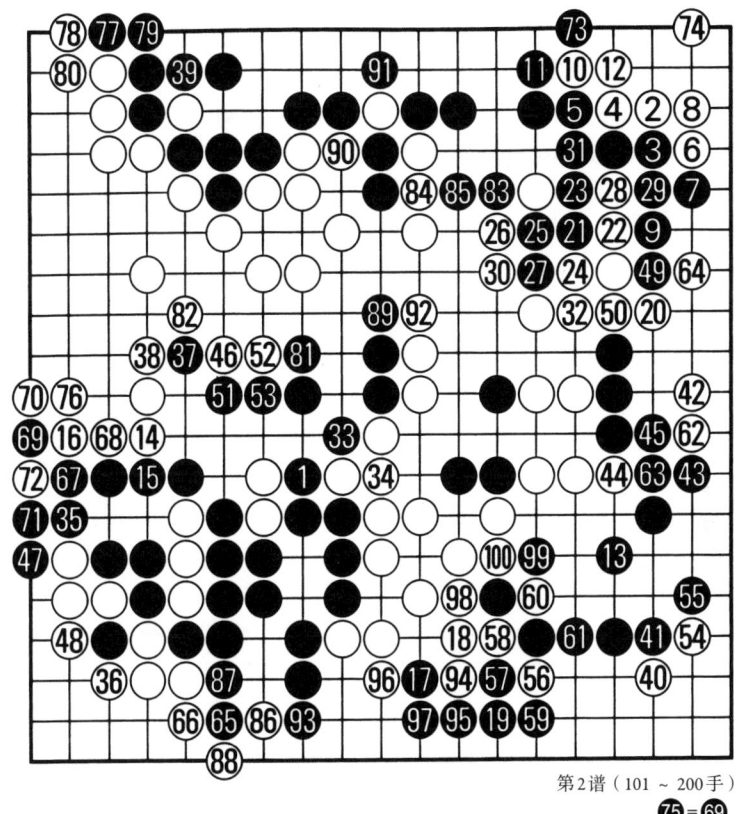

第2谱（101～200手）
75 = 69

第2谱 慢速时代

以下为本因坊秀哉名人的讲评：

"白2在右上角三三点入，至12诸着做活，但那一手倒莫如点右下角40位三三来得意蕴开阔更胜一筹吧。让实战谱里黑13补强一手，事至此右下角黑地归属确定，故黑棋已成不动之优势。"

另外那时候对局的天数也是较现代有云泥之差的长度，而报面连载的天数更是长得放到现代根本都无从谈起。本局是分差不多二十五回连载，但多数棋局会达到三十回前后的长度，每一天刊载的手顺仅仅数手这也是常态。没准时代的节奏就慢到了那等程度也说不定，不过要深度品味棋局似乎还是那样的环境更宜人。

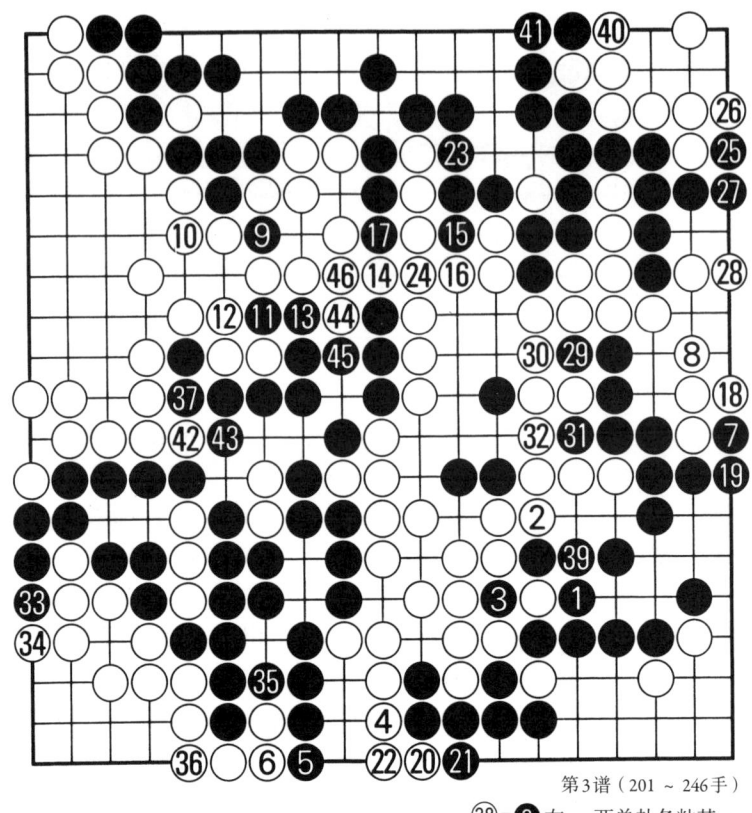

第3谱（201～246手）
㊳=❸右　两单劫各粘其一

第3谱 好势头

此度三番棋，第二局九月份被刊载出来，木谷先生执黑七目胜，第三局在十月份，完结于我的执黑八目胜[22]。

一九三四年的大手合我与木谷先生继续使用新布局，也倒顺利地取得了成绩。我春季是五胜一和两败，秋季是五胜三败。后者其中有一败是对福田正义五段一局里，因为感冒发烧，第一天打挂的状态下我弃权告负。

同年夏天我与木谷六段、安永一氏[23]、田冈敬一氏[24]等人前往上海、青岛、大连、长春[25]、京城[26]，共赴围棋亲善之旅。

246手终　黑胜六目

限时各11小时　白方用时10小时25分

黑方用时 5 小时38分

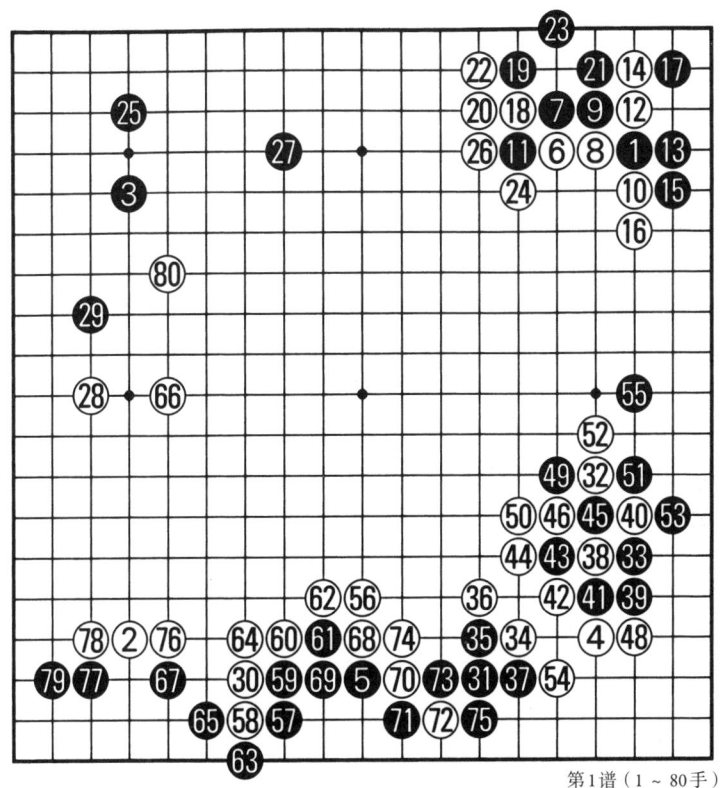

第1谱（1～80手）

㊼=㊳

日本棋院秋季大手合
昭和九年（一九三四年）十月十七、十八日

20 二十岁六段

黑　六段　　宫坂寀二
先相先　五段　　吴清源

第1谱 最短路径

我在一九三四年的秋季大手合中走尽可能短的路径取得升段点，二十岁上确定了六段的晋升。实际升段是在次年的二月。当时本因坊秀哉名人以下八段无人，[27] 接着便只剩七段位次最高，因此那时候的六段位有现在差不多八段位的价值。

这盘棋起首同样是新布局的华丽序盘。

宫坂六段的局后感想有言："黑55手原该跳于56位。"

第2谱（81～138手）

第2谱 新布局对策

前述向井一男先生面对新布局以惯有的旧布局来进行对抗，而新布局现身已第二年的此时，各路棋士也都通过种种钻研考虑出了新布局的应对策略。其中有如针对三三下五五、下高目等等，各人以各异的手段招呼过来。同时，我和木谷先生等人作为卷起这新布局旋风的当事者，为了展示新布局与旧理念交融时的相协性也一路做出变化。

本谱行至白138手，因黑棋五子已回天乏术，黑方投子也是没办法的事。

138手终　白中盘胜

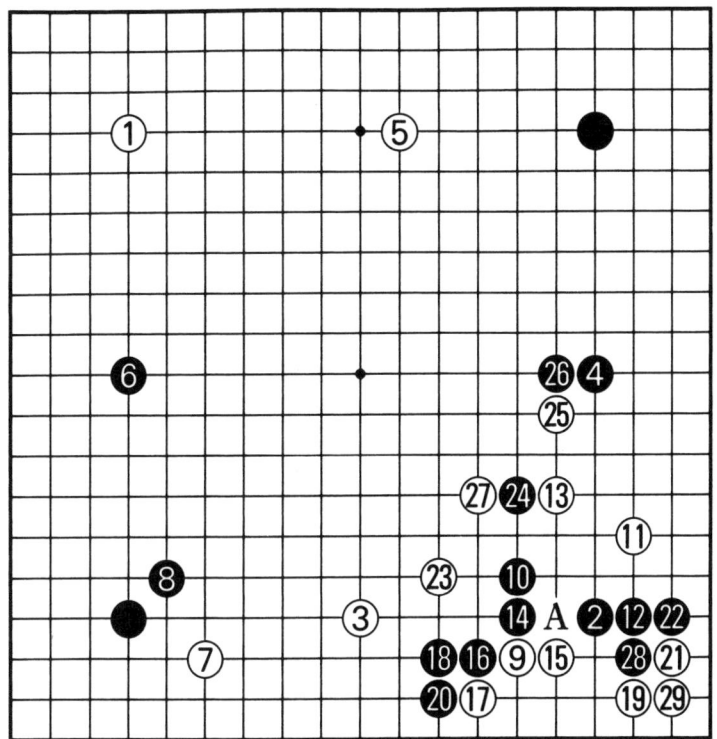

第1谱（1～29手）

《棋道》主办"坂田入段纪念手合"，弈于日本棋院
昭和九年（一九三四年）十一月二十五、二十六日

21 坂田少年局

　　　　　　　　　　　　　　五段　　　吴清源
　　　　　　　　　　　受二子　初段格　坂田荣男

第1谱 二十岁与十四岁

我二十岁那年确定晋升六段。其后的首位盘上对手，是十四岁的坂田荣男初段[28]。

坂田少年从实力上来说前些年就应该能成为初段了。相应地，他此时已然具备相当的棋力，本局也下得颇为出色。

右下角黑28手与白29手的交换，意在以此防止来自白A位的冲出。确是滴水不漏的行棋。

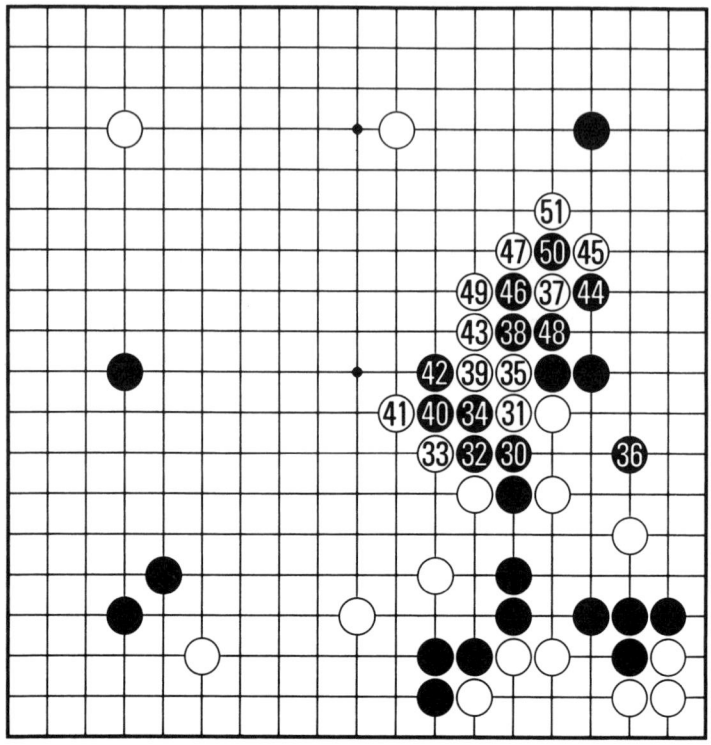

第2谱（30～51手）

第2谱 相竞

黑30手长出，白31也顺势长出。接着黑32、白33、黑34、白35，双方顺势出头。

黑36手是不能省略掉的要点。

白37、39手因行棋韵律而可堪手筋，黑棋这边44、46手倒也又出了手筋。由是至白51手挡，双方皆以手筋往来。这一段从我们对局者的角度来说是自然的发展结果，但这过程仍可说有一看的价值吧。

这时候的坂田少年理个圆寸，给人以精悍之感。少年棋力已然达到相当的高度，不过以日后将棋界头衔尽数独揽的坂田荣男先生来讲，十四岁上显示出此等程度的棋艺倒毋宁说是理所当然。他从来便具锋锐棋风一事，仅据此一局也可察知吧。

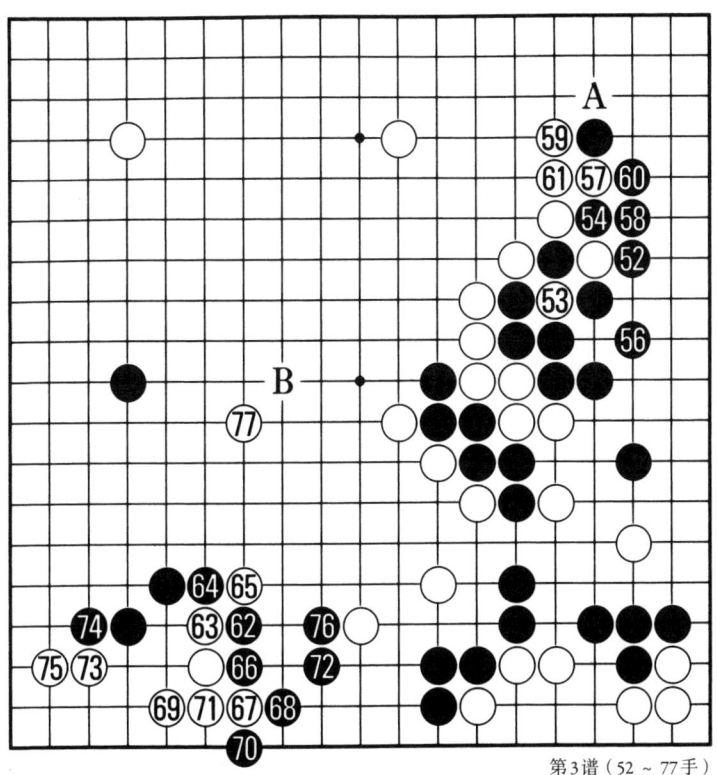

第3谱（52～77手）
⑤⑤=㊳

第3谱 侵消之手77

职业棋手的世界里有"二子非棋"这样的说法，布下两子便可认为造成了莫大的差距。但若是受子方出现一手缓着，就立即会缩减为毫厘之差。

黑52手至白61手是仅此一途的发展。于此告一段落之后，显眼的是接下来A位这一手。但这里急场仍还是左下边，故而下A位便会成为缓着。

黑子在左下62位肩冲是正确的，对此白子也以63、65手冲断，这在气势上是当然之择。然后到白75手为止，这就又是可谓近乎只此一途的推移了。

黑76是彼此共同的要点。黑棋若脱先白子便下76，这样一来黑方即刻陷入穷途。白77是侵消之手。这里要是被黑子在B位防备住了，便会成黑棋的大模样。

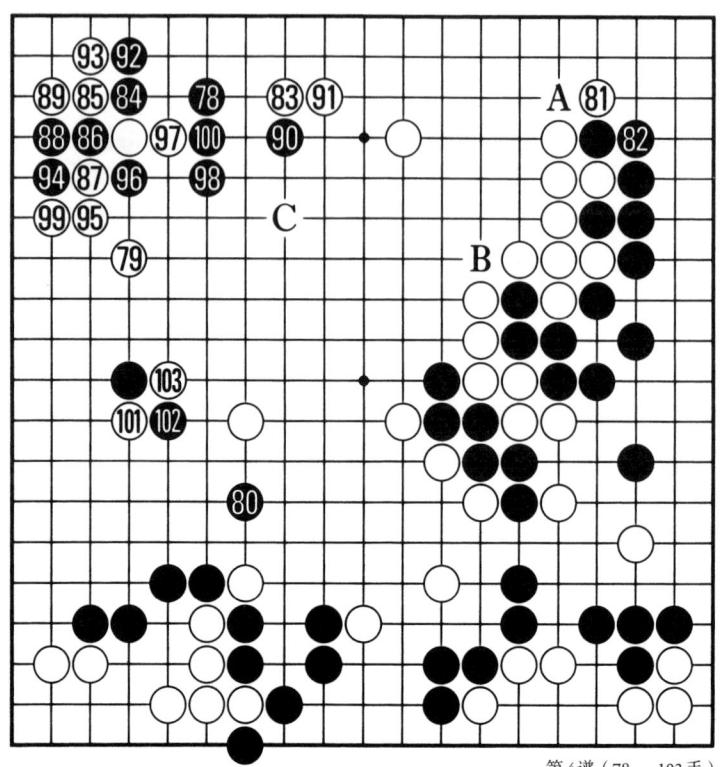

第4谱（78～103手）

第4谱 80手缓着

挂左上角的黑78手，我比较不情愿被它从95位这边来一下。对后者白子若应以100位拆一，黑子便会在右上81位立。到这一步的话，接下来的A位拐之后B位断又将成为黑棋的目标。

因为黑子挂的是78位，白子便79位拆二。而不知是否受此所诱，黑棋出了80位补这个缓着。80手在上边91位展开方好。

黑100手也是跳至C位渐显眼形要来得有效率。

由于这么些个情况，受两子的威力很大程度上已经变得不可靠了。

白棋没有放跑机会以101、103手扭断，可以说黑子就此成了轻松不得的形势。受子棋中怕的，就是出现这样的缓着。

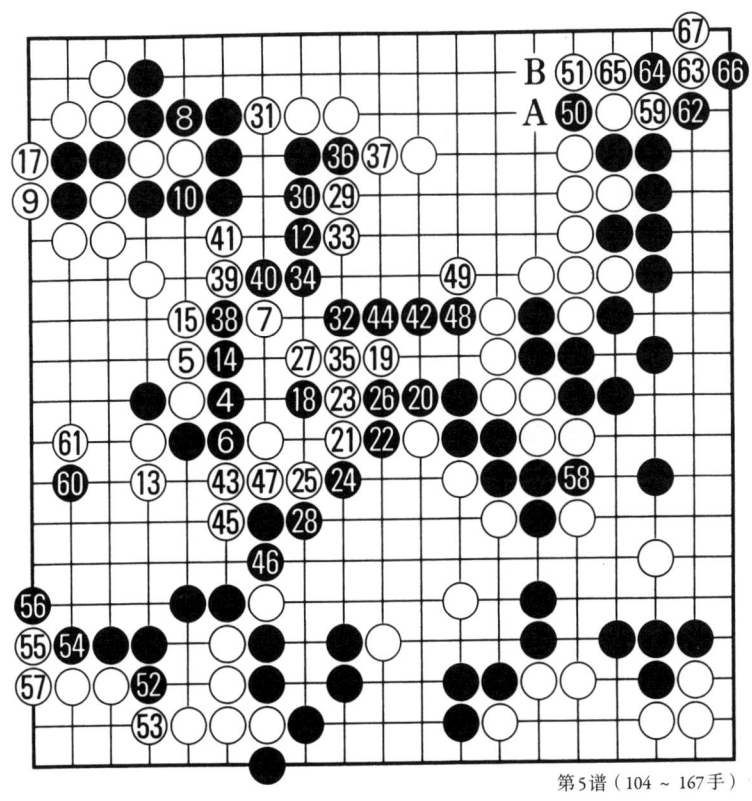

第5谱（104~167手）

⑪=❿左上　⑯=❿上

第5谱　非棋成棋

黑4一处，此前便先13位打一手或才是正确顺序。

棋行至白13，左边上白地增加了。

黑棋下22、24、28，如此其实是准备上边以治孤来处理，看来后日的"治孤坂田"是檀芳由芽始、人杰自幼知了。

然而黑42至48，联络虽说成功了，但以中央六子作为牺牲代价不小。

棋局至此渐渐走入了官子阶段，而总体形势变得细微。总之，不得不说是白棋好好儿走下来让其成为了可称之为棋的局面。右上没出白59一手的话，便有黑65位、白59位、黑64位、白62位、黑A位、白B位、黑63位渡过的手段。

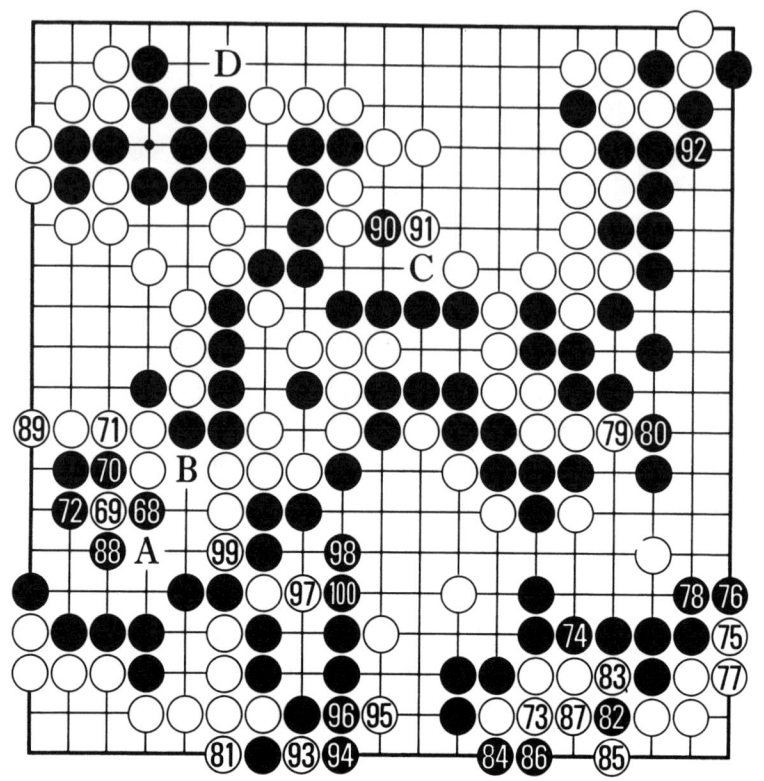

第6谱（168～200手）

第6谱 白失良机

左下黑68是令人觉得不愧为坂田先生的锐利一手。白71下A位抱吃的情况，黑71位冲出就会在左边存活下来。由是结果白71、黑72，不过此后，88位拔也成了黑方的先手。这么说，是由于随后黑子有瞄B位一着而下89位扳的手段，白子因此多有89位的一着补防。

左下白81错失良机。

81于C位事先封空上边原是很大的一手，白棋随后只要做右方92位断还是左方D位扳的选择便好。

实际情况是我选择了81位并相应下了随后的93至97诸着。原是感觉此处对方似有什么手段而下的，却是误算了。结果让黑90漂亮地得了利。

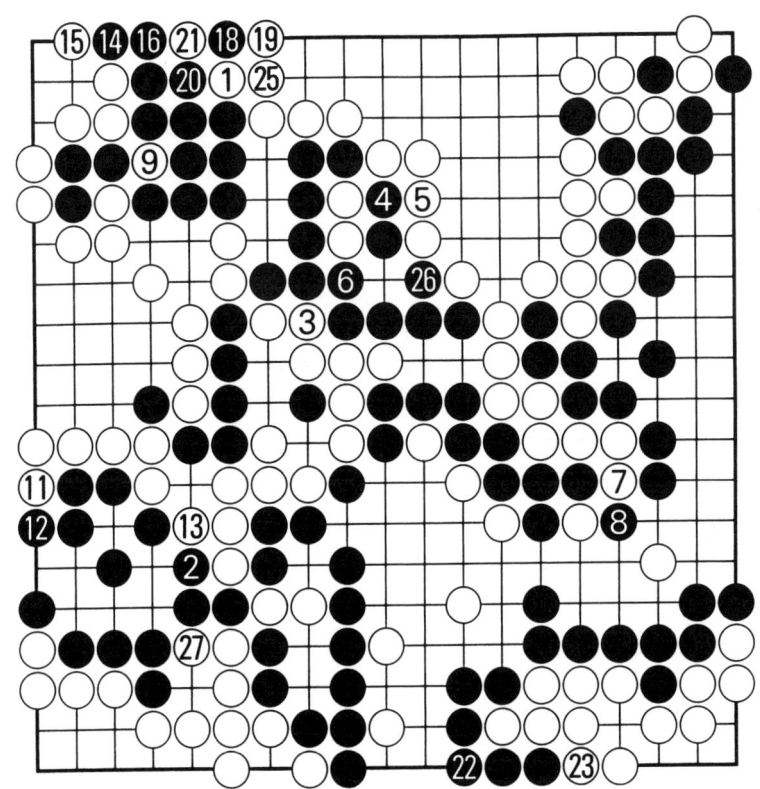

第7谱（201～227手）
⑩=⑨左　⑰=⑨左二　㉔=⑱　两单劫各粘其一

第7谱 少年强

这盘棋以黑方的两目胜迎来终局。

翌年，我与已经成为二段的坂田少年又再下了授二子局，这次成了白方的十目胜。那是时事新报"新秀高段对抗战"里头的事儿。

其后又四年过去，我让先同成为了四段的坂田少年对弈，堪堪下成了一目胜。那一局本书后面做了收录，到时再请诸位垂阅。总而言之，坂田先生自少年时期开始，就已经下得一手品貌着实端正的好棋了。

227手终　黑胜二目

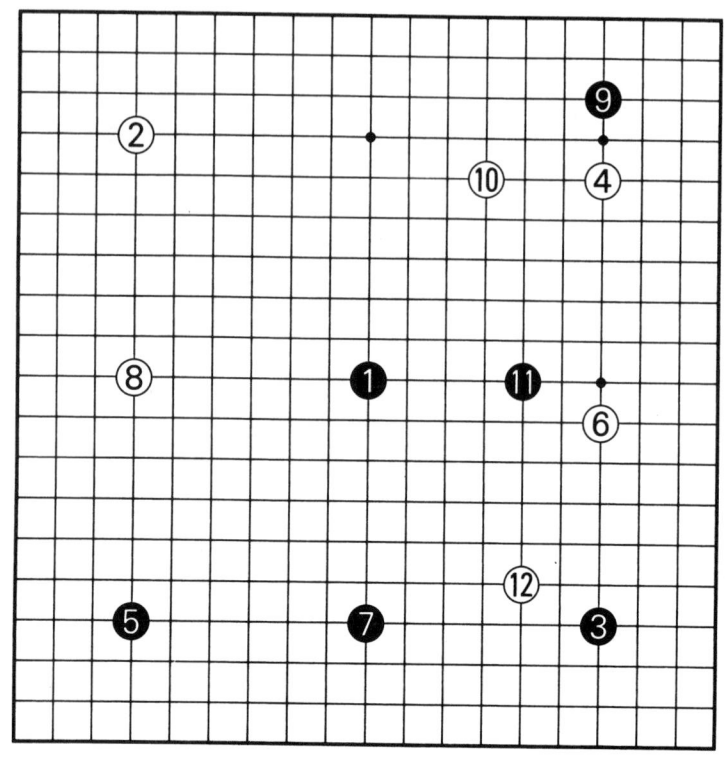

第1谱（1～12手）

日本棋院春季大手合
昭和十年（一九三五年）四月三、四日

22 久保松天元局

互先　六段　　　　吴清源
黑　六段　　久保松胜喜代

第1谱　久保松流

　　久保松老师是神户的棋界大人物，他将自己门下的优秀人才——分别转予东京的棋士培育，令他们大器成遂。木谷实、村岛谊纪、前田陈尔、桥本宇太郎这几位一流棋士正是如此。
　　这是我成为六段之后最初的一局大手合棋战。这段时期久保松老师正热衷于初手天元的研究，执黑的时候大多是第一手下在天元。这么做是由于久保松老师断定，在对手三连星的情况下初手天元特别有效。

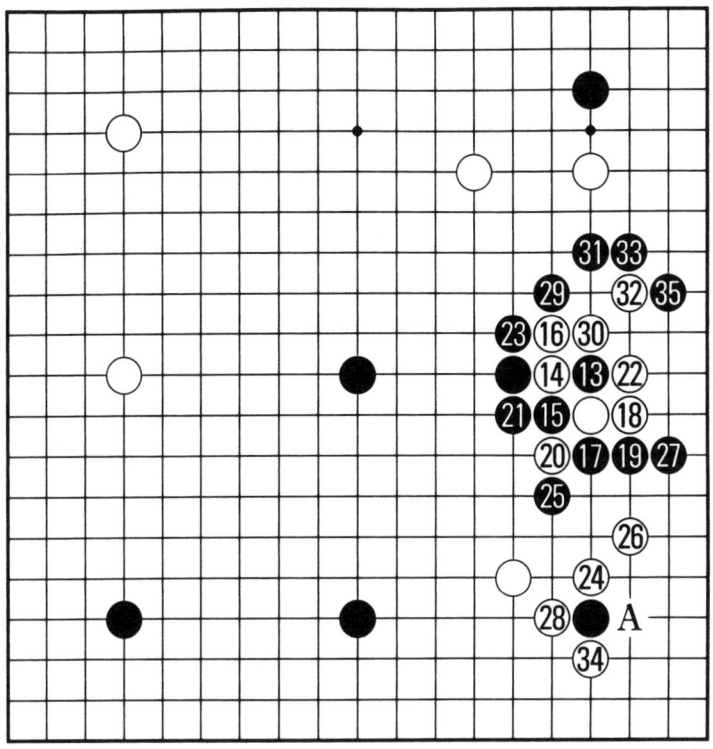

第2谱（13～35手）

第2谱 不成活

白34手35位立的话倒是能活棋，但让黑子立A位却不可忍受。于是就在默许黑35的前提下行棋了。黑35手之时以造劫去做活的话将发展为图1。白棋利用的不过是左下5位这程度的劫材，会被黑6粘起消劫。后续虽有白7扳，但遭黑8重攻不佳。

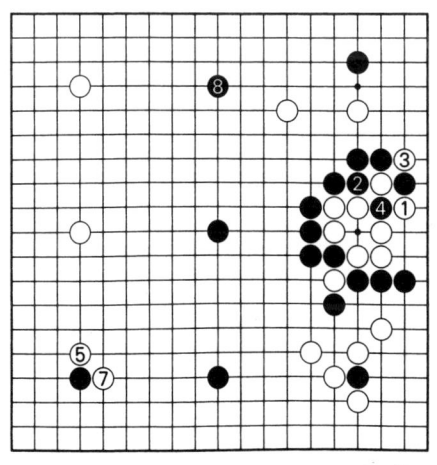

图1　　　❻=❹上

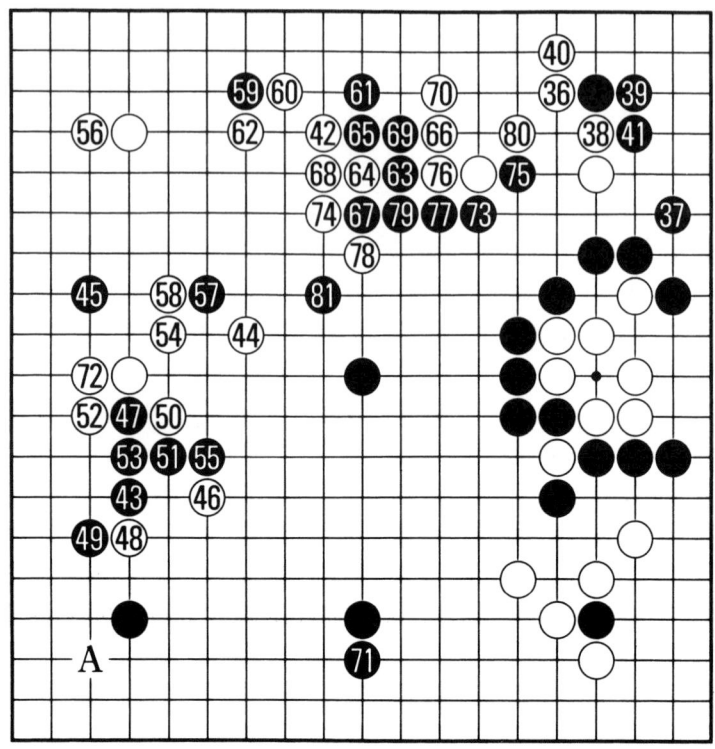

第3谱（36～81手）

第3谱 81的后悔

我采右边白子已死的行棋方针，以36手以下诸着推进。黑41手、白42手上作一段落，虽说黑地也很大，但我认为白子同样发挥了相当的效能。

白棋第44手是难做选择之处。其未下常识性的一间跳而是做了变化。黑45手瞄准了72位的托渡。为避这种情况而着眼他处，比如以46手下54位尖的话，被黑在左上角56处一靠处理出好形就不妙了。于是黑子采间接手段偏出战线下46位，妨碍黑形成大模样。

以下至第55手，白棋虽也被冲断，却以先手防止了黑子的渡过，因此该说是平分秋色吧。如是战火移往右上，至白80手告一段落。接着黑子下了中央81位，不过这一手以A位尖守住左下角为好。

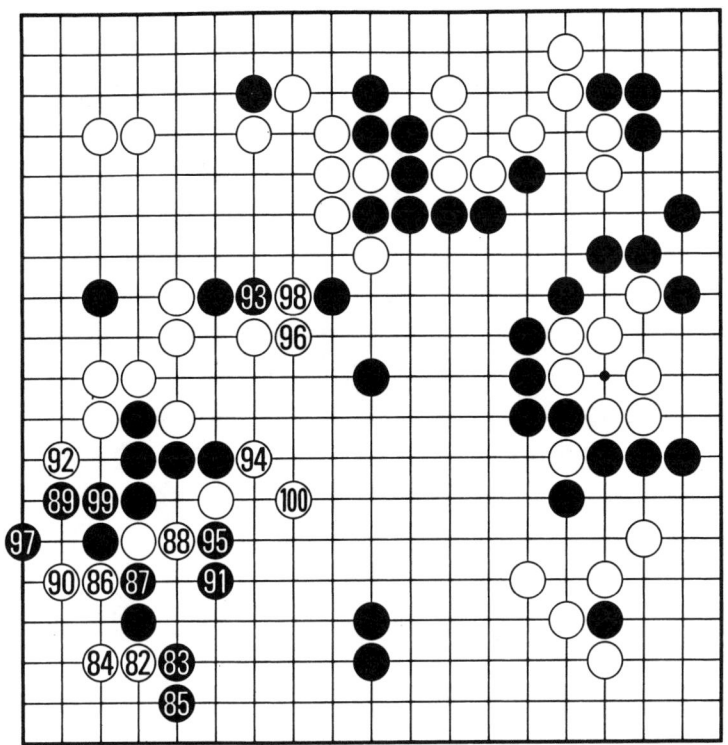

第4谱（82～100手）

第4谱 黑97的意味

白子不失时机托左下角82位进行侵略。随后至92手终在角上活棋，这一点价值很大。

因白94手、黑95手做了交换，黑97试应手是一着好手。若无此交换便依图2，即便黑子1位向白角杀来，白2以下至黑15夺去眼形之时就以白16、18进行求生。如果按此图走向而同样以发生有白a、黑b的交换为前提，白子遇黑5由于不能6位粘，便不得不挤7位来逃半边了。

图2

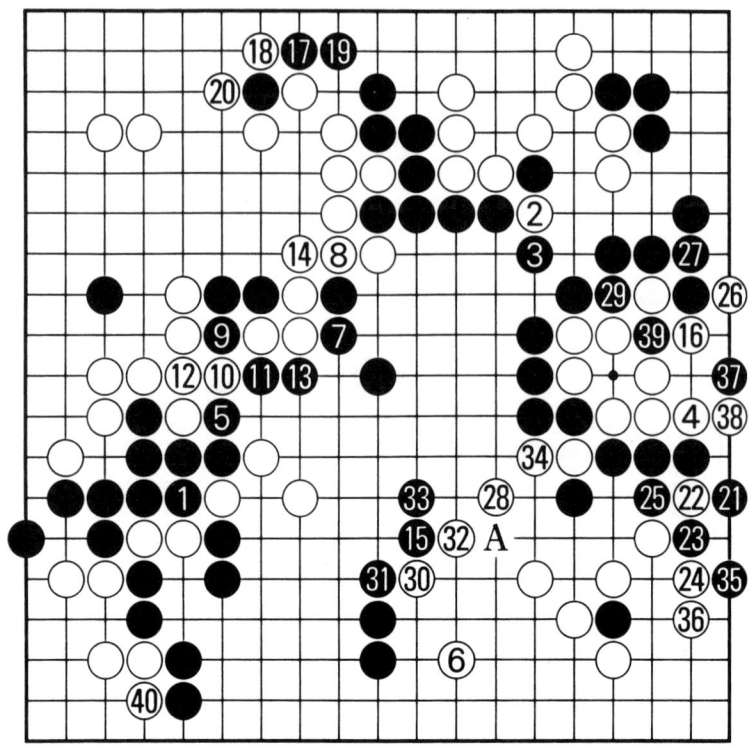

第5谱（101～140手）

第 5 谱 成劫

　　右边白 4 实欲让黑子补 29 位，而自己收 22 位尖顶的先手官子。白方不愿意让黑方抢先下 35 位。只是这时候已然成了细棋的形势，因此黑子并未遂白方所愿相应，而是以 21 位尖做出抵抗。面对这一手，白 22 颇为机敏，右边的白子得以存活。但比起这，被黑子封 A 位影响还要更重大，因此白棋 28 位出头，将右边变成了以劫争胜之态。

　　恰好左下角上白棋有绝好的劫材，便做以此进行转换的作战。不管哪边，只要能活棋，我认为白方的胜利就无法动摇。

　　另外左上角的白 20 若脱先，被黑 20 位长出白连爬五子，其结果究竟将演变成什么样令人不安，因此我便补了一手。

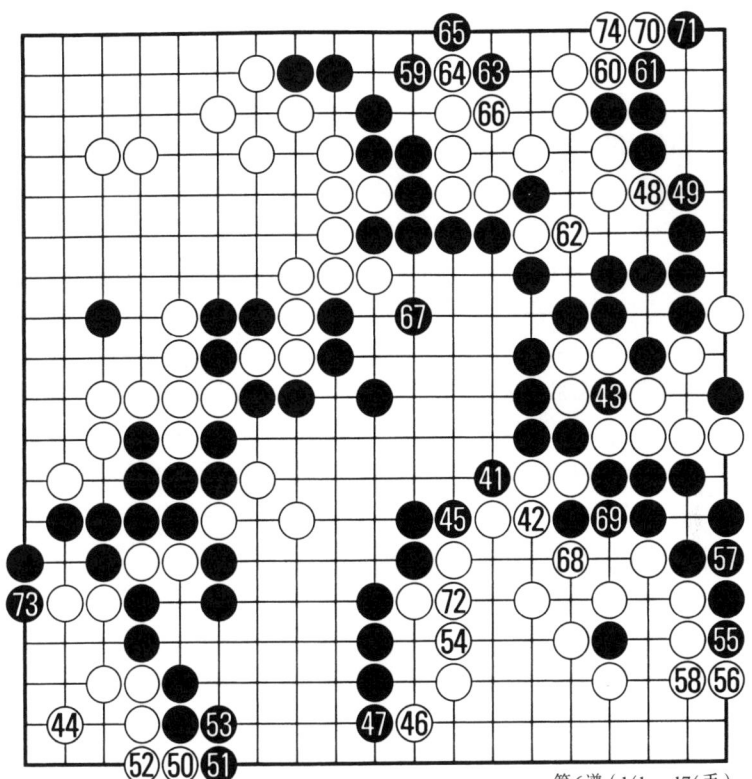

第6谱（141～174手）

第6谱 断念天元

久保松老师有一本一九四〇年出版、以《苦斗十三年》（苦闘十三年）为题的七段升格纪念棋谱。在那当中他择取本局登载了实战谱，并写道："这盘棋，于黑子我自认是没有一处漏看等失误，是充分发挥了水准的。明明如此却吃了败仗，因而对它无法忘却。由此我产生了放弃下初手天元的想法。"

下初手天元，其后的方针就包含有试图利用天元来构建地域的趣向，以及试图将天元活用于进攻的趣向。可想就其运用，相当程度的苦心是绝对必要的。

174手终　白中盘胜

限时各11小时　白方用时8小时44分

黑方用时9小时12分

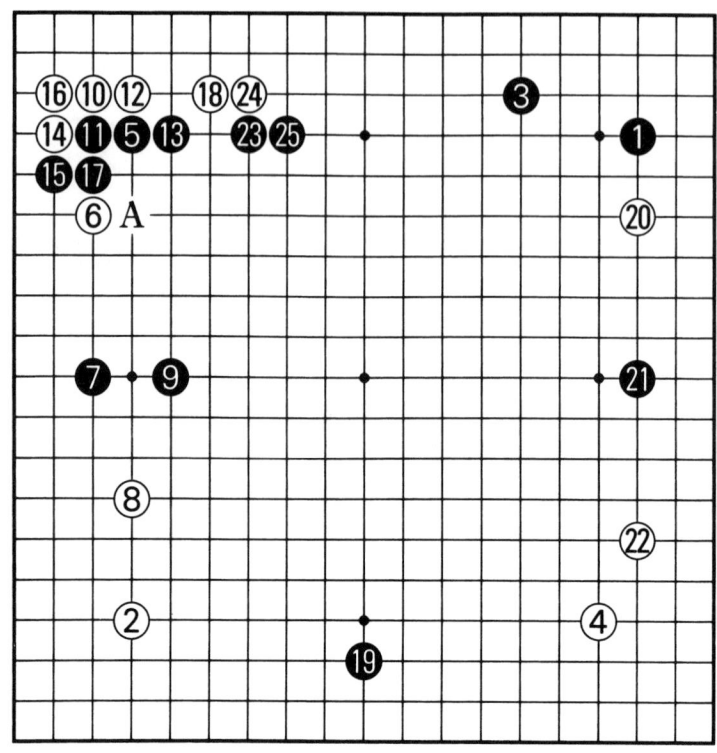

第1谱（1～25手）

日本棋院春季大手合
昭和十一年（一九三六年）四月十五、十六日

23 对局过多的年份

　　　　　　　　　　六段　　吴清源
黑　四段　　高桥重行

第1谱 大手合全胜

　　高桥重行四段即后来的高桥俊光七段，一九七五年去世，追赠了八段。他是秀哉名人夫人之弟。
　　一九三五年春季我大手合五胜一和两败，秋季则在出战前夜倒下人事不省。我就此弃下大手合，在神明的启示下动身前往天津，对局不战而败。[29] 此期休战的我在一九三六年春季再次取得了八战全胜。
　　白方感想："20手之前应该先在24位交换黑A位。"

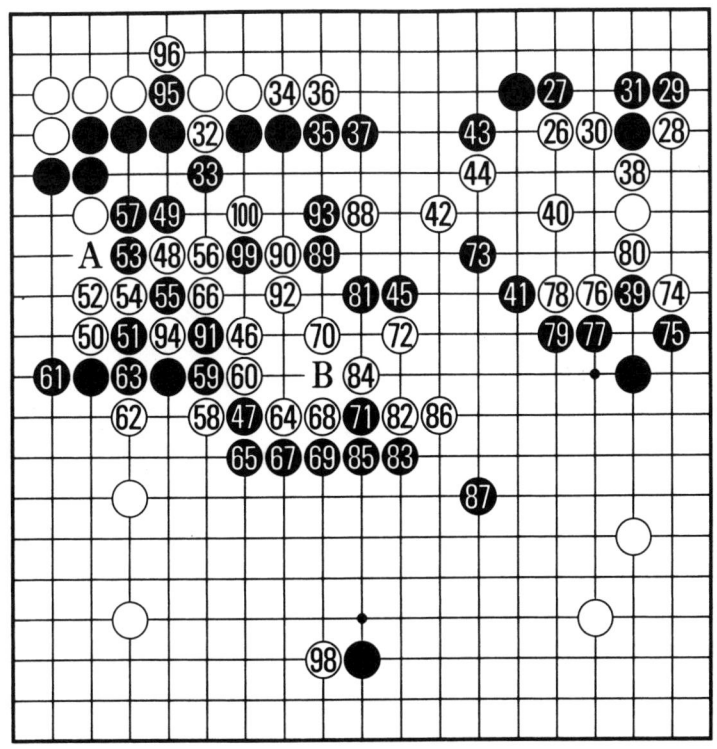

第2谱（26～100手）

㊾=㊹

第2谱 出乎意表的98

成绩虽好对局却过多，我终究健康受损，自一九三六年后半开始过起了疗养生活。

一九三六年的七月到八月间，我不得不进行十七局之多的对弈，终日被日本新闻联盟、《时事新报》、《东京日日》、《朝日》、《读卖》、《报知》等媒体的新闻棋战追逼在后。当时一局棋上花费两天又或者三天是常识，基本上到最后就变成了通宵。而且那年还是十数载不遇的酷暑，我因而消瘦下去患上肺结核，住进了富士见高原的医院。

黑方："57手失败。应该在A位冲出。"

白方："66手要在B位虎就好了。"

黑方："对下边白98手的靠，我颇感吃惊。下一谱的白120也是同样。"

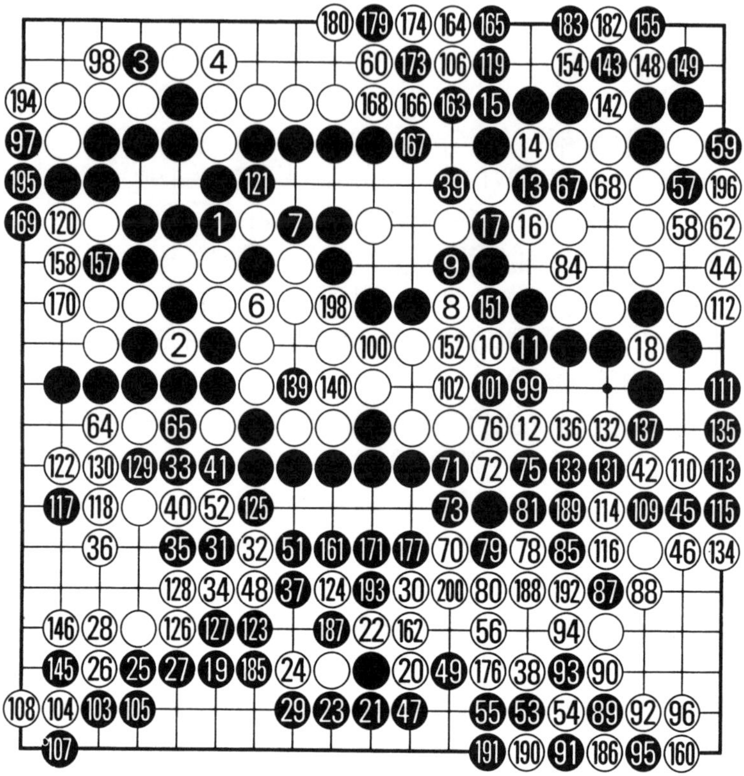

第3谱（101 ~ 300手）

⑤(63)(69)(77)(86)=②上　㊸=⑱上　(50)(66)(74)(82)=②　(61)=⑱　(83)=⑰上

(138)(144)(150)(156)(172)(178)(184)=(54)　(141)(147)(153)(159)(175)(181)=(93)　(197)=(59)左　(199)=⑥上

两单劫各粘其一

第3谱　白好

白方："上边60位尖的时候我觉得形势挺好。"

300手终　白胜四目

限时各11小时　白方用时9 小时49分

黑方用时10小时59分

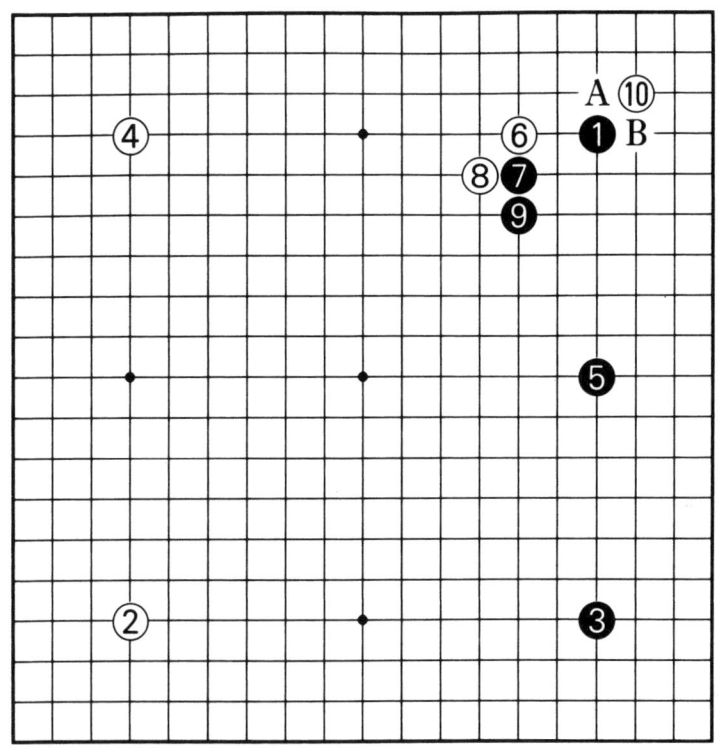

第1谱（1～10手）

东京日日新闻"六段优胜大手合"
昭和十一年（一九三六年）（八月二十日～九月五日报面刊载）

24 贴目的先驱

互先　六段　　　　　吴清源
黑　六段　久保松胜喜代
（贴目三目半）

第1谱 不得喘息的棋局

对局我记得是在七月末，场所是神户的久保松邸。

只需下一手右上角的白子就会死掉，其价值有二十八目——这盘棋曾发展为如此局面。然而彼此攻防皆告急，两边都没有补那一手的余裕，就这么推进了有上百手。因为是如此大为珍奇又有趣的一局，这里就选择稍微详细一些进行了解说。白10是下了功夫的一手，黑A位挡则白B位爬，8、9两手的交换有被白棋占便宜之嫌。

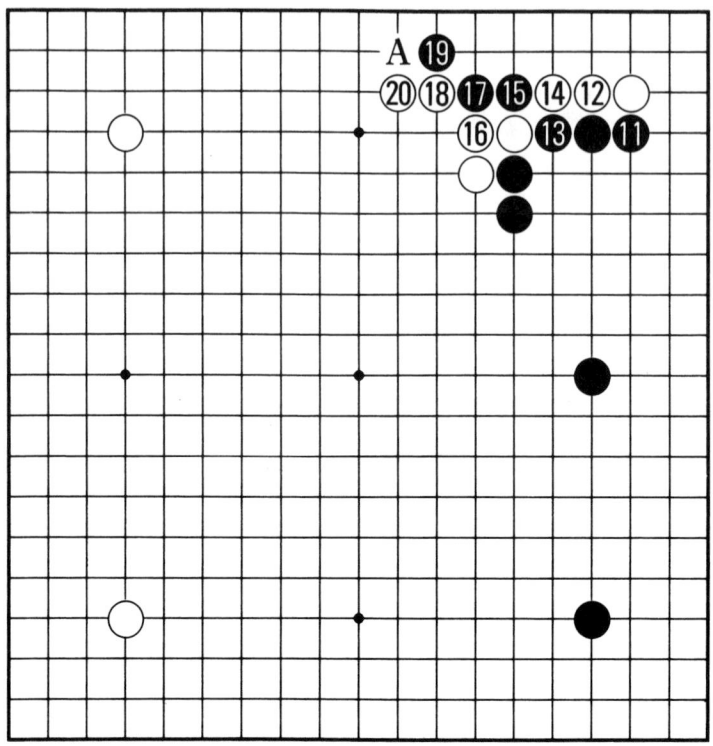

第2谱（11～20手）

第2谱 研究过？

黑15手以下诸着看来像是久保松老师研究过了的。白20手下A位连扳的话会如何呢？

那要看图1，发展至其中黑12的话黑棋不坏。从图中剔除白方六子黑方五子再看的话便一目了然。

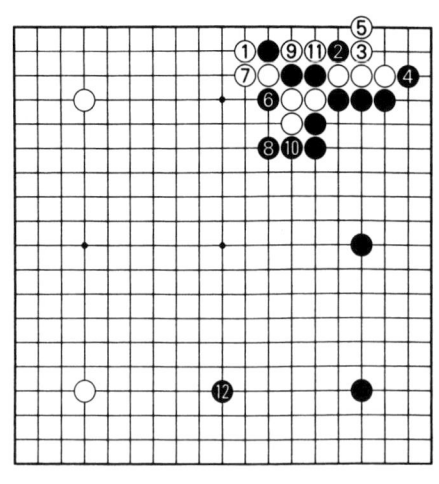

图1

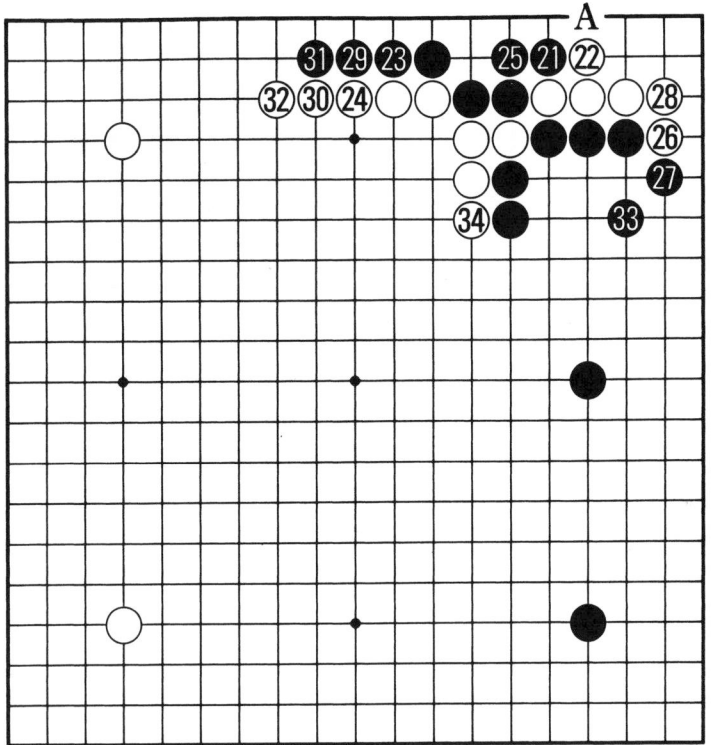

第3谱（21～34手）

第3谱 角上净活

白24手起若下图2中的1、3位破眼则遭黑8、10反击，结果反而是白子被杀掉。另外黑33手拐34位如图3，右边上黑地终被掏，黑棋不妙。尤其进行到现在，右上角的白子因为A位立成了先手利，已经无条件净活。

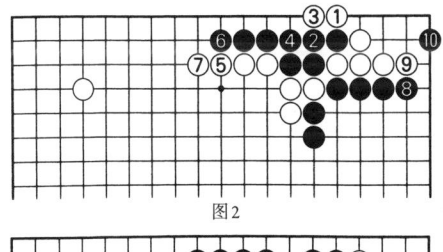

图2

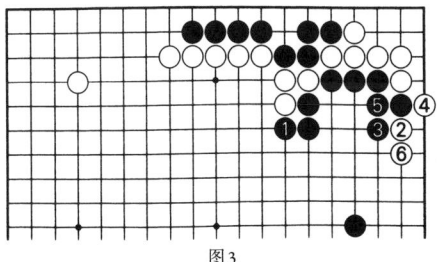

图3

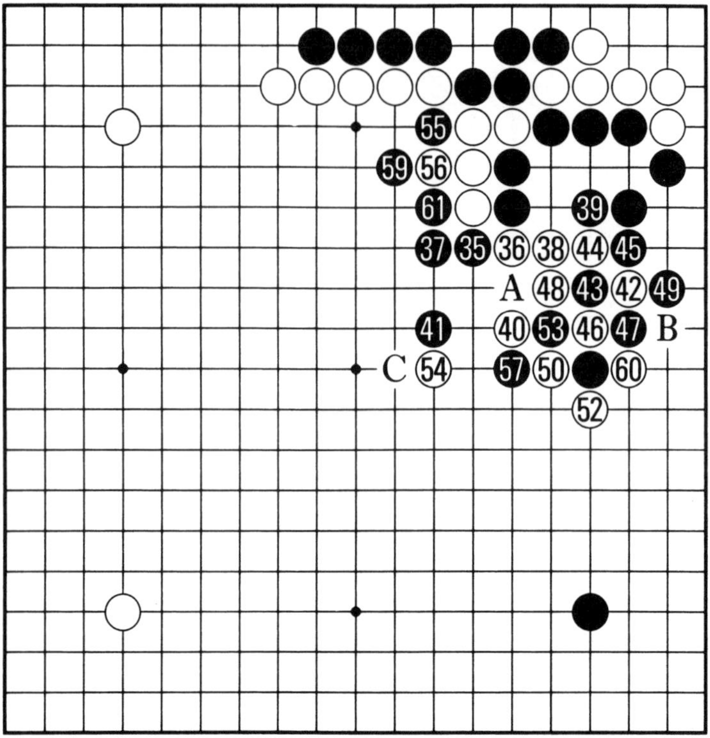

第4谱（35 ~ 61手）

(51)=㊸　(58)=㊻

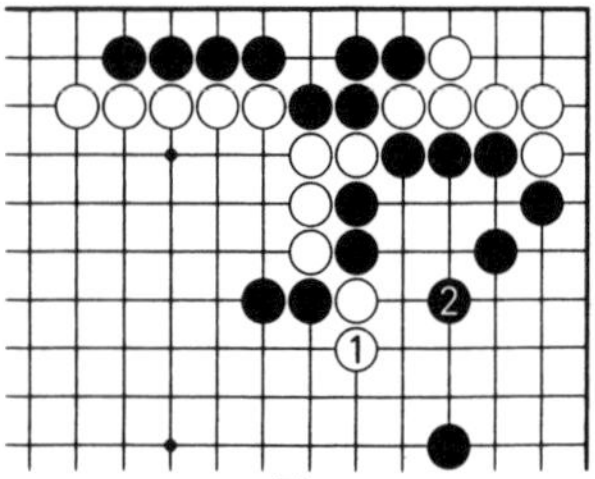

图4

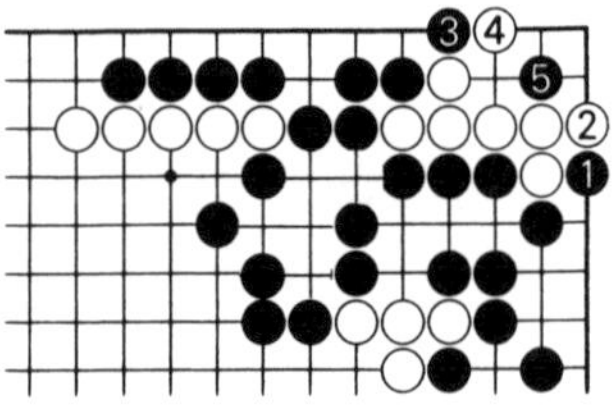

图5

第4谱　一击即死

黑35扳、白36断是气合。白38手下A位如图4，黑2位成好形。

黑51手提劫若改在60位粘则遗留稍后的B位断给白子，因而黑棋提不起兴致来这么下。

白54靠是乘势行棋，期待黑应C位扳。

此时黑子避开白方希求，自55位断入手企图进行转换。借由此处白方五子的被提，凭图5所示一击，右上角白棋平添暴毙之命运。一手二十八目。

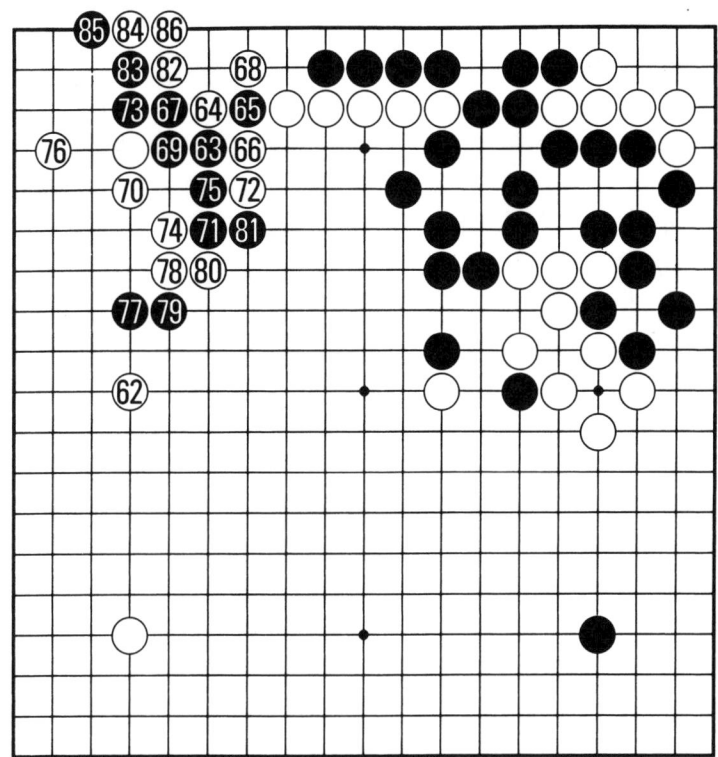

第5谱（62～86手）

第5谱 无暇

右上角白子补一手活棋则白地六目，黑子攻一手杀棋则黑地二十二目，合计二十八目的出入，影响甚大。

然而因左上角的风云突变，双方皆无腾手处理右上角的余暇。

黑73手下双关则如图6，演变至白6黑棋脱离预期。

白86粘的手段，蕴有图7中白1渡过的打算。

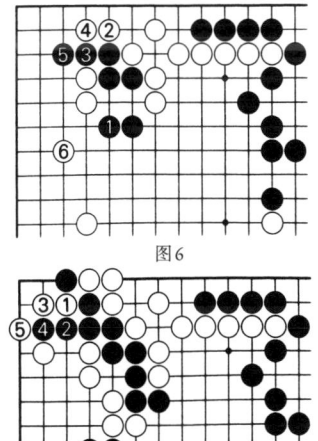

图6

图7

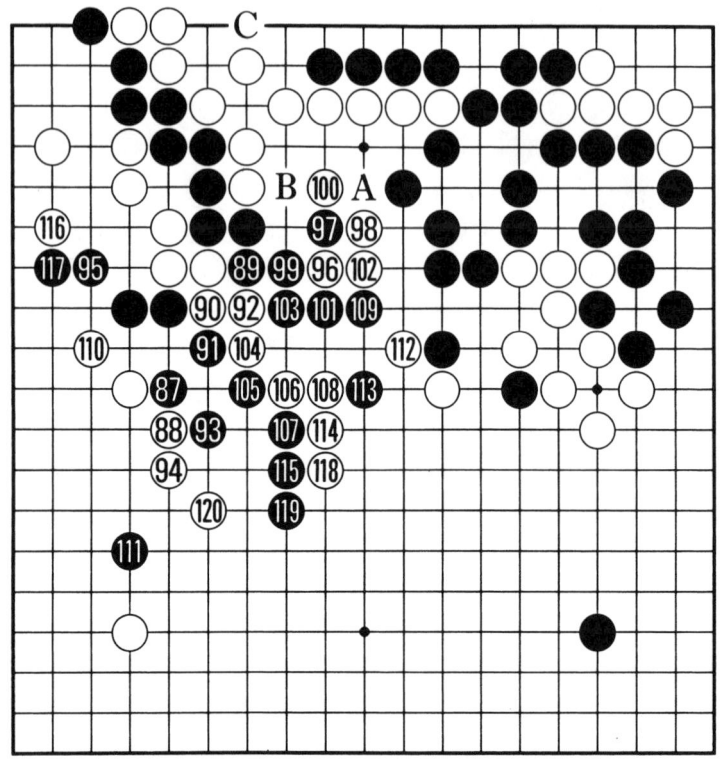

第6谱（87～120手）

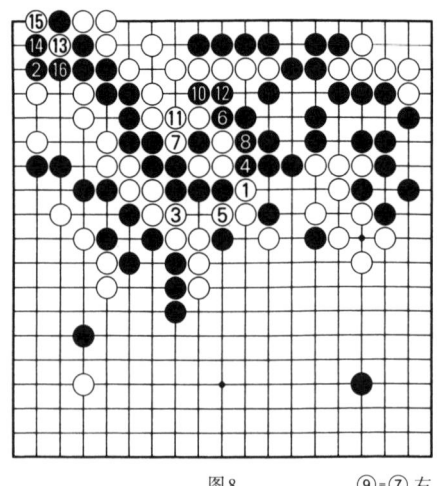

图8　⑨=⑦右

第6谱 120上若切断

黑棋以95手妨碍了前述白子的渡过。

白100手改101位则黑A位、白100位、黑B位做成劫，黑子可见有C位的劫材及至103位冲出之手，由是白棋不妙。

白子虽欲以120手切断黑棋，但那如图8所示，对杀白方不利。

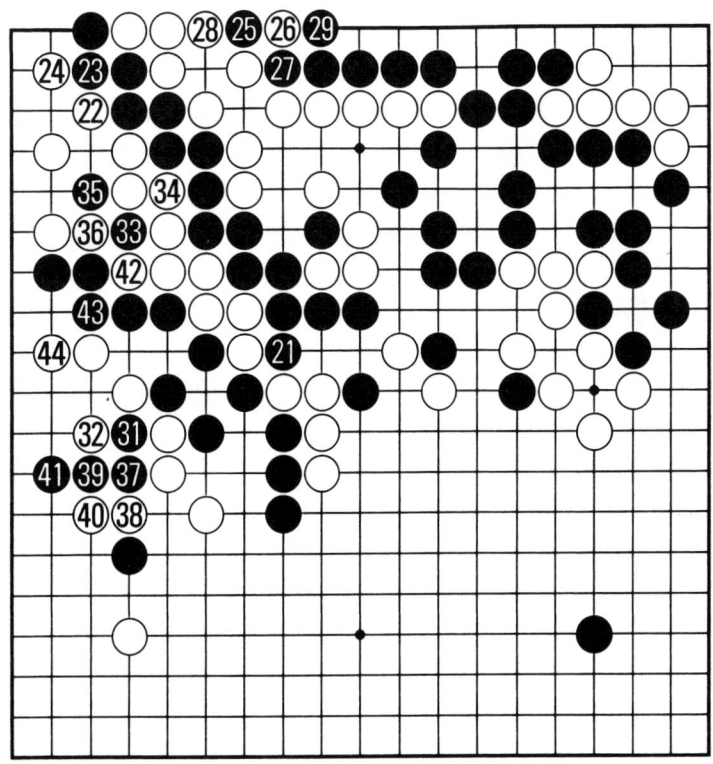

第7谱（121～144手）

第7谱 35成败着

白22、24两手整了棋形。黑25至白30是理所当然的推进。黑31是早前开始就瞄准的手筋。

黑35成了败着。这一手的话本应该单纯长图9的1位。此后左下应是白a、黑b、白c。

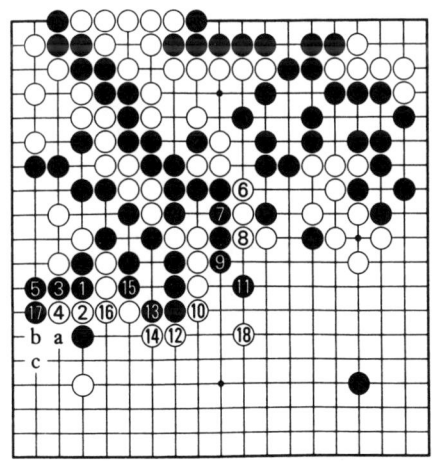

图9

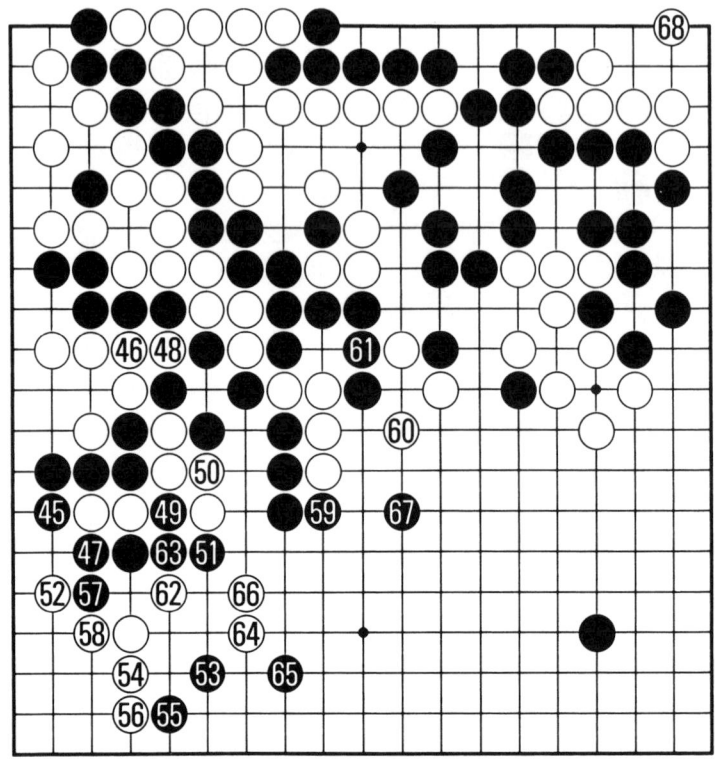

第8谱(145～168手)

第8谱 总算抵右上

黑45下图10中1位的情形,白2、4扳粘至白6立,就到了中央白8位的压。这样一来白a位的攻击手段生出,故而黑棋未照本图来下。

于是有黑45拐,但白46处若是以48位粘来应,白47一拐果然还是如图9那样遂了白方的意。

如是做活左下角以后,白子终结那上百手的应接往来,补到了翘首以盼的右上68位。

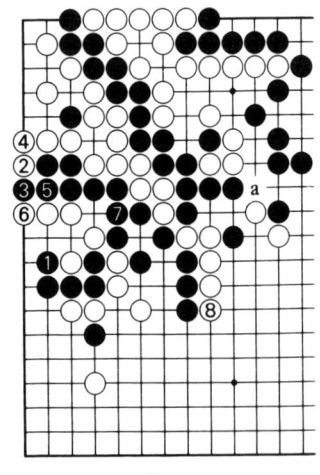

图10

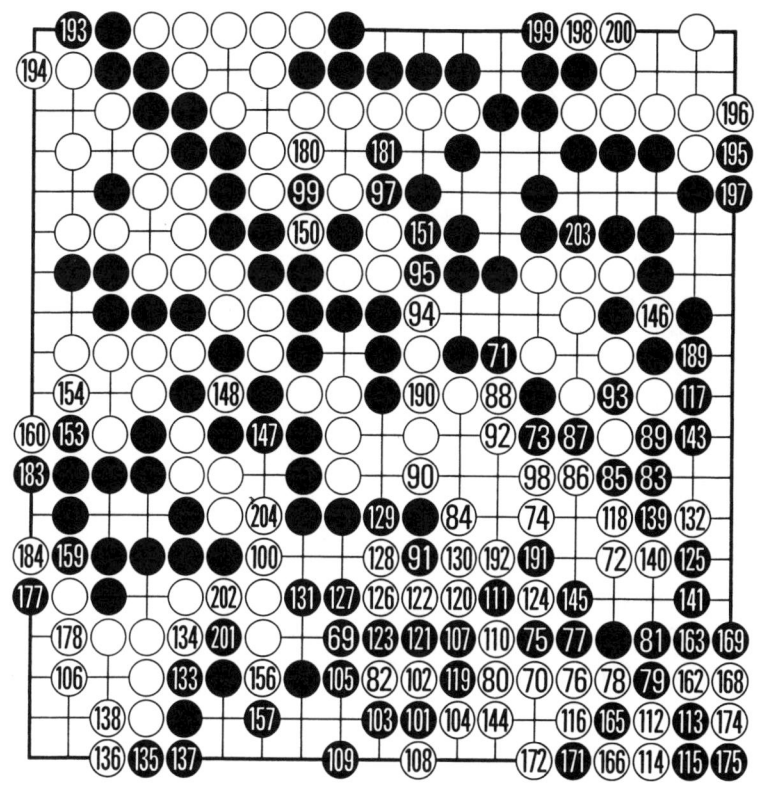

第9谱（169～304手）

⑨⑥=⑨③下　⑭②=⑨③　⑭⑨⑮⑤⑯①⑯⑦⑰③⑰⑨⑱⑤=⑭⑥左
⑮②⑮⑧⑯④⑰⓪⑰⑥⑱②⑱⑧=⑭⑥　⑱⑥=⑯②　⑱⑦=⑯⑧　两单劫各粘其一

第9谱 胜负手继出

右上角总算是成活了，但棋局尚不得轻松。

黑71是最强之手，白72应在73位的话有遭大力攻击之虞。

黑83也是胜负手。

虽是一场如斯争夺贯通全局的大攻防战，终也发展至白棋106将左方收入囊中，看来总算告一段落了。

304手终　白胜五目半

限时各11小时　　白方用时 6 小时42分

黑方用时10小时57分

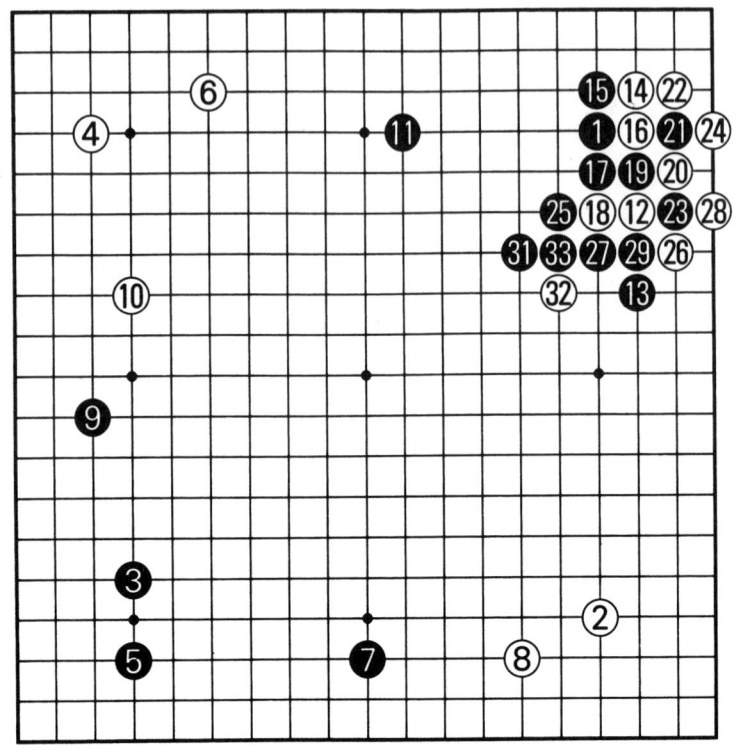

第1谱（1～33手）

㉚=㉓

日本棋院秋季大手合
昭和十三年（一九三八年）十一月二、三日

互先　六段　　　　　吴清源
黑　六段　　小野田千代太郎

25 复活之秋

第1谱 卷土重来

一九三六年秋天开始我在自宅静养，一九三七年六月至一九三八年九月则住入富士见高原疗养所。恢复了健康的我在出院后，又再度开始了对局。

只是，由于吃了先前过量对局的教训，这一年便有所控制，棋战仅止于参加大手合。

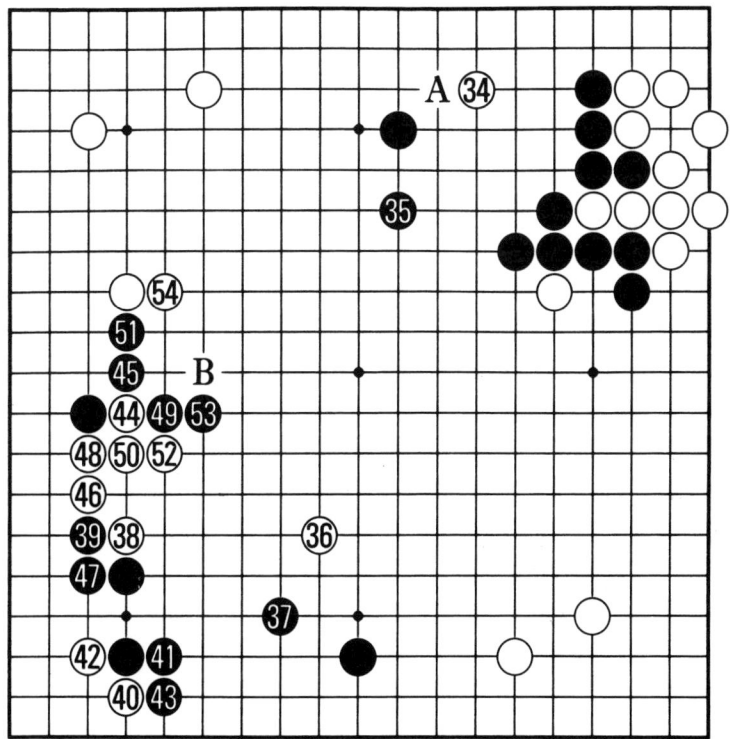

第2谱（34～54手）

第2谱 鬼田强太郎

小野田老师生于一八九六年，一九四四年因癌症逝世，追赠了八段。是因极为强悍的手腕而得别名"鬼田强太郎"[30]的棋手。矮胖身材，气质如同乡村学者的他作为登山家也很有名。病状发生之前曾有如神助般连战连胜。

白方感想："右上角让黑棋扩开了外势，而那与左下黑棋的模样相呼应，因而成了于白方而言难下的棋。白34试应手。黑35手即便A位尖顶，白子仍是下36位的准备。"

黑方感想："左边的黑51不好。这第51手，该在B位虎。"

这段时期，"新布局旋风"已然平息，棋界倾向安定在融合新旧两种布局的下法上。新布局的创始者木谷先生自身甚至正变样为取地为主的下法。

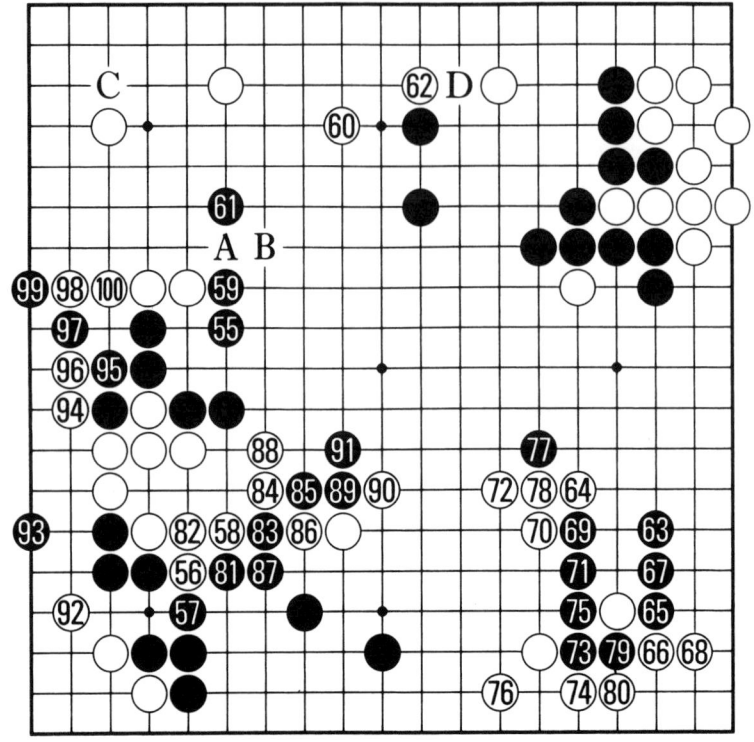

第3谱（55～100手）

第3谱 出人意表之手

白方："第60手A位扳而后黑B位反扳、白61位长的话，被黑子C位靠，看着挺头疼。对白60黑D位应，白再A位扳。"

打入右上黑子势力圈的那一颗白子，在当时引发了各式各样的议论。在我来看如前所述，那是探问对方情况的手段，而不是基于深入作战意图的一子。只是，于白棋还有类似在右上扳、黑子若挡则扭断那样的意图在，因此相当给对方找麻烦。

黑方："让白棋走在右下的这第64手也是出乎意表的一着。下一谱的白106也如此。因这样一些破格的着法我受到了极大的迷惑。"

白方："黑子81断及至83、85连扳的激烈手段，我完全没想到。"

那个时代，一般认为小野田六段的黑棋（无贴目）是几乎难以战胜的。

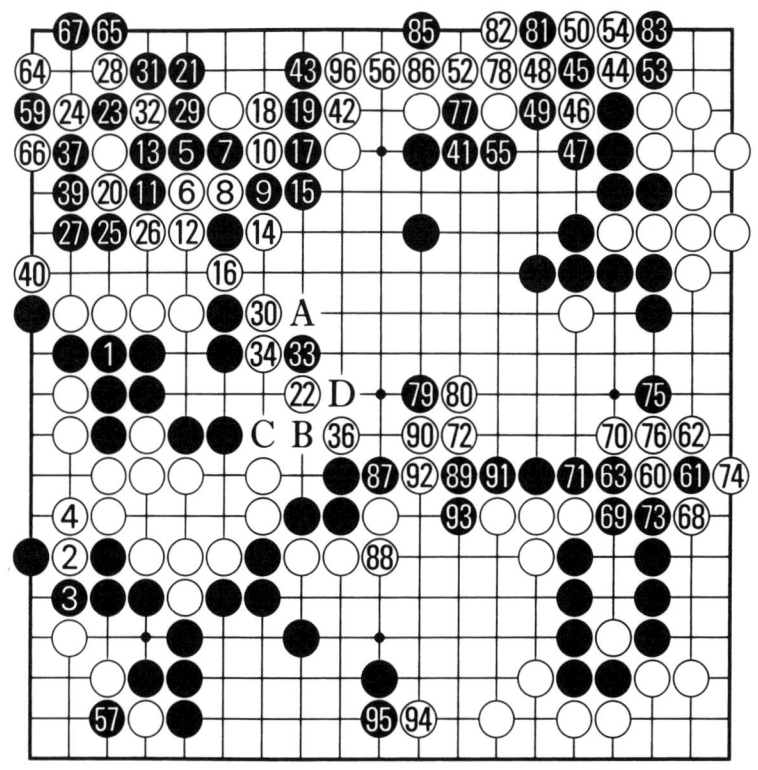

第4谱（101～196手）

㉟㊽=❷③　㊳=㉜　㉛=㊻　㊽=⓿

第4谱 36手厚实

白方:"白6如走29位则黑13顶、白32退、黑20扳,这不行。"

黑方:"黑9扳11位则白断13位黑方难办。黑23若A位跳则无恙。上边有白43扳、黑96反扳、白42顶断的便宜。"

白方:"白36防备着黑B跨、白C冲、黑D打,厚实地下了一手。"

196手终　白中盘胜

限时各11小时　白方用时 8 小时25分

黑方用时10小时56分

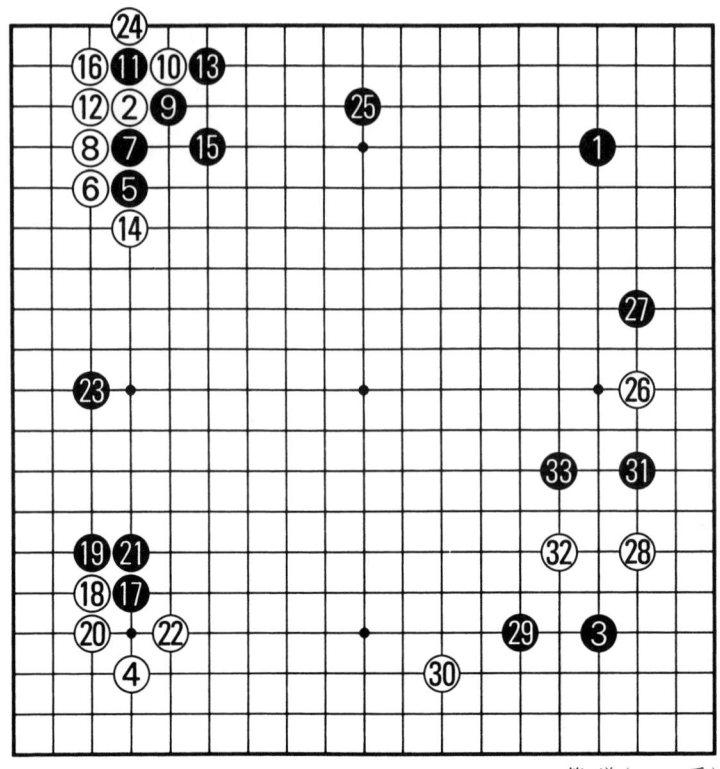

第1谱（1～33手）

读卖新闻社"木谷·吴决战棋"
昭和十四年（一九三九年）一月十一、十二、十三日弈于汤河原天野屋[31]

26 时隔三年

七段　　木谷实
先相先　黑　六段　　吴清源

第1谱　公告跨四栏

一厢，木谷七段于一九三八年本因坊秀哉名人隐退棋中击败对手，占据了棋界王者之座；另一厢，我在病愈后走下了富士见高原。此处是我俩时隔三年的对局。先相先六番棋[32]已弈至我三胜两败，这是关键的第六局。因此主办方读卖报较其他报社早一步展开了报道。先是以跨四栏排版的公告作预告打头阵，接着自次日的晨报开始跨二十二回对棋谱进行了连载。上午十点此棋开局。

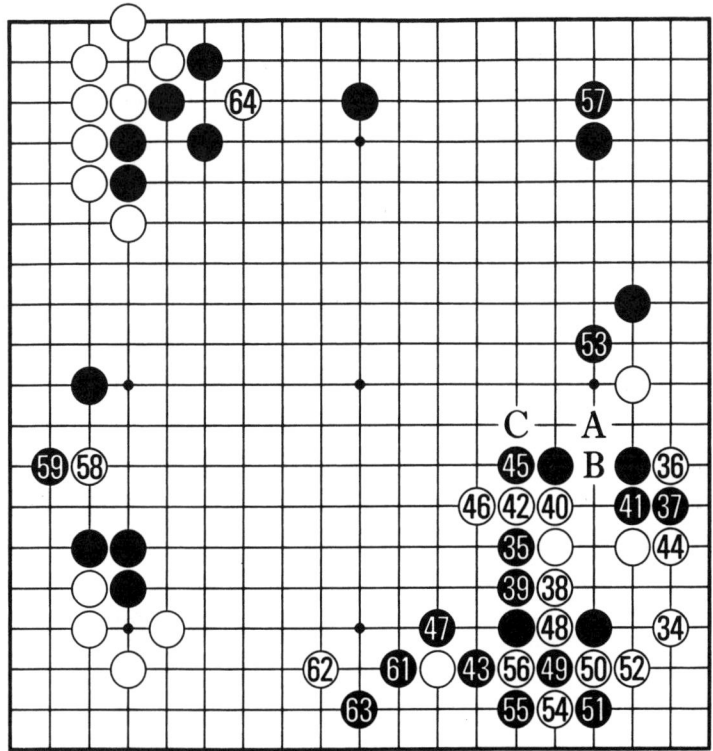

第2谱（34~64手）

第2谱 轻度脑贫血

白第34手用时三十五分钟，黑35手十九分，白36手二十二分，黑37手十二分，白38手三十三分，而后黑39手三十八分成第一天的封着。

第34手要是飞封图1的1位，则做行至黑10的打算。然后黑棋将自a位攻击，或是b位挡，白应以c打、黑d长。

黑45虽是很不舒服的一手，但单纯下47位的话白A位、黑B位、白C位的强手令人畏惧。

黑47手时，木谷先生轻度脑贫血，因此对局一时中止。是遭了炭火的罪。

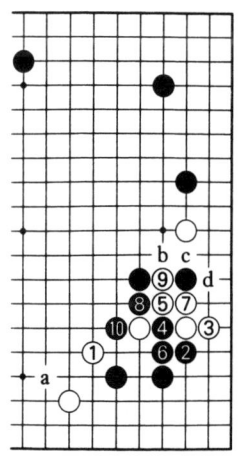

图1

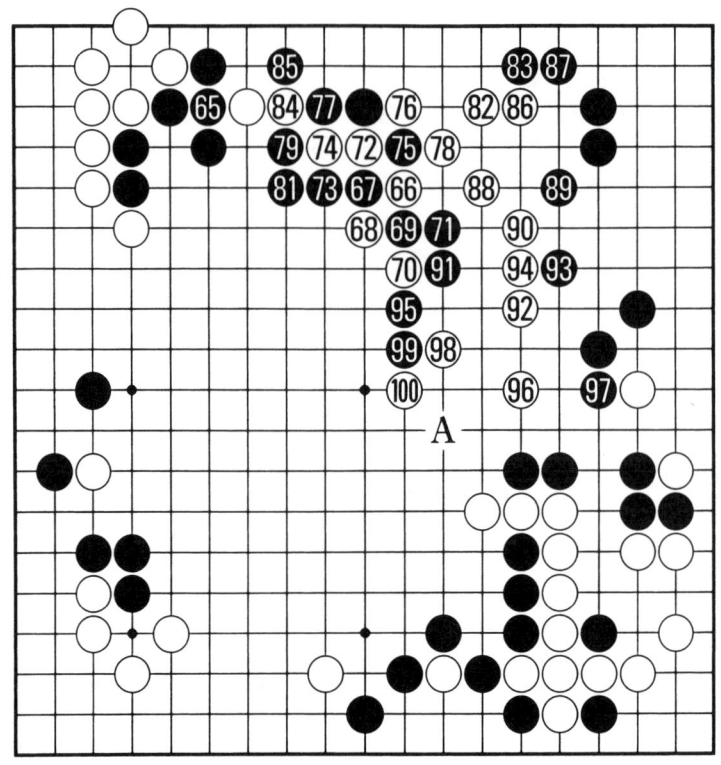

第3谱（65～100手）
⑧⓪=⑦⑤

第3谱 图穷匕见

白70手是第二天的封着，谋虑了二十六分钟。

黑83手假使飞罩图2的1位，白棋就将还以2、4、6，视白a位、黑b位、白c位（或者d）之利脱先，而后抢至中央A位吧。又黑89手若在图3的1位破眼，至白6则不妙。相较于此还是图穷匕见来得明智。

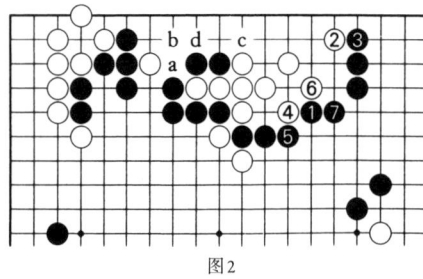

图2

图3

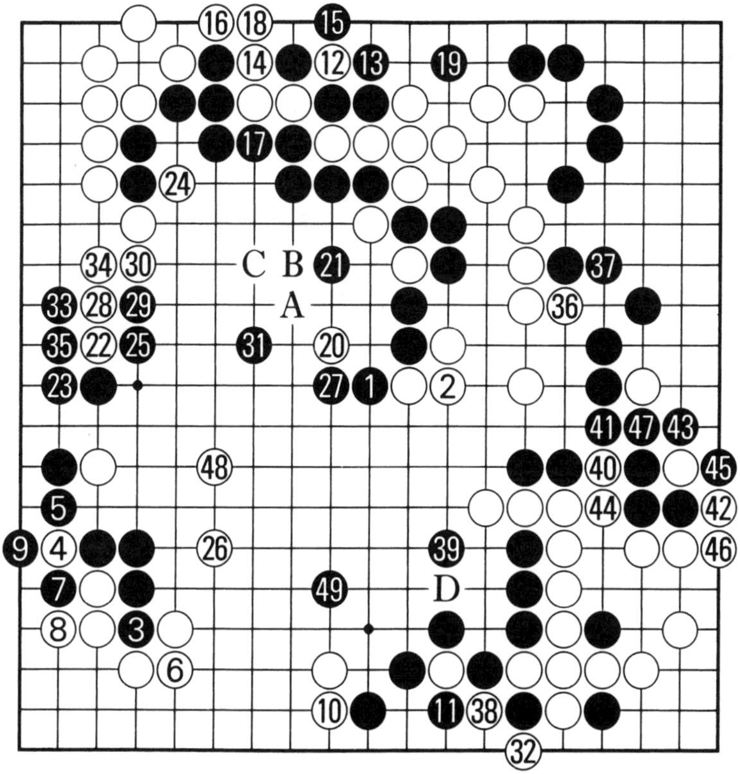

第4谱（101～149手）

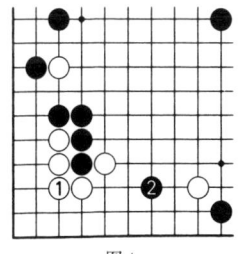

图4

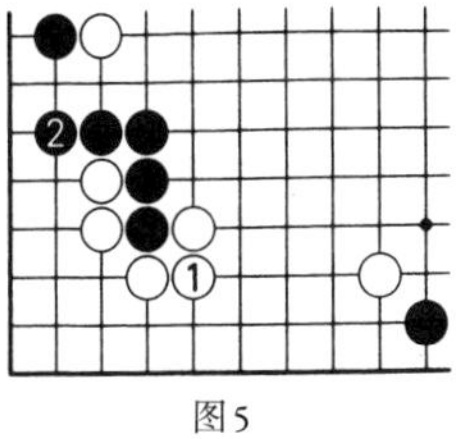

图5

第4谱 相互的目的

左下角的黑 3 位挤是要催促白棋粘右边或左边的断点。粘左边的话照图 4，黑子是准备要 2 位打入的。另外要是粘右边，按图 5 以退造成切断的威胁。木谷先生则以扳来回应。

从上边白 12 位打开始又发生了未曾思及的变化。中央白 20 的目的在于，黑子要是粘上，接着白子就 21 位尖逃出。20 直接下 21 位则黑 A 位、白 B 位、黑 C 位，白子无法逃脱。右下黑 39 不能脱先。来自白子的 D 位靠会很严厉。

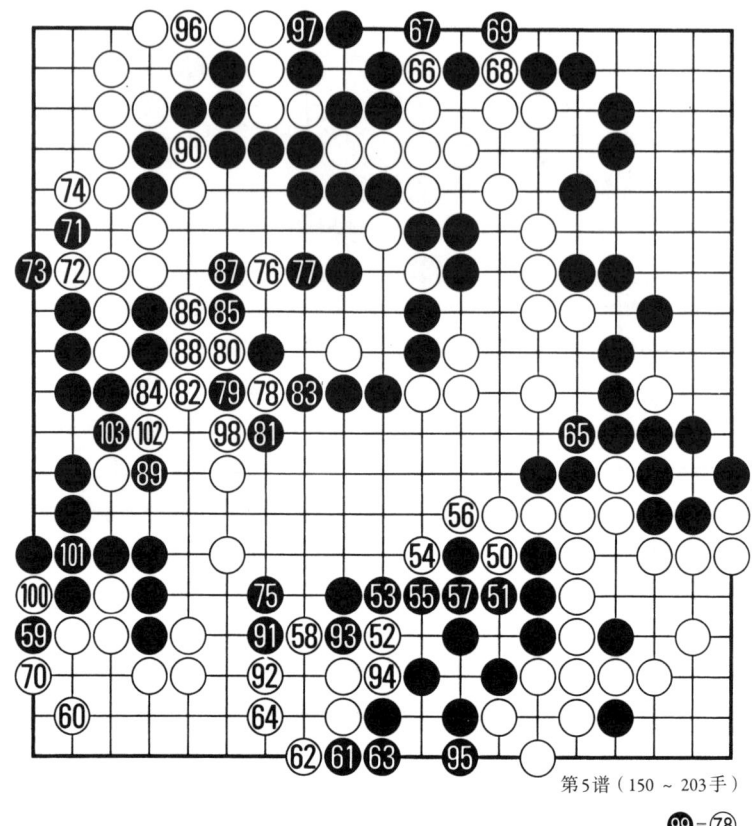

第5谱（150～203手）

⑨⑨ = ⑦⑧

第5谱 弈至最后则十目

对局时木谷先生三十岁，身着黑色羽二重织、带五枚家徽纹样的正装。[33] 我二十五岁，深茶色衣装上着茶黑净色的羽织[34]，剃着和尚头。

在左下我跳75位实施侵入——

"欸——正常会跑到这种地方来吗？我可是来者不拒地在这儿等着呢。"

木谷先生这么一闹，我不禁"噗"地笑了出来。

眼见左边上的103一手，木谷先生如同失却战意般投子了。

弈至最后的话就是十目这个样子的差距吧。当然，是在无贴目棋局的前提下。

203手终 黑中盘胜

限时各11小时 白方用时10小时58分

黑方用时 5 小时48分

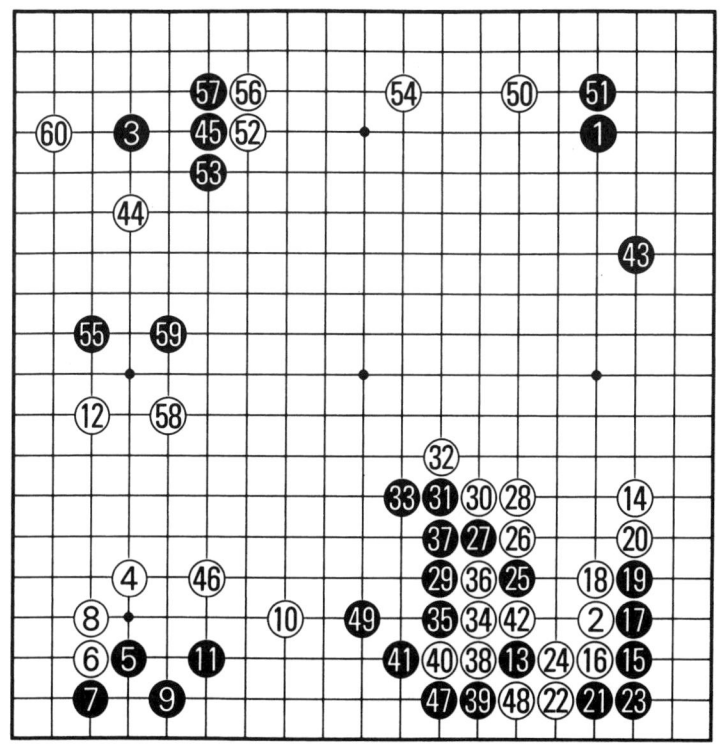

第1谱（1～60手）

读卖新闻"阳春特选谱"
昭和十四年（一九三九年）（四月二十六日～五月十八日报面刊载）弈于日本棋院

27 坂田四段

六段　　吴清源
黑　四段　坂田荣男

第1谱　圆寸少年

这时候的坂田先生还是个十九岁、剪僧侣般短短圆寸的少年。四段有甲组和乙组之别，[35] 其在这乙组里头，比之被称作年少三人组的藤泽库之助（现在的藤泽朋斋）、高川格、田中不二男倒是落后一步。但同行之间，其出类拔萃的棋才已然受到了认可。

白10是花了心思的一手。因其眈视着接下来11位的飞，黑子也就顺势应在了那里。

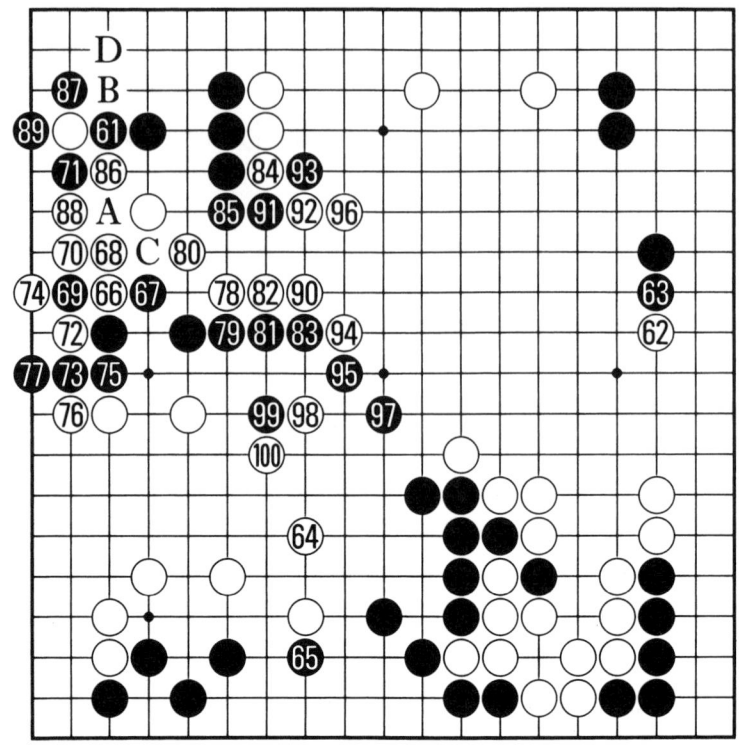

第2谱（61～100手）

第2谱 96手封棋

黑61手要是尖86位，白71位、黑A位、白B位就简单地掏了黑地。又黑69手假使立72位，白87位立，黑86、白71、黑A、白88位黑压白爬，黑C位后白D位尖，这样轻松就活了棋。

这盘棋是两日制，白66手时到了规定打挂的下午五点半。可坂田少年提出了请求："这样后味差，还请允许我下至告一段落。"

我倒也觉得没什么不行，就同意了。棋下至晚间八点半，以白96手做了封着。

虽说晚饭迟来，但那时坂田少年向我表达了心中感慨："白78真是漂亮的一手啊。"此处黑子80位尖出的着法会被白棋还以冲断且白86将成先手利，由此黑棋陷入不利。中央黑97是防范白子在98上一路断的颇费苦心的一手。

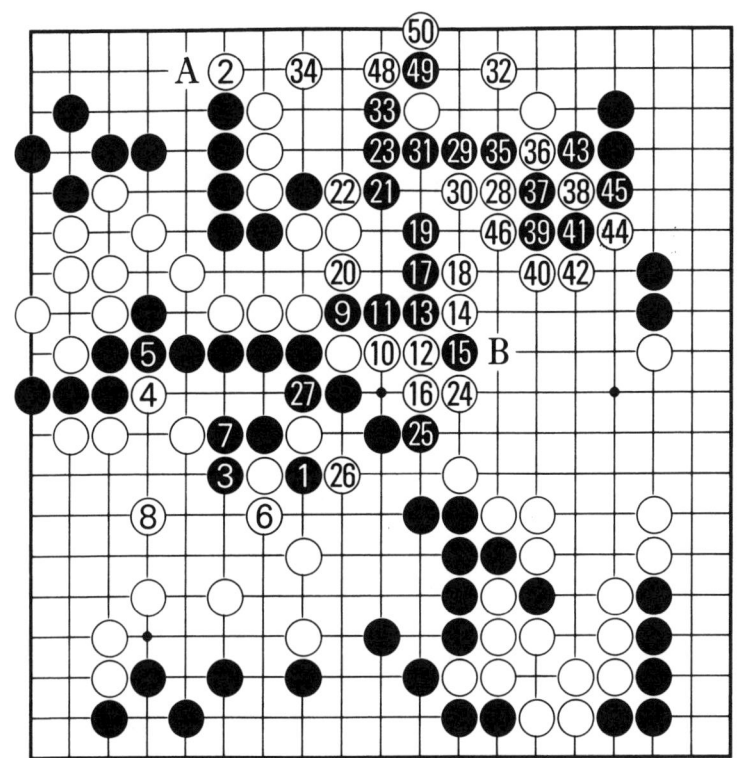

第3谱（101～150手）

㊼=㊳

第3谱 大对杀

黑9断掉中央白棋，开始猛烈地发力。此黑9假使A位反扳应左上白棋，白26位、黑27位、白10位则白方可得轻松。果然坂田先生从这时候开始，对杀中的气势就很好，一步也不做退让。

无论哪方，到这一步几乎已经不可能再退后了，由是双方的棋子不住朝着对杀的方向突进过去。

白30上考虑了三十九分钟。不先做这一手同黑31的交换的话，让黑子在46位跨并将B位的长出纳入视野，痛苦的将会是白棋。

总之中央上部的黑棋由于没有眼，便想找与哪块白棋展开对杀的一手。白方则又是相当薄的棋形，因此是拼了命的。黑33用时三十六分钟。白34三十四分。黑43紧气是最强手。说起来白46则是大恶手。

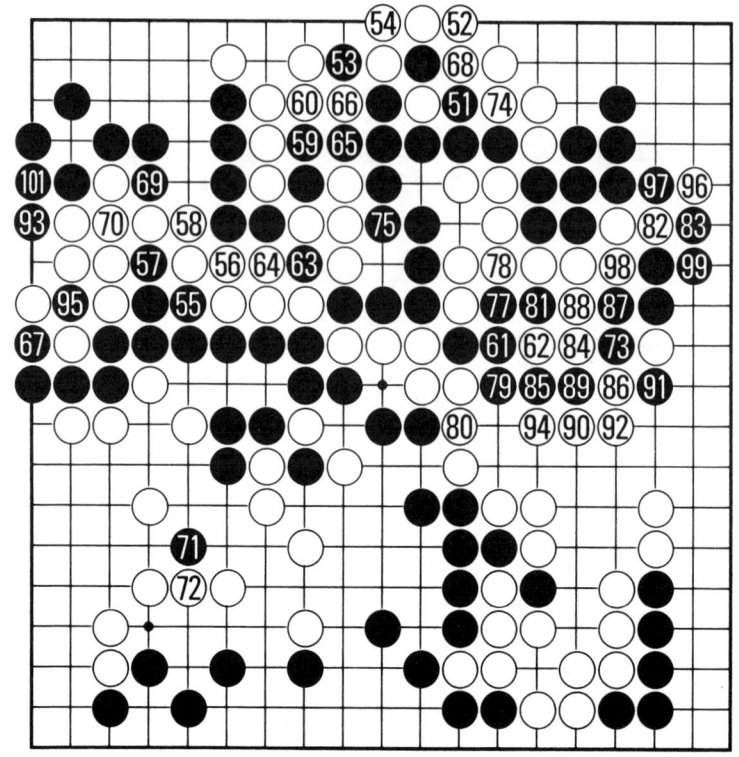

第4谱（151～201手）

㊌=㊿左　⑩=㊈下

第4谱 无懈可击

左下黑71机敏。然后右边的黑73也无懈可击。若白棋脱先，黑棋就准备展开同右方白子的对杀。而白棋若应，便采与左方白棋一手劫相争的方针。

上边白76提劫有我些许的误算。如是黑77到79、81，使战火燃到了右边。

于此便可知前述白46紧气一手产生了重大负面作用吧。

黑83同样正确。这一手改98位断的情形是，白88位、黑85位、白84位、黑89位、白87位发展出来，终成黑负。

话说黑93与101是严重的失着。此处到底应该要在95位提劫，实战结果是101出了一手一目的损失。

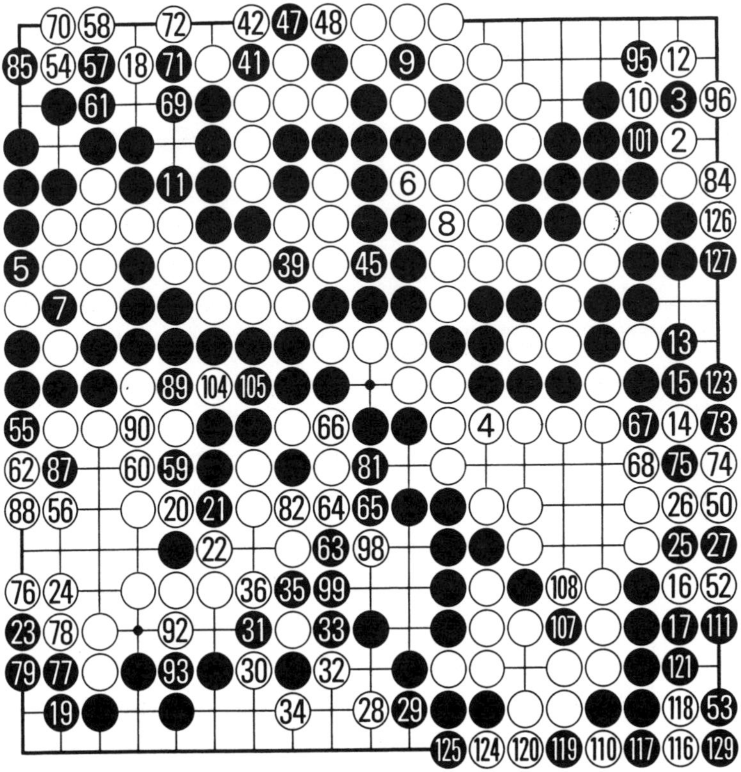

第5谱（202 ~ 329手）

㊲㊸㊾=㉞上　㊳=⑨下　㊵㊻=㉟下　㊹=㊴下　(51)=㉞上二

(80)(86)(94)(100)(106)(112)(122)=⑭　(83)(91)(97)(103)(109)(115)=(75)　(102)=③　(113)=㉕

(114)=㉗　(128)=⑨　两单劫各粘其一

第5谱　白一目胜

实战中被白2以下诸着及白12夺取了右上部，这便发生了大逆转。局终在夜里十一点四十分，我已是筋疲力尽了。

329手终　**白胜一目**

限时各9小时　白方用时8小时47分

黑方用时8小时59分

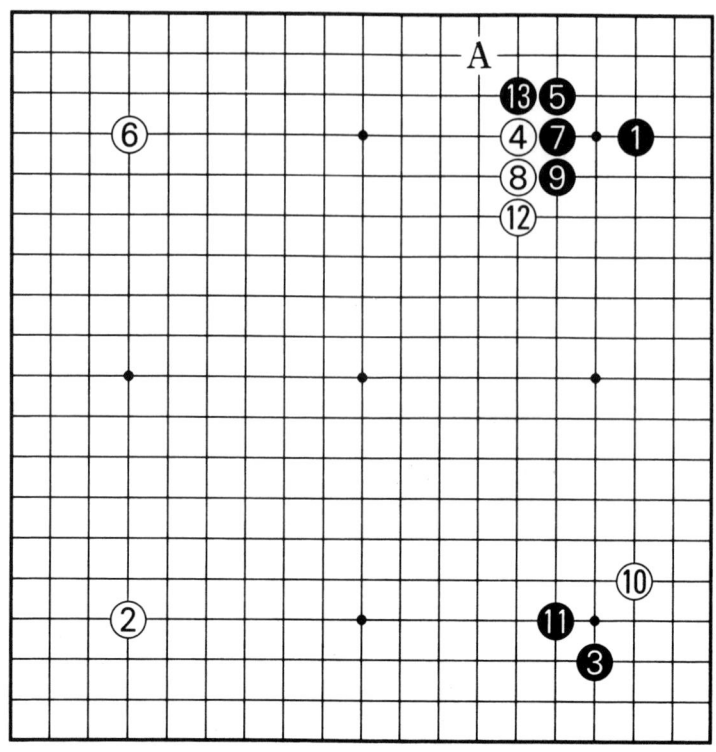

第1谱（1～13手）

日本棋院前期大手合[36]
昭和十四年（一九三九年九月二十七日～十月十六日朝日新闻刊载）
弈于（原）东京市芝区环翠旅馆

28 七段升段

| 黑 | 七段 | 木谷实 |
| 先相先 | 六段 | 吴清源 |

第1谱 与艺兄并肩

艺兄木谷先生至今始终是处于领先我一步的位置。不过借这局大手合的执白胜，我确定晋升七段，得而与他在同一段位并肩而立。因此这是我无法忘怀的一局棋。

就右上的黑13手，本因坊秀哉名人做了如是讲评："黑13的拐应改为在A位小飞。"然而木谷先生对此着可行自信不改，其后与我的十番棋第一局里也如出一辙地这么下了。

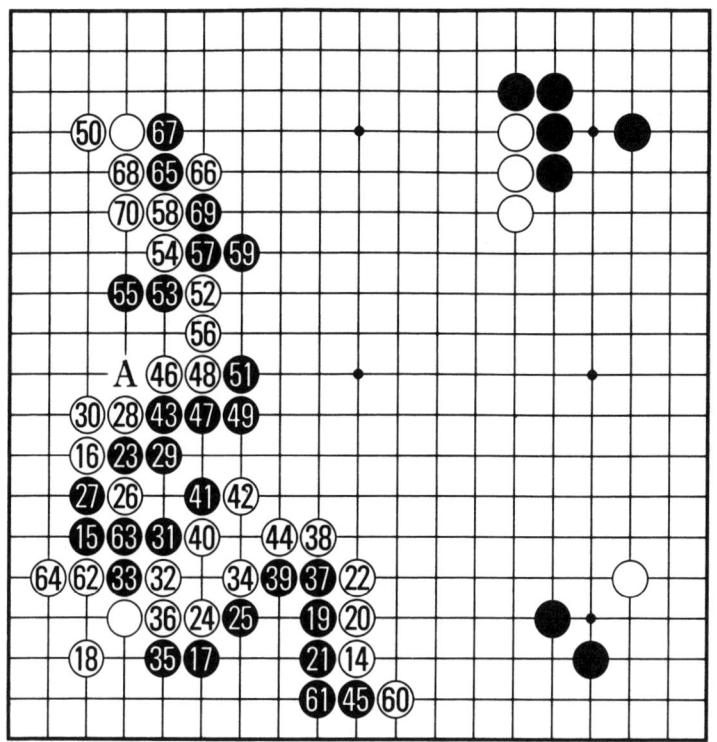

第2谱（14～70手）

第2谱 69手失误

白24至32是我颇下了些工夫的手顺。

左边黑53靠不愧是木谷先生手笔，实感敬服。只是黑69误判了手顺。这一手若如图1那般行棋，a位也好b位也罢皆是黑方的权利所在，因而黑子厚实，盘面会是黑棋占优势。黑69与白70交换后的A位不会出现这样的效果。

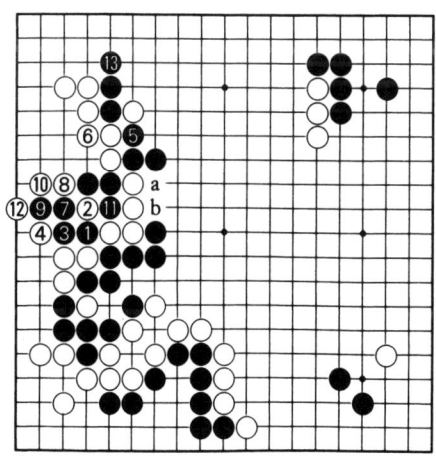

图1

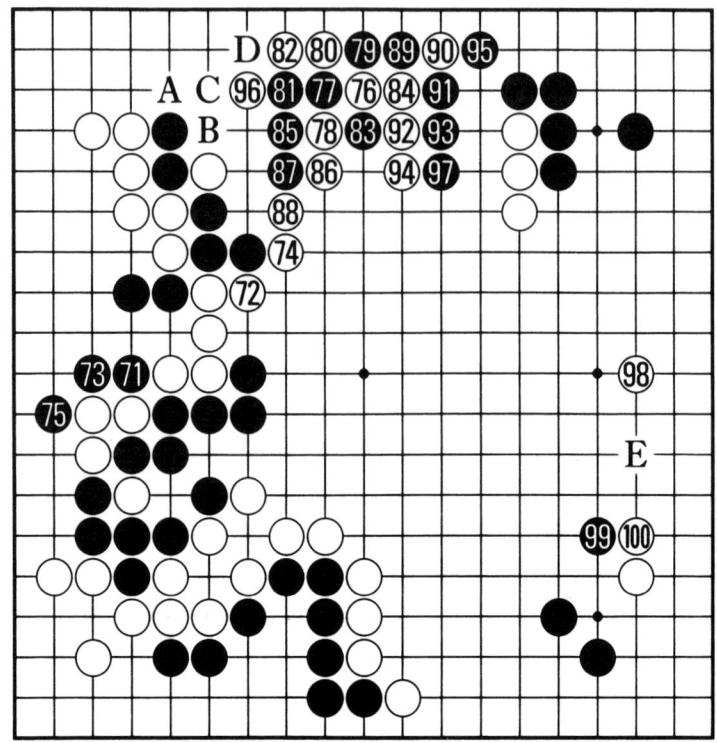

第3谱（71～100手）

第3谱 白方变着行棋

因为黑方弄错了手顺，白棋针对这黑71，做了72位拐的变化。

这种变化在职业棋手中间以"变着行棋"或者"背离行棋"之类来表述。意即避开对手所求。

走到这一步的话当然要凭棋的势头，黑子是73立、75扳，白子则是74扳、76拆，其结果白棋有望。

对上边的白棋模样，黑棋自77靠开始前来寻求隐含的机会。白子假使83位长黑方就在78位重整态势。因此白78手扳头，黑子要是81位退则白子83位粘，黑A位、白B位、黑C位就以白D去杀掉好了。

黑棋79抵抗。白86至96是可谓只此一途的发展。到此左上成了白地。黑97手的话该是E位比较好吧。要论为何，白98绝佳。

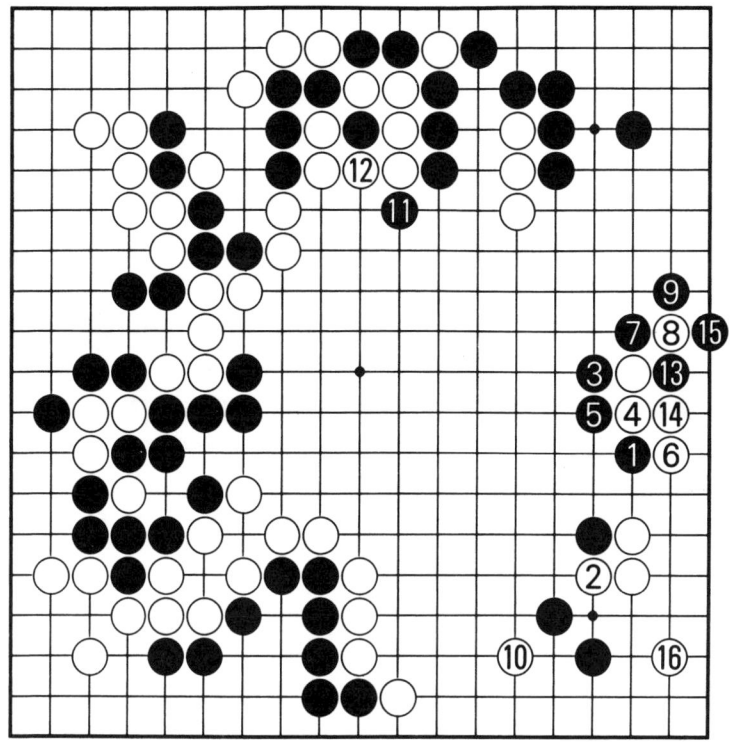

第4谱（101～116手）

第4谱 见机行棋

走右下白10是准备根据对手的态度来决定右边的下法，即所谓"见机行棋"。黑13起假使采图2的1以下诸着，白方提供五子为代价，可先手推进至24而后转至右上a位，由此白棋并无不满。

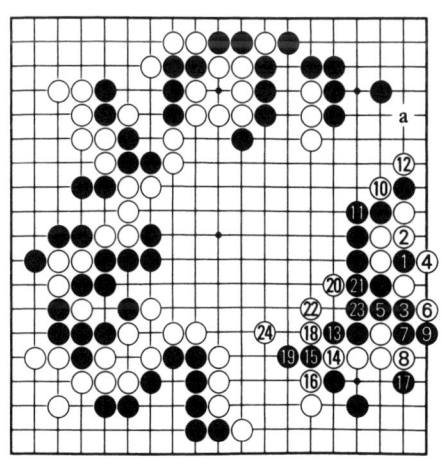

图2

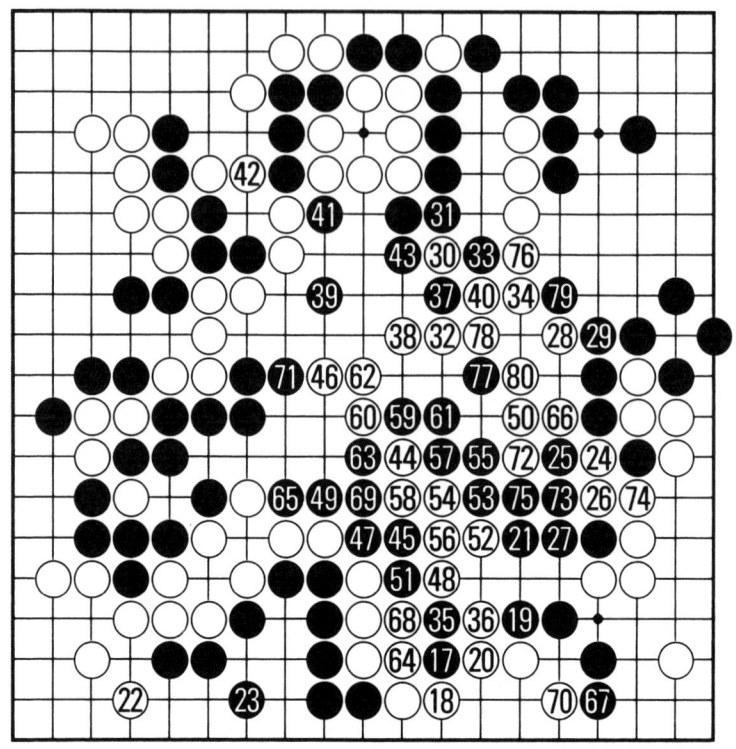

第5谱（117～180手）

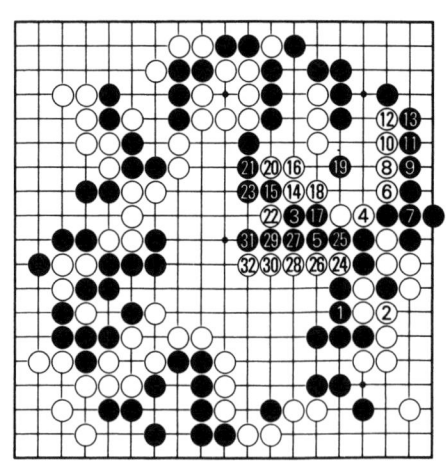

图3

第5谱 胜负手28

右边白28是胜负手。木谷先生进行了一小时的长考，而若是依图3黑1往后进行有白4，至32大转换，白棋佳。

180手终　白中盘胜
限时各12小时
白方用时11小时51分
黑方用时 9 小时27分

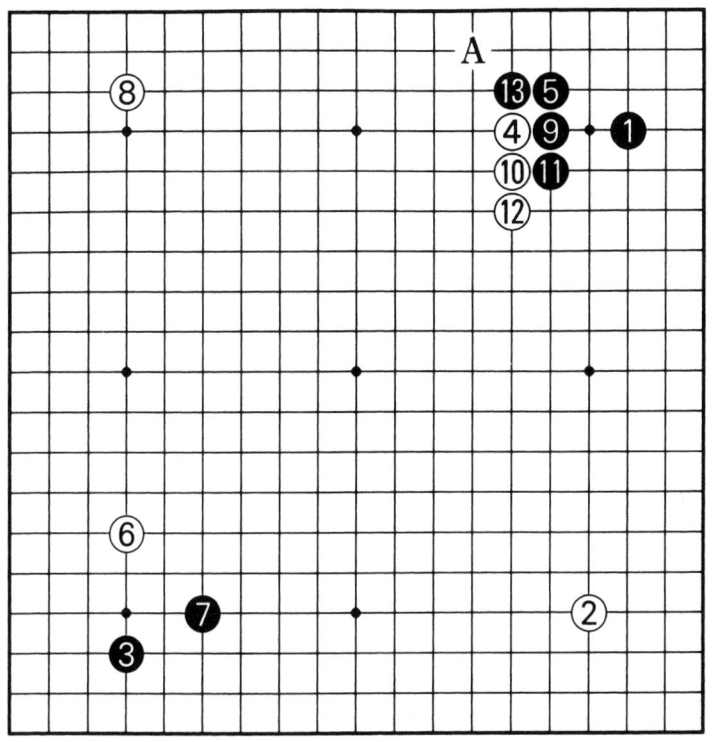

第1谱（1～13手）

读卖新闻"升降十番棋"第一局
昭和十四年（一九三九年）九月二十八、二十九、三十日弈于镰仓建长寺

29 镰仓十番棋

互先　七段　吴清源
黑　　七段　木谷实

第1谱　升降制

　　德川时代开始跨至明治、大正年间，在棋界曾实行"升降制"。读卖新闻社将其重拾，开始让身居顶层的棋士两人，在胜差达四局改棋份的严酷约定下进行十番棋战。这便是此后二十年间我被安排下的十番棋之起步。

　　落下黑13一手，木谷先生咕哝了一句。

　　"虽然好像要被本因坊老师（秀哉名人）斥责，但我讨厌小飞A位嘛。"

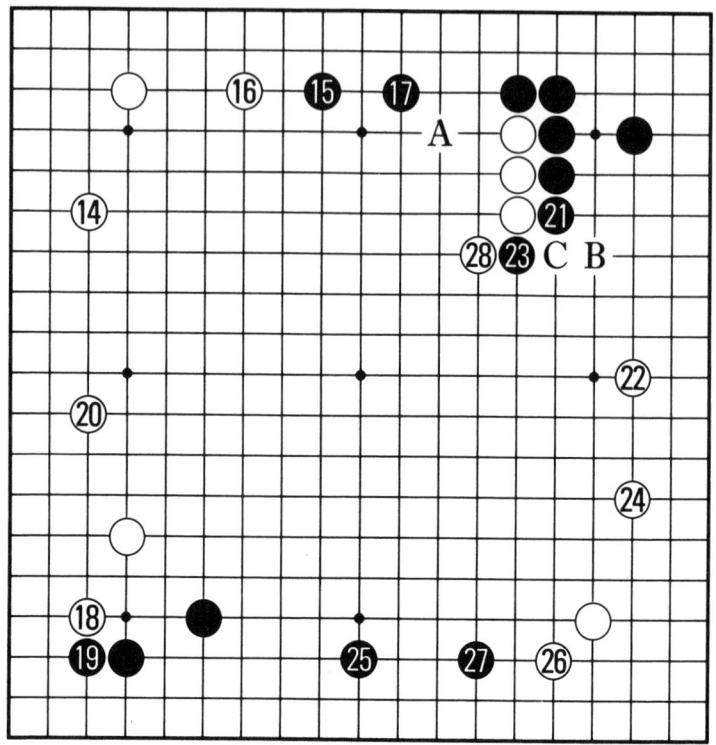

第2谱（14～28手）

第2谱 木谷流

从由比滨开始，岸滩自松林延伸而出，筑于其上的海滨酒店成了我们的宿舍。每天早上则乘车前往镰仓五山之首的建长寺。老杉左右各植一两株的西来院[37]是对局场所，面前是大彻堂。

以前一谱的黑13为开端，木谷先生随处展开着符合这段时期他棋风的深沉持重的序盘构造。上边的黑17跳，普通的想法是A位大飞吧；右上的黑21爬，一般会B位飞吧。对此木谷先生考虑了有四十四分钟之久。

我觉得白22手本该再长一手在23位的。若是那样就黑C位，此后只要白棋长，黑棋就应——木谷先生则以以上感想作答。真是无法忘却的回忆。

闲寂的大禅寺，其庭院里方言称"Tekusari"[38]的红花星星点点，其间飞舞一只黑色蝴蝶。冷风从山上……

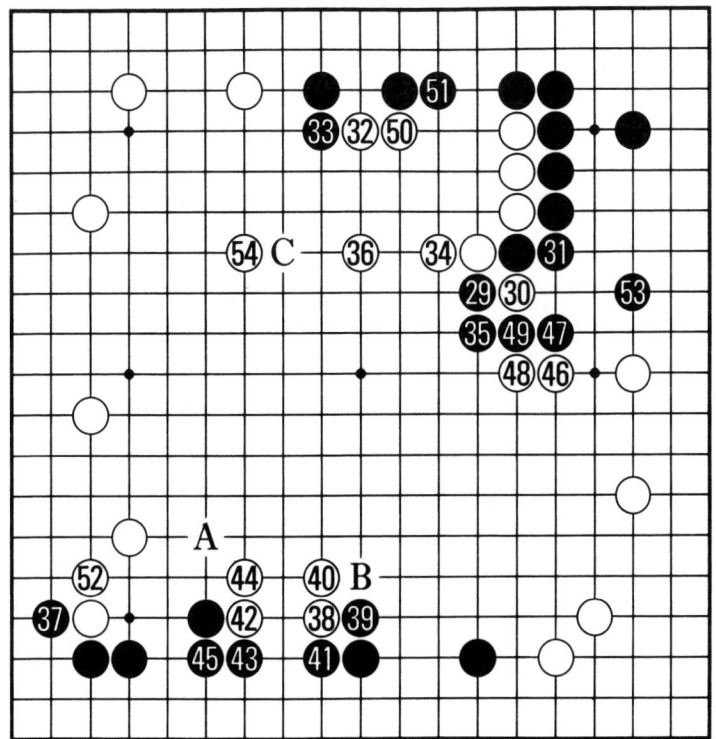

第3谱（29～54手）

第3谱 等待侵入

左下角的黑37便又是木谷氏自成一派的意趣深沉之手。我预想这一手会A位跳，若那样白棋是B位镇的打算。

黑41手成为封着。

这是第一天的下午四点半。

据那时的观战记记载，我指着左上的白地陈述道："这里若围一手，马上就会被打入。就这样放着的话炸弹不会很快扔下来。"木谷先生苦笑道："像这样什么都被人知道可真受不了。"

到了第二天，右边的黑53手就又很有木谷先生的风格。通常会是C位出头吧。如是我跳54位大大做出白棋模样。终究是只等黑方的轰炸机袭来了。

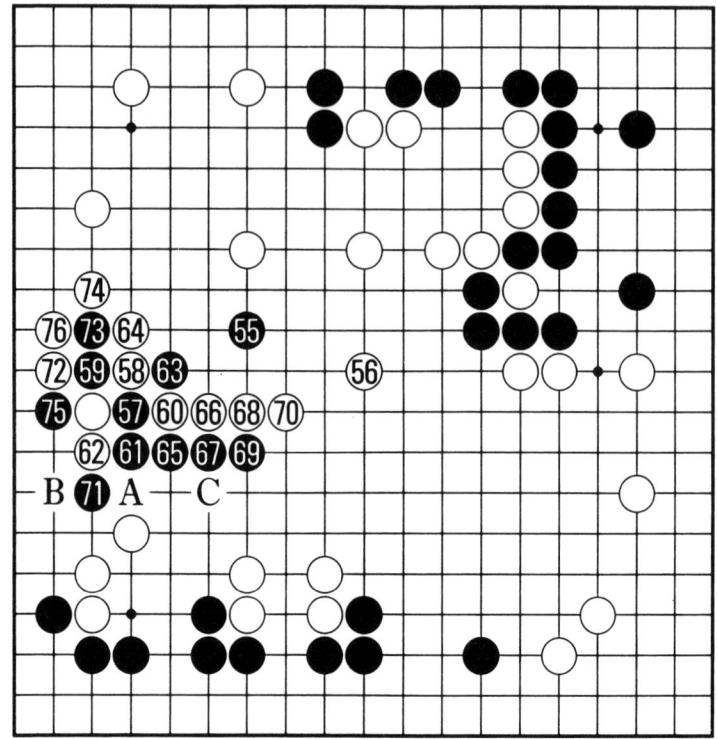

第4谱（55～76手）

第4谱 77手封棋

黑55手有一小时十五分的长考。前来观战的读卖第一世覆面子[39]井上宅治翁留下了这么一首写生俳句就回去了：

——玄机究 秋于一手 日已暮

这一手从早上的十一点三十九分起，中间夹着用餐休息时间，计算到了下午一点五十七分。

我也跳56位积极地进行迎击。黑57至59形成扭十字，终于是开始纷争纠缠了，不过黑方的内心，是想要根据情况弃掉哪一处来下。变成这样倒是意外地自然决出了棋形，由此棋局反而进行很快。

木谷："65手在71位扳出的情况，白A位顶断、黑65位拐、白B位抱住一子，发展出黑66位提、白C位关。"

黑65至69手压下长之后的71扳，对此白B位反扳则黑A位粘，白棋薄。如是行至白76，随后的第77手是第二天的封着。

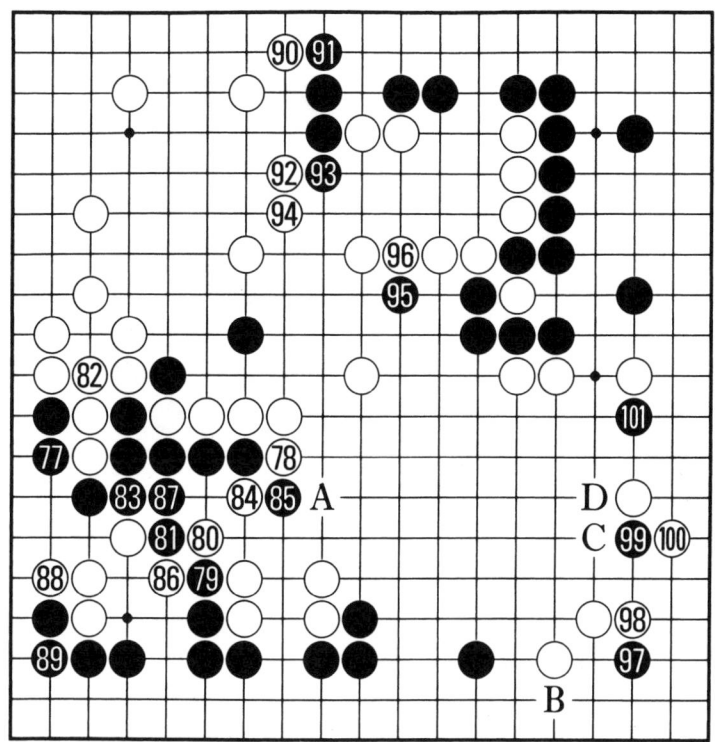

第5谱（77～101手）

第5谱 三手三小时

左下角攻防自黑77手至89手为一段落。黑棋吃掉了白方五子，落于后手倒也满足。而且将对杀带入一手胜负境地的85位一子，也还留有若得好机会就A位长出作战的目标。

白方取得先手，第90、92手做整备，在左上确保了约七十目的实地。

如是战火移动到了右下角。

木谷先生中央95手用时五十二分钟，右下97手一小时零五分，右边101手五十五分，三手投入三小时组织了对白子阵地的突击。

黑97手余有稍后B位托，试问白子从右边挡还是左边挡的含义。又黑99手，若白子C位上扳，则黑棋D断。

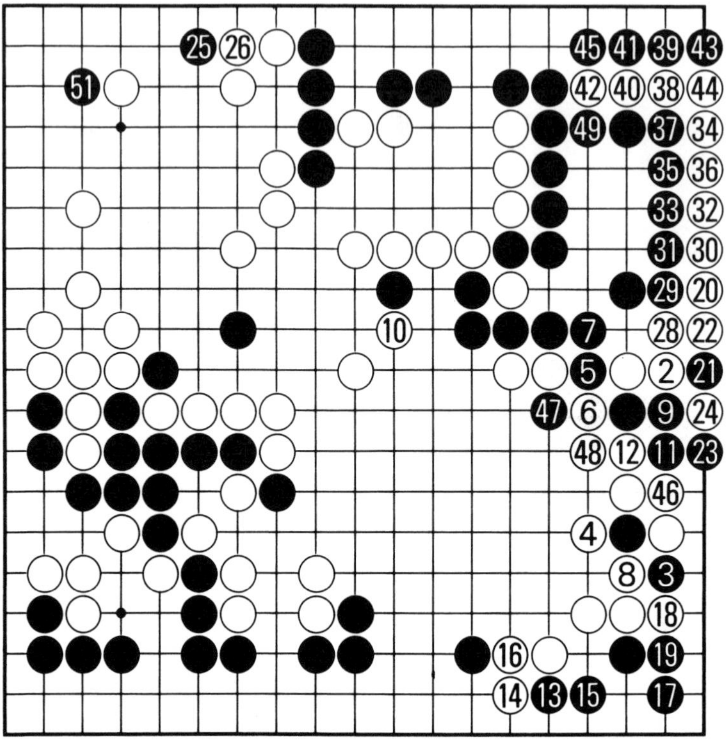

第6谱（102～151手）

㉗=㉑ ㊿=㉔

第6谱 未曾思及的大劫争

因为白20在右边一路小飞，未曾思及的大劫争在盘上勃发。这一手要是下图1的白1长，黑2还以白3便安然无事。只是那形状，要是黑a位打白b位粘倒没什么，却也恐有黑子从b位打来之虞。我思忖要是走图2倒比图1还有利，但黑21扳便发生了大事情。

白32、34落下便成了宛若玄玄棋经中镇神头图样般的发展。黑棋在左上角的51位托是绝好的劫材。

此时已过了晚上八点。

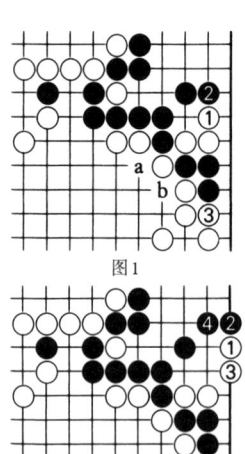

图1

图2

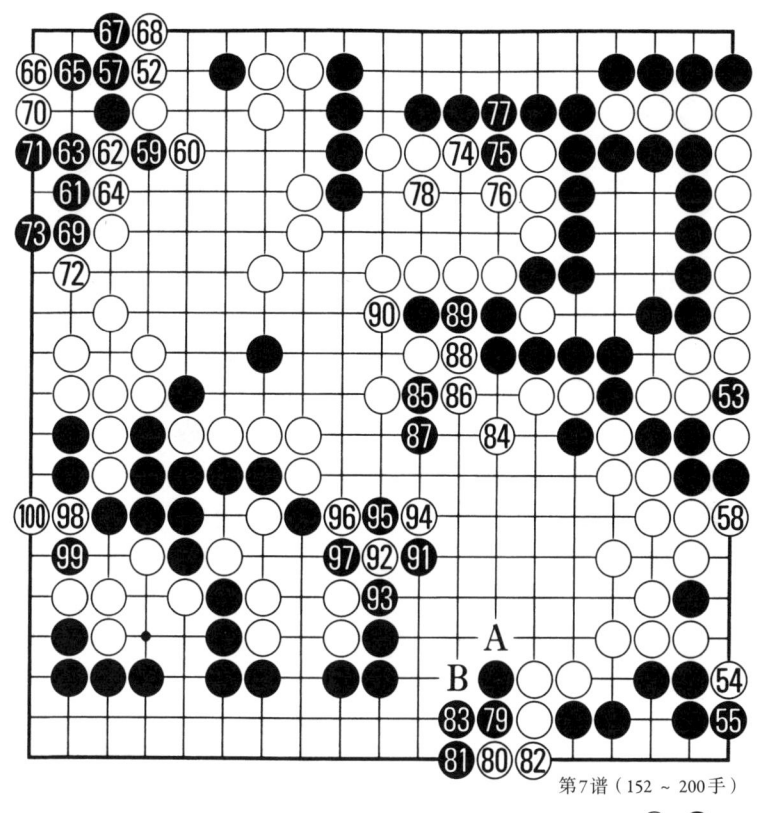

第7谱（152～200手）

㊺=❺下

第7谱 鼻血！

落下黑57一手之后木谷先生离了席，而我考虑着局势是否已逆转，沉浸到了盘面之中。我没有看到木谷先生出了鼻血。即便周围起了骚乱以后，也还以为他是犯了一贯的贫血症状。

结果，我没办法只好58位提吃解决了劫争，让左上角黑子活了下来。而这严重造成了己方损失，我认为已成了白棋不利的局面。

本局裁判日本棋院干事八幡先生等人，与湿手巾裹了额头的木谷先生交谈后，决定进行三十分钟的休息。

现在冷静地一检查盘面，我所见是黑73为止尚形势不明。

白74以A位扳为好。

黑93成了败着。这一手若94位长出，黑方无此一负。

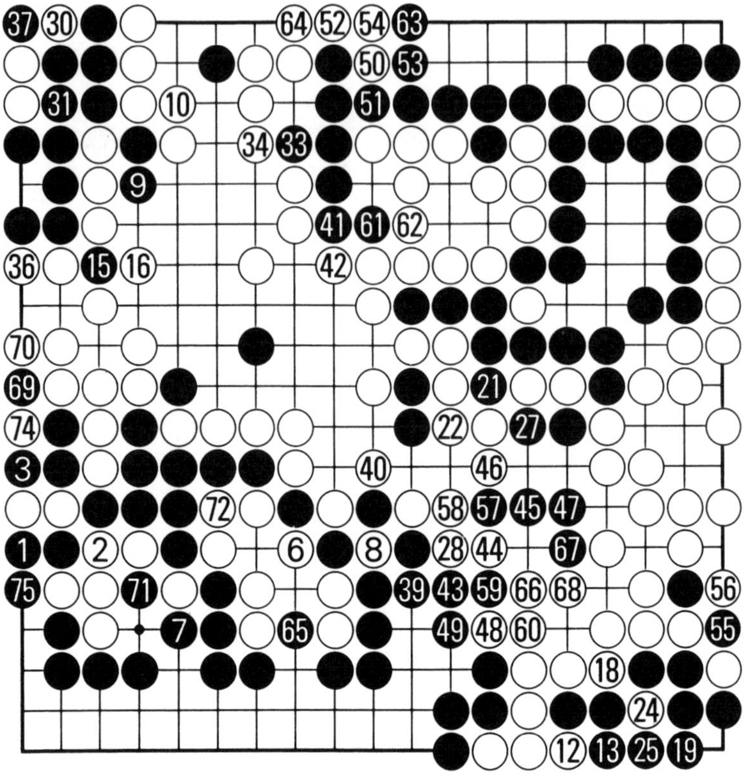

第8谱（201 ~ 276手）

④=❸右下　❺=❸下　⓫⓱㉓㉙㉟=⑧左　⑭⑳㉖㉜㊳=⑧

㊸=55下　⑯=69

第8谱　白两目胜

局终是在晚上十一点四十分。

出了建长寺到达附近要山的香风园，已是凌晨十二点过。

前一谱的黑93，对木谷先生来说是痛悔不已的一着。我下白94、96奋力一搏，利用左方一手之差的对杀以劫争进行反拨，得以逆转。白28打而令黑39收缩，白棋目数已够。

276手终　**白胜二目**

限时各13小时　**白方用时**7小时59分

黑方用时12小时59分

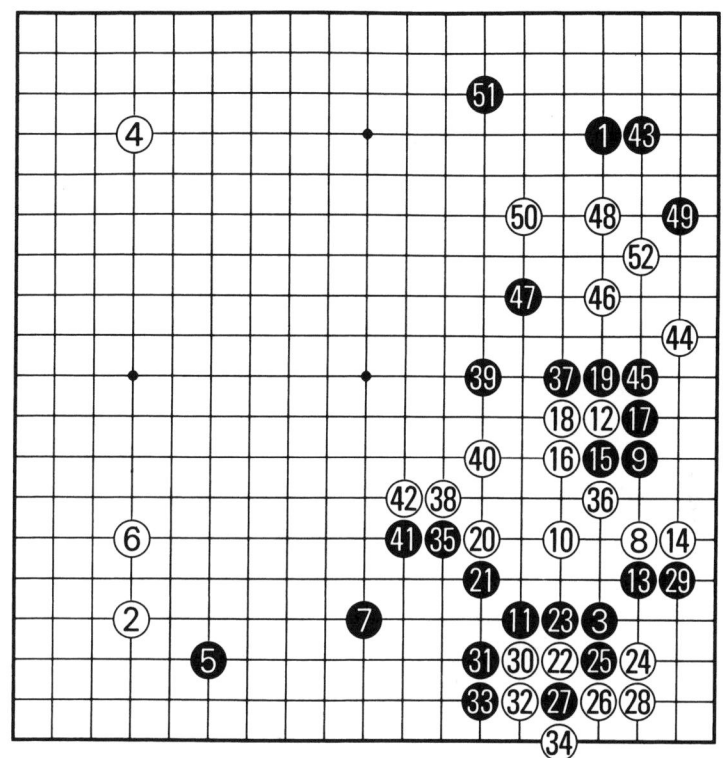

第1谱（1～52手）

读卖新闻"升降十番棋"第二局
昭和十四年（一九三九年）十二月二十六、二十七、二十八日
弈于（原）东京市芝区环翠旅馆

30 木谷第二局

互先　七段　木谷实
黑　　七段　吴清源

第1谱　52手封棋

那是降下初雪的早晨。西荻洼出发的我先一步到达旅馆，从平冢前来的木谷先生稍迟一些出现了。

"恭喜。""那时候……"这样打招呼，是因为预定对弈的二十三号，木谷家诞生了一个女孩（现在的小林礼子六段），棋局延期到了这一天。

白52手是第一天的封着。

木谷："被切断了可受不了。"

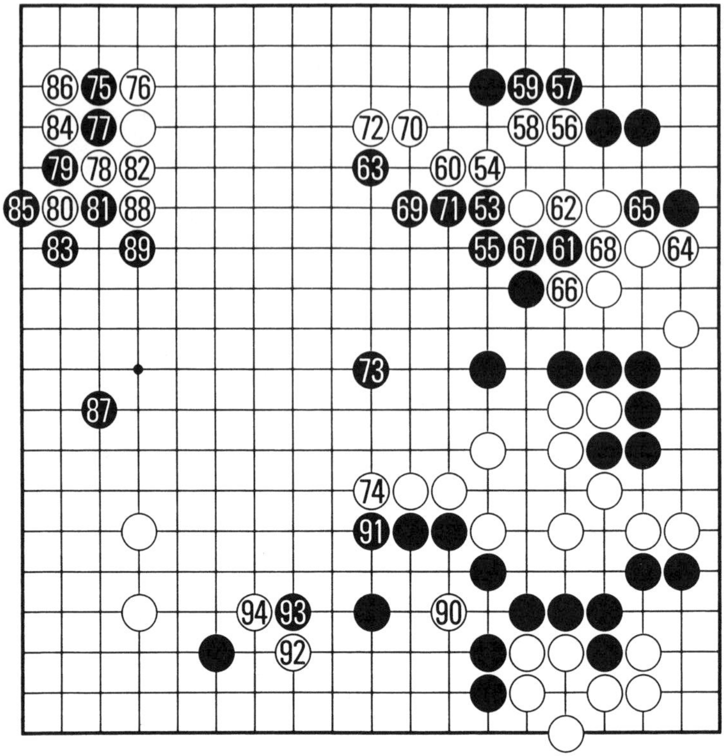

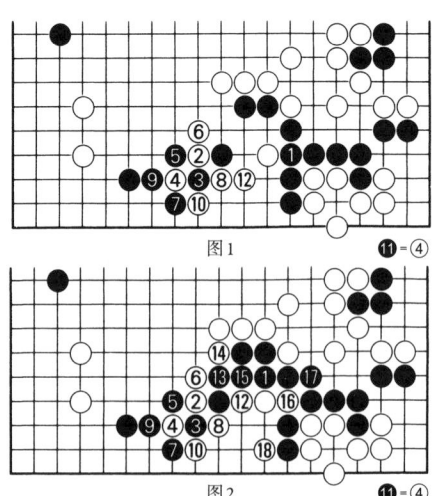

第2谱（53 ~ 94手）

第2谱 94手封棋

白90点是可怖的一手。粘右边照图1行棋，黑子便到此为止了。粘上边照图2行棋，也还是会遭到击溃。黑91长努力了一把。封着于约定时间下午五点的十分钟前转交到对方手中。木谷先生在五十四分钟长考之末封了白94手，第二天对弈结束了。

图1　⓫=④

图2　⓫=④

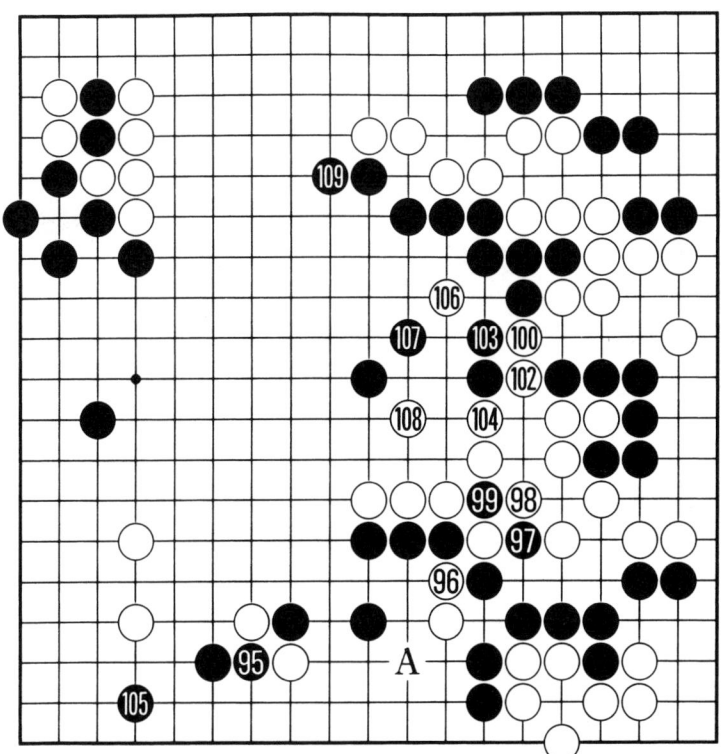

第3谱（95～109手）

⑩=⑨下

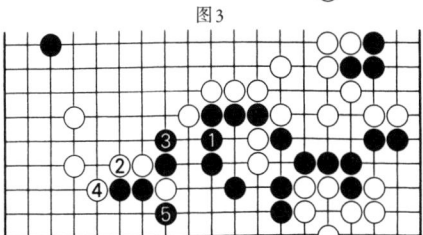

图3

图4

第3谱 决断——开劫

第三天也是好天气。我们采取了把旁边的火盆远远移开的决战体制。来到白96的切断。第97手A位消极回应见图3，黑形空虚。此图的3改图4的1位棒接，同样会因被白2、4攻击而陷入不利。我97打迈向决断中的开劫，后经六十分钟的考虑终归101手粘掉了。

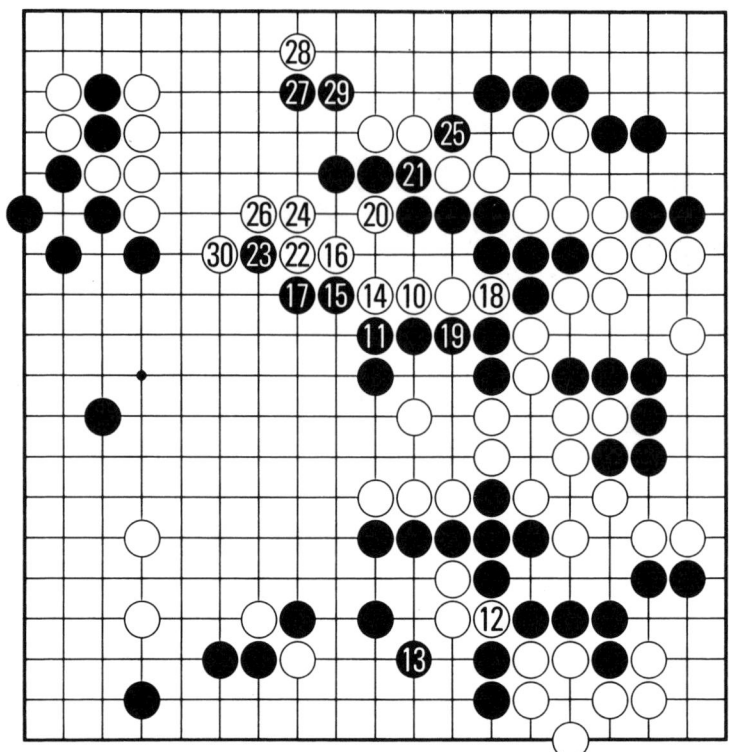

第4谱（110～130手）

第4谱 白棋的猛追

对黑子朝安全之地的奔逃，白子穷追不舍。

中央让黑地形成则白棋不够，见此而有的白10以下诸着。而对此，黑棋所采是慎重的应对。

木谷："白30改从图5的1位往后走没准会比较好。可我感觉那样依然还是不足。"

上边的白28时机绝妙，这在后头派上了用场。

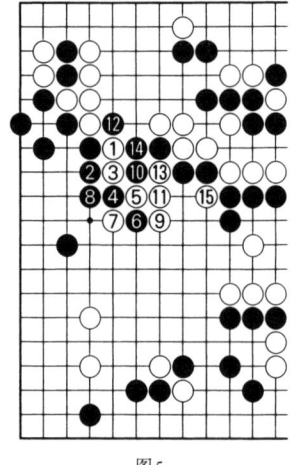

图5

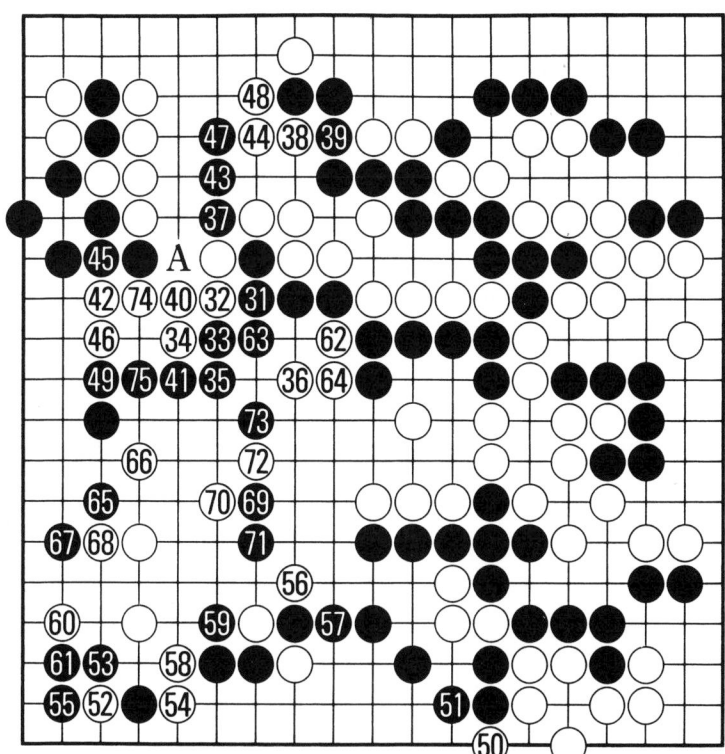

第5谱（131～175手）

第5谱 白32败着

本谱的白32是败着。

32若下在A位，黑74位长、白33位关，可说是论胜负还为时尚早的形势吧。

实战谱中白棋被黑子37位切断，38是唯一的腾挪手段，走40至44得以往上部逃出。但黑棋47长了先手的手数，吞掉白方六子，就此确立了胜势。

白棋以62、64吃黑方六子，不过也已经到此为止了。眼见黑75，白方投子。

175手终　黑中盘胜

限时各13小时　白方用时12小时58分

黑方用时 5 小时17分

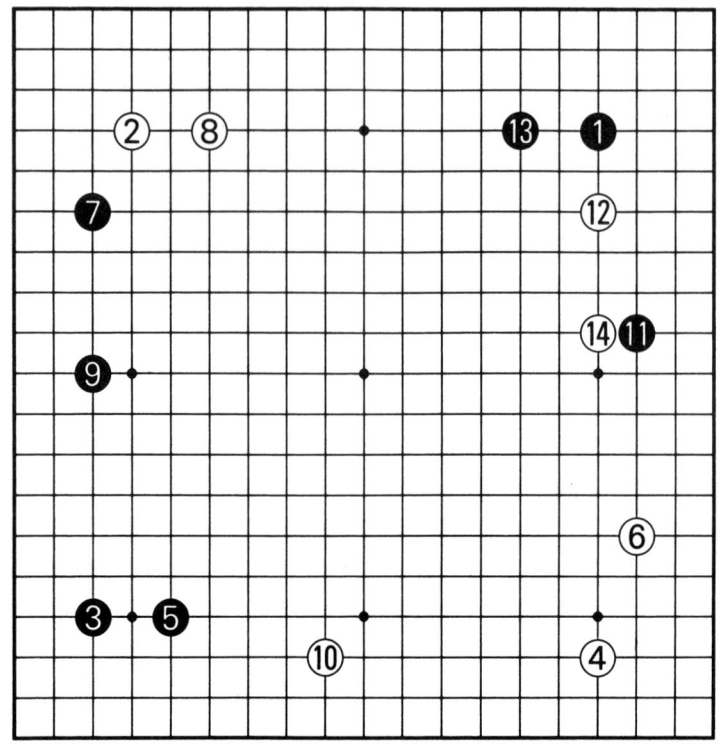

第1谱（1~14手）

读卖新闻"升降十番棋"第三局
昭和十五年（一九四〇年）三月十五日、四月八日、四月九日弈于镰仓圆觉寺

31 木谷第三局

互先　七段　　吴清源
黑　　七段　　木谷实

第1谱 发烧中断

镰仓的圆觉寺内，面对国宝大钟向右方登高到达的塔头[40]归源院是对局场地。有点像要感冒的我压下不适感开始了对局，但因为发热面色潮红，周围人担心便让医生来诊视。遵医嘱暂停棋局，以白14一手为封着结束了第一天的对弈。

因为觉得实在对不住对手木谷先生，在我来说是想强撑着继续的，但头痛却又很剧烈，无奈还是作罢了。

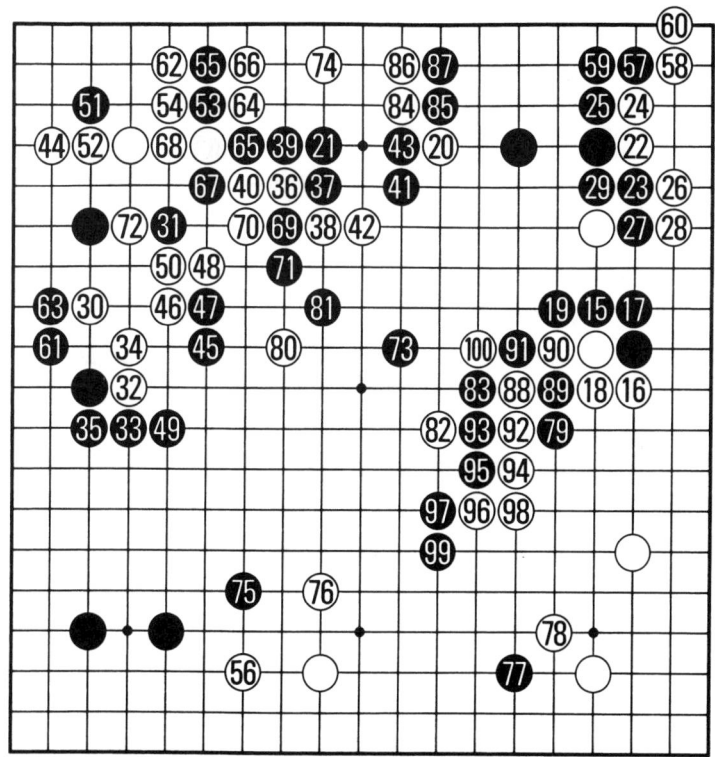

第2谱（15～100手）

第2谱 白棋的趣向

现代围棋多数的赛事，是按执黑一方贴五目半的规则在实施。据此，黑棋态度积极，而白棋则平稳沉着仿佛就靠吃贴目一般地进行布局。

然而升降十番棋是无贴目互先进行，所以执黑那一方是慢慢儿布阵，盘面上两目也好三目也罢能余出来就行的态度。

与此相反白方永远在寻求妙机，在盘算设计。这局棋里头着手白20，正是基于我由此种趣向生发出的想法。以贴目棋的观念来判断的话，甚至会被认为稍稍有点无理味道也说不准。

然而在如此背景之下，白方下功夫走向投变化球一途之事，我仍冀望诸位做出谅解予以吟味。

黑51手。白80手。两者皆封着。

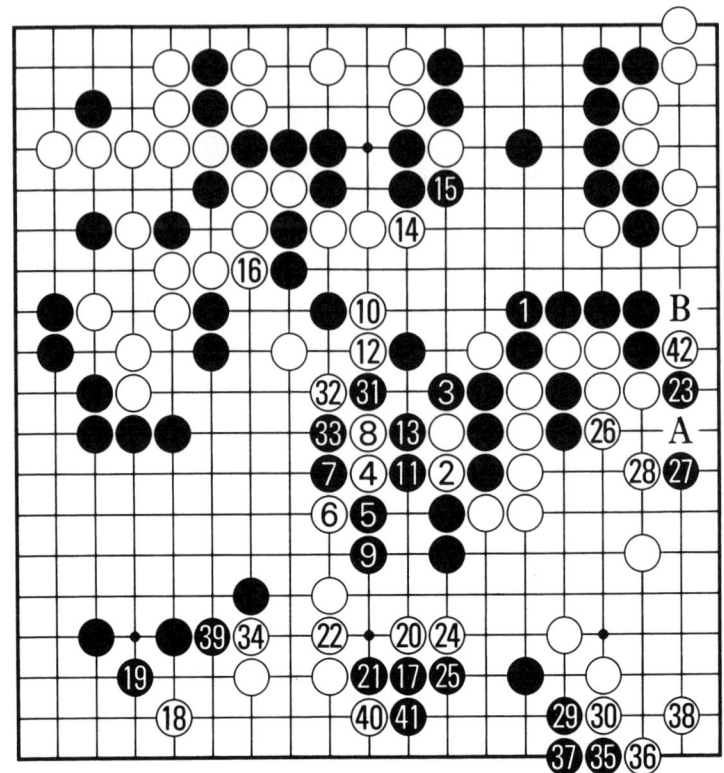

第3谱（101～142手）

第3谱 失算的42

下边棒接白22前后局面细微，我还想怕得是和棋或者一目差了。那会儿，木谷先生喊道："棋盘反光！给想点办法。"因此记录员荻原小姐站起来关了木板套窗。南面，然后连东面也关上了，房间变暗于是点上了电灯。这时是下午四点左右。

白34到了晚餐时间。

黑35的长考有四十三分钟。而后我的白42是五十二分钟。

这一手的目的是，假使黑子A位应则白B位联络最终击退黑子，又黑应B位阻止联络则白A位隔断黑子。

然而这长考后的一着，却因浑然不觉问题所在，被木谷先生回以绝妙一手后变成了失着。

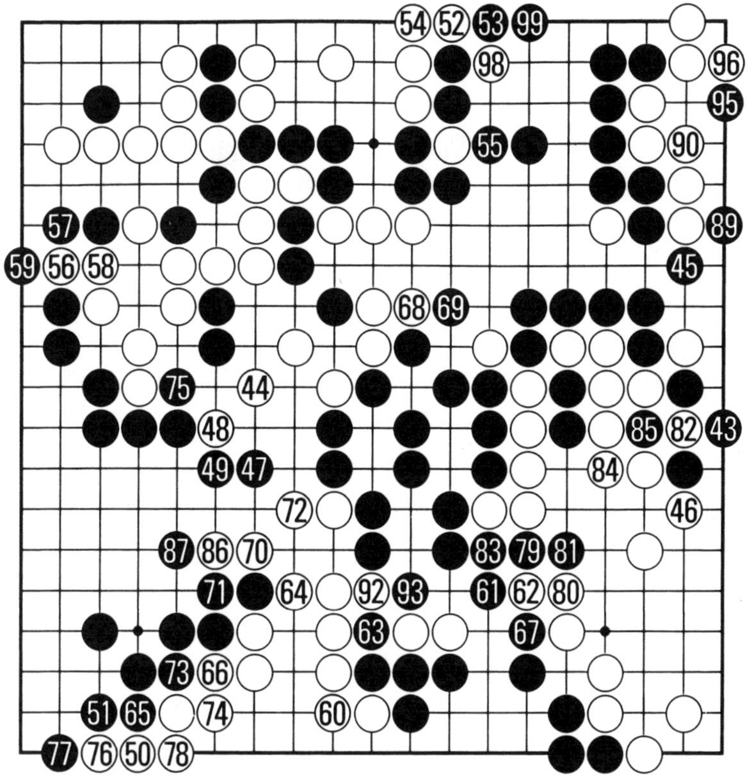

第4谱（143 ~ 200手）

(88)(94)(100)=(82)　(91)(97)=(85)

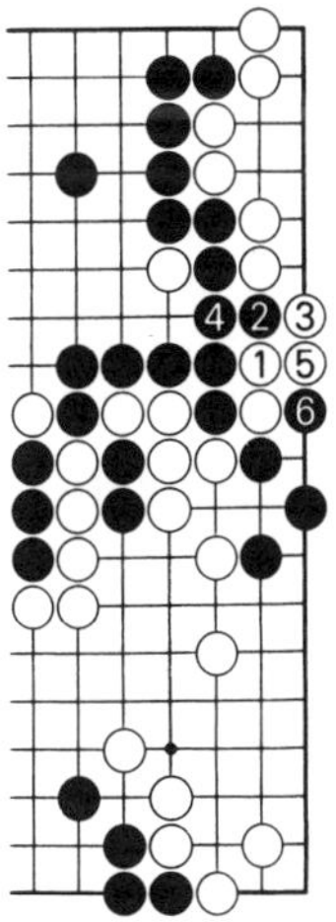

图1

第4谱 43妙着

木谷先生的43虎是妙着。

对此若如图1那样白1爬企图渡过，黑子会2位挖、4位粘，至黑6来打起劫争。此劫黑棋一方身轻，而白棋若打输右上角的白子会立即死掉，这下才是得拼命了。

左下角白50尖比之65位爬还能多得两目。另外上边52、54现在不下掉的话，黑棋有自己来先立了52位的手段。顺带话说最终的一重波澜，右边上自白82起劫争爆发。

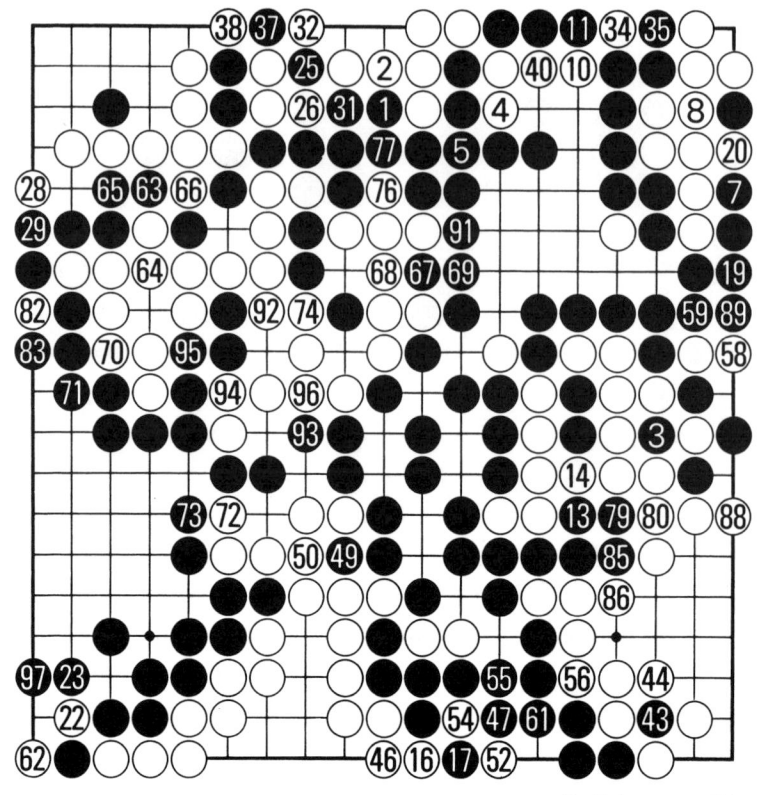

第5谱（201～298手）

⑥⑫⑱㉔㉚㊱㊷㊸㊾=❸ 右 ❾⑮㉑㉗㉝㊴㊺㉒=❸ ㊶=㉞
㊼㊻㊶㊷㊾=⓱ ㉖㊸㊾㊾=㊾

第5谱 损劫

通常的所谓"损劫"职业棋手是不会去打的，但这里因为右边的劫价值很大，白方也好黑方也好都在用致损的劫材。左上黑25损一目。然而也因此收进劫材达两个。右上白34损两目。然而是"大劫莫顾小损"。局终凌晨十二点已过。

298手终　黑胜五目

限时各13小时　白方用时 9 小时17分

黑方用时12小时55分

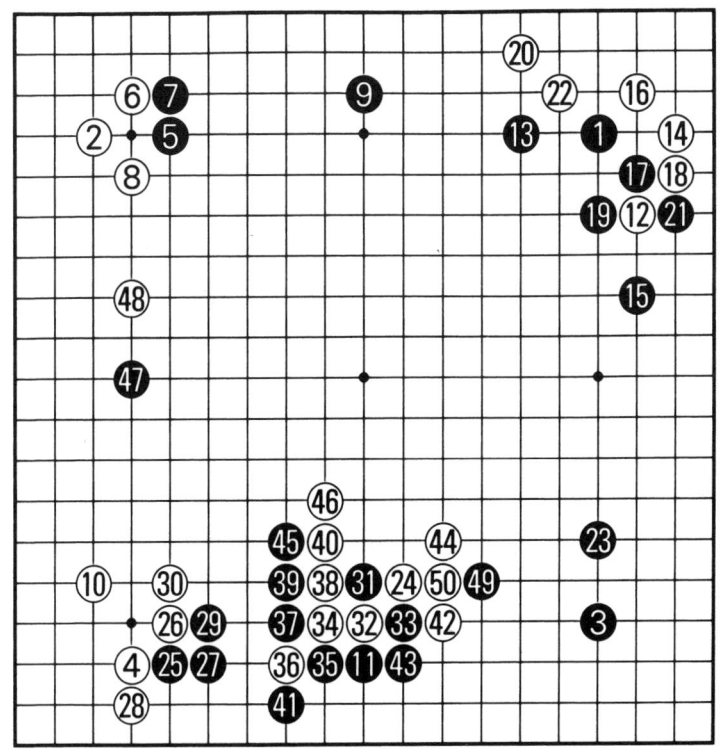

第1谱（1～50手）

读卖新闻"升降十番棋"第四局
昭和十五年（一九四〇年）六月十二、十三、十四日弈于镰仓圆觉寺

32 木谷第四局

互先　七段　　木谷实
黑　　七段　　吴清源

第1谱　反省黑31手

　　这第四局让执白的木谷先生漂亮地下出了序盘。黑棋变得难受的原因在于下边黑31的一手靠。白32挖、34长、36扳着实是状态上佳。
　　我据此反省所得出的结论是，黑31手本该小尖34位以应。
　　这时候的木谷先生喜食夏蜜柑果汁和蜂蜜。

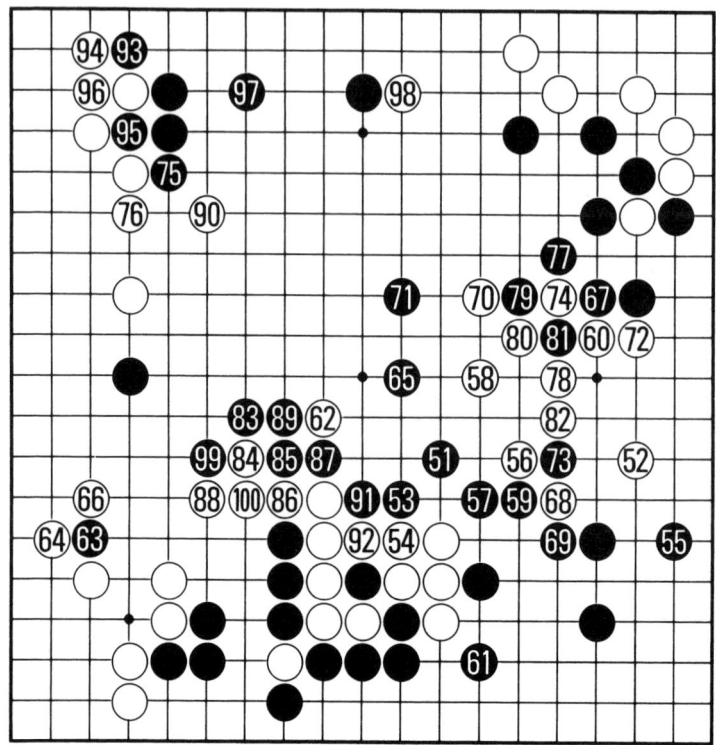

第2谱（51～100手）

第2谱 61、91封盘

这盘棋倒是相对进展很快。第一天的封着是黑61手，我对此做了二十三分钟的考虑。第二天，木谷先生第62手用时三十六分钟，64手三十二分，66手二十一分，就这样反复投入长考。

第二天的封着是黑91手，我考虑了三十三分钟。封着已决定下来，而由于这是一着命令手，我想若是令对方产生误解的话感觉就很糟了，便试着问了问木谷先生：

"先下了刺和拔，用再下一手做封着吧？"

于是木谷先生给的是这样的回答：

"那样很奇怪噢。哪着都行请随意封。商量着下棋太奇怪啦。"

这91位若此时不下的话，之后会有下不了的危险。

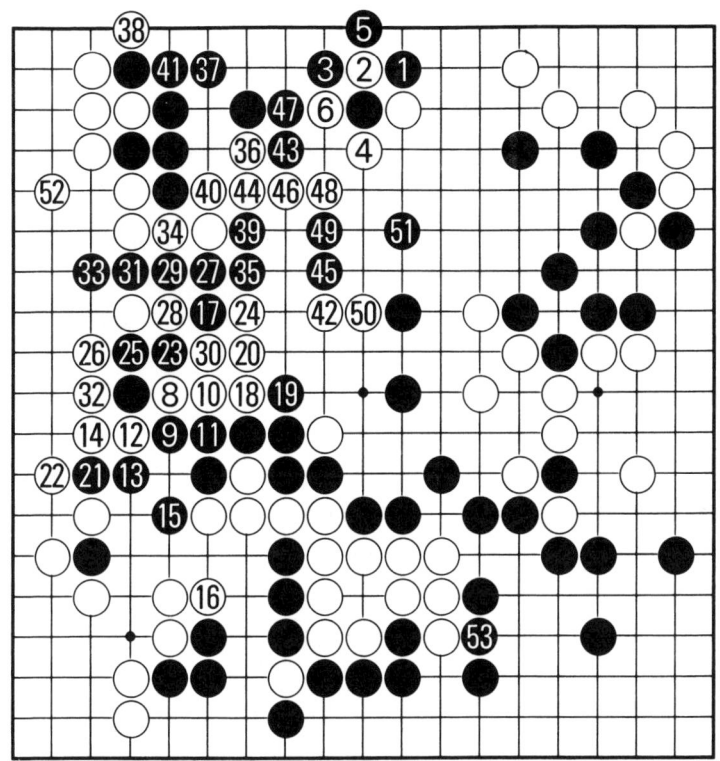

第3谱（101～153手）

7=②

第3谱 先行

第三天晚餐的时候，木谷先生心情极佳。但因为我53棒接先行把出口给塞住，他面上的喜色霎时飞走了。木谷先生目的在成图1形势，并盯住了随后图2的发展。白a位的提子开花若出现，下一步b位的切断也将演变出些事情来。

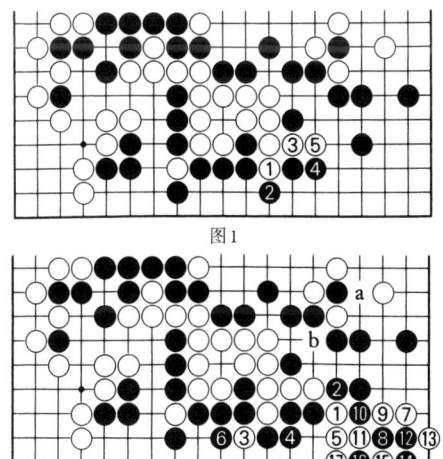

图1

图2

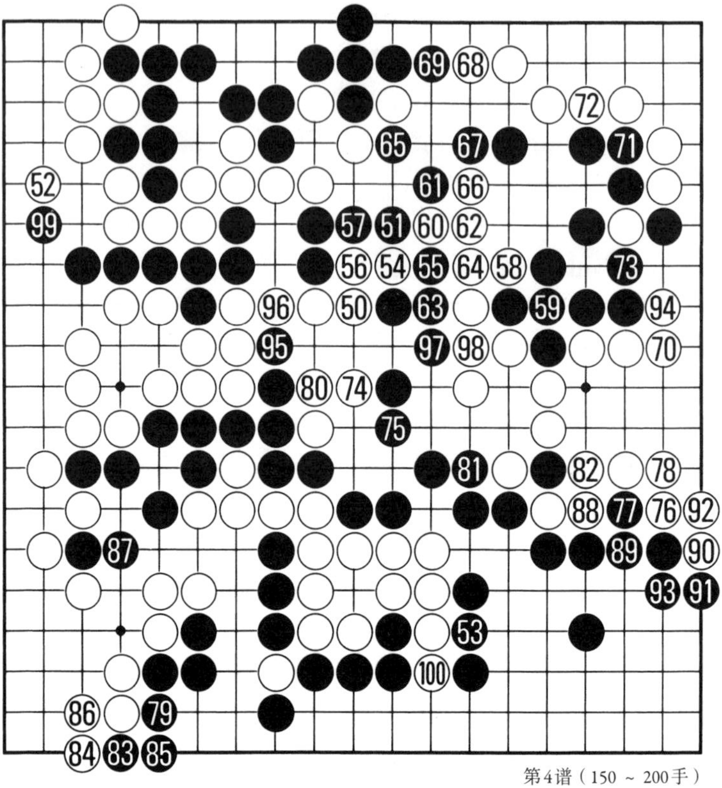

第4谱（150～200手）

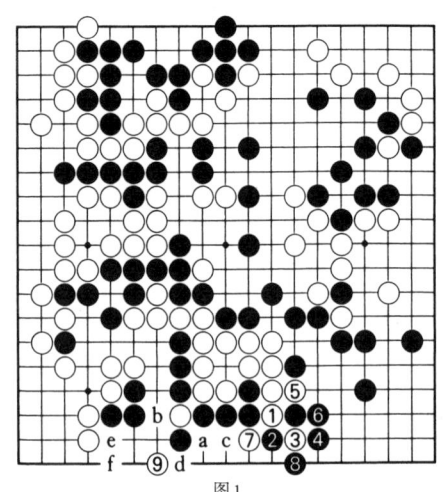

图1

第4谱 可怖的手顺

木谷先生悔于白50，认为应当下51位，如此黑50之时即先手行棋右下。我害怕的是不下53一手会如图3那样遭到攻击。白棋1至9是先手。对随后的白a、黑b、白c、黑粘、白d，黑棋不得不以黑e、白f、黑d来防住。这与实战谱会产生很大出入。

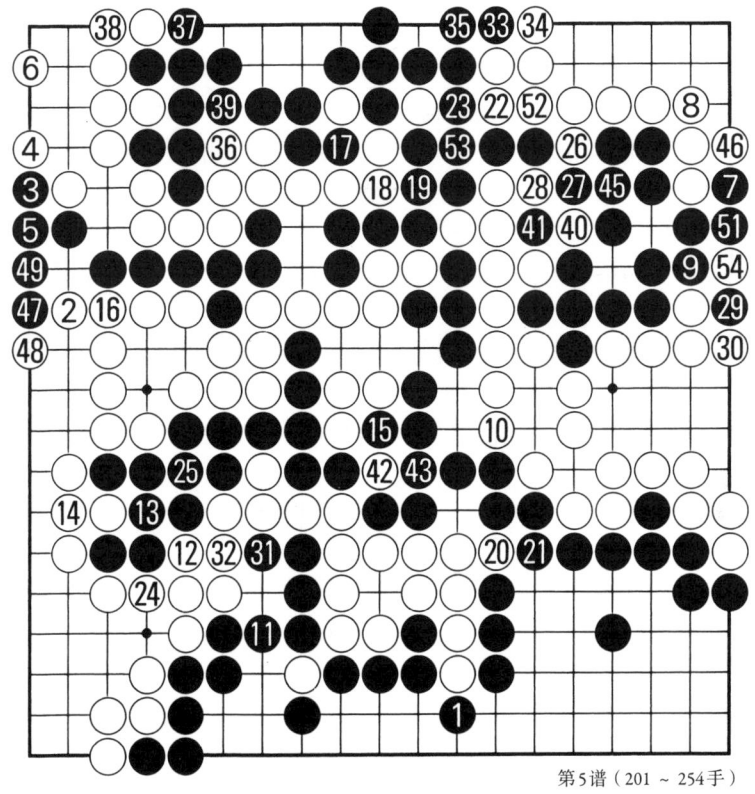

第5谱（201～254手）

㊹=㊵ ㊾=㊶ 单劫白粘

第5谱 黑一目胜

右下角白棋的先手官子，黑棋以逆收防住之后局面细微。盘上有各色形势微妙之处，我虽计算说或许黑棋稍厚吧，却不怎么有胜出的自信，让我余出了一目来我觉得实属幸运。

这时候的木谷先生，一局棋要准备五把上下的扇子带了来。基本上一天用一把最后就得变得破破烂烂的，这一局的时候同样，官子阶段第三把也开始格叽格叽响了。我不带扇子，眼镜也不用。

254手终　黑胜一目

限时各13小时　白方用时12小时50分

黑方用时 6 小时27分

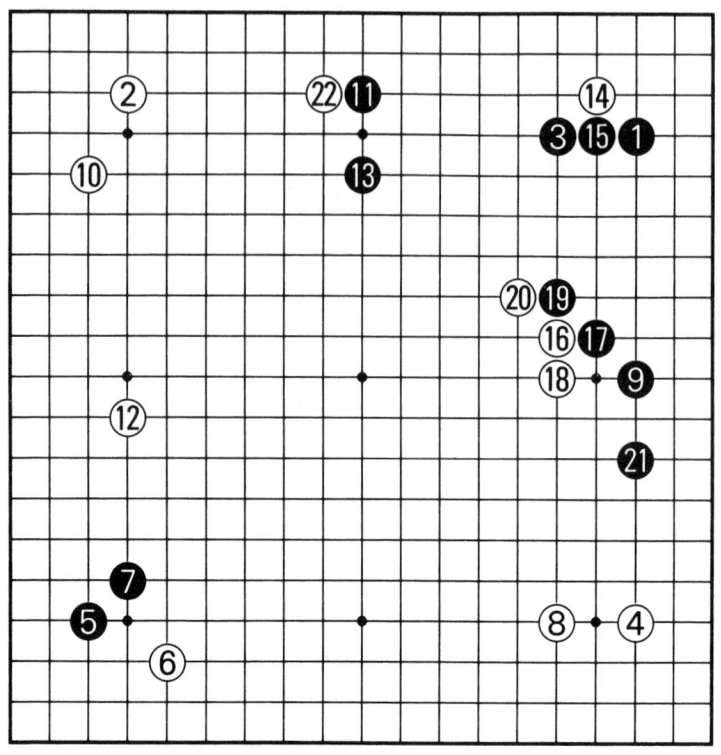

第1谱（1～22手）

读卖新闻"升降十番棋"第五局
昭和十五年（一九四〇年）八月四、五、六日弈于伊香保天宗寺

	互先	七段	吴清源
	黑	七段	木谷实

33 木谷第五局

第1谱 观战记摘记

以下内容摘自当时的读卖围棋专栏：

夜来豪雨，晨时细雨。

木谷三十二岁，五十六公斤，饭后饮夏蜜柑果汁加蜂蜜，食西红柿一个。

吴二十七岁，四十一公斤，循例用餐徐缓，入浴时用心洗头。

冷冷的风，穿过细雨吹透对局场。一旁的我（覆面子）虽觉冷，木谷氏却说"变热了"让人开了拉门。

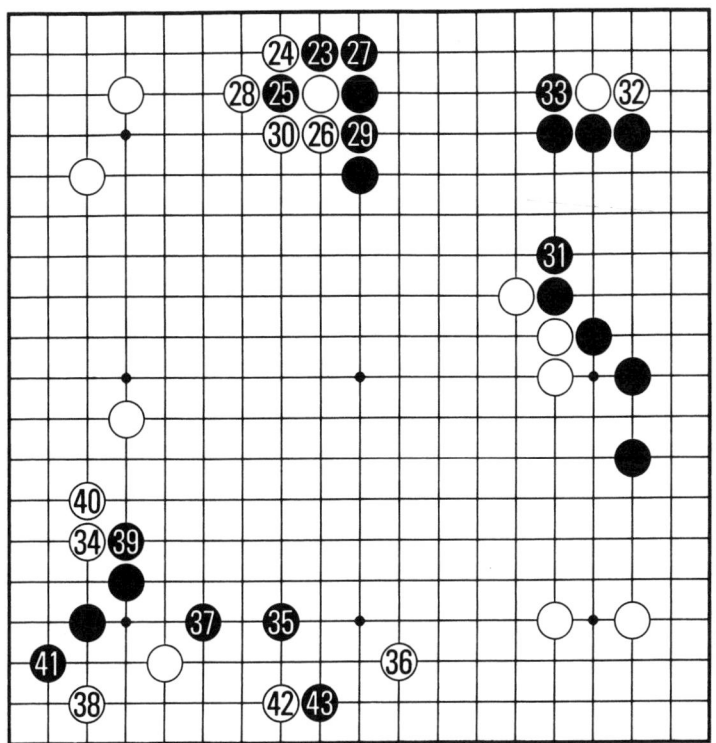

第2谱（23～43手）

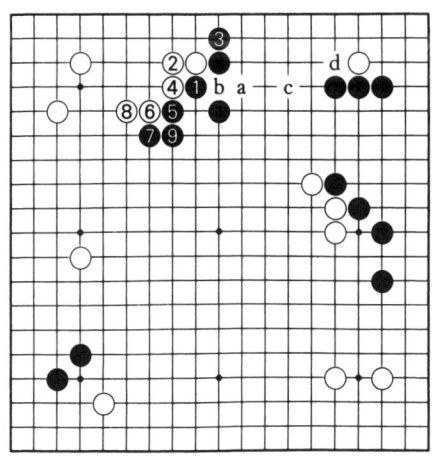

图1

第2谱 黑棋的败因

黑棋的败因在于本谱23以下数着。让白30拔一子，角落留劫，这样便失掉了先前着法的效力。由是23手如图1那样来下为好。之后白a位刺、黑b位粘、白c位关，但黑子应d位拐可一战。第44手由我做了封着。长考五十五分钟。

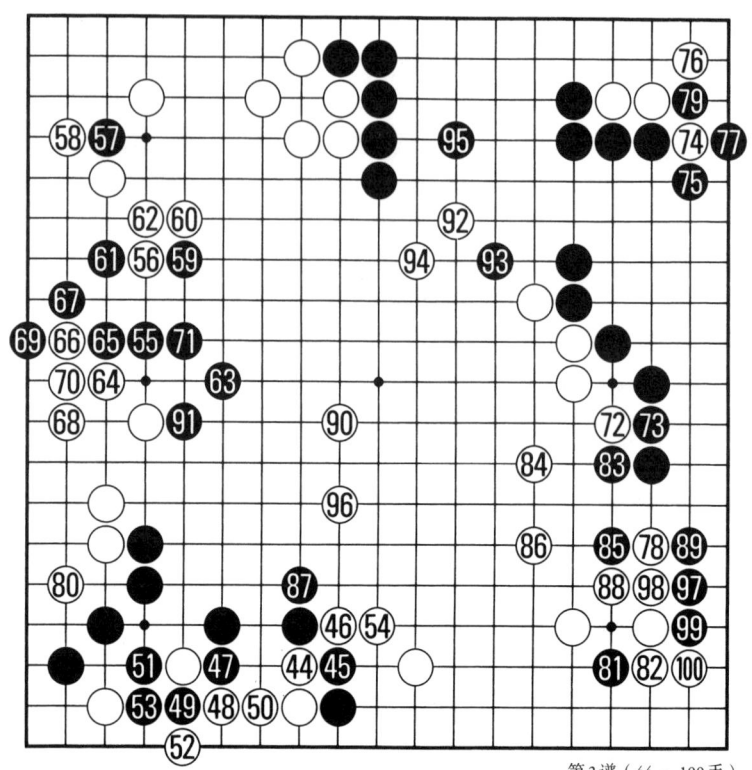

第3谱（44～100手）

第3谱 长考会战

左下也成了白方得趣的结果。黑方则想不管怎样且取得先手在55位做打入。黑81手是第二天的封着，木谷先生考虑了三十八分钟。这局面双方都相当耗时间。将主要的几手列出来就成了下面这样：

黑47一小时零八分，黑59二十四分，黑63三十四分，黑77四十六分，白78二十三分，白84三十二分，黑85一小时十三分，白86二十八分，黑87二十分，白92三十一分，白94二十一分。而后白方在下一谱的101上考虑了三十八分钟。

现在一般的对局是各持六小时一天下完，头衔七番胜负是两日制各持九小时。从这一点来比较，我认为那时候得以做到了对棋局充分地进行思考。

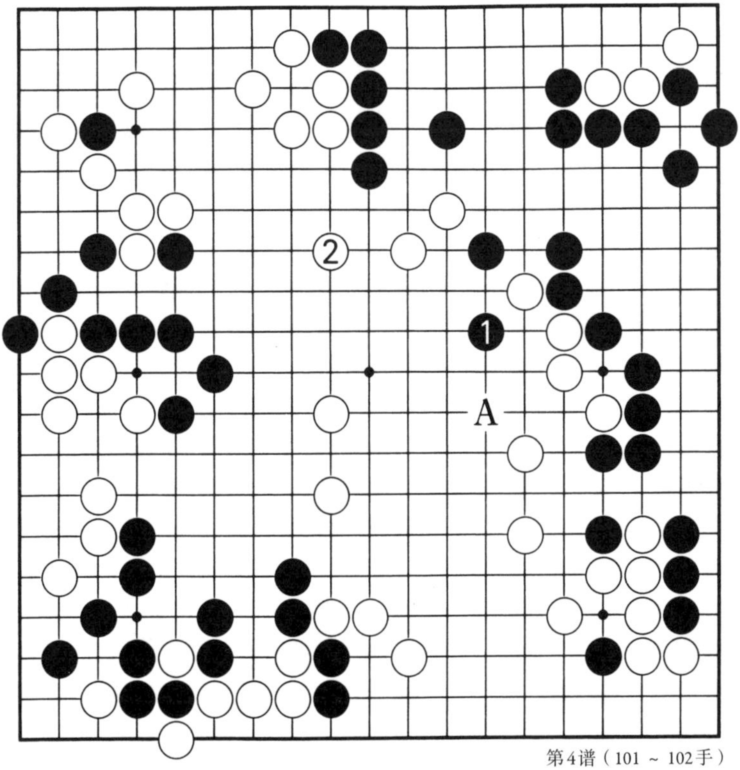

第4谱（101～102手）

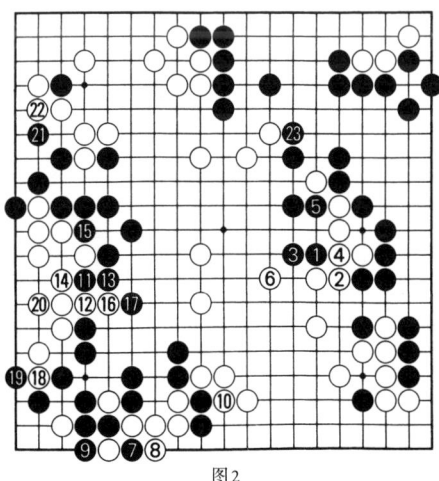
图 2

第4谱 黑稍稍不足

这一局面下要正确收官就是图2所示的进程。但木谷先生判断照该图来虽微细但黑棋不足，因此便如第5谱那样持玉碎觉悟入白棋腹地谋取手段了。另外，白2要是A位的小尖则坚实。

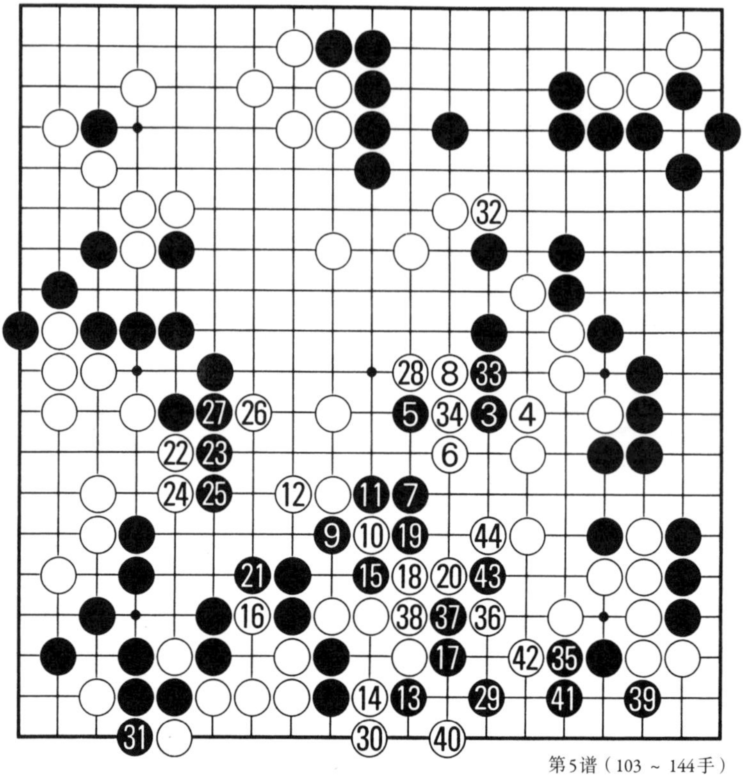

第5谱（103～144手）

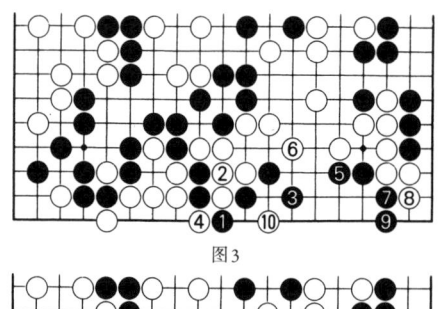

图3

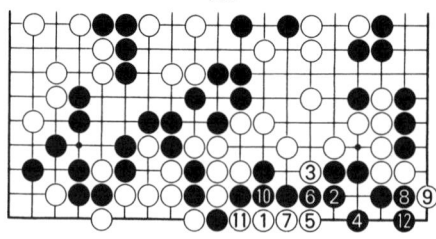

图4

第5谱 黑玉碎

黑29即便如图3黑1打，交换到白2后再3位虎，发展至白10，仍是黑棋死。此图白8点10位见图4，给黑棋活了下来。

144手终　白中盘胜
限时各13小时
白方用时 9 小时 3 分
黑方用时12小时51分

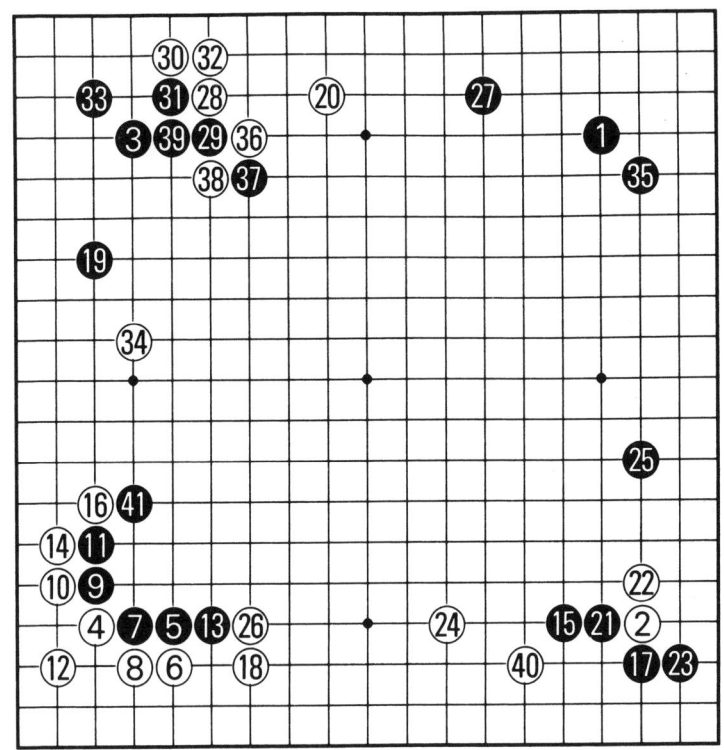

第1谱（1～41手）

读卖新闻"升降十番棋"第六局
昭和十五年（一九四〇年）十月十六、十七、十八日弈于镰仓圆觉寺

34 木谷第六局

互先　七段　　木谷实
黑　七段　　吴清源

第1谱 升降决定局和尚头

迎来决定降棋份与否的升降决定局的木谷先生，把长头发一口气剪掉，变成了回归"怪童丸"[41]旧时光的和尚头。

而另一边我复原了作为号的"清源"之名。不用说本名吴清源是保持不变的，只是对局用的名字回到了以前那样。黑41手是封着。

对局场所是熟悉的圆觉寺，宿地则是附近的要山香风园。我走运拿下升降决定局，此后的四局以先相先棋份战成木谷先生的三胜一败。

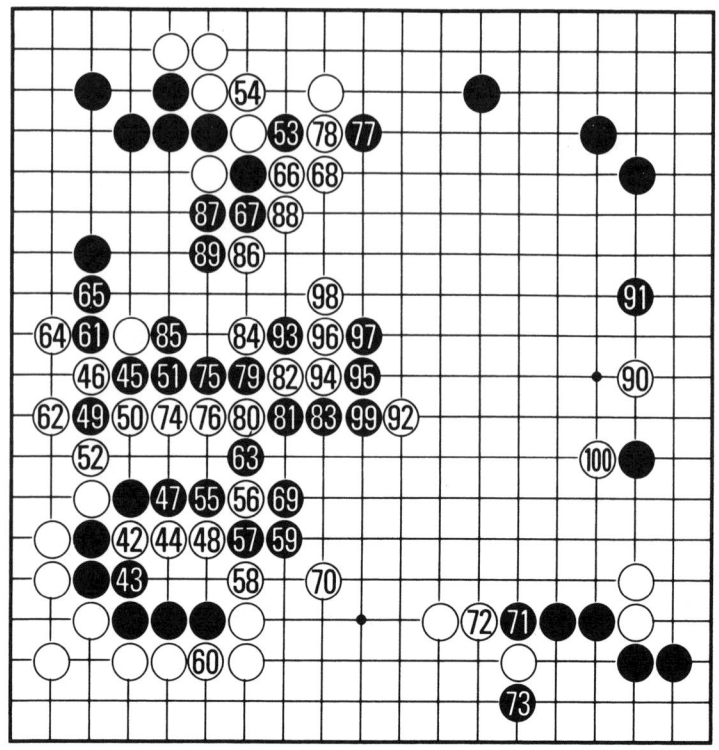

第2谱（42～100手）

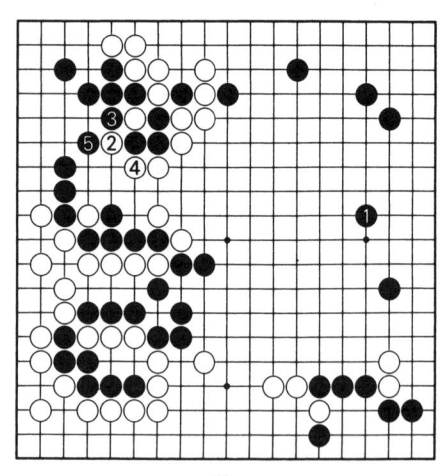

图1

第2谱 白92败着

黑79手是第二天的封着。黑89是缓着。这一手当然应该下在右边大场，图1佳。白子要是2、4连续打吃，则以黑5轻巧弃掉三子来下。白92手是败着。单纯压100位味道要更深远。这是因为白棋根据情况还可粘住93位来下。

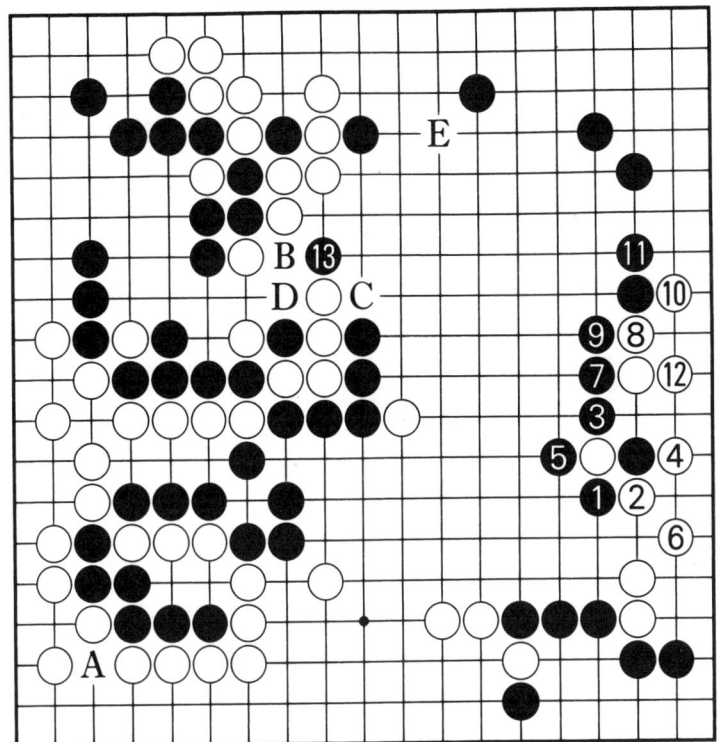

第3谱（101～113手）

第3谱 得意手筋黑13

右边是盘面上最关键的部分，双方都慎重地计算着下。白6上投入四十九分钟，黑7三十五分，白8则是二十七分。

应白10，下一手黑11还考虑过在4位之上扳出的手段，但对打劫我却没有自信。要是在左下角A位找劫材，大概要发展成转换了吧。

因为比之那样我更想取得先手，就下了黑11长。而后黑13顶是我自觉得意的手筋。针对黑13，白子要是B位粘，则黑C位打、白D位拔，然后黑E位尖。又白子如果C位拐出来，因黑子将会B位断，这样白棋也便没了成算吧。

木谷先生于此沉思了四十四分钟。如是白棋就这样放下中央，改在右上角下胜负手了。

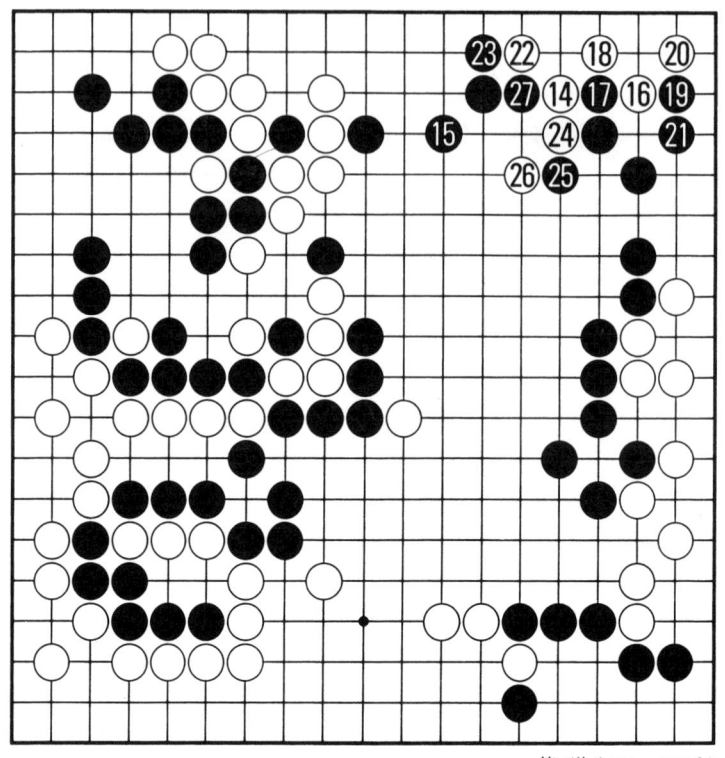

第4谱（114～127手）

第4谱 杀棋一手

黑27虽是前去杀棋的一手，但也极为危险。要是照图2的黑1、3那样行动倒无可厚非。黑9姑且是防住了白子的挺进。而黑25于26位封锁则如图3，这其中有白8的一手挖，黑a位粘则因白b位粘简单让其做活，杀棋失败。

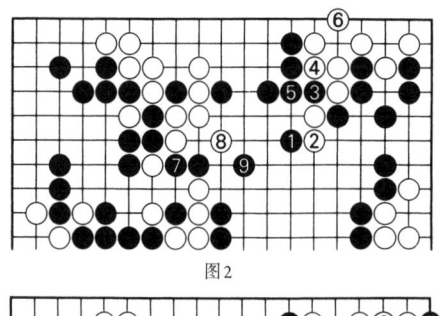

图2

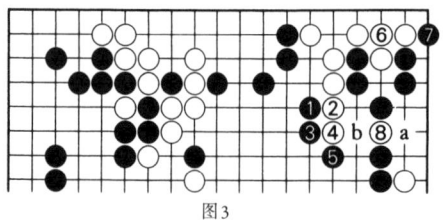

图3

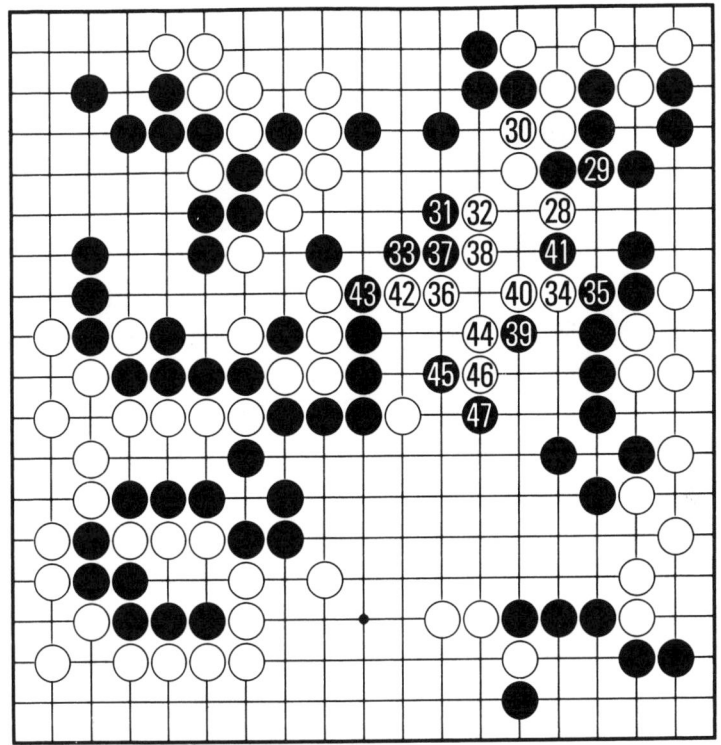

第5谱（128～147手）

第5谱 白棋的鬼手

局终之后我同木谷先生花了很长的时间进行复盘，认为白36按图4下是白棋的最佳选择，前景或未可知。只是木谷先生对图5白9怀有期待。这白9是鬼手，我中途也注意到这一点，不由瑟缩了一下。

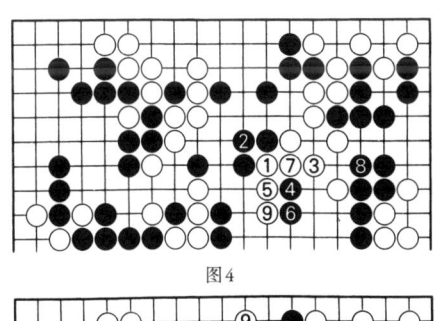

图4

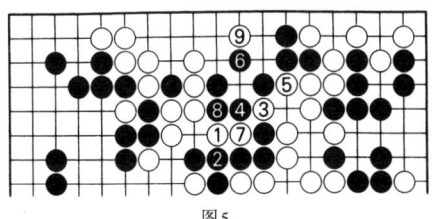

图5

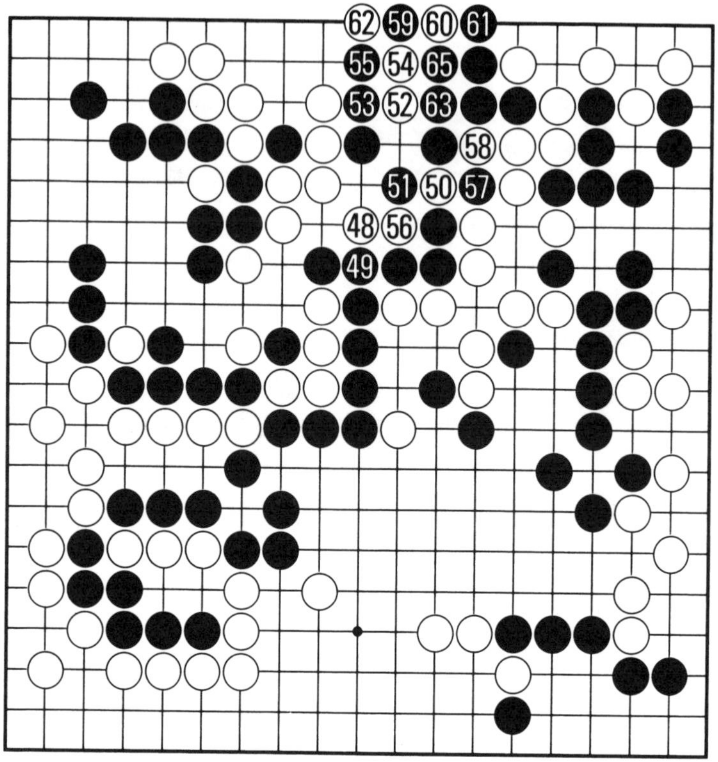

第6谱（148～165手）

㉔=㊿

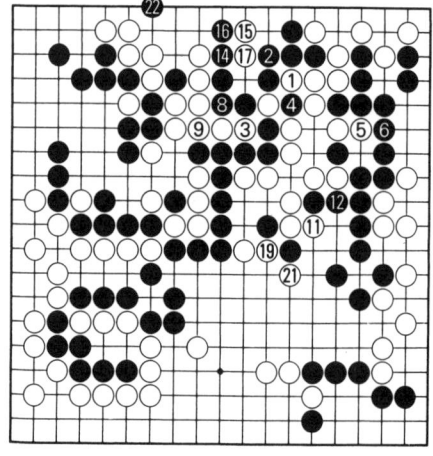

图6 ⑦⑬⑳=❹左 ⑩⑱=❹

第6谱 波及左上

对白方鬼手照图6得以险险逃脱。白棋借劫争走19、21成活，但终因黑22一手左上覆灭。

165手终 黑中盘胜
限时各13小时
白方用时12小时42分
黑方用时 9 小时35分

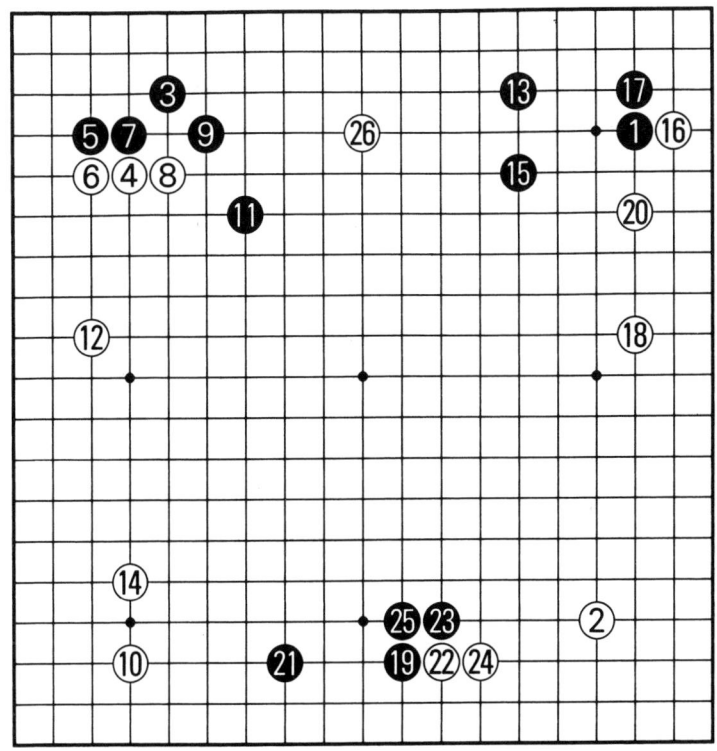

第1谱（1～26手）

读卖新闻"升降十番棋"第一局
昭和十六年（一九四一年）八月五、六、七日弈于镰仓腰越读卖海之道场

互先	七段	吴清源
黑	琼韵社八段[42]	雁金准一

35 雁金第一局

第1谱 老前辈

"和降了木谷棋份的吴清源下的话，互先也行。"

雁金老师这一句表露为机，读卖的正力松太郎社长行动起来，实现了老师与我互先的升降十番棋。

雁金老师为了这轮棋战脱离棋正社，新创立了棋士组织琼韵社。在我而言也因涉及日本棋院名誉的缘故，感到身负莫大的责任。此次就用时曾起过争执，但总算是在十四小时的限时上达成了妥协。

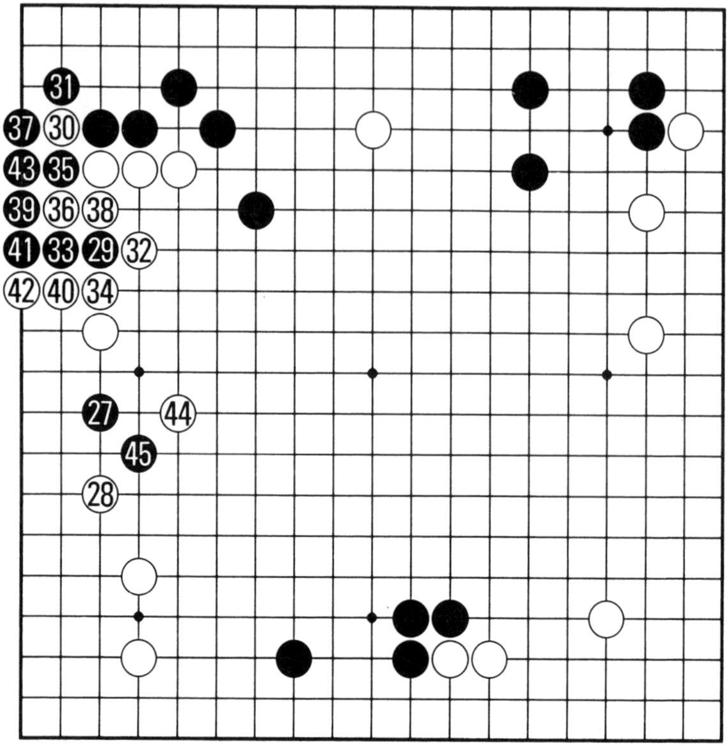

第2谱（27～45手）

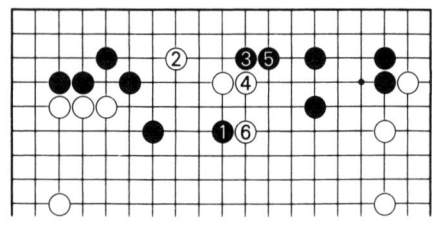

图1

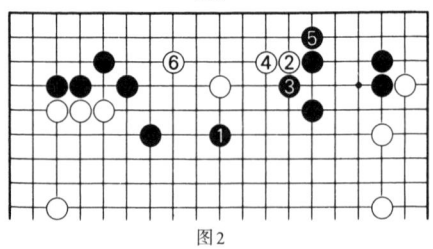

图2

第2谱 45手封棋

对于深深楔入上边的白子，黑方就算即刻攻过来也吃它不了，比如说图1、图2。于是黑方下了转战左边的第27、29手。白30手投入五十七分钟进行考虑，这一着是32手盖的前提。由是黑棋渡过，白44镇头施以重压，黑45手做成了第一天的封着。

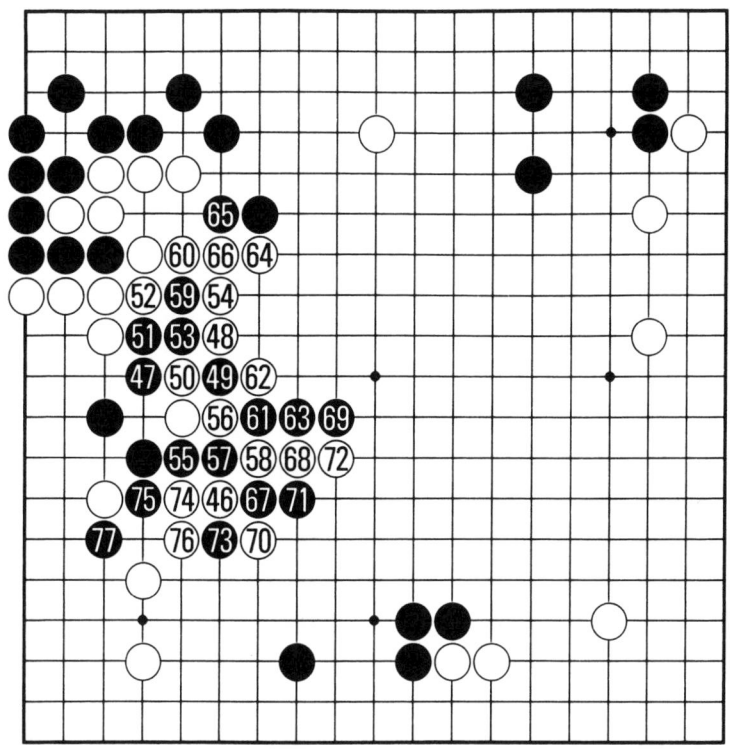

第3谱（46～77手）

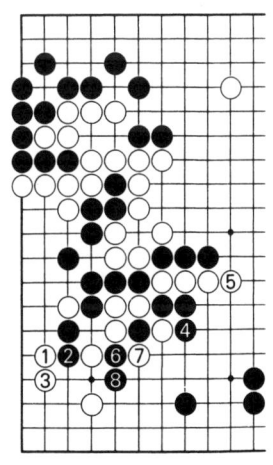

图3

第3谱 三手五小时

黑45手是花二十二分钟考虑的封着，而进入第二天雁金老师的长考仍在继续。第47手一小时四十五分，第49手两小时零八分，第55手一小时十三分，三手用去五小时之久。

那种事关死活的中盘难点是雁金老师上演个人秀的舞台，一手黑77棋漂亮地做活了。白78执意出手杀黑子则会下在图3的1位，然而这样一来黑2以下有4、6、8之手段，终成白棋之败。白78手是第二天的封着。

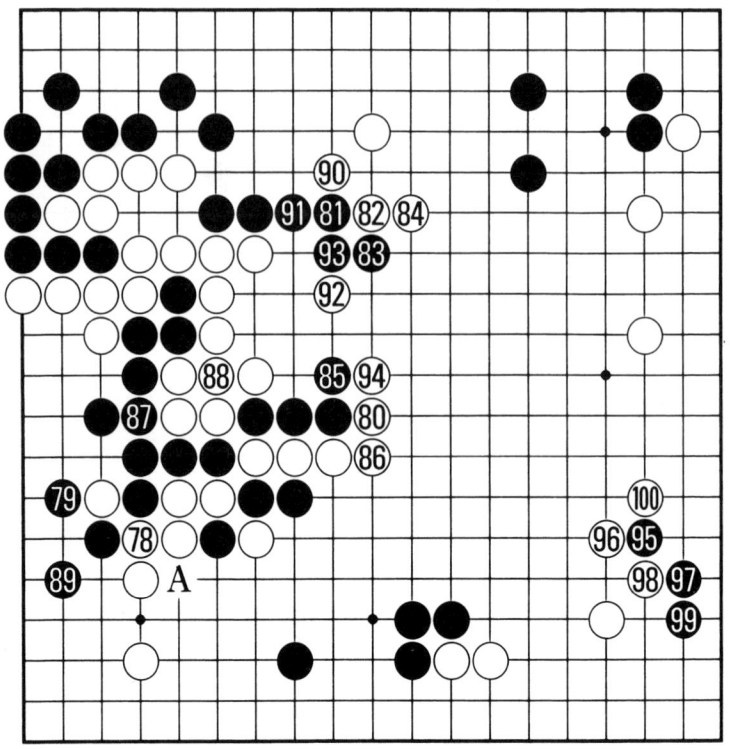

第4谱（78～100手）

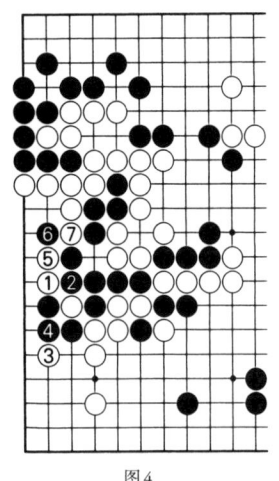

图4

第4谱 鬼手

白78手思考了二十三分钟。虽是不情愿的一着，但不下的话A位弱点让人担心。此外至第79手为止的棋形，若黑子不以87位粘、89位虎补强的话，将有图4白1的鬼手，黑方少说也要被白棋先手拔掉重要的四颗子。

黑81手是不是该进一路跳至82位呢——雁金老师有此感想。该说是白82阻住黑子后让白棋变得好下了。

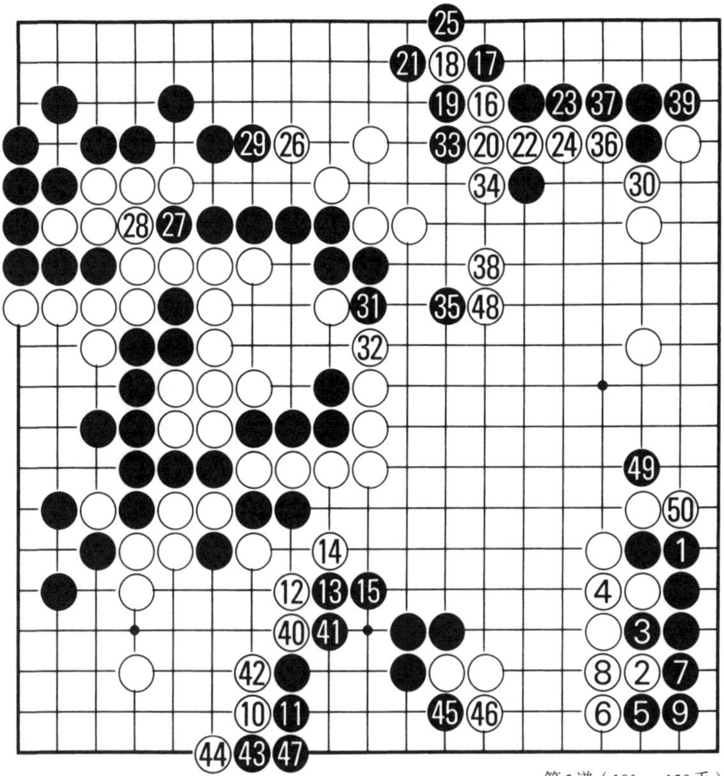

第5谱（101～150手）

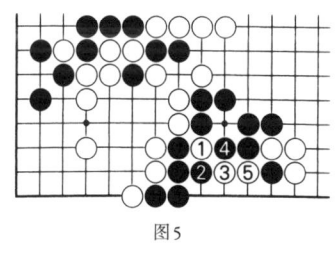

图5

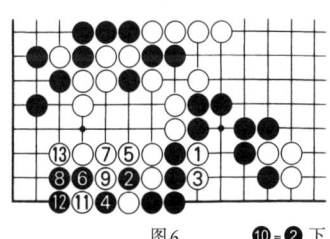

图6　❿=❷下

第5谱　对局室置冰柱

第三天天气太热，在对局室里放置大冰柱后进行了对弈。黑43、47的扳粘是危险的着法。白48可有图5的1位断。黑子若是2位打，则白3、5得利，黑棋无眼。而若是图6的黑2位打，则白3以下展开对杀，白棋胜。

大冰柱不断融化，盆中的水在增加。雁金老师却连坐姿也丝毫不乱。

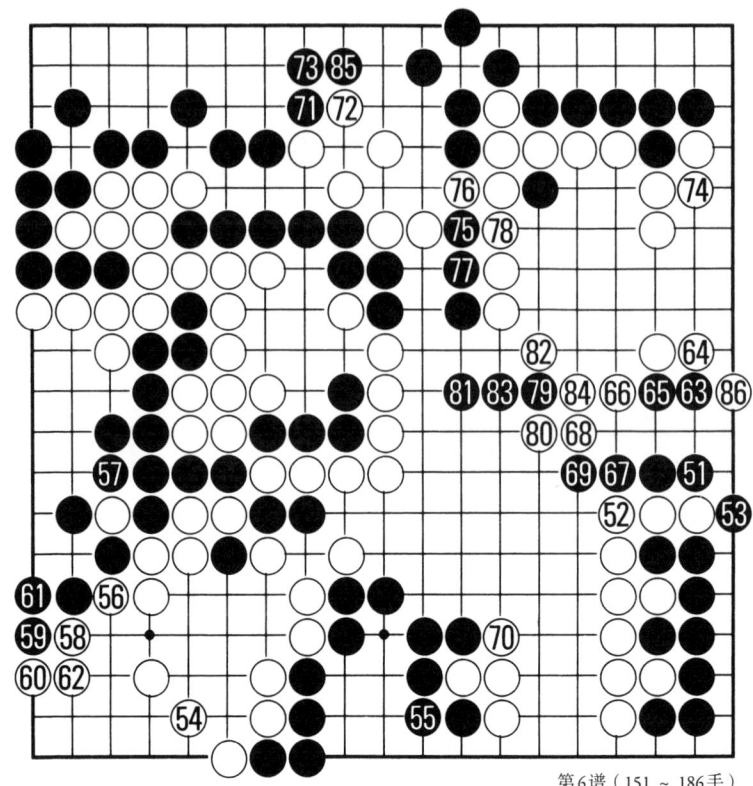

第6谱（151～186手）

第6谱 白86处投子

白86上黑方投子。此后即便进行收官，也得见八九目程度的差距不可动摇。可想序盘的黑15手是布局失当之处。

这局棋之后的读卖报观战记如下：

"本次临此重大决战之际，吴氏之决心与对木谷氏十番棋那时不同，显示出相当的干劲。来到这镰仓腰越的道场以后也每早用粗盐擦拭皮肤，松叶精则不离左右，以此来提升身体状态。即便出到对局室外照旧一语不发，默默地就进了自己的房间。盘上也与往常不同，在布局上花费三小时之久，这些行止透露着过去不曾见的慎重。"

186手终　白中盘胜

限时各14小时　白方用时 9 小时31分

黑方用时12小时35分

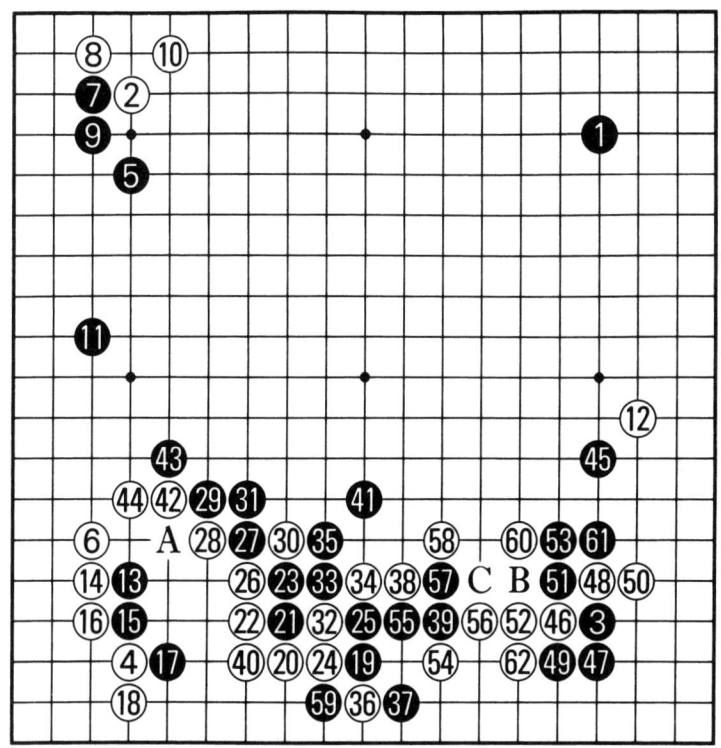

第1谱（1～62手）

读卖新闻"升降十番棋"第二局
昭和十六年（一九四一年）十月一、二、三日弈于镰仓腰越读卖海之道场

36 雁金第二局

互先　琼韵社八段　雁金准一
黑　　七段　　　吴清源

第1谱 秋雨肃肃

此一谱是雁金老师的棋局杰作。

在我而言则是备受困扰。

白30手若是A位退则黑子40位断，从上方和两侧利用弃子令白棋走重从而黑棋高效。而白方终究是借力打力反制了黑棋，下出30至38手而后40粘回。白46以下诸着亦着实是雁金老师的风格。黑49手51位断则是白53位打、黑B位长、白C位挡的手筋。如图进展到黑53手之时，下边白54便又是手筋。黑63手是第一天的封着。

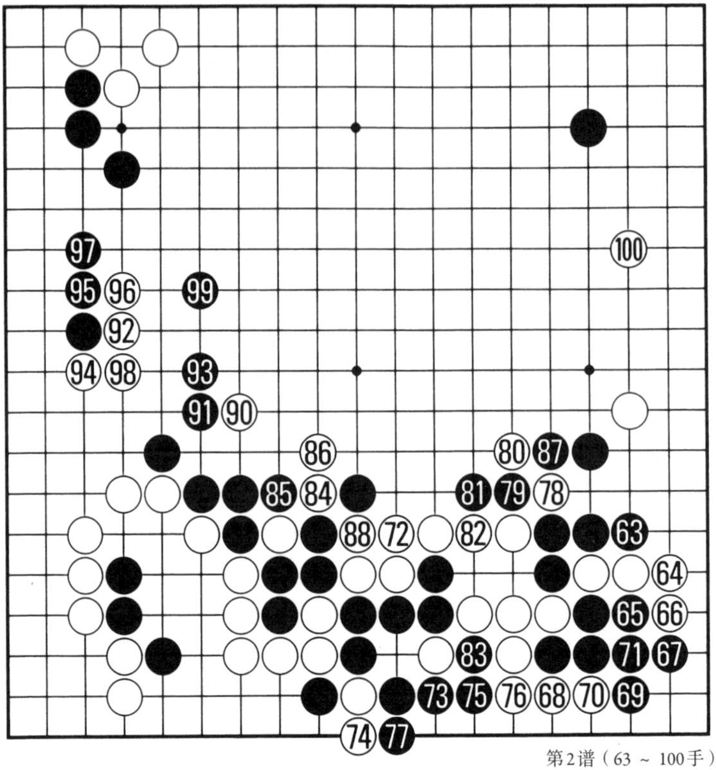

第2谱（63～100手）

⑧⑨ = ⑧⑤ 下

第2谱　白棋好状态

黑棋第77手二十四分钟、第93手一小时零七分的记录述说着我的苦战。

情势发展成这样的原因在于糟糕的黑65手，我本该在第65手上选择图1的下法。该图中a位、b位等皆先手利，角部或成双活也未可知，但这样总归较实战方法要好。对白68手黑子施以70位挡见于图2，黑3位补则白4位夹，白6上终成劫争。而黑3补a位，则白b位打、黑c位扳、白d位打、黑粘、白3位粘，黑棋不佳。

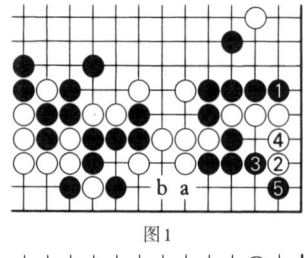

图1

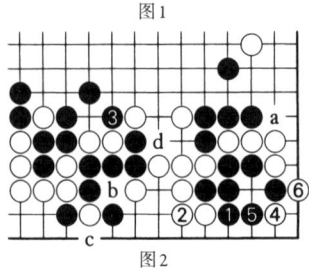

图2

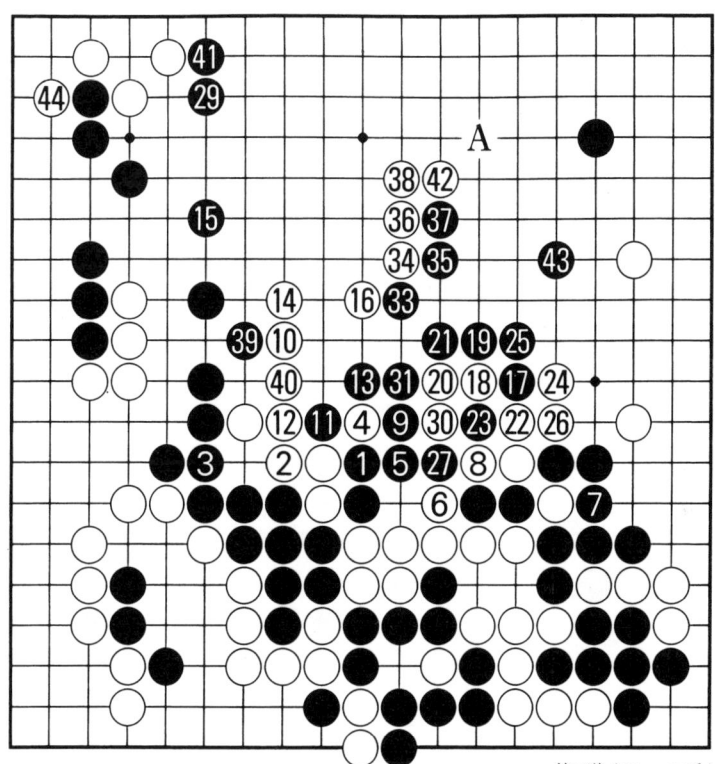

第3谱（52～77手）

㉘=❼左　㉜=㉓

第3谱　黑43封棋

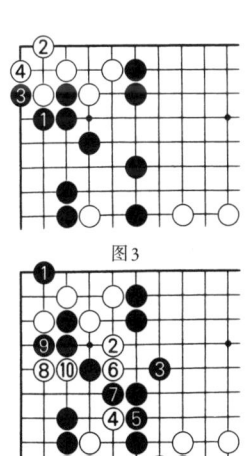

图3

图4

左上黑41有三十七分钟的考虑。然而由于白42为攻守要点，41似是A位小飞要来得好。黑43是封着，其上消耗三十分钟。白方思考三十三分钟，于44位扳在了左上。这是一手巧着，黑子若挡则如图3形成劫争。又黑子若于急所破眼，按图4的手顺要生出事来。

此处，我为下一手的对策不得不又深思了一小时零两分。这一段上明显可见是我的苦战。

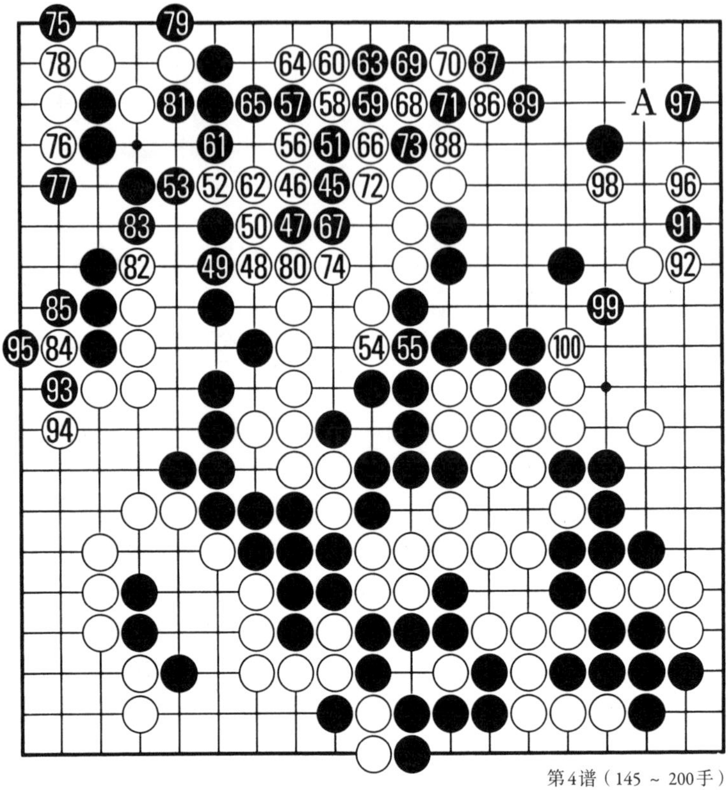

第4谱（145～200手）

⑨⓪=㊻⑧

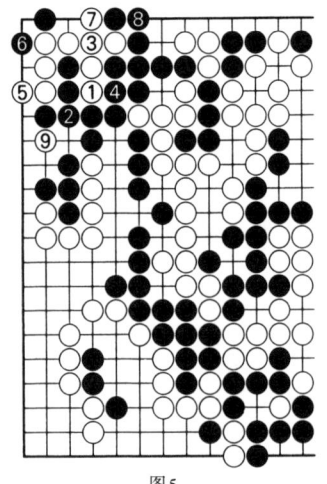

图5

第4谱 白96失良机

我左边的93、95两手若于右上角做整备则得黑地。可这样一来让白子93位给连上，这一着影响将极大。之所以这么说是因为，黑方脱先的话被白棋照图5中1至9施以攻击，要成大问题。因此黑棋无奈只好于左边断吃。不过，若被白96在右上角A位打入的话，由于这一子吃不掉，局面虽细却可认为是白棋的胜果。这96着实是遗恨的一手。

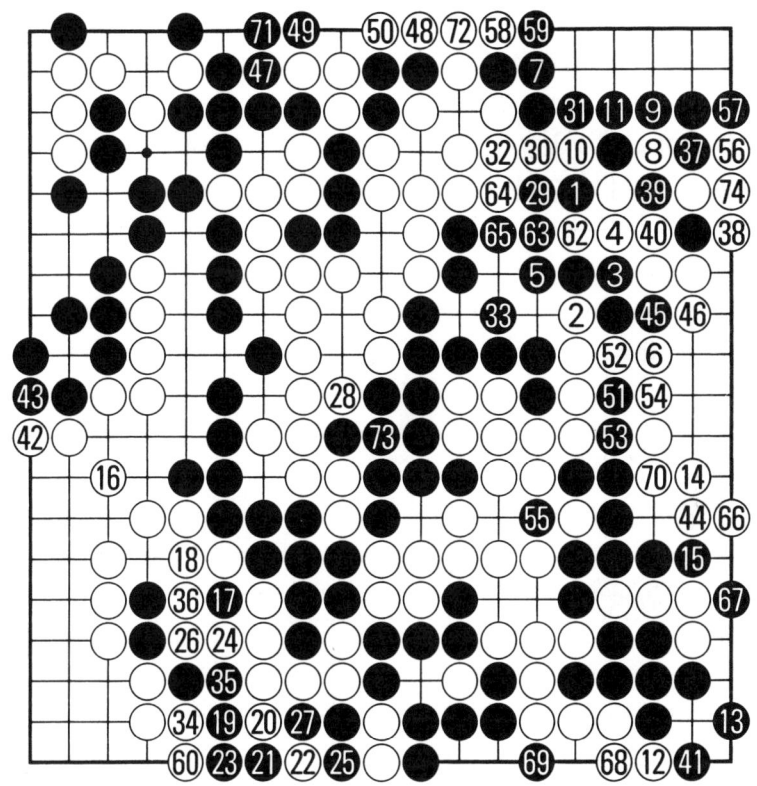

第5谱（201～275手）

㉑=㉒　㊀=⑧

第5谱　白方踉跄

用过第三天的晚餐，从海之道场往崖上的对局场爬坡行去时，雁金老师看起来相当疲劳。待到达随后进行续弈的场地果然已气喘得肩背起伏不止，终盘的收官造成了颇大的损失。右上的白8也是单纯下10位断来得好，左下的黑19以下诸着亦可认为是有所误判。

右上白8单走10位的话，展开为黑11位、白37位则与实战谱大不一样。此外左边的白16转入下边要来得有利。在这一阶段把难得的精彩棋局给下失了，便是我也为雁金老师感到惋惜。

275手终　黑胜六目

限时各14小时　　白方用时12小时36分

黑方用时11小时27分

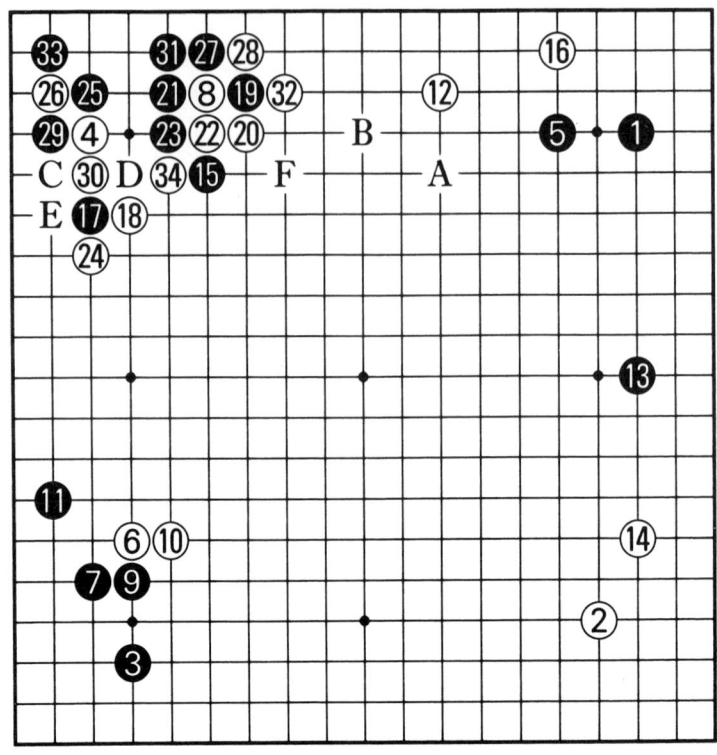

第1谱（1～34手）

读卖新闻"升降十番棋"第三局
昭和十六年（一九四一年）十二月二十七、二十八、二十九日
弈于镰仓腰越读卖海之道场

37 雁金第三局

互先　　　七段　　　吴清源
黑　琼韵社八段　　雁金准一

第1谱　17手冒进

雁金老师力量之过强既是长处也是短处。黑17手镇A位是常规的下法。白方若采B位飞的应手，飞18位则将显示出黑方的态度，毕竟是无贴目的棋局，这样下坚实。

因为对方黑17死死压制过来，白棋便也压18位反击，促成了难解的变化。白30手C位打则黑30位顶，白提子开花，黑D位、白E位、黑32位、白31位、黑F位枷等不一而足。

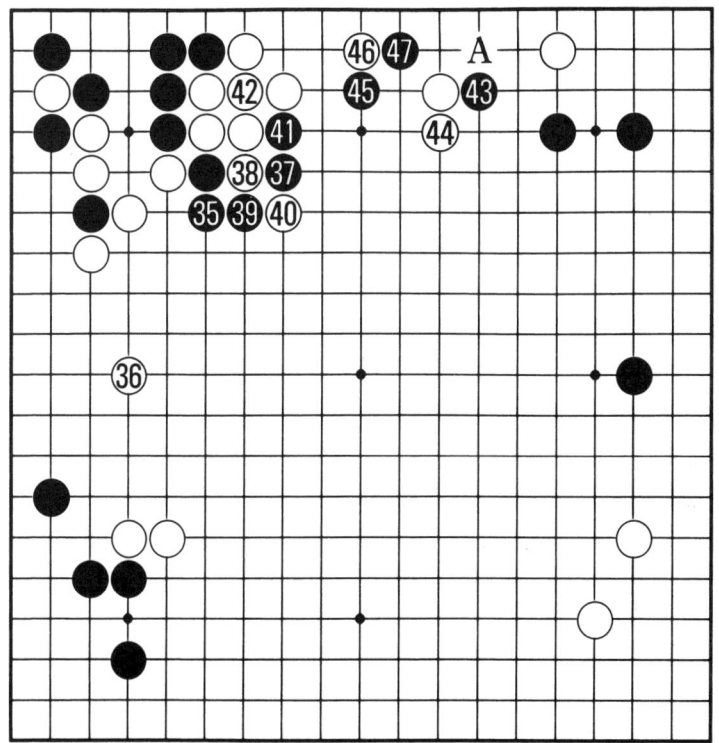

第2谱(35～47手)

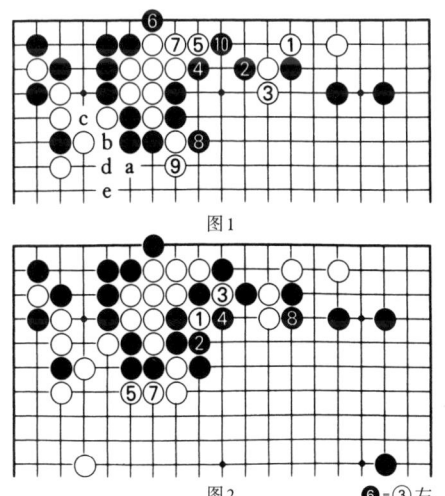

图1

图2　❻=③左

第2谱 48手封棋

黑棋第41手有一小时零四分的长考。43飞靠是锋芒毕露的一手,白子A位扳,后续会是图1中的2至10。黑10紧气严厉,缓此一着则有白a位、黑b位、白c位、黑d位、白e位杀棋之法。后续结果若图2,发展至黑8白棋糟糕。因此白方长44位且做忍耐。第48手为封着。

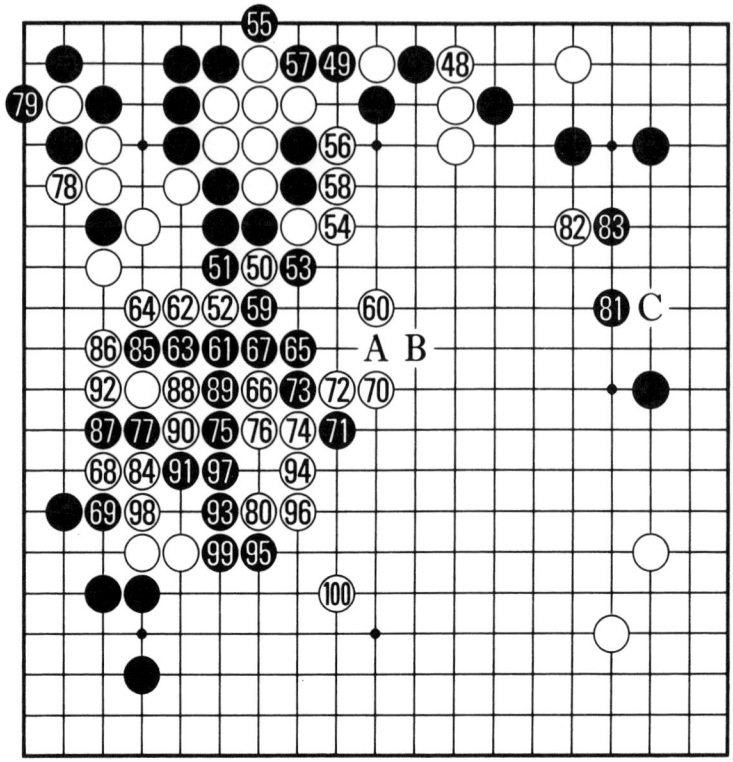

第3谱（48～100手）

第3谱 同出问题手

黑阵中也好白阵中也罢皆出了一着问题手。黑69手所求，是令白子退84位来应，而后欲A位靠，对白B位扳还以70位长。却被白方避其所图抢先下了70位，右边黑棋变薄。照此第69手原是该下A位靠的。

白方则又是第76手纠缠过度，本应长94位抽身，待黑补84位时打入到右边的C位。这样一来将是黑方苦战了吧。黑棋借此于白80之时终归脱先守在了右边81位。腾挪名手应有之风貌跃然盘上。

白棋自第84手展开猛攻，可黑方到底是靠预判漂亮地逃脱了。黑95手是第二天的封着。

黑71手用时一小时零五分，白72手三十四分，黑77手一小时。此外还记录有黑81手三十分钟、白84手四十五分钟、黑95手四十四分钟的长考。

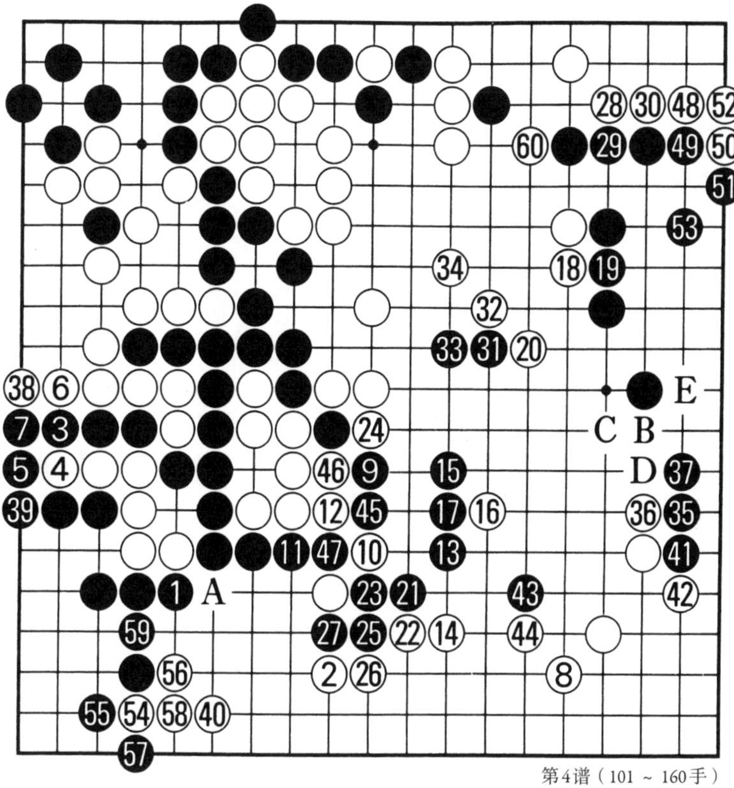

第4谱（101～160手）

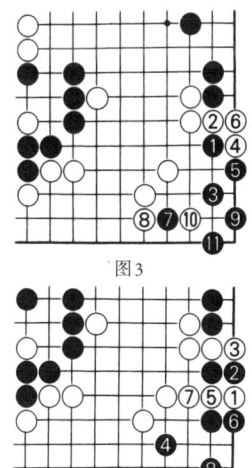

图3

图4

第4谱 白20败着

左边黑3位立下全取白方五子，实质在二十四目上下，是很大的一手。并且来自白方A位的切断也不复存在了。

黑13是好棋。而后白20则成了败着。此处该要于右边下B位靠的。设想有黑C位扳、白D位退、黑E位立，此时白棋方应有右上28位刺。黑31是好棋，而右下35所据为大场。

黑41处亦有图3、图4的手段，但即便不那么拼也是黑棋的胜势。

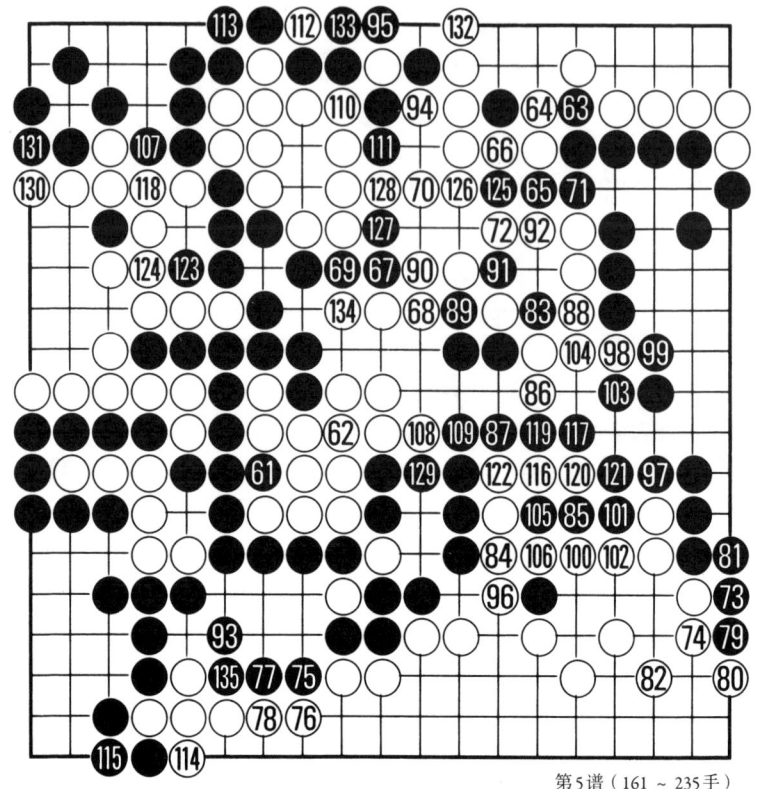

第5谱（161～235手）

第5谱 黑方切实得胜

听说因为第3谱黑69手缓着，雁金先生那天夜里闷闷不乐难以成眠。不过由于白方第76手的走重以及在大官子中的失着，黑方终盘切实地取得了胜利。

一九四〇年前后晨报有八版晚报有四版的《读卖新闻》，到这时已减半为晨报四版晚报两版，围棋专栏版面也一气遭到严重压缩。后推至一九四四年则晚报不复存在，进入了仅剩晨报两版的所谓"单页时代"。围棋专栏因而变成得用放大镜来看那样小了。

235手终　黑胜四目

限时各14小时　　白方用时11小时39分

黑方用时13小时10分

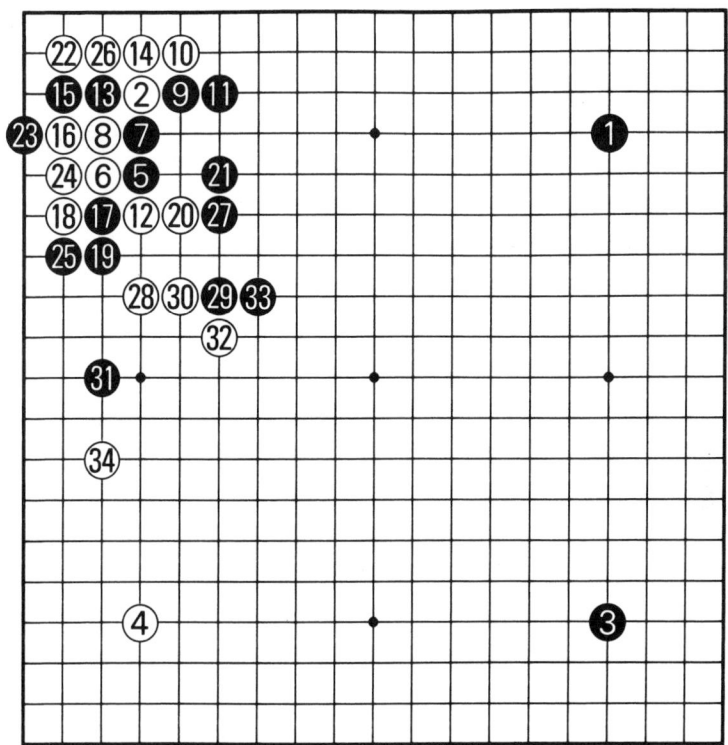

第1谱（1～34手）

读卖新闻"升降十番棋"第四局
昭和十七年（一九四二年）二月二十五、二十六、二十七日弈于镰仓腰越读卖海之道场

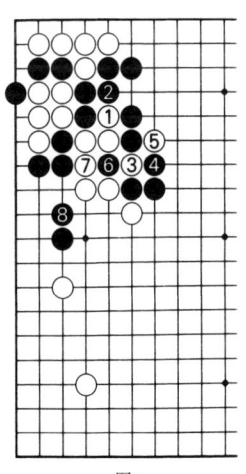

图1

38 雁金第四局

互先　琼韵社八段　　　雁金准一
　　黑　　七段　　　吴清源

第1谱 34的目的

长考五十七分钟的白34手，其目的是图1的以劫谋利。此时是午餐过后。外头落雪。

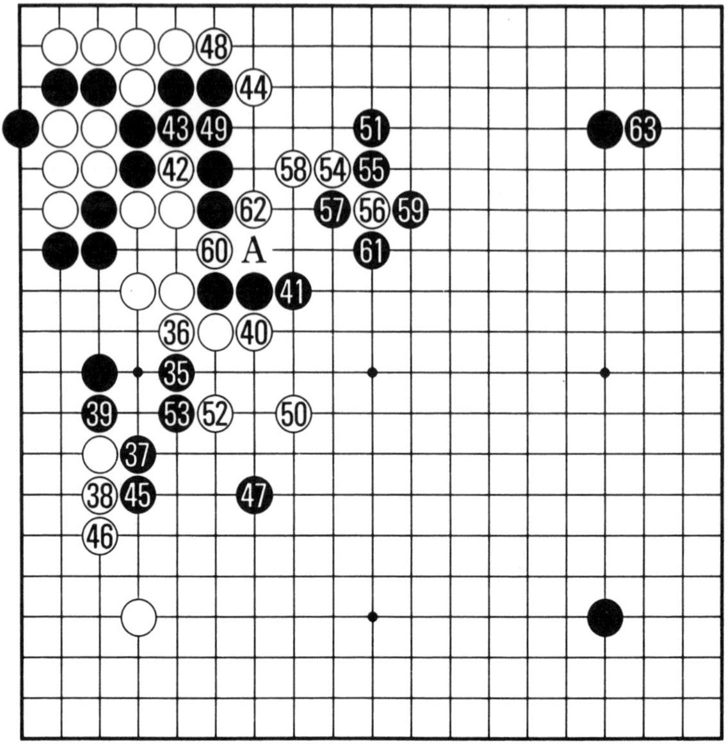

第2谱（35～63手）

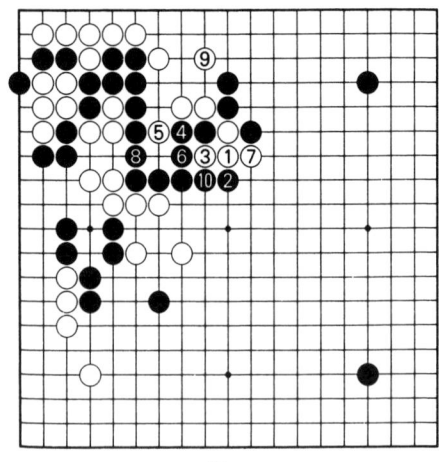

图2

第2谱 弃子行棋

黑35手用时四十分钟，白42三十八分，黑45二十分，白50四十五分，白54二十八分，白56二十四分，黑57三十五分，黑59四十五分，黑61三十三分。我弃掉了黑棋八子来行棋。白60手61位长则成图2。此着60位挖以期令黑子应在A位而后再长61位。

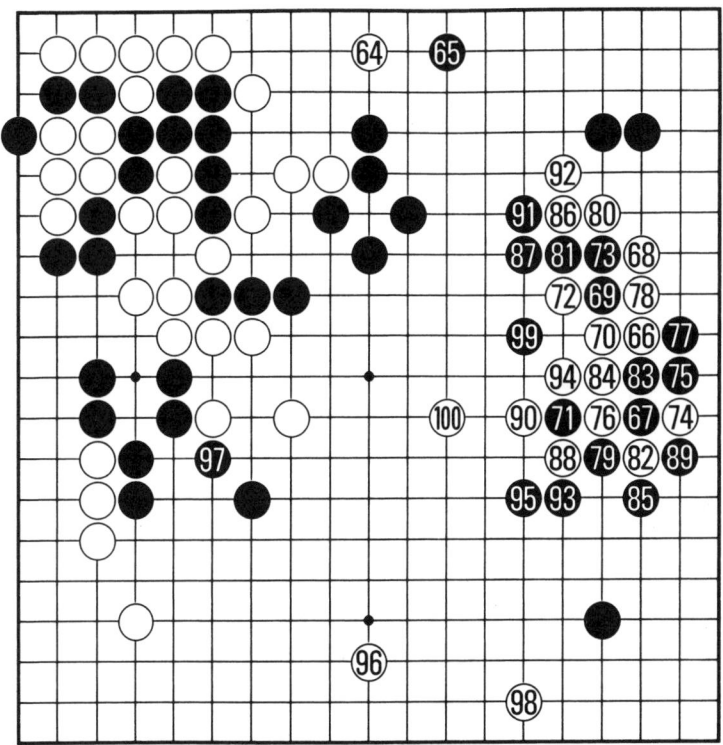

第3谱（64～100手）

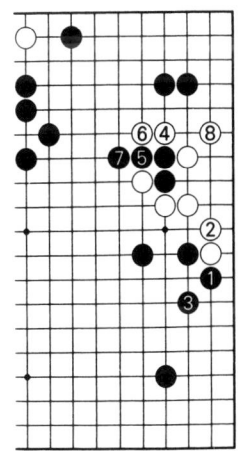

图3

第3谱 重拳

同雁金老师的棋局总是我弃子扩出模样，而后换作先行吃子的雁金老师来突入我阵之中。发展成局部死活决胜是常态。这一点上与木谷先生对弈也有相似之处。总而言之对方下的是拳风强劲的棋，故而正面冲撞是不会如愿的。

对右边白74手托，黑子于89位挡则照图3，结果如白方所愿。由是黑方75跨、77托做一努力。

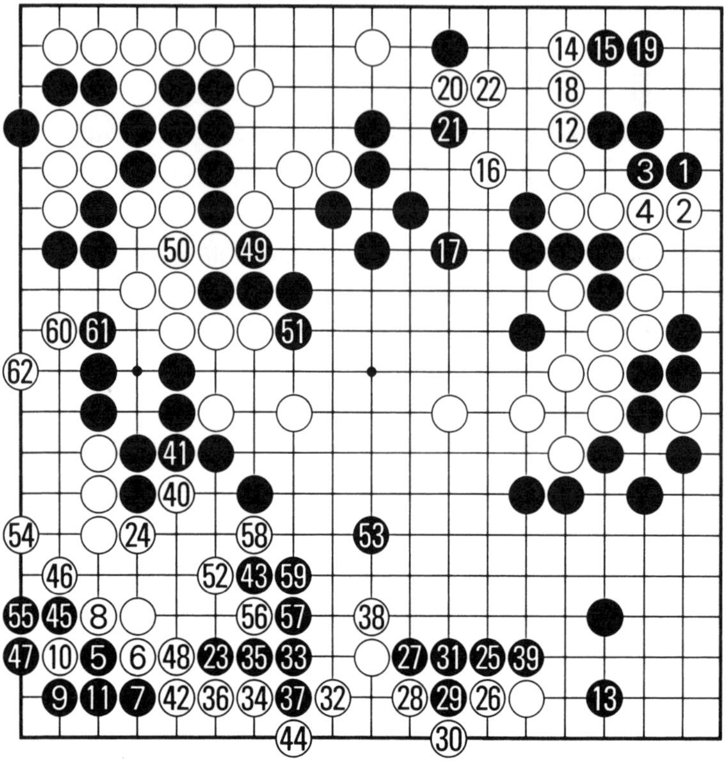

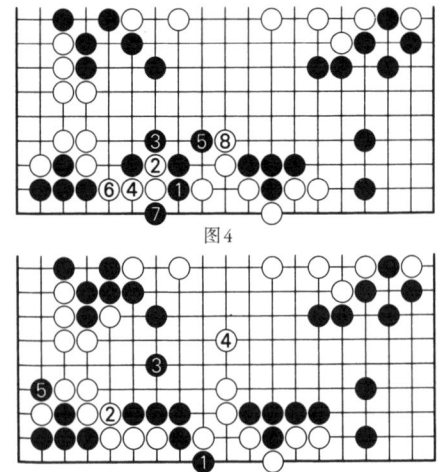

第4谱（101 ~ 162手）

图4

图5

第4谱 47致损

白34若长38位是常规下法，可这34位刺却是强力抵抗。黑35如走37位会形成如图4的莫名局面。黑43应该照图5所示1位扳。若这样则形势简明。另外左下黑47是55位立的选择正确。由于47位提子的原因，让白方60、62占了便宜。

第5谱（163～254手）

第5谱 遭追近，然而……

白方猛然追逼过来，一点点缩小了双方差距。

由于左边白棋的渡过，我终归弃掉三子之多。因为若是吝惜三子而做64位粘等处理的话，被白子挤A位不妙。遭白方冲64位吃子虽损失不小，但作为交换黑棋也由67位的挖在中央围出了地。

白70是漂亮的手筋，黑71于72位断的话，则白124位、黑85位、白126位、黑86位、白75位。虽说总归是遭白方追赶，但因为这会儿已有胜算，黑方平易以应。

254手终　黑胜三目

限时各14小时　白方用时12小时35分

　　　　　　　黑方用时 6 小时48分

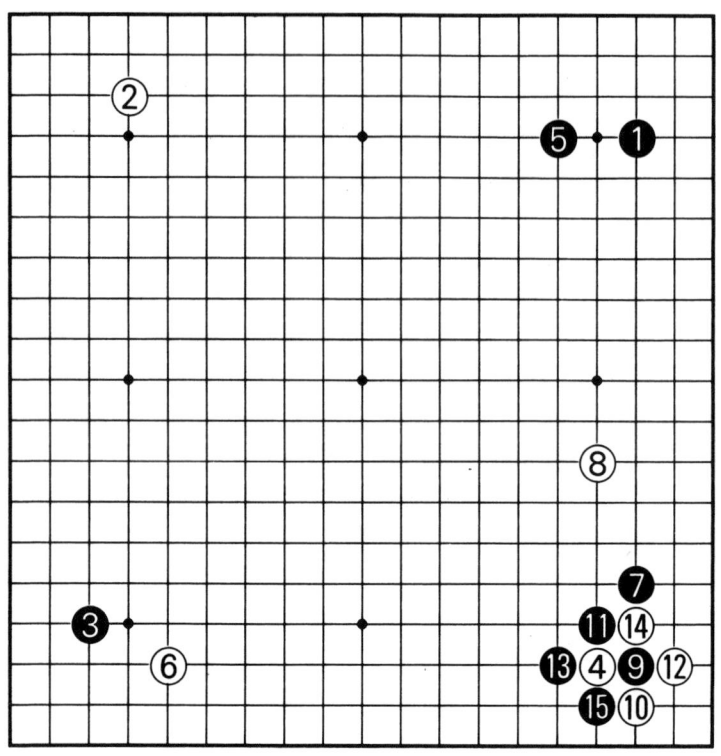

第1谱（1~16手）
⑯=❾

读卖新闻"升降十番棋"第五局
昭和十七年（一九四二年）五月二、三、四日弈于镰仓腰越读卖海之道场

39 雁金第五局

互先　　　　七段　　　　吴清源
黑　琼韵社八段　雁金准一

第1谱 旅行归来

我自四月二号起，赴北京和中国东北等地旅行直到月末，连休整的余暇也没有就进行了这场对局。虽是如此疲劳状态下的对弈，却偏偏不可思议地下出了好棋。

右下角的反打，在现代虽以当然视之，当时却是被认作恶手的。待棋界得出此着并非恶手的结论，已历经十数年。放到现今，没有棋士会去下黑9托、黑11虎的。

第2谱（17～60手）
㊿ = ㊽ 上

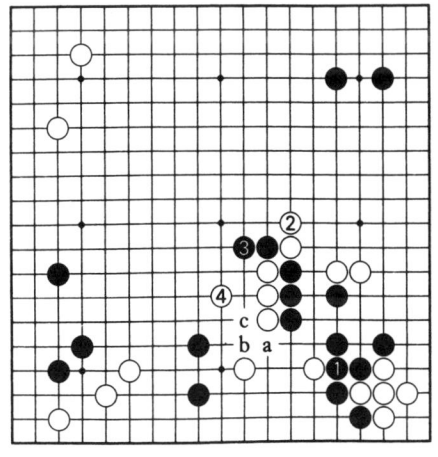

图1

第2谱 遇觑不接[43]

黑第47手投入一小时，白58手三十七分，白60手一小时十四分。这手白60是第一天的封着。

白36手的觑，黑棋若接如图1所示，便是下白2位长、黑3位长、白4位跳了吧。觑虎口的这一子是要成为对黑a位扳、白b位挡、黑c位断的预防手段。

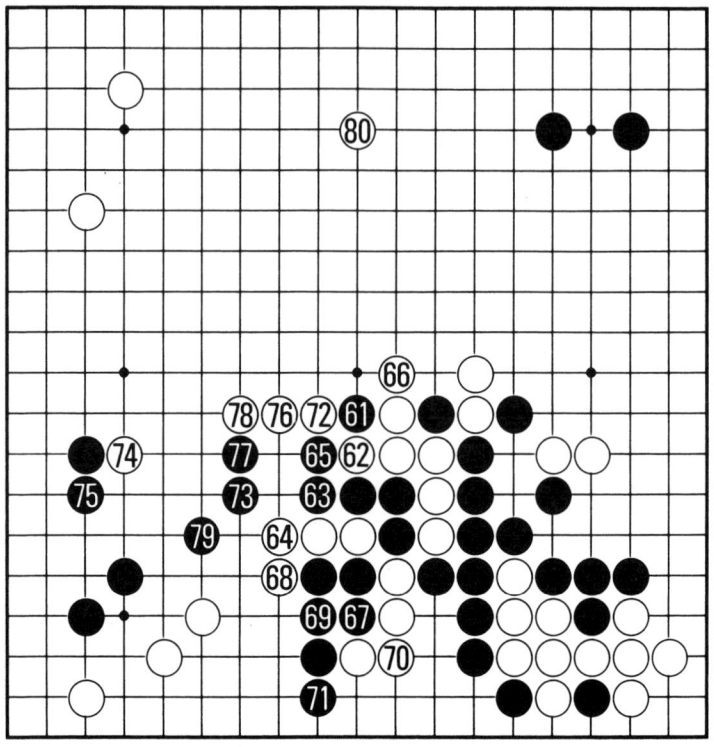

第3谱（61～80手）

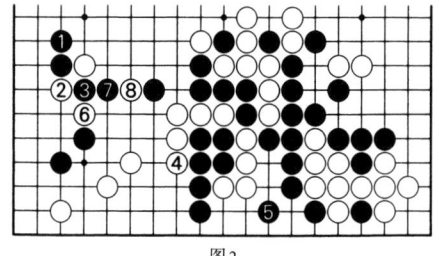

图2

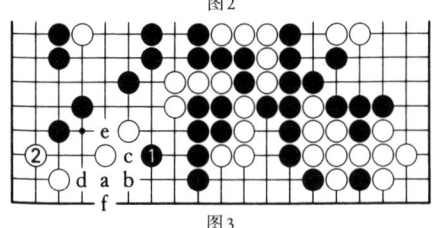

图3

第3谱 急所的一手

白74压原是期待图2发展。黑棋要是长1位，则往后至白8挖，黑不行。

白80手之后，黑棋本不得不预先下掉图3的1位拆一。于白2进行交换，以后黑方还留有黑a位、白b位、黑c位、白d位、黑e位、白f位断吃掉白五子的手段。

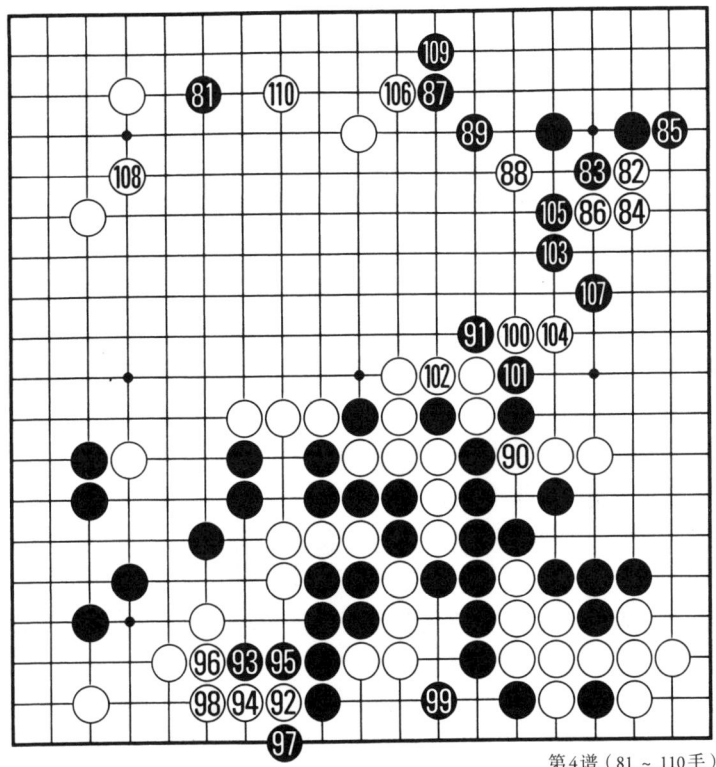

第4谱（81～110手）

第4谱 难受的95

因为急于急所的补强，下边白92手一靠，黑棋痛苦。黑95手虽想下双关，但这样一来如图4所示被白棋先手渡过，右下的一团黑棋其生死就变得令人危惧了。拿来与前述图3比较便一目了然。

图4

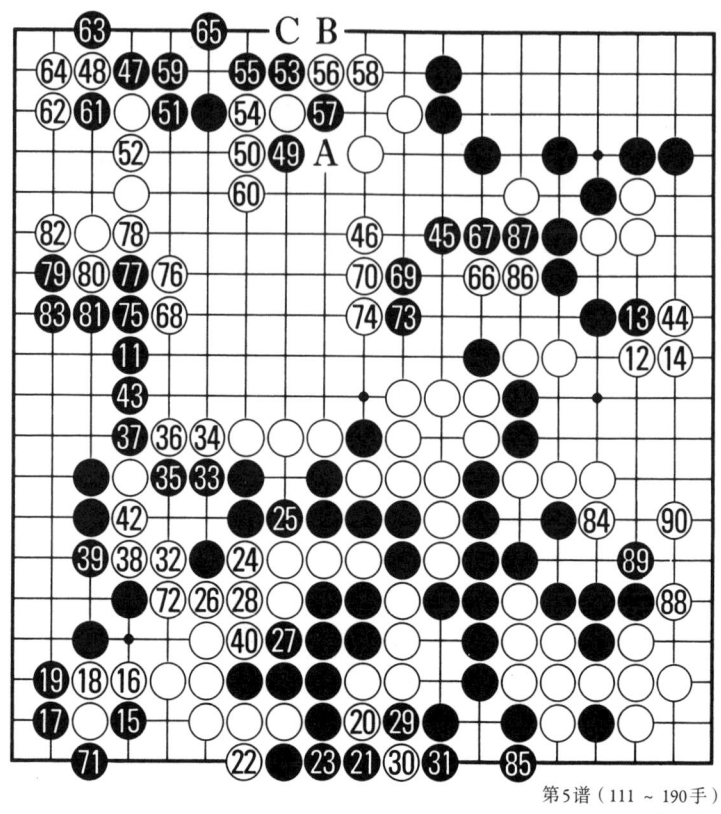

第5谱（111～190手）

㊶=㉚

第5谱 黑方投子

左下角黑棋自15跨开始试图以先手定型了结此处，然而白方有24以下的手段，黑方终而落于后手。

如是白44拐转战右上，黑方形势不利实属无奈。

左上是雁金老师风格，精彩。在白方的势力圈内无条件地成活了。黑57断是妙手，白58应A位的话黑B位、白58位、黑C位，制造出渡过与活棋必取其一的条件。又左上黑61断是为了使黑63先手便宜。

然而因白68，正中终归做成大片的白地，棋局大势已决。

这样便到了升降决定局，本轮十番棋就此未再继续。

190手终　白中盘胜

限时各14小时　白方用时 8 小时39分

黑方用时12小时10分

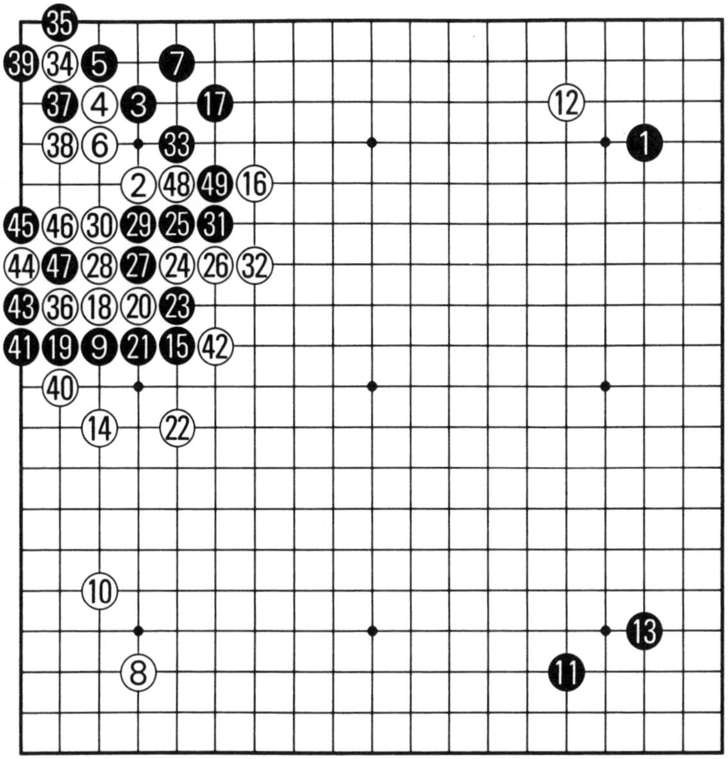

第1谱（1 ～ 50手）

(50)=㊹

日本棋院前期大手合
昭和十七年（一九四二年）七月一、二日

40 八段晋级谱

七段 吴清源
先相先 黑 六段 长谷川章

第1谱 八段最高

曾君临棋界的本因坊秀哉名人于一九四〇年的一月在热海的旅馆中逝世。当时七段是现役棋士所居最高段位。[44] 一九四二年三月，日本棋院方面经推荐，推举铃木为次郎、濑越宪作、加藤信三位长老为八段。

这之后到一九四九年藤泽库之助九段出现为止，棋界位次最高的棋士是八段。

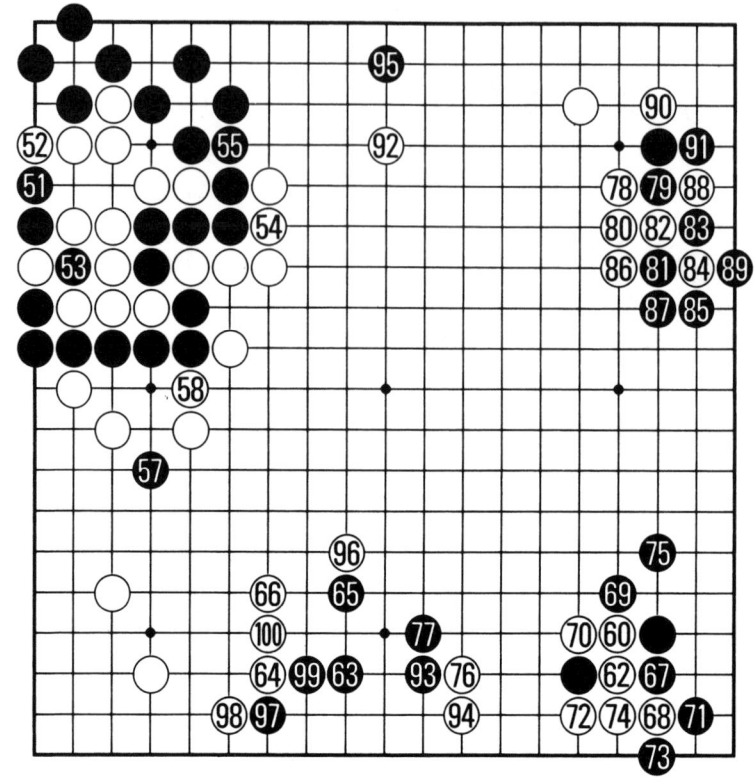

第2谱（51～100手）

56 61 = 53 左 59 = 53

第2谱 与木谷先生一并

很快地，在一九四二年的前期大手合中，木谷先生的八段晋升确定了。接着紧随其后，我拿下此处对长谷川一局，升八段一事也同样决定了下来。那时我的大手合成绩如下：

1 对关山利仙七段[45]执白负 45 点

2 对中川新五段执白胜 90 点

3 对长谷川章六段执白胜 100 点

4 对小野田千代太郎七段执黑胜 75 点

5 对林有太郎七段执白胜 105 点

6 对岛村利博六段执白胜 100 点

以平均 85.83 点位列优胜一等。

这段时期我还被新闻棋战追逼在后，参加的虽说是前期大手合，最后的岛村一局却在八月才进行对弈。

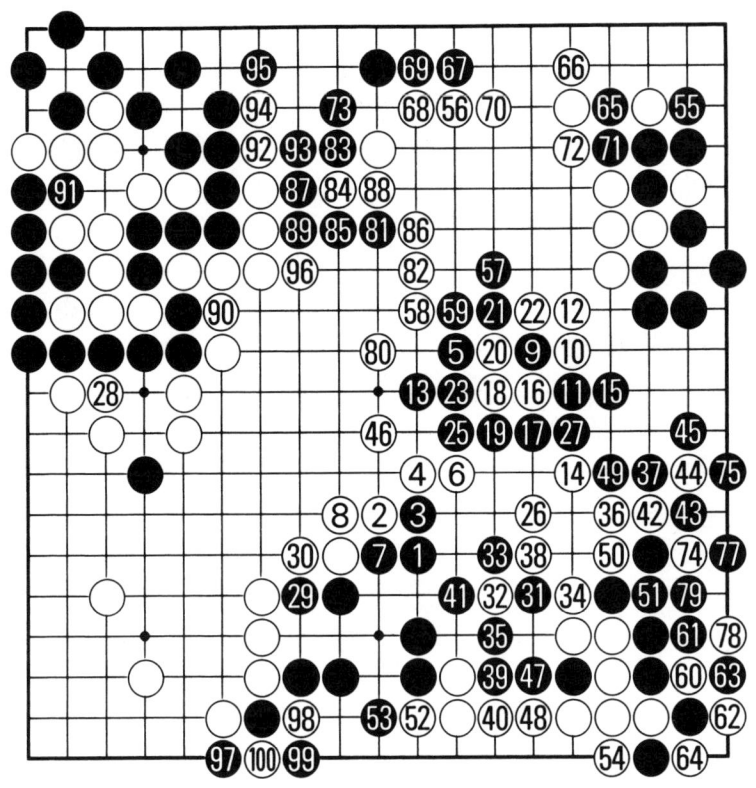

第3谱（52～77手）
㉔=❾　㊻=㉿

第3谱 结婚

一九四〇年[46]夏天，与我同住的母亲舒文以及妹妹清瑛回了中国大陆。事变发展为战争，整个日本为这阴云所笼罩。

我即便已加入日本国籍，过激之人仍每每在我赢棋的时候往我家中投石或递送威胁信。

一九四一年，经由红卍教的同仁小田秀人氏，我结识了峰村教平氏，与其亲族中原家之间议起了婚事。

比我小八岁的中原和子，其父建一氏是士族[47]资产家。一九四二年二月，以喜多文子六段（当时）为媒，我与和子在明治神宫旁的蓬莱殿举行了婚礼。

围棋、将棋界成立棋道报国会，棋士入伍出征之事也多了起来。

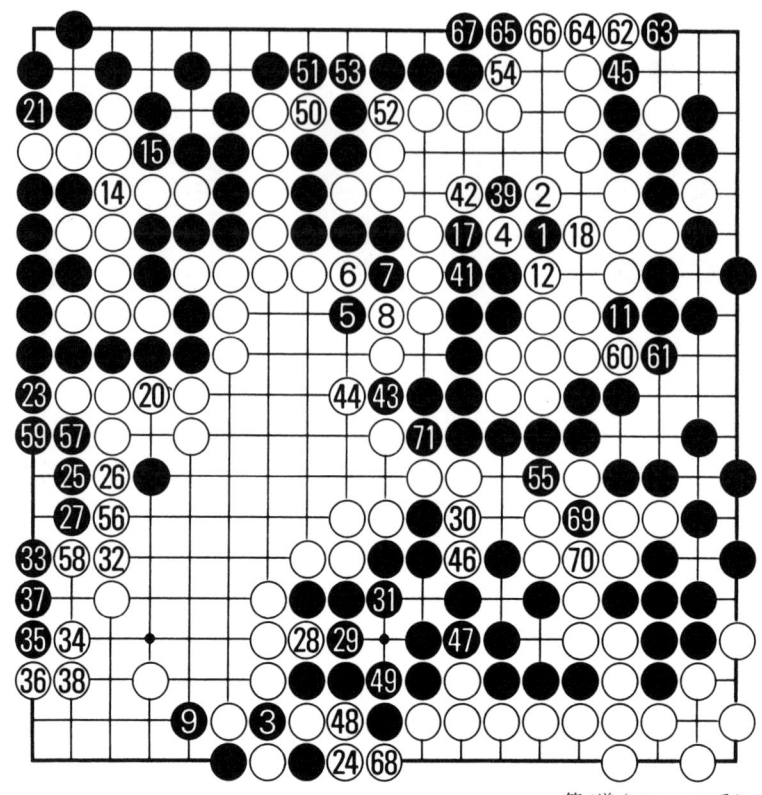

第4谱（201～272手）

⑩⑯㉒=❸下　⑬⑲=❸　㊵=❶　㉒=㊽上　单劫白粘

第4谱 黑棋不够

眼见如此下去目数不够而有黑棋在下边的打劫之计，不过白方放左边黑棋侵入，从而解决掉了劫争，其后以平稳无事为旨收了官。

最初于左上弃子从而序盘突破了右下，此处可说是该战法取得了成功的一局。

多亏如此，十二月我得以和木谷先生共同举行升段庆贺会。

此外，从这一年开始，大手合高段者之间对弈也改为两天内结束棋局，各11小时的限时缩短为了10小时。

272手终　白胜六目

用时不明

第1谱（1～24手）

读卖新闻"升降十番棋"第一局
昭和十七年（一九四二年）十二月二十七日及翌年一月五、六日
弈于（原）东京市芝区环翠旅馆

41 藤泽定先第一局

八段　　　吴清源
黑　六段　　藤泽库之助

第1谱　24手封棋

将琼韵社的雁金准一八段逼入了升降决定局之后，那轮十番棋事实上便确定中止了。读卖报接着企划的是我与藤泽库之助六段的定先十番棋。

当时的藤泽库之助先生执黑无敌。无须赘言，那是个无贴目的时代，我在此前曾执白负于藤泽先生两局。

第一天以白24手为封着。

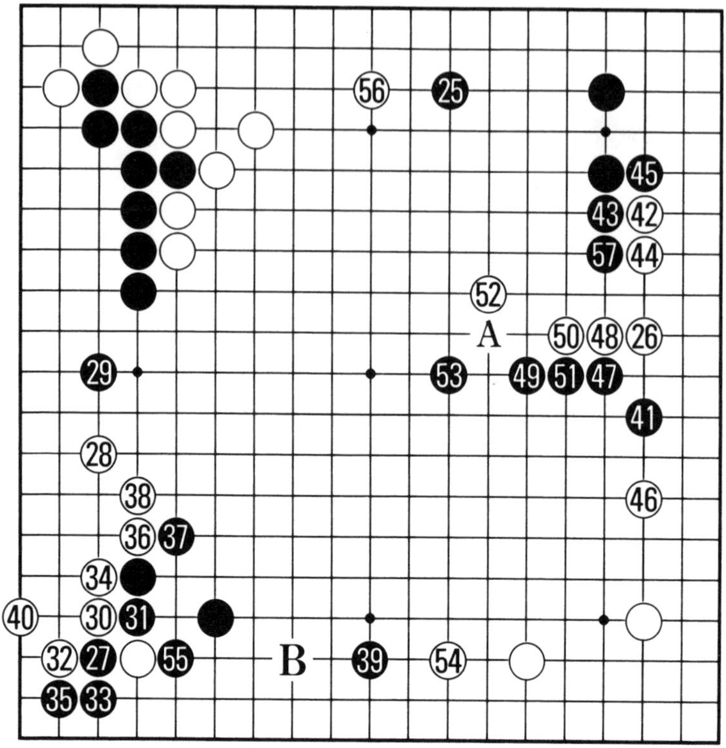

第2谱（25～57手）

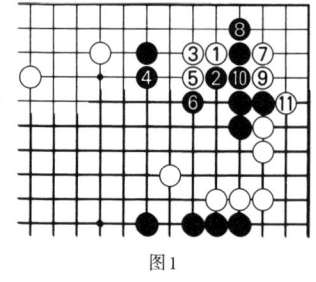
图1

第2谱 57手封棋

下边白54手有好落点。藤泽先生局终后陈述说，曾想在第53手A位尖顶从而取得先手抢先行至54位。黑55手担心白B的打入。这黑55是一小时十九分长考的结果。

应白56手，黑57又用去一小时五十一分的长考，成了封着。这57位压防住了白方图1的手段，是夺去白棋眼形意图展开攻击的一手。

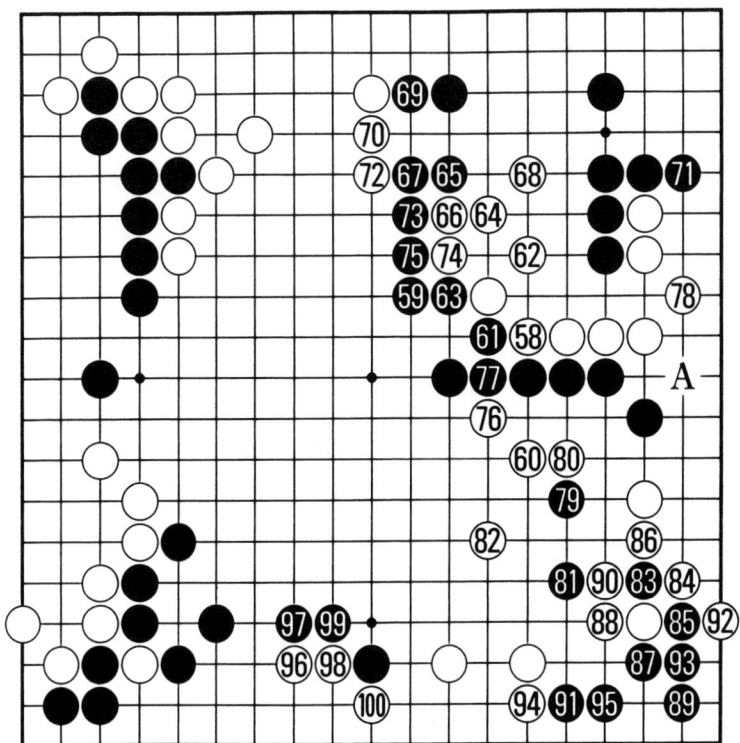

第3谱（58～100手）

第3谱 攻防战

黑59手镇攻击白右上一块棋，白60将计就计。此处是同时兼顾了扩张右下白棋模样的治孤，该说是无所疏漏吧。

黑棋第65手上或也有意破除白棋眼猛烈进攻的气氛，但因为此处白方留存尖A位做眼的余地，攻击过于露骨的话会落空。只是在白方而言，由于不愿意波及到右下角的白棋，可能的话尽量不想去下这A位。

如是白棋76位的刺也先手得利，以第78手虎确保了成活。

黑方于此时出手反击，自第79至95手在右下角做活。作为对此举的反弹，白方也于第96至100手削减了左下的黑地。黑97手如走99位进攻则会被白子冲断，黑棋危险。

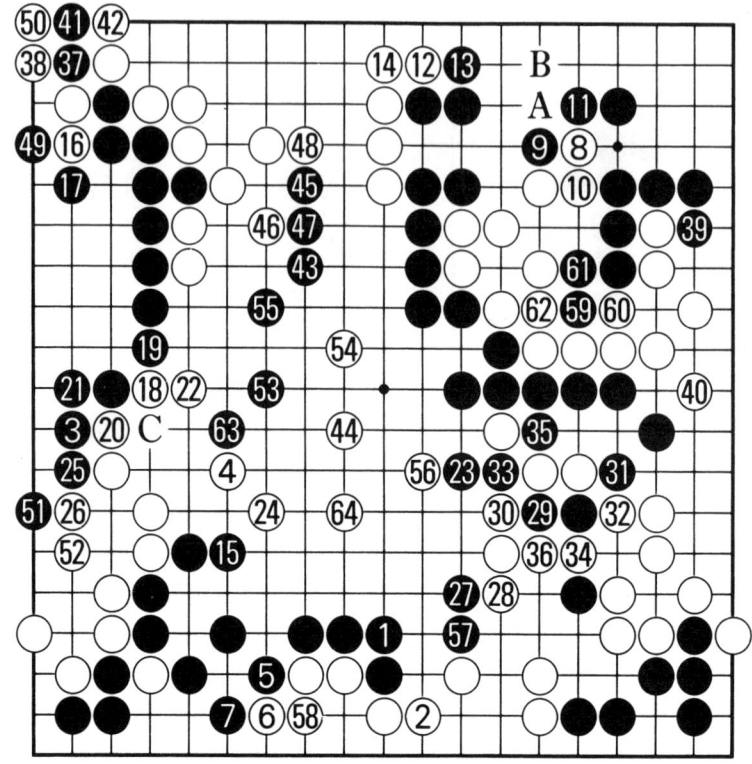

第4谱（101～164手）

第4谱 白4长考

左边被黑3尖了一着，我在白4一手上做了一小时零一分的长考。这一手25位挡的选择，由于会致使对方得先，是难以出手的。

对右上白8尖，黑9挤的应手是好棋。若易此为平凡的11位挡，则白A位扳、黑B位反扳，黑地遭压扁。

白12、14扳粘因相较被黑子下了14位产生的目数差而成为最大的官子。

黑棋左下15盯着接下来C位的进攻。

循此白方以18、20及其后诸着作答，由是至白22据有防守关要。

黑棋在中央的23位的手段狠辣。是防止了白方56位扩张的进攻之着。

黑43上时间用尽，余下的棋成了一分钟的读秒，然而黑方丝毫也未在行棋上显出慌乱。

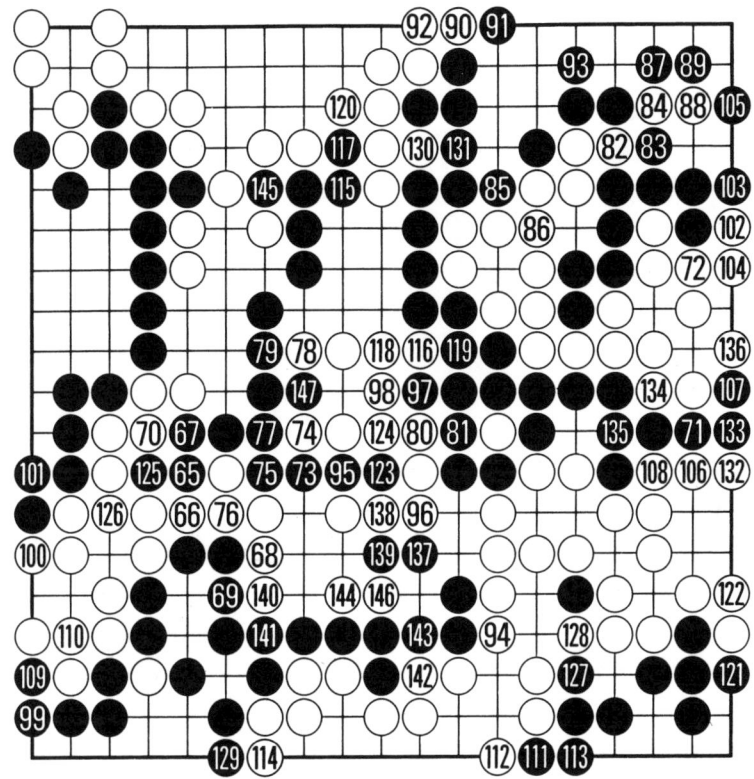

第5谱（165～247手）

第5谱 棋份

　　执黑必胜的青年藤泽库之助六段，其首盘胜利确如任谁皆有的预想那般达成了。

　　因为藤泽先生在大手合中同样成绩斐然，预计到一九四三年夏天便能升段。由是，与我的定先升降十番棋下亏了的意见也存在于藤泽先生一侧。理由在于，要是七段身份就是先相先的棋份，若不慎被降，现在的两段差就会变成三段差了。虽则如此但实际来看到底不可能发生那种情况。再胜个三局，变成一段差的时候，差不多也正好晋升七段了，由是绝大部分人认为这样还算合理。

247手终　黑胜三目

限时各10小时　白方用时7小时 8 分

黑方用时9小时59分

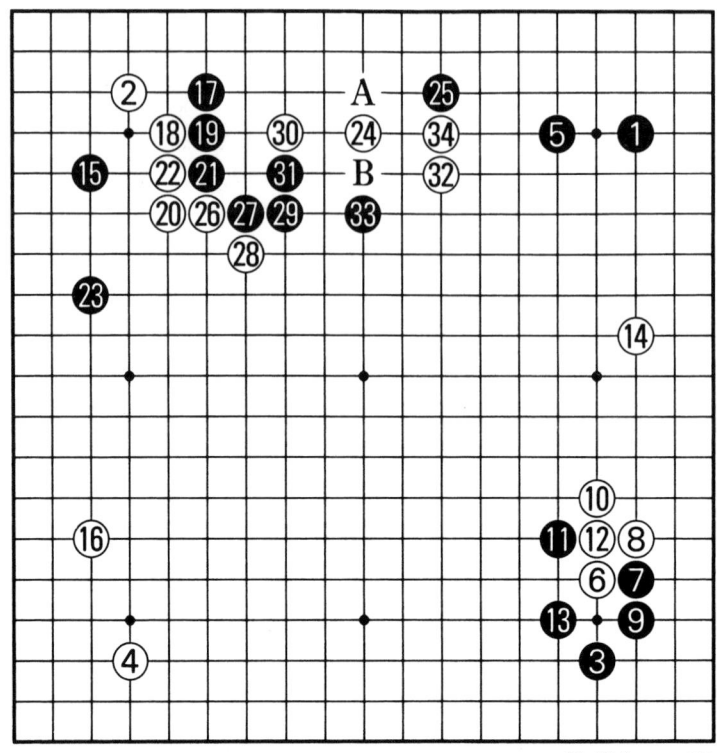

第1谱（1～34手）

读卖新闻"升降十番棋"第二局
昭和十八年（一九四三年）二月二十五、二十六日弈于（原）东京市芝区环翠旅馆

42 藤泽第二局

八段　　吴清源
黑　六段　　藤泽库之助

第1谱　回到小目

藤泽先生虽一向常用秀策流的1、3、5手作为执黑无敌的布局，不过之前的第一局中第1手就给下了高目。此第二局起手回到了原本的风格。我在左边的向小目是此后执白时爱用的布阵方法。

白第18手考虑了二十三分钟，黑19手四十九分，黑21手三十二分。

白24手下低一路A位则走成黑25位大飞、白B位跳、黑28位小飞，白棋没趣。黑33手投入一小时零两分。

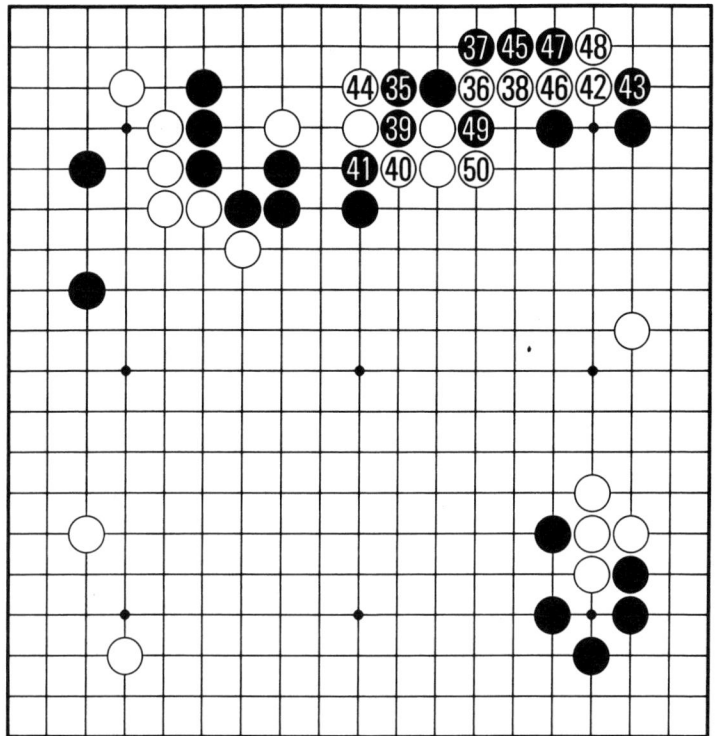

第2谱（35～50手）

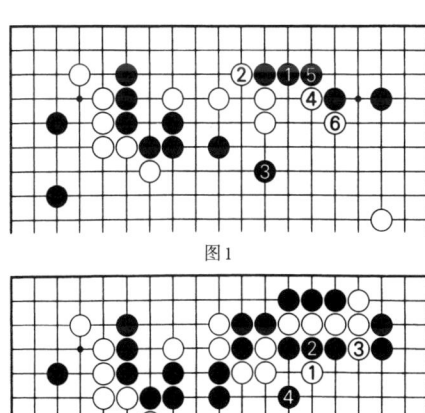

图1

图2

第2谱 43手封棋

自黑35长的强手开始成了不曾预想的走向。第35手要是按图1来则普通。黑43手上封棋。白50手处若为图2中1、3的话，黑4是很俏的一手。

黑37手用时四十二分，白40手三十三分，黑45手三十九分，白50手三十七分。

此节是互不做丝毫让步的缠斗。

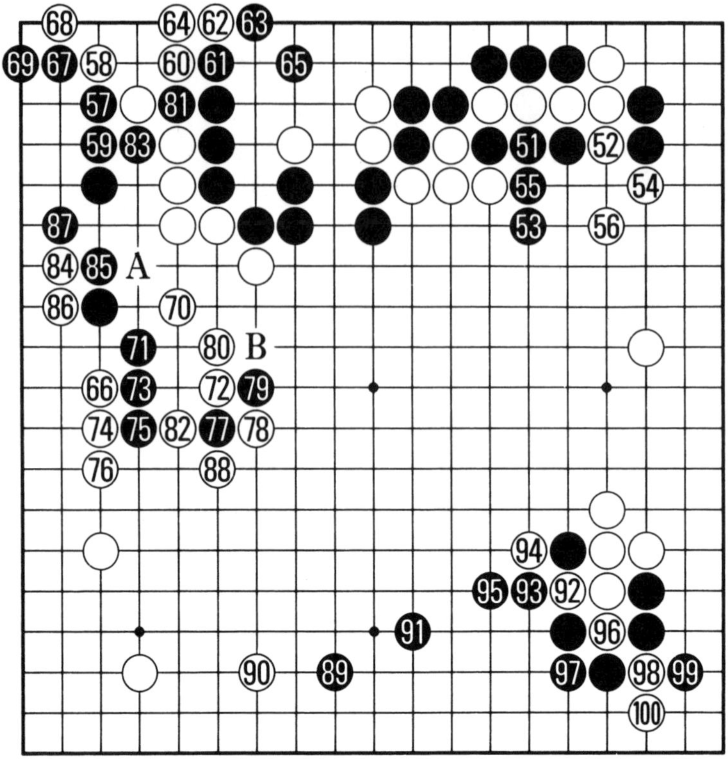

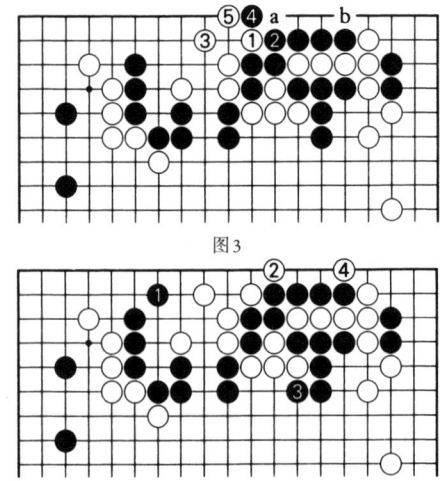

第3谱（51 ~ 100手）

图3

图4

第3谱 黑方的后悔

争夺虽于白56手告一段落，不过上边仍余有图3的手段。白5之后，黑a位粘白b位紧气大劫形成。又黑4上要是照图4走向，白棋有渡过之法，因此黑方才从57托上着手。此外，黑77手上原该黑A位、白B位、黑89位，这是藤泽先生局终后的感想。

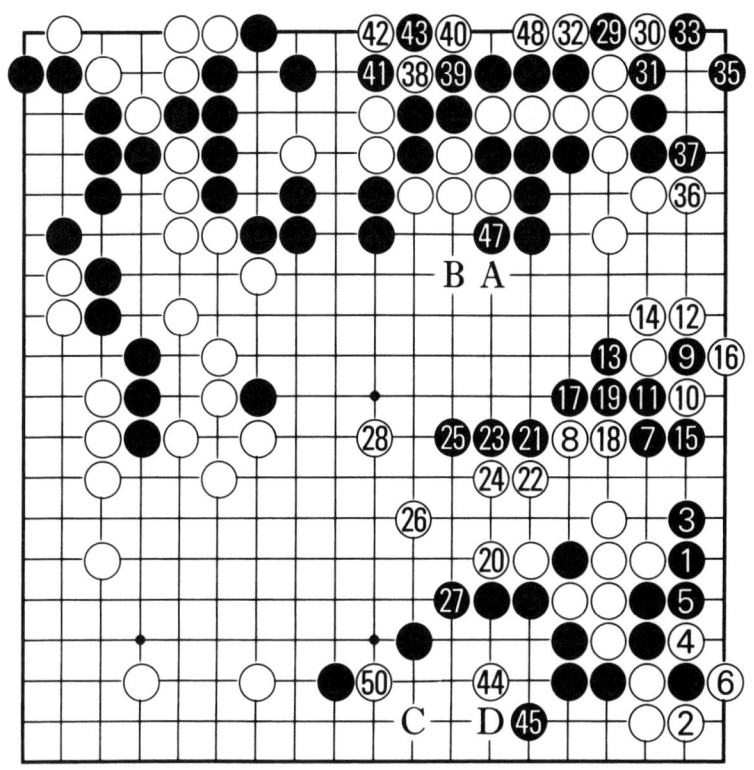

第4谱（101～150手）

㉞=㉙ ㊻=㊳ ㊾=㊸

第4谱 劫争

黑1扳进行反拨理所当然。

若是按常规黑1爬2位，白1位立致黑4位粘，此时照白A位关、黑47位冲、白B位关的感觉取先手利，右边白地立即就被扩大。由是黑方1位防掉了这一走向。

作为代价，让白棋在右下角4打、6拨活了下来。

白20紧下方的气，虽说是意在对下边上黑阵的进攻，不过这一手23位朝一间外跳出也很简明。

对右上角黑29的扳，白方30打、32拔，迎以角上放生黑棋的方针。随后改而以38、40扳造劫进攻。黑45脱先则有白C位飞、黑50位退、白D位立的手段。

白48一手投入二十六分钟。

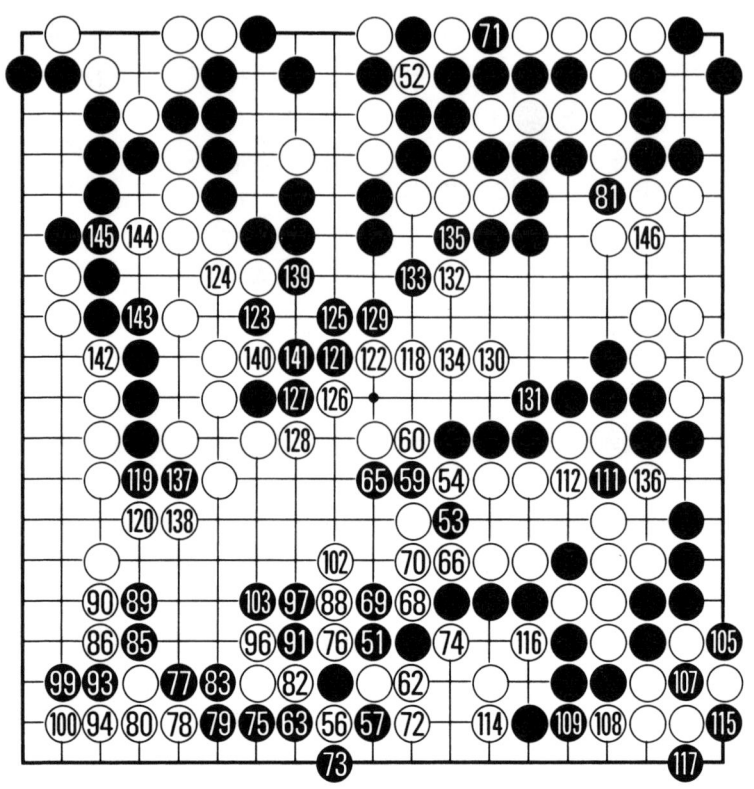

第5谱（151～246手）

㊿㊿㊿=㊿上　㊿㊿=㊿　㊿㊿㊿㊿=㊿　㊿㊿㊿㊿=㊿上　⑩=⑩上
⑬=⑩

第5谱 白中盘胜

黑方因为没有劫材，便在上边71位提吃消劫了，不过却被白棋72至74强取了右下。此外因左方的黑棋尚不安定，黑方陷入苦战。黑棋虽有116位粘上以劫做抵抗的手段，但此处同样劫材不足。

右上黑81的提吃，如若在左下82位做活则此处无虞，只是这样的话计算下来黑棋的空不够。然而左下的劫争同样劫材不继，仅取到右下角得不偿失。

246手终　白中盘胜

限时各10小时　白方用时6小时11分

黑方用时9小时55分

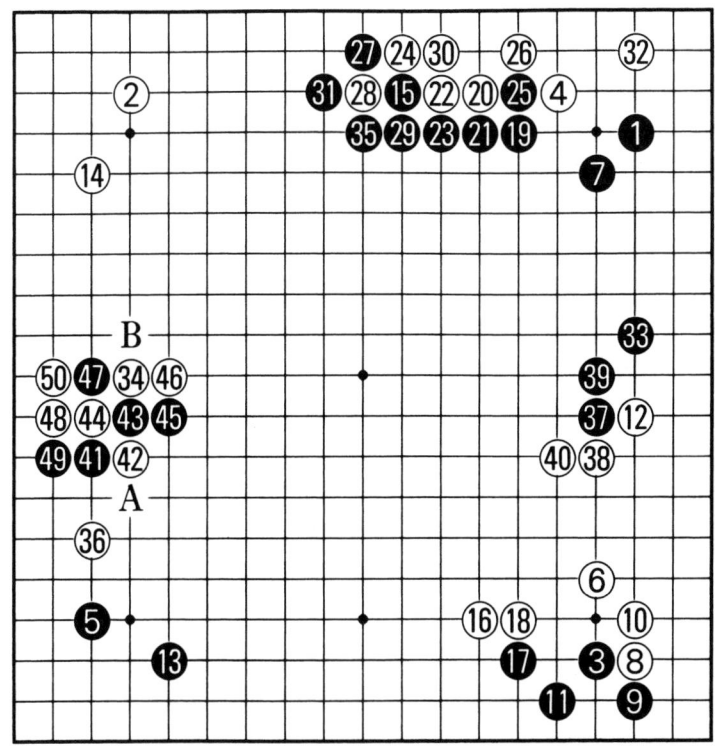

第1谱（1～50手）

读卖新闻"升降十番棋"第四局
昭和十八年（一九四三年）六月二、三日弈于（原）东京市芝区环翠旅馆

43 藤泽第四局

八段　　吴清源
黑　六段　　藤泽库之助

第1谱 一胜两败之后

第三局中盘以后虽有形势不明的阶段，不过藤泽先生的守备厚实，棋局终究归结于黑方的三目胜。

于是本局可说是此轮十番棋的关隘。

黑41手是着眼点极难选择的时刻。白46长同时防住了黑方A位与B位两边的征子，是颇强硬的一手。

黑第21手投入四十六分钟，黑33手五十四分，黑41手一小时十五分。

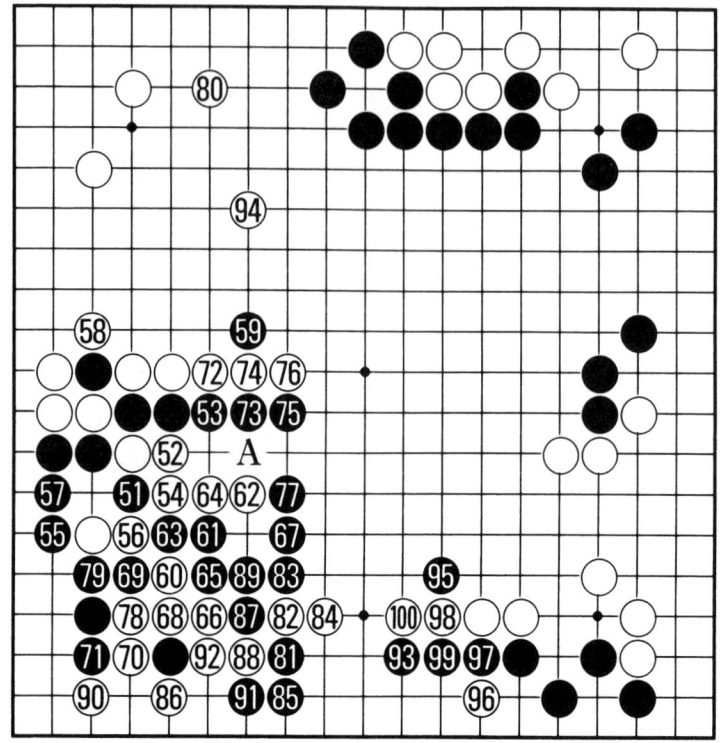

第2谱（51～100手）

第2谱 59手封棋

黑55手上还有弃掉两子于58位长出的变化。

黑59手是第一天的封着。藤泽先生说他那一夜想了很多没能睡着。这一手59小飞是意外的下法，常识角度来看本应下60位的急所。这样一来便会成白62位跳、黑75位跳的走向。

黑61觑虽是原先就有的目标，不过或许A位调整棋形为好也未可知。本谱至白66手有凑白调子之嫌。

左上80手拆一筑防线，白地大致围了五十目。黑81又是出乎意表的一手。我预期的是黑82位、白86位、黑94位。

黑第56手投入二十五分钟，白64手则是二十五分，黑73手四十四分，白76手五十一分，黑85手三十八分。

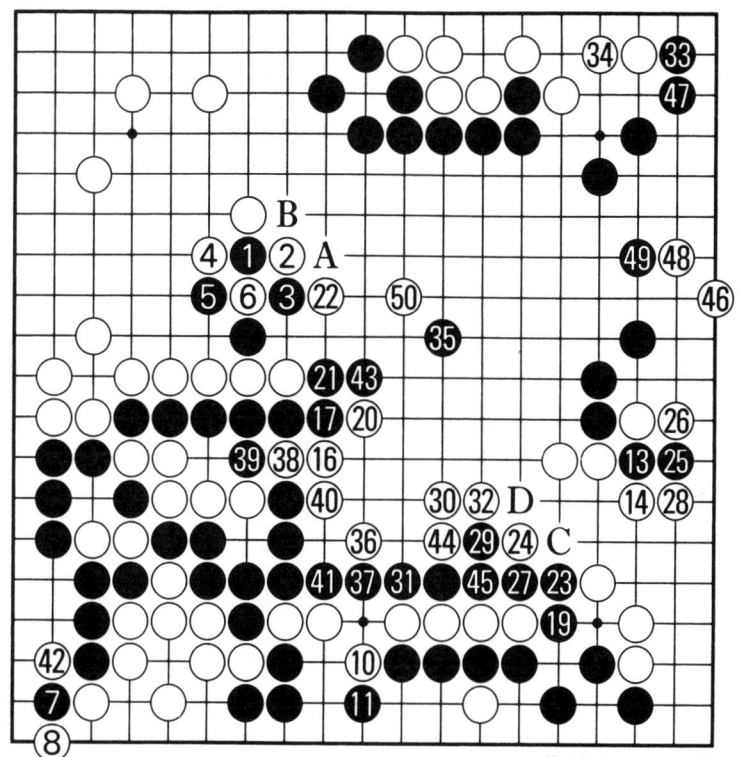

第3谱（101～150手）

⑨⑮=❶　⑫⑱=⑥

第3谱 劫即胜负手

黑1至5在白棋的势力范围之中造劫相争，这是眼见形势不轻松的黑方的胜负手。也就是说，对于黑5走A位，白6位，黑B位打吃围地的下法，黑方并不抱有自信。

然而因为白棋有16位这手酷烈的劫材，其后推进有白20、22，终究让白方消了劫。

白28下在45位的情形，黑C位、白D位、黑28位将会成白棋崩溃。

白40上还有41位冲出的着法。那样下结果如何，会在下一页以参考图呈示。

又及，黑5有三十四分钟的考虑。

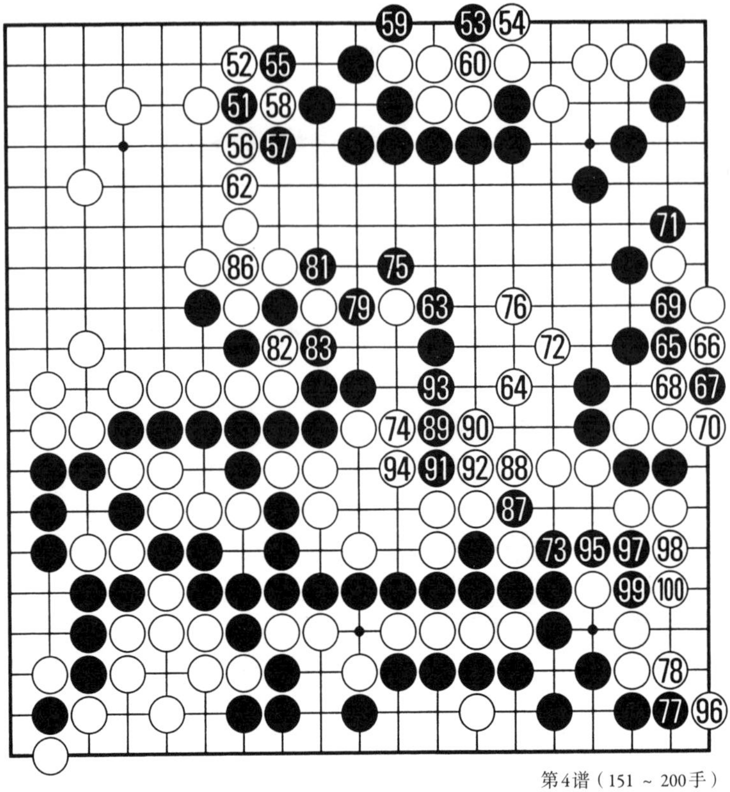

第4谱（151 ~ 200手）

(61)(84)=(51) (80)=(58) (85)=(82) 上

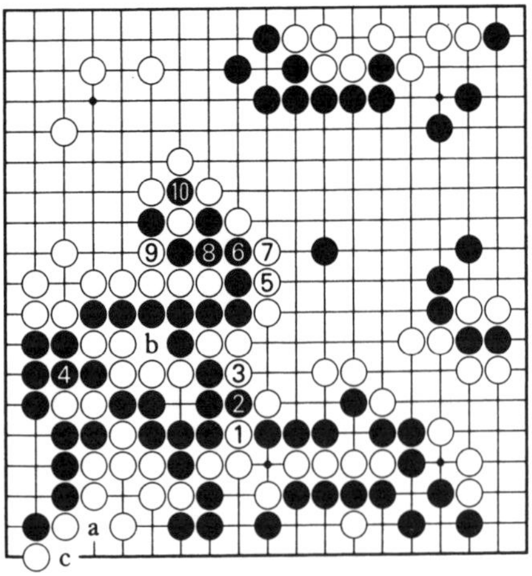

图1

第4谱 变化的图示

前一谱的白40下41位的话，局势如图1。白11扑、黑拔、白提劫，下成黑a白b黑c的大转换。选择40位是由于即便那样也将得胜。

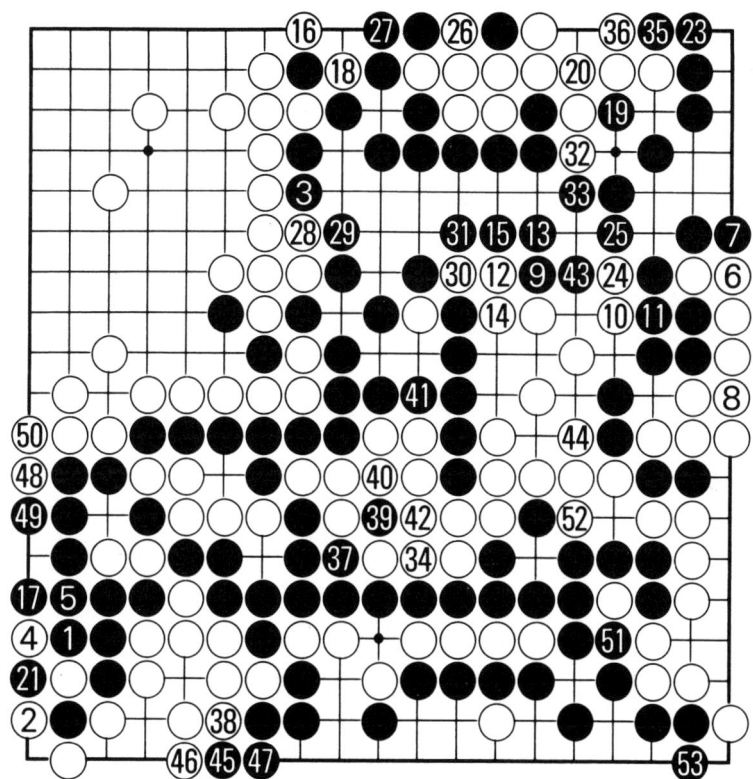

第5谱（201～253手）

㉒=②右 三单劫黑粘其二

第5谱 维持定先

藤泽库之助先生自幼年开始其棋才便为人称颂，成为初段是在十五岁，同年升为二段，十六岁三段，十七岁四段，二十岁晋五段，二十三岁六段、二十五岁七段，[48] 实现了创纪录的升段历程。

而他在这十番棋第四局之后升为了七段。依此，与八段对弈若按棋份本该要改为先相先，由是便也有"继续定先十番棋是否有点奇怪"的意见出现。

然而本身采升降制的情况下，原就与实际段差并无干系，由此这轮十番棋便确定维持定先形式继续往后下了。

253手终 白胜四目

限时各10小时　白方用时5小时53分

黑方用时9小时56分

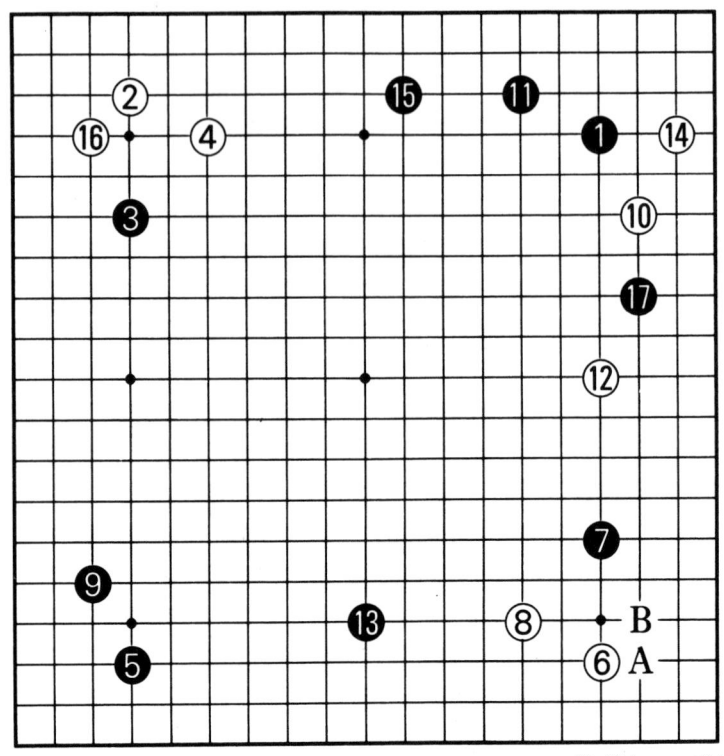

第1谱（1～17手）

读卖新闻"升降十番棋"第五局
昭和十八年（一九四三年）九月七、八日弈于东京（原）芝区环翠旅馆

44 藤泽第五局

八段　　　吴清源
黑　七段　藤泽库之助

第1谱 序盘的趣向

虽说对手升了段，此轮却是仍维持定先形式的十番棋。

黑棋第3手与第7手二间高挂俱是序盘趣向所在。

因下边黑13一手加势，接下来黑方的目标便是A位托了。

依此若白B位小尖以应则顺常规，不过我飞14位抢至了右上。针对于此黑棋路数是借由第15手拆二17位猛烈打入。

黑13手用时三十八分钟，黑17手用时三十分钟。

第2谱（18～39手）

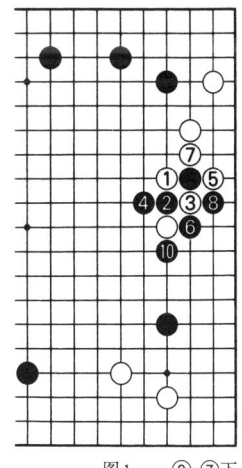

图1 ⑨=⑦下

第2谱 白棋落后

对右上黑子的打入立即施压的话会发展成图1所示情形。因那样不妙，便下了兼引征之用的白18镇。

黑19、白20关俱是乘势而行。白34手谋事格局太小。这一手本该退在35位，并于黑A位刺、白B位粘、黑C位飞之时抢先行至左边37位。

实战谱白棋至第38手为止从手割分析上来说虽不坏，却遭黑棋变着以致落于人后。

黑第19手用时三十五分钟，第39手用时四十九分钟。

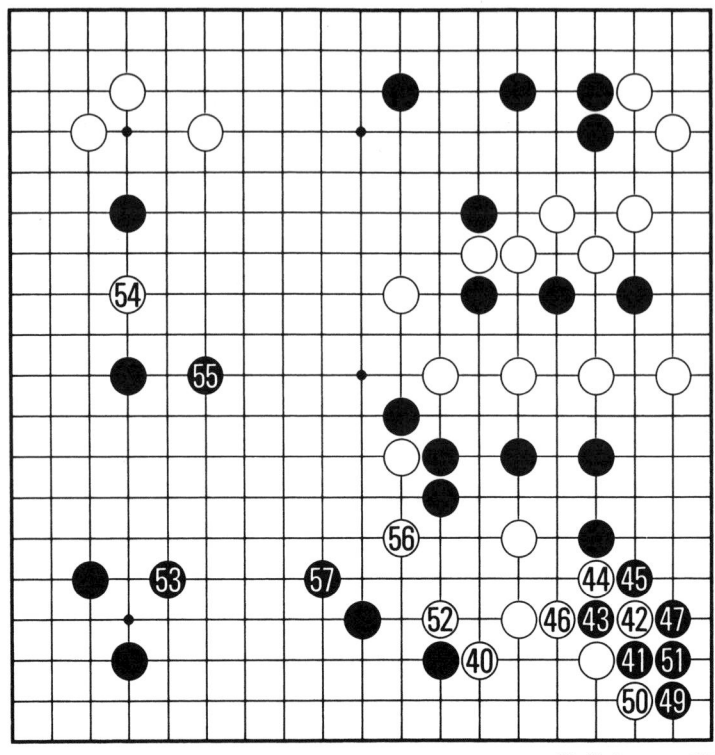

第3谱（40～57手）

第3谱 55错失良机

第一天的对弈于黑57手结束。

话说抢先行至左下53位，黑棋虽形势颇佳，可接下来第55手跳却是问题手。

我觉得此处第55手应当选择图2的黑1尖。若这样，白方采取2至10的应对可说是必由之路。

而此时若飞黑11，比起实战谱，黑棋形势还会更清晰一些。该说是错失良机了。

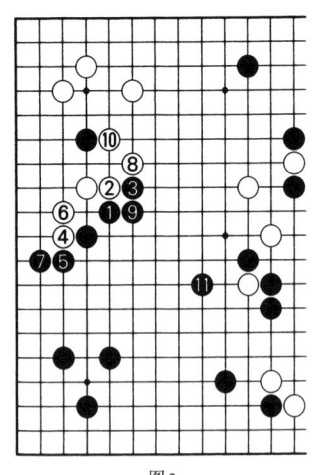

图2

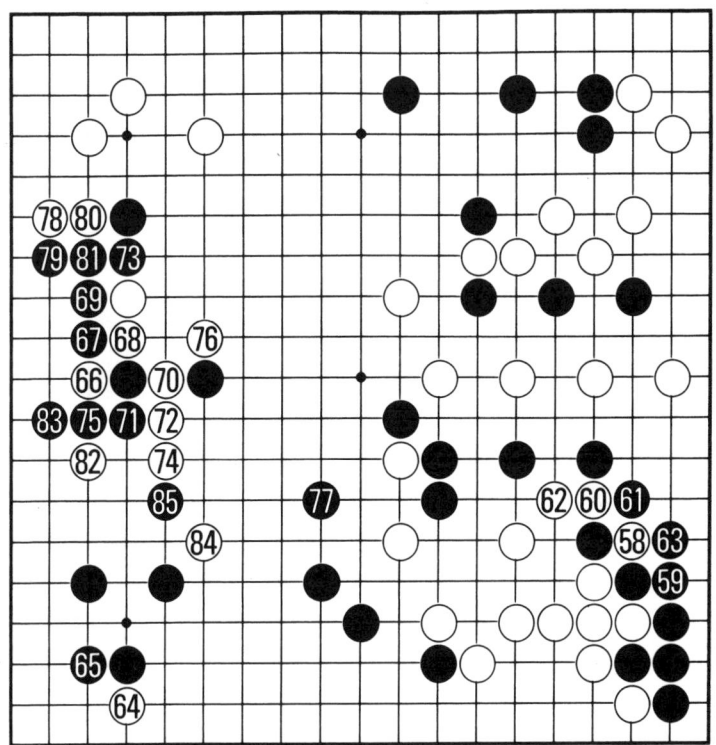

第4谱（58～85手）

第4谱 告负则"败着"

白84手本期待着图3黑2位的回应，白3抱吃一子后即眈视a位飞入，但却吃了黑85位的强烈反击玩完。图3白1我应挡在b位的。若是那样白棋可说握有相当的局势。这一手白84，若本局告负它便是"败着"所在。

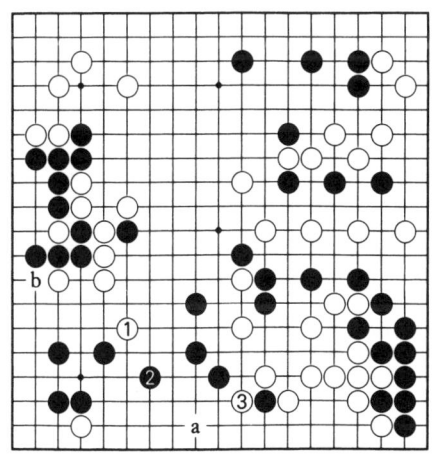

图3

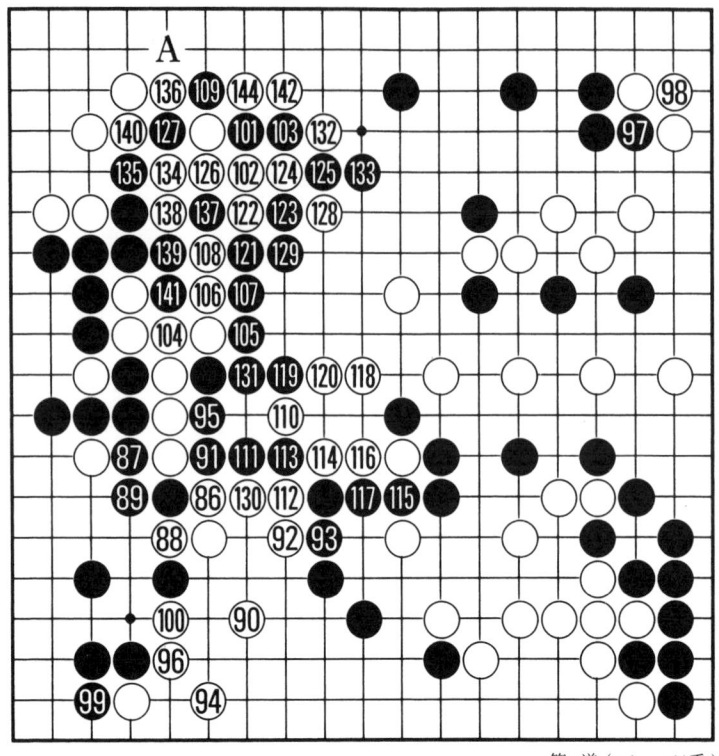

第5谱（86～144手）

第5谱 黑27败着

　　一帆风顺的黑棋出现了败着。第127手即为所指，该手要是在128位粘、白135位挡、黑A位尖就好了。黑127是对白子棋形的紧气要点过于在意反而令自己摔的跟头。结果第144手上出了黑方十目左右的损失。途中黑131手改图4的1、3则落于后手，被右方白4冲断由是黑棋不佳。

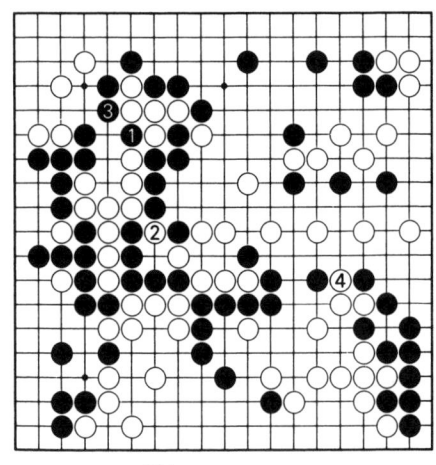

图4

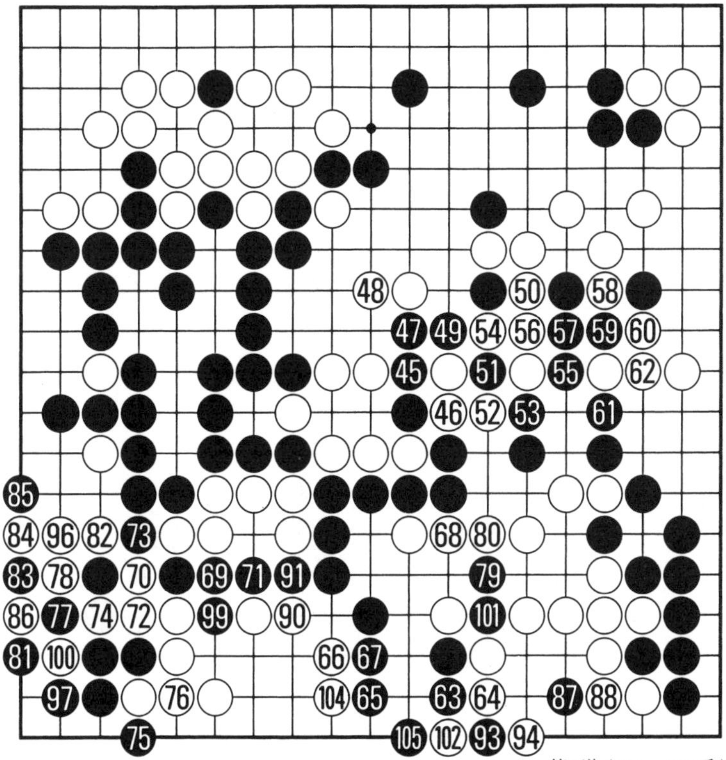

第6谱（145 ~ 206手）

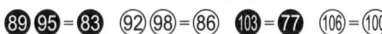

(89)(95)=(83)　(92)(98)=(86)　(103)=(77)　(106)=(100)

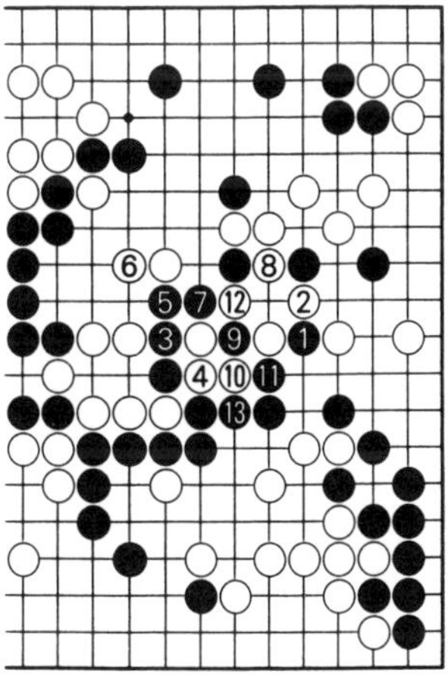

图5

第6谱　可惜的手顺

黑45一手是先行挖入的图5下法为好。由是白棋不能应该图2位，这便又得起一重波澜也未可知。不管怎么说，至此我转而领先[49]了。

206手终　白中盘胜

限时各10小时　白方用时4小时37分

黑方用时9小时59分

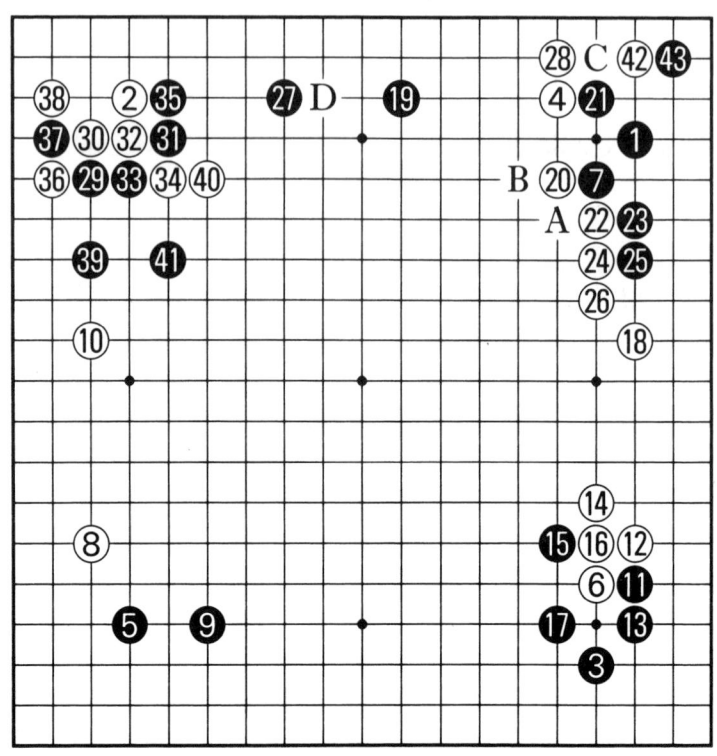

第1谱（1～43手）

读卖新闻"升降十番棋"第七局
昭和十九年（一九四四年）二月十九日～三月十一日报面刊载

45 藤泽第七局

八段　　　吴清源
黑　七段　　藤泽库之助

第1谱　43手封棋

藤泽先生一方长考仍在持续。

第19手四十分，第27手一小时三十七分，第31手二十九分，然后封着第43手投入了一小时十八分。

黑21手是下了功夫的一着。普通的想法是这一手A位扳，白B位长再黑21位尖顶，不过这样一来白C位扳、黑42位挡，黑方莫不是怕此时白D位的拆边？

即便如此左上仍难解。

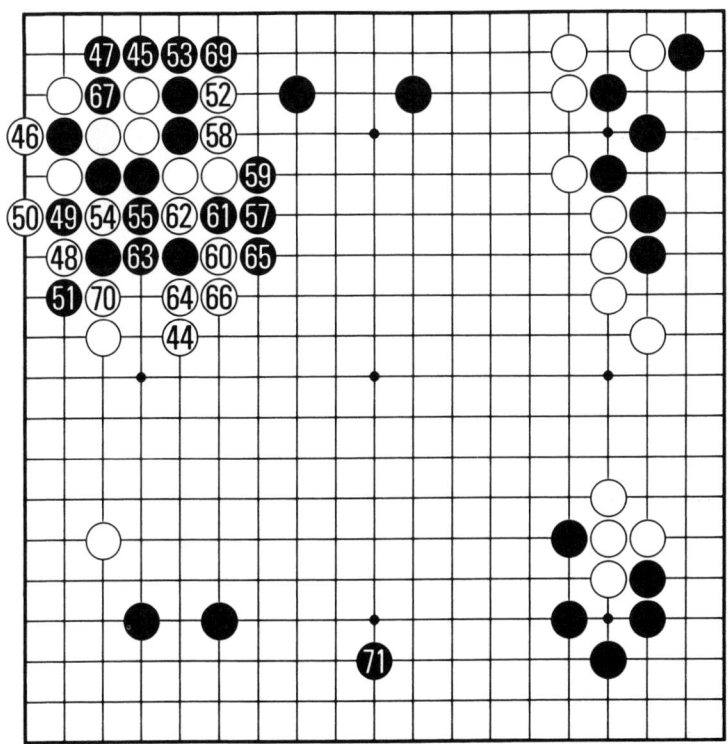

第2谱（44～71手）

㊽=㊾　㊽=㊻右

第2谱　投石问路

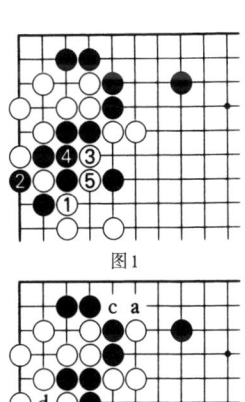

图1

图2

左上的黑51一子白棋即刻断开则成图1生劫争。于是白方在此之前下52位试对方应手。也就是说视白54、黑55做劫为必然而假设有图2，黑棋若是a位虎，因此处有绝好的劫材，白棋将b位断。而黑棋若是c位粘，白棋将不与劫争d位粘上。

如此，白70手上告一段落，而由手割分析判断黑棋倒不一定有损。其先手转至了下边的大场。

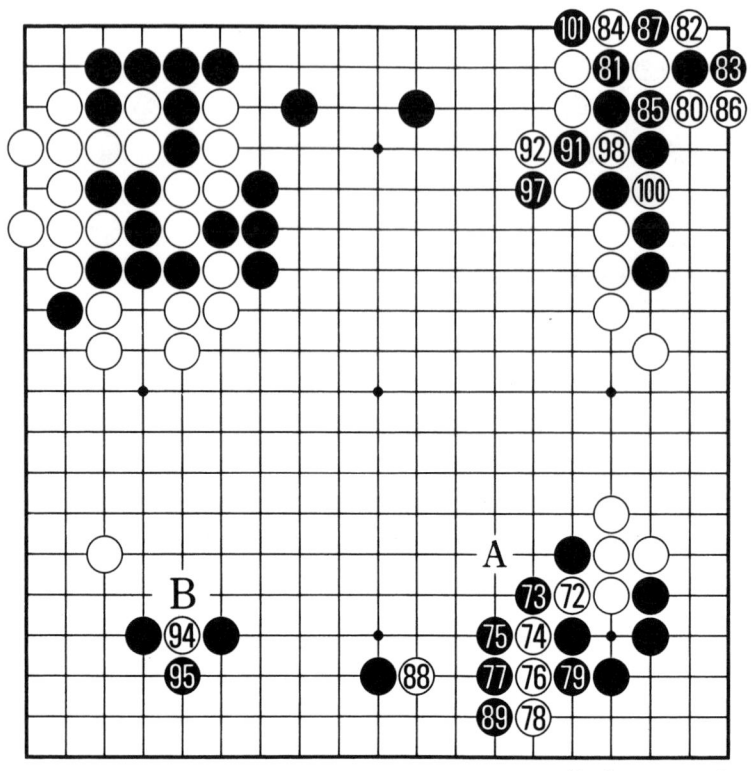

第3谱（72～101手）

⑨⑥=87下　⑨⑨=87

第3谱 双劫

右下黑73手退74位而白A位飞，这也是种常用的展开。如此一来黑棋占先手，右上冲81位断绝祸根的走向可想而知。

因黑棋第73至79手下得很顽强，问题转入到右上角的劫争。

然而黑棋在此处有自91手起做双劫腾挪求活的手段。

左下的白94挖虽是稍稍致损的劫材，但下B位刺黑94位粘，之后便什么都不剩了。

如是白棋第100手提子开花，令黑棋101位消了劫。

黑棋为了生存虽割舍掉其一部分，但由确保了下边一带来看，这种程度的牺牲也是不得不为的。

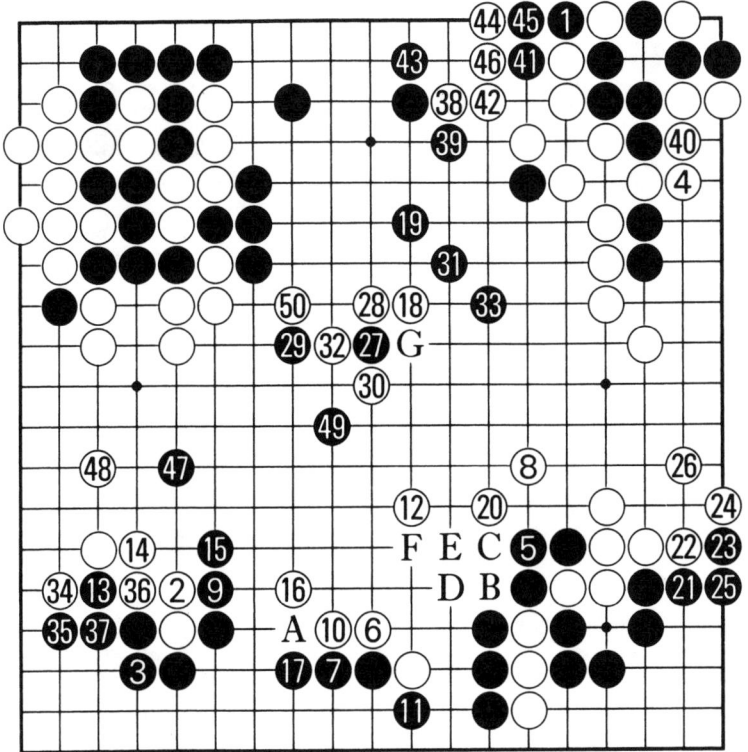

第4谱（101～150手）

第4谱 黑方缓手两着

到前一谱为止还是黑方领先，本谱中黑棋却出了两手缓着。

第一手缓着是下边的黑17长，这一手应当A位强力挤入。这样一来，白棋不做处理则形薄，因此下B位断，而后黑C位打、白D位长、黑E位压、白F位扳这程度的补强是必要的。而黑棋此时只要向敌我必争的中央进发便好。这与让白子抢至18位的结果相较，其差距莫大。

第二手是黑29跳，这一手长32位而白子如若G位拐，抢先行至右上价值最大的一着40位便是当务之急。40位这一手不仅净值十目，还眼望随后威胁角上黑棋生存的一着挡，因而是影响很不得了的一手。

黑41尖不能脱先。白42退防止黑棋渡过，黑棋局势眼看已不容乐观。

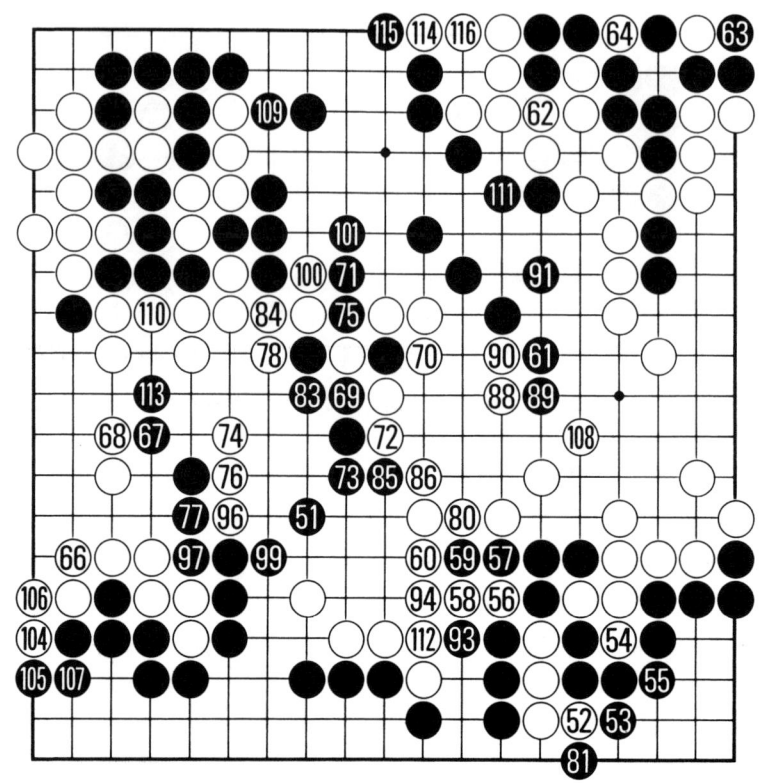

第5谱（151 ~ 216手）

㊄=㊄左　㊆㊇㊈=⑦左　㊋㊌㊐=⑦左二　⑩=㊄左二　⑩=㊄

第 5 谱　灯火管制下

那段时间东京上空也总有 B-29 轰炸机来袭，我们亦是剃了和尚头身着国民服[50]，准备好了绑腿进行的对局。这盘棋之后，征兵令来到了二十六岁[51]的藤泽先生手上。[52]

幸而他即日归乡被允准，十番棋因此得以继续下完。

此局之后是藤泽先生的二连胜，而最后以我的四胜六败告终。但由于是定先的十局，说是我顽强战斗的结果或不为过吧。

木谷先生较我年长五岁，而藤泽先生较我年少五岁，这也是种奇缘。

216手终　白中盘胜

限时各10小时　　白方用时5小时18分

黑方用时9小时58分

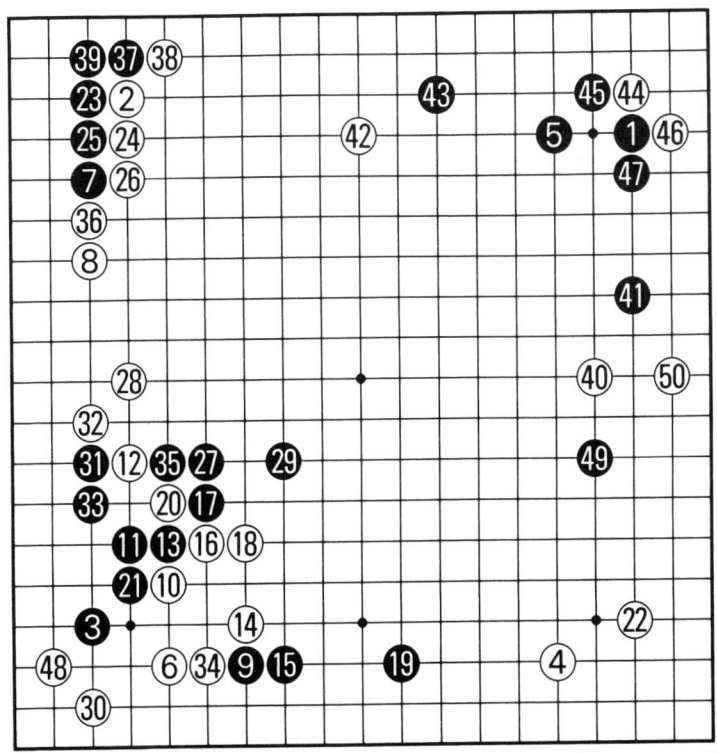

第1谱（1～50手）

读卖新闻"升降十番棋"第二局
昭和二十一年（一九四六年）八月二十九日弈于东京（原）牛込区河田町会馆

46 战后的第二局

互先　八段　　吴清源
黑　　八段　　桥本宇太郎

第1谱　一日终局

随玺宇教团一并辗转各地的我虽曾长久同围棋分离，但战后因读卖报的邀约又再次下起了十番棋。对手是桥本宇太郎先生，棋局定为了限时七小时的一日制。第一局八月二十六日弈于世田谷的若尾鸿太郎邸，我执黑五目负。两天的休养后进行了这第二局。上午七点开局。

白12是新研究的着法。白22手走27位的话，被黑棋下22位挂角就很讨厌了。

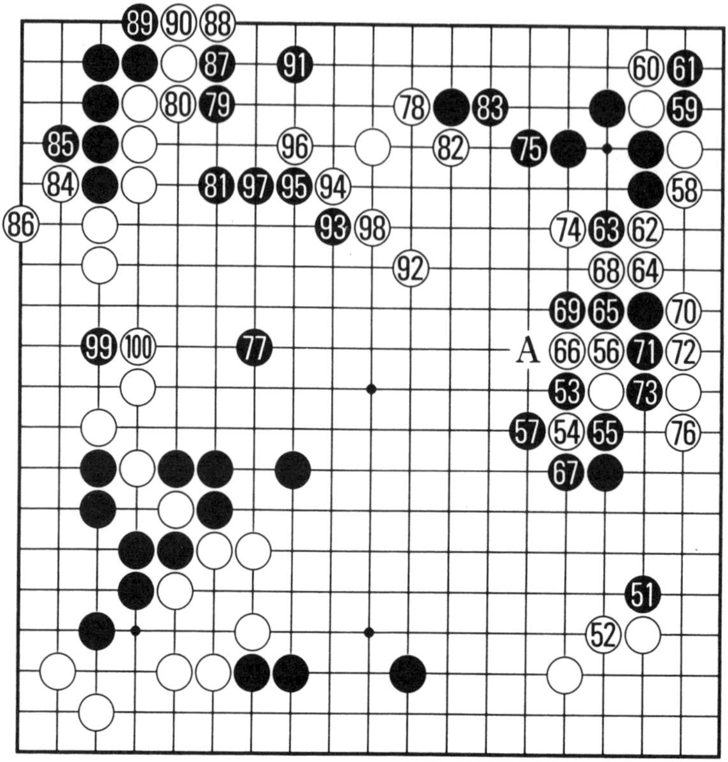

第2谱（51～100手）

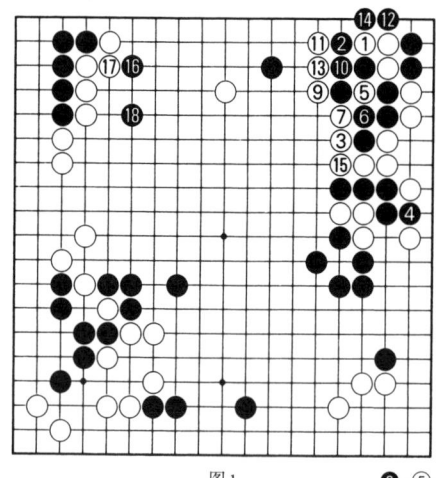

图1　❽=❺

第2谱　76的价值

黑51手以靠来防止白棋的联络。

白72手上还考虑过图1的变化。然而，右上角告一段落后被黑棋16位觑、18位关，我判断情势脱离预期，于是未放手实行。

白76手长看似小，实下在大处。若及至白A位长，这一手自会说话。

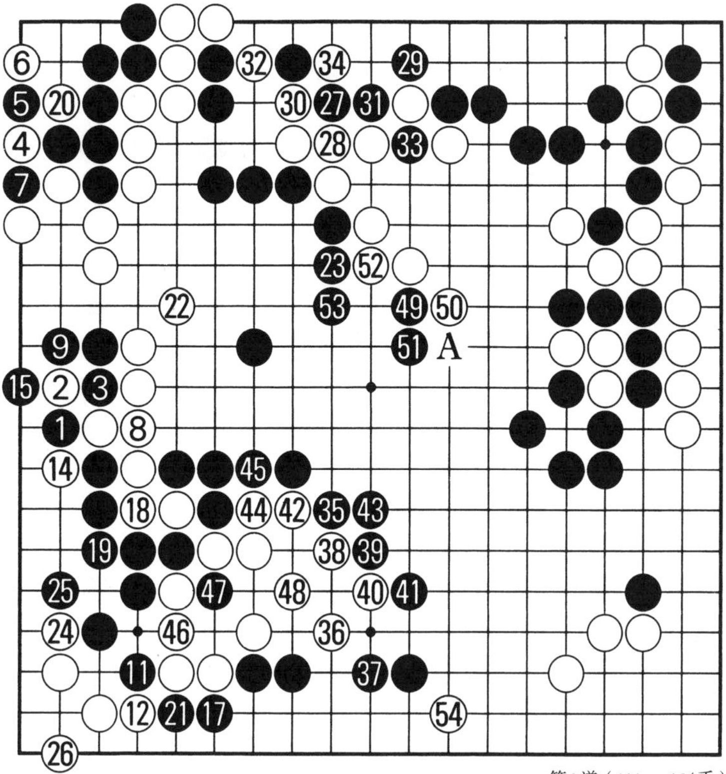

第3谱（101～154手）
⑩⑯=④ ❸=❼

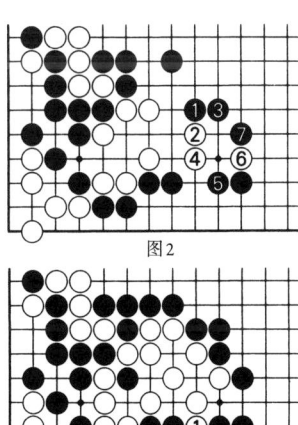

图2

图3

第3谱 九死一生

若以黑23杀下边任意哪块则局面简明。

黑35若38位飞，照图2白棋未能成活。托35位尖的福，九死一生捡回一条命来。

对白54大飞黑方若脱先则按图3，黑棋终被吃掉四子。黑棋虽是想下在A位，可总也难得顾及到该处。

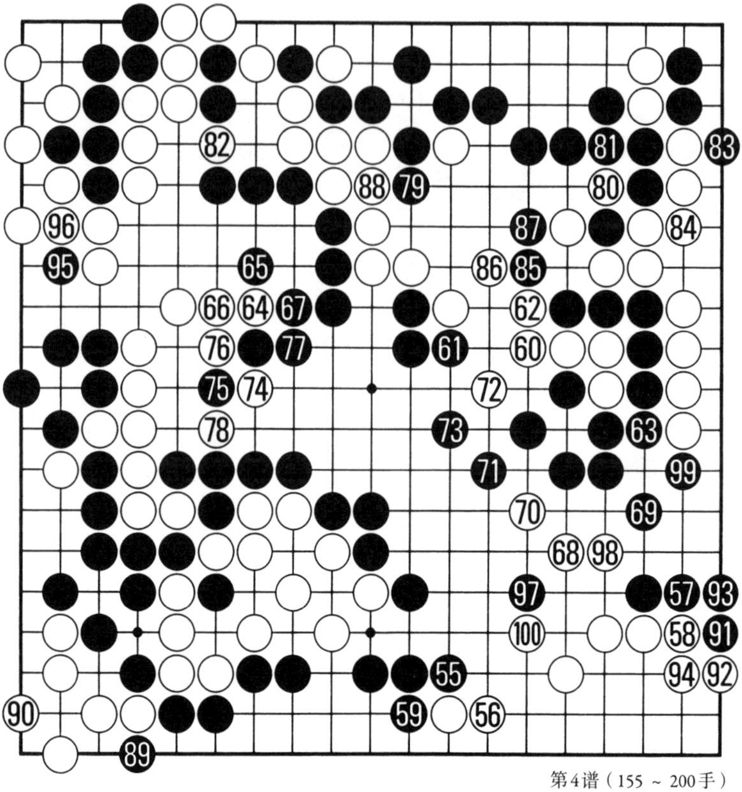

第4谱（155～200手）

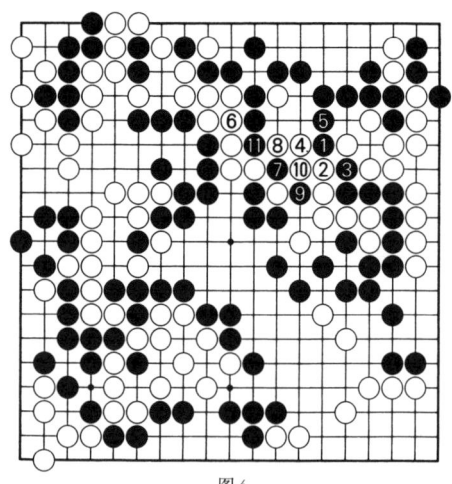

图4

第4谱 82手危险

白82危险。这一手非补在85位不可。

黑85错失良机，若直接87位靠，则如图4所示造成切断白子大龙的劫。由于该劫对黑方来说是无忧劫，白方大为不妙。

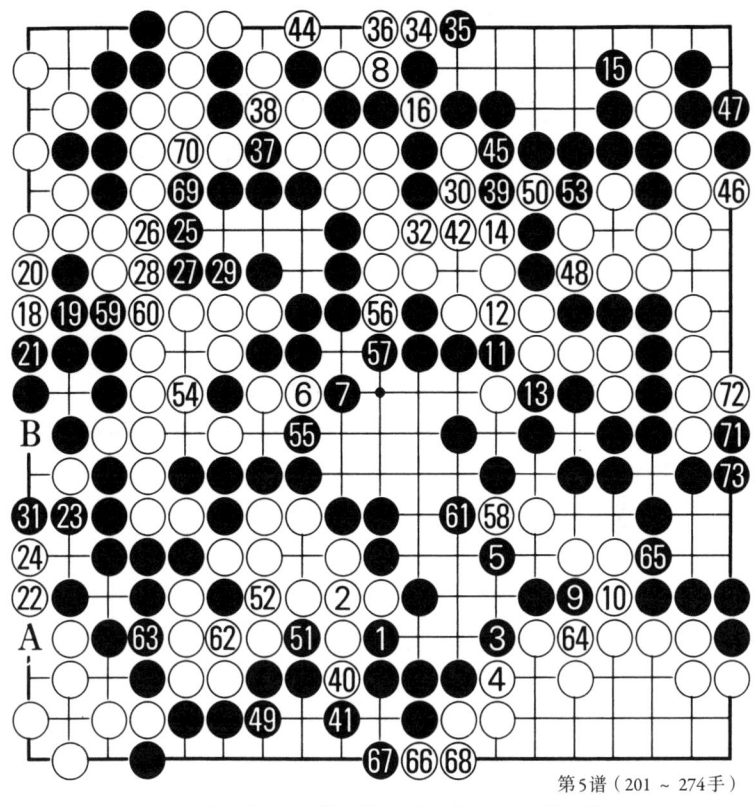

第5谱（201～274手）

⓱=⑯左　㉝=⑯　㊸=⑧左下　㊾=㊿下　单劫白粘

第5谱 幸运的一天

黑23在24位挡住的话，因为有白31位、黑A位、白B位的劫，故而黑方下了23位。

黑31成了最后的败着。这一手若上边36位扳住，可想恐将于和棋上尘埃落定。

最后的单劫之争亦然，因黑棋劫材不足之故，成了白棋打赢粘劫的结果。真真是白方极度幸运的一局。

274手终　白胜一目

限时各7小时　白方用时6小时54分

黑方用时4小时25分

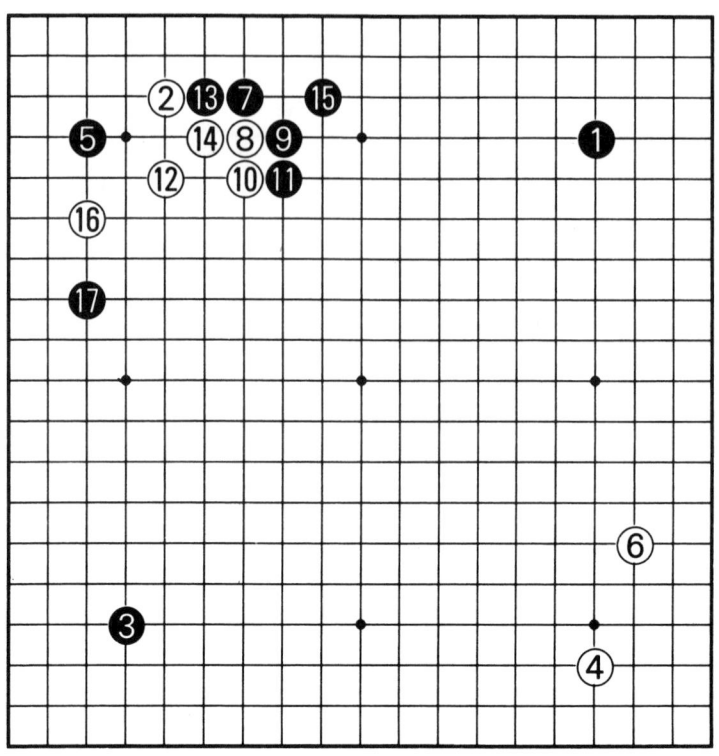

第1谱（1～17手）

读卖新闻"升降十番棋"第三局
昭和二十一年（一九四六年）十月弈于（原）野田町茂木房五郎邸

47 桥本第三局

互先　八段　　桥本宇太郎
黑　八段　　　　吴清源

第1谱　黑方的理想

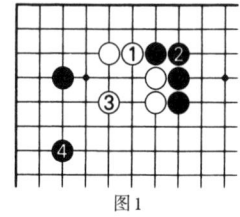

图1

图2

黑11手是新着法。图1黑棋佳。黑17手期待着图2结果。这样黑方也觉满足。

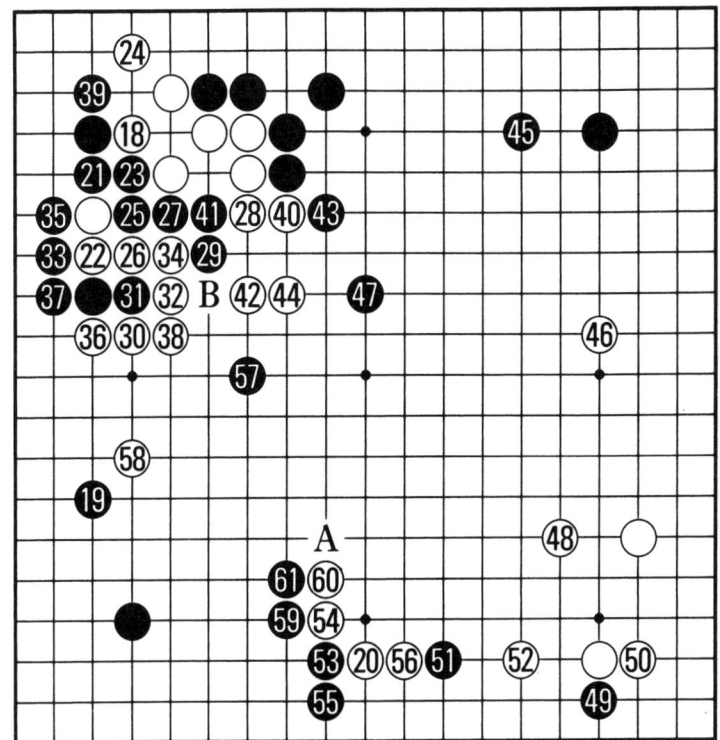

第2谱（18～61手）

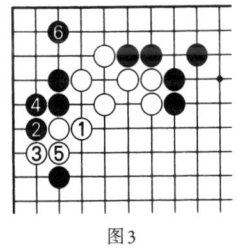

图3

图4

第2谱 33好棋

下边白20手若于21位吃死黑子则安然无事，但这样一来让黑棋推进到20位就很讨厌了。

白22手若如图3所示活用白棋则无虞。又白24手同样，若如图4所示让黑棋做活则两方相安无事。

发展至白30手时，黑31冲、33扳多少算得"场合好手"。白34手要是35位拐，黑方不用说会在34位切断，因此这样做白棋无理。黑方以35位渡过，黑满足。

黑61手时白棋要是A位长，黑棋是B位冲的准备。

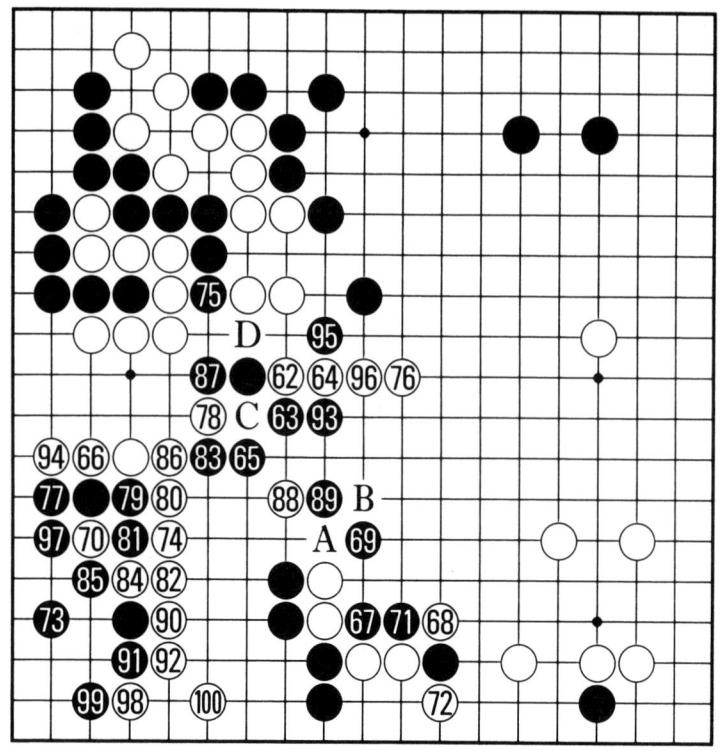

第3谱（62～100手）

第3谱 白棋痛苦

被前谱黑61手贴长，白子虽想长，可这样一来被图5的黑2、4切断，立即就会陷入危急境况。于是不得已白62靠。

黑67断酷烈。白子71位打则黑棋长出，白方两子痛苦。没办法白棋68位扳，可接下来黑69跳又是手筋。白A位则黑71位、白72位、黑B位，果然还是泥足深陷动弹不得。

第74手上，白78位刺、黑C位粘，此时白D位联络起来，这样会是漫长的一盘棋。

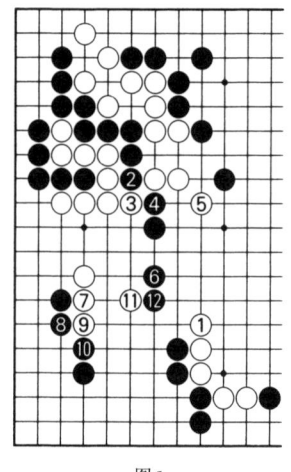

图5

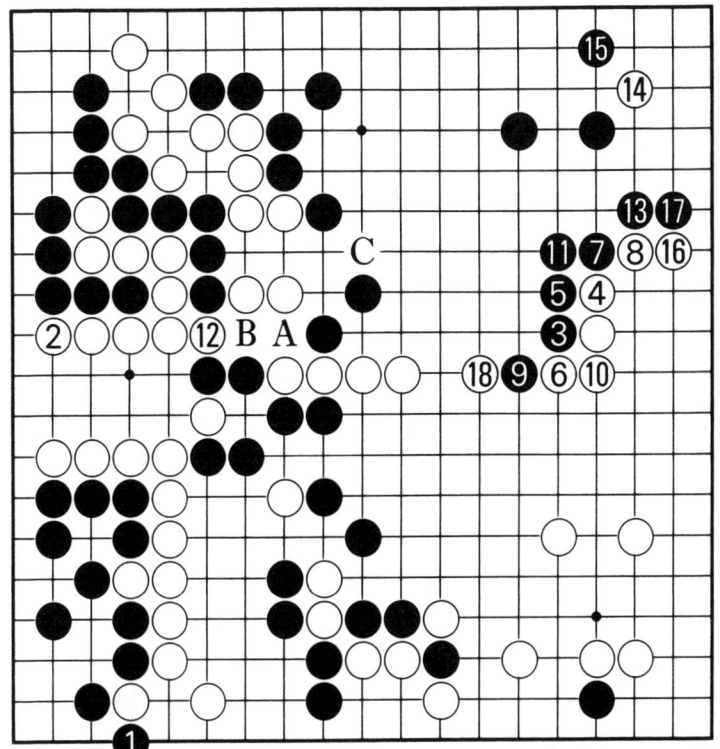

第4谱（101～118手）

第4谱 黑占优势

黑1直接A位冲，白B位断、黑12位粘，这将遭白C位跨反击，弄不好的话恐怕会让对方逼入自己空中做活。

黑3根据情况断然实行了这一手靠。

白12补了一手，虽黑13扳黑地整合占优势，但对白18应以图6的话黑方便遇上麻烦情况了。

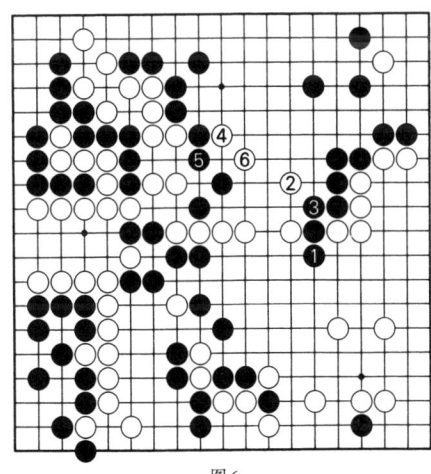

图6

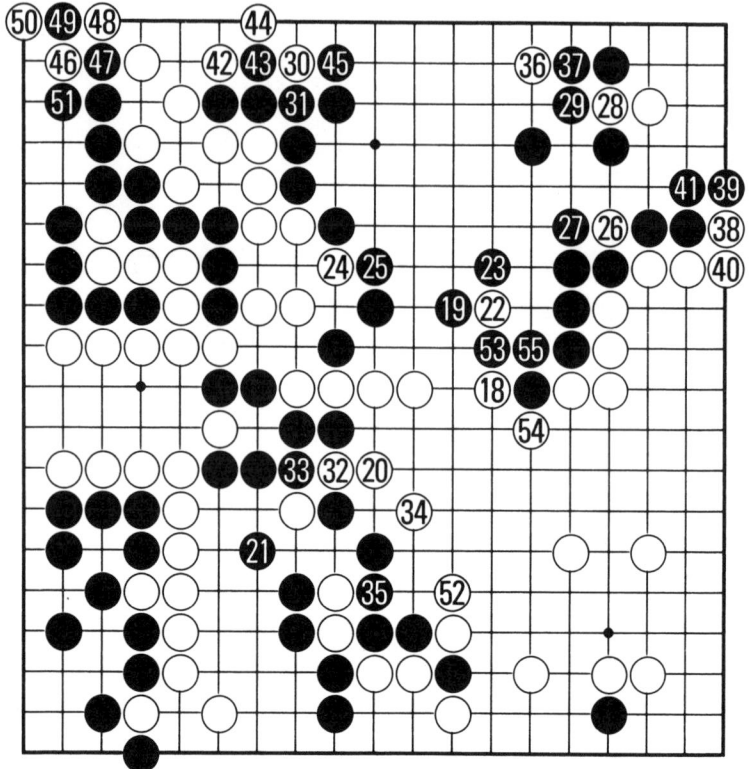

第5谱（118～155手）

第5谱 早早终局

一反前两局深夜结束的情况，这盘棋白方投子，日落前便出了结果。

感想言及前一谱白 12 未下 13 位的长出，那样便决定了白方已然无望。该说是黑 13 扳胜负已分吧。

这时候的桥本宇太郎先生尚是日本棋院所属棋士，而四年后，其创立了关西棋院[53]。

本轮十番棋期间，我三十三岁，桥本先生四十岁。限时最初是按六小时来谈的，但又考虑到来自报社方面的提案，定在了七小时。意思是限时减幅过大的话，看上去就不值价了。

155手终　黑中盘胜

限时各7小时　白方用时4小时56分

黑方用时4小时 9 分

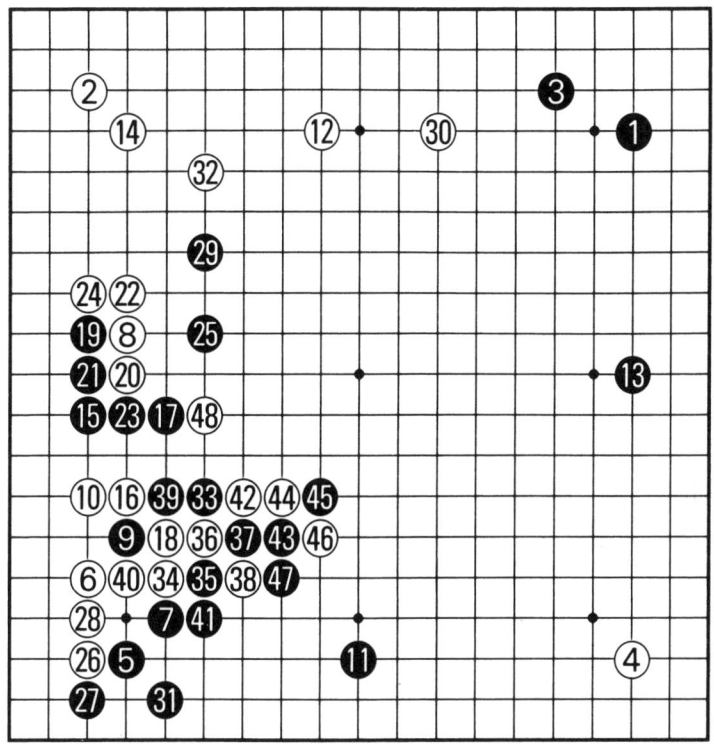

第1谱（1～48手）

读卖新闻"升降十番棋"第四局
昭和二十一年（一九四六年）十一月弈于京都南禅寺

48 桥本第四局

互先　八段　　　　吴清源

黑　八段　　桥本宇太郎

第1谱　黑19有疑问

黑19托是疑问手。单纯飞25位又或者照图1行棋为好。白34手处走成图2坏事。与实战谱出入甚大。

图1

图2

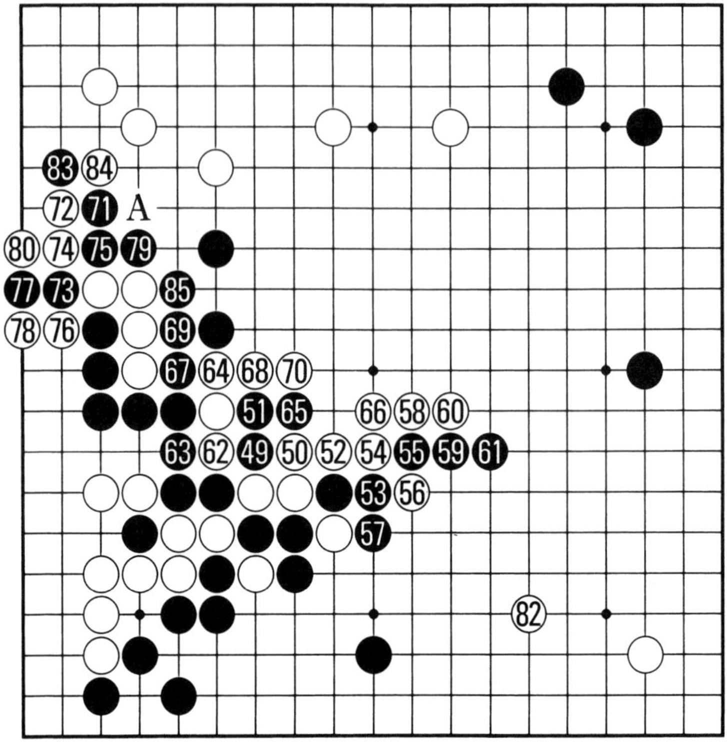

第2谱（49～85手）

第2谱 大场优先

黑61手为止的发展应该可以说是必然。白62手是狙击对方弱点的手筋。黑65手先行得利很巧妙，若单单冲67位则有一手相差。

黑71大飞是经过长考的一手。不愧是一着好棋，白A位压则黑75位、白79位、黑73位。黑85手时会想下图3的1位大场。白棋四子已是手到擒来了。

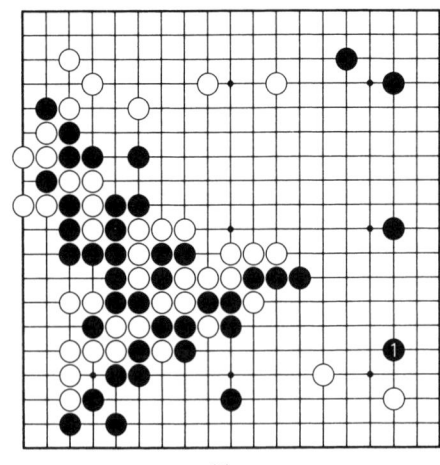

图3

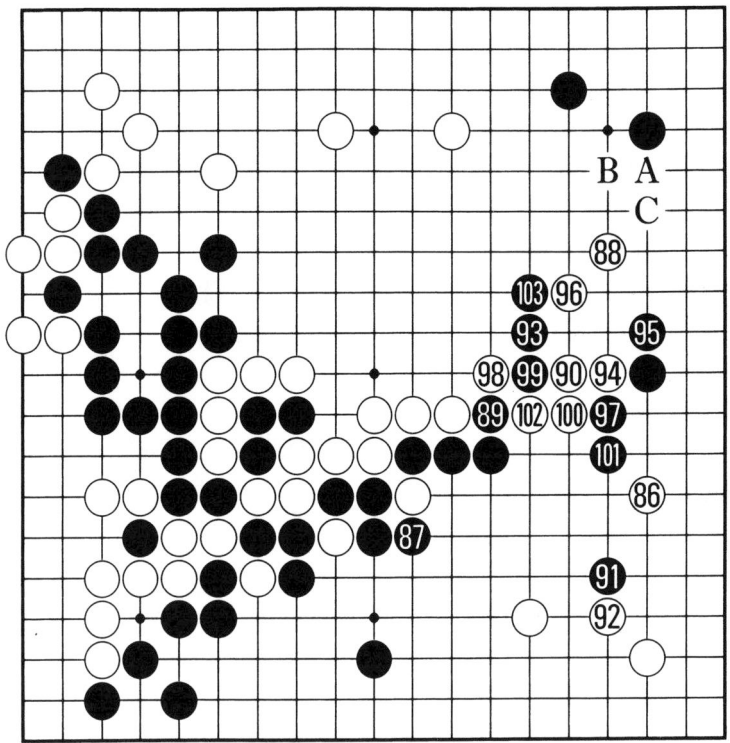

第3谱（86～103手）

第3谱 103问题手

白98手在右上靠A位，然后黑B位扳、白C位退就好了。黑103压有入了白方瓮的感觉。这手103，图4的1位立是冷静的手段。若如此，往下虽会发展至白12，但是那四子的话黑棋弃掉也没什么舍不得的。与后页的实战谱比较，右边黑地的出入莫大。

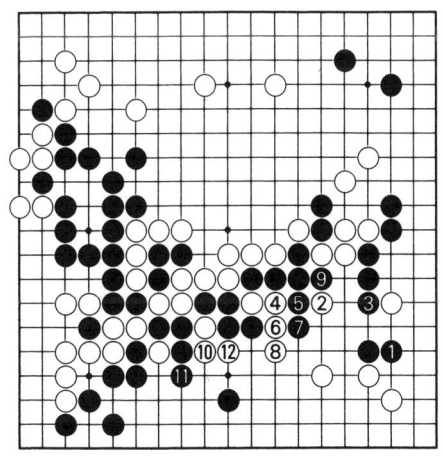

图4

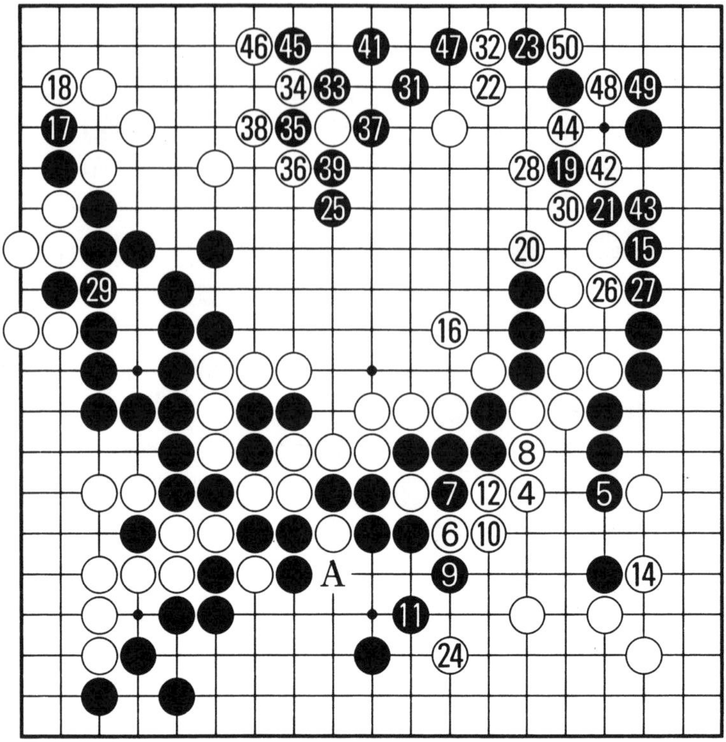

第4谱（104 ~ 150手）

⑬=❼左 ㊵=㉟

图5

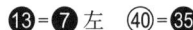

第4谱 21必要

渐渐也到大官子阶段了，虽有各处让人挑花眼的着手点，可黑棋右上的21位扳不能省略。

此处脱先的话见图5，被白棋1、3、5、7冲破，黑棋即便8、10进行反击，却要遭重整态势的白11寻衅以劫争决胜。白方在左下有A位等得意劫材，因此一旦开劫黑方是无力招架的。

黑31是眼见空不够而做的打入。

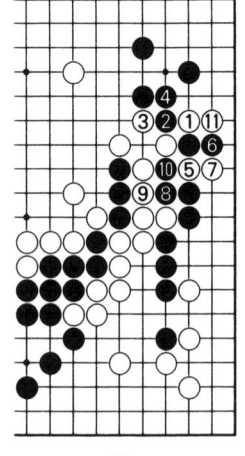

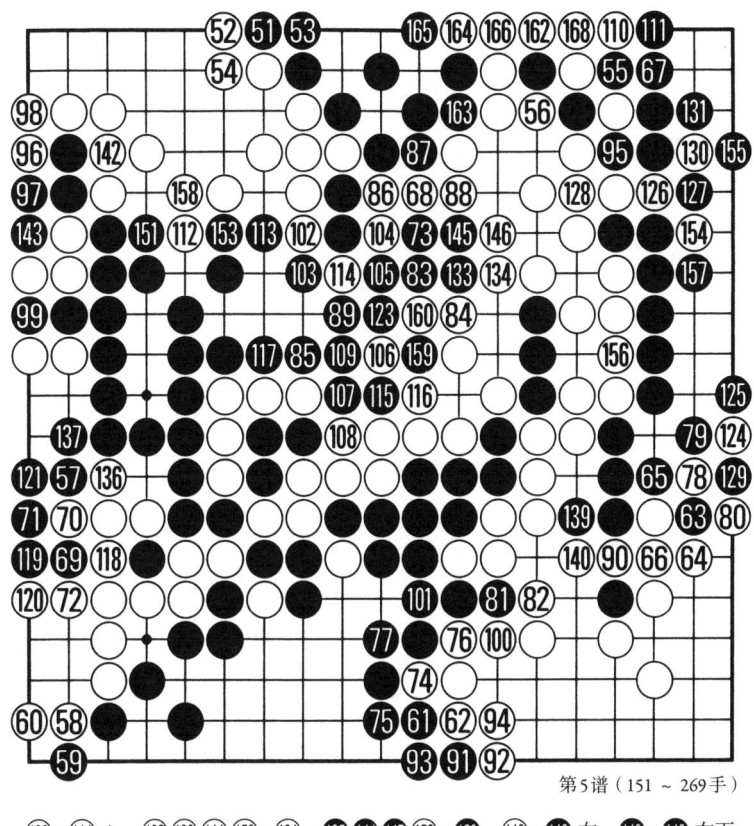

第5谱（151～269手）

㉑=⑭上　㉜⑱⑭⑩=⑭　❺❶❼⑮=⑫　⑱=⑭右　⑭=⑭右下
　　　　　　　　　　　　　❻=㊱右　⑯=㉕上　⑲=⑯

第5谱　白方持重

　　眼看优势在握，白方专以坚实为旨推进着官子。
　　黑方已无挽回的手段。
　　这之后的第五局是我执黑，以无甚意趣的百三十一手中盘胜作结。
桥本先生健康状况欠佳，十番棋最终休战了半年左右。

269手终　白胜八目
限时各7小时　　白方用时5小时12分
黑方用时6小时50分

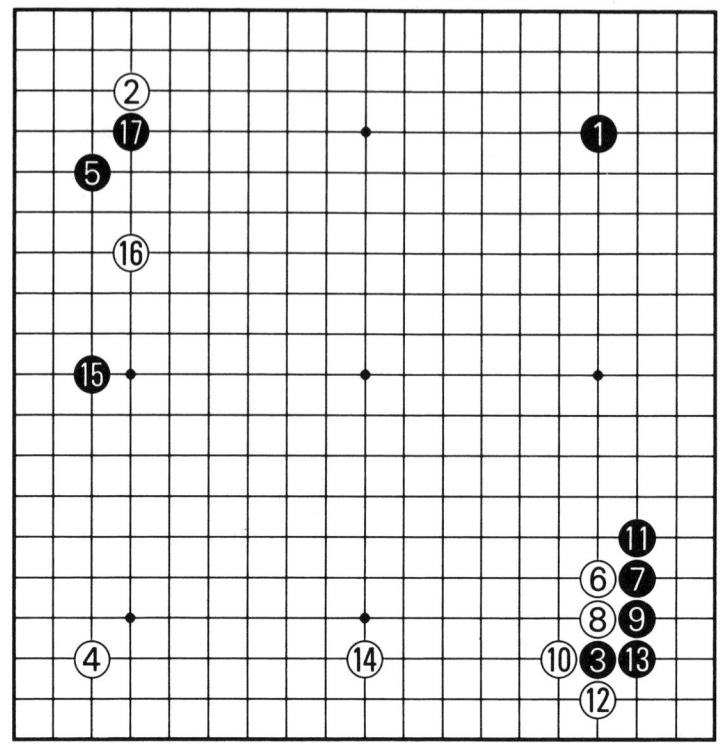

第1谱（1～17手）

读卖新闻"升降十番棋"第八局
昭和二十二年（一九四七年）十月三日弈于东京小石川地域红叶旅馆

49 桥本第八局

互先　八段　　　吴清源
黑　八段　　　桥本宇太郎

第1谱　再临升降决定局

一九四六年九月京都的第五局对弈结束后暂时进入休战的十番棋，其重开是在一九四七年的七月。神户甲阳园的播半[54]店中进行了第六局对弈，桥本先生执黑两目胜。接着在同一场所弈了第七局，这次成了我执黑中盘胜。

再度面临棋份升降关键的这第八局，[55] 对弈舞台搬到了东京小石川的红叶旅馆。

黑17是稀有的手法。

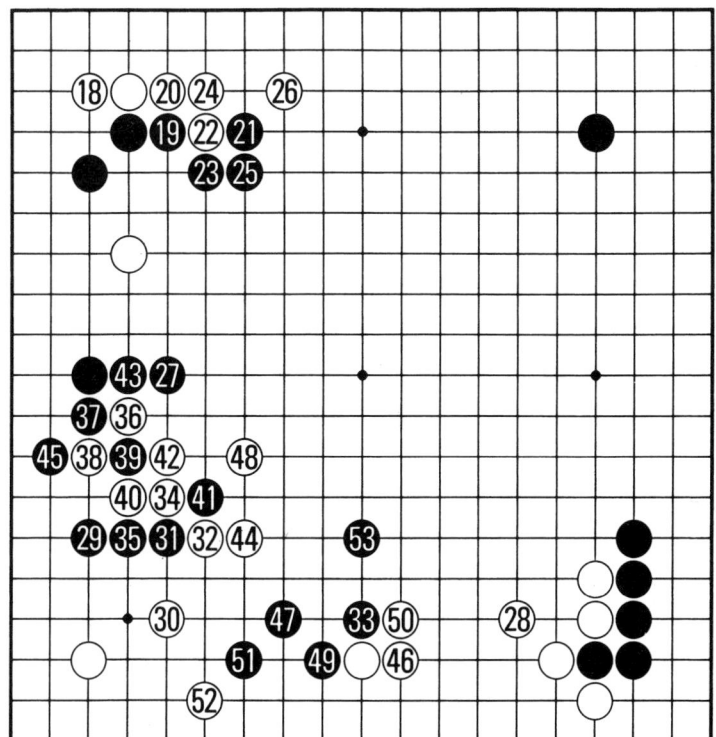

第2谱（18～53手）

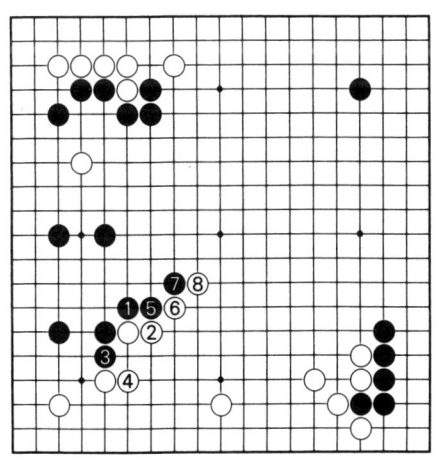

图1

第2谱 出乎意表的33

左下白32手的靠，其意图是黑子若以扳来应，则照图1的交互围空来推进。于是黑棋以出其不意的33位靠了过来。

虽乘势发展有第34至44手，不过濑越八段有评第37手43位粘为好。

黑47手处进入了正午的休息时间。

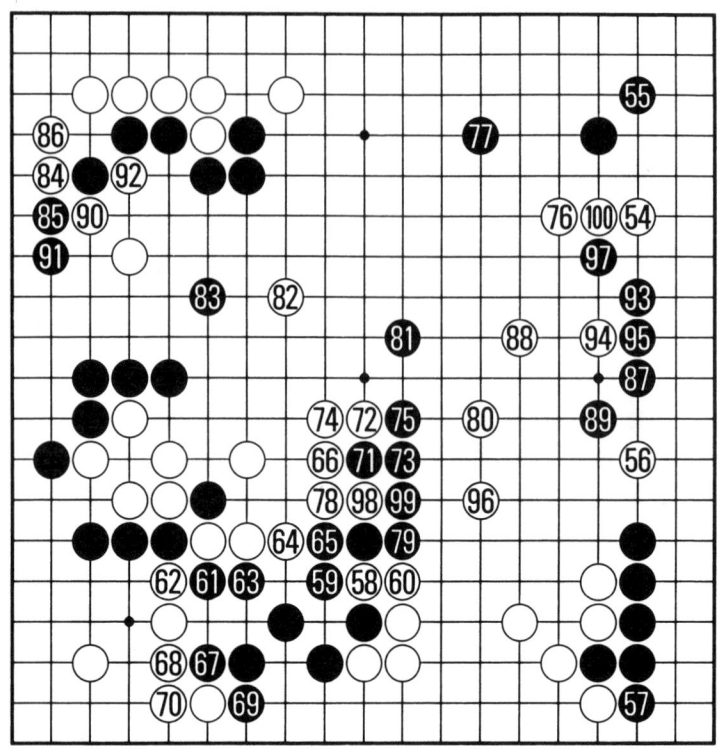

第3谱（54～100手）

第3谱 攻防

对于白58手挖、60手粘的攻击，黑61手虽是想虎在64位的感觉，可这样一来让图2白2位粘上，左边上黑3补棋就变成了必要。要说为何，这是因为若没有白2，白a位、黑3位、白b位以黑c打便可防住。另外该图白d位的觑也成了顺手的一着。

白84手托、86手退是不愿黑方占86位。

黑棋右边的第87手是顺着气势的打入，有即便左边被攻破也要在右边大干一场的意思。

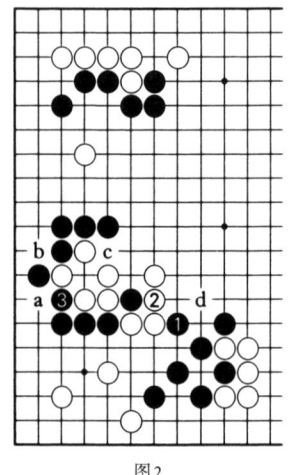

图2

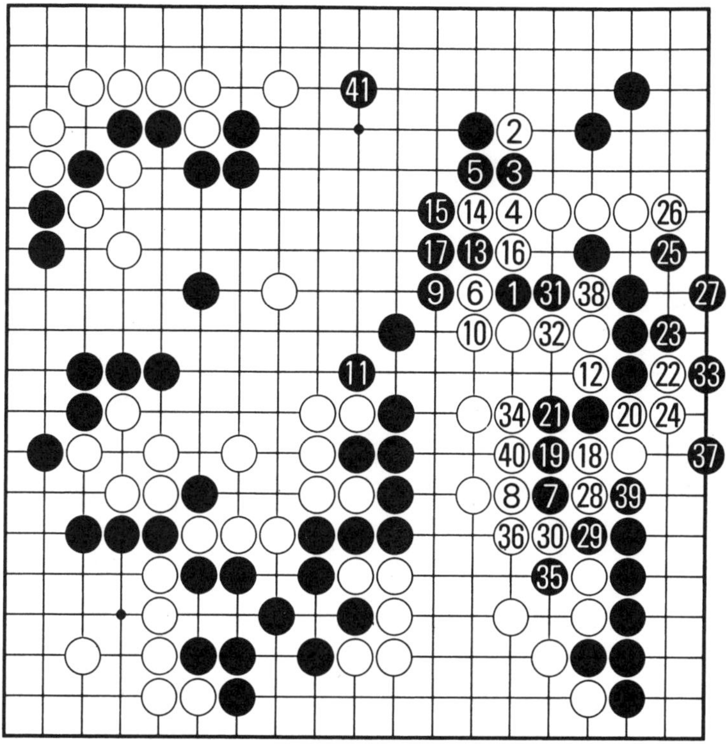

第4谱（101～141手）

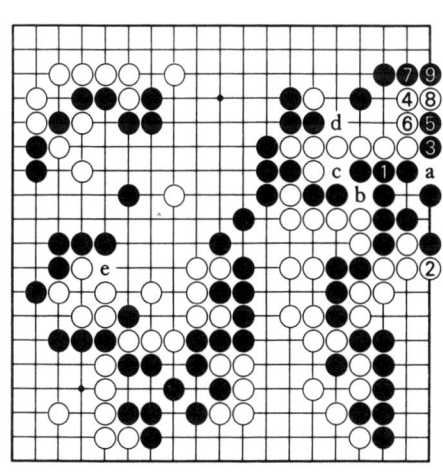

图3

第4谱 紧气劫

黑13要是下18位则安然。白18上引发大事，黑37要是照图3行棋则成紧气劫，即该图继黑9之后白a位、黑3位、白b位、黑c位、白5位、黑d位的劫。在左方的e位一带，黑方有好几手的劫材。

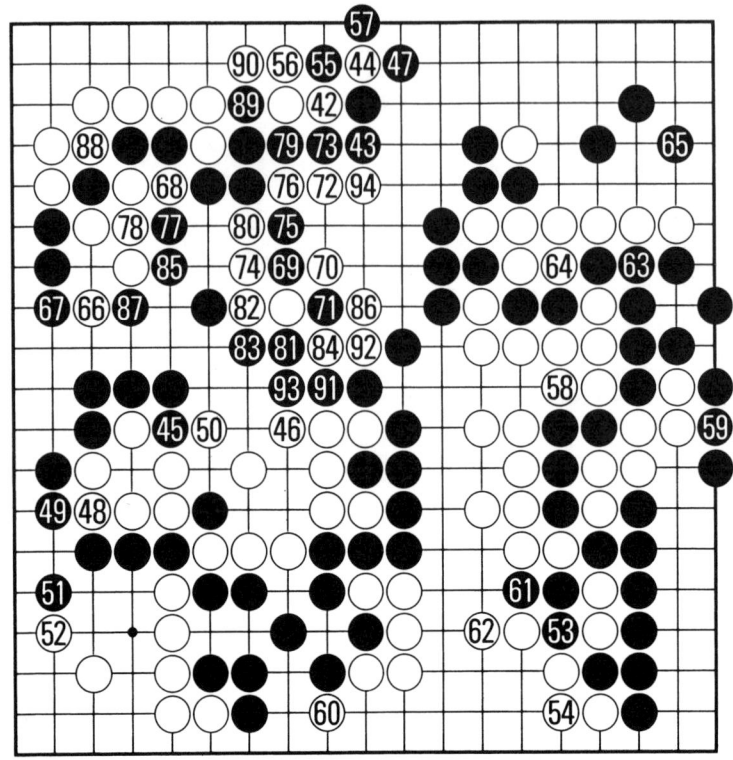

第5谱（142～194手）

第5谱 降棋份

黑69要是下70位则无事，如是濑越八段有评。让白94确保了两眼得出，桥本先生投子。这样，降棋份的事实便成立了。

此后，弈于野田市的第九局，桥本先生先相先执黑，双方下成和棋。第十局在小田原市的古稀庵[56]进行，以桥本先生的执黑中盘胜作结。

而我随后又同已经成为本因坊薰和的岩本先生下了十番棋。这轮棋战告一段落后的一九五〇年开始，则与重新成为本因坊昭宇的桥本先生继续进行先相先的升降十番棋。这些对局放到下卷，请诸位垂阅。

194手终　白中盘胜

限时各7小时　白方用时6小时42分

黑方用时6小时54分

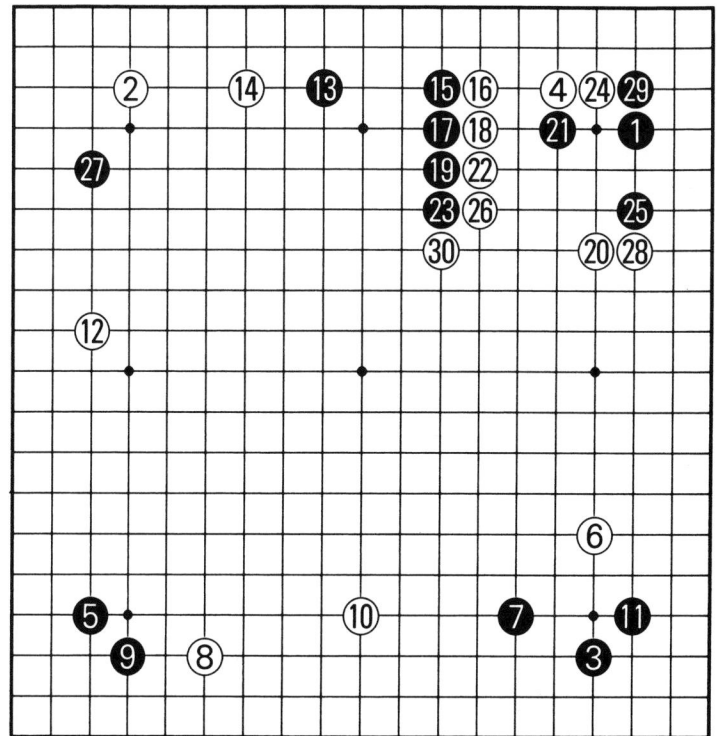

第1谱（1～30手）

读卖新闻"三番棋"第一局
昭和二十三年（一九四八年）二月二十九日弈于东京小石川地域红叶旅馆

50 坂田三番棋

八段　　吴清源
先相先　黑　七段　　坂田荣男

第1谱　围棋新社

一九四七年五月，前田陈尔、坂田荣男、梶原武雄、山部俊郎、桑原宗久、盐入逸造、儿玉国男、石毛嘉久夫八名棋士脱离日本棋院，结成了围棋新社。

直到一九四九年春，以上全员重归日本棋院。而在这去而复返的期间，曾举行过的一轮棋战便是这里的吴·坂田特选三番棋。

坂田先生的感想："第27手想多了。应该下在28位。"

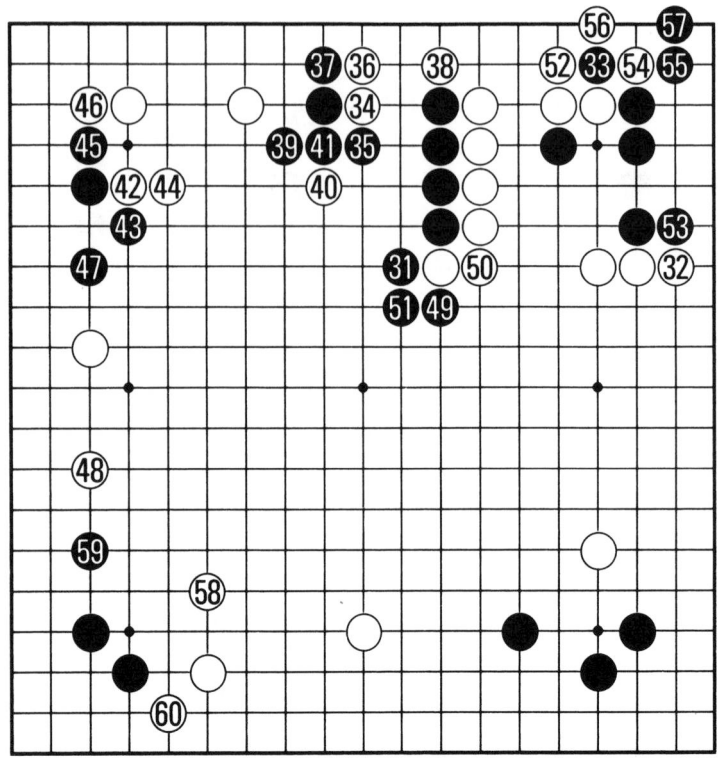

第2谱（31～60手）

第2谱 对局费一万日元

就在这三番棋的事情提起来的时候，正巧坂田先生有对象，据说是借这次的对局费踏出了结婚那一步。

就此对局费，山田虎吉覆面子记叙如下：

"这时节的对局费，一流人士一局一万元是读卖新闻的开价，这位坂田先生的时候也给的一万元。可这对局费定好了之后，坂田先生却向报社确认道：'你们说的那一万块，该不会三局总共一万是吧？'这也是无法忘怀的一个回忆。那当口是如此时世，因而想想，不胜今非昔比之感。"

由于现在一流棋士的对局费是一局五十万日元的市价，真真该说是有隔世之感。

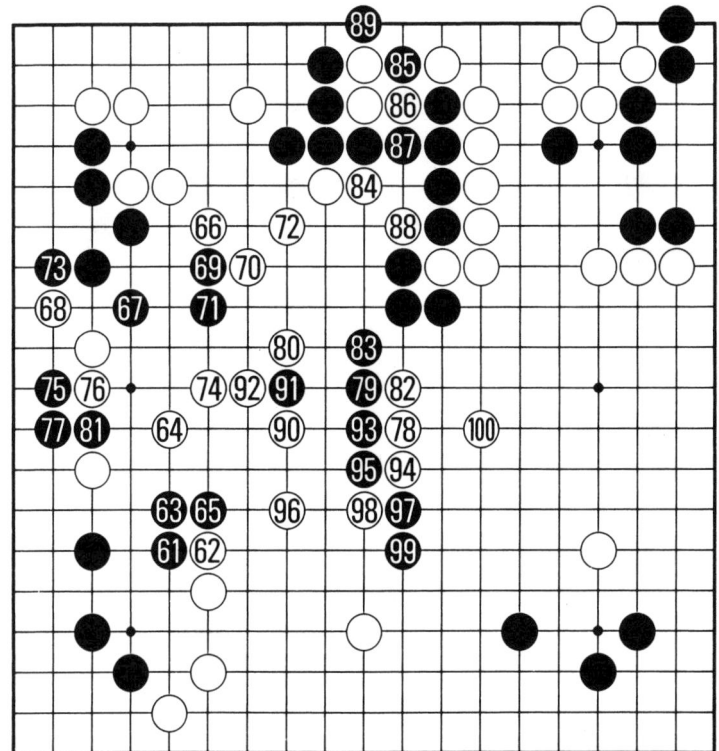

第3谱（61～100手）

第3谱 无贴目

昭和初期也有过互先执黑贴三目半的时代，而原本一贯是不使用贴目的。本因坊战开始举行是在一九四一年[57]，那时的番棋是以无贴目的形式来下，从一九四三年开始才改为贴四目半，而这本因坊战也于一九七六年起[58]变成了贴五目半，现代多数情况是按贴五目半[59]来下。

对这局棋加以鉴赏之际，希望诸位放在心上的一点是：这是无贴目的下法。

由于不存在贴目，坂田先生下得坚实。我则因此寻求着妙机，广拓棋路。

现代行棋白方沉着黑方积极是总体的风潮。与此相较本局截然不同的地方，愿诸位一品。

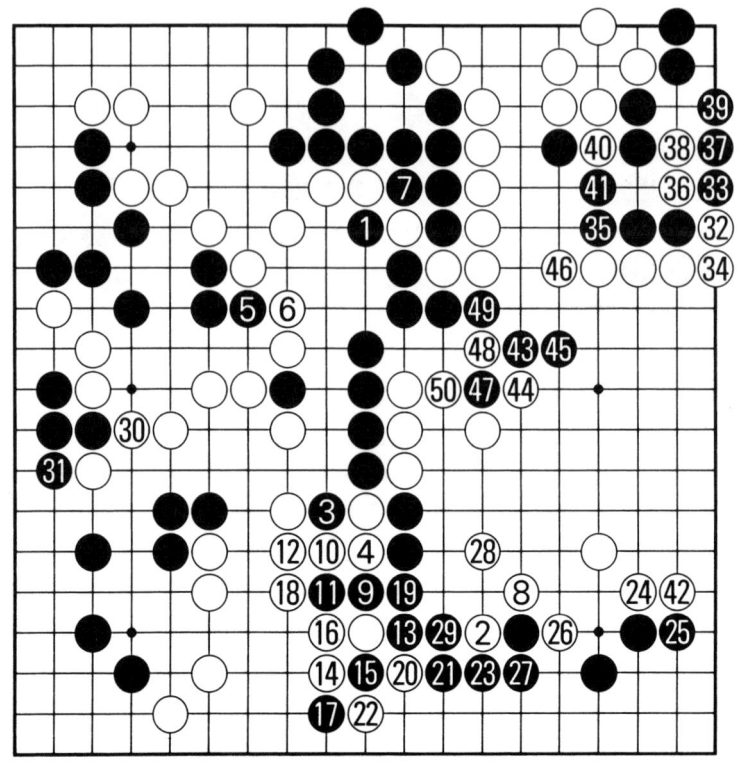

第4谱（101～150手）

第4谱 九段

现在九段人数，日本棋院与关西棋院两边合计的话超过了六十位。然而从战前跨越至本局棋前后，由于古来棋界"九段即名人"的思维，九段在这段时期被认为是十分崇高的位置。

一九四九年藤泽朋斋先生[60]成为第一位登顶的九段，翌年我受赠九段位。坂田先生则于一九五五年成为九段。

弈这局棋的时候我三十四岁，坂田先生二十八岁。

这一年年末日本棋院在东京港区高轮购入了用作大本营的建筑，并于一九四九年举行了开院式[61]。而后棋士的生活也多少算是上了轨道，围棋新社成员也再度汇流到了日本棋院辖下。

从高轮迁移到现在位于东京千代田区市谷的日本棋院会馆，是在一九七一年。

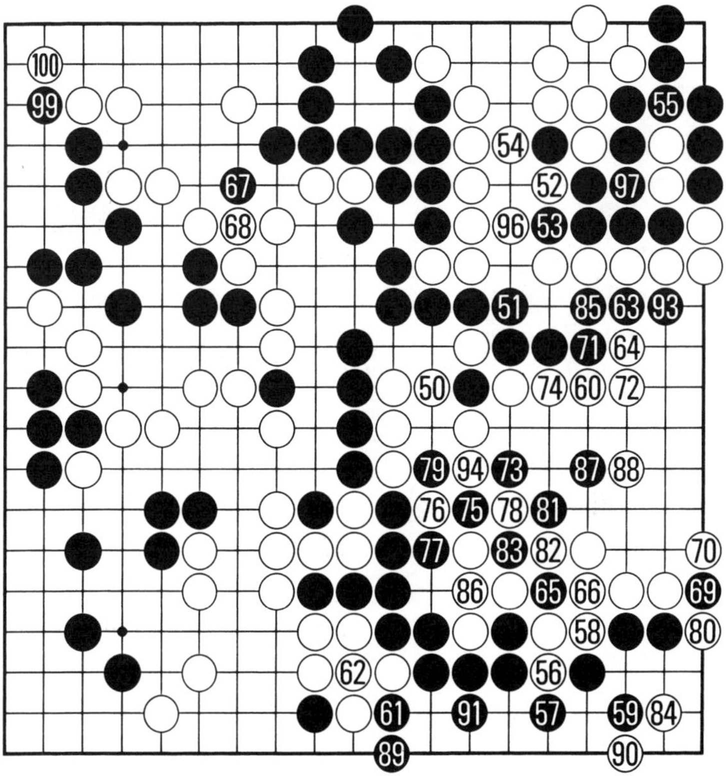

第5谱（150 ~ 200手）

(92)(98)=(78)　(95)=(83)

第5谱　覆面子

读卖新闻社的围棋专栏执笔者历代使用“覆面子”这个笔名。初代是井上宅治氏。二世西川勉氏写了我与秀哉名人棋局的观战记。我与木谷先生的升降十番棋，是于二度任职的井上三世覆面子后接过衣钵的三堀将氏所报道的，而棋战第五局之后执笔者更替为了五世多贺谷信乃氏。本轮三番棋开始，观战记者变成了六世覆面子山田虎吉氏。山田覆面子任期最长，一直任职到名人战承办权从读卖转移到朝日新闻社的一九七五年。

这局棋中黑方致命的失败在于，黑棋放跑了86位一气拔掉白棋两子的机会。到现在坂田先生仍每每奋力弈至临近时限，多数棋局都进到了读秒阶段。

人谓檀芳由芽始，这时候开始他便总是在对抗读秒压力了。

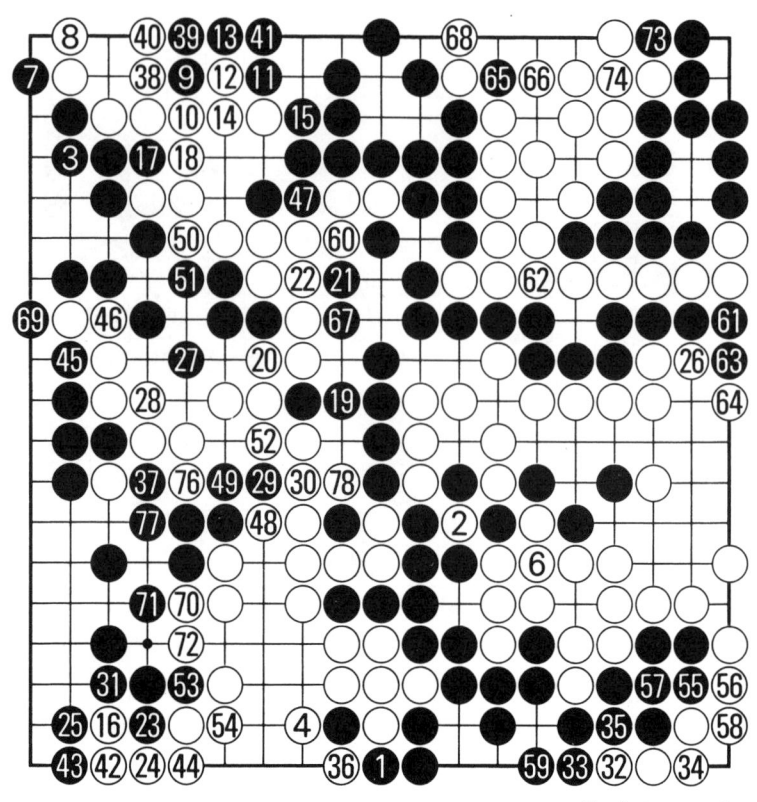

第2谱（30～51手）

❺=②右　㊻=②

第6谱　还剩两分钟

以下内容摘自山田虎吉覆面子的回顾记：

这时候吴先生一方也遭时间紧逼，被记录员儿玉国男君提醒道还剩两分钟，"吴氏面泛红潮，'欸？剩两分钟？'地突然提高了声音"。情形急迫乃至于有此一节，实可谓凄绝惨烈。我在观战记的最后以期待次回奋战作结，可随后坂田的执白一战却无甚亮点，中盘投子。而再接下来的执黑局，由于找劫时的误算，棋被下得莫名其妙的，最后又有漏看，结果再次一目告负。

278手终　白胜一目

限时各10小时　　白方用时9小时58分

黑方用时9小时59分

吴清源自选百局

下卷

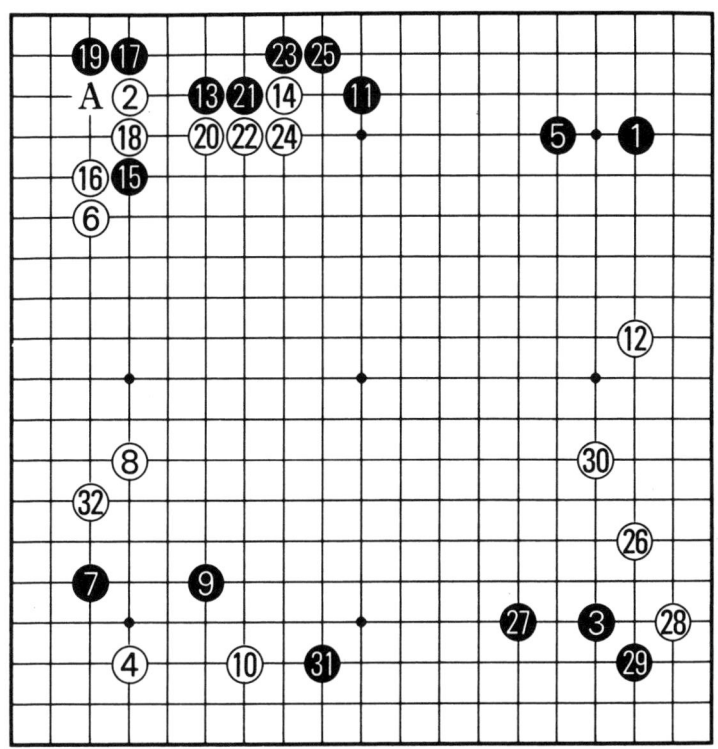

第1谱（1～32手）

读卖新闻"升降十番棋"第一局
昭和二十三年（一九四八年）七月七、八、九日弈于东京小石川地域红叶旅馆

1 岩本薰和十番棋

互先　八段　　吴清源
黑　　八段　　岩本薰和

第1谱　白18新着法

　　二战前及二战期间对阵木谷实七段、雁金准一八段、藤泽库之助六段，战后对阵桥本宇太郎八段，继这些棋战之后读卖社所企划的，是我同本因坊薰和——岩本薰先生的十番棋。在限时的问题上有过争论，不过在我的让步下，棋战还是以十三小时三日制的形式起步了。

　　左上的白18是与左下白8相呼应的新着法。迄今为止的通例是18手下19位扳，黑18位夹、白A位粘的发展。

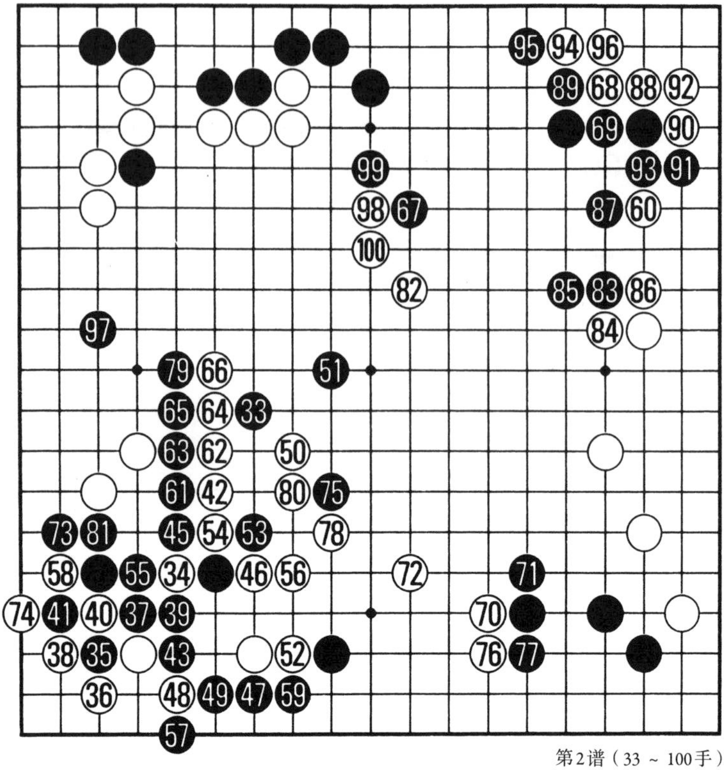

第 2 谱（33～100 手）

㊹=㉟

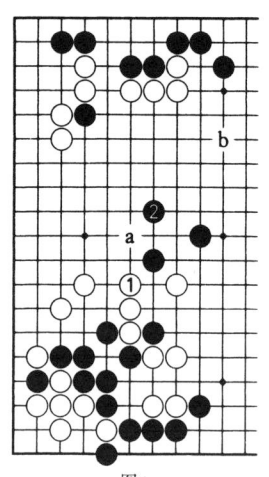

图 1

第 2 谱 白 60 的后悔

到前一谱为止，因为无贴目，白棋却走得比较雷厉风行，我觉得是打开了所谓"广阔的局势"。但这一谱的白 60 手使黑棋一举获得优势。

白 60 手本应按图 1 做守备，瞻望随后的进攻。接下来被白 2 位攻击黑棋会很痛苦，因而大概会应 2 位，由是白棋正好走成 a 位抑或 b 位的发展。由于白 60 的原因，白棋阵线遭黑 61 以下诸着冲破，推进至左边黑 97 手，黑棋易行。

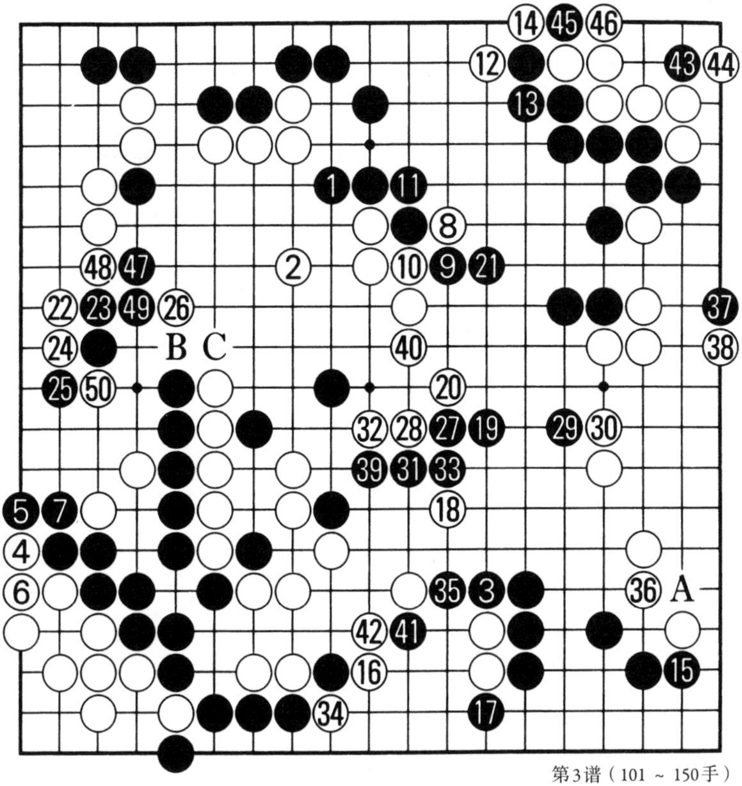

第3谱（101～150手）

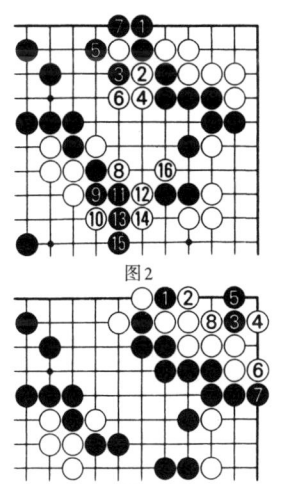

图2

图3

第3谱 黑47败着

黑13于14位立的情形见图2，白棋劫掠了黑地。

黑17于27位大飞就很好了。比起17位扳，便是A位夹也来得更大些。

右边黑37仙鹤伸腿可以更进一步踏至38位。究其原因，是由于右上角如图3所示黑1至7可以先手下到。

黑47下出了败着。

47下B位顶，白C位挡，然后黑49位就好了。这着令左右形成了见合。

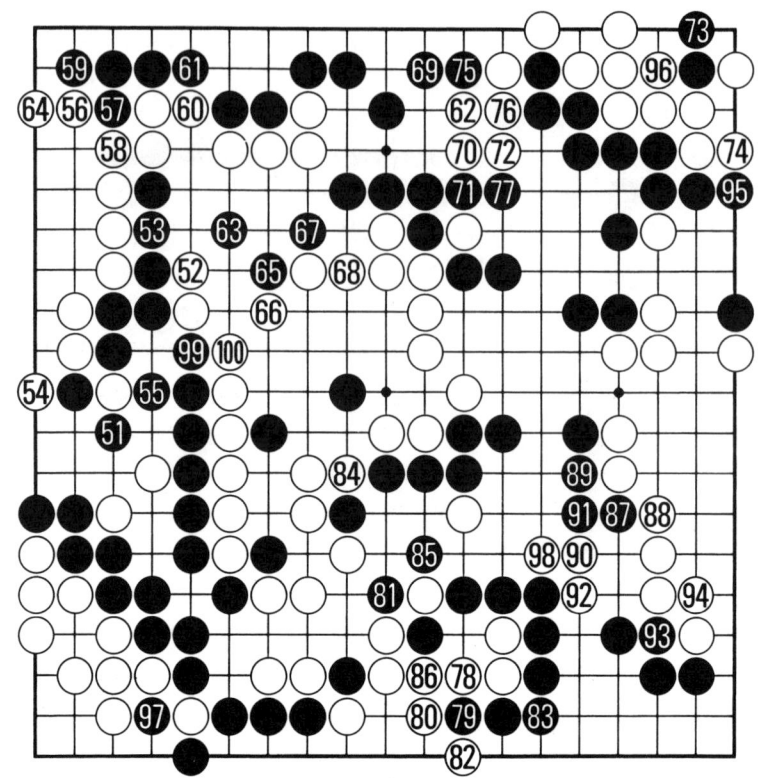

第4谱（151～200手）

第4谱 补棋问题

这局棋在最后的补棋上生出了问题，仅因为这一点它也颇有名。

围棋规约尚未制定之前，据说从秀哉名人时代起，"可以不补棋的情形下，只得认同补棋无需"的内部规定曾存在于日本棋院之中。因此致使岩本先生终盘拒绝在劫处补一手。

裁判濑越老师也没有就此做出结论的情况下，战况发布成了颇为稀奇的表达形式。

拜此所赐，日本棋院的津岛寿一理事长于一九四九年十月二日制定出了现行的日本棋院围棋规约[62]。据其规定，对此种案例的裁定标准改为了"劫的形态已成紧气劫而直接出棋的情况，认定为需要补棋。缓气劫的情况，无须补棋"。

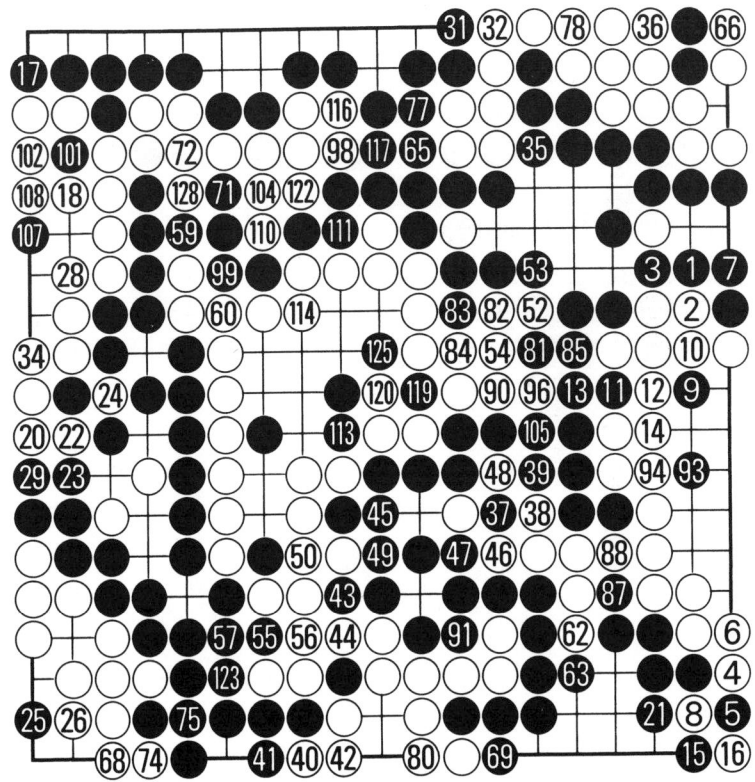

第5谱（201～328手）

⑲=❺　㉗㉝=㉔左　㉚㉗=㉔　㉛㊶㊷㊳㊾㉝⑩⑨⑮㉑㉗=㊲
㉘㉔㊱㊸㊾⑩⑥⑫⑱⑭=㊽　⑱=⑲

第5谱 珍奇的判定

局终后出了"白胜一目或两目"的珍奇判定，幸而对胜负没有造成影响。

那之后，日本棋院新制定了围棋规约，这局棋若据其来裁定则是两目胜。不过由于说是早于围棋规约的棋局，其结果特意订正为了一目胜。与此相似的例子，高川先生与我对弈的场合也发生过。所以说切实严正的围棋规则是必要的。

328手终　白胜一目
限时各13小时　白方用时 9 小时41分
黑方用时12小时59分

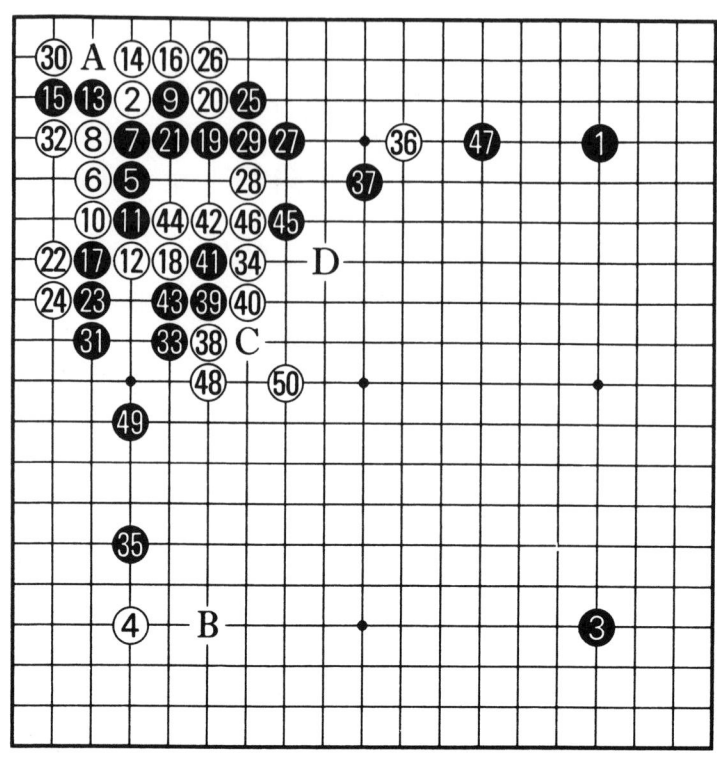

第1谱（1～50手）

读卖新闻"升降十番棋"第二局
昭和二十三年（一九四八年）七月二十、二十一、二十二日弈于箱根宫之下吉村旅馆

2 岩本十番棋第二局

互先　八段　岩本薰和
黑　八段　吴清源

第1谱 问题手32、35

　　白32手A位粘要更好。为何以此为佳，到第三、四谱时原因将一目了然。

　　黑35手原是意欲令白子应B位跳，而后镇C位，白D位跳、黑36位拆二，而被白方避过下了白36，黑方难办。

　　第35手应当要直接镇C位的。

　　黑39以下诸着是欲借此取得先手行至47位。

　　白50手是好棋。有千钧之重。

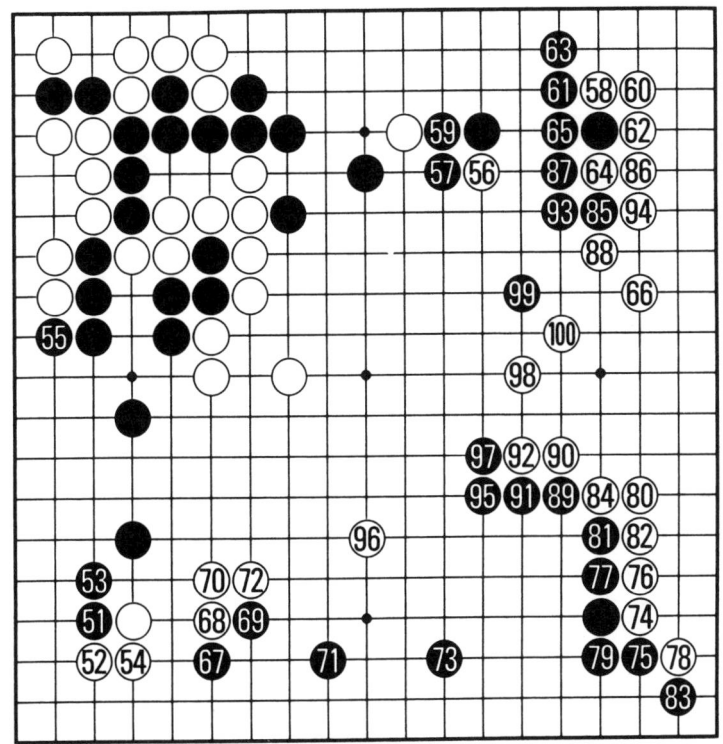

第2谱（51～100手）

第2谱 手筋与本手

上边的白56、58手是手筋。

继黑57扳之后，黑59手粘在65位的话，图1白棋自2位扳开始，4位断、6位打吃设下陷阱。白8挡之后，黑a位断有白b位打，黑棋最终低头。

由是黑59粘值此正是本手。

黑63立要比65位粘在争地上手段更狠辣。

而黑85的夹是手筋。

这一手的目标见图2，滚打包收之后至12位肩冲正是理想型。由是白棋86位粘的应手也便理所当然。

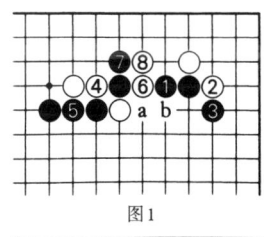

图1

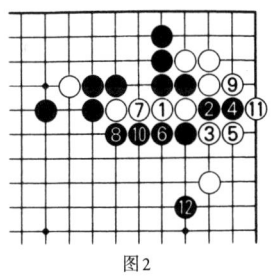

图2

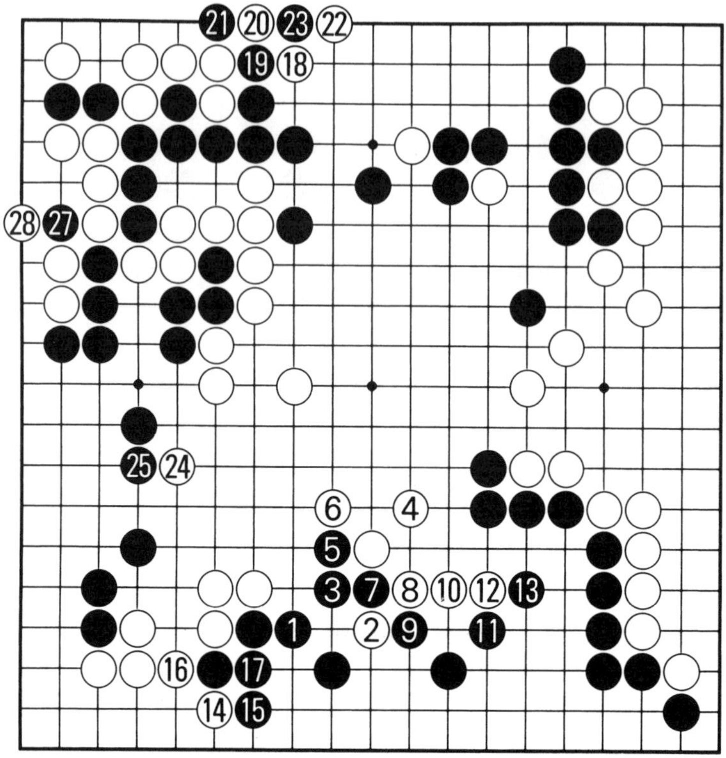

第3谱（101～129手）

㉖=⑳　㉙=㉓

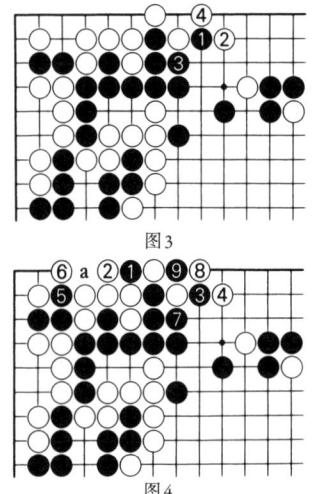

图3

图4

第3谱 苦心之劫

左上白18跳入黑阵，黑21、白22形成的是双方皆煞费苦心的劫。

黑21下图3的1位夹的话，因为白棋会2、4位造劫，局面将是白方的负担轻。

于是黑棋下了21位，这一子白方若拔掉，继图4的白4之后黑方下黑5，接着形成黑7、9位所造之劫。要是这样，黑棋1位提劫之后的a位一着就很大了。

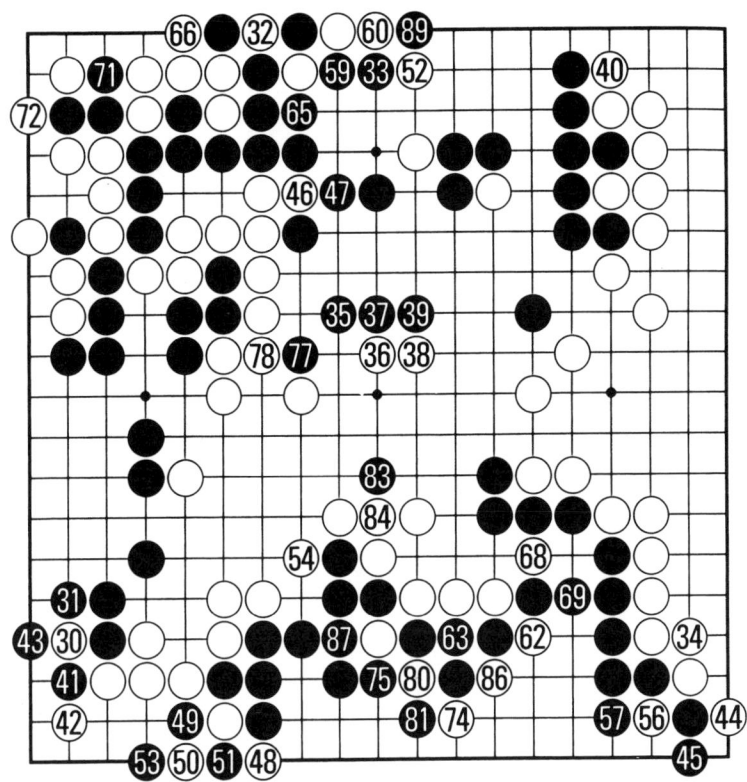

第4谱（130～189手）

❺❻❻❼❼❽=㉜右　❺❻=㉜　⑦⑦❽❽=㊻上

第4谱 白方投子

局终有右下角白34粘改左下角42位虎为好的感想。黑子若43位扳，不用说白方将以劫争反咬。

上边中央地带的黑35至39很大。至此，胜败已然明了。

白方眼见空不够，走左下48、50又再造劫做文章，不过黑棋53位拔解决了问题。这样一来白方不得不54位补棋，黑方重又提左上的劫。自黑71的冲开始白棋负担变得很大，第一谱的白32终发展成了让人悔恨的结果。

189手终　黑中盘胜

限时各13小时　白方用时10小时59分

黑方用时 4 小时10分

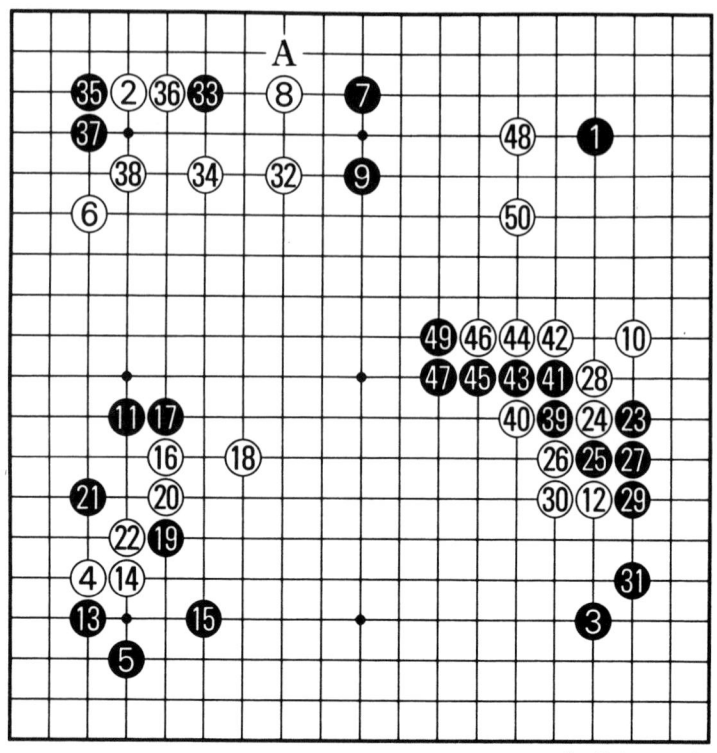

第1谱（1～50手）

读卖新闻"升降十番棋"第六局
昭和二十三年（一九四八年）十一月十六、十七、十八日弈于奥汤河原山翠庄

3 岩本十番棋第六局

互先　八段　岩本薰和
黑　八段　吴清源

第1谱 升降决定局

左下双方俱做苦心应对。白16肩冲、18跳是轻灵之手。黑19、21飞击溃白方棋形是货真价实的手筋。第21手于22位冲出吃对方两子的意图会被白21跳避过，不佳。

左上第33手试探白方应对之略。白34手要是38位尖则预备下黑A位托。

对右边黑39手白棋若应43位枷，黑棋将跳于48位拉起防线，令白方再多补一手。要是白棋40位打，因为黑子不愿被拔，便行长出。

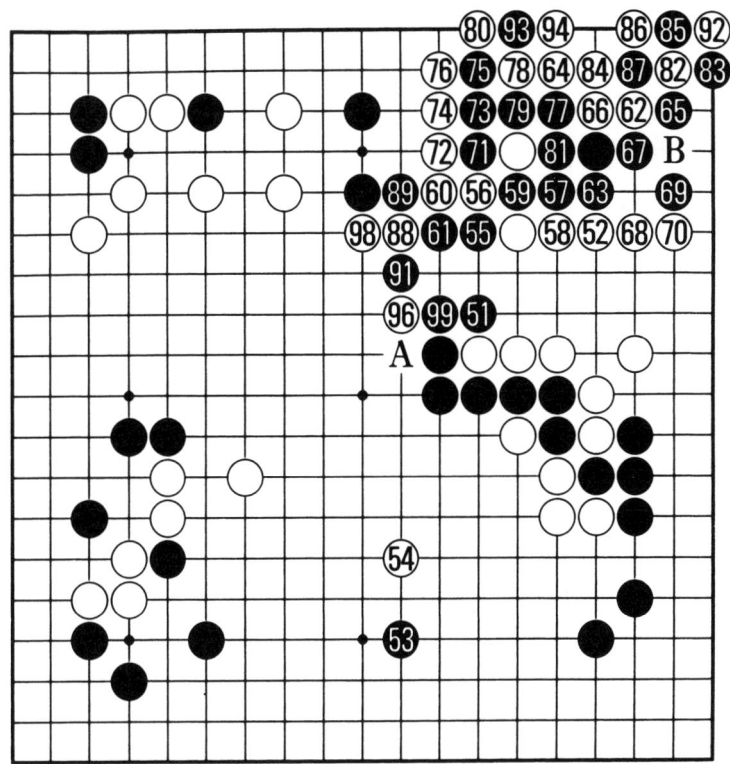

第2谱（51～100手）

⑩⑩=⑧ ⑮=⑧ ⑰=⑧

第2谱 对攻

黑51扳一手，防止了白99位扳、黑96位反扳后白棋A位的断。

下边黑53手占绝好点位。接着被黑棋跳至54位难以忍受，因而白54镇是当然之举。

右上黑55靠，白棋若应在59位抑或81位，此时黑棋将致力于在角上做活。由是白56位虎反拨。其心下准备若是黑棋61位退，就白62位点进角。

盘上成了就势相拼难解难分的对攻。

黑63粘是最强之手。这一手67位挡，则白81位打吃、黑63位粘、白66位渡过。又或者黑66位挡则有白67位爬。

黑65手也是手筋。白68手于69位觑而黑B位粘，此时再白68位立为好。白84手仅此一着。虽终归是劫争，不过由于此处是白棋的两手劫，黑方有利。白98手本该99位断。

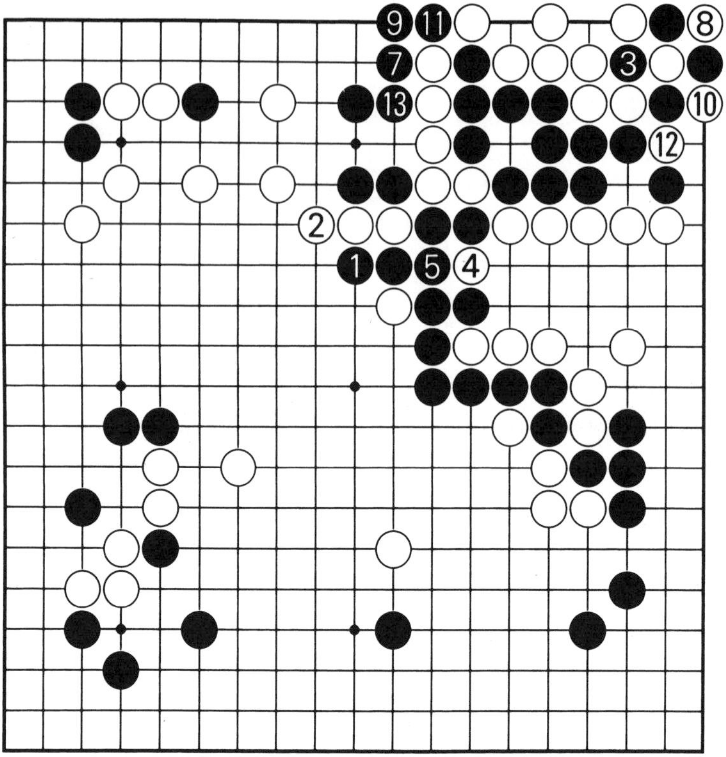

第3谱（101～113手）

⑥=❸右

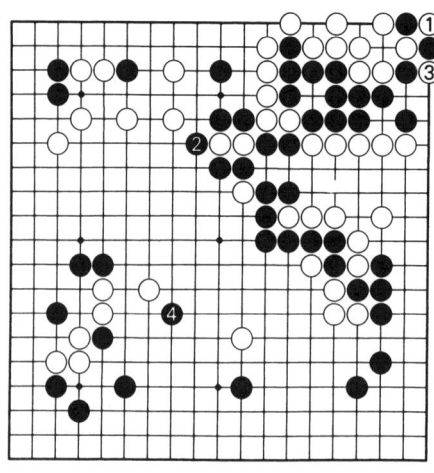

图1

第3谱 大势已定

应黑1打吃两子，白棋2位长出。而这一手若下图1的1位提劫，黑2位拨后，白方借3位拨消劫虽可吃掉黑棋右上的十三子，可接着让黑棋先行4位，由于左右的白子同时成为了黑方攻击的对象，终归白棋难胜。由是白方默许黑方行棋9至13，而大势就此定下。

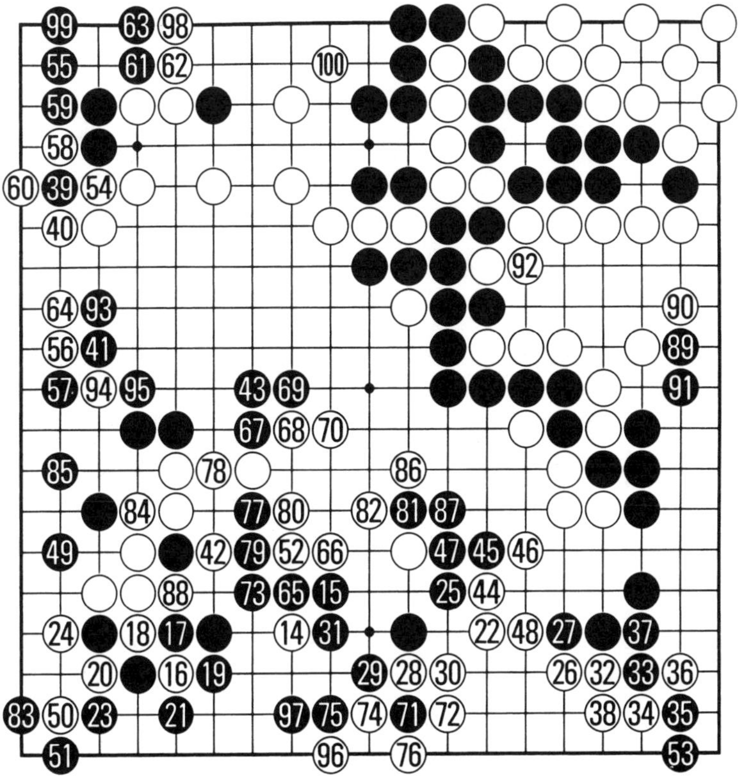

第4谱（114～200手）

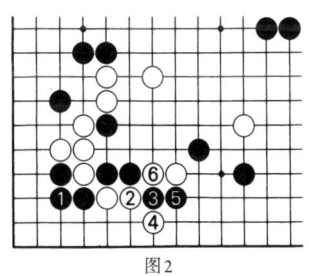

图2

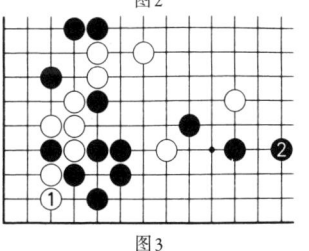

图3

第4谱 白14的意图

白14是把16位的跨给瞄住了。黑方惜其角而于19上粘图2的1位的话，白方照2位、4位、6位的手顺，便是黑棋露出破绽。此处本就是黑方该19位打且作忍耐的时候。

白22下图3的1位立虽会是相当大的一手，可这样一来让黑棋跳2位围住，右下黑地将整出，因而白棋如实战谱所示突入了右下。

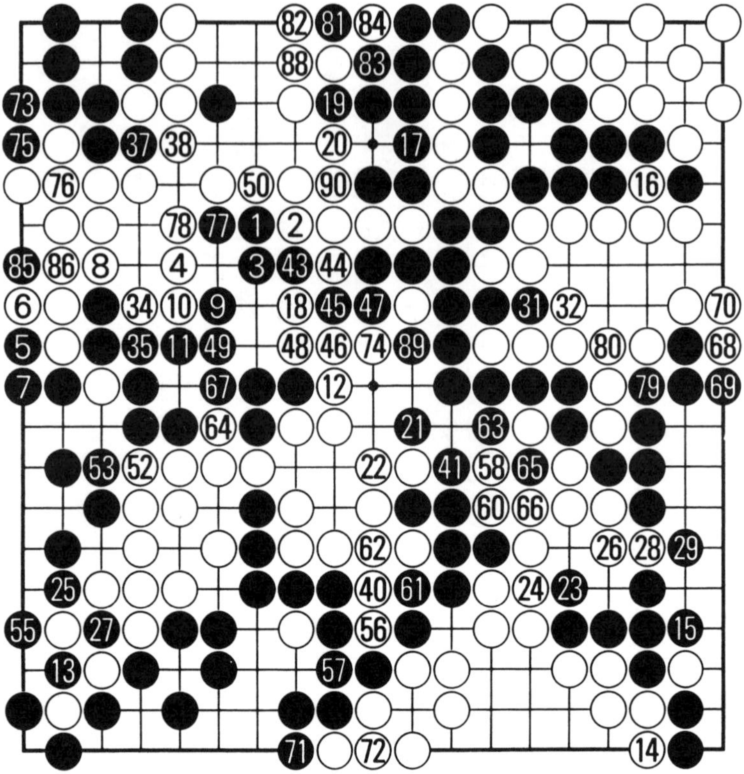

第5谱（201 ~ 290手）

㉚㊱㊷(54)=㉗下　㉝㊴(51)(59)=㉗　(87)=(81)　两单劫各粘其一

第5谱 降棋份

以这第六局，我将对方降为了先相先棋份。全十局的胜负情况如下：

第一局 我执白一目胜　　第二局 我执黑中盘胜

第三局 岩本先生执黑三目胜　　第四局 我执黑中盘胜

第五局 我执白八目胜　　第六局 我执黑十二目胜

第七局起采先相先形式，首先是我执白和棋，第八局我执白三目胜，第九局我执黑中盘胜，第十局岩本先生执黑三目胜。

290手终　黑胜十二目

限时各13小时　白方用时12小时59分

黑方用时 9 小时18分

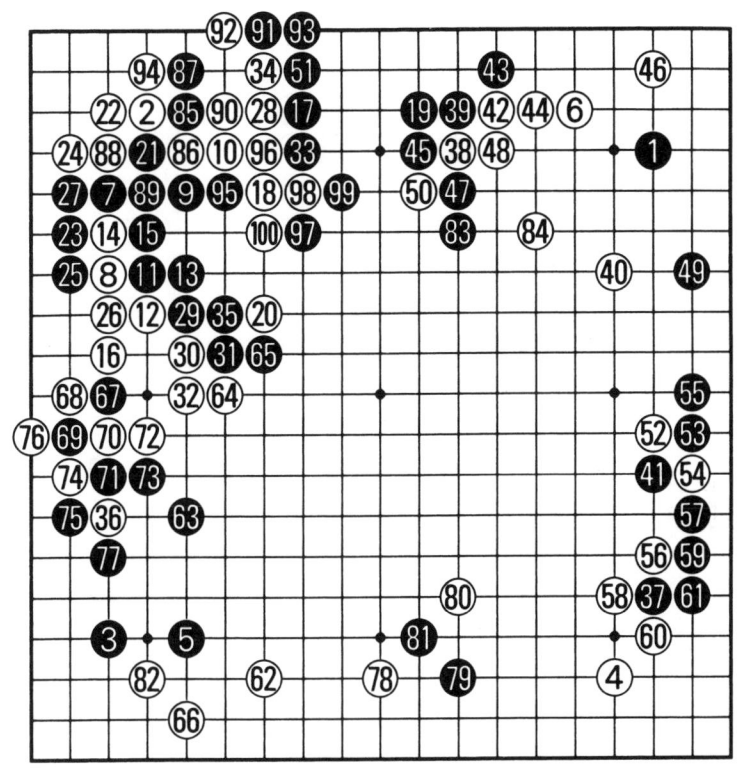

第1谱（1～100手）

读卖新闻"吴·新锐挑战棋"
昭和二十四年（一九四九年）四月二十七日～五月十二日报面刊载

4 藤泽秀行五段

　　　　　　　　八段　　吴清源
先二先　黑　五段　　藤泽秀行

第1谱 新锐挑战棋

　　以下内容摘自山田虎吉覆面子的观战记：

　　"藤泽秀行五段的对局仪态，上半身拗向左弯着，右手搁在左边腰上，是活像要拔出把刀或者什么来的姿势。由于是捏住棋子全力敲到棋盘上，盘面宛如地震，连落子处附近其他棋子都会移动。吴先生一边'啊''啊'地不时受到惊吓，一边笑盈盈地把移位的棋子仔细排回原处。黑17手的棋子就是以这种感觉落下来的。"

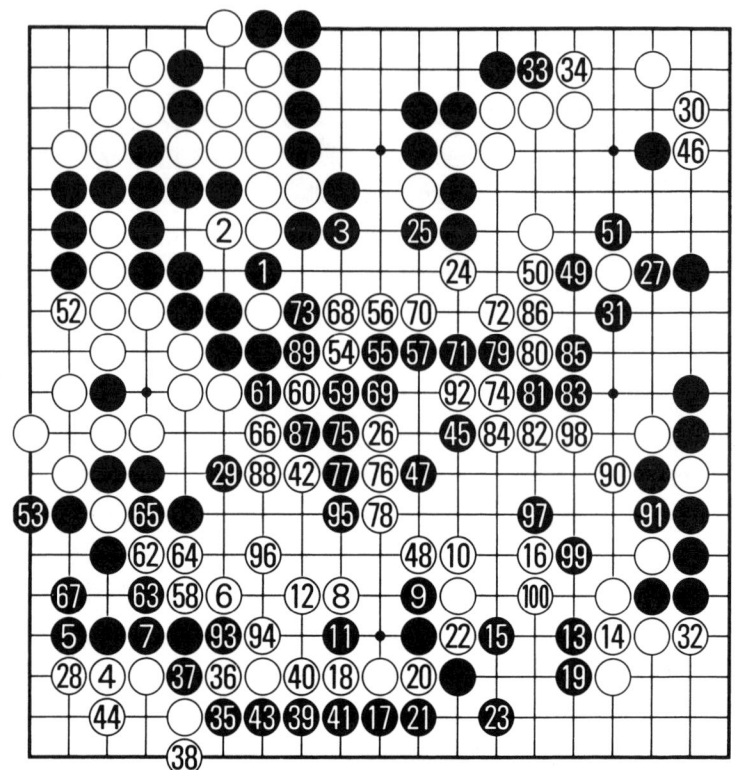

第2谱（101～200手）

第2谱 无误

同样摘自山田虎吉覆面子的观战记：

"对左下角的黑37位断还以白38位立，吴氏为小解离座。

"藤泽五段：'他果然不会犯错啊……我的话肯定得出错的……真是不得了的棋手。'

"并非要说给谁听，那些藤泽秀行风格的自言自语却猛然冲口而出。其言不是在说仅此一角上的问题，而可听出像是在带着尊敬对吴氏全盘性的无误算表示感叹。"

这段时期，读卖新闻社内正为我十番棋的对手人选发愁。因此催生的就是这次的"新锐挑战者"，我被安排同无贴目执黑的年轻五段三人（藤泽秀行、杉内雅男、小泉重郎）每位弈一局。对杉内先生是四目负，对小泉先生是中盘胜。

第3谱（201～277手）

㉜=㉙

第3谱 三十五岁

我当时三十五岁，秀行先生则是二十四岁。

我于前一年离开了二战结束前后曾长期同行的玺光尊。在东京世田谷时雨亭同岩本本因坊的十番棋第七局了结后，我于归途中有所悟，便不再往玺光尊处去了。

这一年六月，藤泽库之助先生在日本棋院的大手合中取得升段点，成为了日本棋院第一位九段。事情至此，不仅读卖报，世间期待藤泽新科九段成为我升降十番棋对手的呼声也高涨了起来。

277手终　白胜五目

限时各10小时　白方用时6小时56分

黑方用时8小时12分

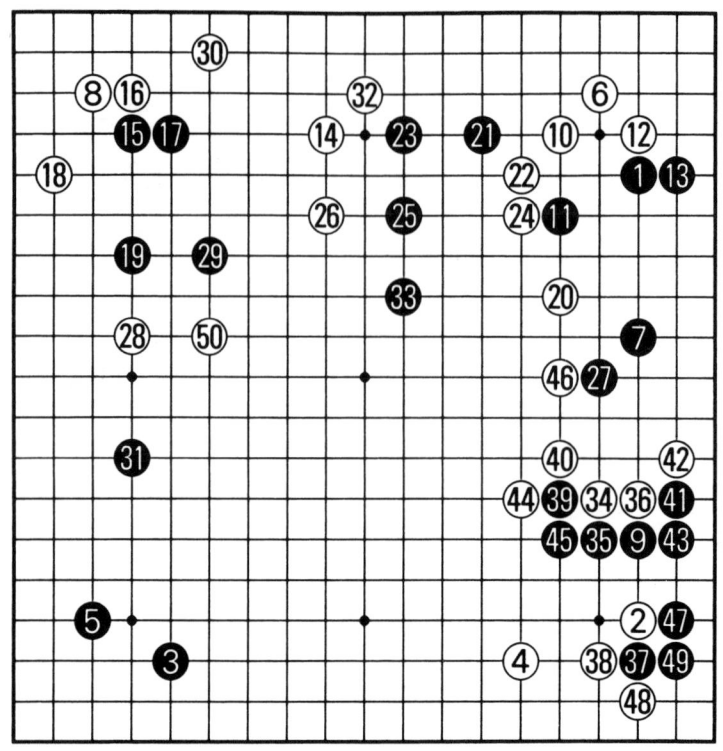

第1谱（1～50手）

读卖新闻"高段者向吴挑战赛"
昭和二十四年（一九四九年）七月二十七、二十八日弈于东京小石川地域红叶旅馆

5 长谷川章七段

　　　　　　　　　　　　八段　　　吴清源
先相先　黑　七段　长谷川章

第1谱　逐一对战十棋士

　　东西两地的精锐高段棋士十名来与我各弈了一局的，正是这轮棋战。其结果是我八胜一和一败，由日本棋院向我赠予了九段位。
　　第一仗对阵这里的长谷川先生，他爱下目外，是位江户气性[63]的棋士。
　　白36手是第一天的封着。
　　白方选择第46手封，做的是随时弃掉两子来下的准备。

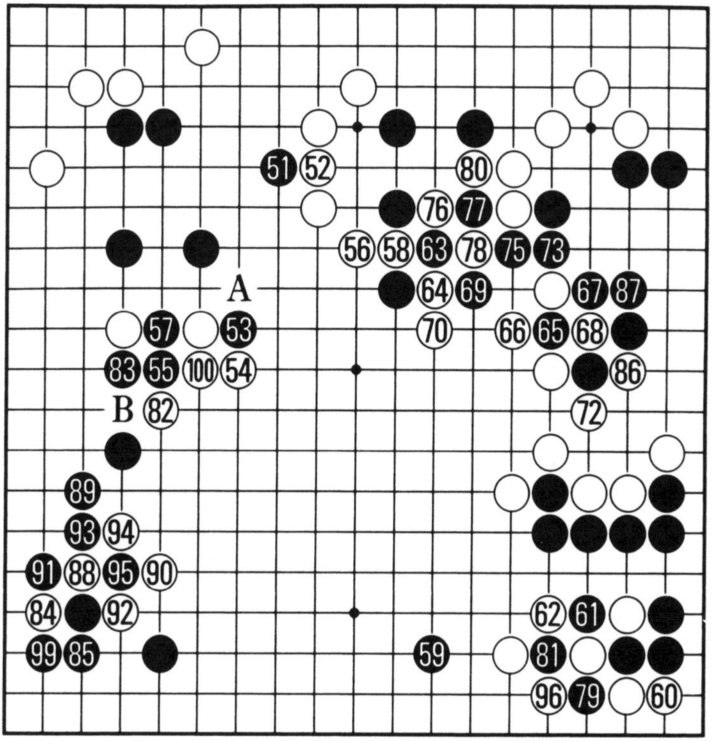

第2谱（51 ~ 100手）

71=65 74=68 97=81右 98=88

第2谱 奇袭[64]

待在盘侧的加藤信八段言到：“长谷川君奇袭就是厉害啊。”

其所拥有的，确是足以令人出此评价的富于变化的棋风。对黑55觑，白56手应57位粘的话，接着就会被黑棋退在A位。于是便事先白56位觑了一手，可黑棋却不予在意冲了57位，因为这，盘上发展出了大变化。

黑63手有四十一分钟的考虑。

此时又加上成了劫，争夺的代价是右下角的得失。白棋也只得80手提子消劫。

左边白82靠，黑棋若应在B位，白方这次便要把此处用做劫材，意图87位断掉右边黑子一战。不愿如此发展，结果是黑棋于83位拐的忍耐。

左下角白84手也是以上旨趣。黑85手之坚实亦同样在杜绝劫材出现。

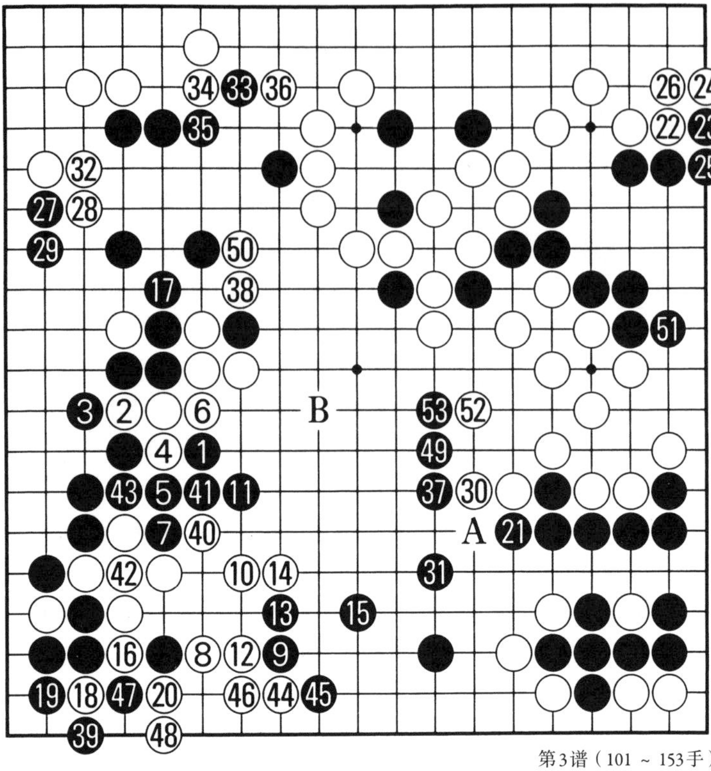

第3谱（101～153手）

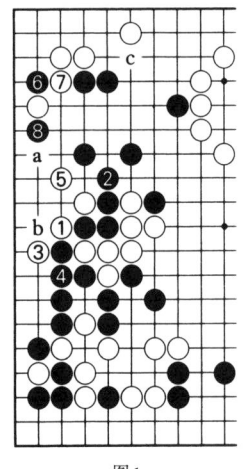

图1

第3谱 黑53败着

棋局结束后的检讨中，左边的黑17成了议题。当时论及这一手是否下右上的26位，又或者右下的A位是否要来得好些。而17位附近局部的处理见图1，白1至5可用黑6跨、黑8夹来防御。其中白7改跳a位连接则黑7位粘、白b位粘、黑c位压。

右边黑51脱先的话，被白方急所置子取得劫争强手就讨厌了。

黑53是被时间追逼而出的败着。这一手要B位大飞的话倒是尚可一战的棋。

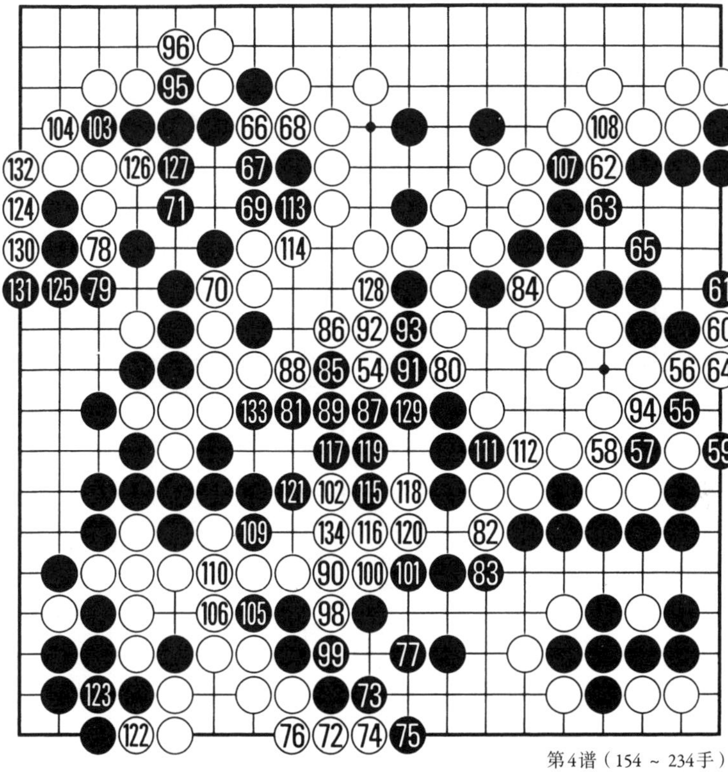

第4谱（154 ~ 234手）

(97)=(59)左

第4谱 八胜一败一和

一九四九年七月至一九五〇年二月间所下的这高段者向吴挑战赛，胜负结果如下：

1 长谷川章七段 吴执白五目胜　　2 梶原武雄六段 吴执白中盘胜

3 洼内秀知六段 吴执白四目负　　4 高川格七段 吴执黑中盘胜

5 细川千仭七段 吴执白两目胜　　6 宫下秀洋六段 吴执白中盘胜

7 林有太郎七段 吴执白一目胜　　8 前田陈尔七段 吴执黑中盘胜

9 炭野武司六段 吴执白和棋　　10 坂田荣男七段 吴执白中盘胜

234手终 **白胜五目**

限时各10小时　**白方用时7小时40分**

黑方用时9小时59分

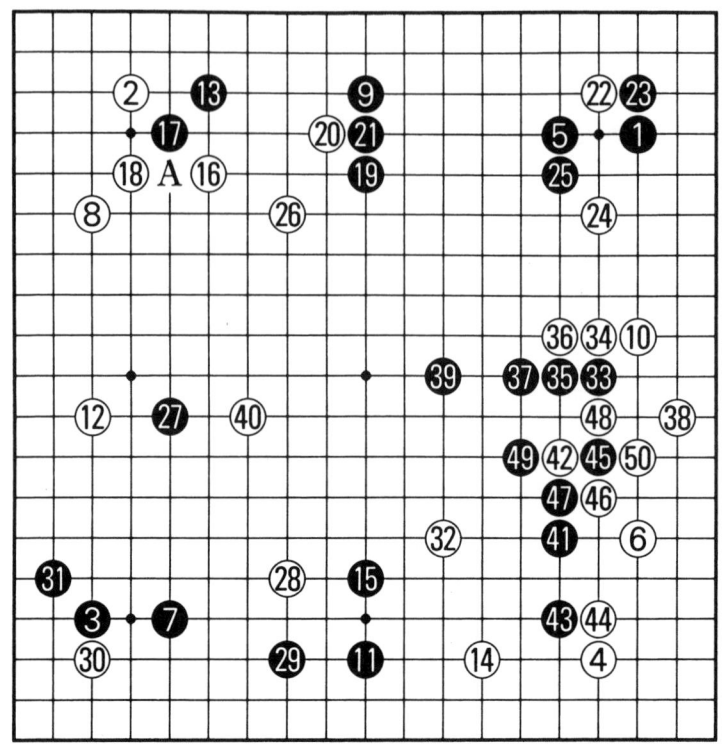

第1谱（1～50手）

读卖新闻"高段者向吴挑战赛"
昭和二十四年（一九四九年）八月二十四、二十五日弈于箱根强罗石叶亭旅馆

6 洼内秀知六段

八段　　吴清源
黑　六段　洼内秀知

第1谱 相互守角

洼内先生那时三十六岁。[65] 其出自久保松胜喜代八段门下，三天前起便在对局场所等候了。我则循惯例于前一天到达。

以下为濑越宪作八段的评论解说：

"白12手为止说是对白棋不利的双方缔角，不过这样也是一盘棋。黑17手单下19位跳就好。白20刺也有疑问。黑25手想它在A位冲断。黑31手好棋。黑33、白40皆是相当不错的落点。"

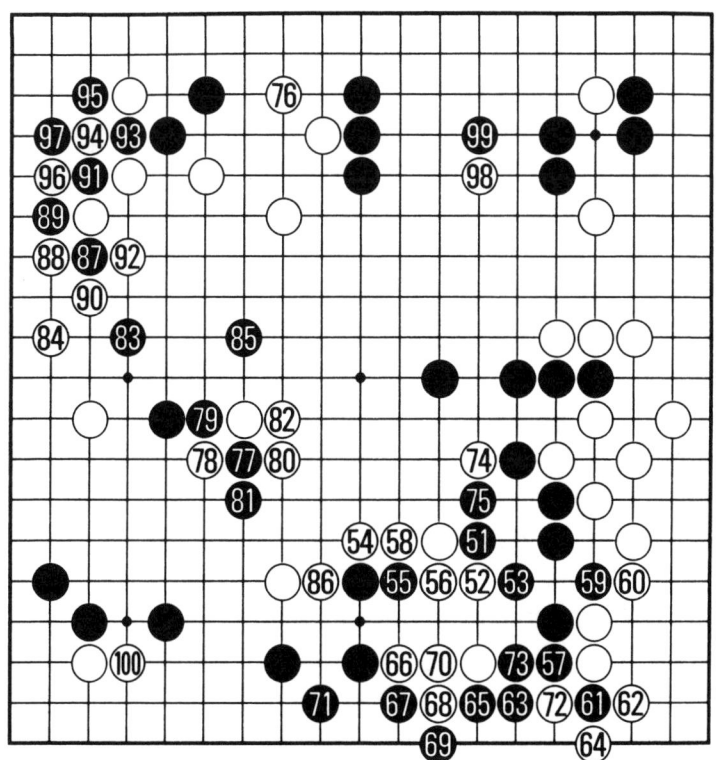

第2谱（51～100手）

第2谱 74手封棋

同样引自濑越八段的评论解说：

"黑51手会想下图1的1位压、3位断。黑57手也会有冲图2中1位的想法。这样比起实战谱还更胜一筹。白76手应该在81位补强。"

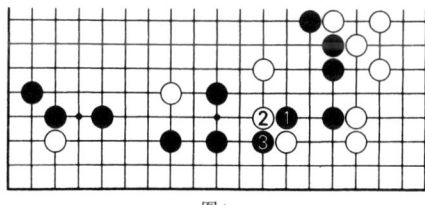

图1

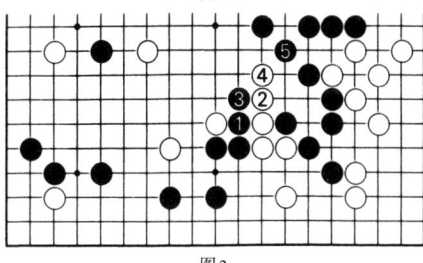

图2

对黑77手直接应以白80位扳，则正遂黑方82位扭断之意。白78是此种情况的预防手段。第74手为封着。

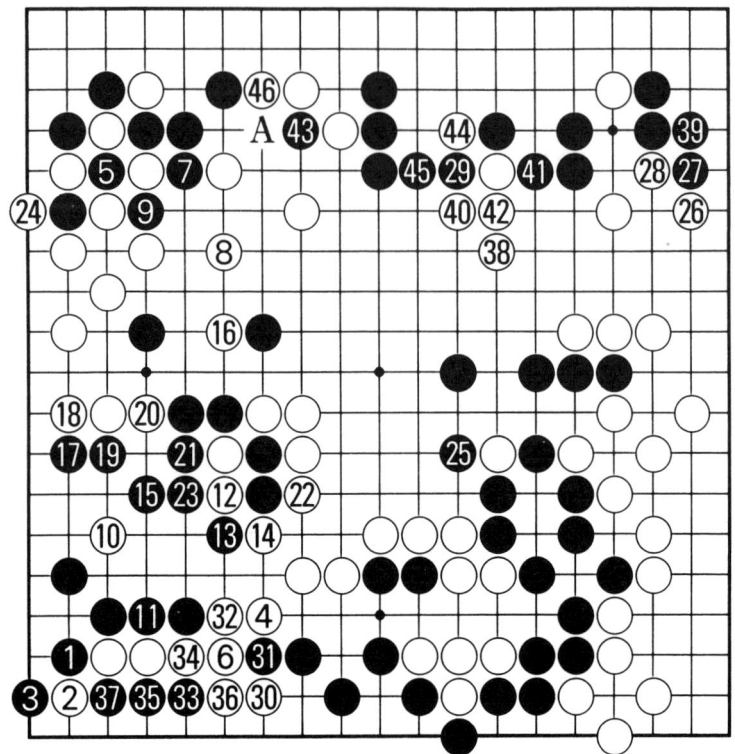

第3谱（101～146手）

第3谱 43的误算

这局棋在本谱的黑25上便胜负已定，因而我此后都在考虑最终的差距要如何去缩小。

休息室里木谷实八段、坂田荣男七段、高川格七段、村岛谊纪六段、藤泽秀行五段等面孔齐聚。

"这棋简直不像吴清源下出来的不是吗？"

旁观的他们当时似乎有此议论，而我正想着这盘棋已经结束了。

但是，左上的黑43看来好像过早认定了这样便已渡过成功，接下来黑47若下A位，便是局势逆转之机。

洼内先生于此慎重地一手手积累胜果，未行至A位便做了退回，因此逆转未能得成。

逆转会是何种情势，下一页的参考图将向诸位展示

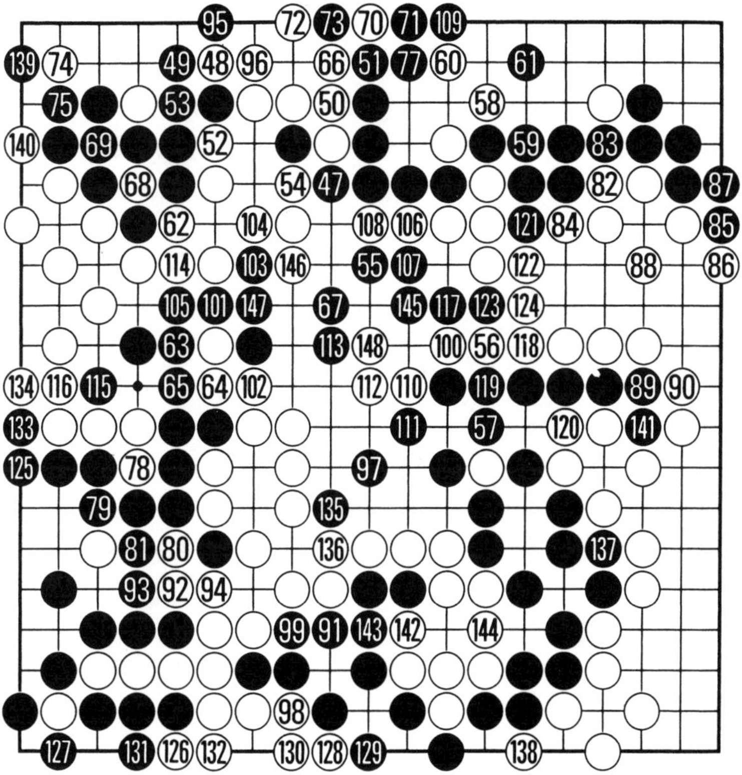

第4谱（147 ~ 249手）

76=70 149=73 两单劫各粘其一

图3

图4 11=9

第4谱 黑棋冷静

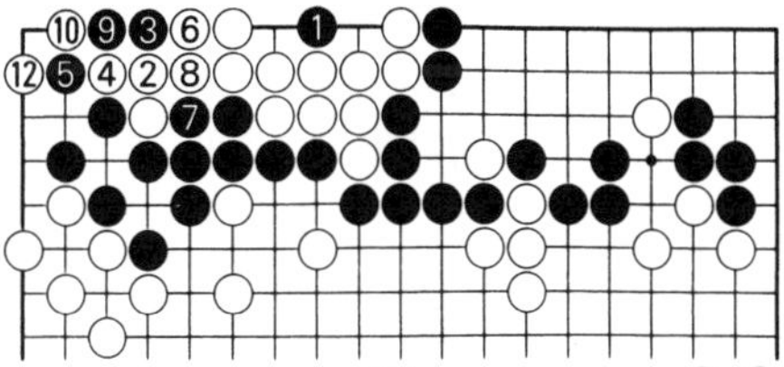

黑47退冷静。欲前去吃掉白子的话，照图3至图4终成大劫。

249手终 黑胜四目

限时各10小时

白方用时8小时11分

黑方用时9小时57分

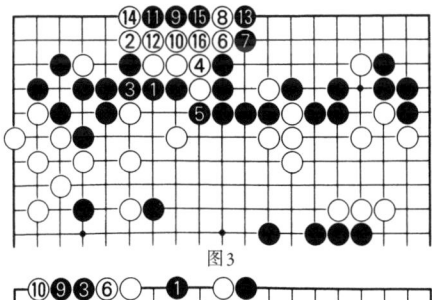

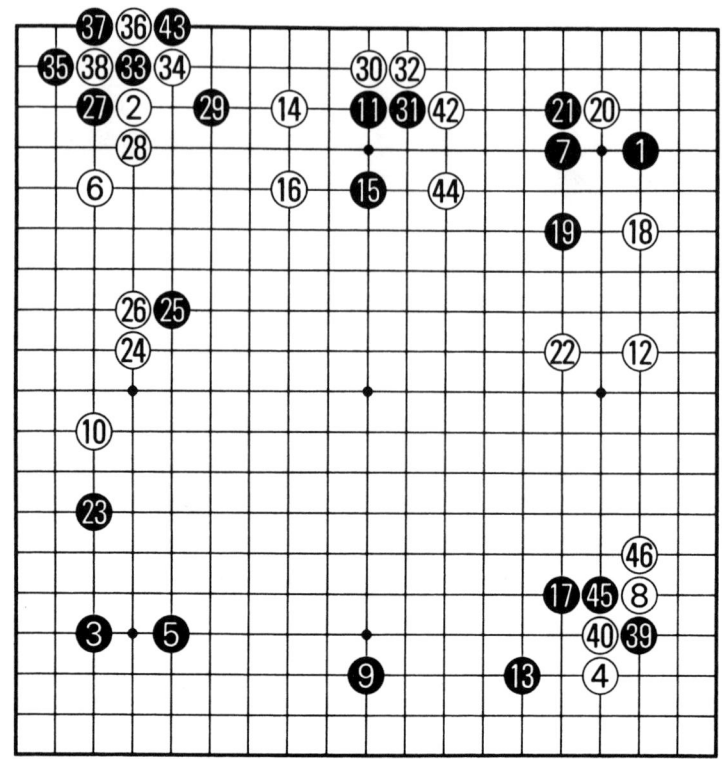

第1谱（1～46手）

㊶=㉝

读卖新闻"高段者向吴挑战赛"

昭和二十四年（一九四九年）十月二十三、二十四日弈于新和歌浦万波楼旅馆

7 细川千仭七段

　　　　　　　　　　八段　　　吴清源
先相先　黑　七段　细川千仭

第1谱 极似前一局

开场是任黑棋行两方缔角的布局，与之前对洼内先生的时候极其相似，只不过前一局白棋缔角用的是大飞。

左上角的黑棋要是仅仅求活倒很简单，可却选择了以右下角39位的得意劫材为先头展开劫争。说起来细川先生原本就十分喜爱劫争，在同行中间被称作"劫争细川"。这局棋随后在盘上各处也都有劫冒出来。

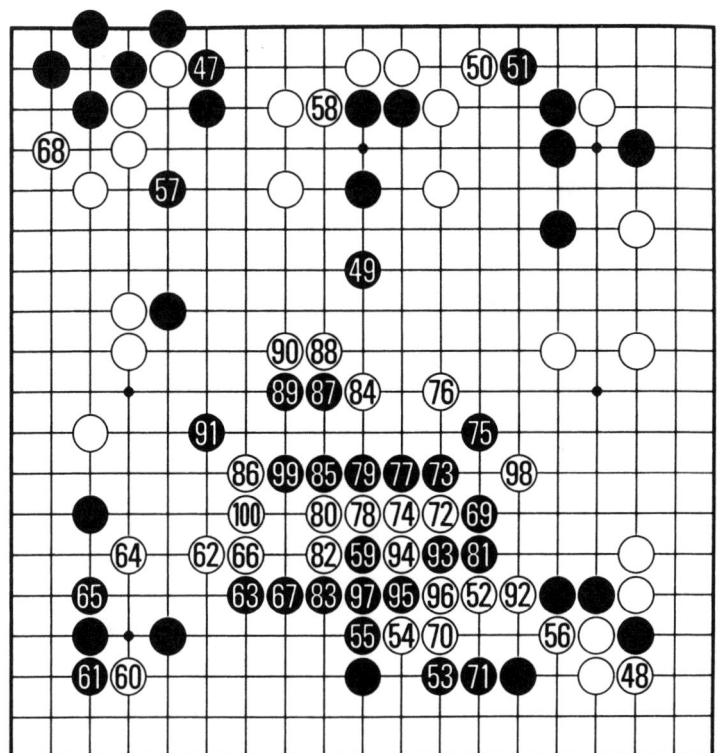

第2谱（47～100手）

第2谱 47错失良机

黑棋将第47手落到了左上，不过在这之前应当按图1定型。由于47位是能够先手下到的，滚打之后再转战左上就好。

被白棋48位添一手的结果，相当于是做了图2中黑a对白b、黑c对白d的多余的交换。从手割分析上讲，黑方发生了相当程度的损失。

白方第58手是长考了四十八分钟的首日封着。下边上围出的黑地也很大，但全局来看黑棋不容乐观。

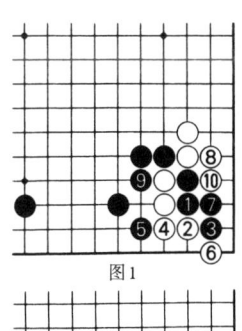

图1

图2

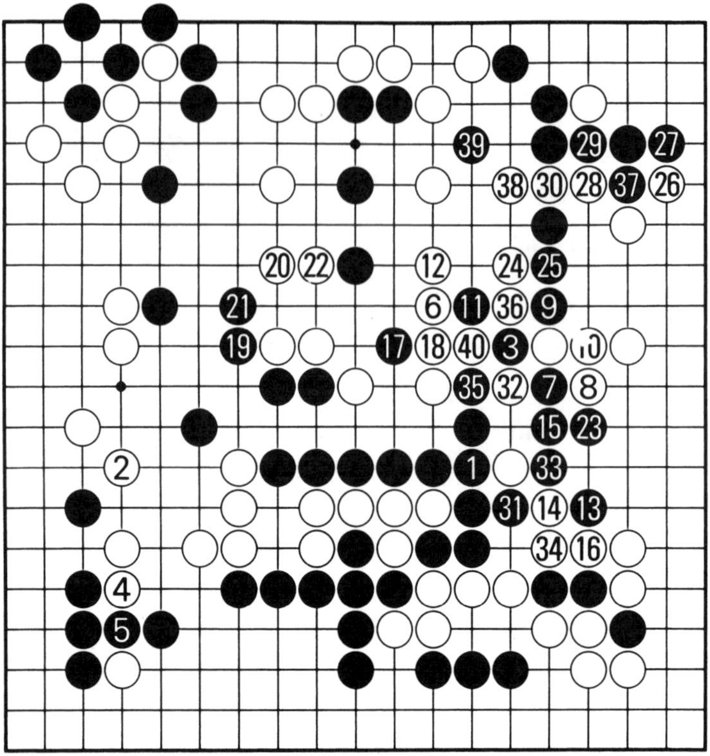

第3谱（101～140手）

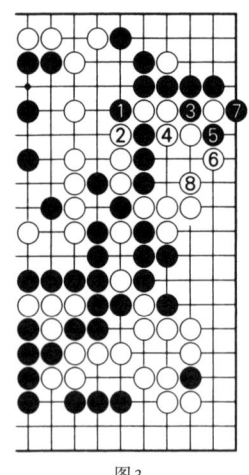

图3

第3谱 黑方的误算

这局棋的裁判是濑越宪作八段。也带有久未谋面聚上一聚的意思，桥本宇太郎先生从西宫市赶来观战。记得他好像往对弈中的盘上看一眼说了句"黑棋不错啊"。

黑37放跑了大鱼。

这一手若如图3所示来下则居先手，黑棋占优势。细川先生似乎是不小心，没注意到有白40拔这一手。

由于黑方尚有长达一小时以上的余裕，这下真是可惜了。

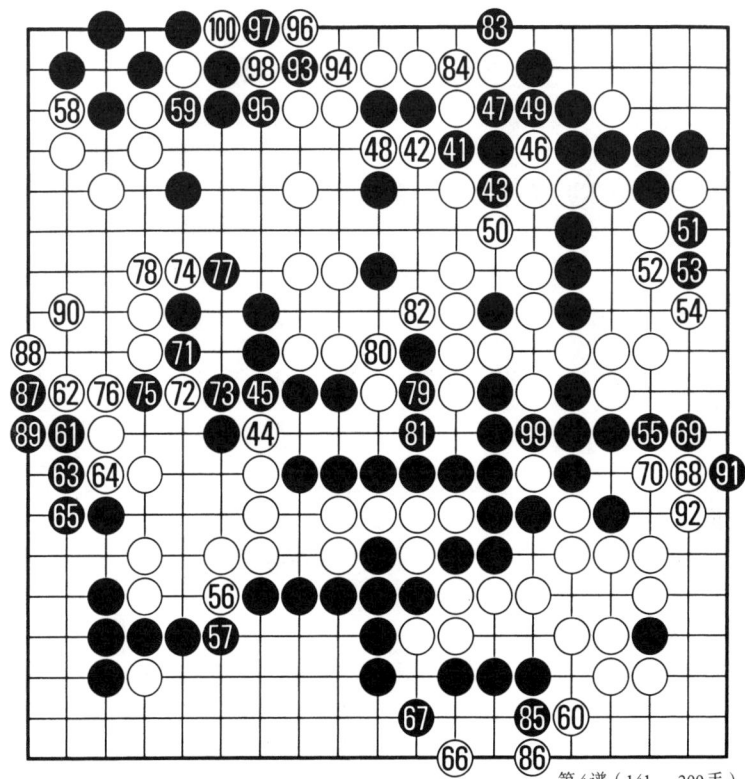

第4谱（141～200手）

第4谱 晚"志学"的细川氏

细川先生不同于一般的职业棋士，他曾从旧制中学[66]升入直通精英阶层的第五高等学校[67]（熊本县）。当时其同学中便有佐藤荣作和池田勇人[68]。

之后他开始从围棋中得到乐趣，[69]临近毕业时从五高退了学，自学围棋，二十七岁上一跃直接成为了职业二段。

他在盘上持力战不辞的豪快棋风。出身寺院却不带一丝香火气，也不端知识分子的派头，是位浅酌豪饮两相宜的爽气男子。

现在大学学历的棋士有相当程度的增加，但在细川先生的时代，职业棋士连持中学学历的都颇为稀少。就此，可说他是棋士中彻头彻尾的异类吧。

黑方放跑了绝好的机会，如此局面下黑空已然不够。

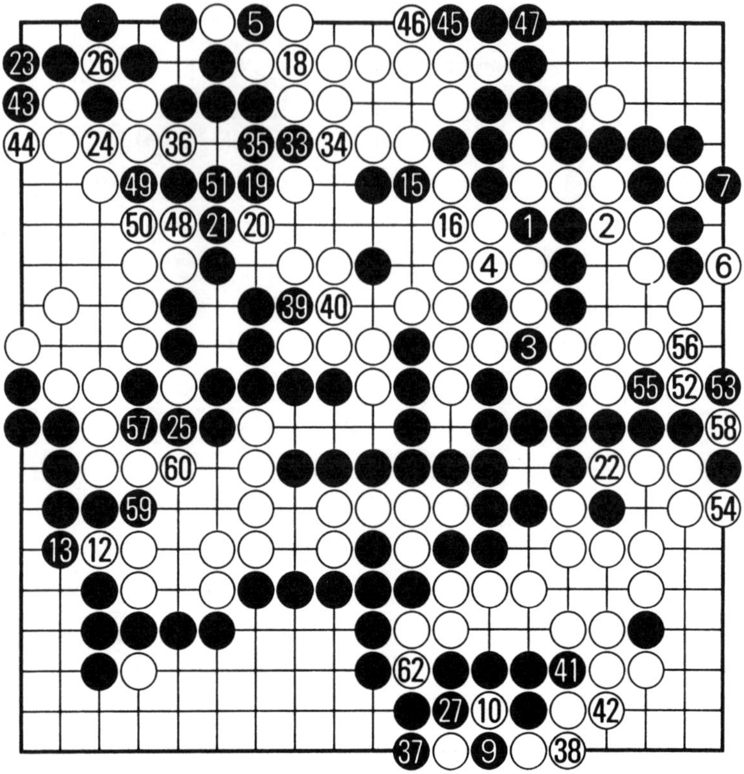

第5谱（201 ~ 263手）

⑧⑭=❺左 ⓫⓱=❺ ㉘=❾ ㉙=㉖下 ㉚=❸下 ㉛=㉖ ㉜=❸

61=58下 63=58 单劫黑粘

第5谱 门下俊英

这局棋结果是黑方两目告负。

细川先生一九七四年于七十五岁上逝世。其门下诞生了众多活跃于棋坛的棋士，分别有关西棋院的佐藤直男九段，日本棋院关西总本部的吉田阳一九段、石井邦生九段、西上好彦七段、川村匡迪七段、山下顺源六段、伊藤弘五段、前谷信吾五段、平野正明五段，以及日本棋院东京本院的石井卫八段。[70]

263手终 白胜二目

限时各10小时 白方用时7小时57分

黑方用时9小时52分

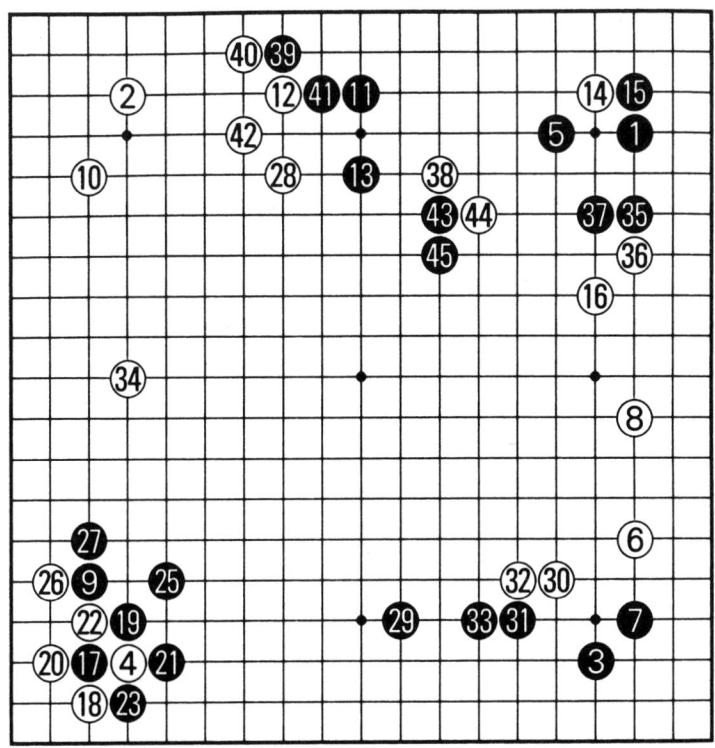

第1谱（1～45手）
㉔=⓱

读卖新闻"高段者向吴挑战赛"
昭和二十四年（一九四九年）十一月九、十日弈于修善寺温泉丸久旅馆

	八段	吴清源

8 宫下秀洋六段

黑	六段	宫下秀洋

第1谱 福岛的猛牛

宫下先生出身本因坊秀哉名人门下，由其力量强劲的棋风而得绰号"福岛的猛牛"。这局棋之后不久他就成为了七段。一九七六年于六十二岁上去世。

黑棋第39、41手是为了随后43位靠，意图捕获这颗白子。第39手考虑了三十四分钟。

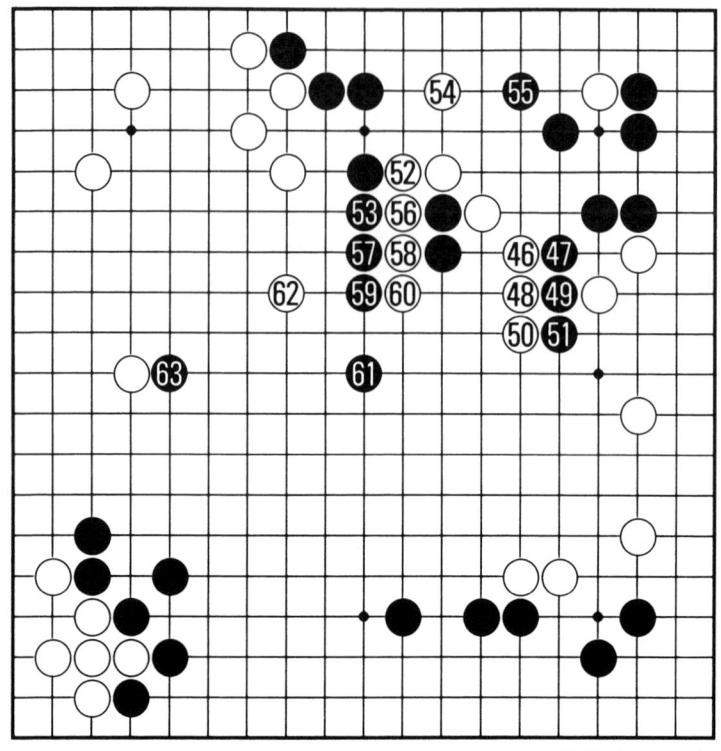

第2谱（46～63手）

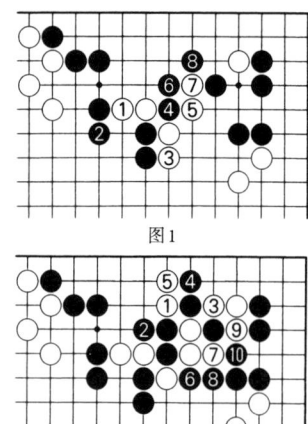

图1

图2

第2谱 失去劲头

宫下先生的期望是图1。对白3长还以黑4的切断，这样的话便可用黑8止住白棋脚步。接下来照图2，白1以下诸着进犯亦有黑10来化解。是以白46尖，黑棋失去劲头。黑47手上，宫下先生考虑了七十四分钟之久。

黑61手跳往62位那方或胜一筹？白62手居心叵测。黑63手经过了九十七分钟的大长考，是第一天的封着。

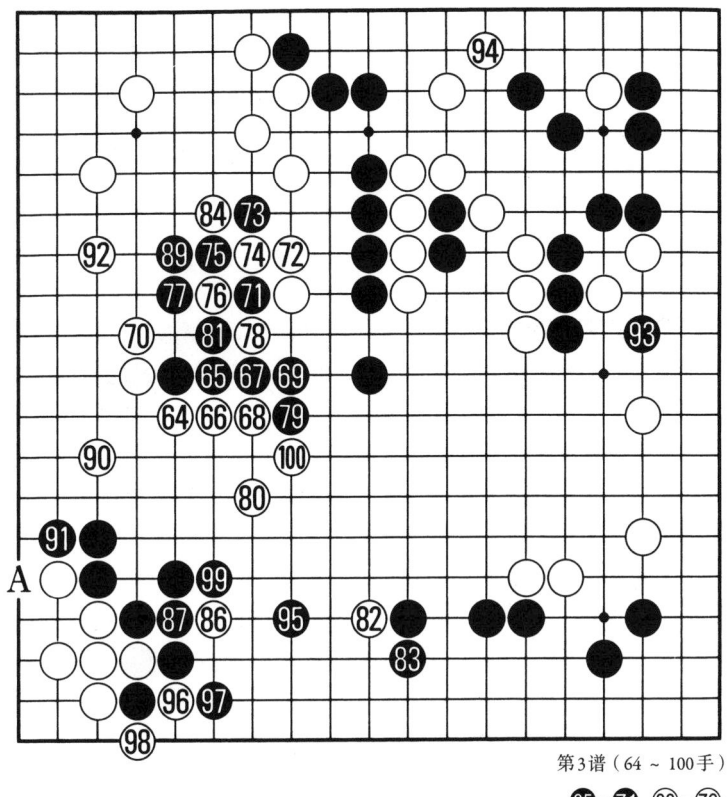

第3谱（64～100手）
⑧⑤=⑦① ⑧⑧=⑦⑥

第3谱 雨朦胧

以下内容摘自山田覆面子的观战记：

"雨已开始降了下来。温泉的热雾不知从外面是否看得到，伊豆的群山却是被雨烟笼住了。吴先生脱下了羽织。问是觉得热吗，回说'有火钵呢'。过了一阵吴先生离座准备去卫生间，'是下雨了吧'，这次换他来提问。雨早就在下了。记录员本田姑娘凑到我耳边，悄声说道：'吴先生是还不知道已经下雨了吧？'现在不是讨论雨的时候，是胜负悬于一线的时候。宫下君也正拼死咬住对手。虽说凭白棋第100手，这黑棋的大龙倒应该不至于被吃掉……"

而濑越八段讲评有言：

"下95之前本可以黑96位粘与白A位立交换。"

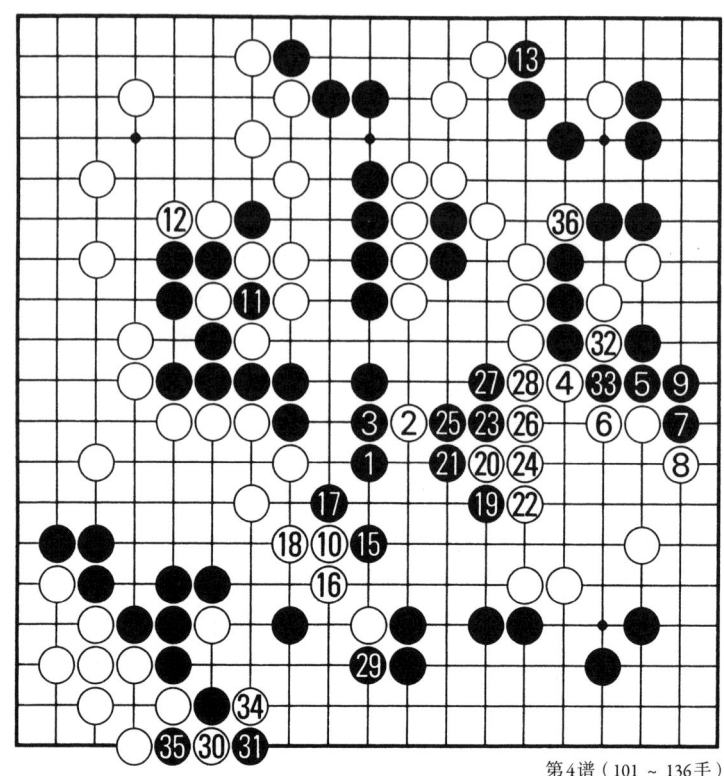

第4谱（101～136手）

⑭=⓫左

第4谱 惨痛大劫

左下大劫争勃发。

这是由于对白30，黑31位施以了一挡。

黑31若34位以退为应便相安无事，可如此一来，相较于黑31打、白粘劫、黑34位粘，被白31位爬入的棋形将有黑方两目的损失。

是想着一目也不要损失，宫下先生才下31位奋力一搏的吧。黑方这手仅有短短两分钟的考虑。

我在此处则进行了五十四分钟的长考。

而后于右边首先白32冲。对此，黑33断不可避免。接着，劫材既已做大，我就果敢34位打，将成败带进了大劫争中。应黑35的提子，白36是事先备好的劫材。

黑棋若应，白棋便提劫。此时万劫不应，白方预备提子消劫。

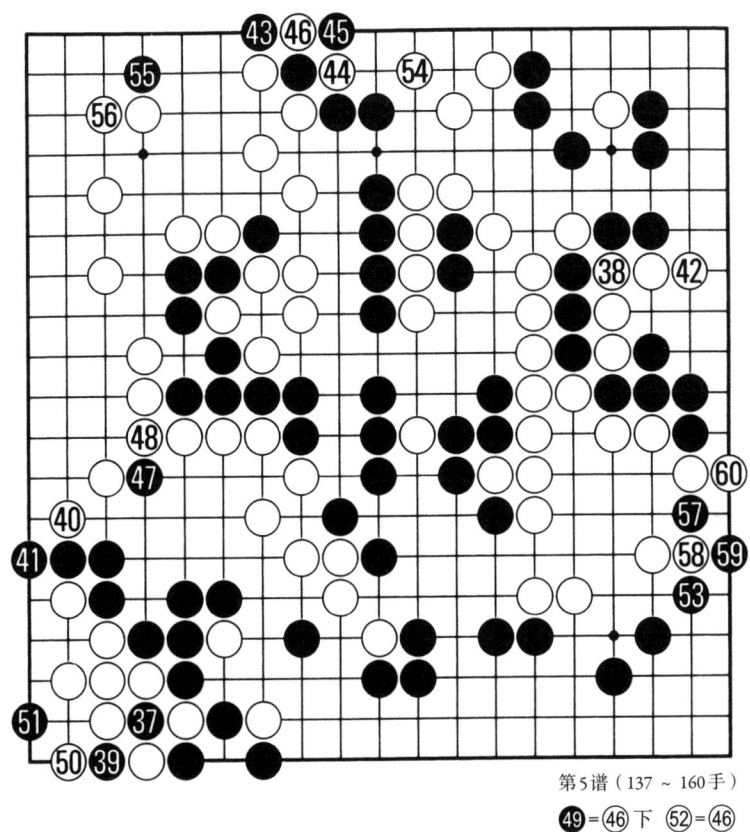

第5谱（137～160手）
㊾=㊻下　㋄=㊻

第5谱　黑方投子

我计算，即便左下角不开劫，仍是白方稍稍占优。

然而想想，打此大劫，就算左下角白棋死掉，也不过把右边做成白地就好。考虑到这样子胜负能分个清楚明白，我便断然开了大劫。最近我著文《胜棋的下法》（勝ち碁の決め方），认为在上述这样的局面下，平稳心态冷静思考果决杀伐坦荡取胜是极其重要的。

眼见不够，宫下先生拖左上入劫争。白54将此解决，右下施以白60，至此黑方已无策可用。

160手终　白中盘胜

限时各10小时　白方用时7小时17分

黑方用时9小时52分

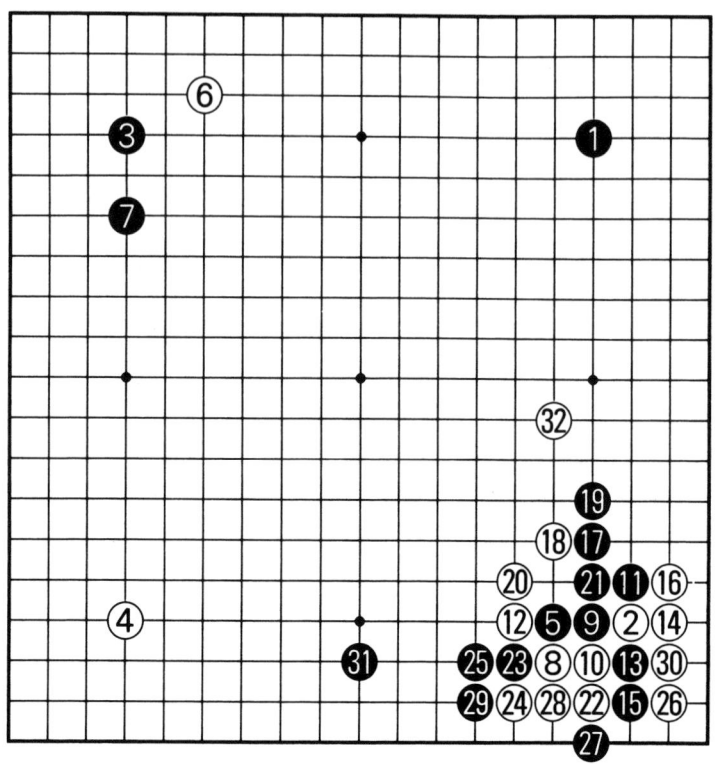

第1谱（1～32手）
读卖新闻"高段者向吴挑战赛"
昭和二十四年（一九四九年）十二月十五、十六日弈于伊豆长冈南山庄大和馆

9 前田陈尔七段

黑　八段　　吴清源
先相先　七段　　前田陈尔

第1谱　我的中计

我众多的对局之中，像这次一样漂亮地被设计钻了圈套的绝无仅有。据称前田先生晚年谈及这局棋，曾回忆道：

"局终后，因为吴先生坚持说即便到这地步黑棋也还不坏，我都不知如何是好了。"

话虽这样，白棋所予重创也是切实无疑的。由于是无贴目的棋，黑方仍可一战，我所述不过如此。此番我执黑。

白6一间低挂是伏线。第32手二间跳是导火索。用时五十二分钟。

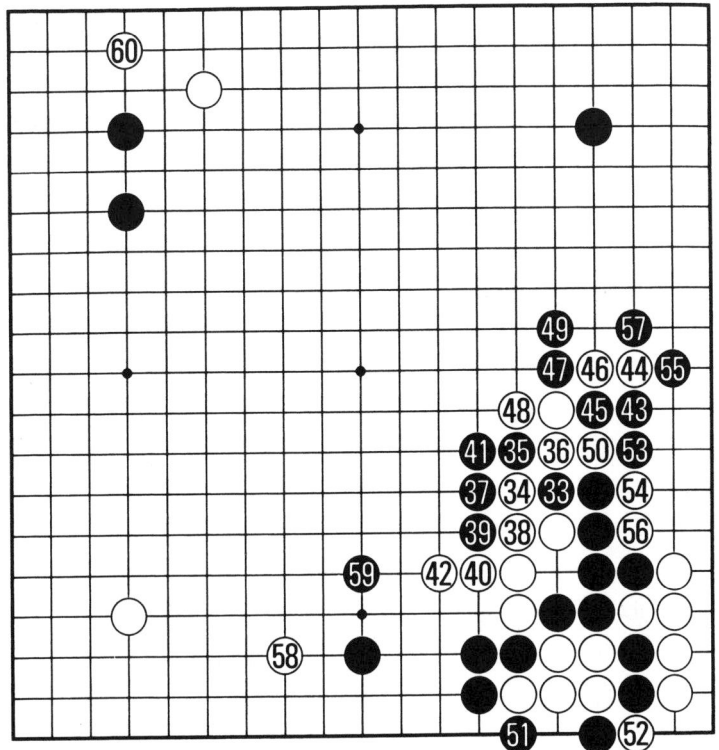

第2谱（33～60手）

第2谱 征子不利

黑棋第33手上本不可不照图1所示来下。白4长若是改a位粘，黑棋便b位跳。

实战中发展至白40手后，因征子不利之故黑棋无法于42位挡。早在此前，白方落于左上的一子便已成为引征手段开始发挥作用了。

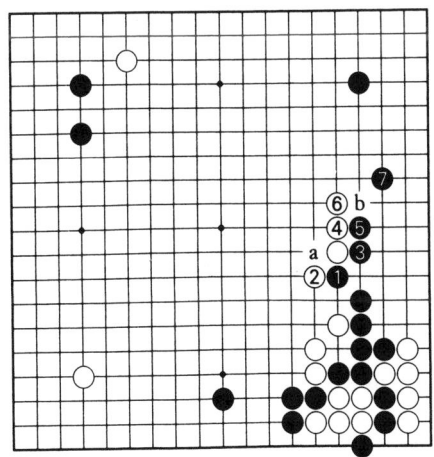

图1

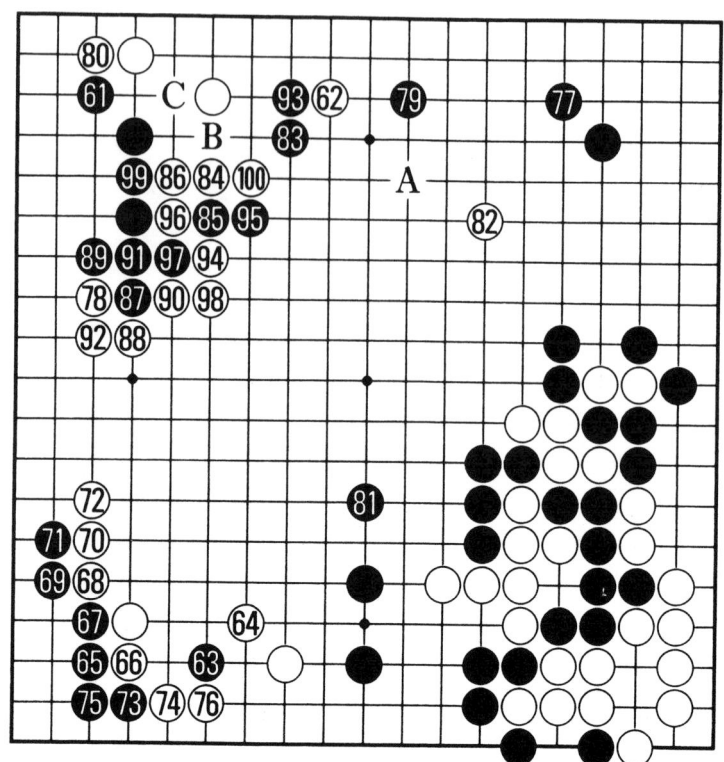

第3谱（61～100手）

第3谱 84手封棋

对于黑63踏足白阵，白64肩冲有一小时四十二分的长考。

这下子黑65至第76手是必然的进行。

右上守以黑77小尖。白方拆78位黑方就拆79位。如此随后便白80位爬进，棋行若川流。

下边黑81手所占的是敌我必争的点位。白82抓住当下之机，被黑棋A位跳起之后将难做侵消。黑83位试问白棋情况之时，白84手成为了第一天的封着。第84手若应93位，黑方有B位压。并且接下来C位扳会成为目标。

以下，双方皆是拼死相竞，都不想被对方封锁住。

我不管怎么说也是刚开局就被对方拿下一城，因此没法持消极态度，而是时时竭尽所能去行棋。

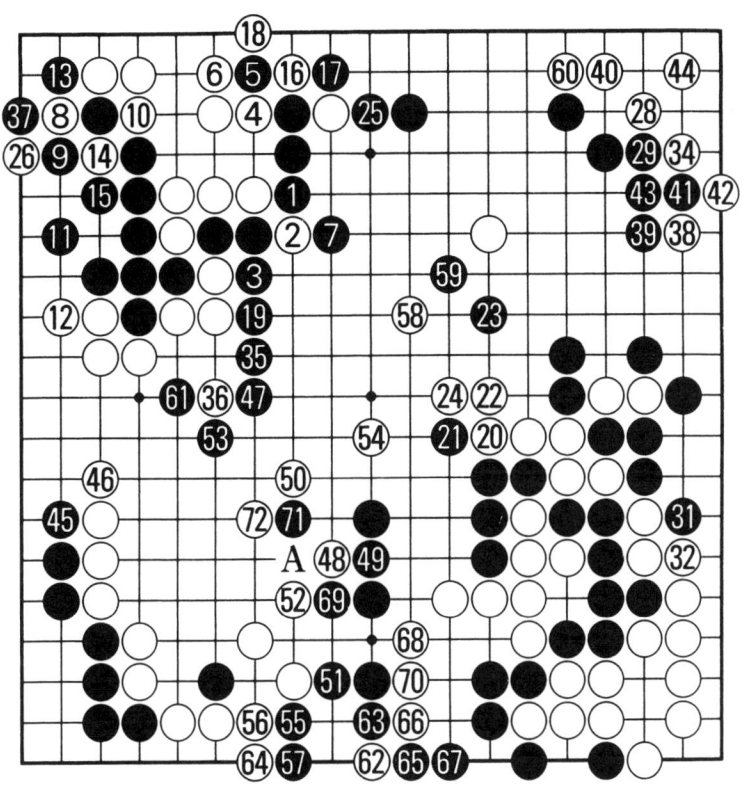

第4谱（101～172）

㉗㉝=⑭ 上　　㉚=⑭

第4谱 白72败着

黑51上照图2则黑空不够，于是我继续做着努力。前田先生自白62起着手攻击下边的黑棋。黑67要是改70位便成活，不过我选择做强力抵抗，就在这时白72出了败着，这手72下A位就好了。

图2

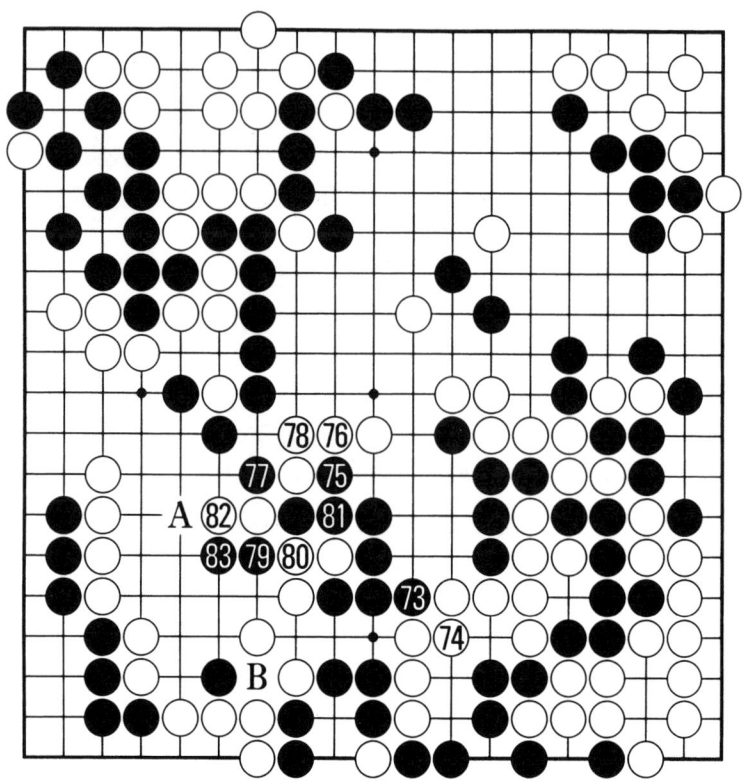

第5谱（173～183手）

第5谱 可惜的投子

黑83上前田先生投子了。

此时A位与B位成了见合。

原准备打压一下对手从而得利的攻击，途中突然冒出"怕是能吃掉吧"的想法。此处白棋所示，便是对局势生出错觉后所致的失脚。

前田先生为坊门一雄，与宫下先生是师兄弟。他时时身着和服，在死活题创作上亦是有名的大家。

一九七五年他因心脏衰竭突然逝世。享年六十七岁。

此高段者向吴挑战赛，我执黑有两局。棋战结果我得以取得九段位，看来执黑时没有输棋真是值得庆幸。

183手终　黑中盘胜

限时各10小时　白方用时9小时31分

黑方用时6小时11分

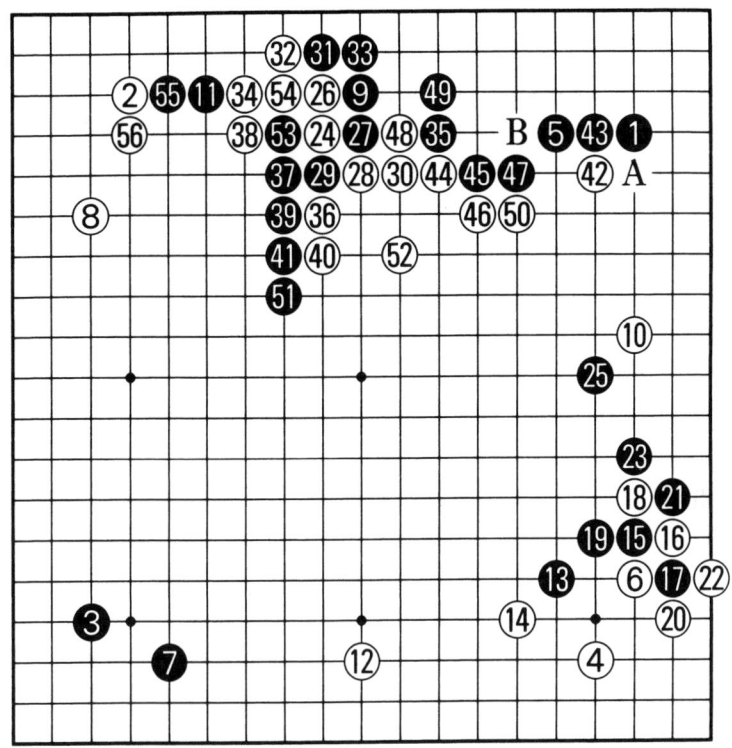

第1谱（1～56手）

读卖新闻"高段者向吴挑战赛"
昭和二十五年（一九五〇年）一月七、八日弈于伊东温泉蟹谷聚乐旅馆

10 炭野武司六段

八段　　吴清源
黑　六段　　炭野武司

第1谱 逐出师门之手

右上白42觑这着，从以前开始就有"逐出师门之手"一说。它抹掉了A位及B位靠的味道，故而不好，这是古来晓喻棋士们的一贯理由。不过即便在战前我也不吝去下这着觑。我认为它有它的效果。

当然了，从白棋角度而言，这是以随后准备走44至50为前提的一手。

本谱之后的一手是第一天的封着。

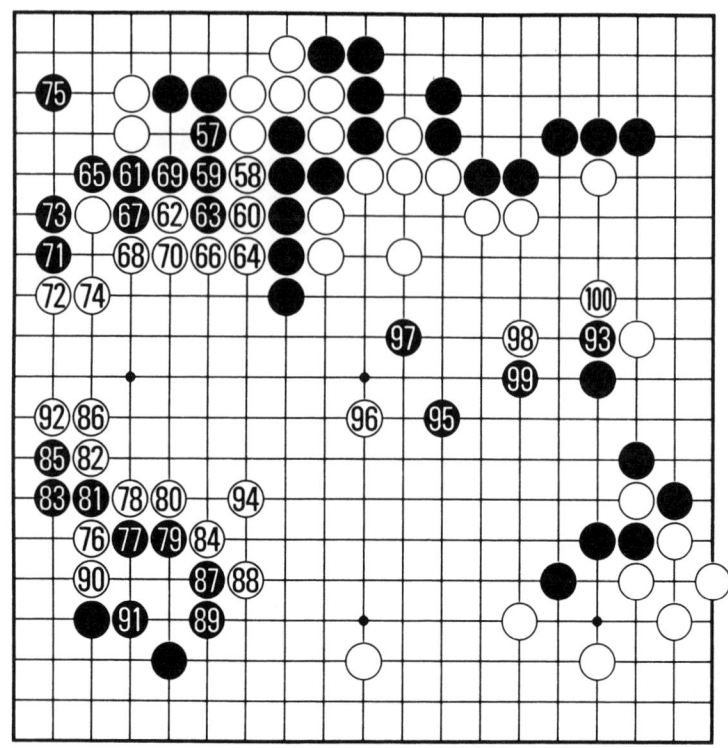

第2谱（57～100手）

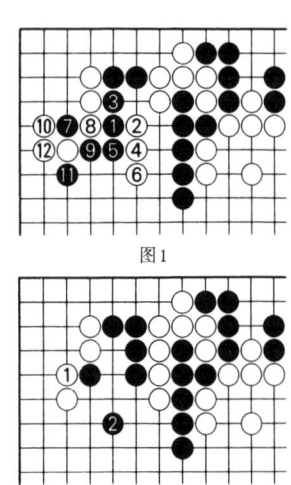

图1

图2

第2谱 各做长考

封着黑57手有一小时二十二分的长考。这一手照图1下则黑棋薄弱处有二，不佳。

白62手处按图2发展是黑方希求，白棋八子将被吃掉。我在这第62手上投入了一小时零四分。

如是白方把左上角给舍弃了。

作为补偿，左下白棋76位最大限度展开，借外围将黑棋六子歼灭。

濑越宪作八段有言："第77手还可以飞到84位。让白棋下84位划不划算呢？"

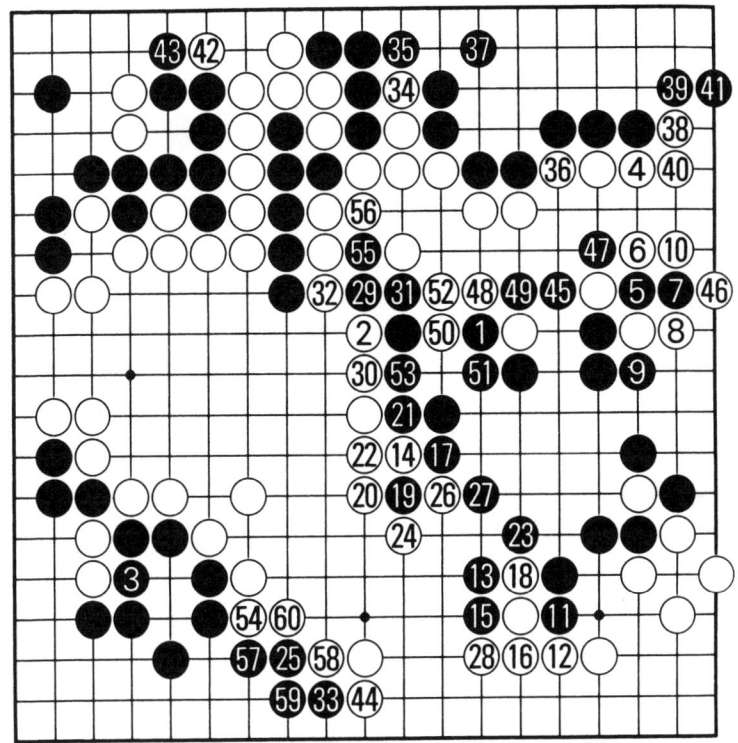

第3谱（101～160手）

第3谱 终盘的疑问手

以下内容摘自山田覆面子观战记：

"第二天晚餐之后，白方的44一手。

"说着'渐渐开始要追上了，说变还真就变了呢'，始终微笑的吴氏在棋盘前落座。现在起是真正的收官。

"此刻的剩余时间黑方有五十八分钟，白方有三小时二十分。

"炭野君面露'那儿我早有觉悟'的表情是很好，可将宝贵的时间用去十分钟下了45位打，这就让人有点意外了。"

濑越宪作八段讲评："黑45、47两手是个疑问。虽说可能是考虑到形势于黑棋而言比较好才有的着手点，可这黑45却是下49位要来得好。若如此，由于不存在白方48位扳这一手，相较之下大有不同。实战谱白棋便宜地行至52一步，在此基础上更可从54至60处理到下边。"

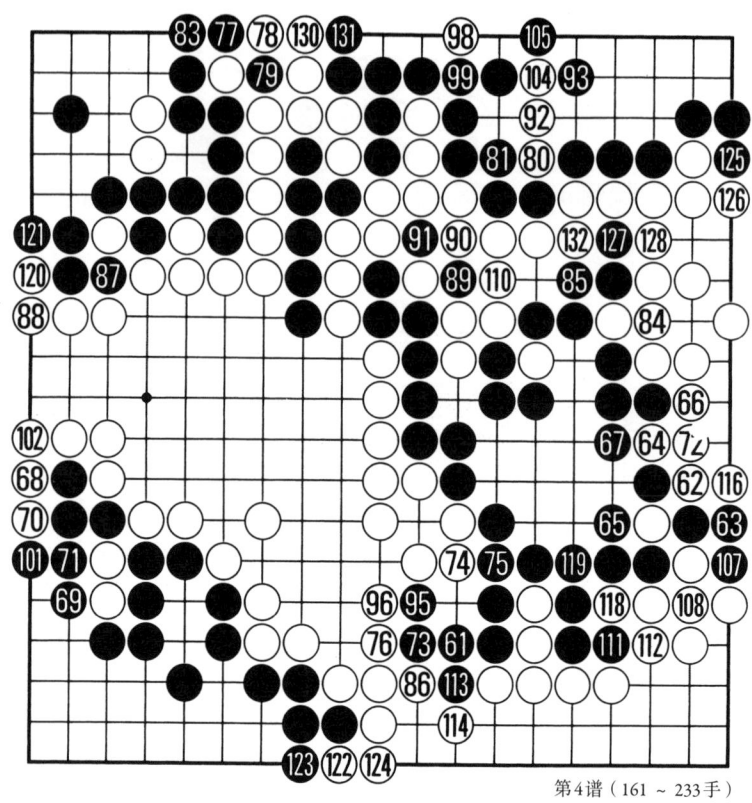

第4谱（161～233手）

㉒⑬=⑲左 ㉔⑩⑯⑮=⑨下 ㉗⑩⑨=⑨ ⑰=⑤右 ⑲=⑲

第4谱 黑方松劲

右边的白62、64、66是很大的官子。炭野先生视黑棋占优，仿佛在坚实地行棋。可中央89位断吃，黑方手中胜果似是消失了。

炭野先生学成于一九七九年故去的光原伊太郎八段门下，算来是高川秀格名誉本因坊[71]的师弟。

炭野先生身上，被限时追逼而慌神的轶事颇为丰富。改名后，现在已经是炭野恒广八段了。

233手终 和棋

限时各10小时　白方用时7小时35分

黑方用时9小时39分

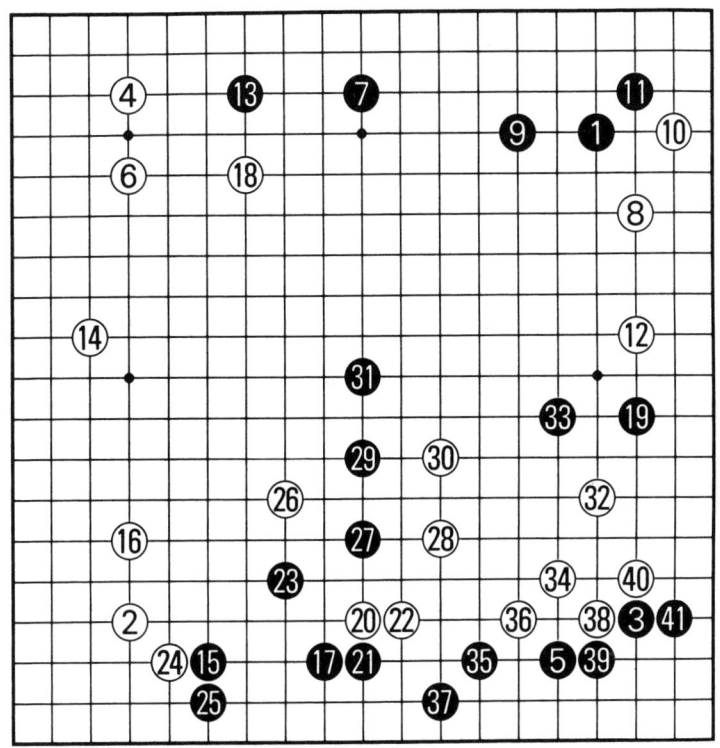

第1谱（1～41手）

读卖新闻"高段者向吴挑战赛"
昭和二十五年（一九五〇年）二月二、三日弈于东京小石川地域红叶旅馆

11 坂田荣男七段

八段　　吴清源
先相先　黑　七段　坂田荣男

第1谱　疑问手33、35

黑方错失了攻击右下白棋的时机。

黑33手跨午餐小休时段消耗一小时三十六分，是煞费苦心的一手。可它与随后的黑35手因为偏离了预计，让白方轻松地就收拾了局面。

负责讲评的濑越宪作八段认为这两手是黑方的败因，理由是着法积极性欠奉，并指出，第35手哪怕36位小尖实施攻击大概还好些。

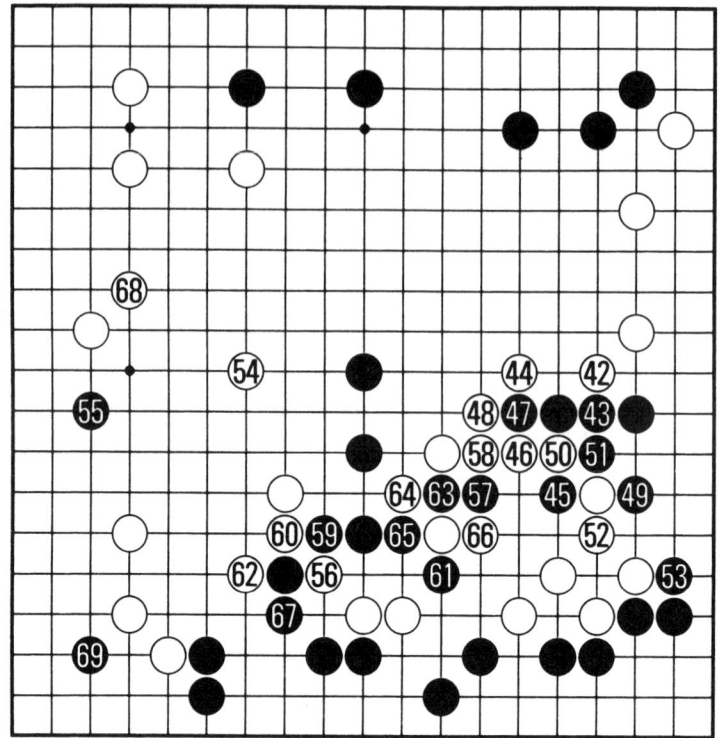

第2谱（42～69手）

第2谱 69手封棋

以下内容摘自山田覆面子的观战记：

"因左边黑棋55位孤身打入进来，白棋不得不56位断。'不肯让我轻松啊。'说着坂田君把扇子弄得啪嚓大响。又说这会儿想喝浓咖啡。因为出口的是'这时候要是不喝点儿咖啡什么的欸——'，以吴氏为首大家都笑了起来。随即咖啡被端了来。饮完之后下出的是一手57刺。

"……黑69手是第一天的封着，在其上花费了有四十六分钟。这自是出于要做点什么将那左边收入囊中的想法了，那么局势究竟将如何演化呢？"

濑越八段讲评有言："黑方55至69等几着将棋子播散各处的行为，有种在暗中摸索的感觉。从结果来看的话，这做法并没有转化成黑方的实得利益。"

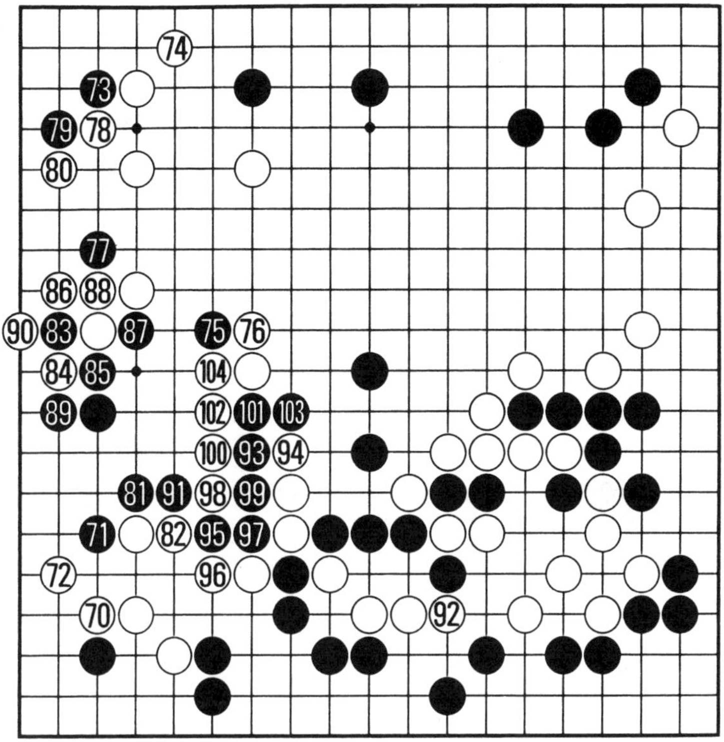

第3谱（70～104手）

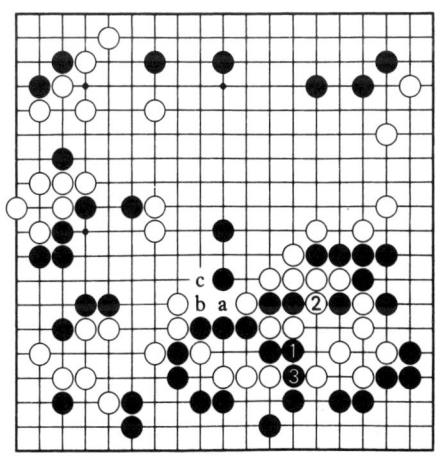

图1

第3谱 92的意图

应对左边黑91手的时候白方考虑了三十九分钟，如此才有的这手白92冲，黑棋要是还以图1的1位打，白棋便2位拔。黑3断则见白a位冲、黑b位冲、白c位断的余味。黑1要是3位冲则白1位紧气陷黑棋于困境。由是黑方行至93至97，而白方经过四十九分钟的计算断然下了98位。坂田先生剩余不足三小时。

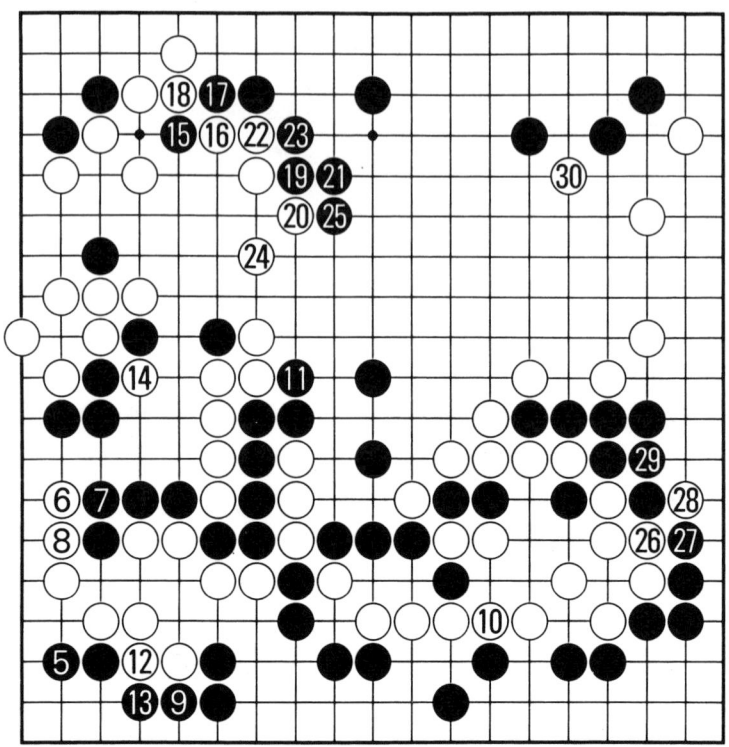

第4谱（105～130手）

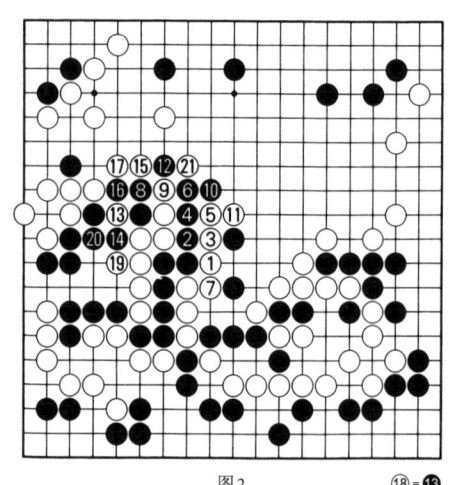

图2　⑱=⑬

第4谱　白10先手

黑方考虑五十六分钟后9位拐渡了左下角。白10粘由于是先手影响甚大。黑11省略掉的话，如图2所示的发展将是白方目标。

攻防告一段落之后，白30手下右上的觑考虑了四十一分钟。

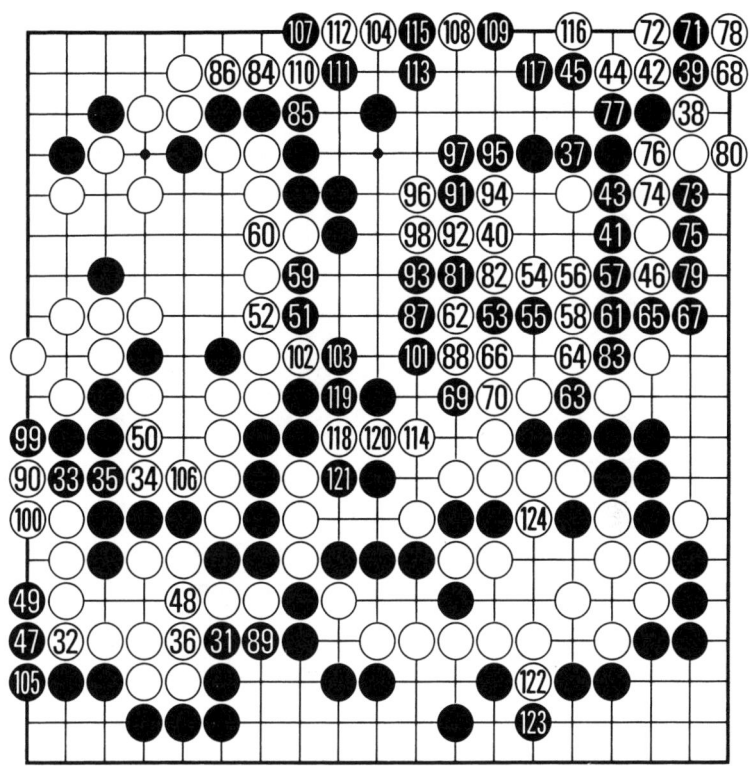

第5谱（131～224手）

第5谱 成为九段

左下角的黑 31 应当抢先下 32 位。右上虽生出了转换，结果黑空还是不够。

这局棋之后，日本棋院于二月十五日向我赠予了九段位。

因为在此之前，藤泽库之助新科九段已经诞生，我便是九段第二人。

之后，就好像举办这次的延长赛一样，追加安排了对七、八段的棋战。到一九五一年夏天为止共弈十三局，结果是我的十胜三败。

224手终　白中盘胜

限时各10小时　白方用时7小时19分

黑方用时9小时59分

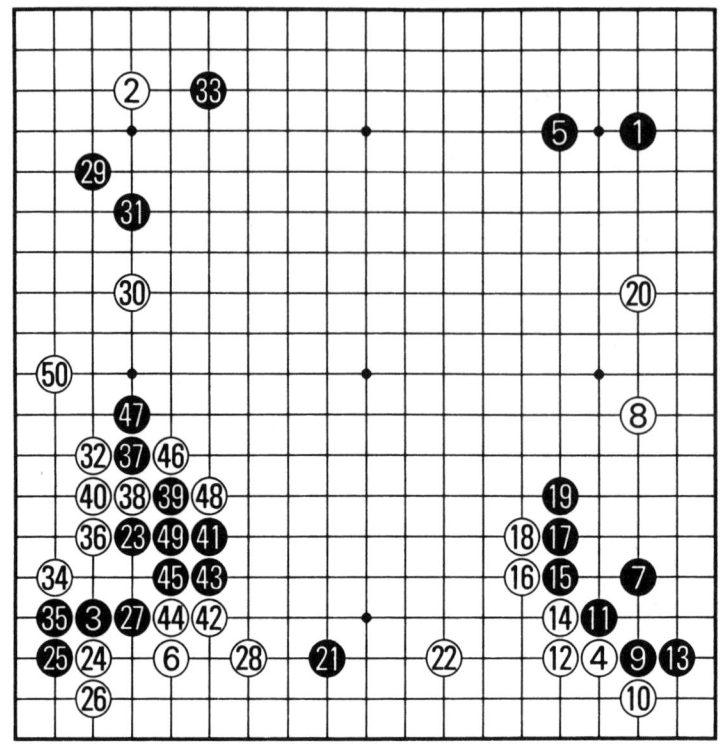

第1谱（1～50手）

读卖新闻"升降十番棋"第一局
昭和二十五年（一九五〇年）七月二十五、二十六日弈于箱根强罗环翠楼旅馆

12 第二次桥本十番棋

九段　吴清源
先相先　黑　八段　桥本昭宇

第1谱 再取本因坊头衔

第一次十番棋之后经过了近三年。

桥本宇太郎先生第二次成为了本因坊，于是在这时点上第二次十番棋的企划得以成立。因为第一次较量中造成了棋份升降，这回便采先相先形式。

箱根的山中蝉声响彻，又有野鸽、树莺等鸟类啼鸣，很是热闹。

针对黑49粘的白50一手有四十二分钟的考虑，创下本局中长考的时长纪录。

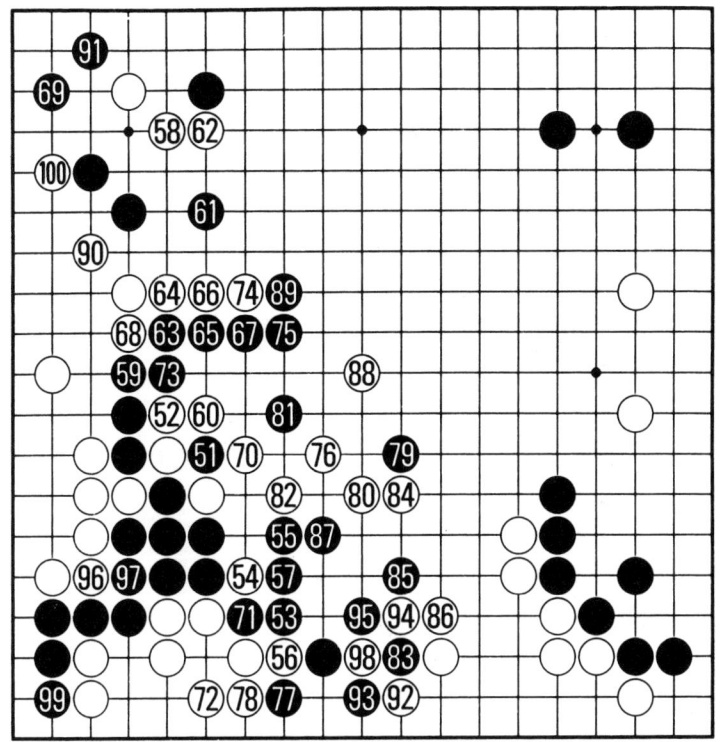

第2谱（51～100手）

第2谱 关西棋院独立

我和宇太郎先生进行着这轮十番棋，同时还在弈每日新闻社主办的"吴对桥本本因坊三番棋"。那一边采互先形式贴目四目半，而战绩是我分别执黑半目胜、执白四目半胜、执黑中盘胜。在此期间，桥本先生又于九月十三日断然宣告了关西棋院的独立，其所经受的极度的劳心竭虑，由是可察。

此第二次十番棋继本局之后，八月进行的第二局我执黑中盘胜，九月的第三局桥本执黑中盘胜，十月第四局我执白和棋，十一月第五局我执黑中盘胜，同月第六局我执白和棋。翌年一九五一年二月第七局桥本执黑中盘胜，三月第八局我执黑八目胜，同月再对阵我执白八目胜。接着五个月后，八月的第十局中桥本先生执黑四目胜。在此期间他击退坂田，卫冕了本因坊头衔。

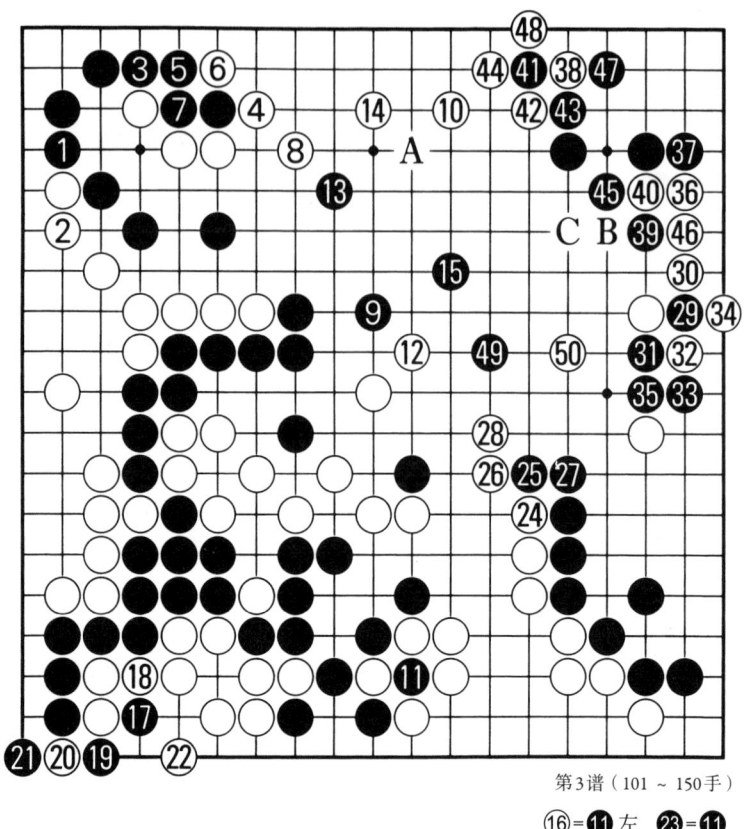

第3谱（101～150手）

⑯=⓫ 左　㉓=⓫

第3谱　黑9于A

以下为加藤信八段的评论解说：

"黑9过于慎重。因为这，让白棋10位发展开来整编上边，黑棋故而开始现出苦战之色。

"由是我认为黑9应当长驱直进到A位。而后便该与对手一决雌雄了吧。让上边的白棋得以安心据守，那一刻起局面已然不容乐观。A位是于彼于此唯一的大场。

"白30若扳在32位，被黑棋30位一退，白不利。

"黑49下在50位为好。而后白B、黑C。之后黑棋在官子中仍是持续致损，扩大了与白棋间的差距。"

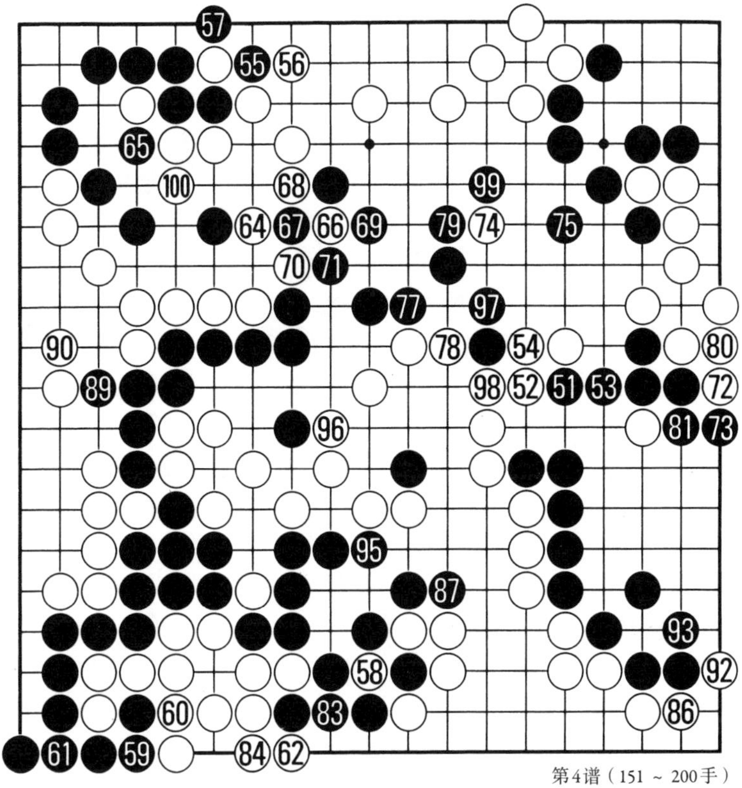

第4谱（151～200手）

⑥③⑧⑤⑨①=⑤⑧右　⑦⑥=⑥⑦　⑧②⑧⑧⑨④=⑤⑧

第4谱 74的目的

以下内容出自山田覆面子：

"黑53之时，记录员本田姑娘（现在的本田幸子六段）提醒道：'本因坊老师，您还有两个半小时。'待人亲和的桥本先生少见地应都没应声。白74于右上角，有走图1至图2夺黑棋眼形的意图。故黑75位做了补强。"

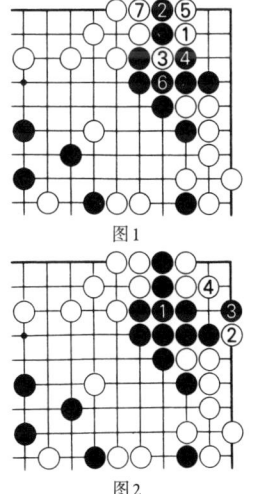

图1

图2

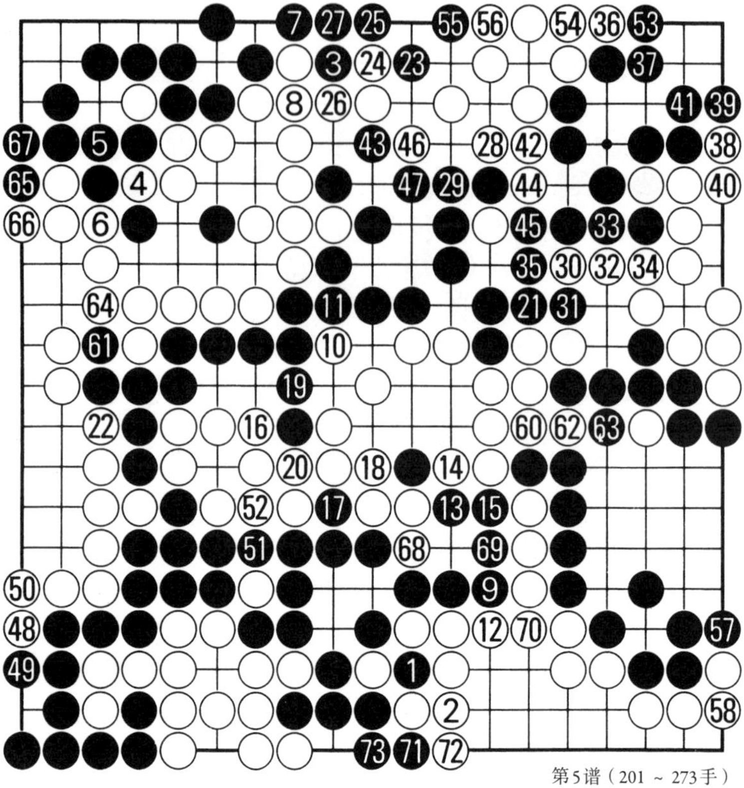

第5谱（201 ~ 273手）

(59)=❶左

第5谱 本因坊之不察

以下出自川端康成先生：

“第一局，且是执黑，与胜利失之交臂乃桥本本因坊之不察。黑方下成了内容糟糕的棋、味道糟糕的棋——本因坊局终后做此自陈。而这也许正是桥本的棋风最为避忌，抑或说最难容忍自己下出的棋也未可知。

“……局终后翌日，吴清源一套白麻布的立领装搭配白色鸭舌帽，鞋也好袜也好尽着白色，长身鹤立地回去了。十余年前，他曾是四十公斤前后的体重，而今有四十九公斤。神色锋锐的大眼之中，掺进了少许似若斜视的怪异眸光。然而那纤细的颈项修长的手，如今也尚有少女般的清纯留存其中。”

273手终 白胜七目

限时各10小时　白方用时7小时2分

黑方用时9小时10分

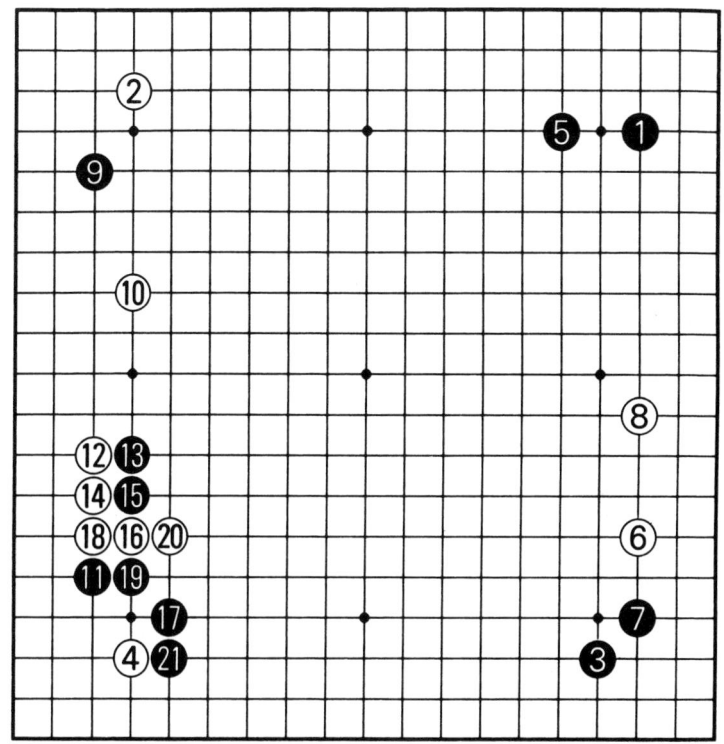

第1谱（1～21手）

读卖新闻"升降十番棋"第一局
昭和二十六年（一九五一年）十月二十、二十一、二十二日弈于日光市轮王寺圣迹之间

13 藤泽库之助十番棋

互先　九段　　　吴清源
黑　　九段　　　藤泽库之助

第1谱　世纪对决

我所弈的升降十番棋之中，读卖新闻社最下力气的正是此轮。读卖报在头版做了大面的公告。毕竟是仅此两人的九段的对决，到其得以实现为止花去了两年时间。难关在于限时，主张十小时的我不得不对藤泽先生的十三小时做出让步。上午八点半开局。

黑17手18位断则白19位封，黑方不利。鉴于此而有该手的转身别投。

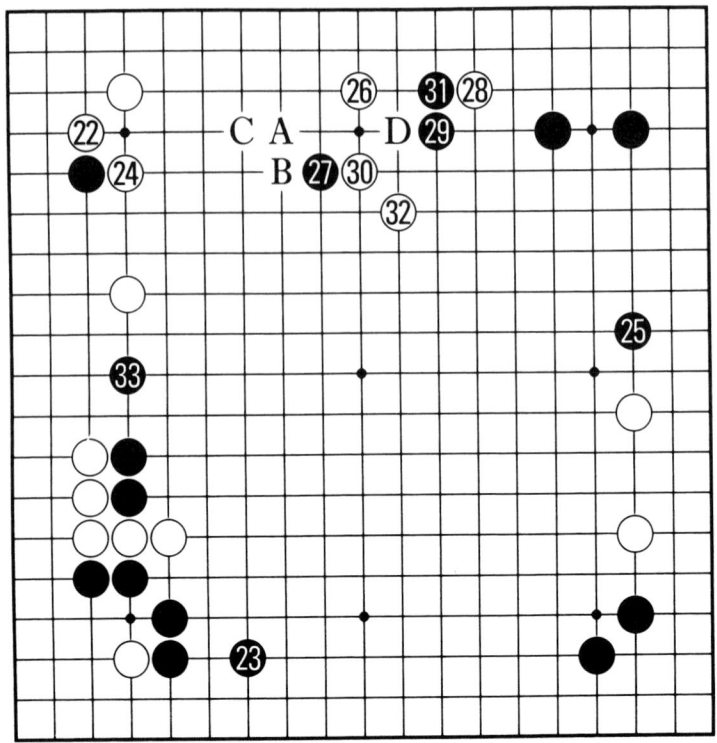

第2谱（22～33手）

第2谱 意中与意表

右边的黑25手与上边的白26手走了见合的大场。黑27手有一小时零一分的长考。白28手并无意应A位。若应此则黑B位压、白C位退、黑D位小飞，正中黑方下怀。

对黑29手，白应以31位退的话，如图1所示同样是进了黑方的圈套。白32尖应该是出乎意表的一手吧。一般是扳图2的1位或者a位。

供电情况不好，下午四点半第33手做了封着。

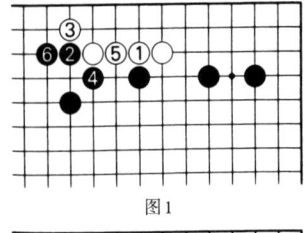

图1

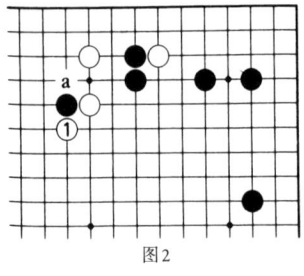

图2

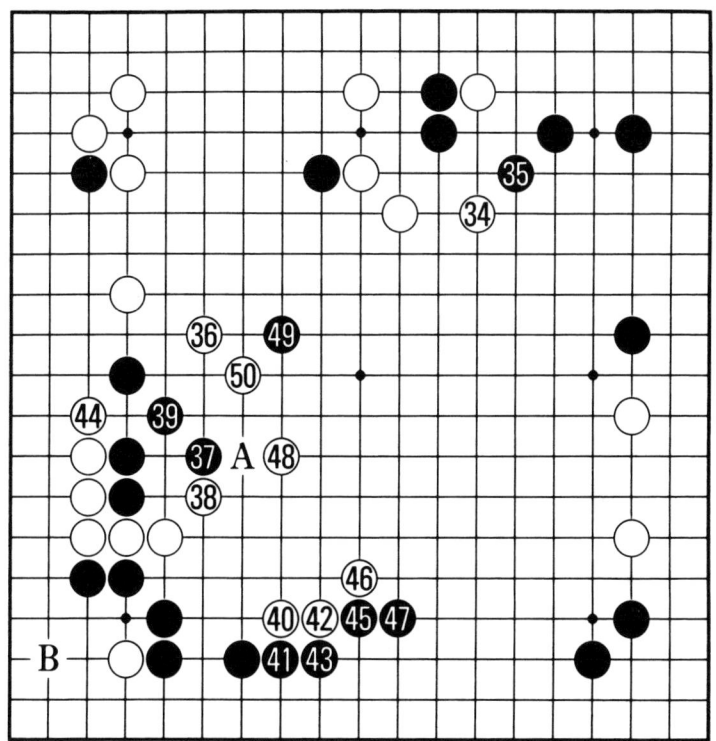

第3谱（34～50手）

第3谱 45的长考

白方第36手小飞将重点置于左上模样。

白38尖顶是急所。

黑39手A位长将会被白棋瞄准39位的刺。39位虎黑棋眼形上要来得更有富余。

黑43手48位跳则白43位拐，这样一来左下角将生出以白B起头的入侵手段。

白44长是眼形的急所。

黑45手有两小时十五分的大长考。平凡地下图3的黑1位跳则白2位大飞，左上的白地就很大了。

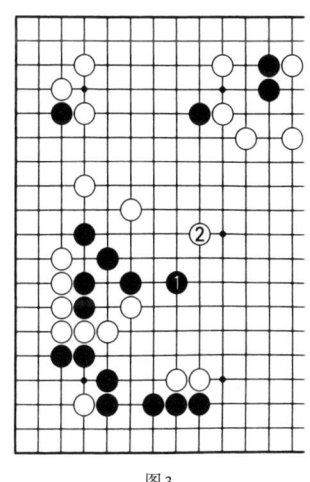

图3

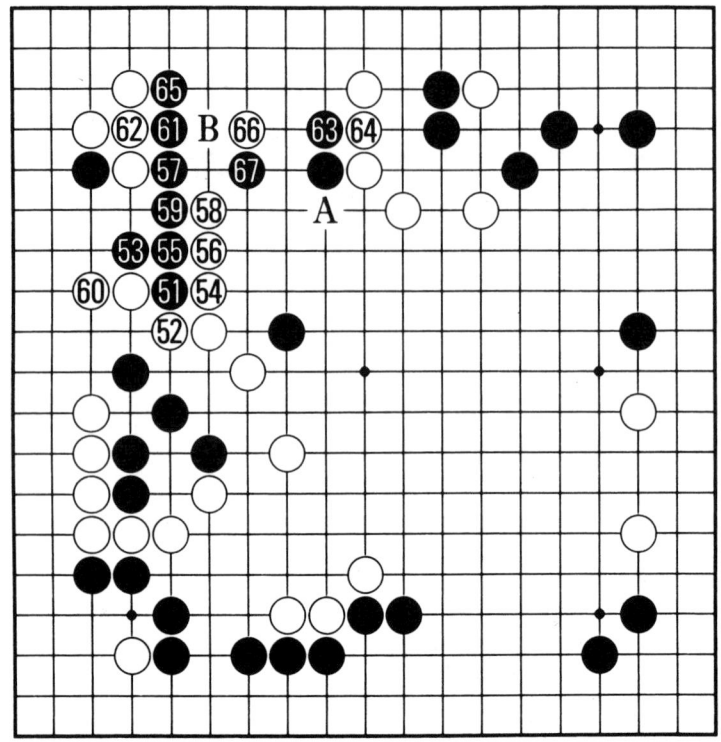

第4谱（51～67手）

第4谱 67手封棋

第51手跨、第53手扳是黑方早先便考虑好要下的棋，可它显得有些许无理。以黑棋的情况来说，这第51手也就只能选择63位刺令白64位粘，此时再A位长了吧。

由于黑51的问题，白方54位打、56位压实施攻击的手段得以成立。黑方事到如今不可能再于此处弃子，果不其然盘上局势开始急转直下。

黑61手走黑63位，白应64位，此时65位跳下靠住要来得轻巧些吧。这样因为盯住了随后黑B位虎的手段，将能以包括劫争在内的方式对腾挪起到助益。

白66飞压迫黑棋之时，正好到了第二天的打挂时间，经过一小时十一分的考虑，黑方选择67位跨作为封着。我这方剩余时间绰绰有余，而藤泽先生因为封棋一手，总用时超出了十小时，剩下已不足三小时。

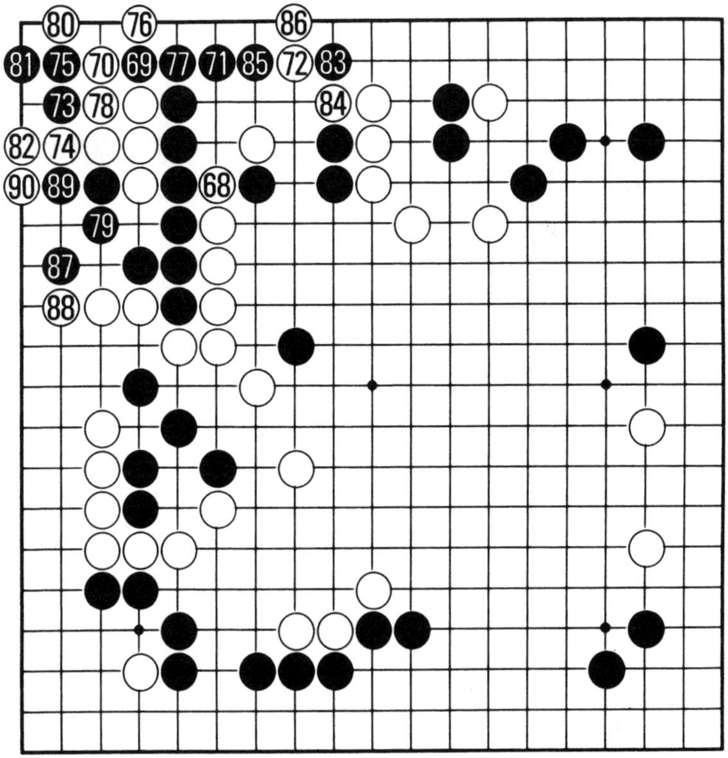

第5谱（68～90手）

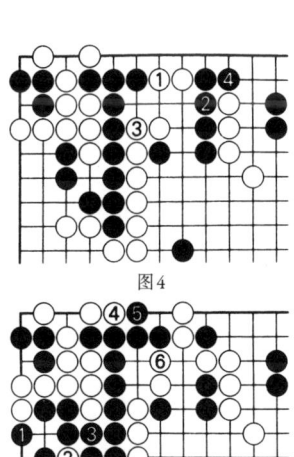

图4

图5

第5谱　大对杀

黑83手是妙着。

白84手要是照图4虽可平顺杀棋，但如此一来黑方2位粘、4位拐渡至右上得以满足。

白方由是84位冲、86位立，强势地前去全取黑棋。接着，不论是我还是藤泽先生都过急地下了判断。那是在白90手之后，我们计算即便黑棋下图5的1位，白方若4位多送一子展开对杀，此处白棋快一气仍将得胜。可是实际上图5乃白棋一方不利。

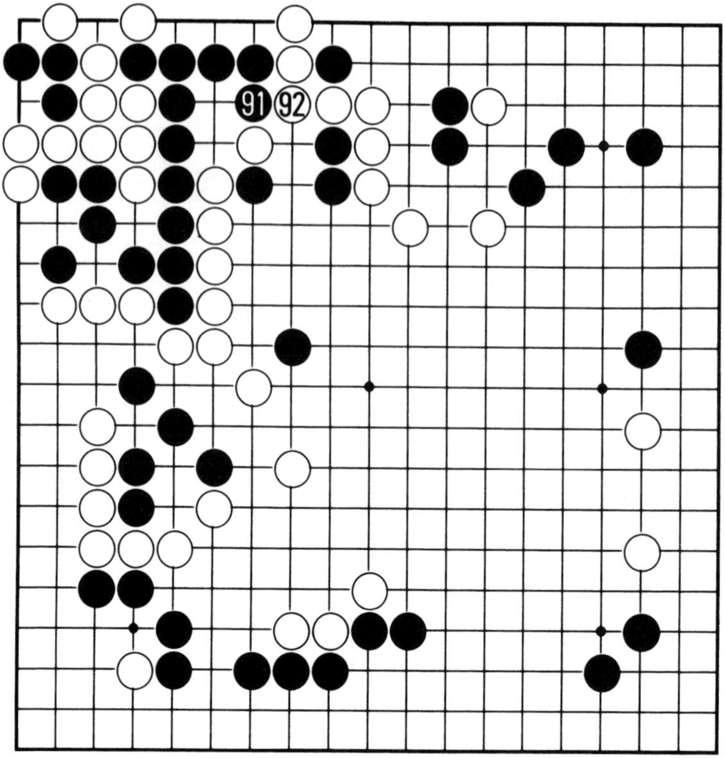

第6谱（91～92手）

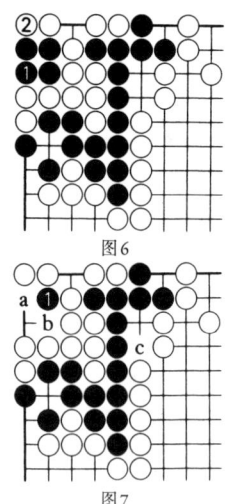

图6

图7

第6谱 盐入四段的提醒

局终后被负责记录的盐入逸造四段（一九六六年殁，追赠七段）指出而令我们吃了一惊的是，照图6至图7，这场对杀结果会是于白棋不利的缓一气劫。

图6的黑1是绝妙一手。令白方2位提吃之后黑棋再点图7的1位，白棋不得不下 a 位，黑 b 位、白 c 位则缓一气劫形成。

没时间了的藤泽先生未曾注意到这一点，黑91位、白92位自己把气给紧了，故而此阶段左上角已然下成了紧气劫。

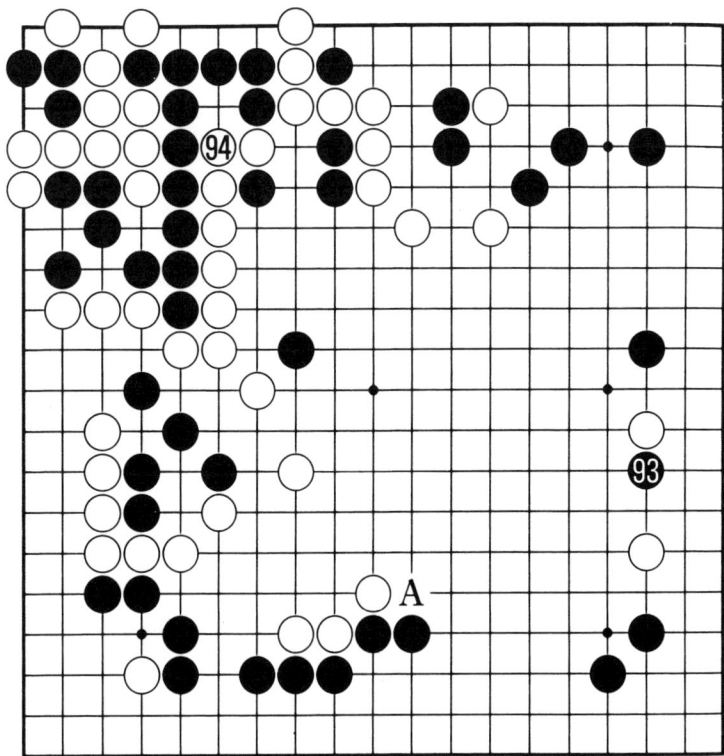

第7谱（93～94手）

第7谱 黑方投子

藤泽先生自识左上黑棋对杀已败，因此在右方落下黑93手，并于白94手处投了子。

我虽如前所述漏算了，可即便假设黑棋第91手按最善之手的图6来，恐怕那时我也会下A位压自此再尝试一战吧。

从时间这一方面来说，相对于黑方剩余的十三分钟，白方尚留有近六小时。左上争胜并非无条件，说是缓一气劫，对黑方而言同样不是滋味吧。

当时双方的体重，藤泽先生75公斤，我则是52公斤。

94手终　白中盘胜

限时各13小时　白方用时 7 小时 5 分

黑方用时12小时47分

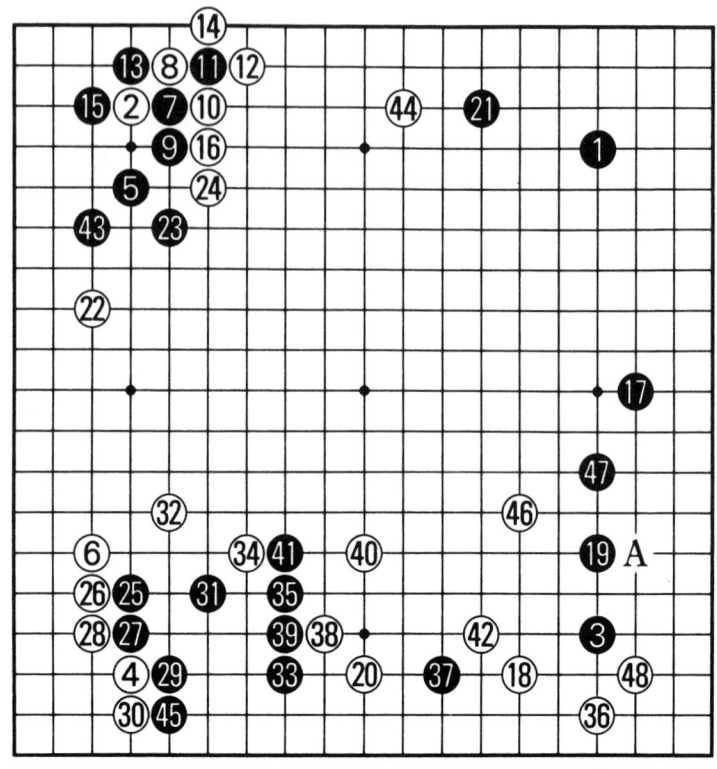

第1谱（1～48手）

读卖新闻"升降十番棋"第三局
昭和二十六年（一九五一年）十二月二十二、二十三、二十四日
弈于东京（原）芝白金猿町般若苑[72]

14 藤泽十番棋第三局

互先　九段　　　吴清源
黑　九段　　　藤泽库之助

第1谱 改变

与此同时进行着的每日报贴四目半四番棋正战至我三连胜。其中第一局至第16手为止的序盘阶段，与这里的一局棋完全相同。那边的黑17手下了本谱21位大飞缔角，接着是白棋A位一间低挂。

黑第15手投入三十九分钟，黑23手一小时，黑25手五十分，白36手二十二分，黑45手一小时二十八分。白48手是第一天的封着，至此的总用时分别是白方一小时十一分，黑方六小时十六分。

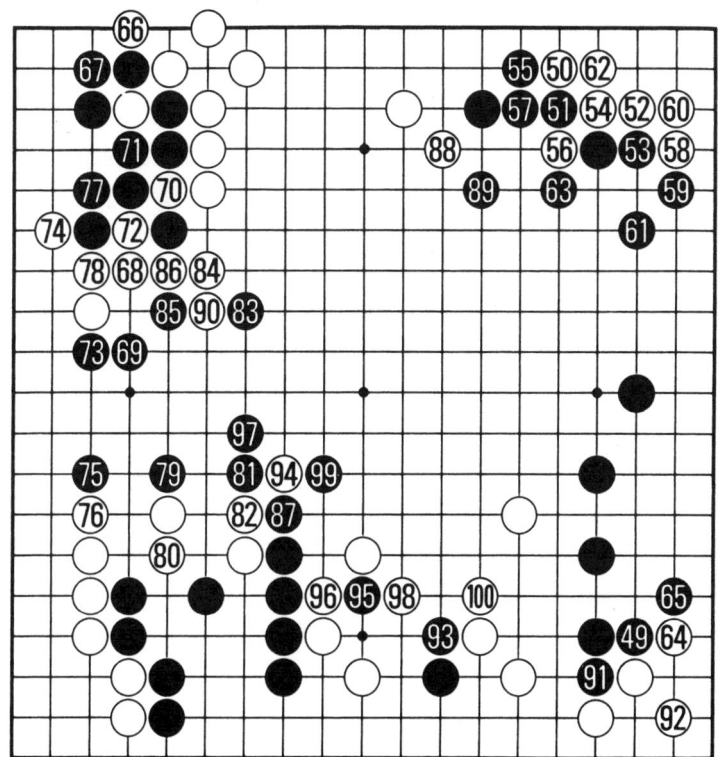

第2谱（49～100手）

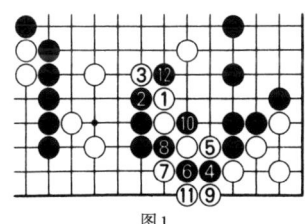

图1

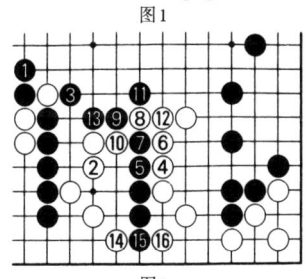

图2

第2谱 黑93的意图

黑95手处第二天打挂。

黑方的用时已然达到十小时五十八分，而我仅使用了四小时。

黑93手的意图在于图1。于是白棋94位断咎其左边脱先。

黑95手要是长图2的1位则白2位退，黑3位打吃，白4以下诸着将黑方五子捕获。于是黑棋以95位跨防住了此图走向。只不过，需注意到第三天黑方下97长、99扳，这该是作战方案变更了吧。

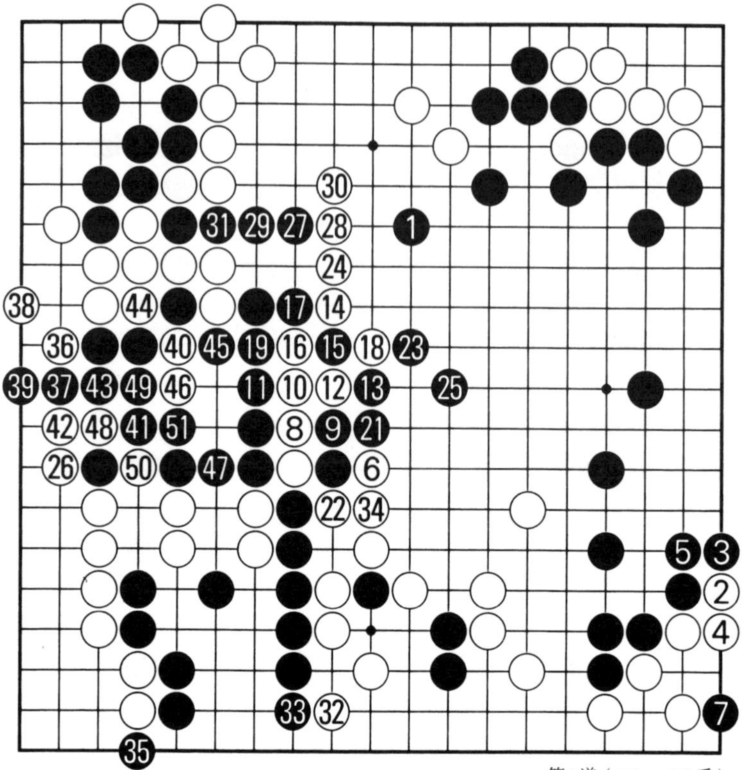

第3谱（101～151手）

⑳=❺

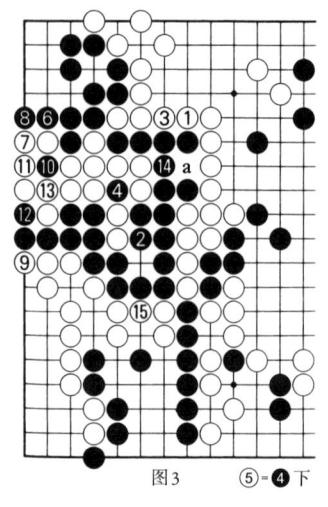

图3　⑤=❹下

第3谱　对杀

黑7要是21位扳则相安无事。白8长乃胜负手。左边的白26扳同样如此，至黑方下出31粘为止皆是计算中的走向。被黑棋立在26位的话左下角便危险了。

黑51之后，图3的白1至15虽是不作他想的发展，可这形状黑方若出手杀棋便是其先手的紧气劫。若黑方脱先白方下a位则是双活。此时直接行至图3情形的话黑棋杀将过来，白棋手中无劫材。

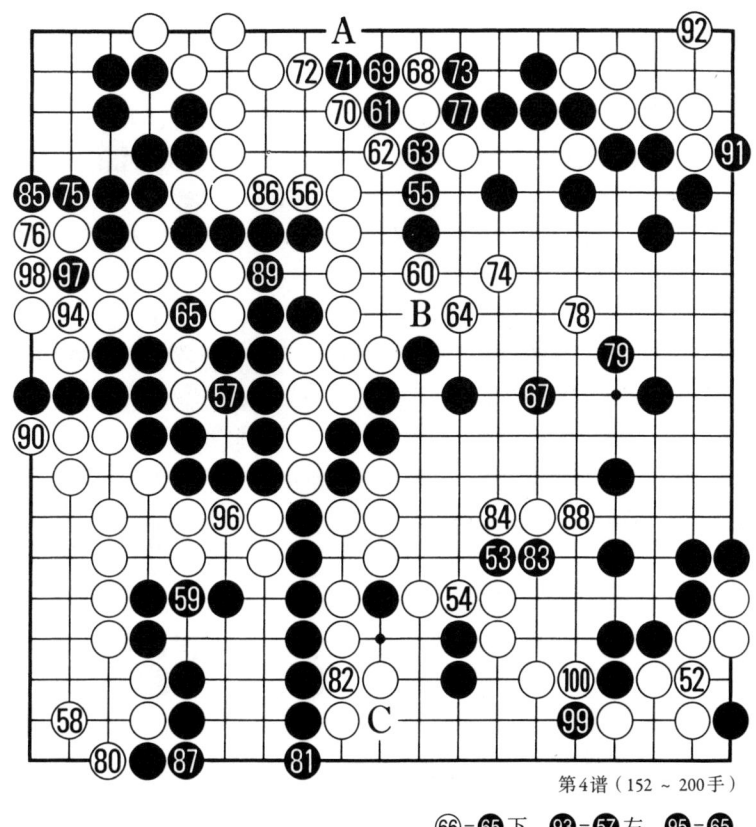

第4谱（152～200手）

⑥⑥=⑥⑤下　㊳㊳=㊼左　㊾㊾=㊽

第4谱 大劫

右下黑53是漂亮的手筋。此处即便54位冲，白53位长黑棋便无可作为。

上边白74处A位打吃，将遭黑子B位一手切断。

左下白80是问题手。这一手83位挡比较厚。因白80之故，左下角上黑方不仅劫材增加了，还有了黑81立的好棋。白棋不做82位补强的话，黑方将生出C位挤的手段。

藤泽先生终于93位打，踏出了劫争这一步。这是由于做成双活黑棋地便不够了。

右下黑99是为扩大劫的价值，开劫之后再下这手便来不及了。

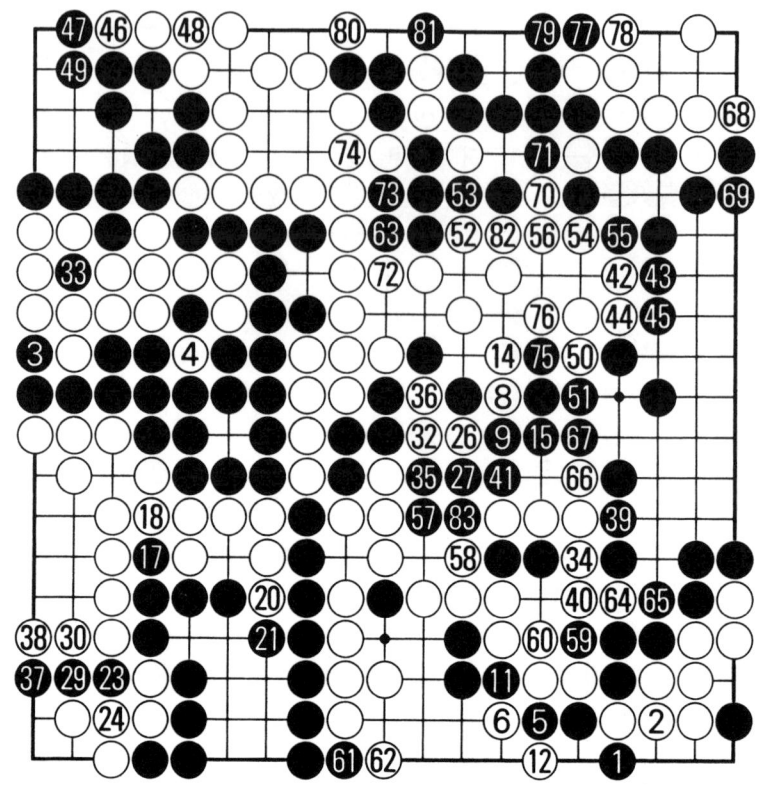

第5谱（201～283手）

❼⓭⓳㉕㉛=④ 上　⑩⑯㉒㉘=④

第5谱 终归和棋

左下白20这手劫材下出来，结果是令黑方安了心。这一手应当下26位的断。

循此，黑棋23断若下26位的粘就好了。同样地，即使是在黑29的时间点上，若能于32位拔掉白子便是黑棋佳。

让白方32位退、34位冲两手下到，盘上成了极其细微的形势。而后终归下成了和棋。

我执黑输掉了第二局，第四局也失了守，不过第五局又再执白取胜了。两位九段无贴目连弈五局之多，却无一局执黑者胜，这该说是一项很不可思议的纪录吧。

283手终 和棋

限时各13小时　白方用时 8 小时42分

黑方用时12小时59分

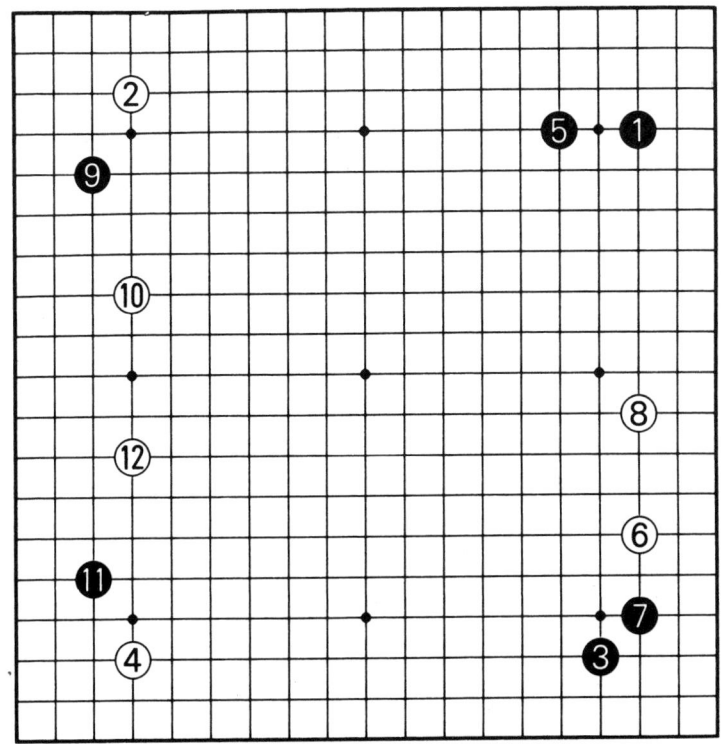

第1谱（1～12手）

读卖新闻"升降十番棋"第七局
昭和二十七年（一九五二年）四月二十四、二十五、二十六日
弈于福岛市饭坂温泉花水馆

互先	九段	吴清源
黑	九段	藤泽库之助

15 藤泽十番棋第七局

第1谱 白方的会心一局

我与藤泽库之助先生这段时期的对局，有本轮十番棋十局、每日新闻四番棋四局、第二次十番棋[73]六局，共计二十局。而其中，我觉得此处一局下得最好。

而且从这一局开始，十番棋的大势可以说是倒向了我这一方。

黑11手为止与第一局相同。白12手这次夹在了高处。在现代这很正常，可当时二间高夹是颇为少见的。

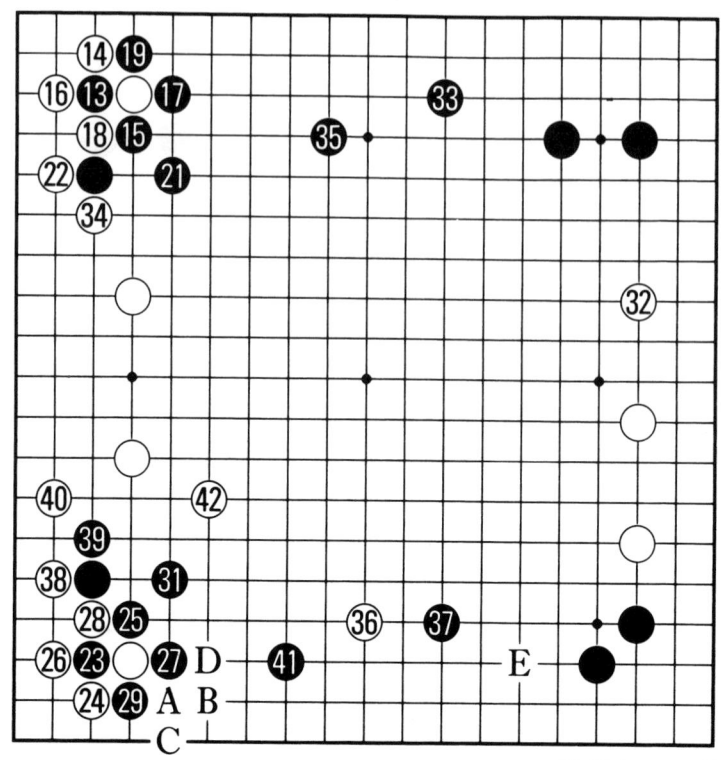

第2谱（13～42手）

⑳=⑬ ㉚=㉓

第2谱 梅钵有利

下13、15手的黑棋被白棋14、16手致反打，梅钵形的白棋一方更有利。这个结论现在谁都接受，可反打有利作为一般认知被定论，却可以说是这局棋之后才发生的事，我从战前就在下这样的反打，可即便如此这一着还是一直被批评说不好。到它被认可为正确的新着法为止，耗去了十分漫长的年月。

白22扳必要。省去这一手将被黑棋在此处立住，不佳。发展到现在，左下便不急于占38位。这正是由于左上有22位一子的关系。

黑37手立38位的话，继白A位打、黑B位打、白C位立、黑D位粘，白棋将E位拆。白42手得了好评，说是着实吴清源风格。

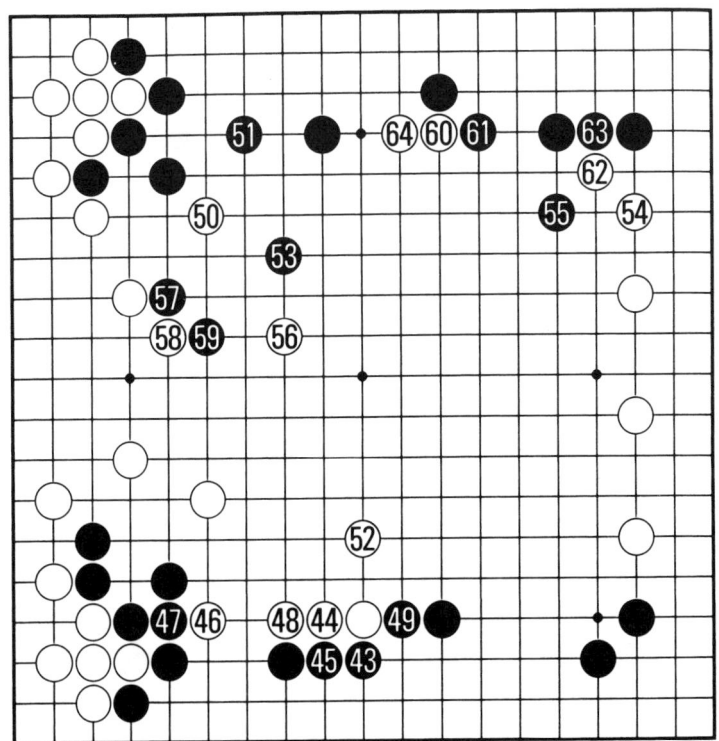

第3谱（43～64手）

第3谱 白棋的目的

白48手视图1发展为目标。故此黑49退进行守备。黑53手有两小时十五分的长考。白54跳是沉着的一手。黑57手严厉。白58手花费四十一分钟，是第一天的封着。经三十九分钟的考虑有白60至64手，其目的见于图2，黑棋要是a位粘则白棋准备b位冲出。

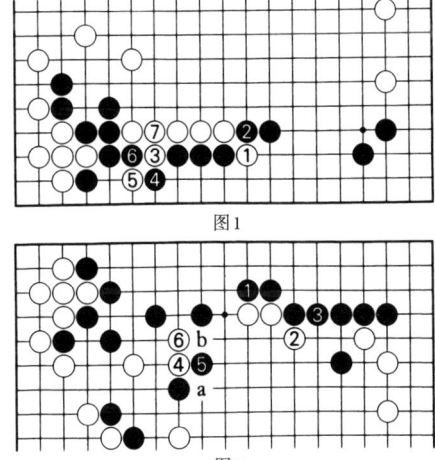

图1

图2

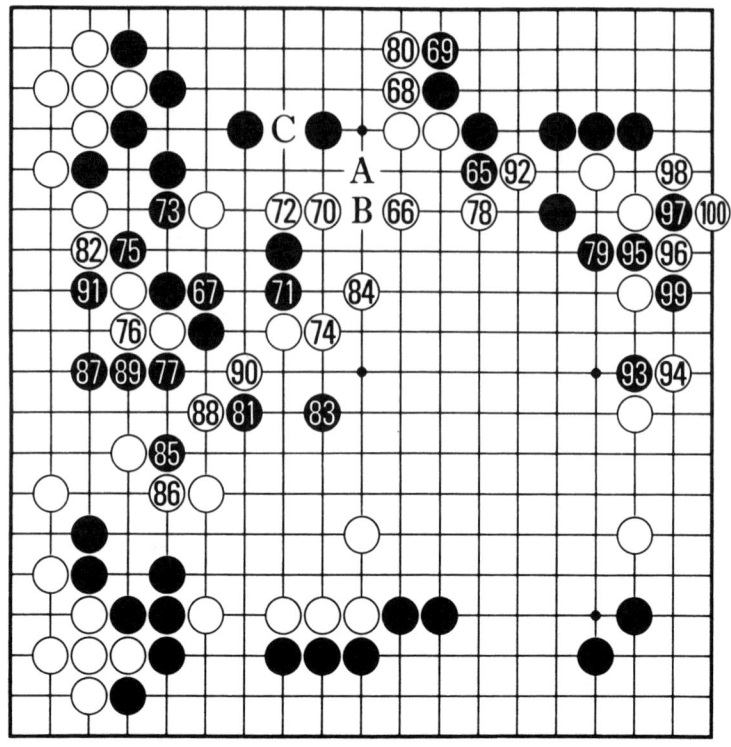

第4谱（65～100手）

第4谱 相互劫掠

黑棋 67 位粘住，白棋 68 位侵入，局面发展成双方的相互劫掠。黑方的目的在于从 A 位对白棋的切断。只是，针对黑 73 手直接从 A 位开始行动的情形，白方已为其准备了 B 位粘到 C 位挖的手段，黑方不会顺利。

对左边黑 87 手踏足白地的行为，白 88 位敏锐反击。黑 89、91 手吃白棋三子，白方则 90 位分隔开黑棋两子，正所谓平分秋色。

右上白 92 是早先盯住的目标。

黑棋于右边 93 位靠先行做好准备工作，而后下了第 95 手的冲断。

置身于饭坂温泉的此处对局场地，眼前流淌着能钓到香鱼的河川，对面是梯田，道旁，可见绿色的麦苗、红色的桃花、黄色的油菜花两侧簇拥。

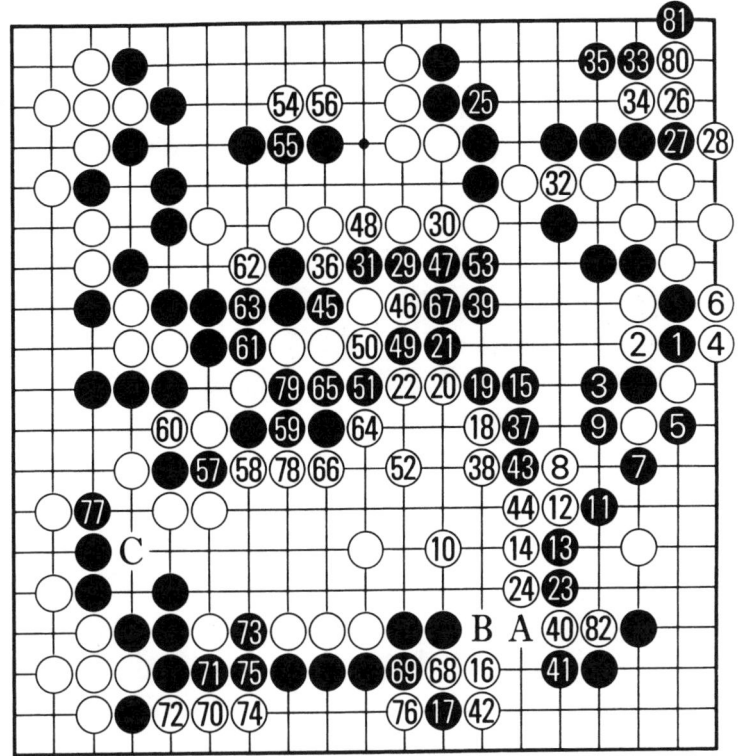

第5谱（101～182手）

第5谱 82的价值

黑9上投入了四十一分钟。白10五十一分。黑11二十分。白12十六分。

黑67吃中央白棋五子，此时看起来黑方攻击奏效或许胜负已分，不过白方也还有68位冲以后的猛攻。

黑69要是71位爬，活是活了下来，可被白69位切掉尾上两子，尽管局面细微，但最终将是黑方之败。

于是黑69粘做一努力。白70至74展开夺黑棋眼形的总攻击。

黑77的时候下中央的白78粘，接着是右上的白80拐，然后右下白82挤。这是白方之深虑远谋。

黑83下A位的断，蓄势待发的白棋将行至B位。随后白C，下边的黑方大龙即刻死掉。前述白82最终成为了制胜之因，其如何作用且待次谱分解。

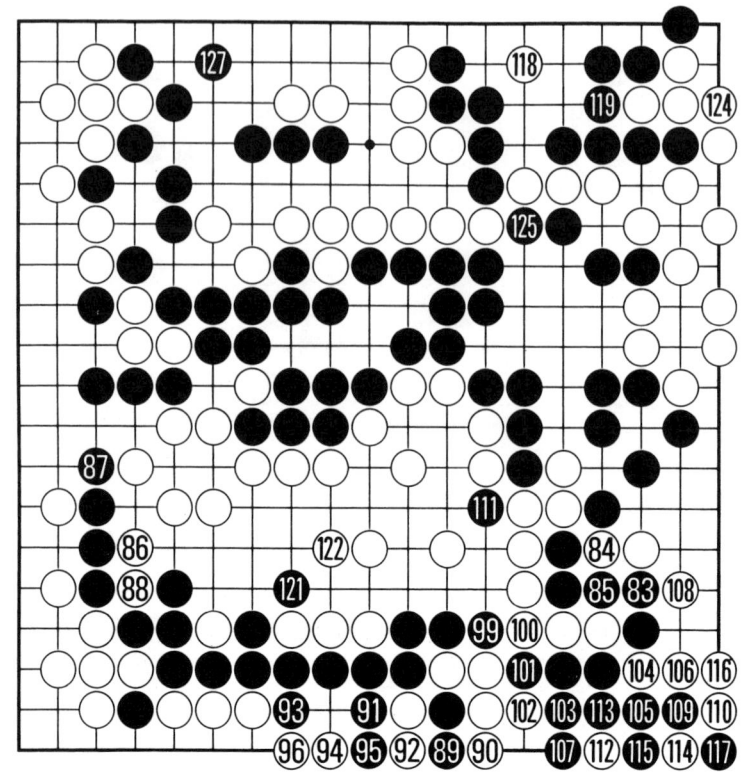

第6谱（183～228手）

⑨⑦=⑧⑨上 ⑨⑧=⑧⑨ ⑫⑳⑫⑥=⑭ ⑫③⑫⑧=⑰

第6谱 黑玉碎

落下86位一手，白棋终于要认真出手杀棋了。

黑方也便89位立，送两子让白方提，促成对杀做出抵抗。

藤泽先生可用的，已经只剩一分钟的读秒了。

发展至白100、黑101之时，前述白82的效果开始生发。白棋行102、104，黑棋除105、107别无他法。

白108吃黑棋五子，这样胜负便已落定。黑109、111做最后的抵抗，白116粘成劫争。最后白方粘劫，下边的黑棋以玉碎决心力战到了全灭。

228手终 白中盘胜

限时各13小时　白方用时12小时 2分

黑方用时12小时59分

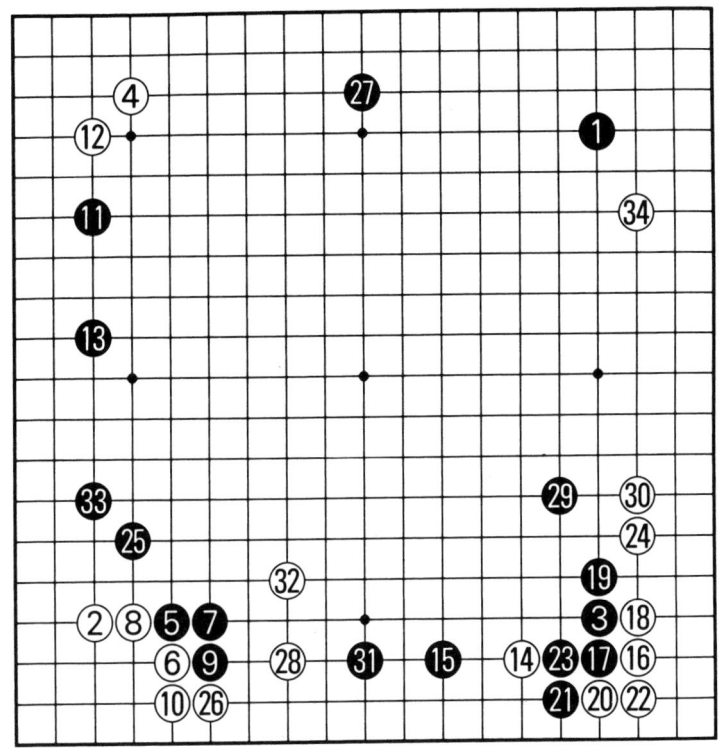

第1谱（1～34手）

读卖新闻"升降十番棋"第八局
昭和二十七年（一九五二年）五月十四、十五、十六日弈于宫城县松岛白鸥楼旅馆

16 藤泽十番棋第八局

互先　九段　　藤泽库之助
黑　　九段　　吴清源

第1谱 长考后的34

　　这局棋到黑25手为止都顺畅地在推进。然而，又同往常那样，藤泽先生的长考开始了。第26手上投入十五分钟，第28手二十四分，第32手一小时零六分。

　　黑25飞既已来，接着被黑26位挡住不可忍受，因此白26拐理所当然。

　　黑27手跳28位也很厚，可无论如何27位是现在唯一的大场。再来看考虑一小时二十七分后右上白34的小飞挂，这一手又如何呢？

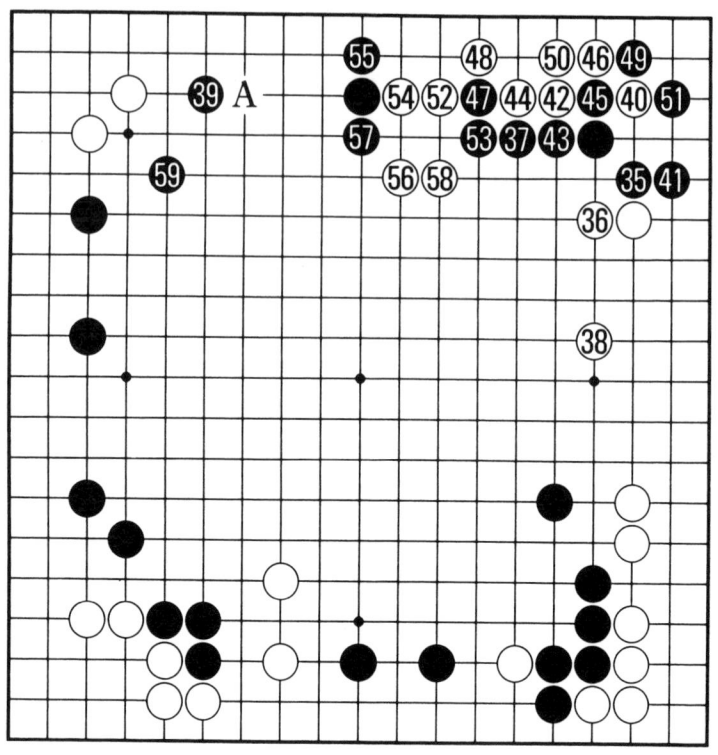

第2谱（35～59手）

第2谱 左上封锁

前一谱的白34手或许应当A位拆二展开左上阵型，藤泽先生局终后有此一陈。

也就是说，如实战中那样，因挂角右上之故，以至于白方第38手落于后手，被黑39逼迫左上角，藤泽先生将此视为了问题。从这层意义上来说，此处白棋或许是太过虑了也未可知。

白方采既定的方针，第40手点入左上角。此处循常用的手顺发展至黑51手。途中，进行了一小时三十分长考的、藤泽先生的白50手是第一天的封着。

第二天的黑51手至白58手同样是自然的流向。黑棋以第59手封锁了左上角的白棋，姑且可说是下出了满意的序盘。

遭到封锁的左上角白棋两子显出窘迫之态，故此有前述白方的后悔。

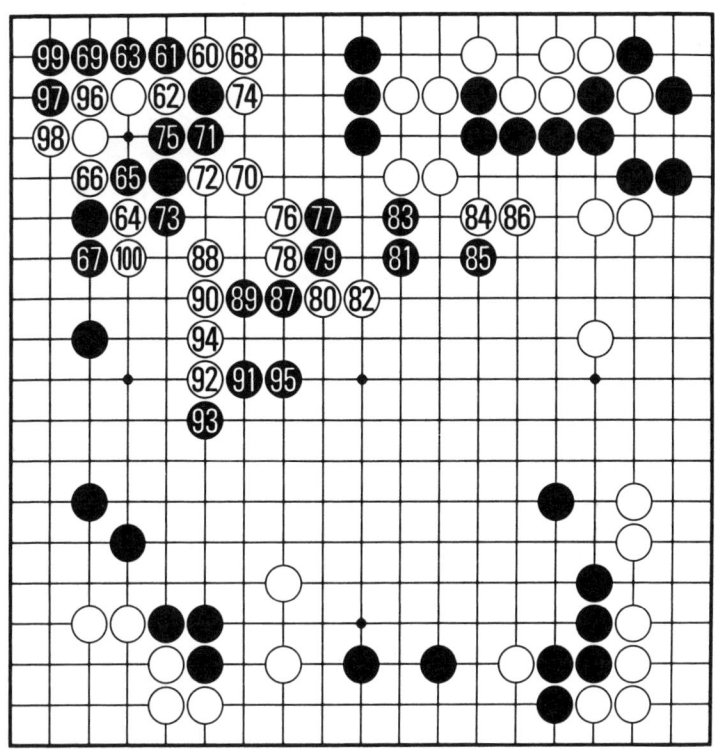

第3谱（60～100手）

第3谱 70的严重错觉

在白64一手上藤泽先生有错觉。

其想法是，凭实战谱的白70可以一战。

实际上应白70有黑71的手段，应白72则黑73，来自白方的75位断不存在。

考虑到这一点，白棋第64手选择图1发展为好。第70手也多少还是图2下法要来得好些。

因行棋之势，往后基本上是只此一途的走向。白棋100位长出，然而……

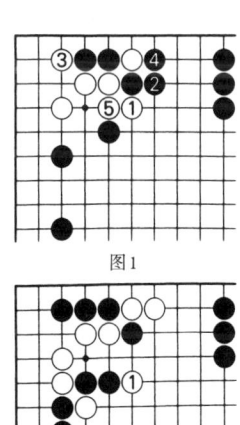

图1

图2

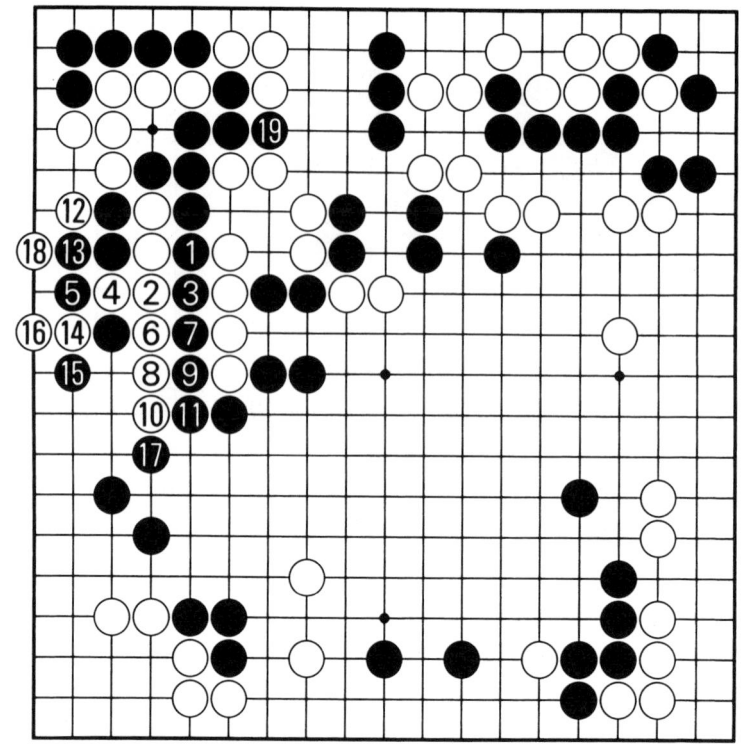

第4谱（101～119手）

第4谱 告一段落

黑1打理所当然。白2至黑11同样只此一途。

白12、14姑且在左边上包围了黑棋四子，此处白棋得以成活。

黑15打是稍有那么点巧妙的先手利。白方不能忍受在这样的地方被卷入劫争，因此下了16位的立。而此时黑棋便17位扳，味道很好地先手封住了白棋。从发展至白18时的棋形来看，黑15与白16交换，比起黑棋单单17位扳得利要有用得多。

接着黑棋于左上19位补棋，确实地给了白棋十一子最后的致命一击。

对慎重进行计算的藤泽先生而言，本局所做诚然是无甚亮点的应战。一局局的棋乃是活物，数局之中总有一二会是这种出于错觉、超出预计的走向。

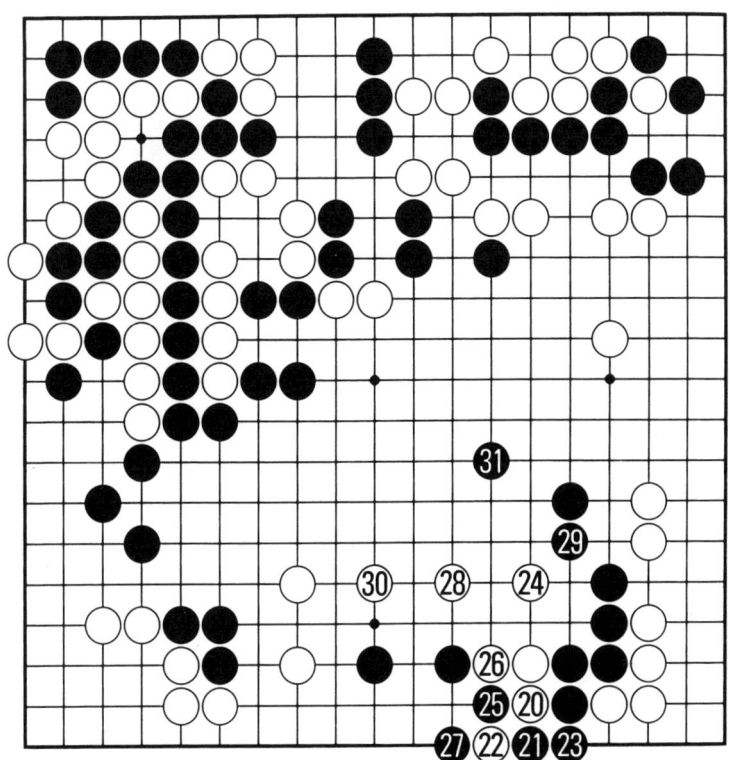

第5谱（120～131手）

第5谱 爽快投子

第三天的早上，藤泽先生准准于九点坐到了棋盘前。我的封着开了封，就在刚把黑31一手摆到盘上的时候——

"我认输了。"藤泽先生直接投子了。

右下的黑棋到底没能捕杀掉，在此基础上大势看来已清楚分明，藤泽先生似乎因此失了战意。

这样，棋战接下来终究是进展到了升降决定局。

131手终　黑中盘胜

限时各13小时　白方用时10小时56分

黑方用时 3 小时59分

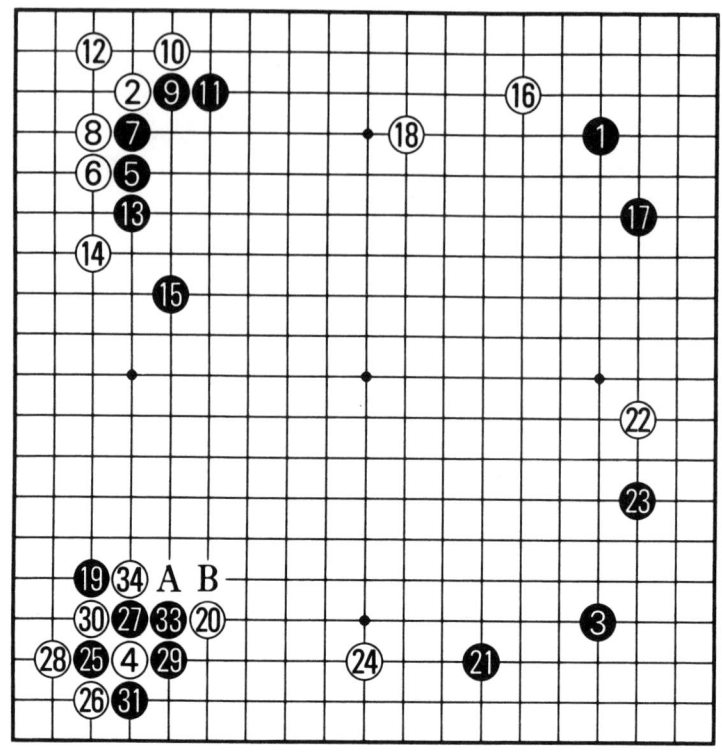

第1谱（1～34手）
㉜=⓲

读卖新闻"升降十番棋"第九局
昭和二十七年（一九五二年）六月十一、十二、十三日弈于北海道登别泷之家旅馆

17 藤泽十番棋第九局

互先　九段　　　　吴清源
黑　　九段　　　　藤泽库之助

第1谱　升降决定局

黑 21 手上投入了三十七分钟。

由于白 28 手 29 位长则被利，这着反打成了我的拿手好戏。

白 34 手断的当口进入了中午的休息时间。

由于是上午九点开局，至此已经过了三个小时。

"哪边呢……"藤泽先生低语道。他是在说，选 A 位还是 B 位。长考一小时十七分。

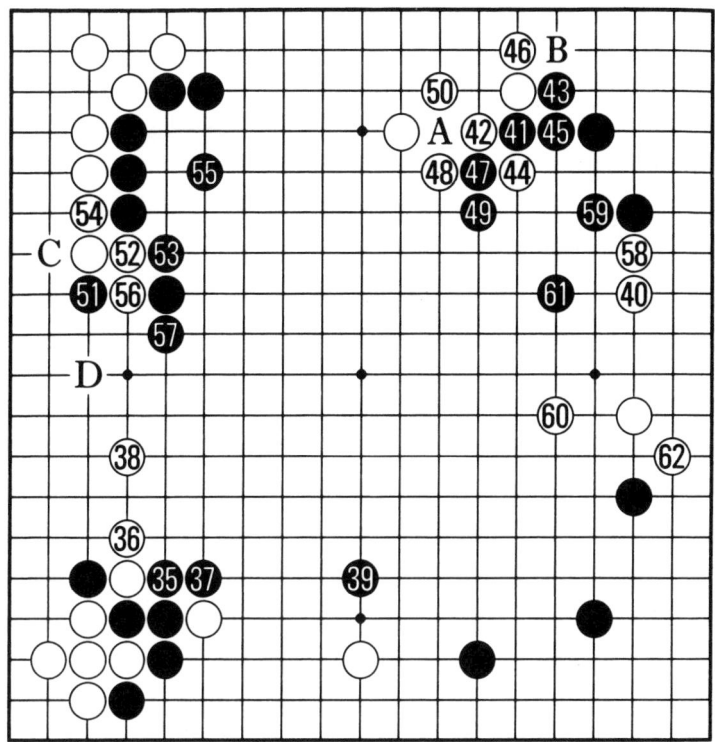

第2谱（35～62手）

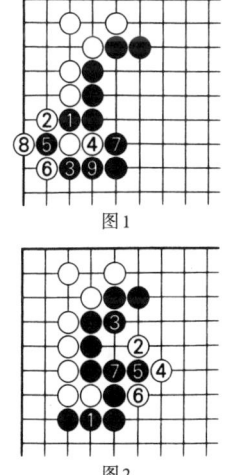

图1

图2

第2谱 黑55本手

白48打是临机应变的手段。这一手A位粘则黑49位长，之后黑B位挡加进来的话白棋眼形匮乏。

黑51手用时一小时零九分。

藤泽先生所后悔的，似乎说是没走图1的手顺。此处有变化为黑53手54位冲而白C位立的可能性。

黑55是本手。这一手56位粘的话，如图2所示被白子点到急所，黑方棋形崩溃无眼而终。

白58手D位飞虽大，但由于影响不到对方，是所谓的"隔靴搔痒之手"。

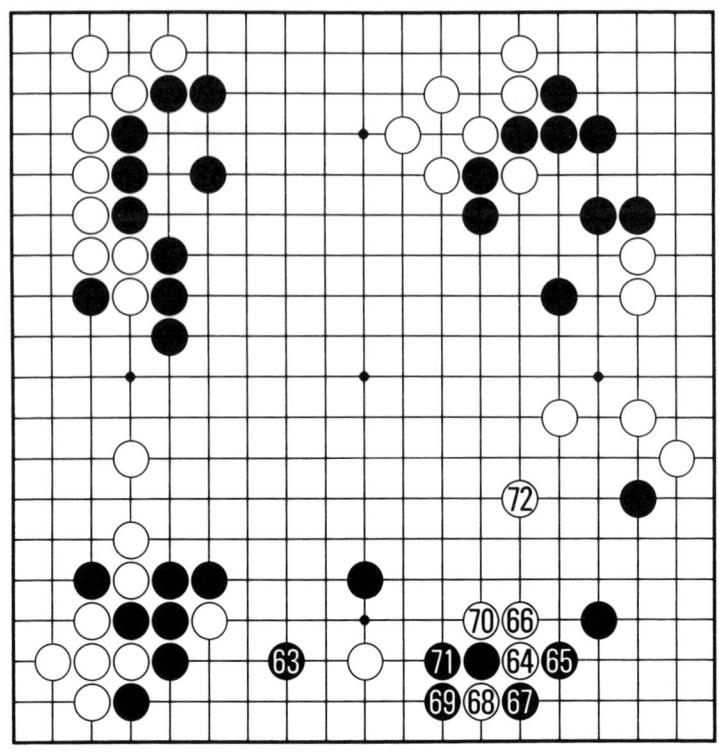

第3谱（63～72手）

第3谱 72的后悔

黑63手下图3的1位跳的话，白2至10安顿。该图白6退a位则黑b位点方。

黑71手用时四十一分钟。这一手提子开花则白71位打，黑棋不佳。白72手应当选择图4下法。这样味道会比较好，亦留有随后白a位逃脱之手。

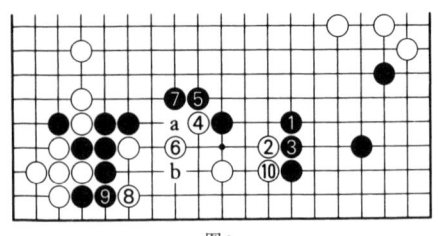

图3

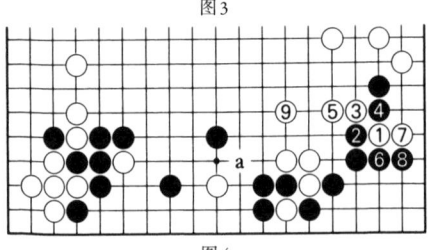

图4

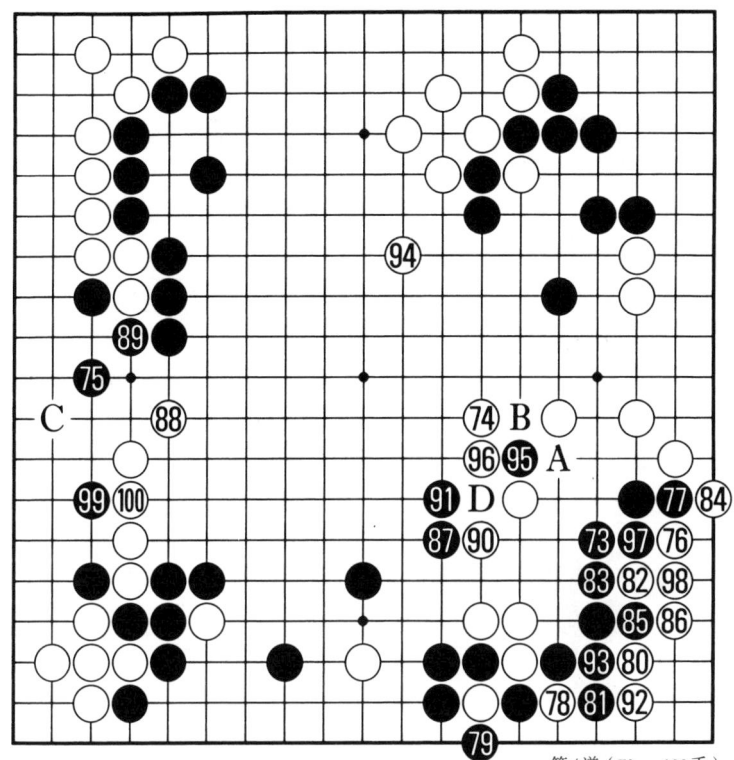

第4谱（73～100手）

第4谱 白94缓着

黑73手A位跨后白95位挡，由于黑棋盯住了B位的切断，白74跳对此做出防御。

左边黑75小飞实现了期待已久的突入。黑棋伺机准备实施100位的挖。为防此着，白88位尖一手。只是，白棋既已下88位，接着就应当行棋C位将左边纳为领地。若非如此旨趣不立。黑93手是第二天的封着。

上边的第94手，白棋最终若告负则它是缓手败着。这一手本该于D位团的。若问为何，黑95手跨严厉，白棋落得三子被吃即是原因。

藤泽先生是前一晚就寝后考虑的这取白方三子之手，似乎因此兴奋得不得成眠。午休时也给躺下了。

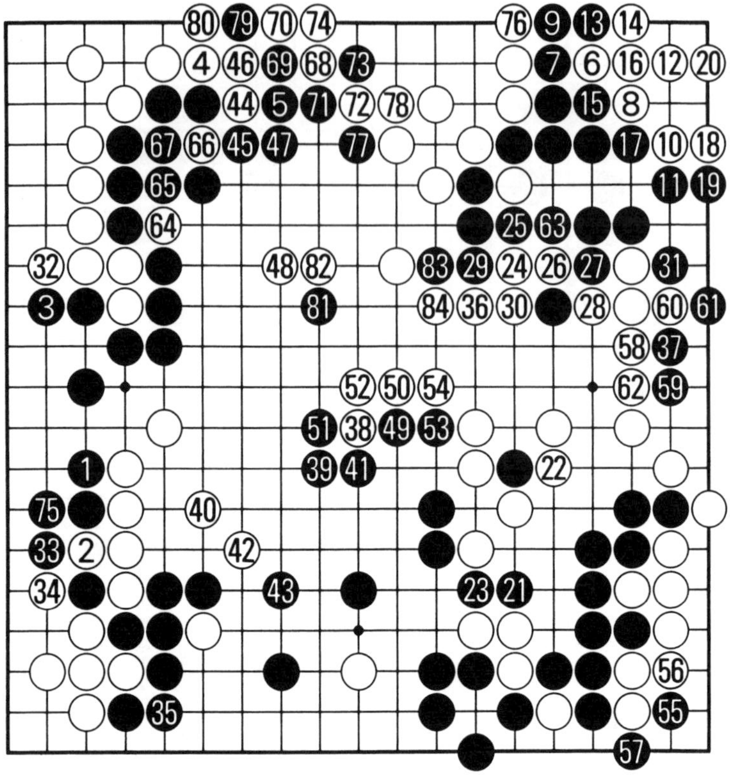

第5谱（101～184手）

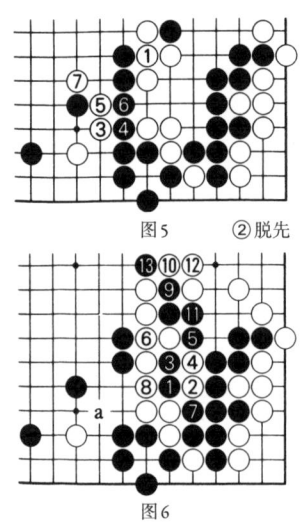

图5　②脱先
图6

第5谱　黑方优势

右上角白棋行6至20，角上虽成活，于外侧却生出负面作用来，故而并没有赚到。白6下图5的1位粘，瞄好随后白3至7为佳。白16处同样，做出劫争的觉悟按此图行棋便好了。黑21好手顺。白棋要是下图6的2位挖，三子虽有救，却遭黑棋吃两子还断于13位，难得的白a好戏消失不见，着实无趣。

吃白棋三子，黑方占优势。

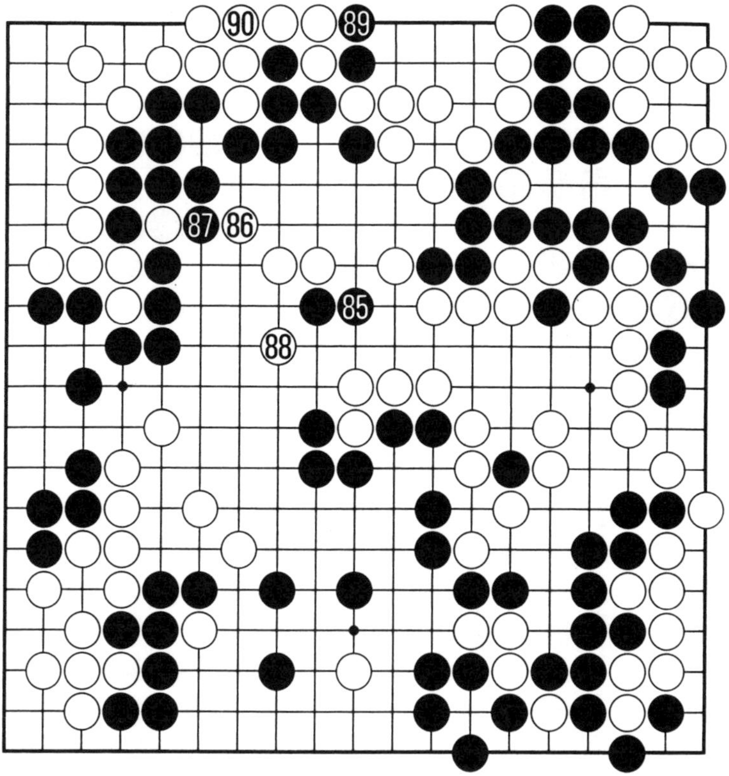

第6谱（185～190手）

第6谱 原本有棋

黑85是悔恨痛切的忘形失脚。这一手若是88位尖则黑棋轻松取胜。白88一出黑棋逃无可逃。

然而局终后一复盘，发现黑棋仍有采取手段的余地。借助图7劫争努把力，如此一来便胜败不明。黑棋会余出一目也未可知。

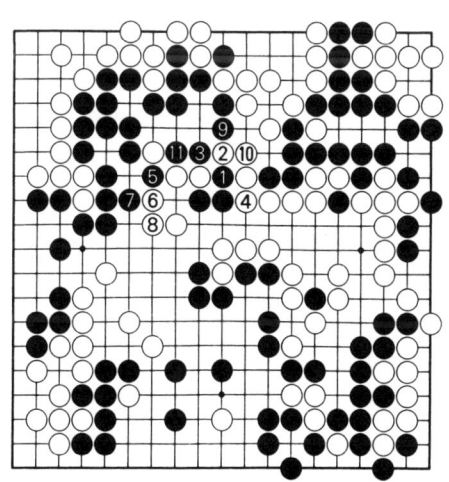

图7

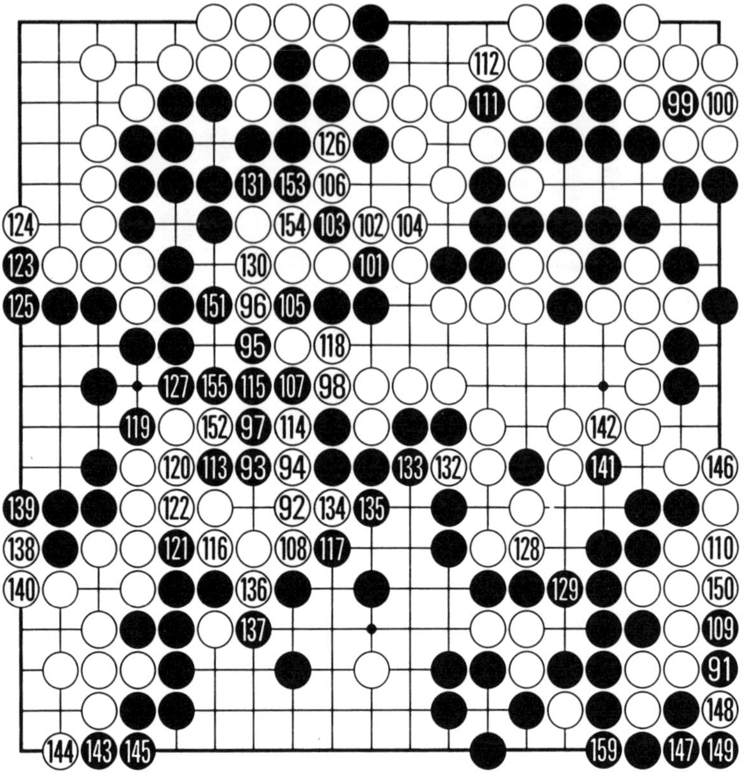

第7谱（191 ~ 260手）

⑮⑯⑯⓪=⑭⑧　❶❺❼=❾❶　⑮⑧=❶⓪❾　单劫白粘

图8

第7谱　降棋份

黑107一手看来黑方似乎成功了，而白108却又致愕然。如图8，黑109上即便拔掉，为防白a行黑3后，将被白棋攻破下边。就这样我赢下本局，终究降了对手棋份。

260手终　白胜三目

限时各13小时　白方用时 6 小时56分

黑方用时12小时59分

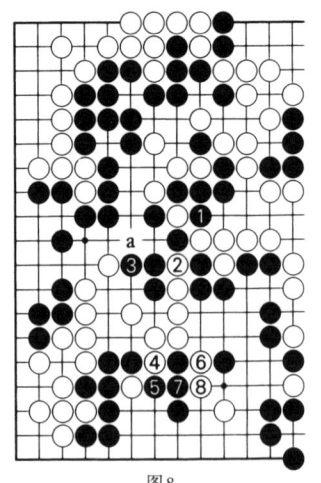

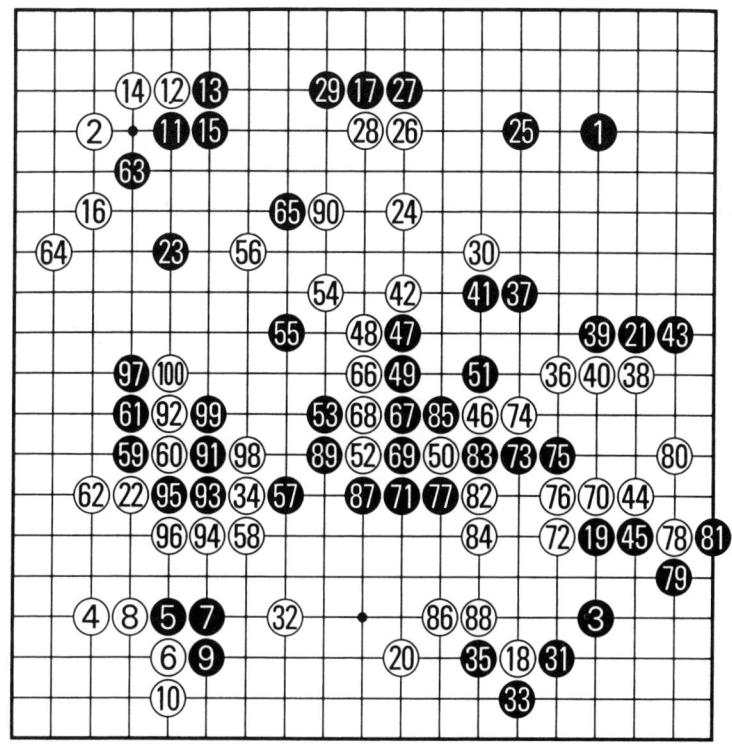

第1谱（1～100手）

读卖新闻"升降十番棋"第六局
昭和二十八年（一九五三年）三月十一、十二、十三日弈于热海来宫温泉清流庄

18 第二次藤泽十番棋

黑　九段　　　吴清源
先相先　九段　藤泽库之助

第1谱　升降决定局

　　被称作是世纪对决的对藤泽先生的互先升降十番棋，第九局上实现升降，修改棋份之后也是我取得一胜。接着我访问台湾，得到了"大国手"的称号。那时我指导过的正是十岁的少年林海峰，这件事成为了他赴日的契机。回日本后不久，便定了要下与藤泽先生的先相先十番棋。我第一局执白胜，第二局执白负，第三、四、五局取得连胜，而这第六局是升降决定局。

第2谱（101～124手）

第2谱 白方优势

白6位吃掉黑棋五子之时，藤泽先生已经只剩一分钟了。我这边所余用时尚有八小时之久。可偏偏连我也被藤泽先生的读秒催得心焦，在重要的关头出现不经心的着法，结果让白棋成了优势一方。

其原因在于黑15一手，这15位长本应该16位立进攻白棋。那样的话不仅正中的白子大龙可杀，右上角白棋也将不得顺遂。即便假设角上白棋成活，左边的A位预计也会是黑方出手占到。

本谱因黑15缓手之故，让右上的白棋重整了态势不算，还被其脱先至左边24位断了一手。这样形势便逆转了。局面尽管细微，却不得不承认是白方占据优势。

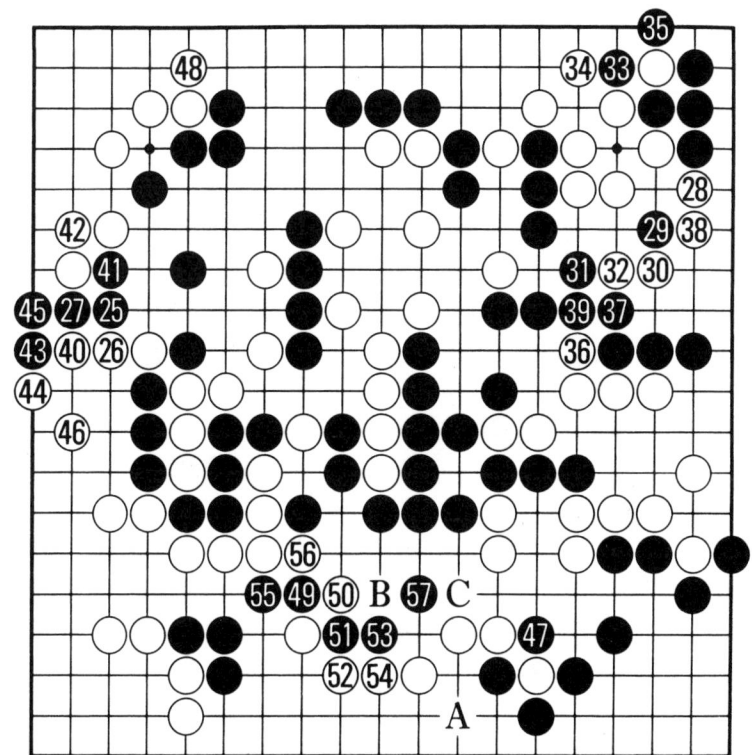

第3谱（125～157手）

第3谱 白48败着

白棋好不容易好转取得优势，被读秒追逼的藤泽先生手上却出了败着，即左上的白48立。

这一手若于右下A位小尖便好了。黑方在白48这一时点上，有49压、51扭断的鬼手。

黑方的57尖是稍许出乎意表的好棋，白棋此时B位打的话，黑棋将C位觑，生出右方白棋之死因。

由是在黑棋49位压之前，白棋不可不事先A位补强。

眼见黑49、51，藤泽先生说着"完了"用力敲了自己膝盖。

不过，因为该处白棋已几近无力回天，接下来便发展成了大转换。白棋一度死掉的中央大龙救活了，可作为代价，右方的大龙未能得救。

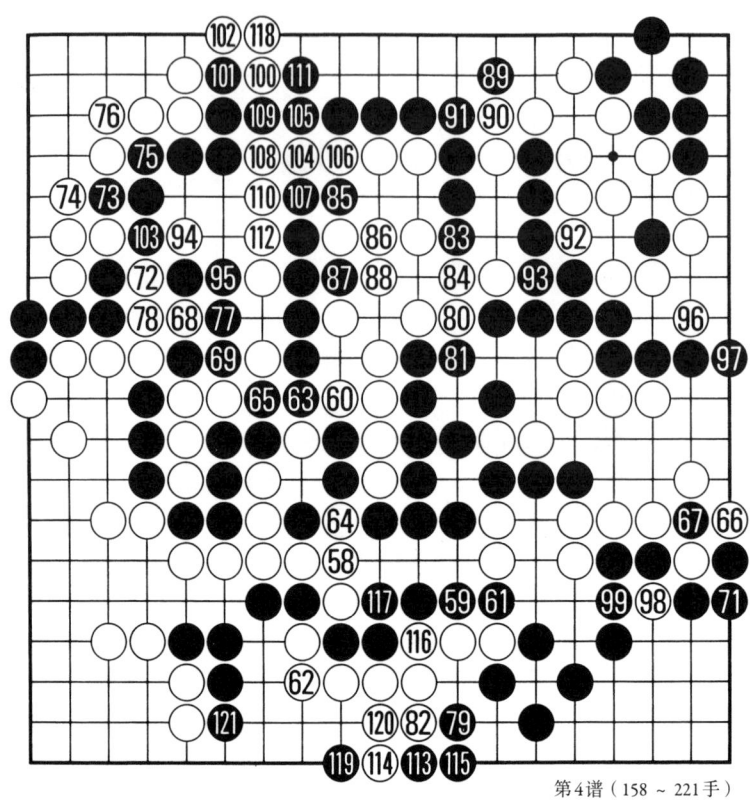

第4谱（158～221手）

⑦=❻下

第4谱 降棋份

一九五一年十月开始，一路弈下来与藤泽先生的互先十番棋。接续其后对战的这轮先相先累计到六局，这次有出现升降便终止的约定，故就此告一段落。

而另一边，每日报的贴目四番棋结果是我连胜。故两人最终对局二十局，我得到十六胜三败一和。

藤泽先生每每会将时间用至最后一分钟，总被读秒紧追在后。并且，已然确立优势的棋也不"收摊"，因继续深入作战之故，易丢大好局面的倾向在他身上不轻。可想我便是因此而受到了胜利的眷顾。

221手终 黑中盘胜

限时各13小时　白方用时12小时59分

黑方用时 6 小时52分

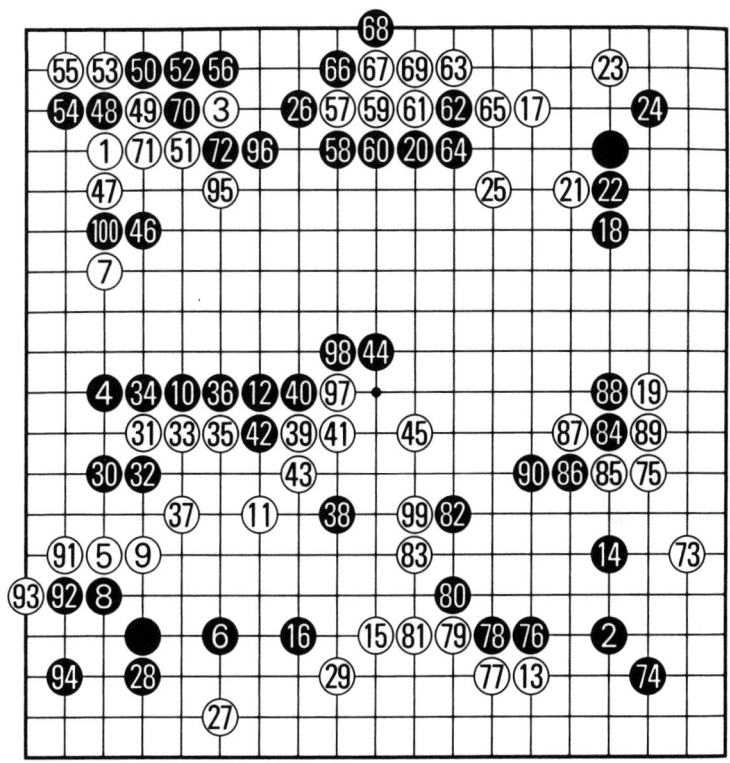

第1谱（1～100手）

读卖新闻"新锐初手合"
昭和二十八年（一九五三年）（四月二十八日～五月十日报面刊载）
弈于神奈川县鹤卷温泉阵屋[74]

19 中村勇太郎六段

九段　　　吴清源
先二先　受二子　六段　中村勇太郎

第1谱 阵容抽签

十番棋告一段落之后，作为下一轮战斗开始前的过渡，读卖新闻社从至今没有和我对阵过的六段中选拔了三位棋士，让他们每人同我弈一局。

因为棋份是先二先，抽签决定下来结果是中村勇太郎先生拿到受二子的下下签，山部俊郎、曲励起两位则是先手。中村先生这棋想必很难下吧。他是那种坚实而堂堂正正的棋风。

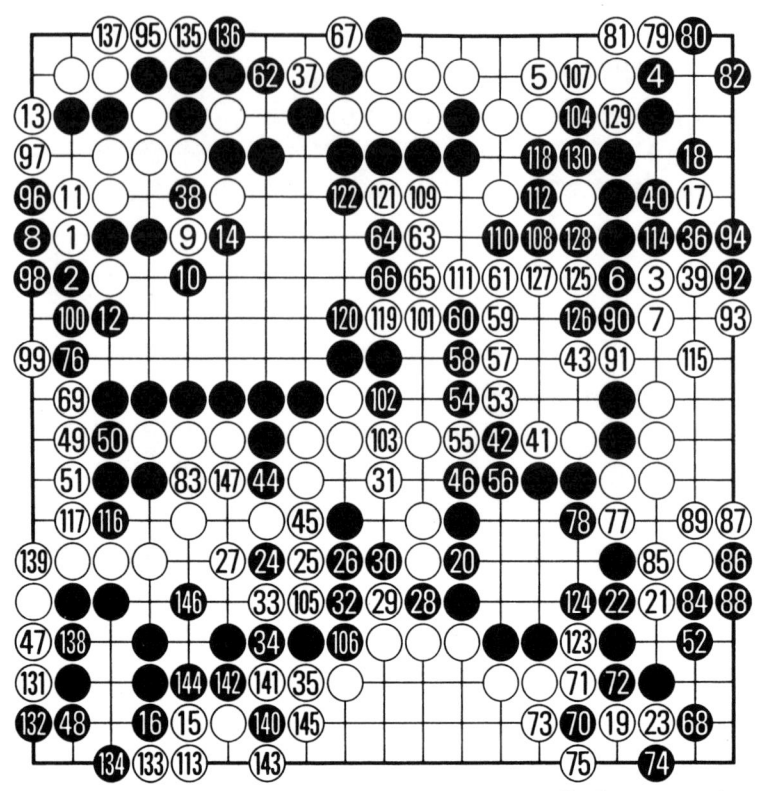

第2谱（101～247手）

第2谱 二子好局

被誉为棋圣的元禄年间[75]名人本因坊道策曾自陈："余生涯之最高杰作乃御城棋同安井春知七段所弈授二子局。春知为当代逸才，而此棋中春知手段，每着无一不妙。余亦穷尽巧思以对，不存些微遗憾，局终遂一目告负，余自甚以为傲。"后世的十一世本因坊元丈，将与井上安节（后来的幻庵因硕）的授二子局一目负视作一生之华彩，为之自豪。亦有解读认为，此举便是习自道策。

我的这一局，面对现如今的中村九段当时全无恶手的二子局，或许同样可说是下出了相当的迫力吧。

247手终　黑胜一目

限时各10小时　白方用时5小时14分

黑方用时9小时56分

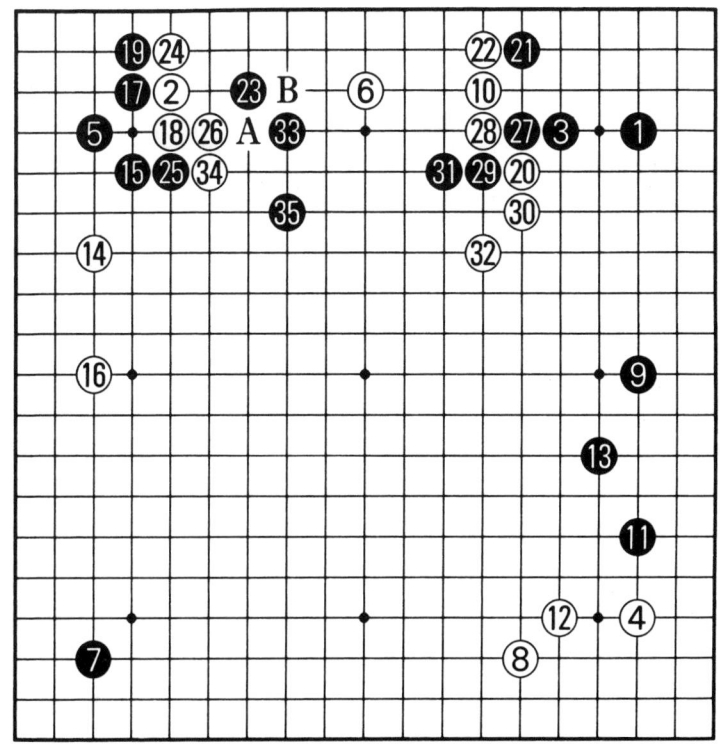

第1谱（1～35手）

读卖新闻"升降十番棋"第二局
昭和二十八年（一九五三年）十一月十九、二十日弈于水户市水户观光酒店

20 坂田十番棋第二局

黑　九段　　吴清源
先相先　八段　坂田荣男

第1谱　初手小目

我三十九岁，坂田先生三十三岁。棋份是一段差的先相先。

我的执黑局中，初手小目已一别二十年。因为十番棋之前的六番棋中被坂田先生胜过，这是为令自己状态一新而采取的行动。

左下黑7手的三三占角在当时也很稀有。

左上白24挡滞重，这一手本可27位退，又或者A位靠出、黑33位扳、白B位断。坂田感想有此一言。

发展至黑35手是黑棋以一掣三的局面。

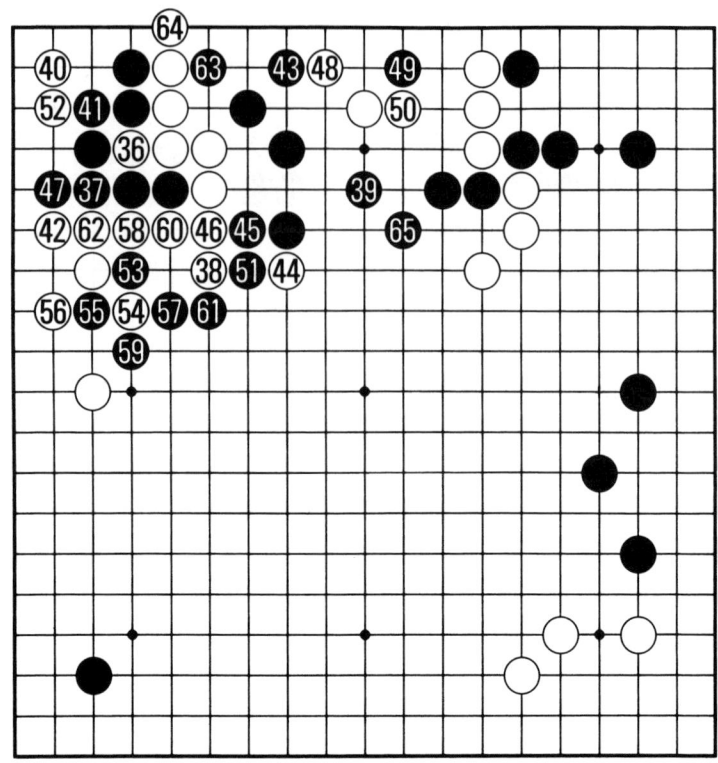

第2谱（36～65手）

第2谱 白50失着

白42手投入了一小时二十七分，黑43手一小时二十分。白44手是第一天的封着。

白44手直接于47位爬进欲杀黑角的情形，因黑46位的挖，结果反而白方六子在对杀中一气之差败下阵来。

白50压同黑51冲交换以后，白爬52位出手杀左上角黑棋。不过局终后的检讨中认为该处交换有问题，第50手时应当即刻下到52位。

只因令黑棋下了51位冲，致使黑方得以将左上角用作弃子，第53至61手在外围筑成厚势。

接着黑65虎吃死上边的白棋，这下便确实决出胜负了。

这左上角换上边的交易，再怎么拨算盘也是黑棋一方大有赚头。

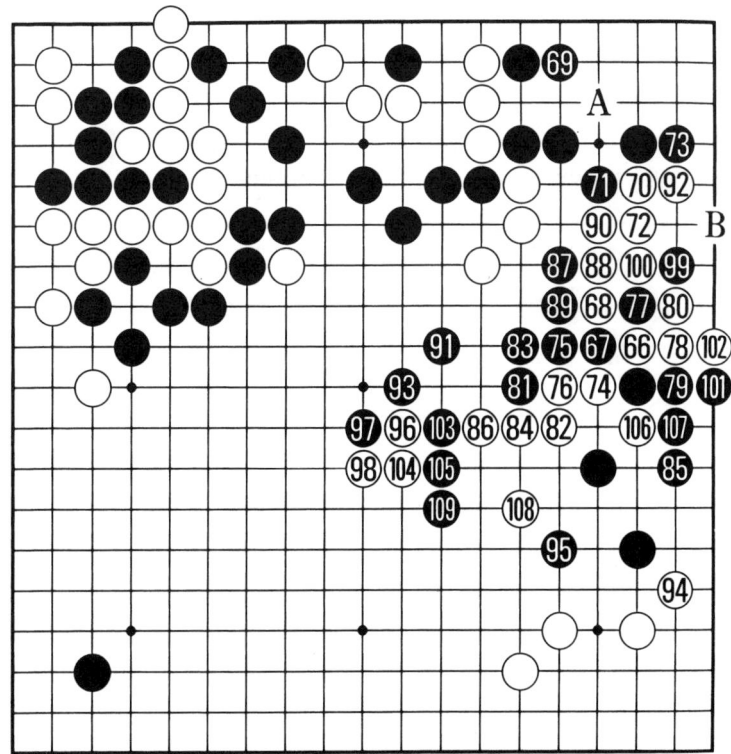

第3谱（66～109手）

第3谱 白棋的目的

眼见形势不妙，白方奋力以搏。

右边白66手以后，白方已将右上A位透点开始的变化置于心上。由是黑棋第69手双关此处，落锁封闭入侵之路。

白74打、76长以后准星瞄住了右边的黑棋。从这层意义上来讲，右上的白92手下错了。不用说，为了这块白棋的存活不加补一手是不行，可因这手白92之故，黑99、白100后被黑棋先手下了101位立，这对右边黑棋的眼形起到了很大的积极作用。所以白92手必须下在106位，与黑107位交换之后再以白B位跳活棋。要是这样黑101位的立便不会成为先手，随后的攻防中也就会生出相当大的差距。

白104手即便105位打吃，被黑棋开花拔一子后粘上，下边还是难以成势。

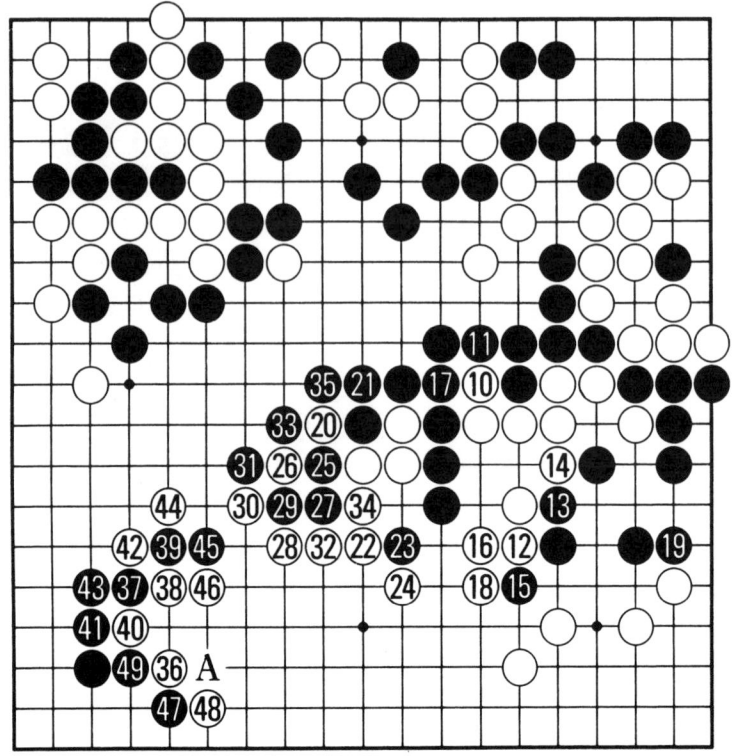

第4谱（110～149手）

第4谱 赍粮藉寇

黑29之后至35的发展乃赍粮藉寇。

濑越宪作老师局终后批评道：

"这盘棋我开始虽然认为是吴清源的名局，可正中33、35位那样拔掉两子，难得的大好评价也得收回。"

而实际黑29开始就彻底是在给对手帮忙，左下被白36挂角摆开架势，结果成了差距细微的形势。虽说即便如此黑棋仍照样处于领先，可黑29若能于左下A位拆二，下边白地就不会整出，全局争胜也便到此为止。因此该说是黑方当断不断之失。

一旦觉得不论怎么看形势都很好，那一瞬间便会放松警惕，跟着缓手就要蹦出来了。

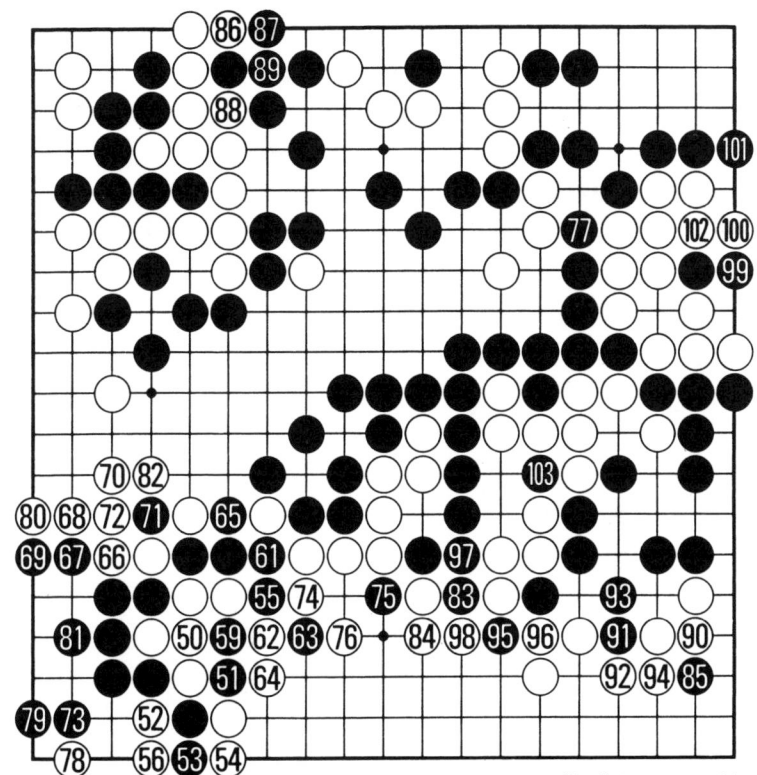

第5谱（150～203手）

㊲㊿=㊳上　㊳=㊳

第5谱 白50轻率

左下的白50粘轻率了。这一手本不得不应以51位的粘，因50位粘之故白棋吃了51至59的一记滚打，黑方生出了反攻手段来。白50就算只是粘51位，最后便是得点目的棋了吧，局势虽是黑方有利，但白方毕竟能避免实战那样的崩溃。

右下角黑85点入是决胜一手。

白90团的应手不得不为。黑91挖、93退是一早盯住的手筋。待黑95扳，97至103一气呵成，白方七子已不保。

此后，我赢下第三、五、六、七局，第八局成为了本轮升降决定局。

203手终　黑中盘胜

限时各10小时　白方用时9小时59分

黑方用时6小时55分

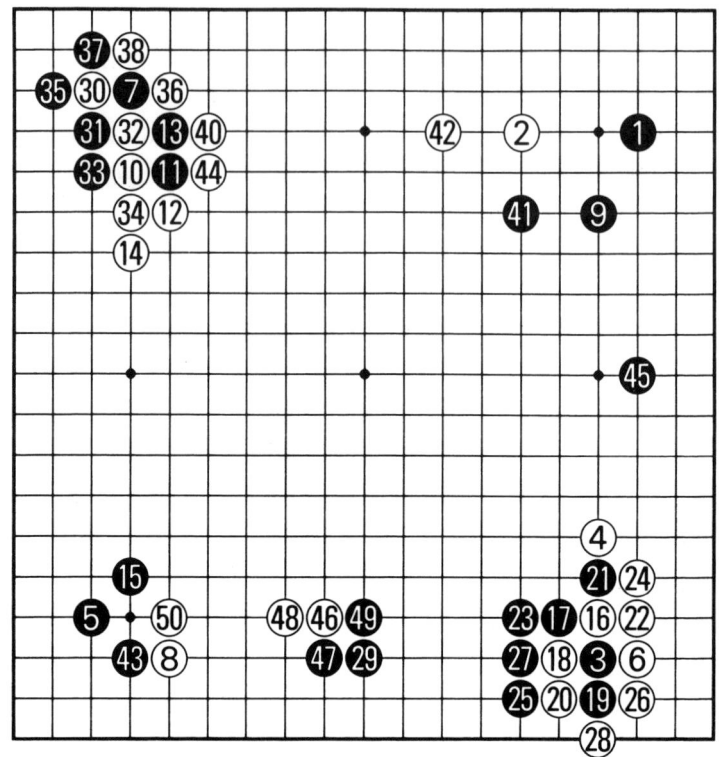

第1谱（1～50手）

㊴＝㉚

读卖新闻"升降十番棋"第八局
昭和二十九年（一九五四年）六月二十四、二十五日弈于岩手县花卷温泉松云阁

21 坂田十番棋第八局

黑　九段　　吴清源
先相先　八段　坂田荣男

第1谱　升降决定局

一九五三年十一月开始下起的与坂田先生的先相先升降十番棋，也终于在第八个月来到了升降决定局。按约定，实现升降棋战便将就此终止。

这局棋我也以小目起手。

左上的白 30 一着是征子有利时的常用手段。不用说，对方是考虑到这一手而行的右下角的棋。白 18 手投入二十七分钟，白 20 手三十九分，白 44 手的提吃则是二十二分。

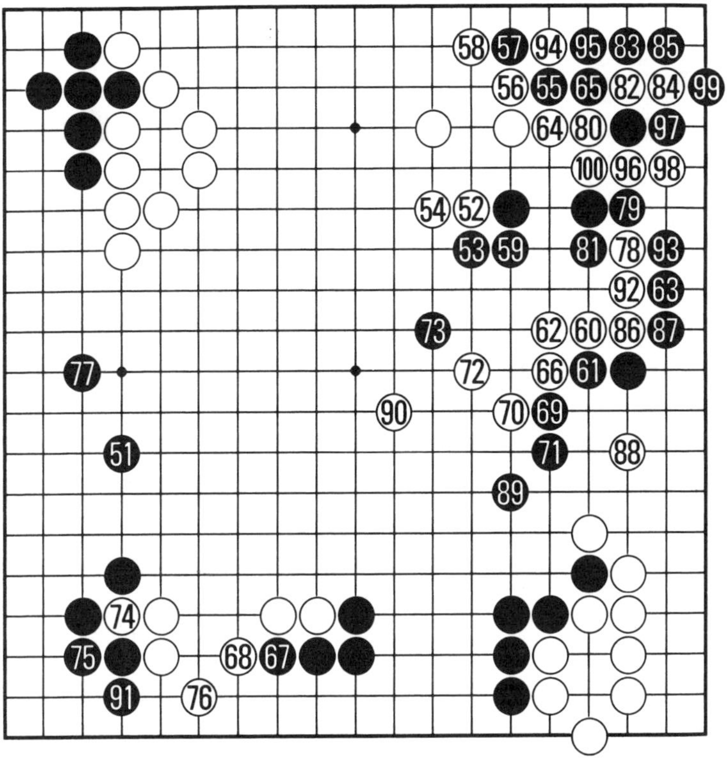

第2谱（51～100手）

第2谱 69手封棋

右边白60手稍有些过度深入，这一手64位拐，黑65位退，此时白方行左下67位挡，这样便是细棋。黑69手为封着，而它是个问题手。这一手行图1的进攻要更胜一筹。否则图2也不错。

因黑方眼睁睁放走了这一进攻机会之故，让白棋74挤、76虎把此块安顿下来，这令白方得以安心。按这个道理，白78手时下91位可早早避开攻击，令左下尽在掌握。

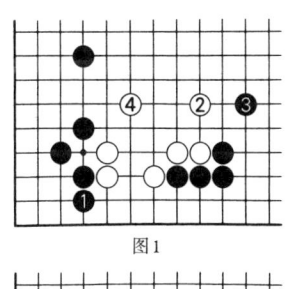

图1

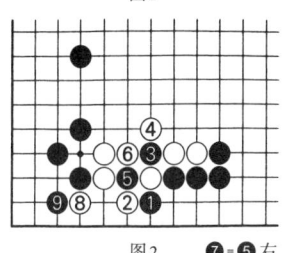

图2　❼=❺右

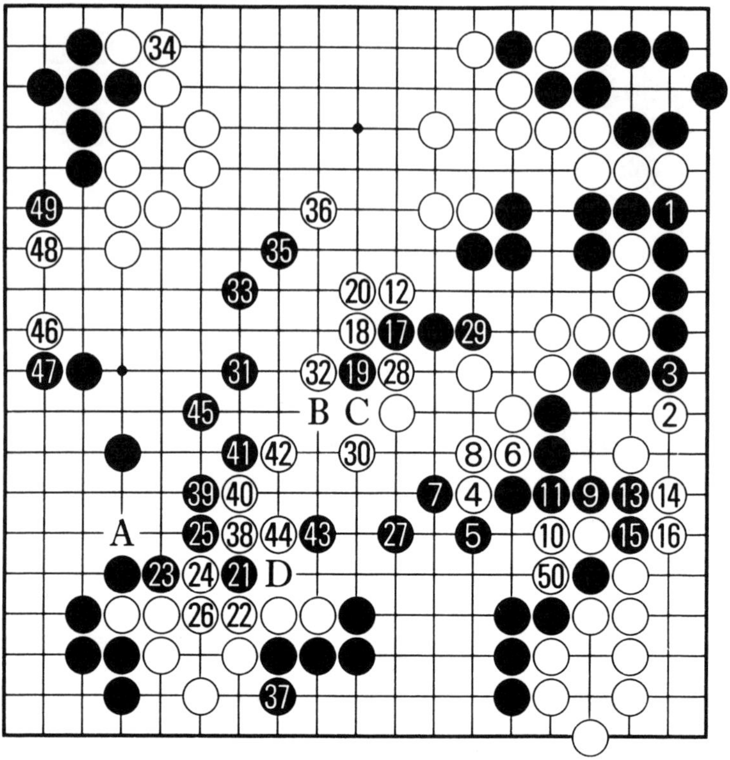

第3谱（101～150手）

第3谱 21、23愕然

白2轻率。至白8，白2觑同黑3粘的交换成了拖累。

白12上按图3行棋为好。图3的话白棋前景相当有望。

被黑棋21觑、23封住，坂田先生说是愕然了。白棋应当在此之前23位压同黑A位交换的。

白30并B位的话，黑30位觑、白C位提、黑37位立。白38位打、黑44位打、白D位拔、黑40位打，如此将生出事来。

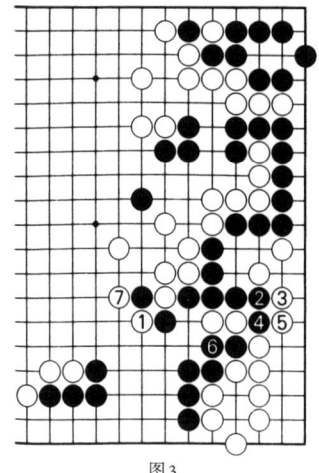

图3

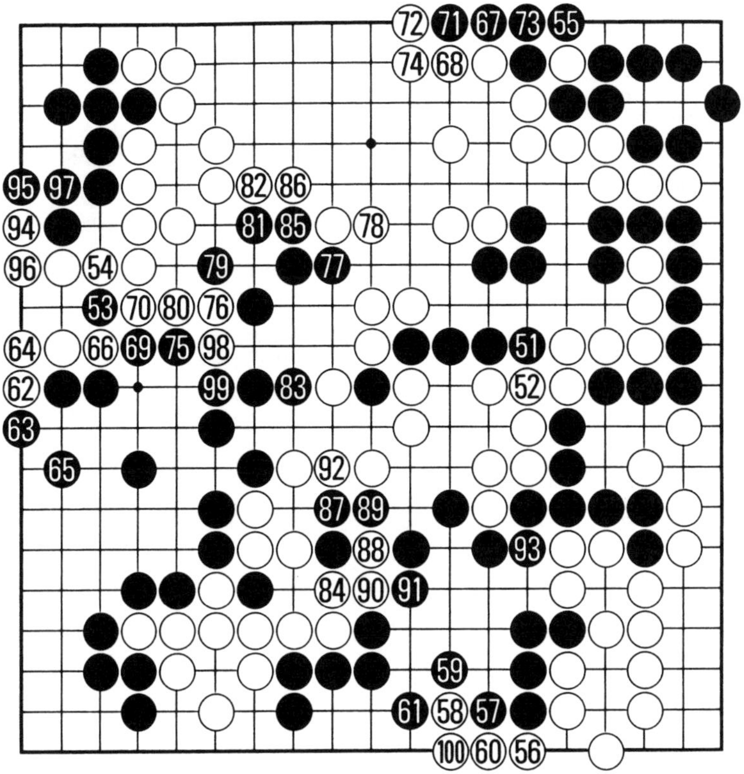

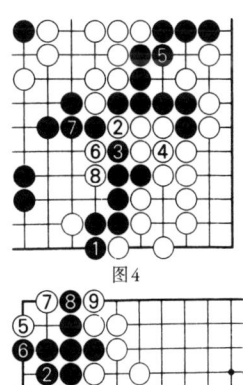

第4谱（151 ~ 200手）

图4

图5　❹=①

第4谱　黑方慎重

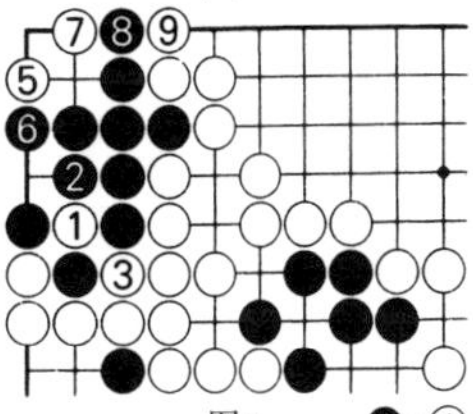

发展到这一谱之后，坂田先生已无胜机。时间也已用尽正在读秒。我这边因为时间也还很有余裕，官子便推进得颇慎重。

右下黑59若是不注意下在60位的话见图4，黑方七子被捕杀，局势将逆转。

又左上黑97处脱先的话见图5，这下是被做成了双活。现在七目的地那样将变成一目，故脱先有六目之损。

黑77开始是在第二天晚餐后进行的。

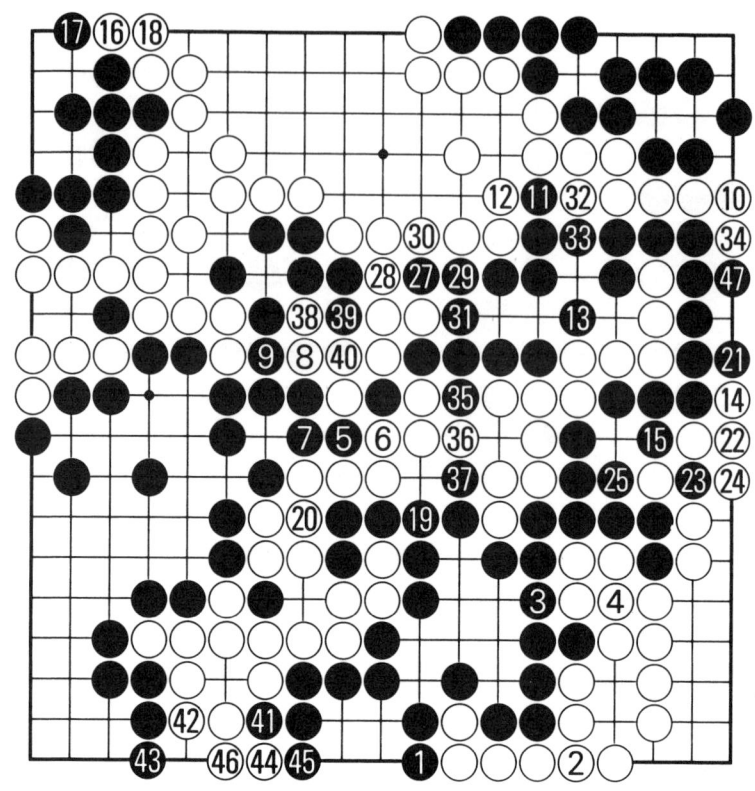

第5谱（201～247手）

㉖=㉓

第 5 谱 降棋份

这样，我便将坂田先生降为了定先棋份。

坂田先生在次年的大手合中获得升段点晋为了九段，而那是个九段尚如晨星般稀少的时代。

我则因为至此一时没了下十番棋的对手，而被接连安排进行了"吴对日本棋院最强七段战""吴对关西棋院精锐战""吴对新锐八段三番胜负"等棋战。

对象基本都是比我年轻的诸如藤泽秀行、山部俊郎、炭野武司、半田道玄、洼内秀知、佐藤直男、桥本昌二、杉内雅男、宫下秀洋等棋士。

247 手终　黑胜七目

限时各 10 小时　白方用时 9 小时 59 分

黑方用时 5 小时 52 分

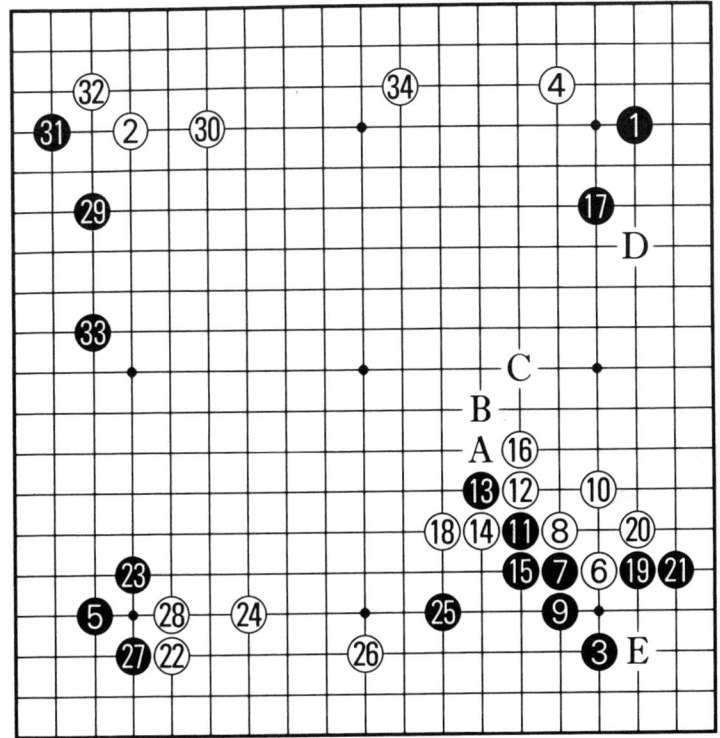

第1谱（1～34手）

读卖新闻"升降十番棋"第一局
昭和三十年（一九五五年）七月十九、二十日弈于箱根宫之下温泉奈良屋

22 高川十番棋第一局

黑　九段　　吴清源
互先　八段　　高川秀格

第1谱　本因坊秀格

我升降十番棋最后的对手是高川先生。他从桥本宇太郎先生手上夺取了本因坊头衔，当时正处于四连霸中。

我那年四十岁，而高川先生三十九岁。[76]

我右上的第17手若改为A位长而白B位扳、黑18位扳、白C位虎，此时黑D位拆二，如此行棋要来得好。

白18手是出乎意表的一着。如打吃有被引征利用之嫌。如此一来白E位托的手段成立，因而有黑19夹。

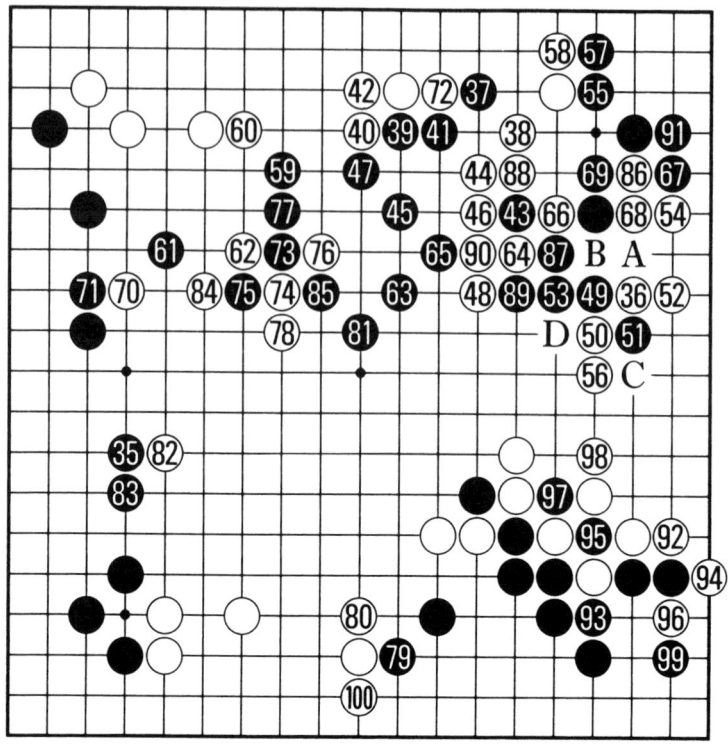

第2谱（35～100手）

第2谱 高川步调

左边黑35虽是大场，但却只是围了空，对白棋没有影响。故这一手应当拆于右边的50位。

究其原因，接下来的白36是好点位，占到此处会让白方发展成开阔的布局。白方54跳一手威胁到黑棋根据，其对黑地的蚕食令差距变得细微了。

由是黑53手本该事先于A位挡住，而后白53位打、黑B位粘、白C位打、黑D位打、白56位粘、黑89位打吃。

被白棋下54位后一看，右上角的黑棋竟超乎预想地薄弱，因而令人有所不安。

最终黑方不得不67挡、69退补棋守备，正是由于有白54的效用存在。

左边白82手为引征。第88手是封着。至此局面细微，所循可说是高川步调。

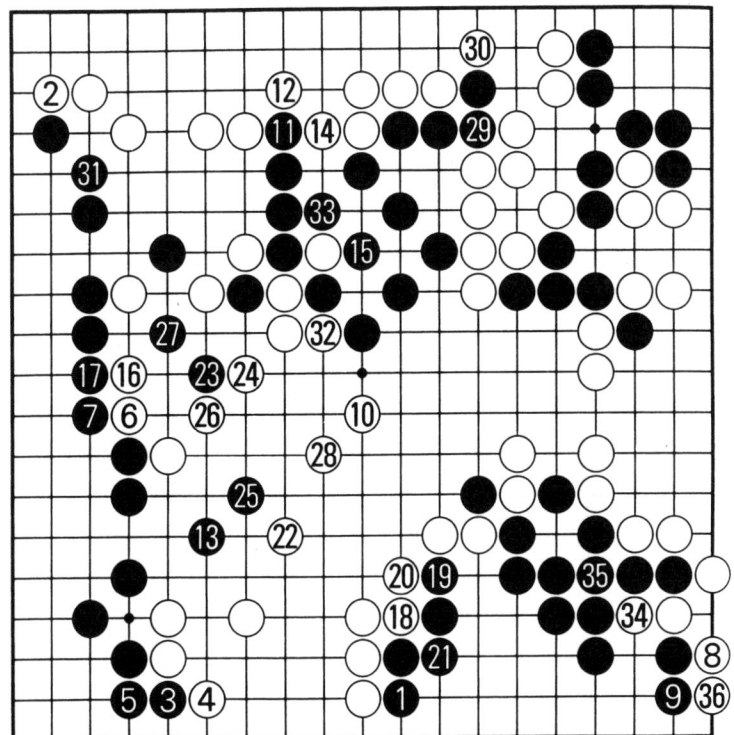

第3谱（101～136手）

第3谱 白34败着

　　正值局势细微之时，黑棋偏偏因13位小飞致损。这一手不接续黑11走上边14位本就不行。由于14这个点位是双先官子，自应不吝去下。黑棋这么一来显然损掉了两目。

　　而在这好转了的局面下，白方却出了败着。即右下角的白34、36。

　　白34是熟虑五十三分钟之久后下出的一手，且此处确是不小的官子。可值此局面，白方本应更重视中腹才行。

　　对冷静且被公认为官子出色的高川先生而言，这次该说是难得一见的失手。既如此，白棋要怎样下这一手才行呢？

　　解答放到下一页的参考图中请诸位垂阅。

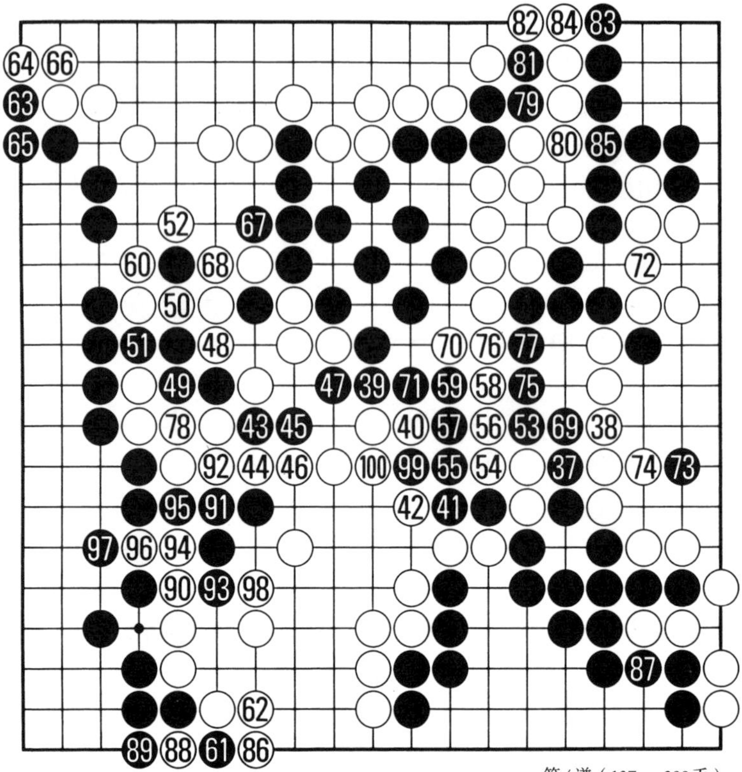

第4谱（137～200手）

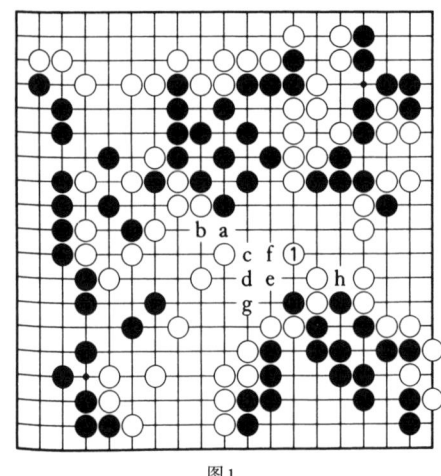

图1

第4谱 黑39胜着

前一谱的白34在图1的1位小尖补住便好了。黑39位对中腹的顶撞是漂亮的手段。借图1来说明，从后续黑a位、白b位、黑c位、白d位、黑e位、白f位、黑g位的预想来看，黑h一手颇为酷烈。相对于"败着"假若有"胜着"这样的说法，那么黑39正所谓胜着。

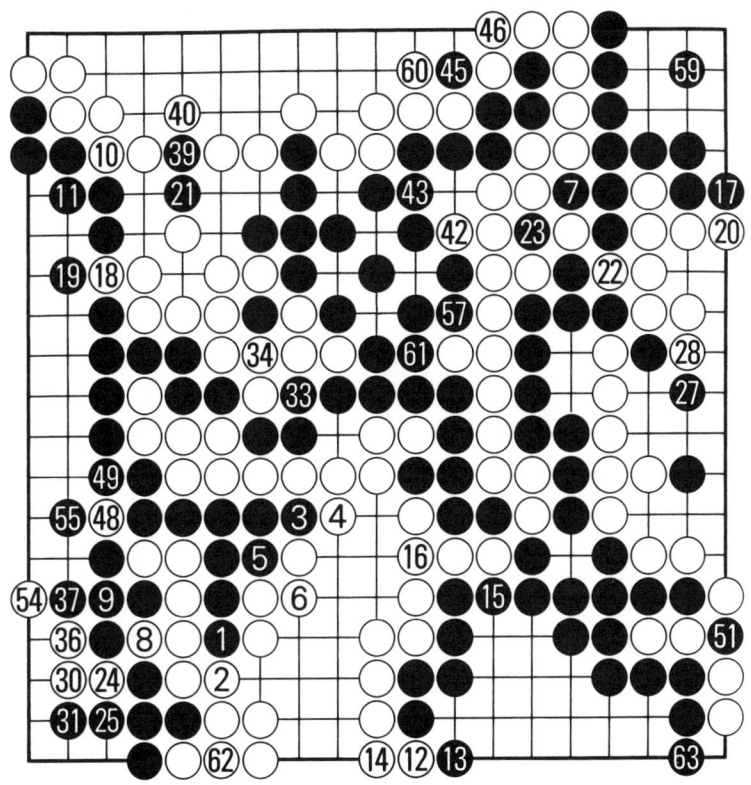

第5谱（201～263手）

㉖㉜㊳㊹㊿㊽=㉓右 ㉙㉟㊶㊼㊾=㉓ ㊷=㊶左

第5谱 黑棋艰难取胜

本谱中黑方的胜势几已无可动摇。

黑7于右上卡眼是为了强迫白方补棋。与被白棋占7位相较，差距仅此处便有三又三分之一目。另外由于下边黑14位、12位的扳粘将令白方别无他法只能补棋，此处便又出了价值三目的官子。

又有右上角的黑59，此处脱先的话，被白59点上将变成双活。要是劫材丰富，白棋倒也应该会改58粘去点59位来着……

263手终 黑胜三目

限时各10小时　白方用时9小时48分

黑方用时5小时35分

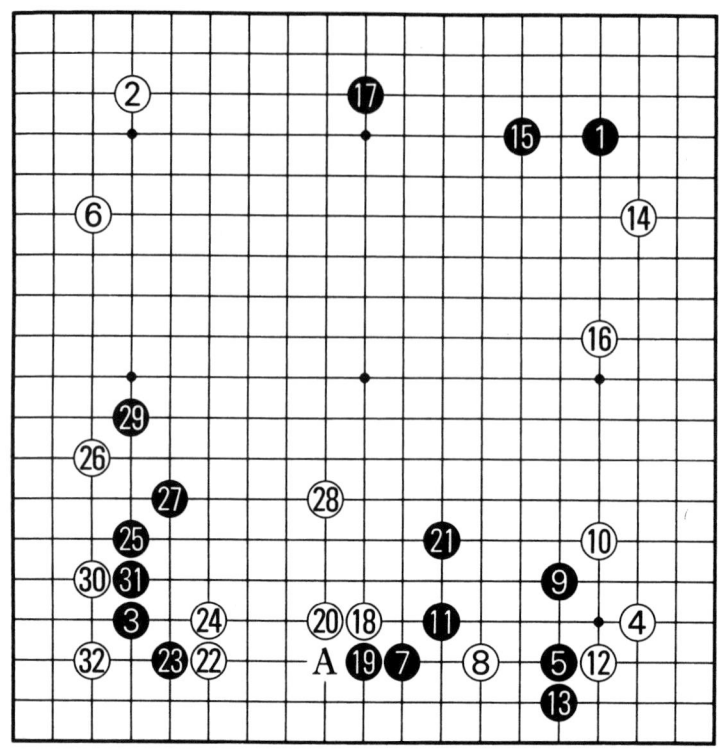

第1谱（1～32手）

读卖新闻"升降十番棋"第二局
昭和三十年（一九五五年）八月十六、十七日弈于北海道定山溪栖霞庄

23 高川十番棋第二局

互先　九段　　吴清源
黑　八段　　高川秀格

第1谱 对角星

黑1、3手的对角星是高川先生喜欢的布局。另外第3手于右下星位二连星也常用。

下边白18手或许让人有种奇异的感觉。不过这一手直接22位小飞挂有黑23位尖顶、白24位长、黑25位跳，此时再白18位肩冲的话黑19位爬、白20位退、黑A位爬，之后如何着手的问题就不太妙了。

由是白方率先下18位，据黑棋动向探察发展可能。

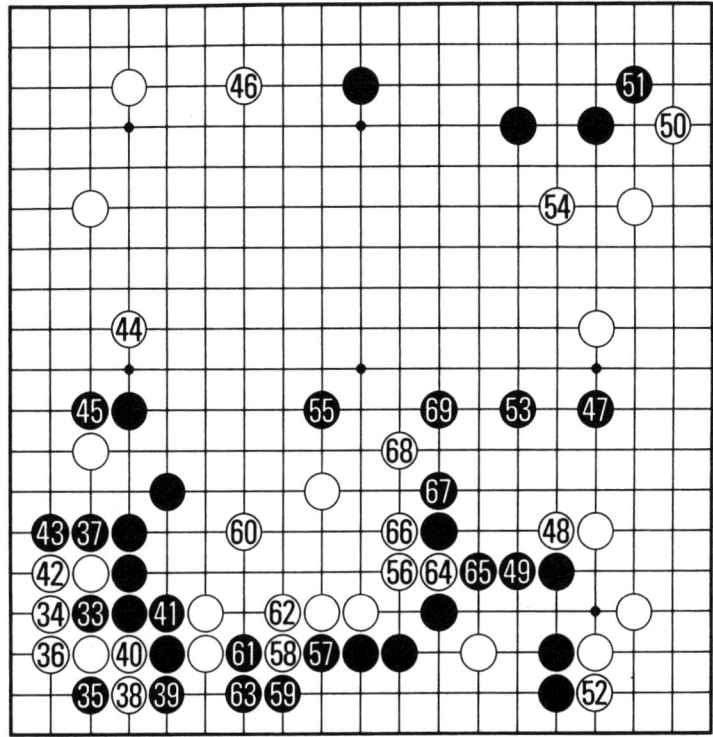

第2谱（33～69手）

第2谱 左下角黑损

本谱左下角黑棋有损，且可以判定，是此损最终招致了黑棋的厄运。

黑35手照图1行棋或比较好，接着便可取得先手转至右边47位。

黑39手同样，我认为40位断按图2行棋为好。况且白棋经黑7断与白8打的交换也将大致站稳脚跟，故而也不是不可能奉陪。

白42粘先手做活影响甚大。黑51手正中白棋下怀。即刻55位镇要更好。

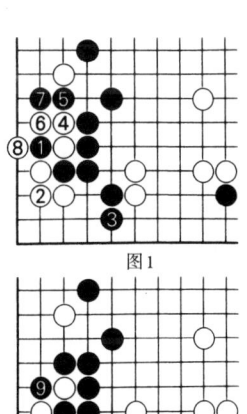

图1

图2

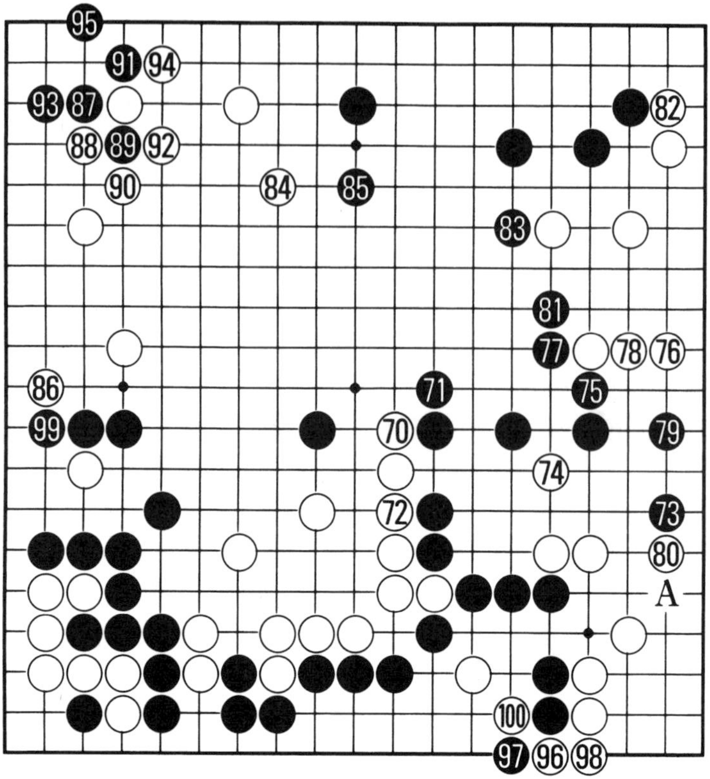

第3谱（70～100手）

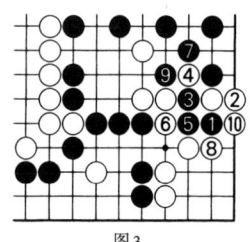

图3

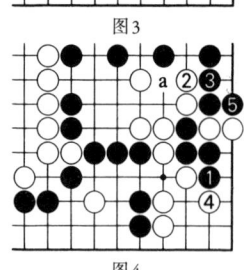

图4

第3谱 右下角的后味

中央白72手的棒接厚实，这块白棋也有了眼形。

对右下角黑73、79手的逼迫，白80手味道稍稍有些糟糕。这一手应当应在A位。实战这手白80靠的话，现在虽不会马上显示负面效果，但设想得出之后黑方以夹实施攻击的图3抑或图4走向。不过说起来图4在a位有半只眼，白棋倒也会就此脱先转至84位的大场吧。

左边白86手很大。右下白100的点位若黑方占到，白棋将改为99位渡过。

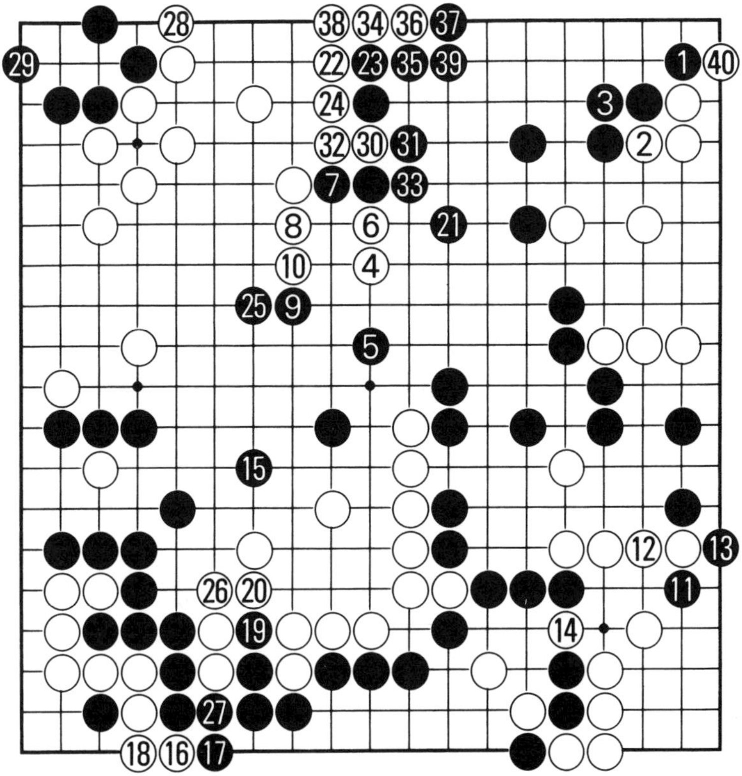

第4谱（101～140手）

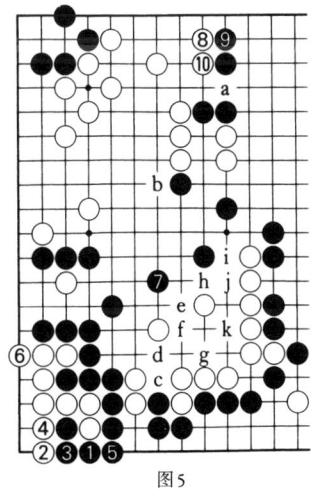
图5

第4谱 左下的逆收官子

前一谱的黑99手是封着。黑棋在官子中出现了相当大的损失。比如左下角就有黑15这理当往图5的1位渡过的一手。此处先手，是黑棋的权利。被白棋逆收致了损。而即便是图5，白棋也会走到上边的8位、10位。在此情形下，随后的白a挖是严厉且价值很大的一手官子，较之扳中央b位要更有效。此外对正中的白棋，即便从黑c开始按字母顺序进攻至黑g，截止到黑k时仅是双活。

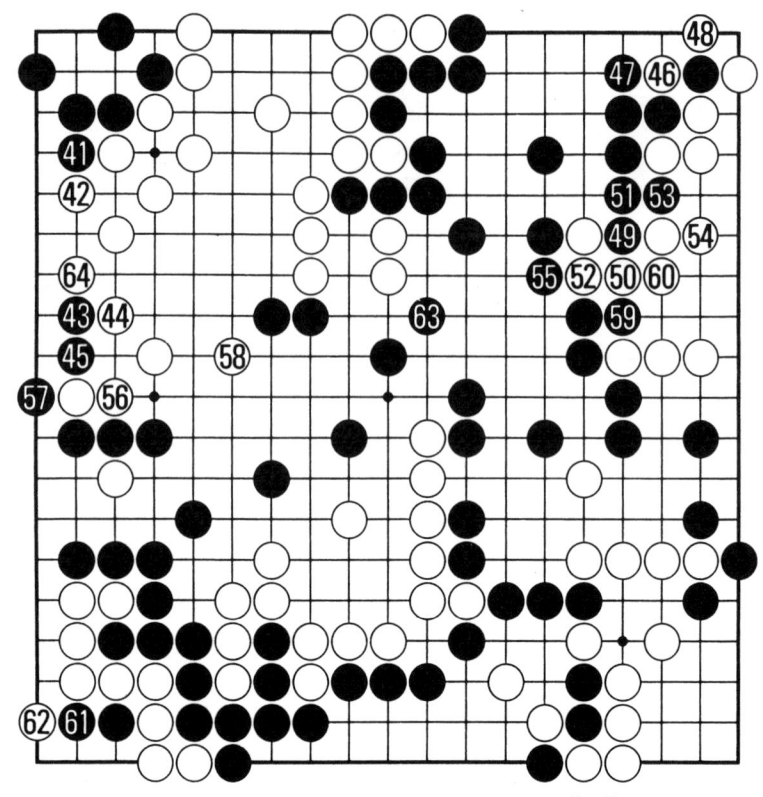

第5谱（141～164手）

第5谱 黑方投子

以下内容出自山田覆面子：

"至今沉默着的高川本因坊，白棋左边64位挡时他做一声'差得太多啦'，准备向吴先生搭话。这是表示认输的信号。

"待在楼下做着'细棋仍在持续'解说的濑越先生急匆匆奔来对局场地，问道是哪里看错了棋还是怎么。

"'那倒也没有，只是好像不知什么时候就被耍了呀。'

"说着，高川先生第一次笑了。"

若收完全盘则是五目左右的差距。

164手终　白中盘胜

限时各10小时　白方用时5小时27分

黑方用时7小时15分

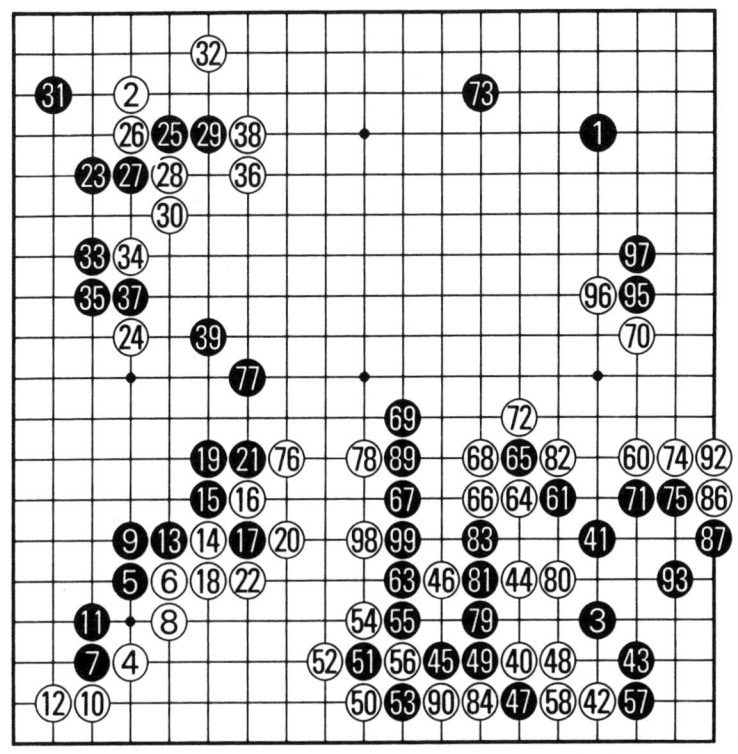

第1谱（1～100手）

㉕㉘㉛⑩=㉛　⑫㉘㉔=㊻

读卖新闻"新锐八段三番棋"第三局
昭和三十一年（一九五六年）二月八、九日弈于藤泽市鹄沼海滨酒店

24　岛村利博八段

　　　　　　　　　　九段　　　吴清源
先相先　黑　八段　　岛村利博

第1谱　三番棋

对手是现在的岛村俊广九段。

高川十番棋期间，在读卖的安排下让我弈了同遴选出的八段的三番棋。

第一局我执白三目胜，第二局我执黑中盘胜，此处为第三局。

左上三间高夹后的冲断颇少见。下边的劫争白棋同感畏怖。

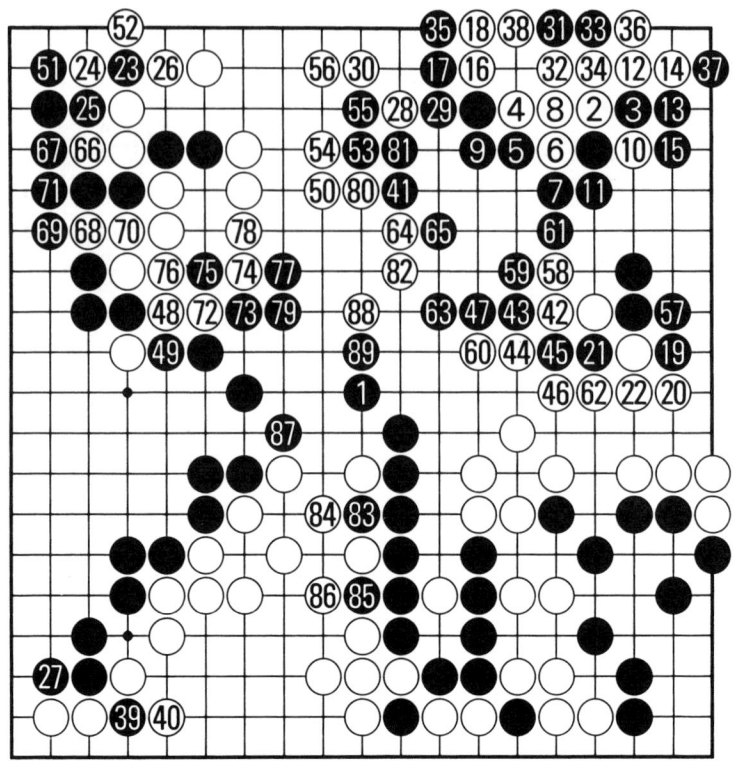

第2谱（101～189手）

第2谱 迁居至天神山

右上的白棋至18为止就那样老实地做活，黑棋右边19位扳，如此大势已决。黑棋以岛村先生风格踏实推进，没给白棋采取手段的余地。

我就在这一九五六年的一月从箱根的仙石原开拔，迁居到了小田原市天神山山腰上新建的木造二层小楼。从那里能看得到相模湾。

那会儿母亲舒文已经从台湾搬来，妻子和子也在待产了。我们夫妇结婚以来十三年间一直无缘得到一个孩子，因而大感欣喜。这时诞生的便是长子信树。随后我们又得到了长女佳澄、次子昌树。

189手终　黑中盘胜

限时各10小时　白方用时4小时22分

黑方用时6小时58分

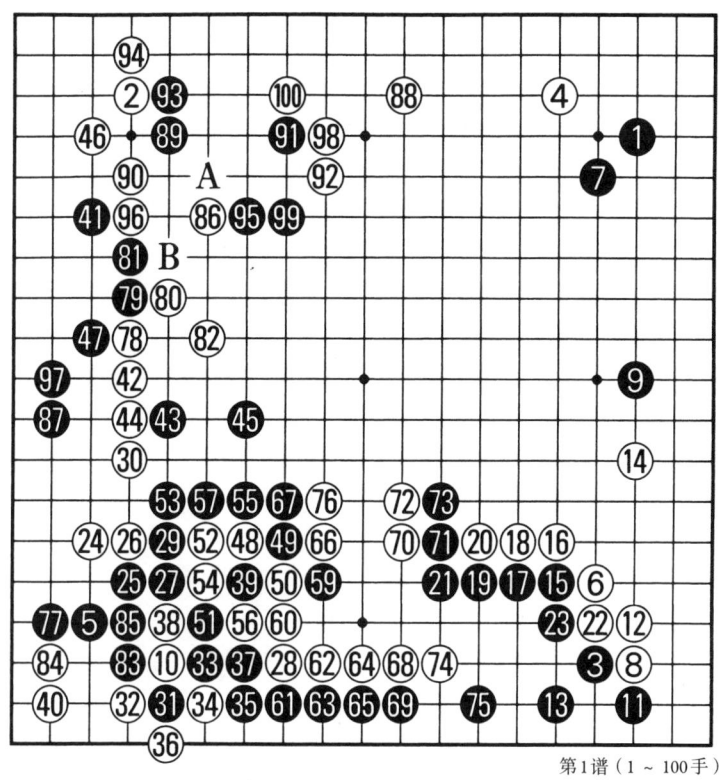

第1谱（1～100手）

㊾=㊴

读卖新闻"七段优胜者三番棋"第三局
昭和三十一年（一九五六年）三月二十一、二十二日弈于热海温泉富士屋酒店

25 村岛谊纪七段

　　　　　　　　　　九段　　　吴清源
　　　　　先相先　黑　七段　　村岛谊纪

第1谱 一胜一败之后

点评出自坂田荣男九段：

"黑15压是因为白14手拆得窄，这显示出了颇有意思的趣向。白棋也以第18至20手压催生了新的型。

"左上的黑99手被白棋100位扳之后出现了疑问。黑99手A位扳，由于白方应该是B位连接，我考虑此时正好100位立。"

第一局我执白负，第二局执黑胜。本谱一局发生在其后。

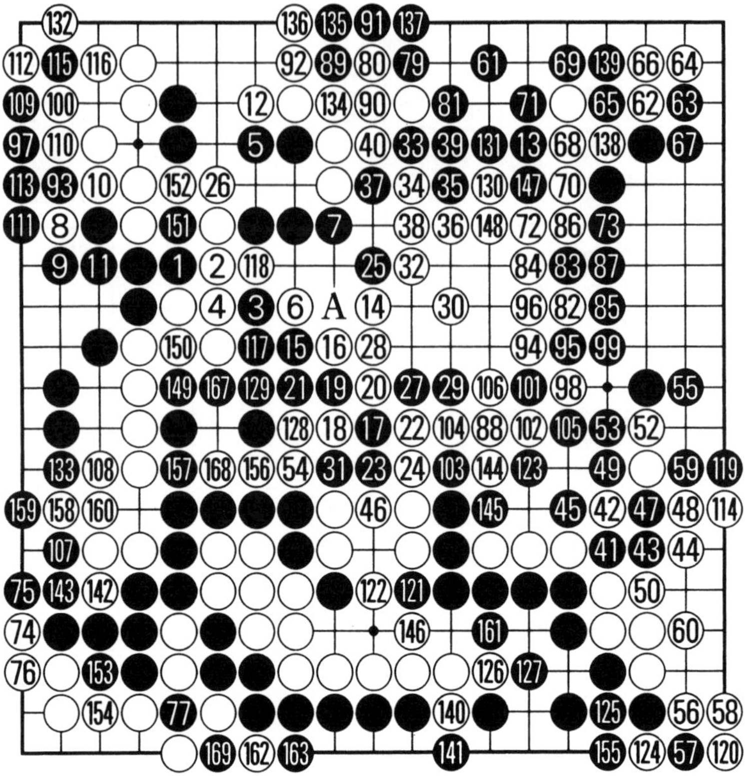

第2谱（101 ~ 269手）

(51)=㊷　(78)=(77)上　(164)=(57)　(165)=(77)上二　(166)=(77)　单劫黑粘

第2谱　细微

以下同样出自坂田荣男九段：

“黑7于12位挡住似乎要来得好些。

“黑13跳A位靠上，白棋若是应26位则黑15位抱住。若能看住下边的白棋，便仍是黑方占优势吧。

“白14跳至中央，盘上已然变得形势不明。此后的剧烈变化又是黑方稍损，至白82，虽则差距细微却可认为是白棋领先。”

269手终　白胜二目

限时各10小时　白方用时7小时51分

黑方用时9小时54分

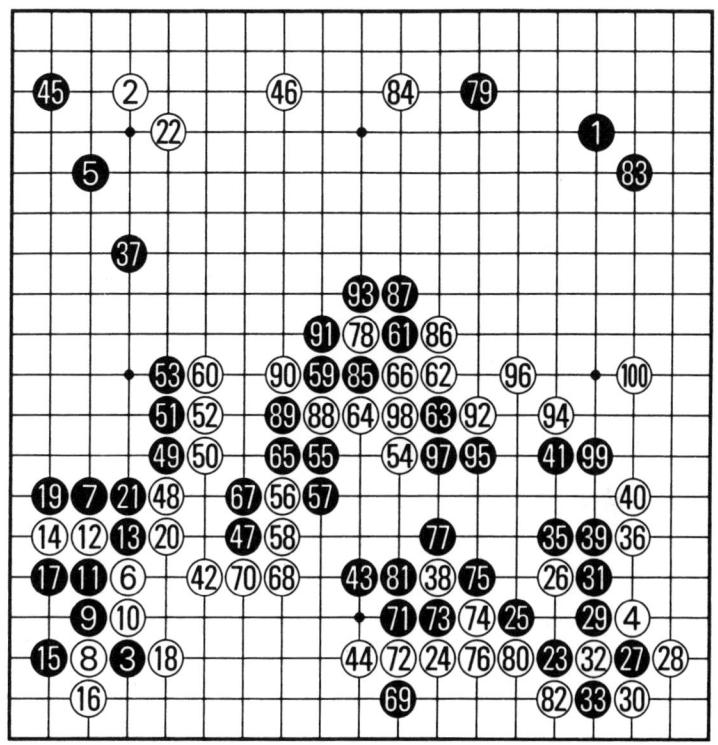

第1谱（1～100手）

㉞=❷

读卖新闻"八段三番棋"第三局
昭和三十一年（一九五六年）五月二十二、二十三日弈于京都洛北[77]鹰之峰然林房旅馆

26 洼内秀知八段

　　　　　　　　　　　　九段　　　吴清源
先相先　黑　八段　洼内秀知

第1谱　连胜之后

　　第一局弈于四月，我执白中盘胜。第二局我执黑，同样也是中盘胜。此处介绍的是在那之后的第三局。

　　洼内先生比我年轻六岁。他出身于神户的久保松胜喜代八段门下，棋风豪快，是关西棋院的重量级人物。

　　本谱被评价说，白54大举飞出进攻着实吴清源，而黑63严厉跨断真真洼内流。

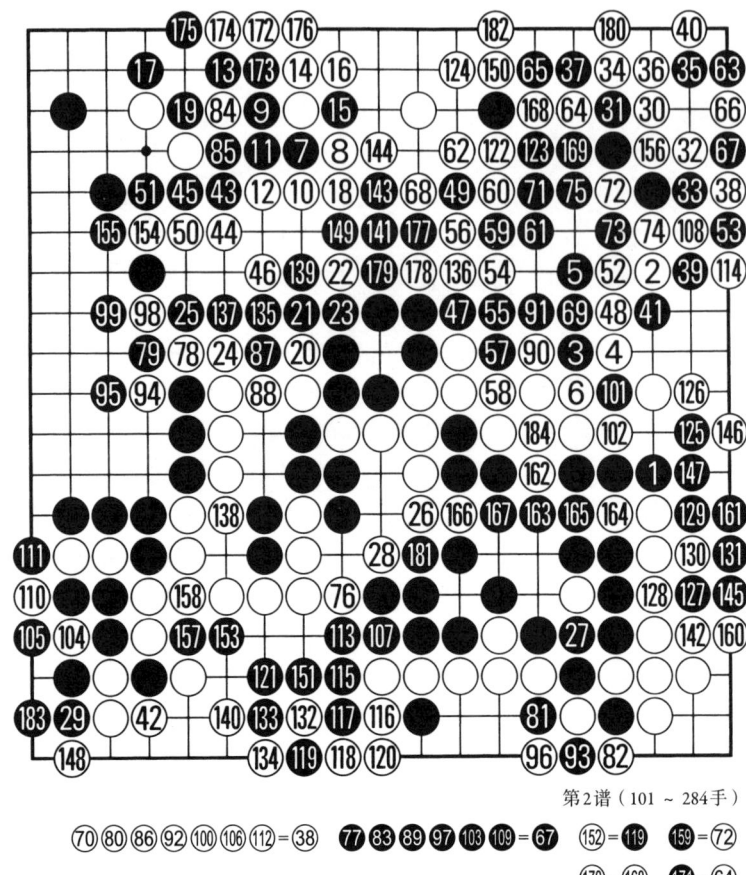

第2谱（101～284手）

⑦⑧⑧⑨⑩⑩⑪=⑧ ⑦⑧⑧⑨⑩⑩⑩=⑥ ⑮=⑪ ⑯=⑦
⑰=⑱ ⑰=⑥

第2谱 对局者心理

左上的黑7若在中下部的26位做一忍耐则相安无事，然而作为对局者，却是哪怕只一刻也想投身战斗的心理。

白棋26、28吞进黑棋六子，接着又以30之后诸着掏了右上角，优势因而变得明确了。

此轮之外我还与其他各有千秋的八段棋士对阵过三番棋，幸运地得以在大多时候都能胜出。

284手终　白胜五目

限时各10小时　白方用时9小时12分

黑方用时9小时56分

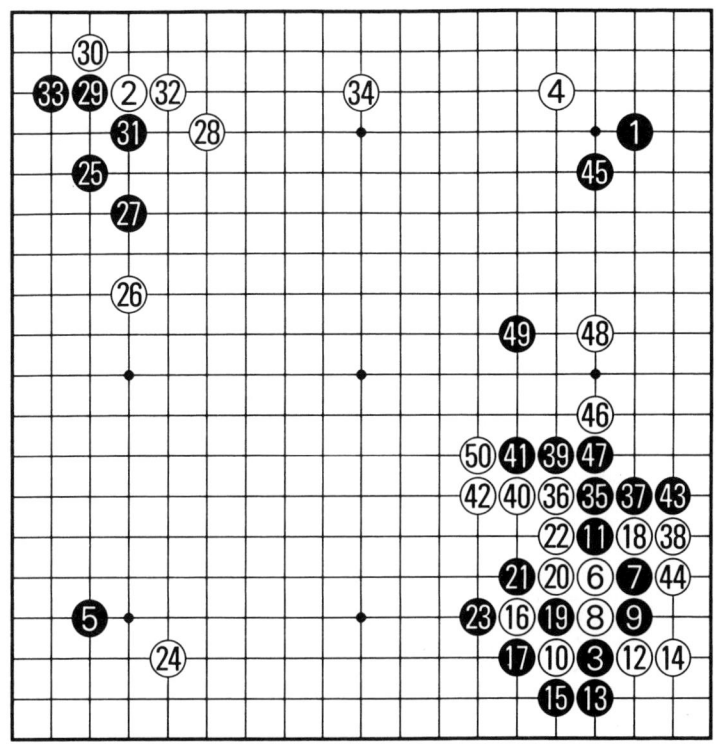

第1谱（1～50手）

读卖新闻"升降十番棋"第八局
昭和三十一年（一九五六年）九月二十八、二十九日弈于秋田县十和田湖十和田酒店[78]

27 高川十番棋第八局

互先　九段　　吴清源
黑　　八段　　高川秀格

第1谱 一别五月

　　在铫子市犬吠埼海岬弈第七局是四月份，到这升降决定局开始时已过去了五个月。在此期间高川先生进行了本因坊头衔的七番棋争夺，实现了五连霸。随后又与我弈了每日报的贴目三番棋三局。我连胜了那三局，不过这边十番棋因为是升降制，高川先生拿出的气势也是不一样的。

　　执黑第1手总是星位的高川先生，这次难得地下了小目。我亦选择第24手挂角而从35位脱先。

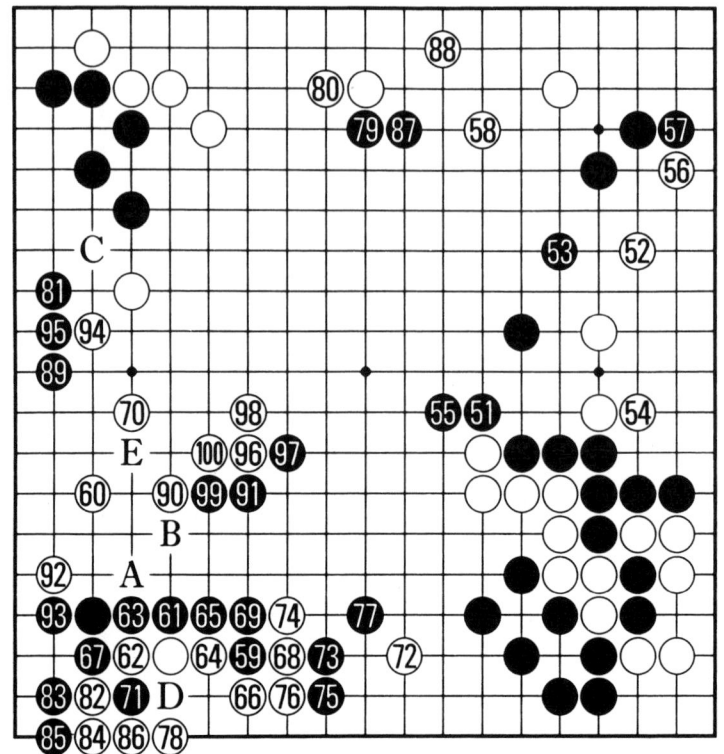

第2谱（51～100手）

第2谱 81绝好点位

白56先手处理了右上，再于上边58位守备，发展至此是白棋获得了成功。它对黑棋模样实施着破坏。

黑61手该A位小尖，白69位压、黑68位长、白65位退、黑B位尖，这样比实战要好。

黑67拐是势在必行的一着。被白棋占据此处，黑棋实地亏损。

黑71手76位断则白75位打，白方舍弃三子提子开花，取得先手行至左上C位。此处，是由白方占得C位还是由黑方进至81位，这成为了双方的必争点。

左下白78是颇感自豪的手筋。这一手于D位挡的情况，由于被黑78打吃，即便白棋接下来82位断这里也做不出两只眼，终归形成劫争。

黑89手视接下来E位全力冲击白棋的一着跨断为目标。

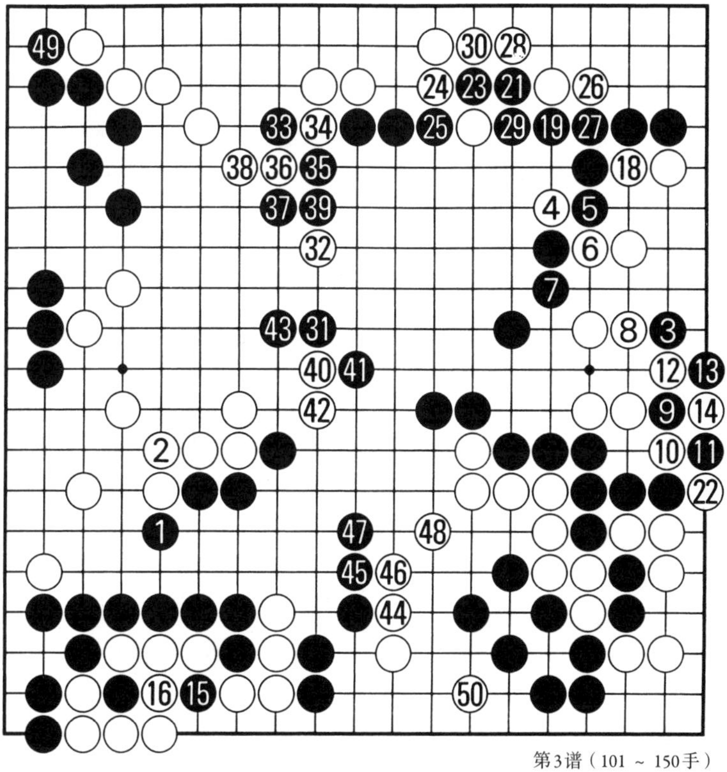

第3谱（101～150手）

⑰=❾　⑳=⑭

第3谱 白4糟糕

右边黑3点入实现设定好的目标。

对此，我白4以下诸着的应对颇糟糕。由于这个原因右边发展成劫争，右上至白30遭到侵略，明显让黑棋占去了便宜。

白4上本该如图1所示下1至9。若是这样，白棋在此处随时都有白a打换黑b粘再白c虎做出眼形的余裕，由是反而得以进攻黑棋。

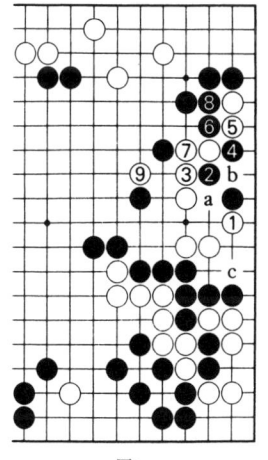

图1

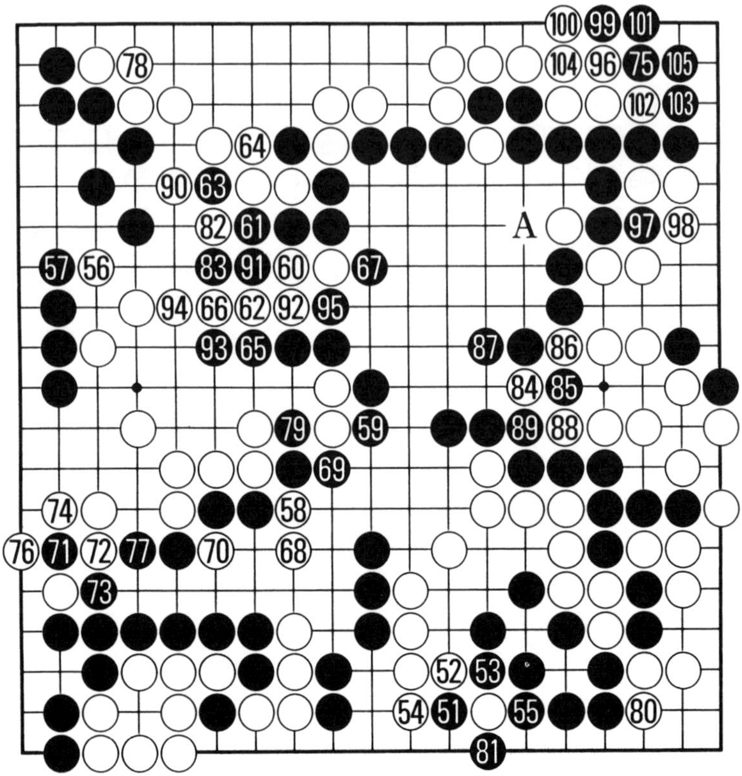

第4谱（151～205手）

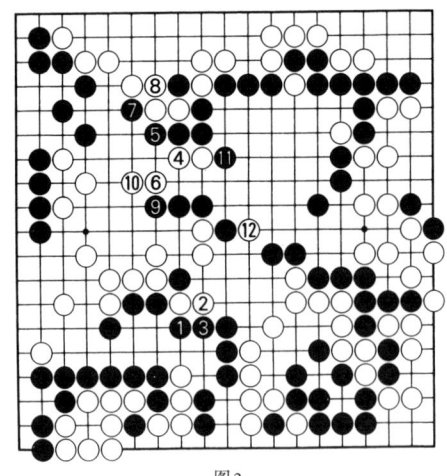

图2

第4谱 58的目的

左下白58的切断有进一步的目的。黑棋若是如图2所示1位打、3位粘，白棋便行4至10，于黑11扳之时12位跨，准备引发风波。果然高川先生长考了一小时，最终是59位长。左下的白72时机尚早，飞进右上105位要来得更大，且有随后A位的额外好处。

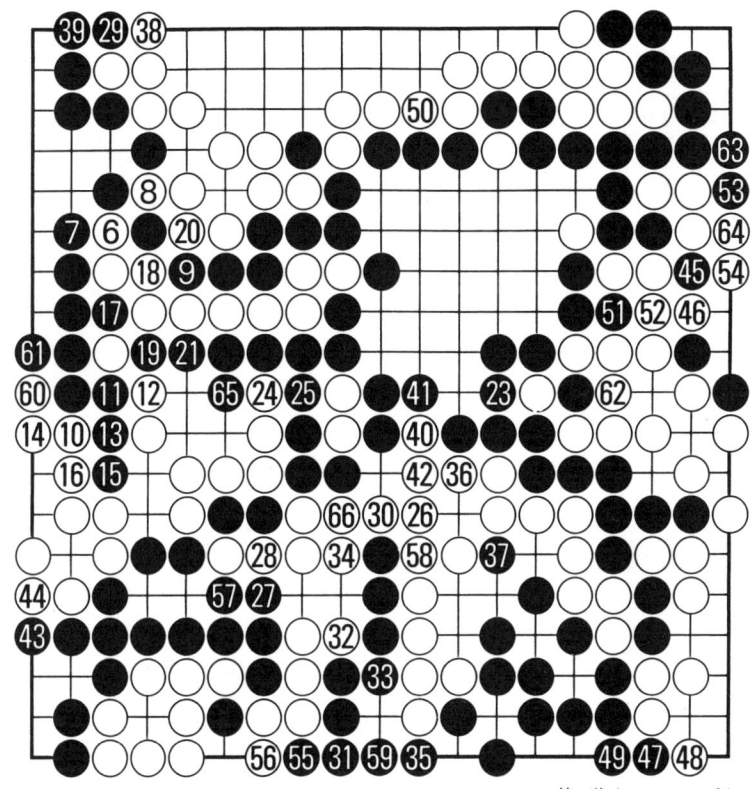

第5谱（206～267手）

㉒=⑳左　㊲=㉓右

第5谱　降棋份

我与高川先生的十番棋，最初我取得三连胜，第四局升降决定局高川先生顶了过来，接下来一盘虽是我胜，可第六局升降决定局高川先生再次顶住了，随后我胜一局，从而来到了这第八局。

从互先降至先相先棋份以后，第九局与第十局高川先生执黑，棋战以其一局中盘胜一局一目胜告终。

从一九三九年木谷先生那会儿开始的读卖报"升降十番棋"，至此终归是没有了与我对阵的棋士。读卖报不得不考虑策划新棋战了。

267手终　白胜一目

限时各10小时　白方用时6小时47分

黑方用时9小时59分

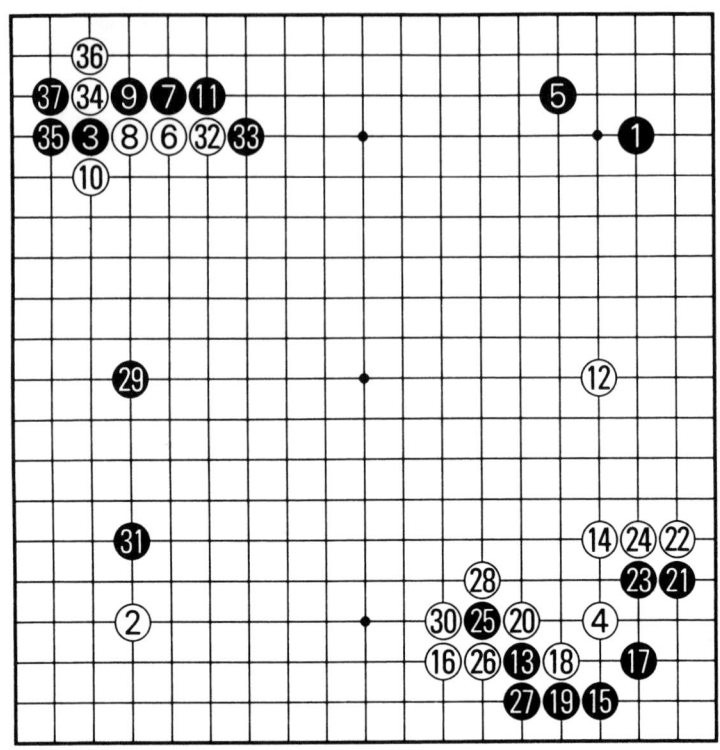

第1谱（1～37手）

读卖新闻"日本最强决定战"第一期
昭和三十二年（一九五七年）二月二十、二十一日弈于热海温泉伊豆山美晴馆

28 大雪崩内拐

黑　九段　　吴清源
互先　八段　　高川秀格

第1谱　新着法

因为没有了与我弈十番棋的对手，读卖报旗下开始了"日本最强决定战"。棋战由我和桥本宇太郎、藤泽库之助、高川秀格、坂田荣男、木谷实六位棋士采互先形式进行，是每人黑白各一局的循环赛。

这一天的美晴馆六位选手齐聚，同时进行的是桥本·坂田局。木谷、藤泽二位观战。

进入正题，左上黑37手便是我所下出的大雪崩内拐新着法。

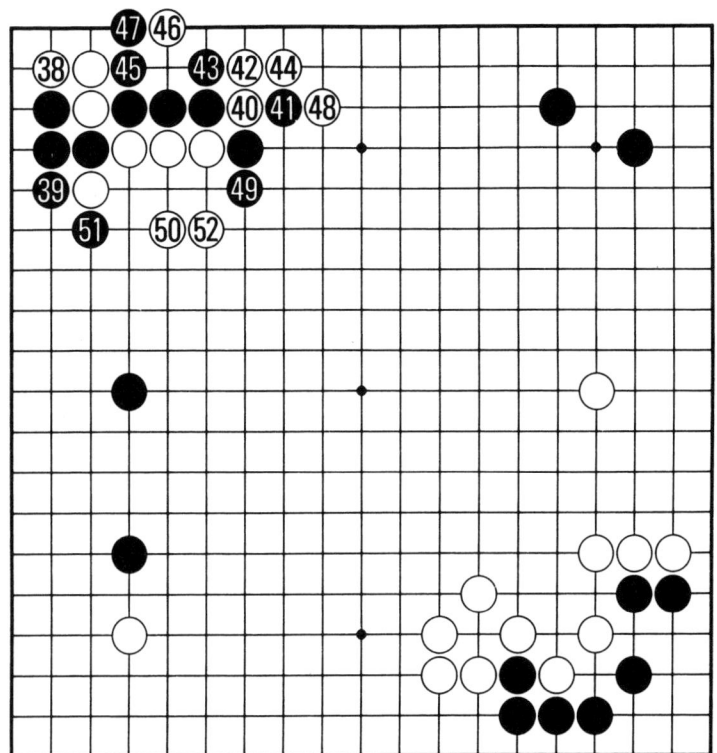

第2谱（38～52手）

第2谱 预先研究

前一谱右下的黑25手粘于27位的话，白棋将退25位轻松。我选择了25位连扳，预备引征。

左上白32手起走成了大雪崩定式，但黑37手如既成定式那样外拐的话，已据左部边星的黑棋就稍有些下成了凝形。

此时我想到的便是内拐的新着法，而它是我先前就在研究的手段。由于是第一次撞上这新着法，高川先生无疑吃了一惊。局终后他说着"竟然在对我的时候使出这样的新着，真过分"这样的话对我报以苦笑，不过那时白棋的应手就和现在的内拐定式基本相同，可见很是出色。只白46一处保留，不要立即下掉为好。

至此，大雪崩二十年的历史改写了。

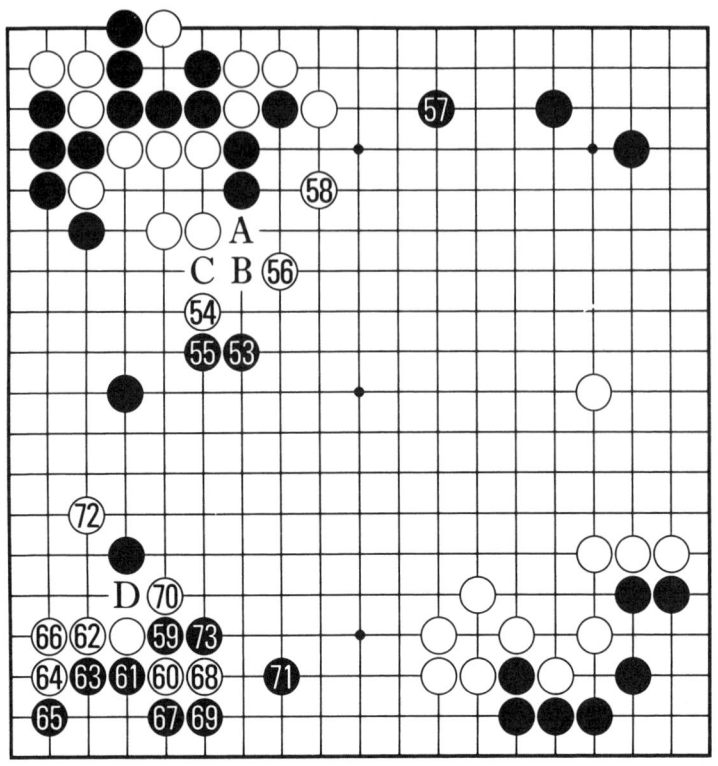

第3谱（53～73手）

第3谱 舍弃三子

黑 53 手上也考虑过跳于 58 位。这样一来似乎是会发展成白 54 位跳的走向，不过黑方选择行棋上边，右下的白棋显出厚形，这可不好玩。

于是我以黑棋三子要舍掉的方针，行了 53 至 57 诸着。

白方至第 58 手为止安心了一阵倒也未可知，不过白 54 跳与黑 55 挡的交换却是黑棋得到满足。

此外，白棋不跳 54 位而直接下 56 位的小飞的话，黑棋将行 58 位跳，接着白棋拆于上边 57 位，此时黑 A 位、白 B 位、黑 C 位，小飞遭冲断。

左下黑 59 手压是意图抹消右下白棋厚味的手段。白 60 手要是 61 位立，黑 D 位顶、白 60 位拐、黑 73 位长将成黑方理想中的发展。

由是白 60 扳走气合。黑 61 断有白 62 立，不期然原样走成了高目定式，而白 70 打吃适切。黑 73 手上此处攻防亦告一段落。

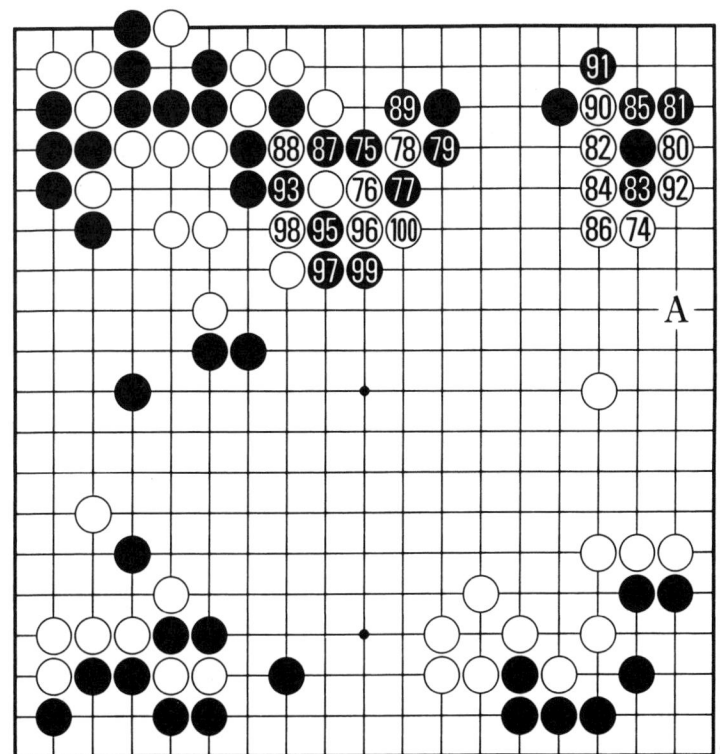

第4谱（74～100手）

㉔=㉘ 上

第4谱 各作反拨

上边黑75手下一着刺，是意图让白棋87位粘上，而后自己行至右边A位侵消白棋模样的作战行动。

这样双方领地显现落差大势将决，因而高川先生的第76、78手便一压一断取得先手，实施了意图巩固右边的反拨。

对白80手托、82手夹，黑棋若是85位粘，白83位顶则正合白方之意。由是，黑棋83位顶同样做出抵抗便是理所当然。

白84退是平和的一着。引来风暴也在所不辞的话，这一手该选90位冲出，迎黑84位拐与之一战也是可选之道。

至此一看各种各样的变化也已生出，可想会有转换。即便如此我觉得黑棋也能下，不过这确实是抉择变得难做了的时刻。

白92手要是跳99位，黑棋便占92位。

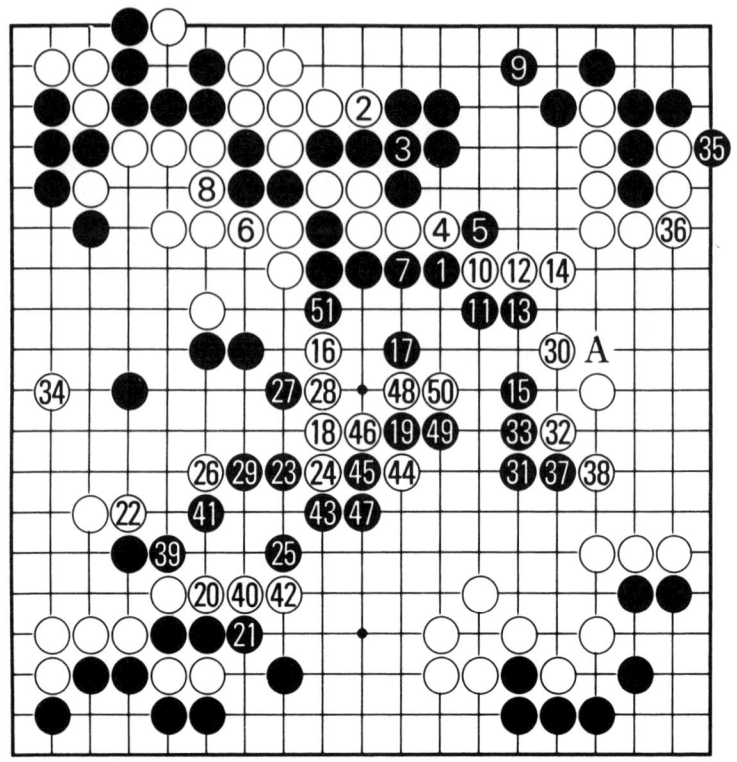

第5谱（101～151手）

第5谱 一时废弃的定式

自我下出的内拐获得成功开始，至今已沿用二十年之久的大雪崩定式变得谁都不去下了，就连对小目的二间高挂也不在盘上出现了。

四年之后，这次换我走雪崩型，我证明了即便被对方内拐也能均势互角，大雪崩终于才又开始被众人所使用。

本谱黑1至白8是必然的手顺，黑棋在此处得以走出厚味，于是右边白棋模样也便在没发挥出威力的情况下迎来了终结。

白30是为防黑A位靠。左下黑39是早先便有的目标。白方眼见大势不在，以44至48创造了投子时机。

151手终　黑中盘胜

限时各10小时　白方用时6小时45分

黑方用时4小时25分

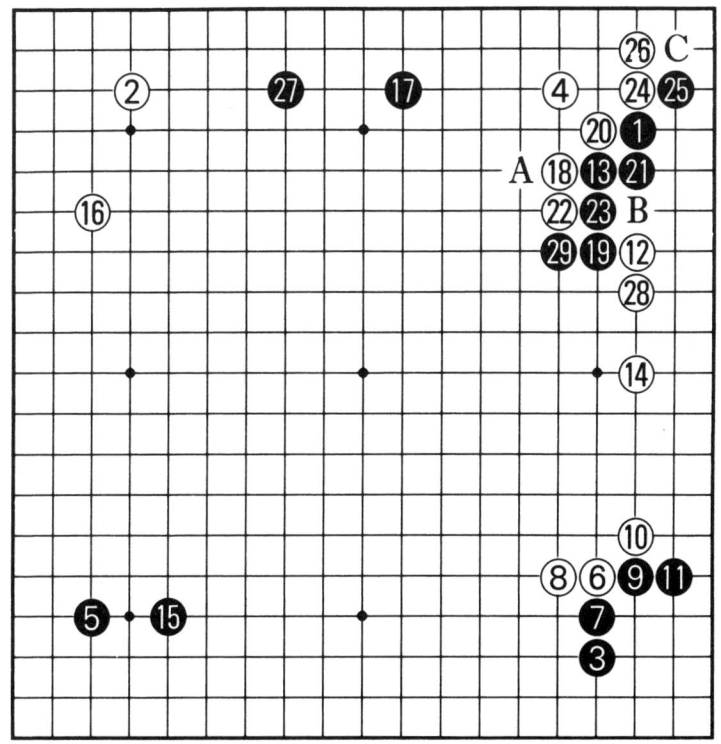

第1谱（1～29手）

读卖新闻"日本最强决定战"第一期
昭和三十二年（一九五七年）四月十四、十五日弈于东京纪尾井町福田家[79]

29 暌违十三年[80]

互先　九段　吴清源
黑　　九段　木谷实

第1谱　木谷流

木谷先生前一年年末晋升为了九段。与我之间，这是二战后首次的对局。

黑7顶是木谷先生独特的手法。这一手9位的话将被白方7位走雪崩型，实战黑7是在排拒这一走向。且接下来白棋要是9位立，黑棋便8位扳。

右上对我的第18手靠，黑棋应以22位扳那便走岔了。换言之，因是黑22位扳、白A位长、黑19位虎、白B位觑、黑23位粘的发展，黑22与白A的交换糟糕。黑23手下在28位则白24位、黑25位、白C位，白棋较佳。

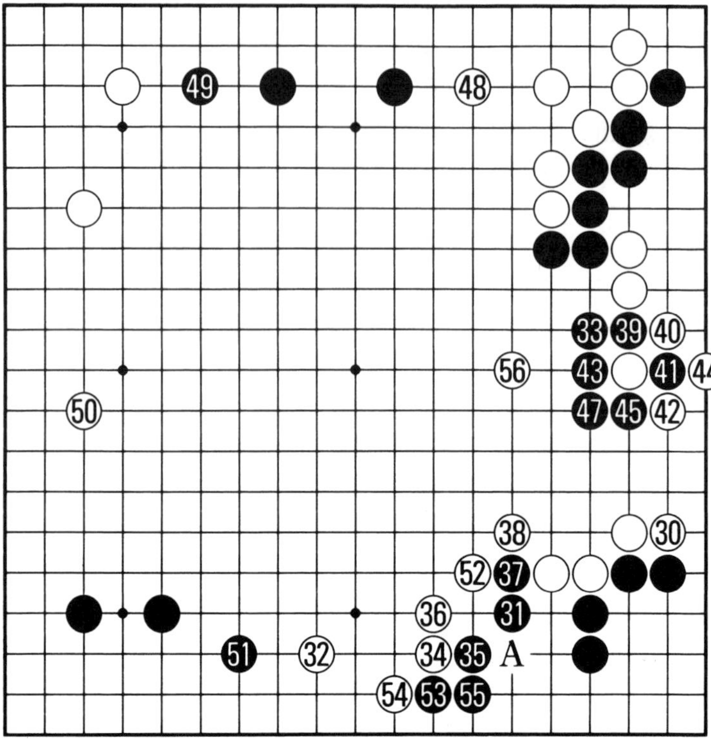

第2谱（30～56手）

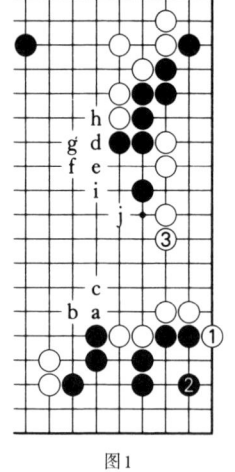

图1

第2谱 白38出错

在右下，白方着手到期待已久的30位。因为接下来被白棋A位飞下难以忍受，黑31跳是必然。且随后，针对白34手的进逼黑棋35位尖顶、37位长，这同样理所当然。

此时白棋38位扳是错误的。这一手应当如图1所示来下。如此可期随后白a位扳、黑b位反扳、白c位长。又可待白d位扳、黑e位扳、白f位连扳、黑g位打吃、白h位粘、黑i位长、白j位觑。

因第38手之故，至黑47手白棋终遭压制被迫屈服于低位。面对白52手黑棋不能脱先，第33、35手扳粘做了补强。白56手下在急所。

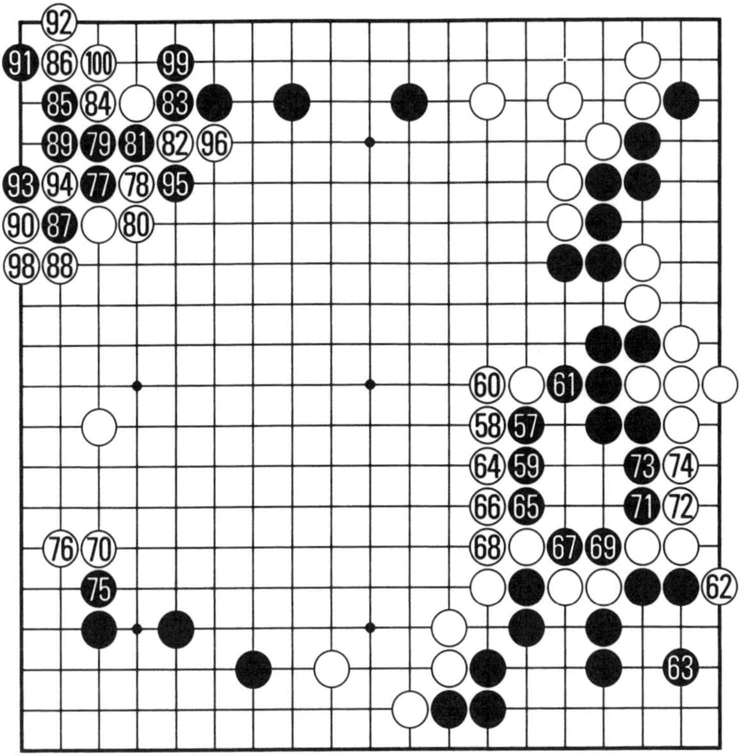

第3谱（57～100手）

第3谱 左上大劫

黑57手上被下59位小飞就很讨厌了。

谱中黑57、59颇坚实。只不过白棋60位粘上也有所着落了。

白62手的扳是舍弃两子之前的先手利，因左方的厚味，白棋得以满足。另外白70手上，71位能先手下到固然好，可这样会被黑棋脱先。接下来见图2，即便白棋1、3位施以攻击，黑棋行进至24也就简单地活下来了。

左上开始了大劫争。白98粘不得不为。

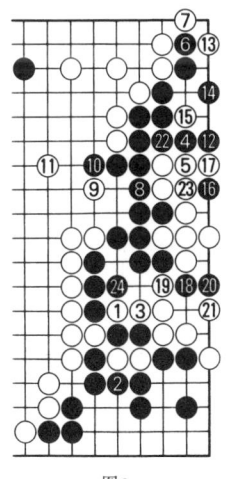

图2

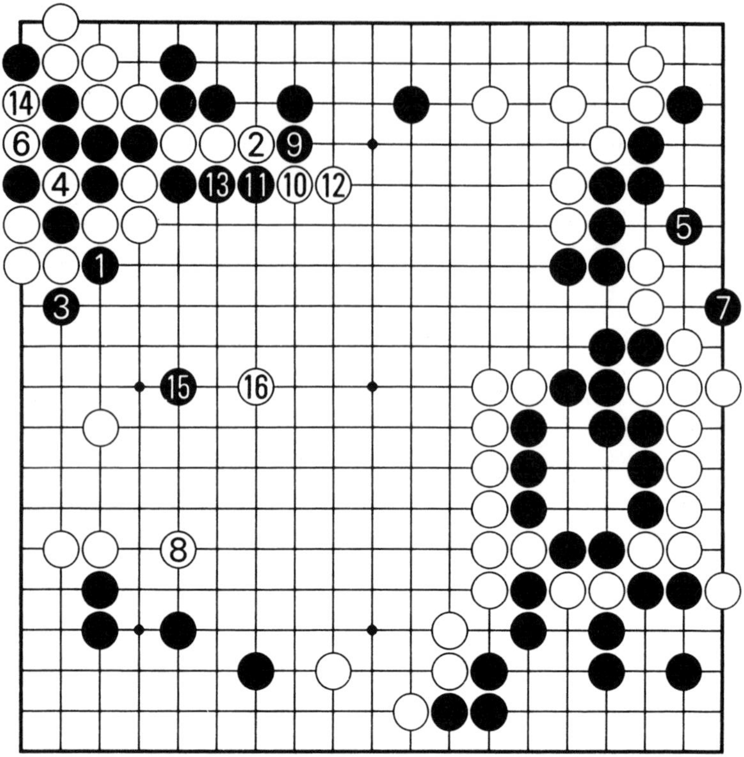

第4谱（101～116手）

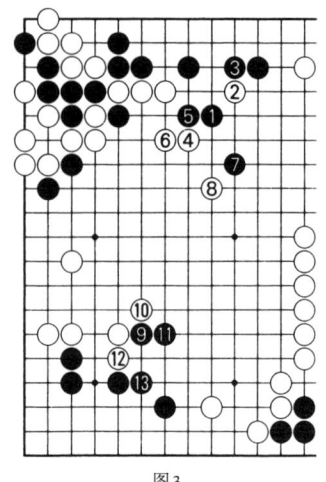

图3

第4谱 黑棋错失良机

发展成大劫争后，黑3长于9位为佳。既然是如实战那样杀掉右边白棋作为劫争的补偿，比起3位，按道理黑子置身9位要来得好。

转换之后的白8跳走错了。此时白棋应当于12位小飞，该点是敌我必争之地。由是黑9也应当飞出占据此点，若如图3所示来下便是黑地增加黑棋占优了吧。白16一出成了大型的死活题。

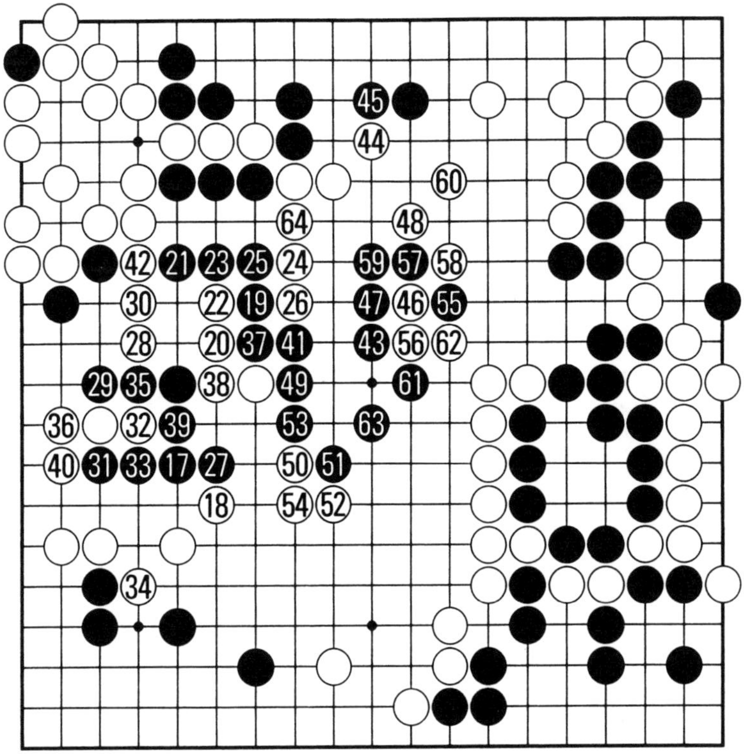

第5谱（117～164手）

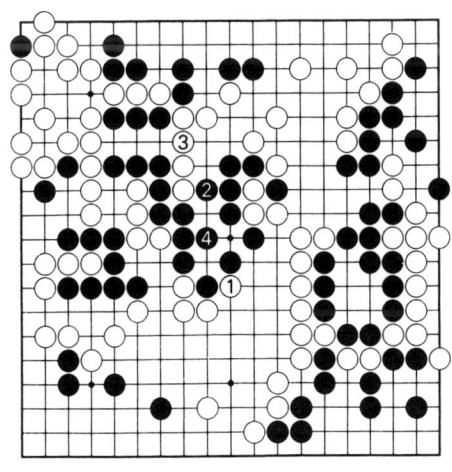

图4

第5谱 大龙死去

白64上木谷先生投子。这64匆匆打图4的1位，黑2、4将致劫活。

164手终 白中盘胜

限时各10小时

白方用时6小时26分

黑方用时9小时59分

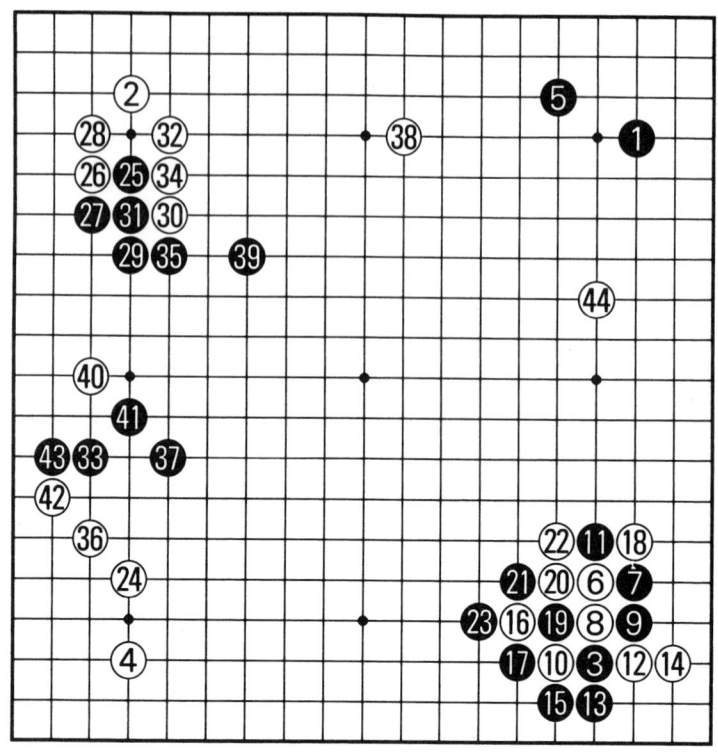

第1谱（1～44手）

读卖新闻"日本最强决定战"第一期
昭和三十二年（一九五七年）七月二、三日弈于东京青山"樱花"

30 难解的一局

互先　九段　　吴清源
黑　九段　　坂田荣男

第1谱　第二局执白

俗称六强战的这一棋战企划，我的五位对手皆是此前被降为了先相先抑或定先棋份的面孔，因此我还被问过"互先对局亏得您能谅解呢"之类。可这是站在大局为重立场上的妥协。在我而言，至今为止的实绩基本清零了的互先对局，要说下着没有一点为难的感觉那就是谎话了。相反地，作为我对手的棋士应该会比较好下。五月时对坂田先生我执黑中盘胜。

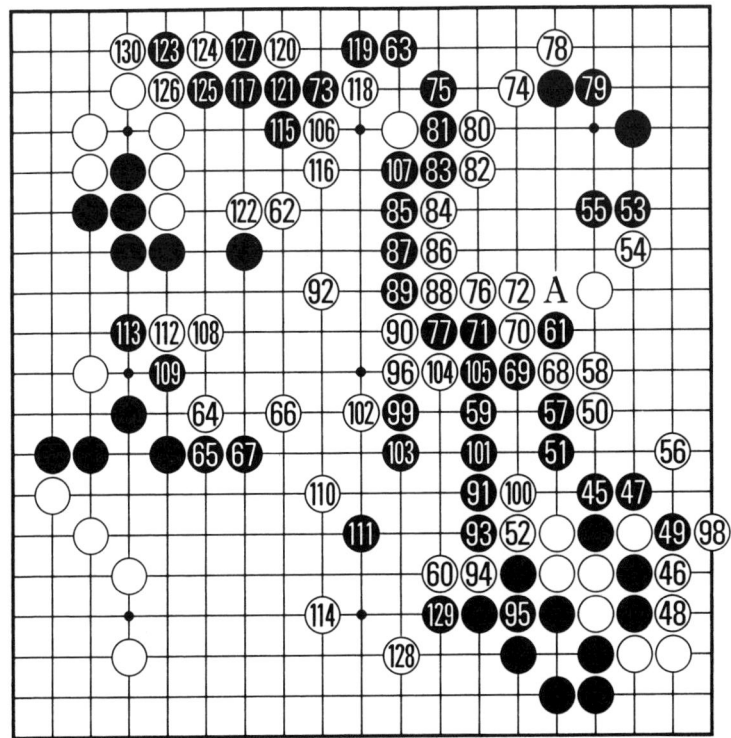

第2谱（45～130手）

㊾=㊻左

第2谱 白100机敏

以下为杉内雅男八段的解说：

"前一谱为止的布局极其容易理解，以无贴目执黑而言，可以判定说不坏。

"白62手就此形势，是竭尽全力下出的一着。

"黑71手若A位退，被白棋71位长过来，前景将不明。

"黑73手有好点位。

"照旧，这个局面可以说是黑棋领先吧。

"白74靠是早有的目标。

"从白90手的切断开始，有冲入决胜关键阶段的感觉了。

"黑99是手筋，而紧随其后白100位冲则颇为机敏。

"至第114手白棋子力有相当的发挥。"

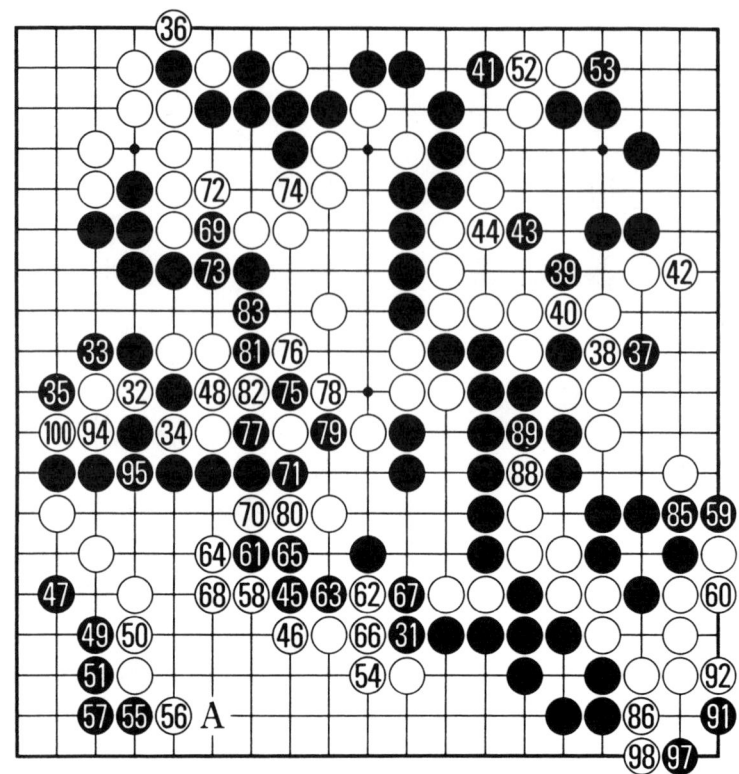

第3谱（131～200手）

㉘㉙㉖=㊂下　㉗㉝㊈=㊂

第3谱 "难解的棋"

这段期间，读卖报围棋专栏的观战记写手，除山田虎吉覆面子之外还有笔名"池生"的池田先生。以下正是这位池生的笔墨：

"'很难的棋'，休息室的藤泽九段和杉内八段都这么说。难为能把盘面谋算得这么复杂难解，实心有戚戚。"

文中提及的杉内雅男八段，其解说有言：

"白34挤交换黑35打成了疑问，正是这个原因生出了黑方77位冲出的手段。

"白80粘是胜负手。白84起发展成了劫争，而黑棋该在此前于左下A位夹以试对方应手为好。"

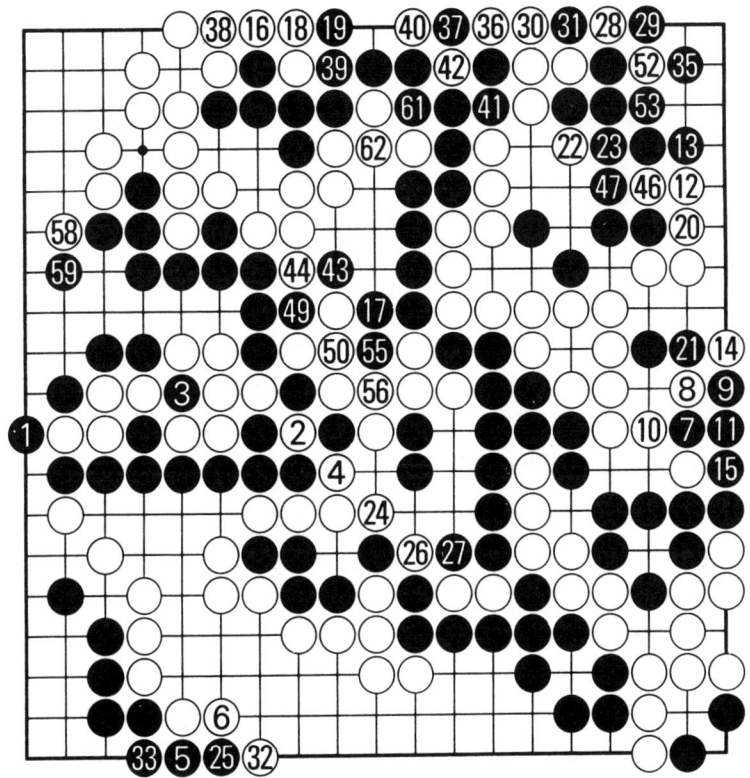

第4谱（201～263手）

㉞=㉘　㊺㊶㊸㊷=㊲　㊽㊾㊿=㊷

第4谱 劫争又起

对局中我总是在时间上留有余裕的一方，但这局棋因为劫争多、局面复杂，用去了大量的时间。最后坂田先生也好我也罢都被读秒声催促着在落子。

黑3一处，即便到了这时候也是在左下6位夹要来得好。3位拔白棋四子作为甚小。自此盘上形势不明。

黑25是失着。或应当26位粘上。

黑29手如走52位则不够。白40打手筋，劫争又起。只不过这是白方心情轻松的劫。

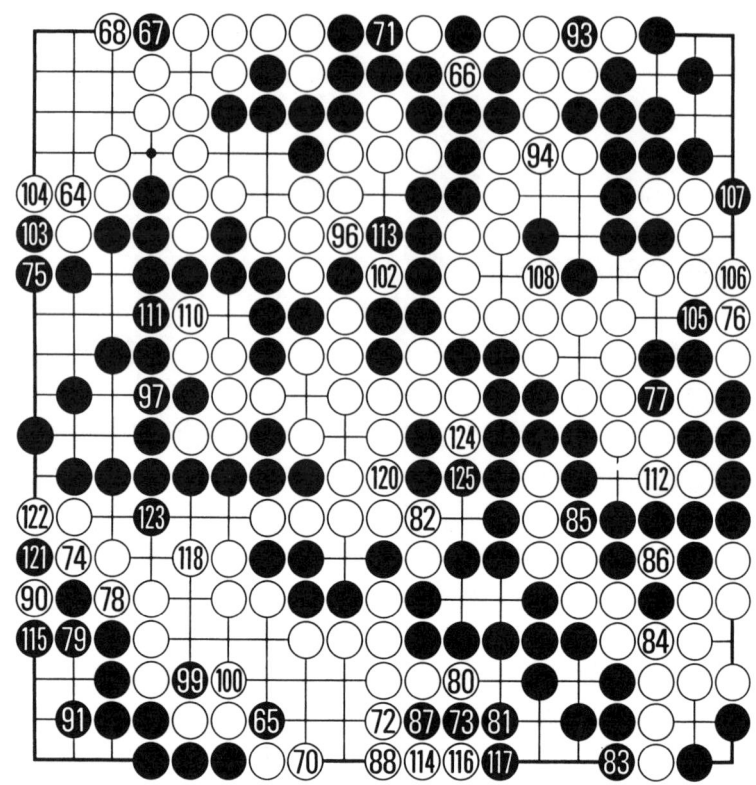

第5谱（264～326手）

㊲=㊅上 ㊆㊈⑩=㊏下 ㊈㊈⑩=㊏ ⑪=⑩左 ⑫=⑩ 两单劫各粘其一

第5谱 71败着

因为上边是白方的无忧劫，想着这下大势已决了吧，黑65断却是手好棋，盘上又开始变得尚需一争了。

然而，黑71提子消劫是败着。

这一手应当争劫到底，若能那样，关于形势尚无任何定论。

这样我便成了五胜一败，而坂田先生是两胜四败。

326手终　白胜四目

限时各10小时　　白方用时9小时51分

黑方用时9小时59分

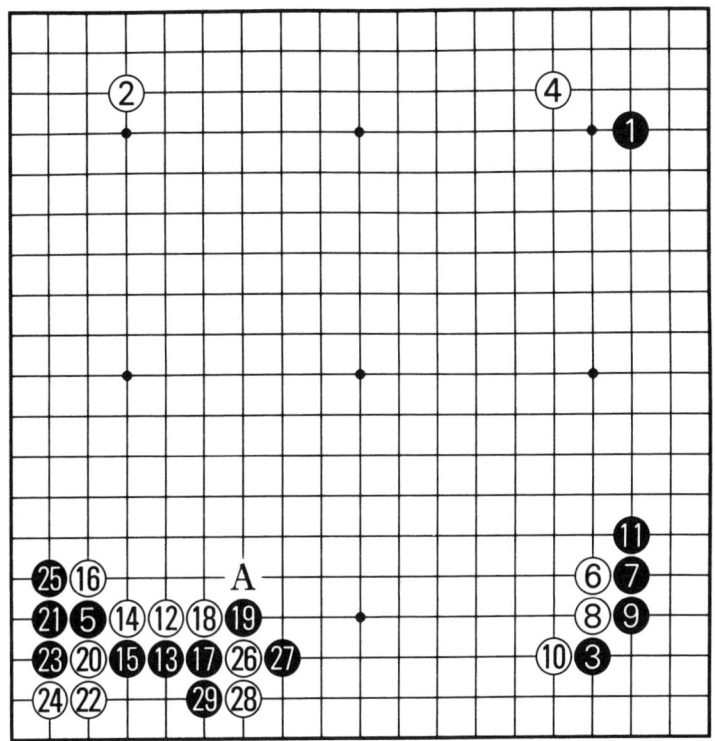

第1谱（1～29手）

读卖新闻"日本最强决定战"第一期
昭和三十三年（一九五八年）四月三十日、五月一日弈于东京纪尾井町福田家

31 最强战优胜战

互先　九段　　木谷实
黑　　九段　　吴清源

第1谱　再度内拐

这是争夺优胜的一局。此前我七胜两败，木谷先生六胜两败一和。

自我对高川先生下出大雪崩的内拐新着法以来，避免走大雪崩的棋士颇多，但木谷先生反而有意前来挑战。

现在的结论中，白24手先行26位断、黑27位打吃后此时再24位拐成为了定式手顺。究其原因，第27手A位长的话走成外拐定式，黑23手与白24手的交换演化成了白棋的半目损。

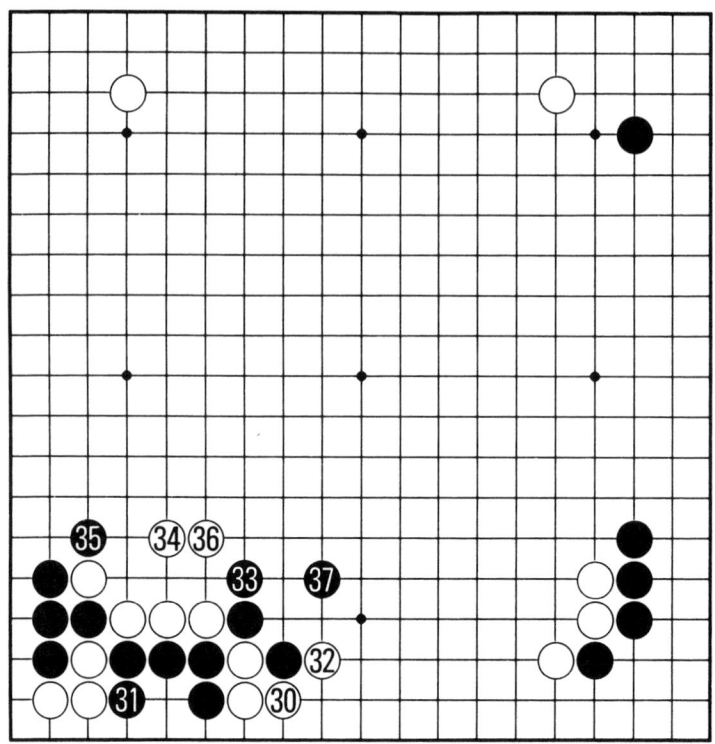

第2谱（30～37手）

第2谱 与外拐的差别

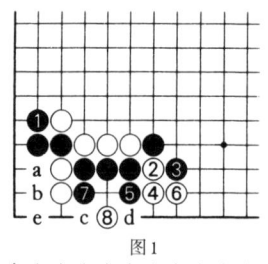

图1

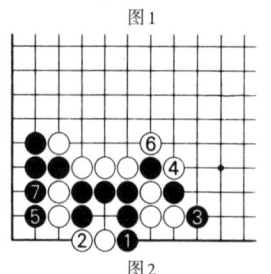

图2

对外拐与内拐的差别简单加以说明如下。图1的外拐变化中，黑3、5、7的手段被白棋8位置子便宣告失败。而该图中若有黑a位与白b位的交换，即便行白8，采黑c、白d、黑e黑棋便不会被杀。

作为非常手段，图1之后如图2所示，有选择走黑1、3得以生还的手顺。但被白棋4、6拔一子太过惨烈，而且黑棋还要多一手，故而这对白棋并不构成问题。

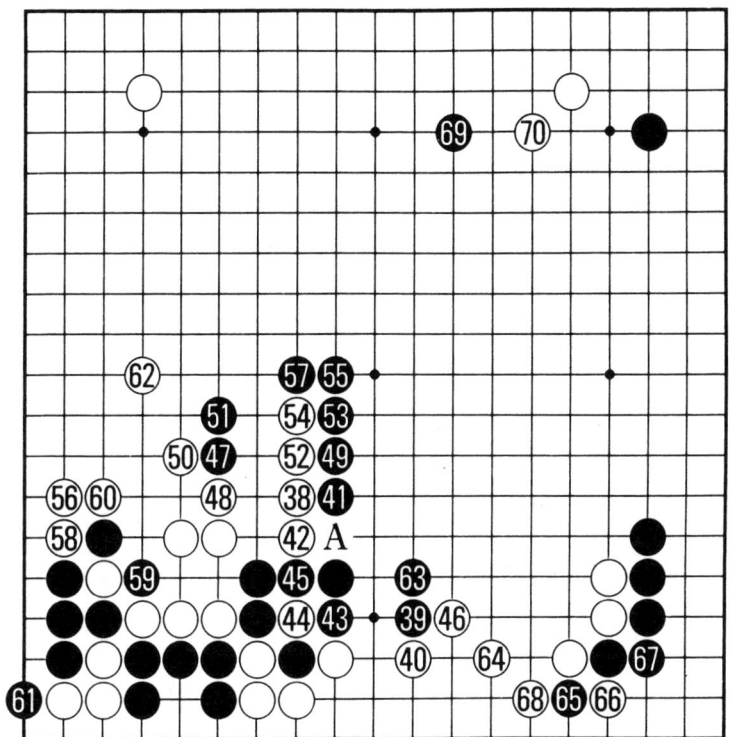

第3谱（38～70手）

第3谱 白方错失良机

　　白38小飞是呼应右下白棋三子的手段。下这一手，是在左下角刻意走大雪崩的木谷先生盘算好的路线。

　　黑39手至白46手，双方皆苦心应对。而黑47手粘于A位则被白棋54位跳起，黑棋步调便迟了。话虽这么说但49位长却要被白棋47位补棋守备，将来A位的冲断会被锁定为目标。因此而下了一番苦心的便是黑47虢。它与白48顶进行交换，发挥了作用。

　　黑51手上应当直接走63至67，同白64至68定型。正由于没有这样下，白棋循此应当据手感在第54或56手上63位打吃，交换黑A位粘。这样的话白棋的厚味比之实战谱都要远胜许多。是白棋错失了良机，到白62手也还有那样下的最后机会。

　　白70手是第一天的封着。

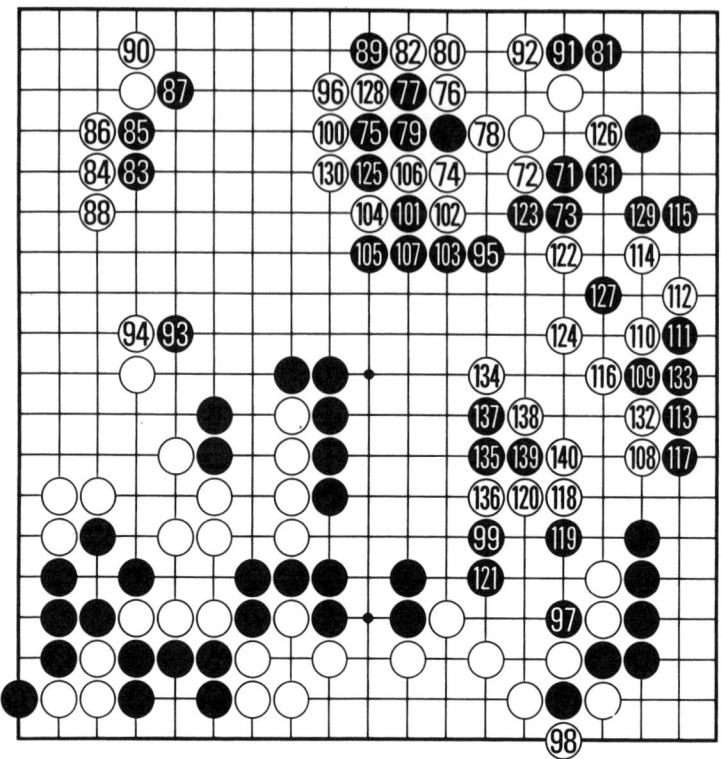

第4谱（71～140手）

第4谱 敢死队

右边白108手一如敢死队。木谷先生展示了他一流的、于敌阵中重整态势的能力。

右上黑115手过了度。这一手应当于127位觑，须知右上角黑地稍作缩减是可以接受的。

因角上贪大之故，被白棋116、118先手下了之后，接着又被施以122位妙着。发展至白124虎，黑棋即便立即进攻，按图3白棋也不会死。由是黑棋转战125位，而白126手应当行该图白a位打、黑b位粘、白1位虎做活。

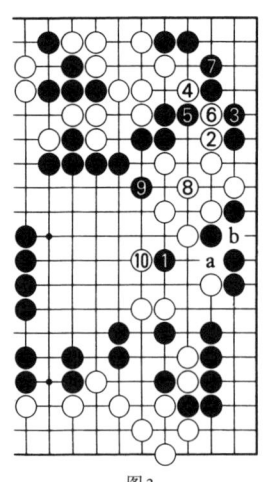

图3

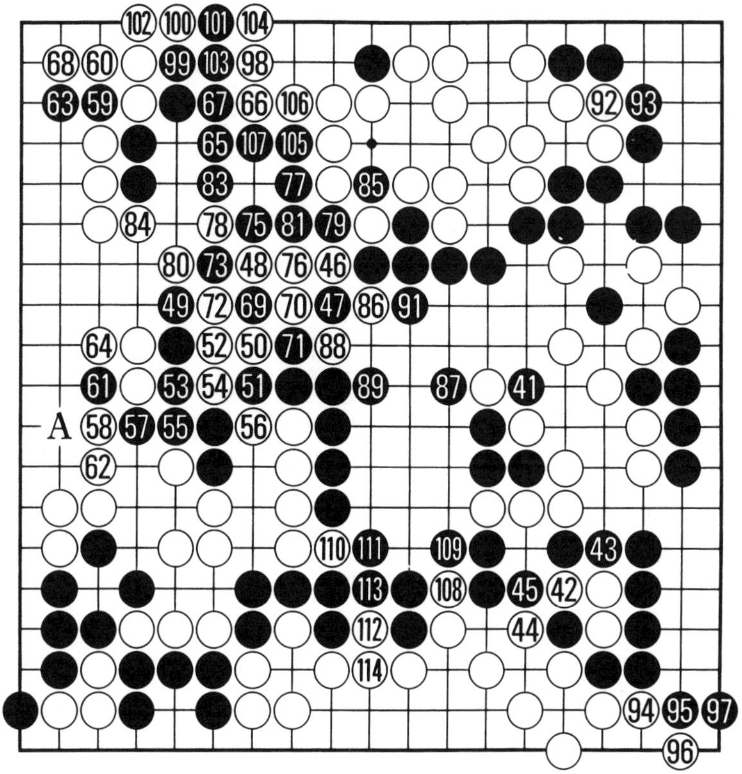

第5谱（141～214手）

⑦⑷=㊻ ⑧②=㊼ ⑨⓪=㊹右

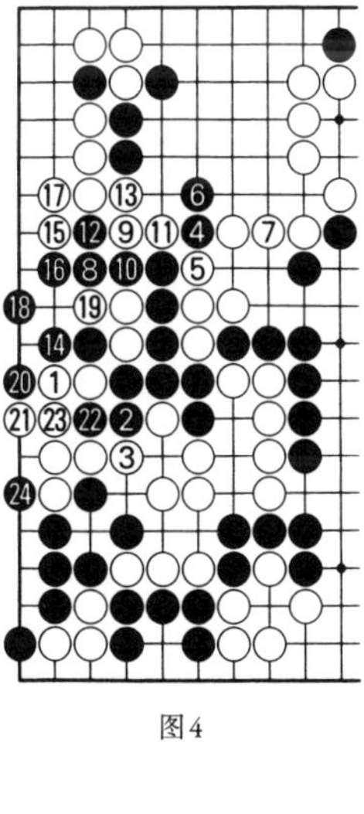

第5谱 切断的预判

黑49上72位尖，白80位关，此时拨右下白棋三子则是胜局。然而这一手，黑棋见被切断也不要紧就下了49位。白62下A位见图4，对杀黑胜。除此之外还有别的变化，但果然黑棋即便被切断还是有各种手段可行。

此后因劫争又招来了大转换等波折，不过本局大势已决，这一点没有改变。

图4

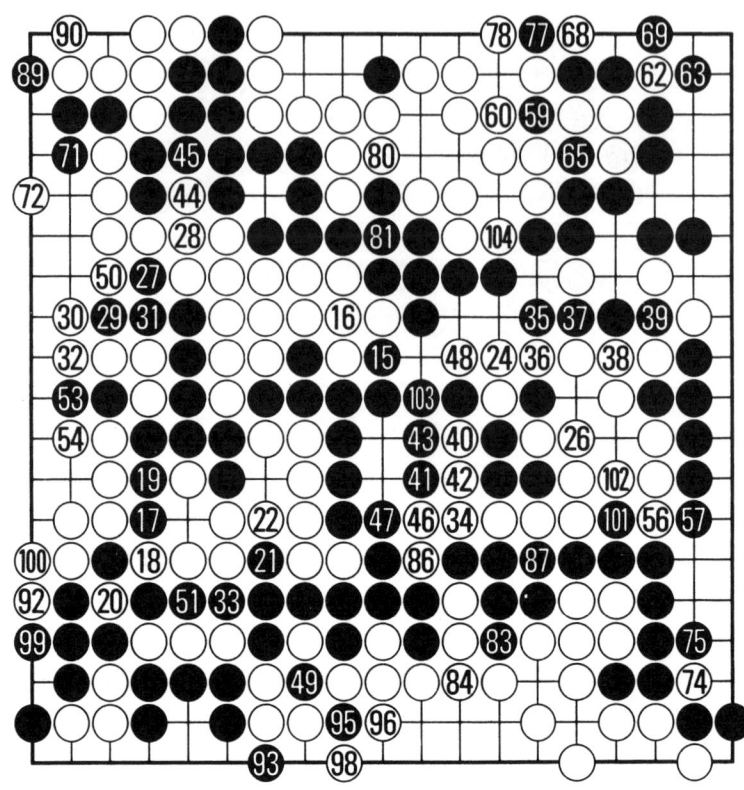

第6谱（215～303手）

㉓=⑳上　㉕=⑳　㊾㊽㊾⓻⓻㊿㊻⑨⑨⑩⑤=㊾上
⑤⑥⑦⑦⑦⑧⑨⑨=㊾　⓺⓺=㊾

第6谱 八胜两败

第一期日本最强决定战就此完结。

我以八胜两败排在第一名，木谷先生六胜三败一和第二名，坂田先生四胜五败一和第三名，桥本先生与高川先生四胜六败并列第四名，藤泽先生三胜七败排在第六名。

故而第二期改由预选胜出的岩田正男六段（现在的岩田达明九段）替下了藤泽先生。

305手终　黑胜十目
限时各10小时　白方用时9小时59分
黑方用时8小时 9分

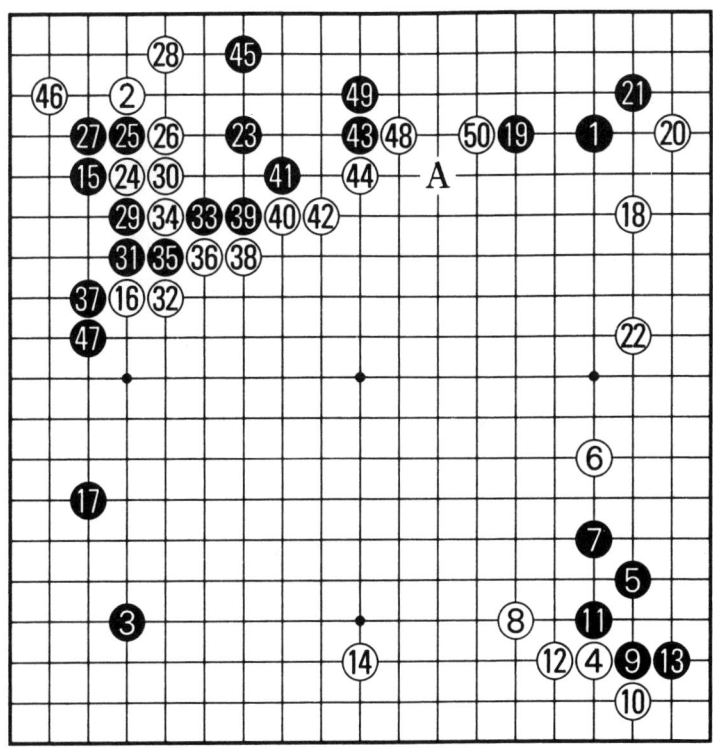

第1谱（1～50手）

每日新闻"吴·高川三番棋"第二局
昭和三十四年（一九五九年）一月九、十日弈于热海志保宫旅馆

32 规则问题局

互先　九段　　吴清源
黑　八段　　高川秀格
（贴目四目半）

第1谱　对战成绩

高川先生本因坊头衔九连霸期间，每日新闻社主办了我与高川先生历七次的三番棋。首战时高川先生尚为七段因而是先相先，从第二次起则采用了互先形式。一九五二年至一九五三年进行的是第一次对阵，一九五五年第二次，一九五六年第三次。一九五八年第四次三番棋，至其第二局为止我取得了十一连胜。第三局告负。

这一谱白50手要是A位虎则无后难。

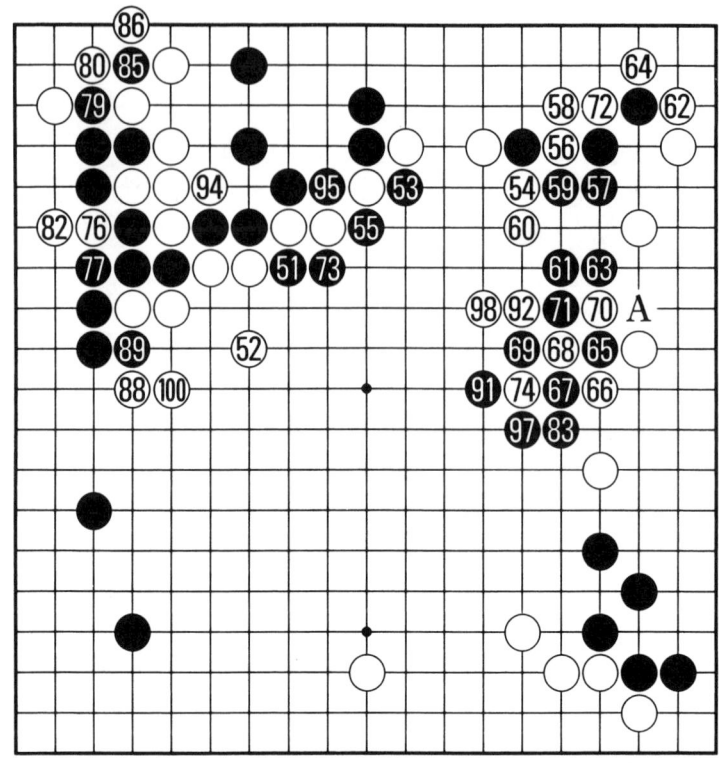

第2谱（51～100手）

㊀㊁㊂㊃㊄=㊅　㊆㊇㊈㊉=㊊

75 81 87 93 99=65　78 84 90 96=68

第2谱 黑棋的强手

第五次三番棋，第一局弈于一九五八年岁末，我输。延续至二月对局仍是我告负。这便是有名的十一连胜后的四连败。

此外又有第六次我的一胜两败，第七次则成了我两胜一败。

本谱黑51、53手断的反击颇严厉。

黑57长同为强手，59断也是好棋。

如是右边发展成了劫争，而为寻其劫材，左上黑79手所采乃放手一搏之法，是在知晓自行紧气将被吃的前提下对劫争做出的努力。

黑83手A位拔消劫，白棋83位打就讨厌了，因而黑棋如是长出，而这也是一着强手。

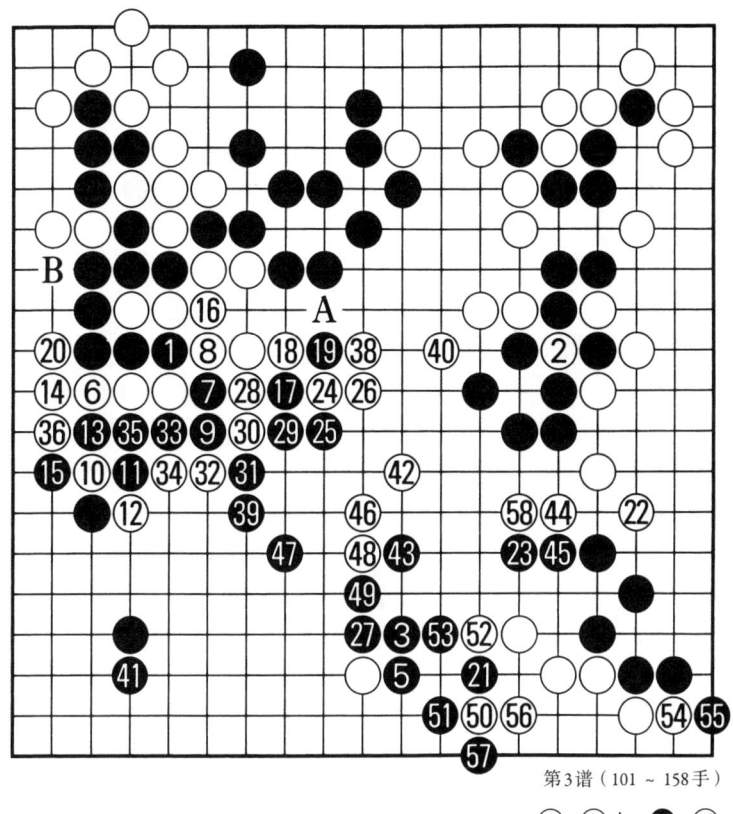

第3谱（101～158手）

④=②右　❸=⑩

第3谱　大转换

对黑3肩冲，白棋4位粘劫发展成大转换。不过黑棋下边的模样倒也很大，因而能够一战。

黑13、15提吃是规模颇大的作战行动。其意欲舍弃八子整饬左下角。

白24若下51位，右下角的白棋则有复活的余地。可这么一来被黑棋41位立住，广大的黑地将会于左下确立下来。而直接行棋着手左下角的话，右下的白棋自然而然就会气绝。于是白棋以24一手试着探察黑方情况。

封死前述白51可能性的，是黑27拐。

白40上若起步着手左下角，被黑棋A位粘住后白B位，黑40位尖，中央全部成了黑地。白50以下诸着是58位长的准备工作。

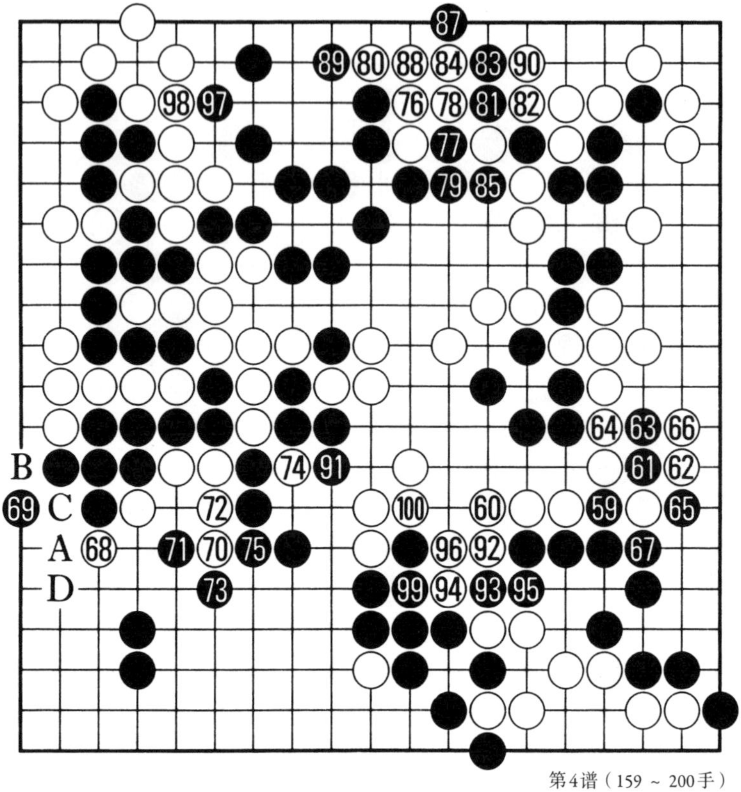

第4谱（159～200手）

㊏=㊉下

第4谱 细棋模样

左边黑69于A位应的话，白B位打、黑C位粘、白D位扳，自白69位爬被白棋先手渡过。

为防该情形而有黑69，不过作为代价被白棋下到了74位。

黑75于91位打吃的情形见图1，白方将生出手段来。由是黑棋才下了75位。黑91是最后的大官子，而结果因为要贴目，盘面落定于细棋形势。黑棋稍稍厚些。

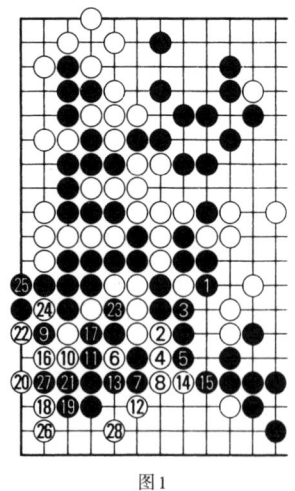

图1

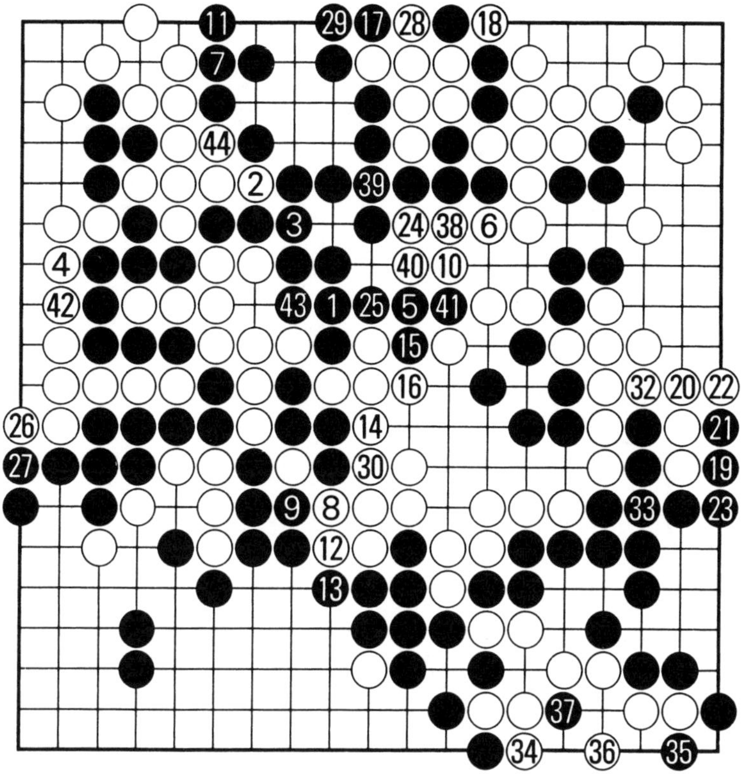

第5谱（201～244手）

㉛=❾ 上

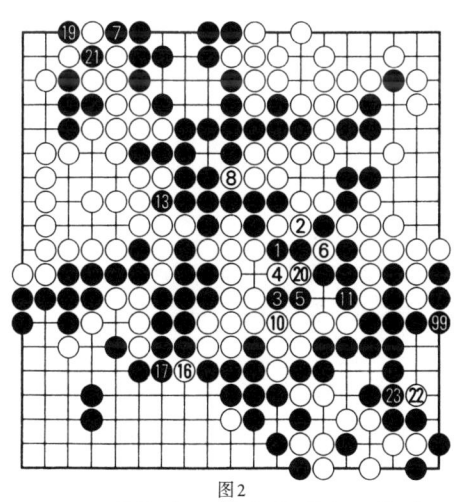

图2
❾⑮=❻上 ⑫⑱=❻ ⑭弃权 ㉔=㉑上

第5谱 半目之差

发生问题的是图2的手顺。白24提劫黑棋无处落子。裁定上是我做了让步。

本谱白14要是下15位则白方胜。

244手终 裁定黑胜半目

限时各10小时

白方用时8小时 4分

黑方用时9小时56分

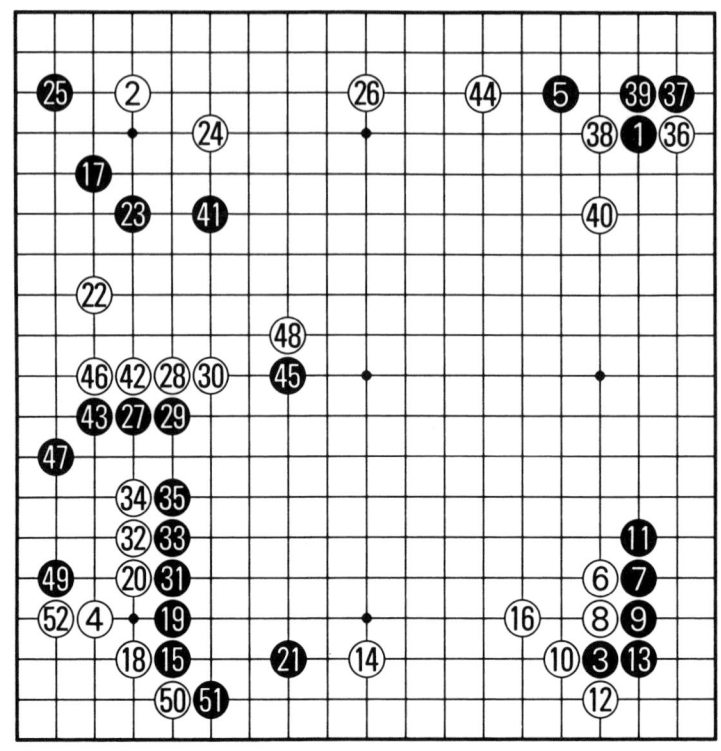

第1谱（1～52手）

读卖新闻"日本最强决定战"第三期
昭和三十四年（一九五九年）十二月九日、十日弈于热海温泉伊豆山美晴馆

33 名人战前夜

互先　九段　　吴清源
　　　黑　九段　　坂田荣男

第1谱　14、16手的功夫

　　第二期六强战排名，第一名坂田，第二名木谷，第三名我，第四名岩田。第五、六名分别是桥本（宇）和高川。决定战中告负，高川掉出对战阵容。[81] 预选优胜者桥本昌二九段加入了进来。

　　这盘棋是第三期的最终一局，[82] 而这第三期，我与坂田先生胜率相同并列成为第一名。接着，为了发展成随后的名人战，该棋战企划最终取消。

　　布局的白14、16手颇下了一番功夫。

名人战前夜

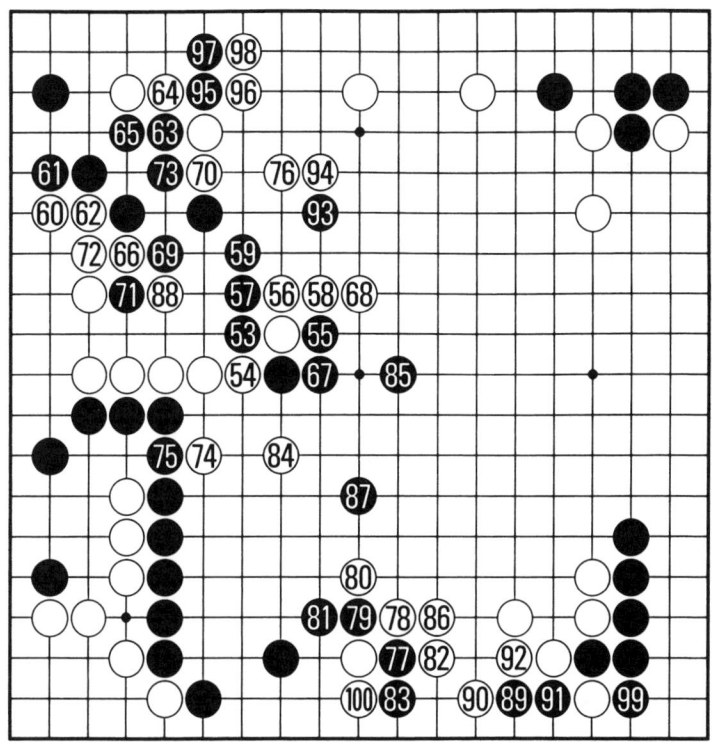

第2谱（53～100手）

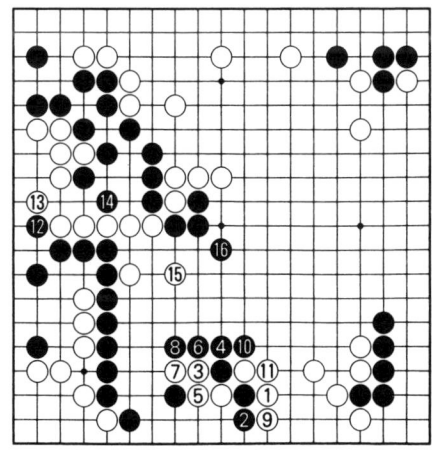

图1

第2谱 意在大龙

黑77手靠，乃醉翁之意不在酒，它将准星瞄到了左边的白棋大龙上。由是，白80手如图1所示行棋于下边赚取地盘的话，就只会让黑方得利，其自黑10至16开始发起总攻击，而白方或恐怕无法熬过此关。于是走白80以下诸着自保。

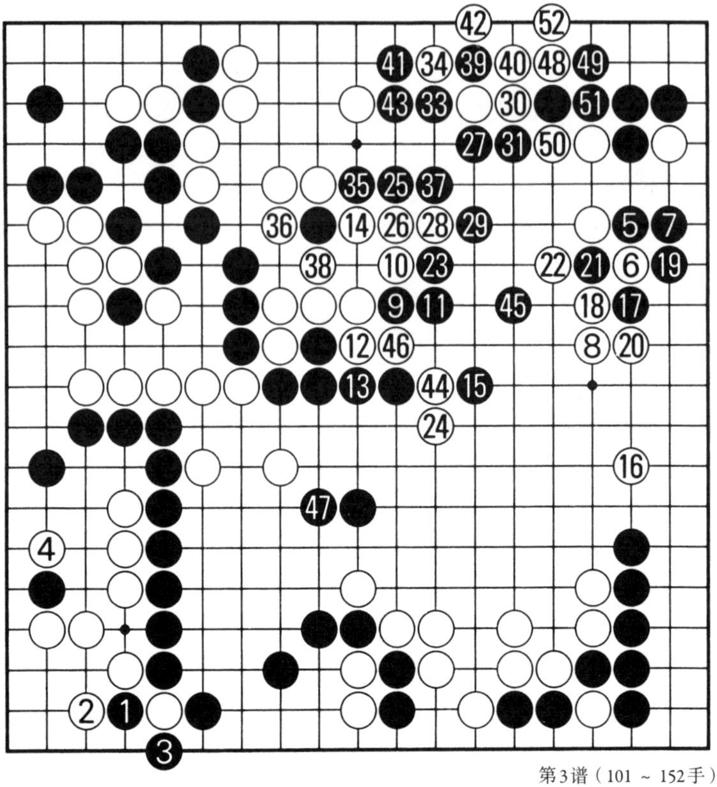

第3谱（101～152手）

㉜=⑥

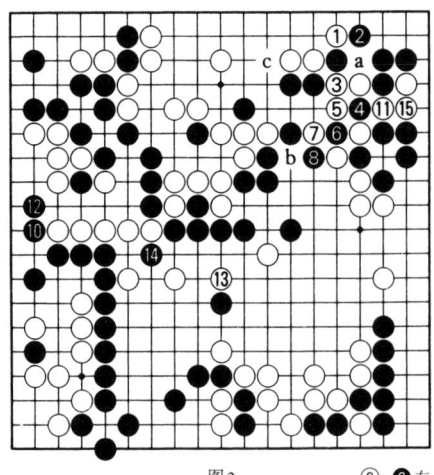

图2　⑨=❻右

第3谱　32的后悔

白32本该下图2的1位扳。白32提劫，下至实战的白52，结果还是被对方提回，由是白忙活一场。若是走图2的大转换，白棋即使舍弃左方也无甚不满。该图黑4若是a位粘则白7位夹、黑b位粘、白c位长。

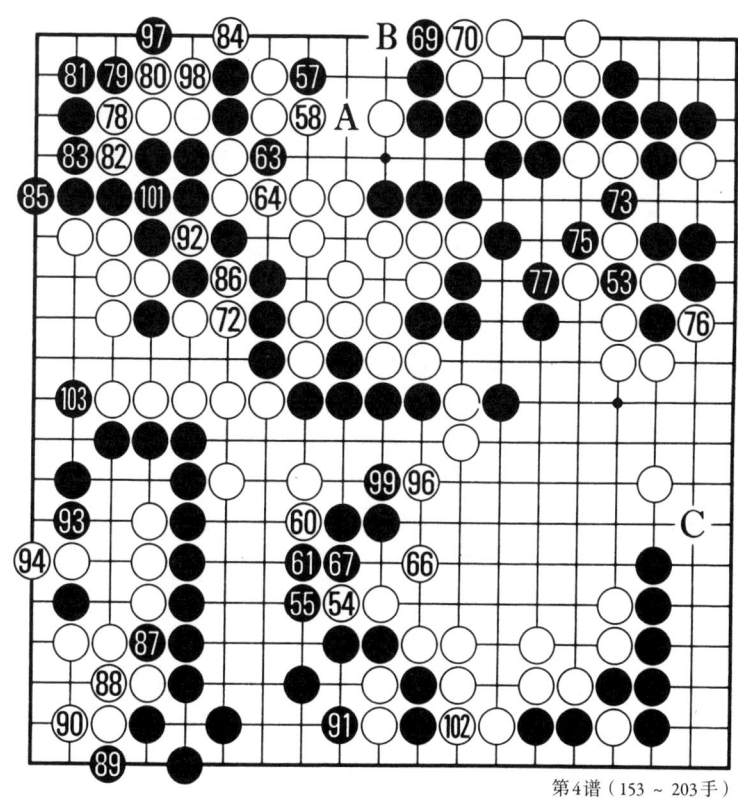

第4谱（153～203手）

㊶㊷㊹㊽=㊵右　㊾㊺㊻=㊵　㊾=㊾下　⑩=㊾

第4谱 103失着

黑57寻劫虽是合乎妙味的一手，可这么一来反而把棋弄复杂了。平凡地下A位便足够了。

黑69寻B位的劫材，之后又将成一劫，因此黑棋终究决定立69位。为此，各式各样的余味都消失了。

黑77上劫争消解。

白棋既得以76位拔子，又生出了86位的余利，这样便大体挽回了形势。

盘面颇细，此后下方白棋的厚味会成几目实地事关成败，不过左边的黑103扳却走成了失着。这一手本不可不尖C位补右下。

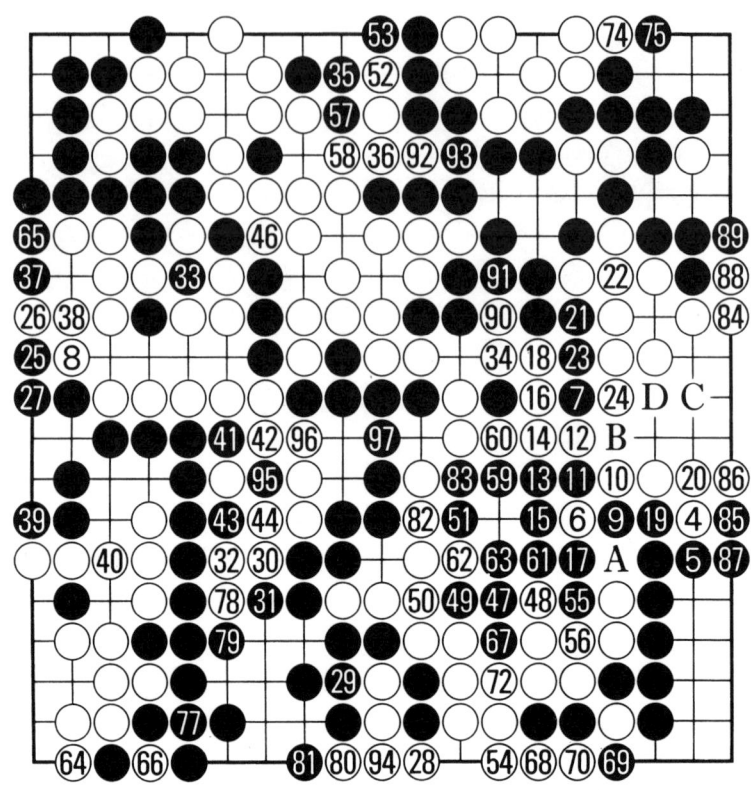

第5谱（204～297手）

㊺=㉝上　㊼=㊿上　㊽=㊻左　㊾=㊻　两单劫各粘其一

第5谱 最后的败因黑33

黑棋若以前一谱的103尖4位则有白20位挡，此时下A位拐，则黑棋一方较佳。随后白17位扳、黑6位反扳、白61位长、黑15位压、白63位长、黑B位飞、白22位粘、黑C位点、白D位断、黑84位扳的话，白棋的眼形将变得颇为别扭。白4尖到白6飞下出后制造了白棋有望的局面，偏偏白8却大成问题。这一手并在11位比较好。因其之故再度致使盘上胜败不明。黑33提劫是黑方最后的败因。这一手若34位退交换到白60位粘，此局或成了和棋也未可知。白54下61位要好些。另，64位与65位是白方见合。

297手终　白胜一目

限时各10小时　白方用时8小时35分

黑方用时9小时58分

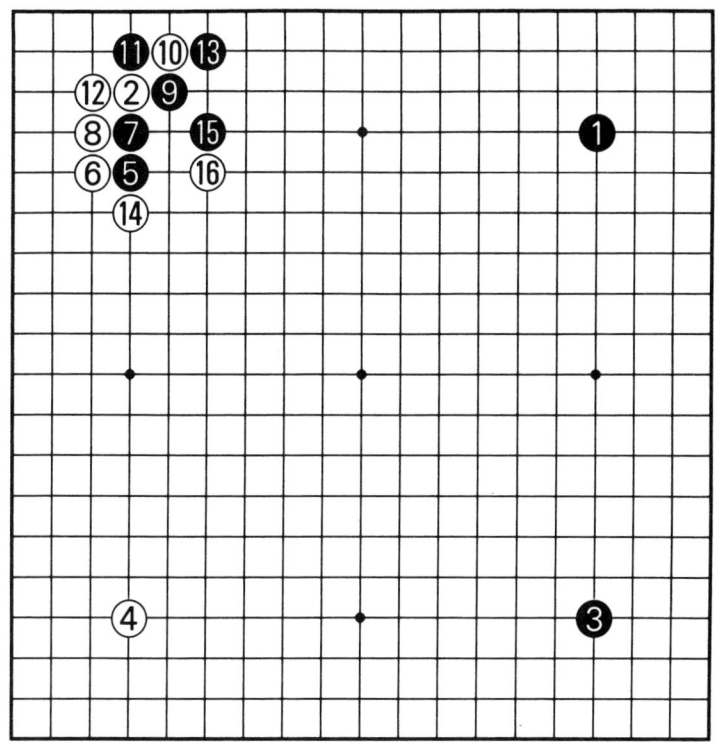

第1谱（1～16手）

读卖新闻"名人战"第一期
昭和三十六年（一九六一年）三月八日弈于伊豆吉奈温泉坂屋旅馆

34 名人战开始

互先　九段　　宫下秀洋
黑　　九段　　吴清源
（贴目五目）

第1谱 十三棋士阵容

一九六一年一月，读卖新闻社发出公告，实现了"围棋名人战"。虽是一年一届的赛制，不过最初十三名棋士的循环赛用去了一年半。从第二届开始则策划为了由九名棋士争夺挑战者资格的赛事。

被选出参战的是我以及坂田荣男、高川格、木谷实、藤泽朋斋、桥本昌二、半田道玄、藤泽秀行、岩田正男。

规则指定先手贴五目，和棋白胜。

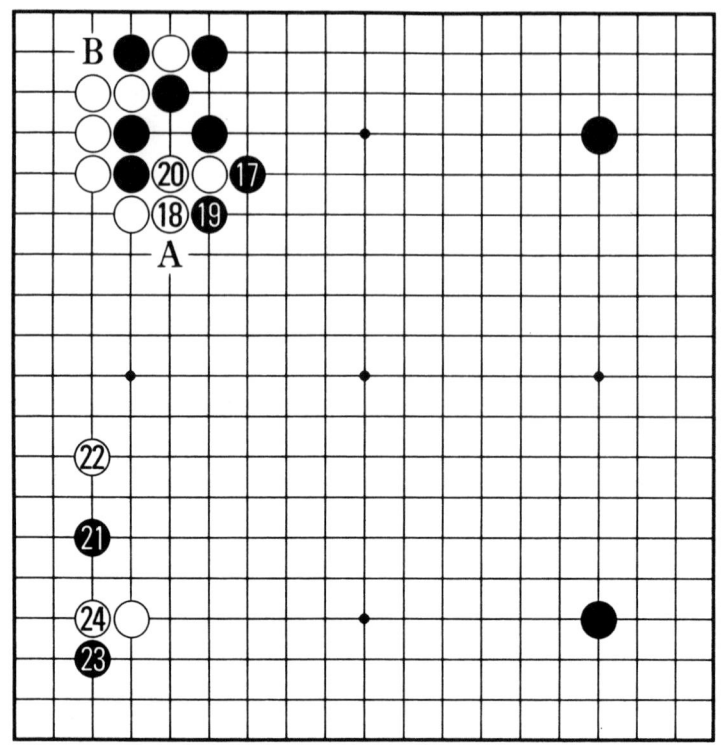

第2谱（17～24手）

第2谱 取得先手

左上白棋的靠是颇为有趣的一手。

这一手意在接下来黑方若走18位扳出，则白A位连扳。因而黑棋要是19位长，白棋将会是20位断打后17位长出的战法。这样黑方没有成算。

黑17手B位爬的情形，被白棋走18一手便不妙了。

于是黑方选择了17位扳。随后图1发展可想。黑棋4位为首的三子是准备舍弃而下的。对白18手，黑棋19位打乃取先手之意。要是忍让大概会走成图2吧。

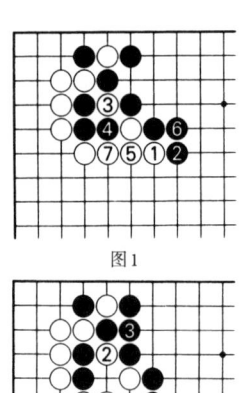

图1

图2

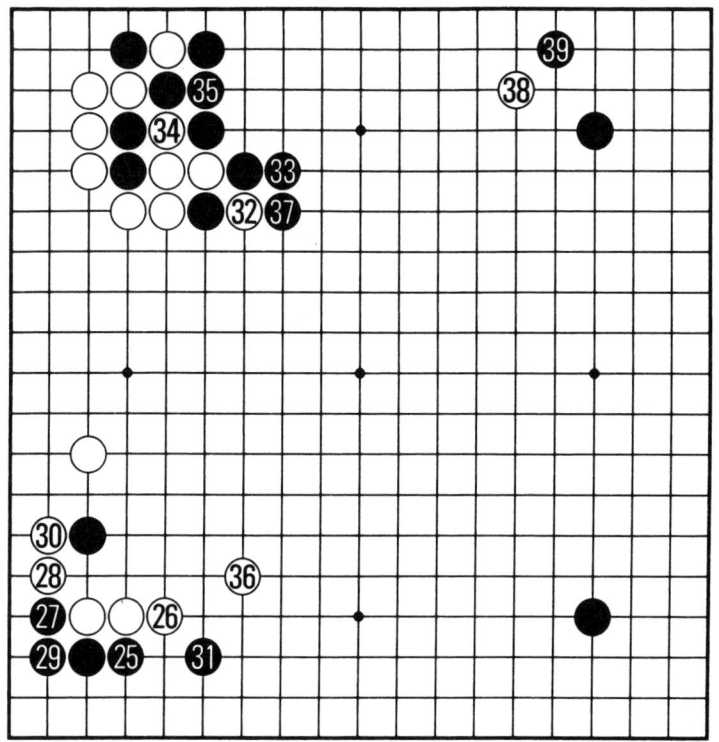

第3谱（25～39手）

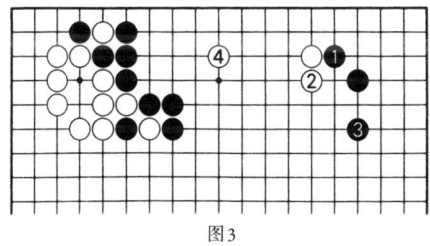

图3

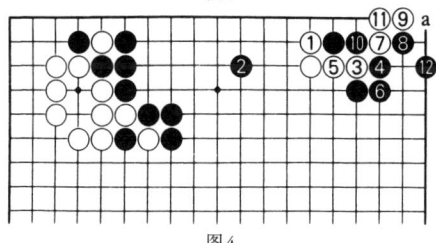

图4

第3谱 39手的意味

黑39手照图3，被白立二拆三，黑不好。

由是黑方下了39位小飞。对此，图4白1挡是滞重的着法，即便白7、9扳进，黑方走10位打、12位虎，这样a位劫的负担便留在了白方，白棋糟糕。

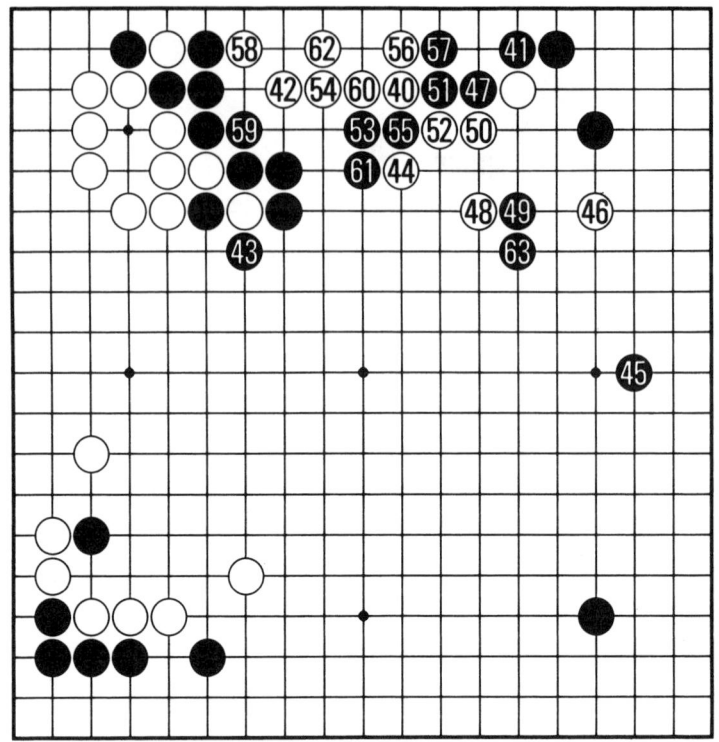

第4谱（40～63手）

第4谱 艰难存活

被黑子于55位切断的白棋，到第62手为止不得已被迫痛苦地后手做活。

白58手上虽是想下图5的1位切断，可这样发展至黑18，白方所图不成功。另外，其中白7一手立于8位的情形见图6，对杀将是白方负。行至第63手长，黑棋好态势。

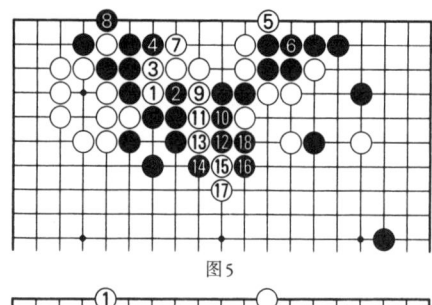

图5

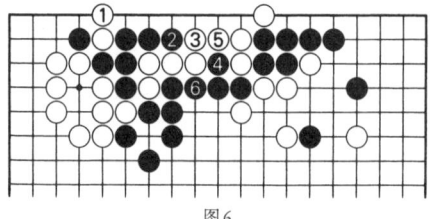

图6

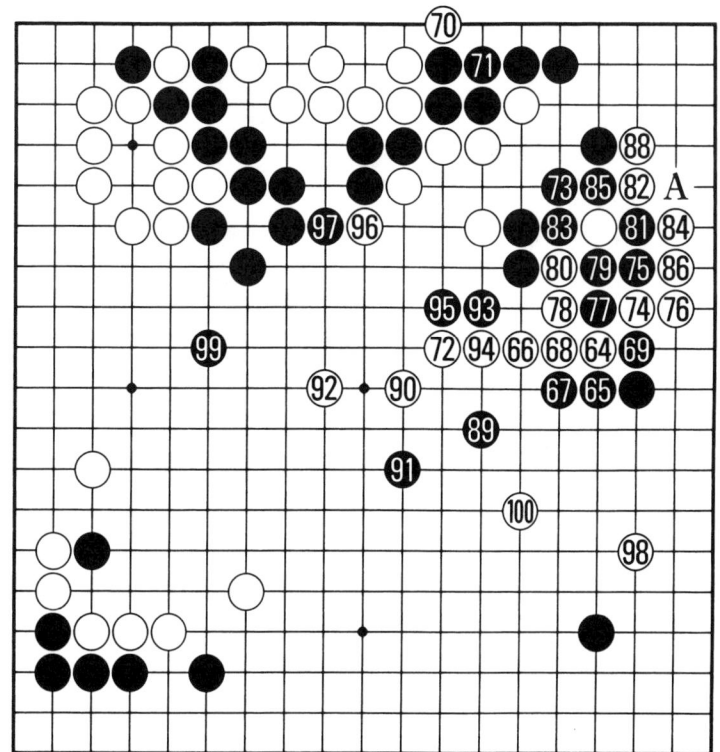

第5谱（64～100手）

㊇=㊄下

第5谱 遭滚打

黑75夹是不留情面对白棋实施攻击的手筋，而这一手76位扳则白75位退、黑89位飞、白86位拐，被白方轻松地安顿下来。

白76立是气合。决不肯应于79位或者77位。

黑棋不必说自然是下77位的断。这一手79位冲断，走白77位粘、黑86位挡这样的发展的话，后手吃白方一子实是无趣。

白78手亦仅此一着。这一手79位打，而黑78位长、白86位打的话，黑82位尖、白81位拔、黑A位立，此处白棋将成冰冷的尸身一具。

理所当然地有黑79粘、白80冲，而此处黑81拐乃是预见到前方发展的强手。不愿遭滚打而以第81手下86位立抑或84位尖，被白方舍弃两子包抄之外，还让其下到83位的粘，黑棋进攻中的妙味将消失不见。

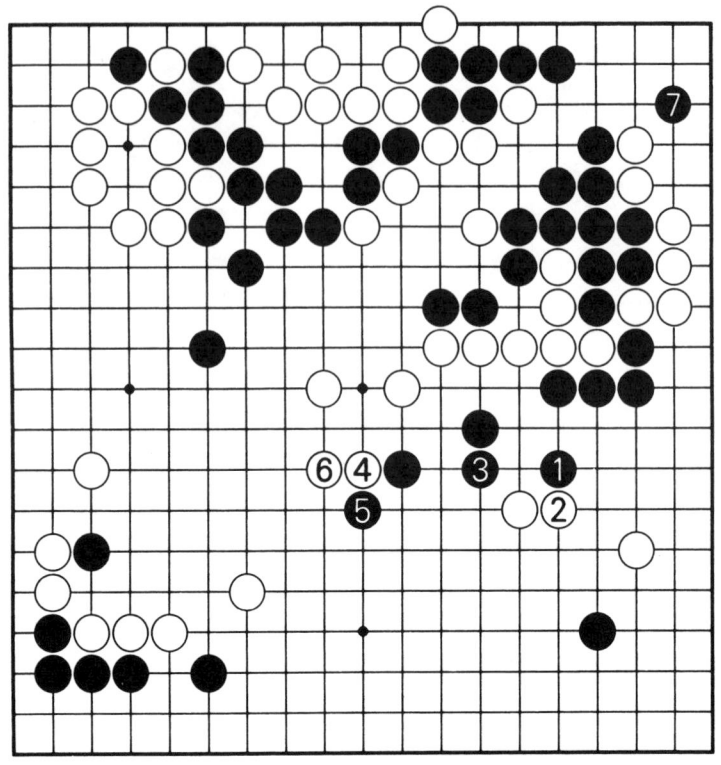

第6谱（101～107手）

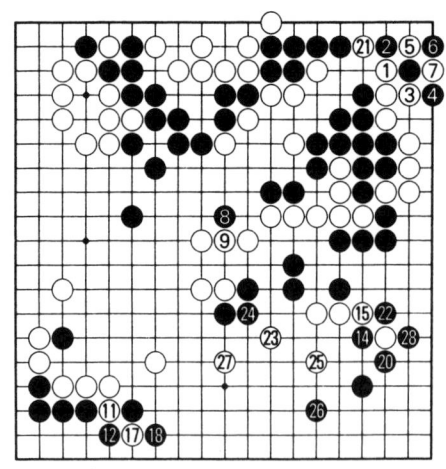

图7 ❿⓰=⑦左 ⑬⑲=⑦

第6谱 黑棋的目的

黑7的目的在于图7。

对白棋1位冲、3位挡，黑棋2、4位扳以劫展开进攻。由于白棋仅止于做到在黑方20位虎时21位消解劫争，故黑棋22至28后胜势明了。

白方则又有弱子为其负担。

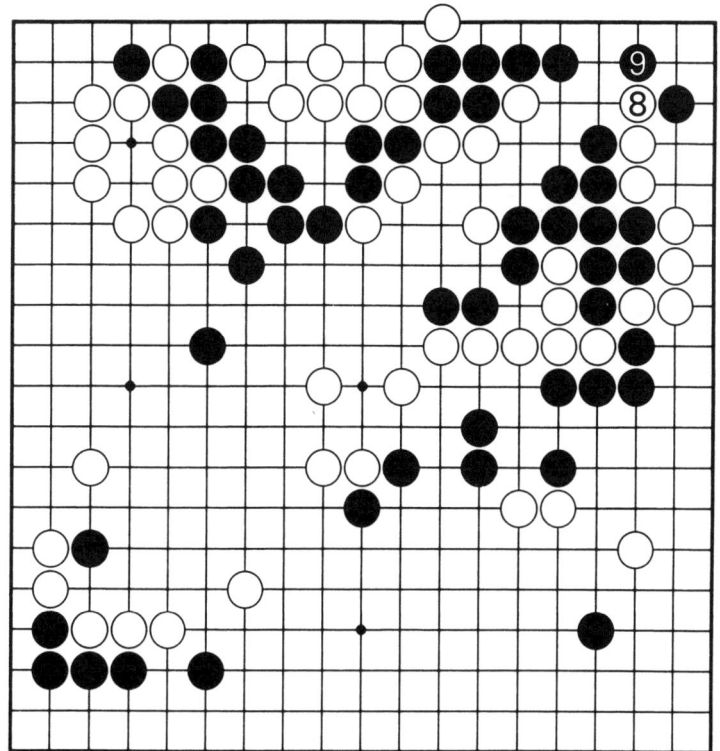

第7谱（108～109手）

第7谱 黑方满意

不愿劫争而对图8的黑1扳还以白2、4冲及至6位打，若走出12打、14立则无条件成活。可那样一来黑棋将满意于该角所获，后再走右下15位的尖，目数便足够了吧。

加之黑棋a位的挡亦可先手下到，白方至此或也丧失战意了。

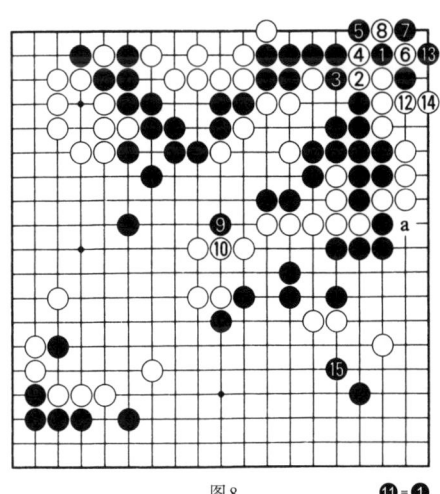

图8　⑪=❶

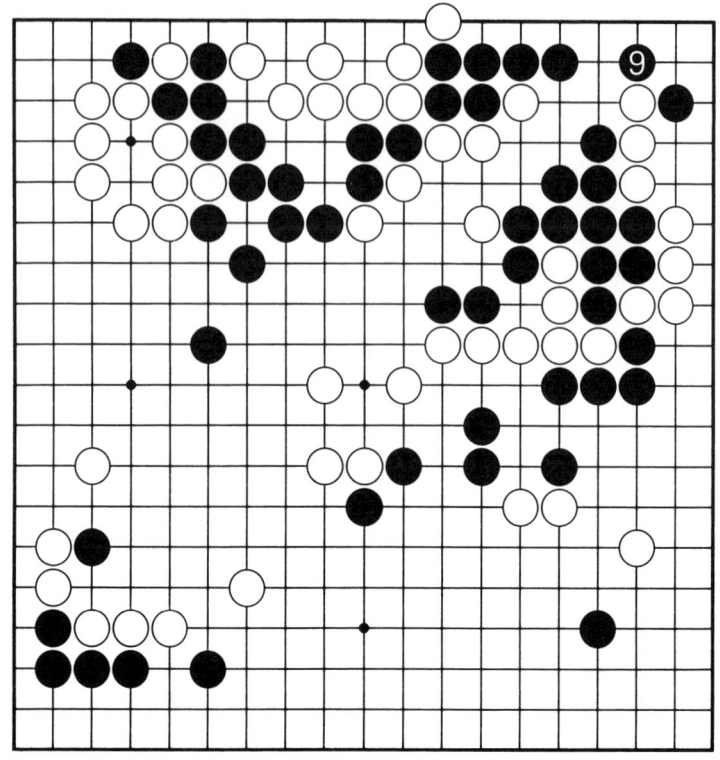

第8谱（109手）

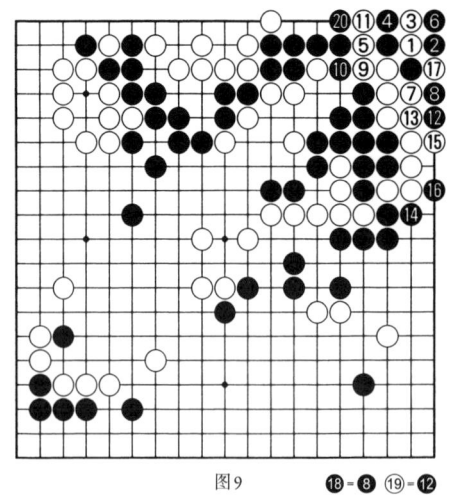

图9　⑱=❽　⑲=⓬

第8谱　白方投子

若下的是图9的白1断，黑2打之后形成的将是至黑20的劫。而因其为无忧劫，黑方两手可行。

白方投子。此时是对弈第一天的下午五点十五分。

109手终　黑中盘胜

限时各10小时

白方用时3小时11分

黑方用时3小时19分

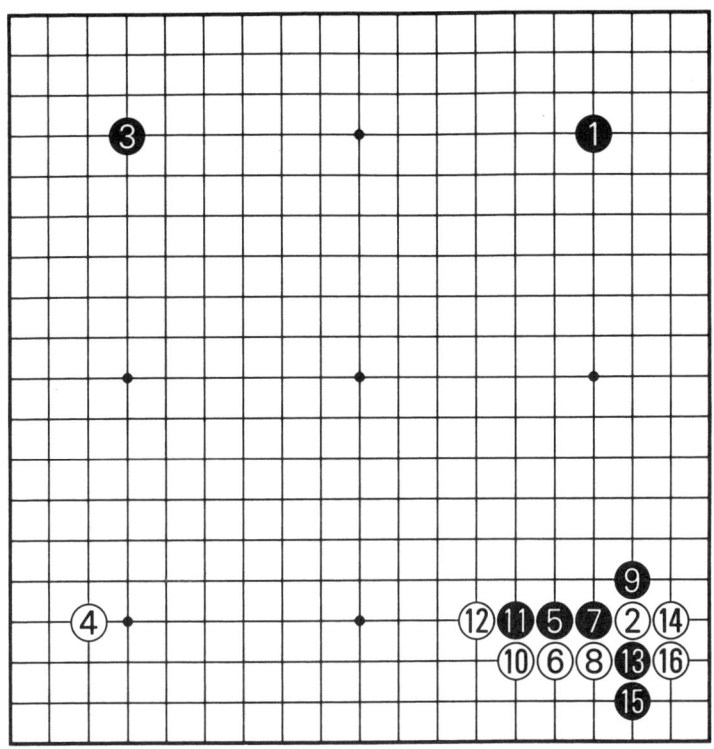

第1谱（1~16手）

读卖新闻"名人战"第一期
昭和三十六年（一九六一年）十一月二十九、三十日弈于热海温泉起云阁别馆

35 交通事故之后

互先　九段　半田道玄
黑　九段　吴清源
（贴目五目）

第1谱　内拐逆用

一九六一年的八月，我在东京小石川音羽被摩托车撞倒住了院。脊椎、腰部、腿部挫伤。三个月之后，总算是恢复得可以对局了。但因为不能正坐，就用上了椅子。

本谱中的大雪崩自我的新着法出现以来一直没有棋士去下。我认为即便这样仍可一战，就以雪崩定式来下了。半田先生则以我创出的内拐来应

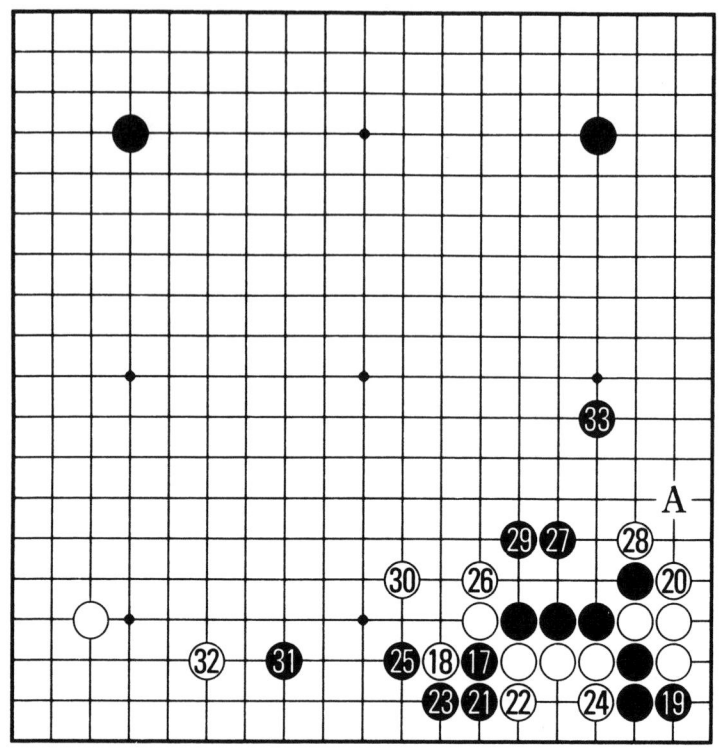

第2谱（17～33手）

第2谱 剑指急所

黑33手大飞是怀有见机下A位急所意图的一着。

对这手黑A脱先的话，将有图1黑棋3至7造劫进攻的手段。黑棋一方倒是轻松，可白棋若是在此劫上告负便大为不妙，因而大意不得。

此外本图的白4打改图2的白2扳，则黑棋有3位断、5位扳的渡过。

黑方虽大概不至即刻施行想法，但白方对对方有此一图应予以警戒。

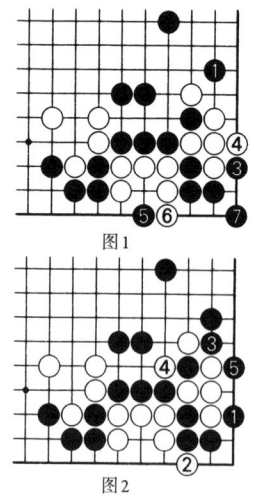

图1

图2

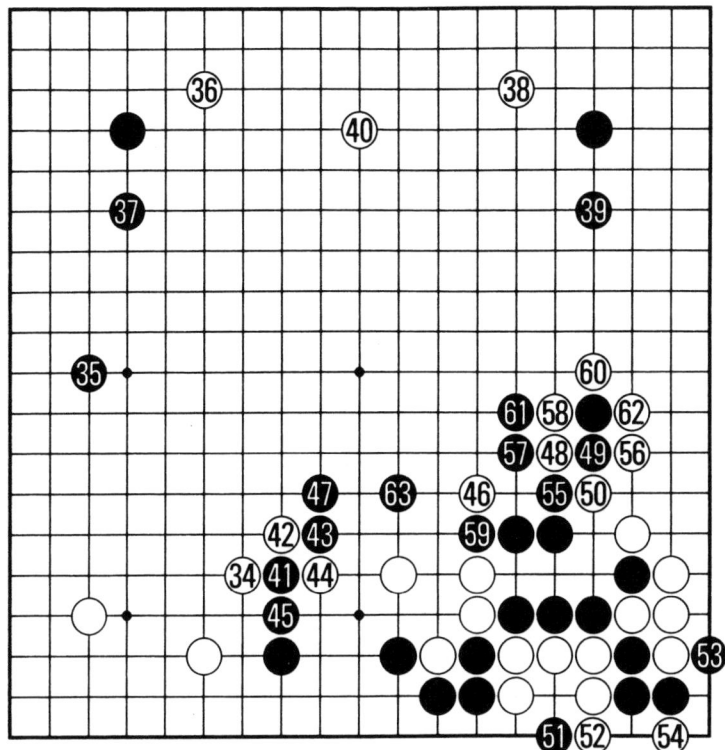

第3谱（34～63手）

第3谱 43手的预判

黑43手上我的想法是左图。白44手从45位一侧来打吃，则准备如图3所示应对。下边的棋子按弃掉来下。

此外，该图的白11若是走图4的1位跳出，由于黑棋有2、4打吃至12做眼复活的手段，这样白方便徒劳一场。

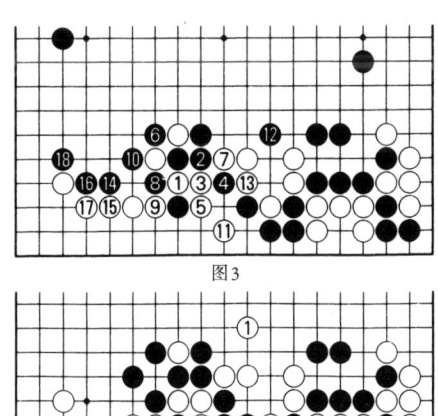

图3

图4　　⑤=③上

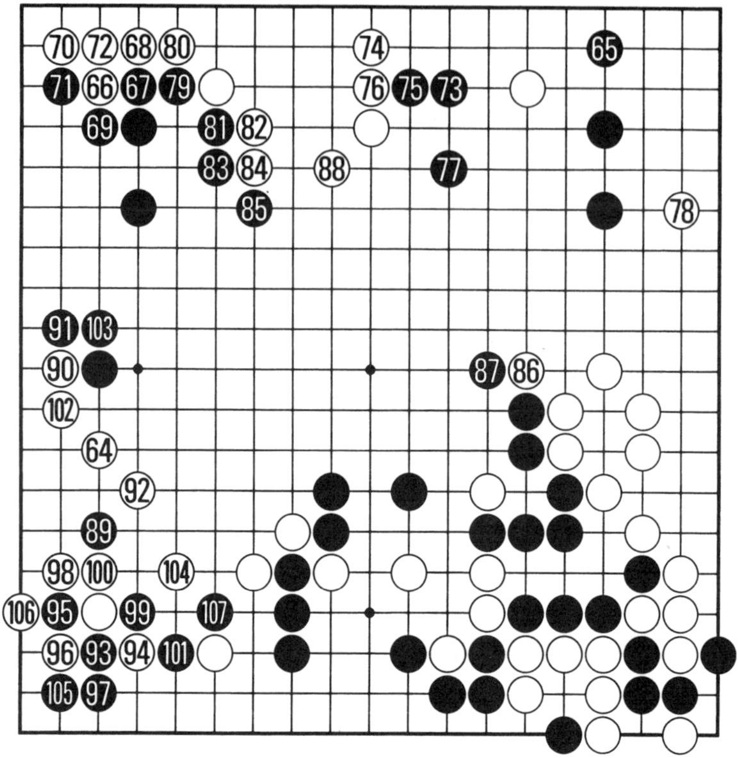

第4谱（64～107手）

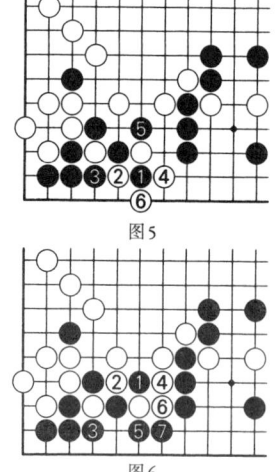

图5

图6

第4谱 黑方好状态

自黑93至107手，左下角的白地一变而成黑地。黑方状态正佳。

黑107手如图5所示有所顾虑而走1位从下方扳的话，遭白方2、4、6做眼顽抗，味道将变得极其坏。

而要是黑107位扳，如图6所示，即便白方2、4位打，黑棋5、7位渡过地盘坐实。

右上角尽管让白方潜伏进了几分势力，左下角的所得已充分弥补了损失。

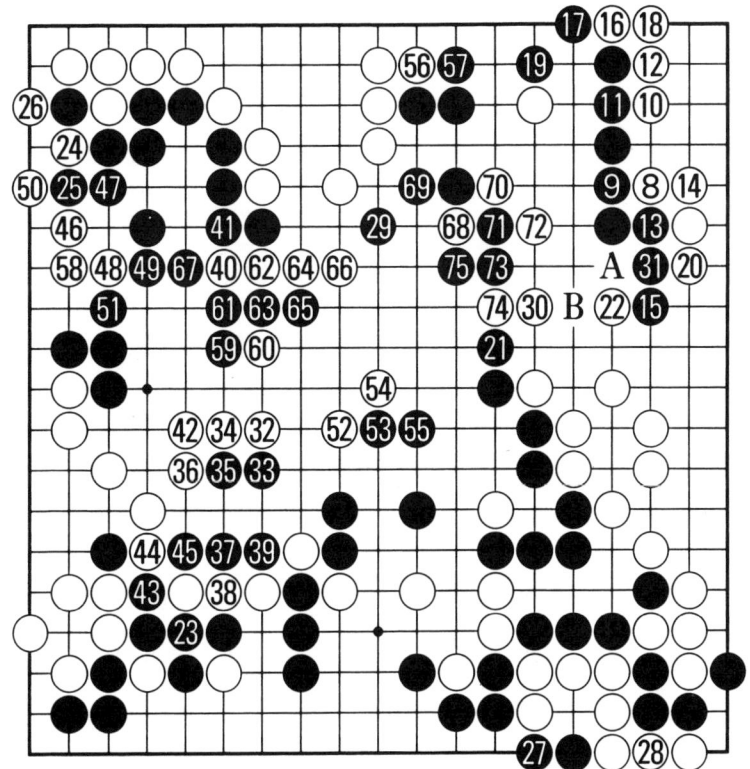

第5谱（108～175手）

第5谱 优势不动

右上角虽拱手给了白方，左下角黑23粘做补强，这样黑棋的优势便不可动摇了。

右上黑21长，是做白棋31位冲就黑A位挡、白22位断、黑B位打吃的打算。黑21上扳起打吃会被应以造劫，那样很烦人。

黑37于42位断则太过，是走上了危桥，以及对于左上白46夹，黑棋若要以50位立做抵抗，这便又成吹毛求疵了。由于下边的黑地有70目以上，已相当于白棋全域大小，黑方无勉强行棋的必要。

175手终　黑中盘胜

限时各10小时　白方用时7小时25分

黑方用时6小时 3分

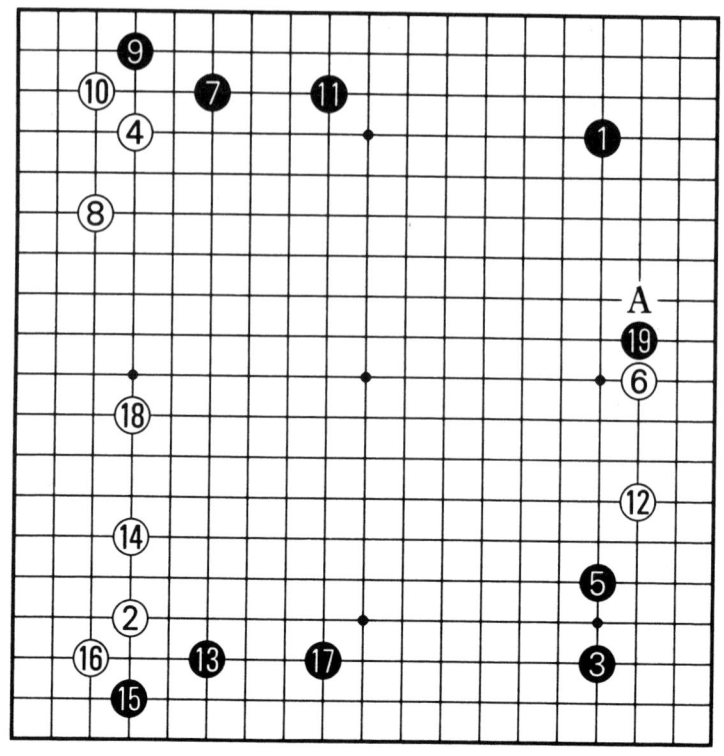

第1谱（1～19手）

读卖新闻"名人战"第一期
昭和三十六年（一九六一年）十二月二十、二十一日弈于热海温泉起云阁别馆

36 过关斩将

互先　八段　岩田达明
黑　九段　吴清源
（贴目五目）

第1谱　唯一的七段

第一期名人战的十三名棋士之中，以七段身份参加的仅有这位岩田。八段选手是藤泽秀行，其余十一人则是九段。岩田先生因此前的最强战中的实绩被看好，不久便晋升为了八段。

右边黑19手平凡地A位进逼的话，就得变成缓慢的发展。那样便正如了岩田先生的意，因而我激烈地靠了一手。

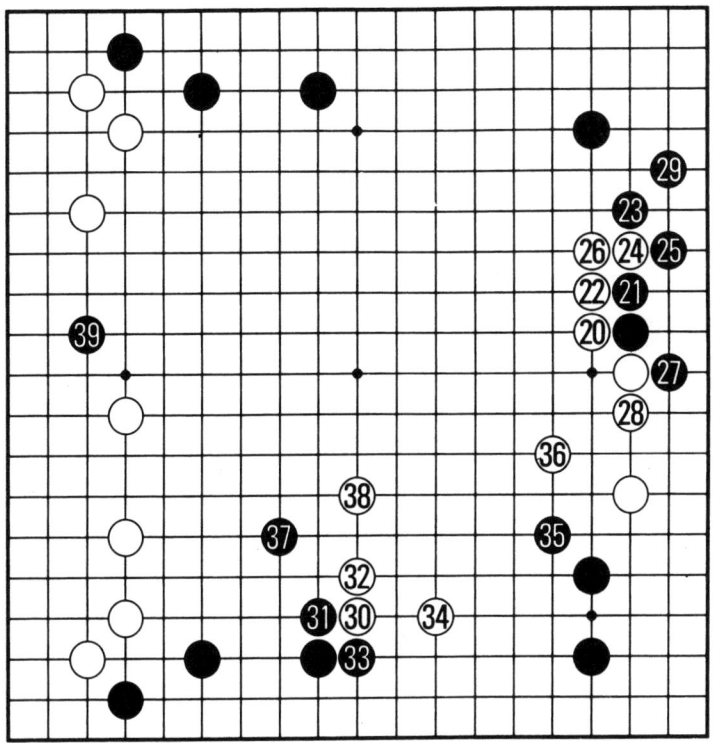

第2谱（20～39手）

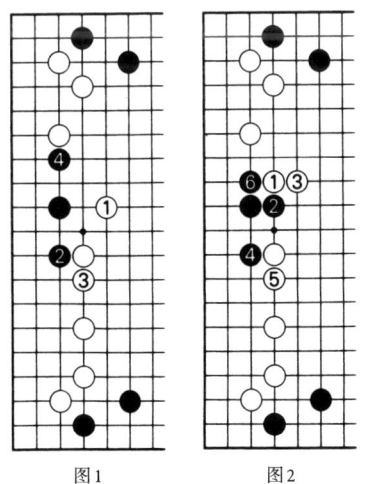

图1　　图2

第2谱　打入

左边黑39手的打入绝佳。

对此，白方要是下图1的镇，黑棋以2位托、4位靠简单地安顿。

又或如图2所示飞罩过来，这样黑棋2位长、4位托、6位拐也直接就能成活。此外，白棋压黑棋也可扳起，对扭断从上方打一手后往中央长。

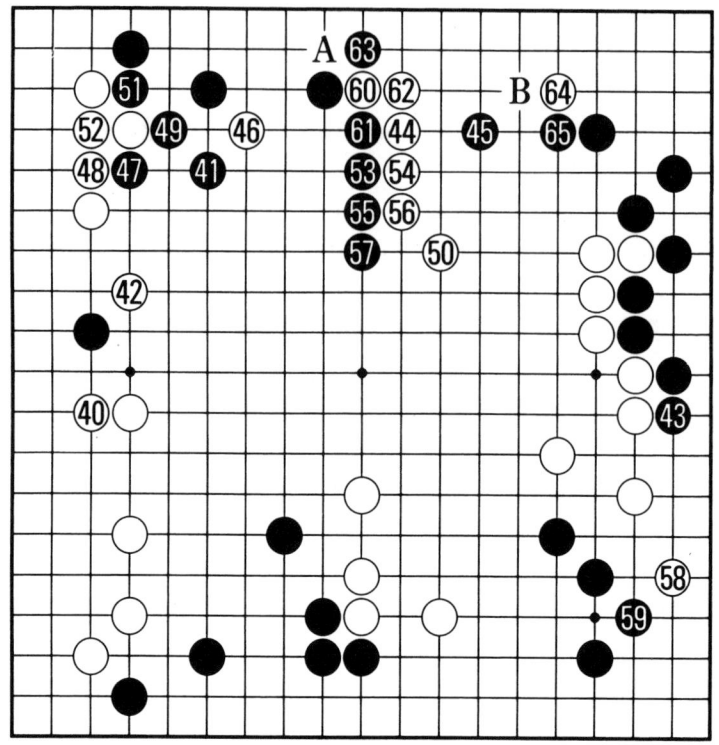

第3谱（40～65手）

第3谱 火花

上边黑63手选择A位立，则被白棋B位侵入，反而遭到攻击。

黑方第63手期待图3的发展。要能这样白7、9位侵角没有活路。

于是白棋直接点了64位，这是胜负手。对黑65手压，白棋要是走图4的1位托、3位打则至白9活角，不过那样的话黑棋便打算走10至14进攻右边的白棋。双方火花四溅。

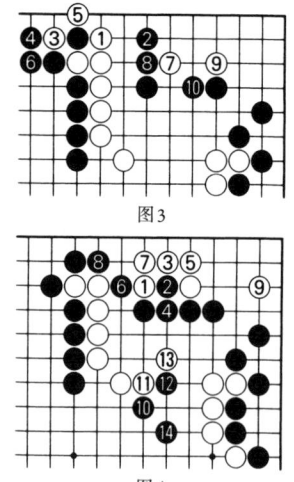

图3

图4

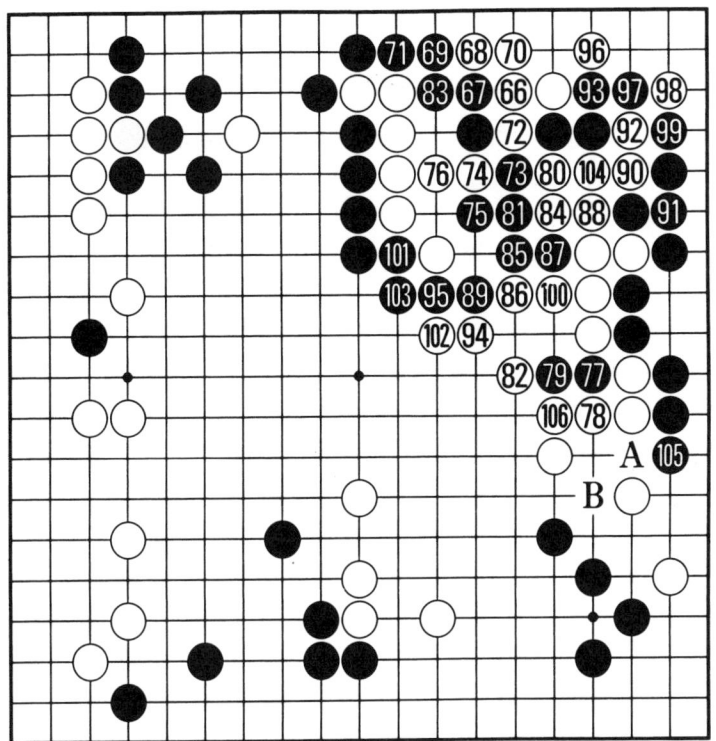

第4谱（66～106手）

第4谱 告一段落

右上的相争是这一局的亮点。白66退、黑67挡至白第76手，这因棋势而是仅此一途的发展。随后黑77手虽想于83位直接粘上，可白80位、黑81位、白84位后此三子无法可救。于是首先下77位切断探问白方的去向。白78手要是79位打则黑81位粘、白83位断，此时黑A位打吃、白78位拔、黑B位断。

由是白方78位下得顽强，黑79长，此时白80位打后再82位顶是相当程度的强手。它是在追击黑方两子的同时，顺势100位、86位长出的一着。此时黑方揪住白棋气紧以83位粘、85位长反攻。这是不囿其表走愚形的效果。黑89手是命悬一线的腾挪。白方终究没了比弃掉上方更好的下法。白100好手顺。这一下以104位粘为先的话，黑100位冲连那两子都救活了。

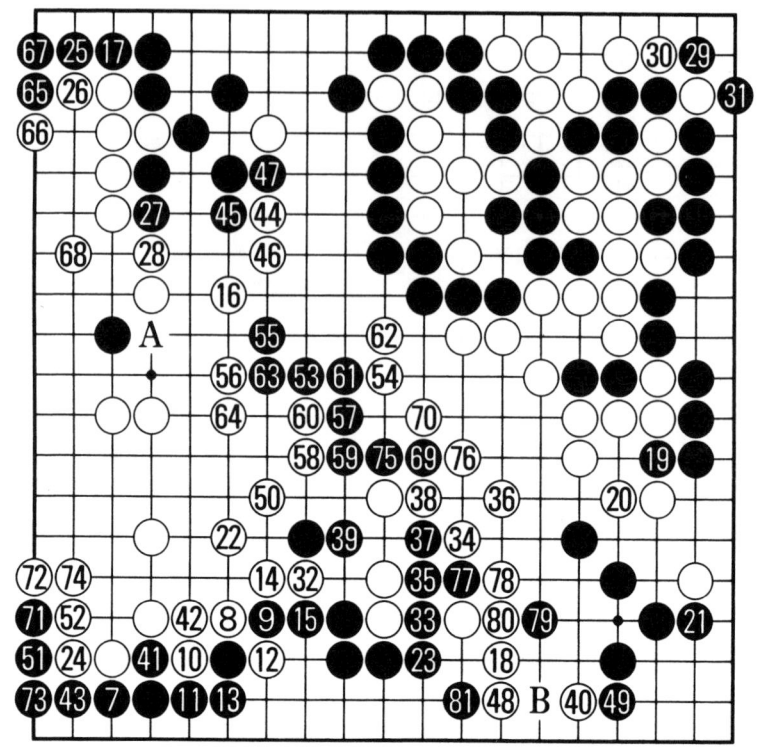

第5谱（107～181手）

第5谱 切实之道

左下的黑7也并非是没有A位长起策动左上这一手段。但毕竟还没法洞彻前景，即便那么做了，下成不明所以的棋也是白搭，因而选择了切实的路子。

黑23上于39位并的下法也可，与23位长的得失大致相当。以这手23姑且救回了那一子，这从实战的进行中各位便能判明吧。

总而白32、黑33冲之时，白35位挡则有黑77位的切断，这将是白方无理。右下白40防止了来自黑方的48位托、白B位扳、黑80位挤的手段。

181手终　黑中盘胜

限时各10小时　　白方用时9小时50分

黑方用时4小时48分

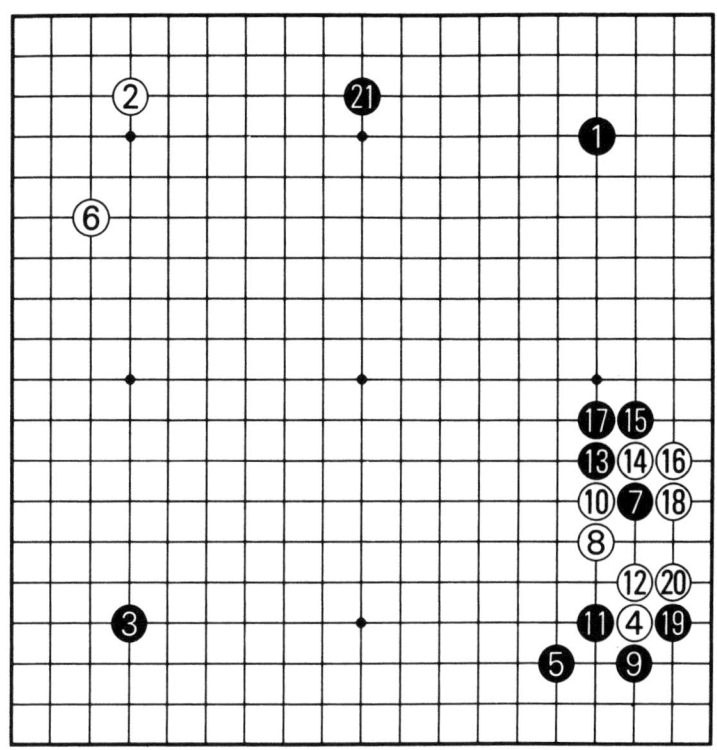

第1谱（1～21手）

读卖新闻"名人战"第一期
昭和三十七年（一九六二年）三月十四、十五日弈于热海温泉起云阁别馆

37 一举得胜

互先　九段　　吴清源
黑　　九段　　杉内雅男
（贴目五目）

第1谱 黑棋调动充分

第一期名人战虽由十三位棋士进行争夺，但随后，名人与排名靠前的六位棋士将留下，另六位棋士则退出循环圈。规定由预选出出的三名棋士加入进来，九人的循环赛决出下一期的头衔挑战者。杉内先生至此由于是五胜四败的战绩，这会是他分外关键的一局。

到上边黑21手拆边为止，黑棋依靠布局充分发挥了子力。第8手飞出、第10手压的新着法没讨到好。

右下黑19手是佳着。

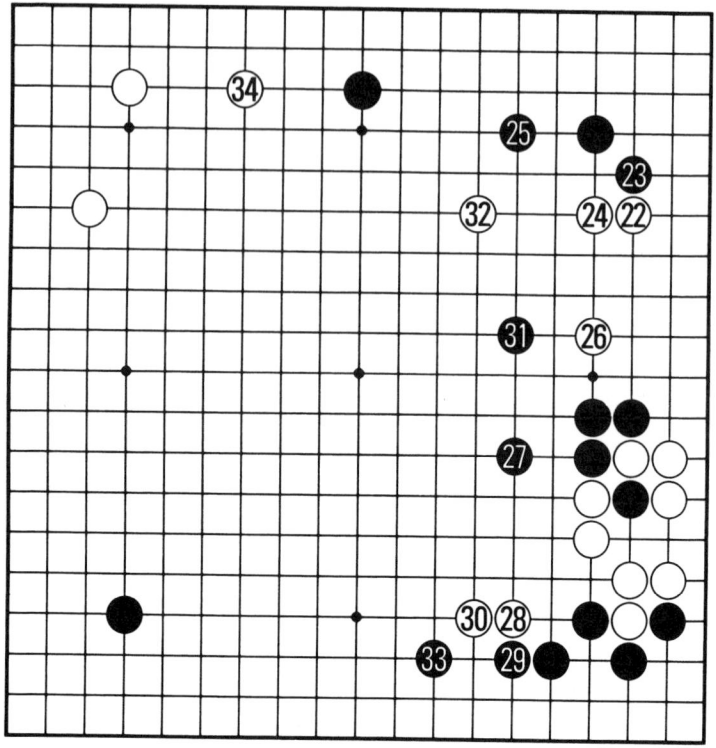

第2谱（22～34手）

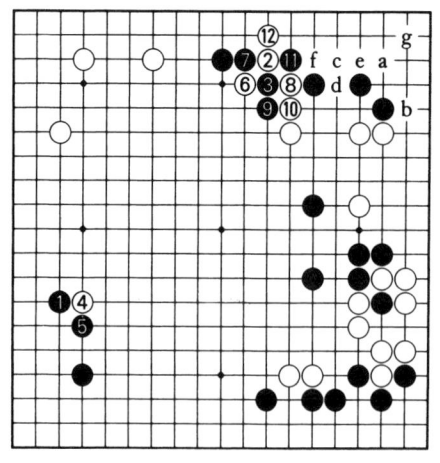

图1

第2谱 白方的意图

白34手正策划对右上黑阵的打入。其执行之一例见图1。黑棋若是于左下1位缔角，则白棋自2位的打入行至12立。左下的白4是引征。抑或是黑1走3位的防守则白a位点、黑b位立，白方意欲按字母顺序行至白g活角。

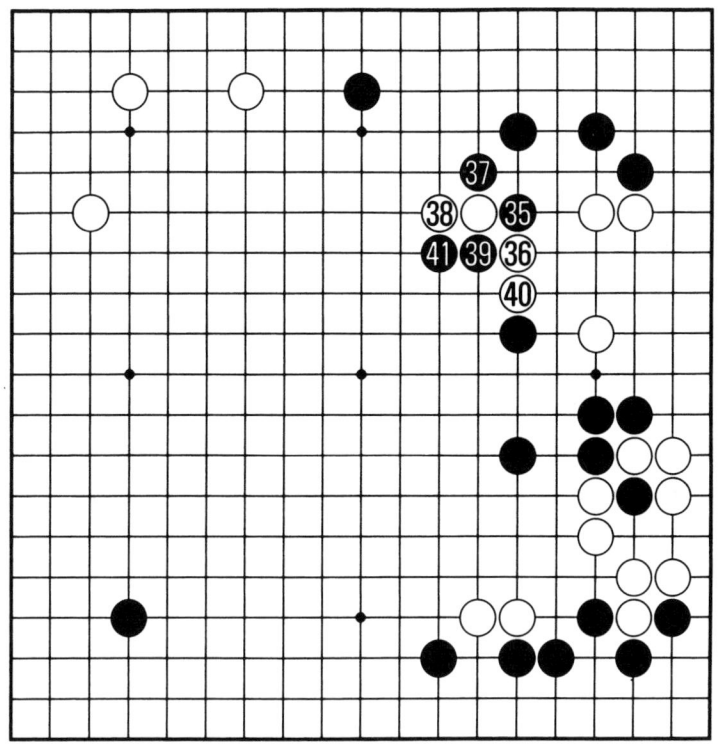

第3谱（35~41手）

第3谱 决胜时刻

让黑41手这一压，本局棋迎来了一决胜负的时刻。

白棋若是图2的1位长则被黑棋2、4位封锁，即便走了白5、7、9，至12还是让黑棋逃掉，并不好。

以寻常的手段白方无法熬出头。

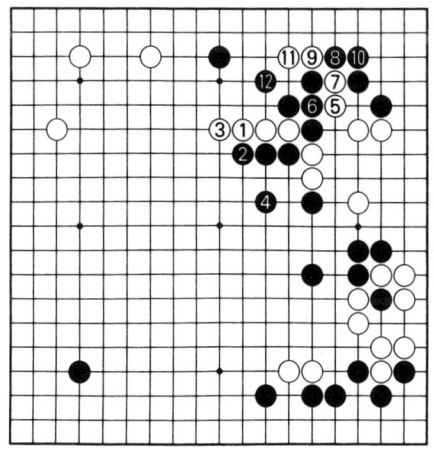

图2

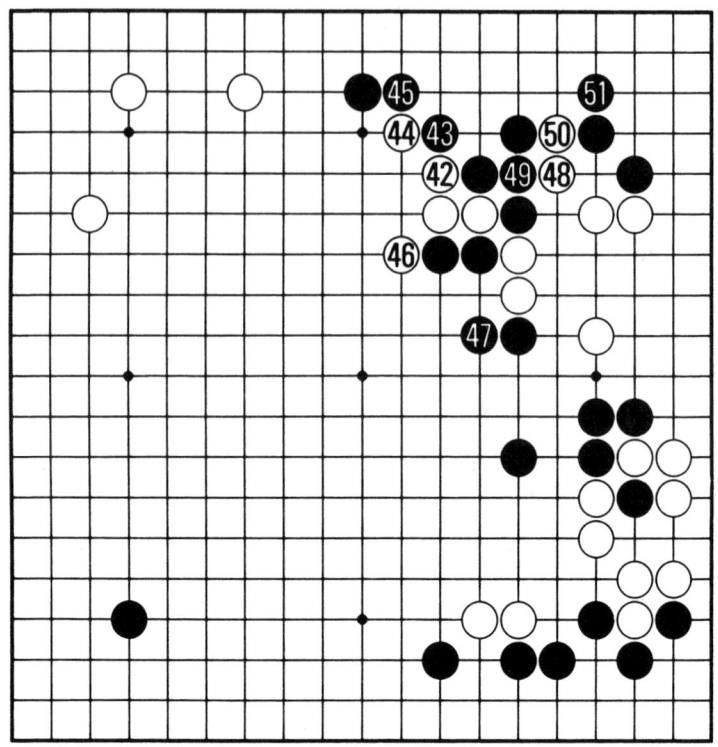

第4谱（42～51手）

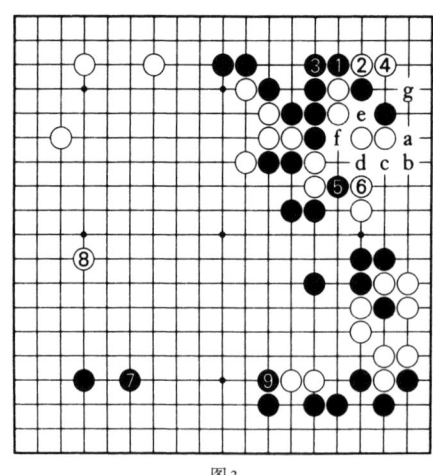

图3

第4谱 黑棋好图

白42拐是下了苦心的一着。杉内先生在第43手上有一小时零六分的长考。黑51立味道糟糕。图3的1位挡后黑棋本不差。该图黑5扳是妙着，白方若脱先则黑a位扳、白b位反扳、黑c位断，黑方有由此至g位虎的鬼手。而白棋要是6位挡则黑7、9转向左下，黑棋厚实，形势不坏。

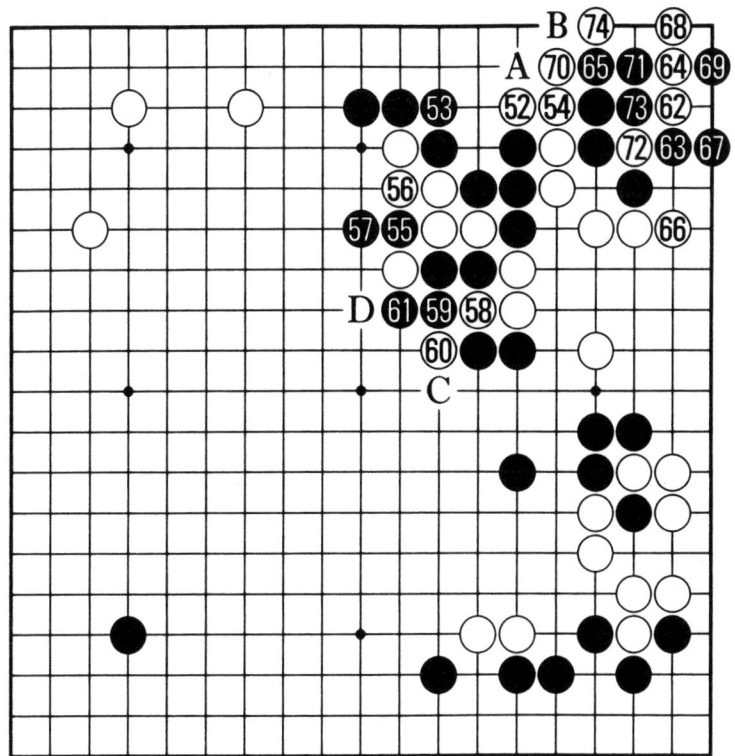

第5谱（52～74手）

第5谱 黑棋骤死

白68手是第一天的封着。

黑69手是第二天的第一手，而杉内先生在这里出现了重大的误算。这一手成了败着。黑棋这一手只能首先下70位拐，与白A位挡交换之后再着69位。那样一来白B位、黑71位角上成双活，因而是正解。

但即便那样，由于白方将以C位长再D位滚包的手筋攻击黑棋气紧弱点，盘上仍可说是白方有望的局面吧。本谱行至白70立，交锋以黑棋骤死而终。杉内先生没意识到有白72扑入一手。

74手终　白中盘胜

限时各10小时　白方用时1小时55分

黑方用时5小时 6分

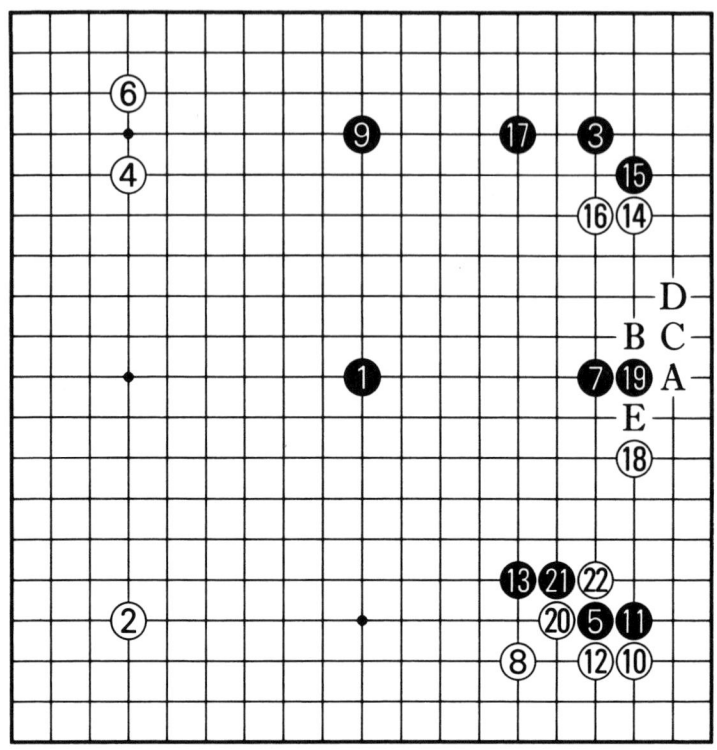

第1谱（1～22手）

读卖新闻"名人战"第一期
昭和三十七年（一九六二年）六月二十七、二十八日弈于热海温泉伊豆山美晴馆

38 守住第二名

互先　九段　　吴清源
黑　　九段　　桥本宇太郎
（贴目五目）

第1谱 初手天元

黑13飞是宇太郎先生风格的一着。这一手若是20位长，将成白子于其左挡住长起的发展。

白18手A位潜入则遭遇黑B、白C、黑D的强手，这样感觉不妙便转投他处了。

即便黑19手E位尖顶过来，我仍准备直接走20至22的切断一战。虽有多样的变化，但比起那些，黑棋还是这手铁柱般的19位立来得强有力。

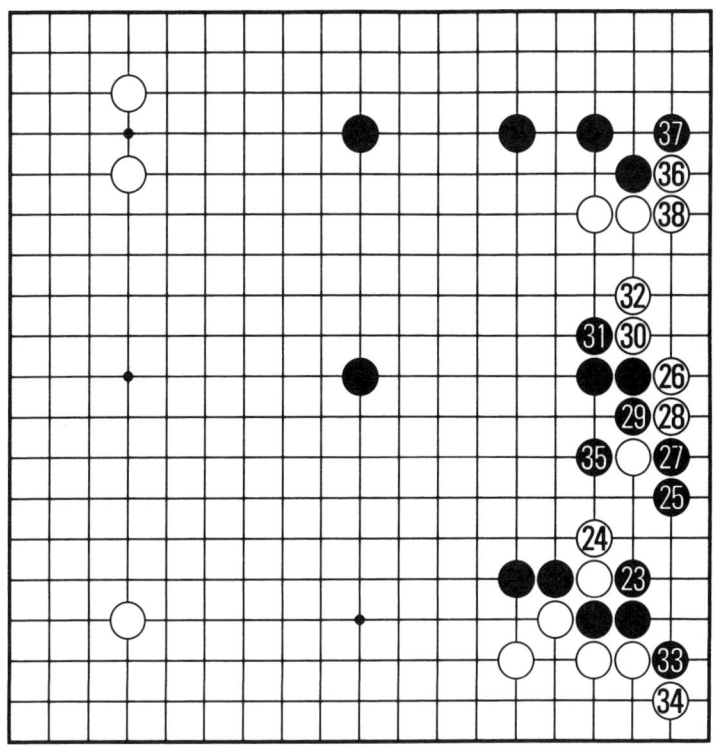

第2谱（23～38手）

第2谱 26手腾挪

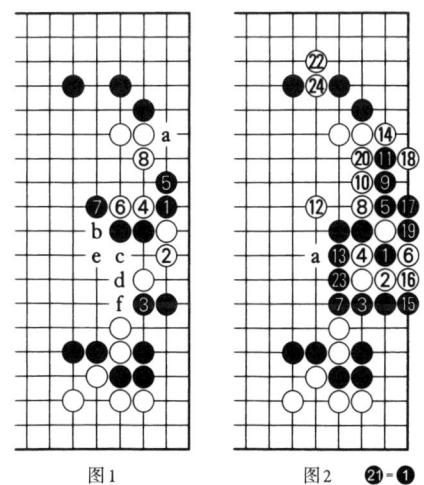

白26手是腾挪的一着。黑棋若走图1的1位则发展至白8。该图黑7上a位扳，则白棋b至f并不坏。又有图2，黑1扳则行至白12。黑13上若14位渡便有白a位枷。要是走图中这手13位拐及以下诸着，虽成劫，相争却是白方轻松的局面，做右上22、24位冲断应对可见足矣。

图1　　　图2　㉑=❶

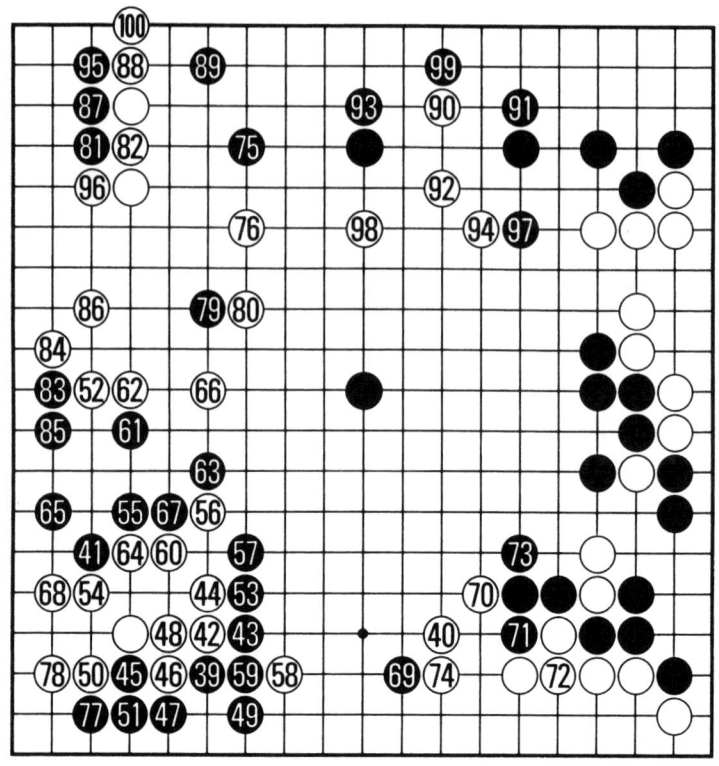

第3谱（39～100手）

第3谱 39手疑问

挂于左下的第39手有疑问，我认为飞40位走重视右边的方向的话，天元更能发挥作用。

白方左上的76手大飞将图3中吃掉黑子的手段视作了目标，由是黑79手作为其预防而下出。

左边黑83托是漂亮的一手。白方85位扳的话，连同上边一子，黑棋将于左上生存下来。白84、86手无可奈何。是由于这回黑棋即便被切断也还保有眼形。

左上白100立吃定黑棋三子。

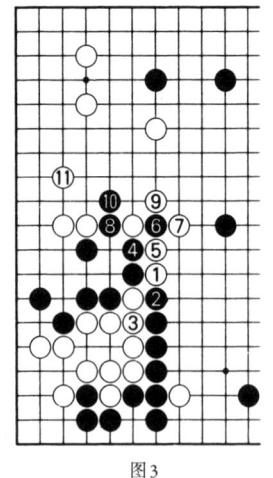

图3

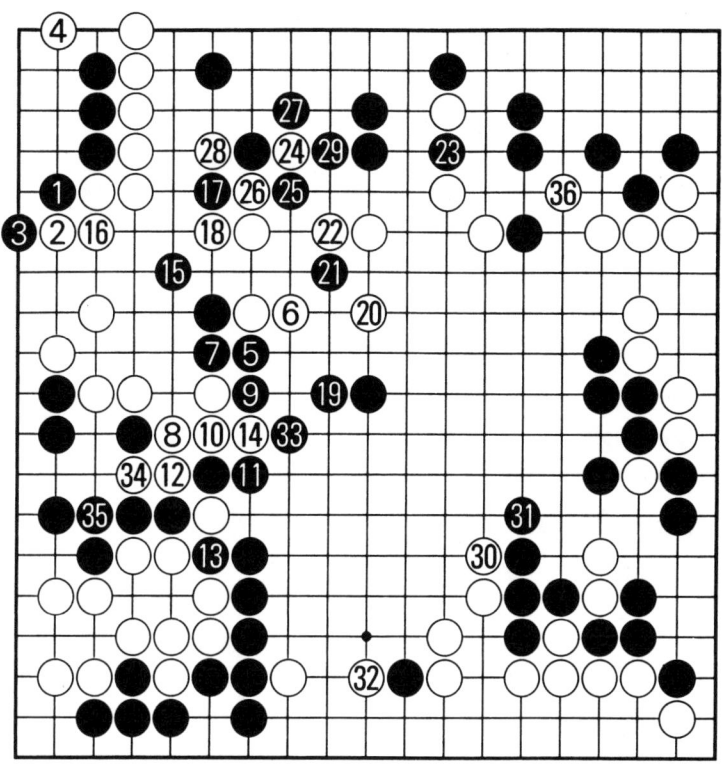

第4谱（101~136手）

第4谱 黑9好棋

黑9拐是好棋。

白10上直接12位隔断，看起来似乎能吃掉黑棋。可这里按图4的手顺，直到白9别无他途。而后黑10至16，白棋被切断，走成白17、19的劫。该劫很大，作为现在占优势的白方，如此危险不得不避。

右上白36的觑乃是有目的的一手，黑方若一不注意走出接左边之类的着法，白棋将有右上角活棋的手段。

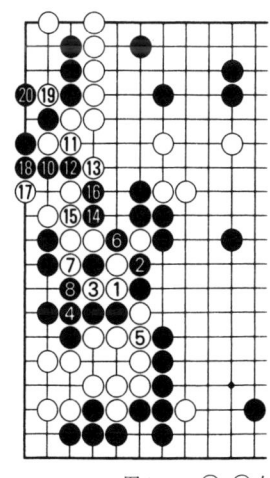

图4　⑨=⑦右

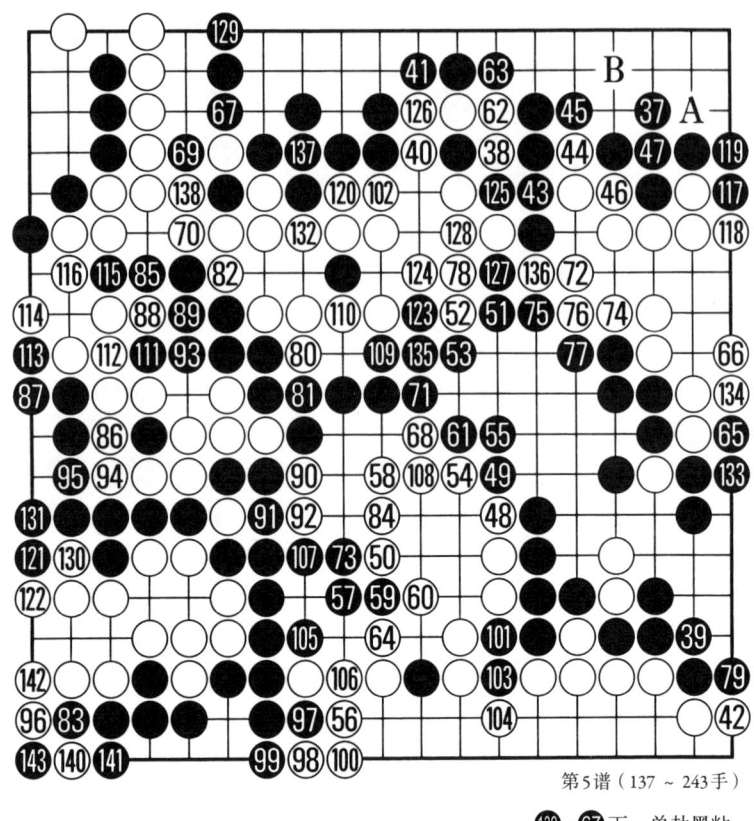

第5谱（137～243手）

⑬=⑥下 单劫黑粘

第5谱 差距拉开

初手天元的棋很难。

因为贯彻攻势方显初手天元的效果，故而这一点反过来看的话，就白方的战略而言，只要保持不被攻击，天元的那一手就成了花架子。

右上角黑37位的应手是正确的。这一手43位粘的话，白37位刺、黑47位粘、白A位夹、黑119位立、白B位尖，白棋简单地就在角上做活了。

这局结束后我八胜三败居第二名。第一名的战绩是藤泽秀行先生的九胜两败。第三名是坂田先生的七胜三败。

243手终 白胜七目

限时各10小时 白方用时5小时 0 分

黑方用时8小时55分

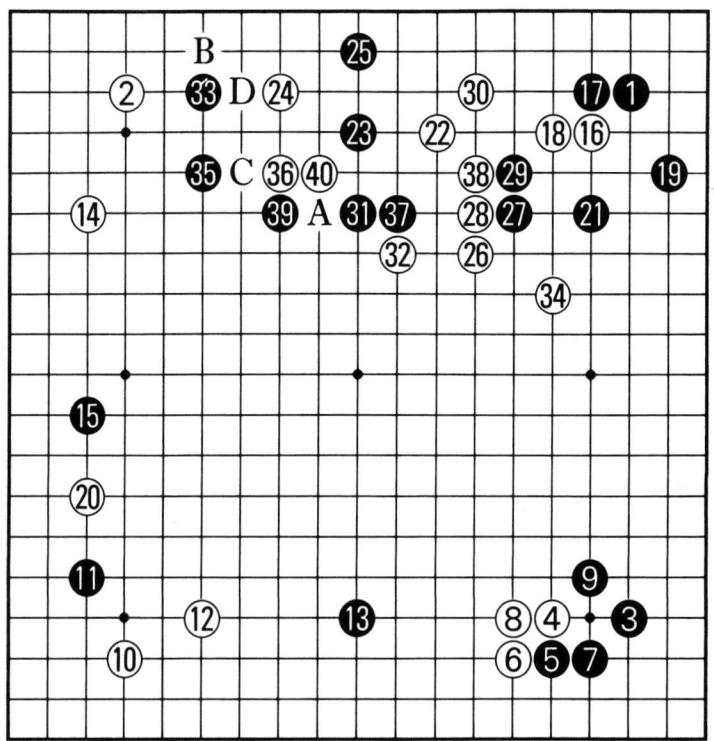

第1谱（1～40手）

读卖新闻"名人战"第一期
昭和三十七年（一九六二年）八月五、六日弈于东京纪尾井町福田家

39 痛悔的和棋

互先　九段　吴清源
黑　九段　坂田荣寿
（贴目五目）

第1谱　第一期最终对局

十三位棋士进行循环赛、跨越一年半时间的名人战，终于也定下要由此处一局以及藤泽秀行对桥本昌二一局压轴结束了。秀行先生如果得胜便是第一期的名人，若败北则同此处一局的胜者进行加赛的决战。结果秀行先生虽是战败，但因这局奇迹般地下成了和棋，秀行名人便诞生了。

左上白40刺黑棋若是Ａ位粘，则可以预期是白Ｂ位托、黑Ｃ位顶、白Ｄ位顶的走向。

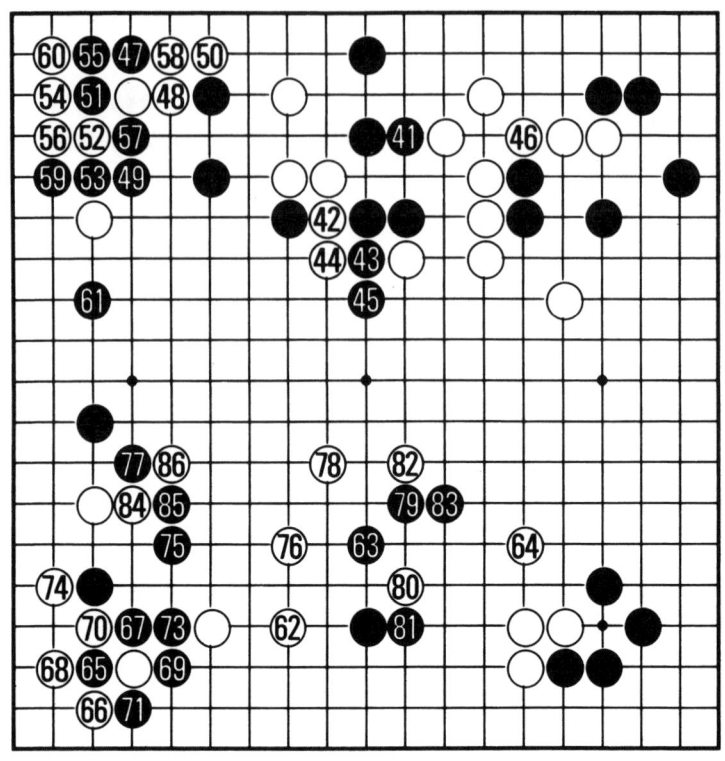

第2谱（41～86手）

第2谱 更胜死活题

黑47手起左上角实现了难解的对杀。黑53手投入了一小时二十三分的长考。黑57手也有五十七分钟的耗时，就此到了第一天的打挂。这一手断58位一边的话见图1，行至白6看似是白棋得胜，可黑棋有7至19的巧妙手顺。照此对杀黑棋虽胜，但实战会有白20至24先手收气，转战26位白棋速度快。这一段有更胜死活题的实战难度。

白84、86手冲断来到决胜时刻。

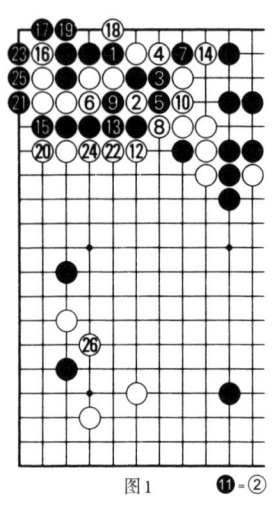

图1

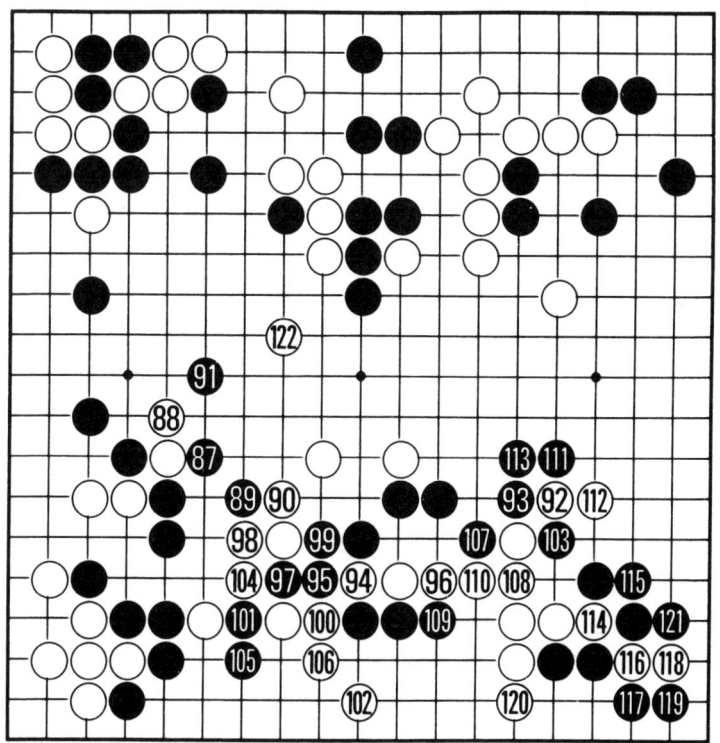

第3谱（87～122手）

第3谱 4的后悔

白102手是得意的一着，凭此已将黑棋两子吃掉。但是接着104一手本该如图2所示来下。这样的话应黑a爬以白b顶，不会有任何问题。

实战中下边被下成了大劫，白棋一溃千里落于劣势。

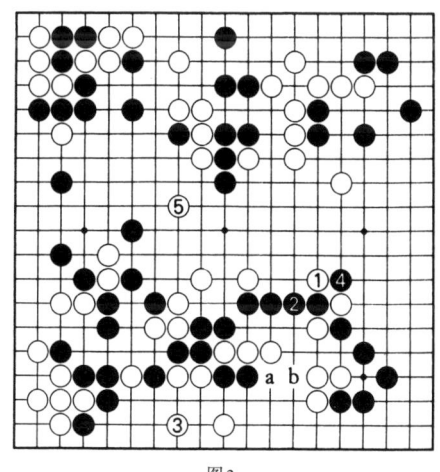

图2

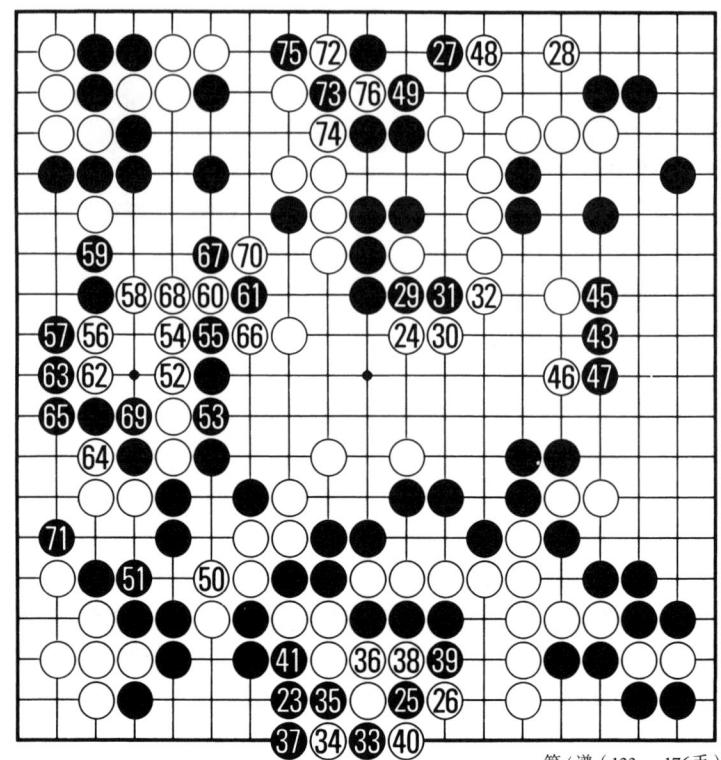

第4谱（123～176手）

㊷=㉞　㊹=㉝

第4谱 上、下边大劫

实际下边的劫争中有漏算。我应当在22上选择图3走法，那样的话就是白棋有望。图中白13之后大致会是黑a位冲、白b位拆、黑c位挡、白d位立。被实战谱的黑43、45封住右边，白棋完全陷于败势。

即便如此我仍行白72，促使上边也成了大劫。

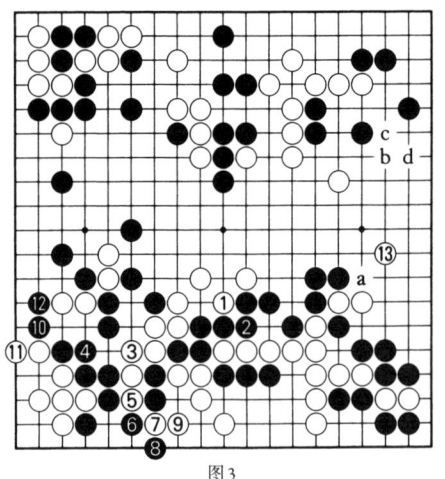

图3

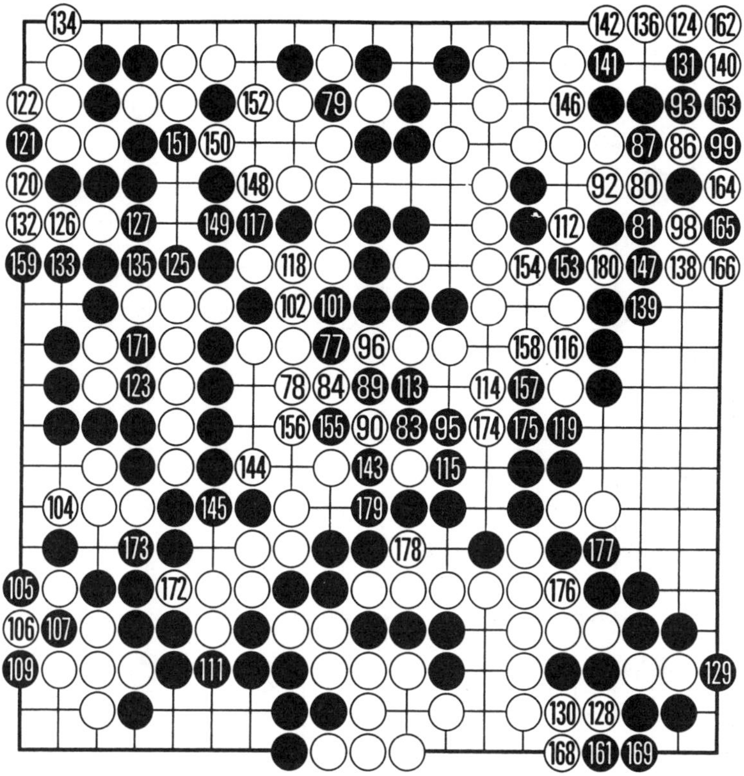

第5谱（177 ~ 280手）

(82)(88)(94)(100)(108)=(79)右　(85)(91)(97)(103)(110)=(79)　(137)=(128)右上　(160)=(121)　(167)=(164)

(170)=(102)左　两单劫各粘其一

第5谱　奇迹般的和棋

大劫的结果是发展成大转换，不过形势果然还是黑好。然而，被读秒逼迫的坂田先生下出了疑问手，最后成了奇迹般的和棋。例如黑113上116位，黑123上141位，黑125上168位，黑143上则是152位至148位看来要更胜一筹。

于是我与藤泽秀行先生就同成了九胜三败，不过因为其中存在和棋胜，秀行先生的位次排到前面，成为了第一期的名人。

280手终　白和棋胜

限时各10小时　白方用时9小时11分

黑方用时9小时57分

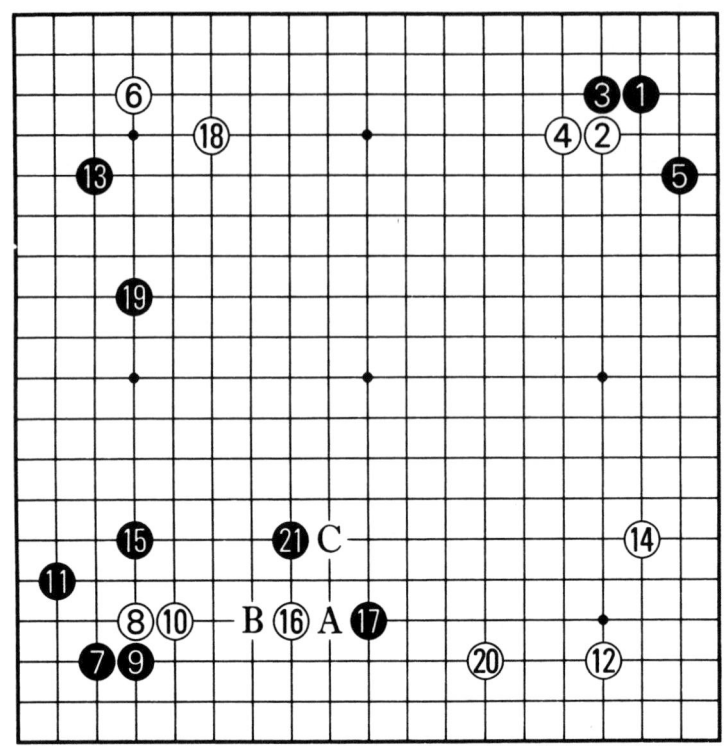

第1谱（1～21手）

读卖新闻"名人战"第二期
昭和三十八年（一九六三年）七月五、六日弈于东京纪尾井町福田家

40 名人挑战者决定战

互先　九段　　吴清源
黑　　九段　　坂田荣寿
（贴目五目）

第1谱　第二期最终对局

第二期名人战，我、坂田、木谷、桥本（昌）、半田、藤泽（朋）余留下来，新加入从预选中胜出的宫本直毅、林有太郎、铃木越雄三位棋士，形成了九人规模的循环赛。我因交通事故的后遗症住院，发生了对宫本一局不战而败等一些问题，不过即便这样还是以五胜两败的战绩，同六胜一败的坂田先生进行了对局。得胜的一方将成为名人头衔的挑战者。

白16手选择拆A位，而后黑飞B位、白跳C位或许更胜一筹？

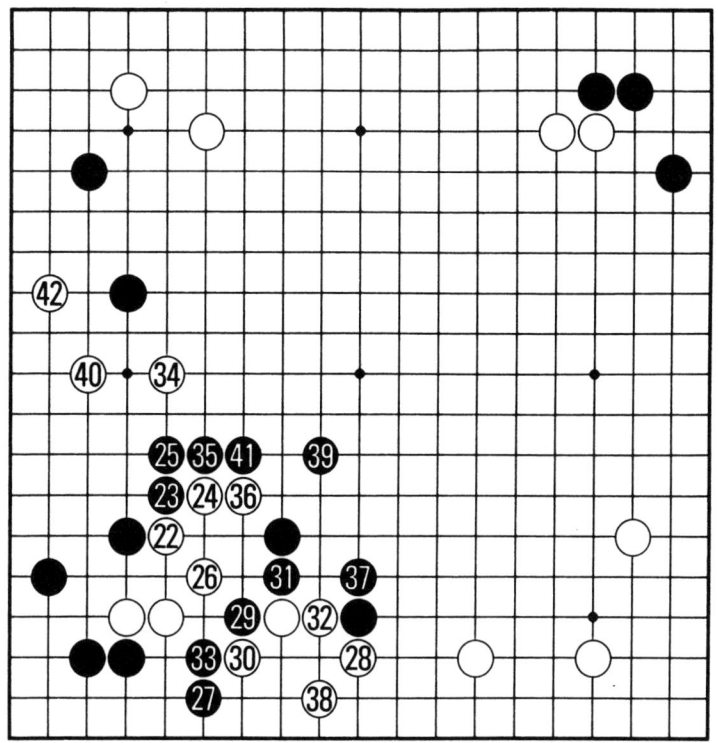

第2谱（22～42手）

第2谱 舍弃

黑29、31手的攻击苛烈。

白棋因为没有好应手便退缩了。

结果我虽弃掉了左下，但因为吞下白阵后黑棋变厚了，或许该说这就是我的败因也未可知。可想的变化是第32手上的图1发展，抑或第34手上的图2发展，不过哪一种都没有动力去走。

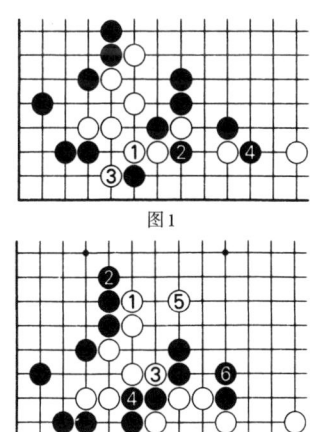

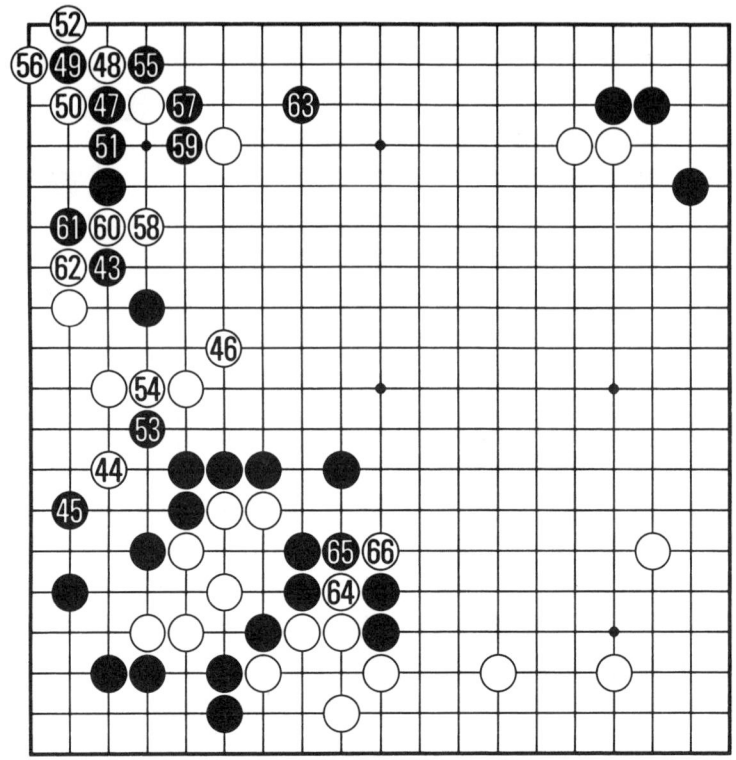

第3谱（43～66手）

第3谱 胜负手

这些年的坂田先生状态绝佳，将绝大多数的头衔都收入了囊中。本次对局之前的本因坊头衔七番胜负中，他打退了前来一雪前耻的高川先生，达成了三连霸。而后他赢下这局棋成为名人头衔挑战者，于八月开始的七番胜负中先是连胜藤泽秀行名人，接着又三连败进入关键局。不过自此他又接连取胜，成为了第一位同时冠名人、本因坊头衔的棋士。其他棋战的头衔也几乎为他所独占。

而另一边，我自这段时间开始在对局中感到极度的头痛、恶心，为此颇感烦恼。这关系着随后第四期名人战中的不在状态。原本就没什么体力的我，从正值不惑之末的此时起，下起棋来韧劲耐力不足。

白64冲、66断以求一决胜负。

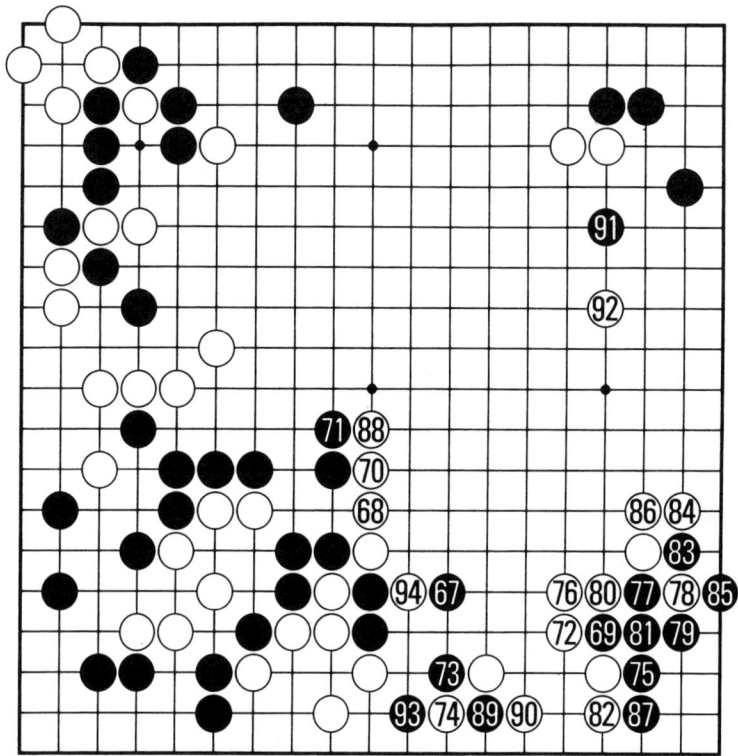

第4谱（67～94手）

第4谱 早有准备的一手

以下内容摘自山田虎吉覆面子观战记：

"最为人注目也最重大的最后一战，以最为意外也最索然无味的对决告终。吴先生在这次名人战的开初因为生病，于宫本八段处拿到一个意外的不战败纪录。但随后便重整旗鼓，在同坂田先生的这场决战之前已经取得五胜两败的佳绩。若能就此取胜，吴、坂田两位虽胜率相同，但因为前一期的排位靠前，吴先生本可以获得挑战权。然而，前年的摩托车事故以来，吴先生至今仍不能长时间正坐。唯有他一人是坐在椅子上对局的情况，通过反反复复的报道，各位读者想必已然知晓。此时他仍旧尚未恢复到事故之前正常的身体状态也未可知。可再怎么说也还不是棋士生命已届极限的年龄……"

白94挖是早有准备的腾挪手段。

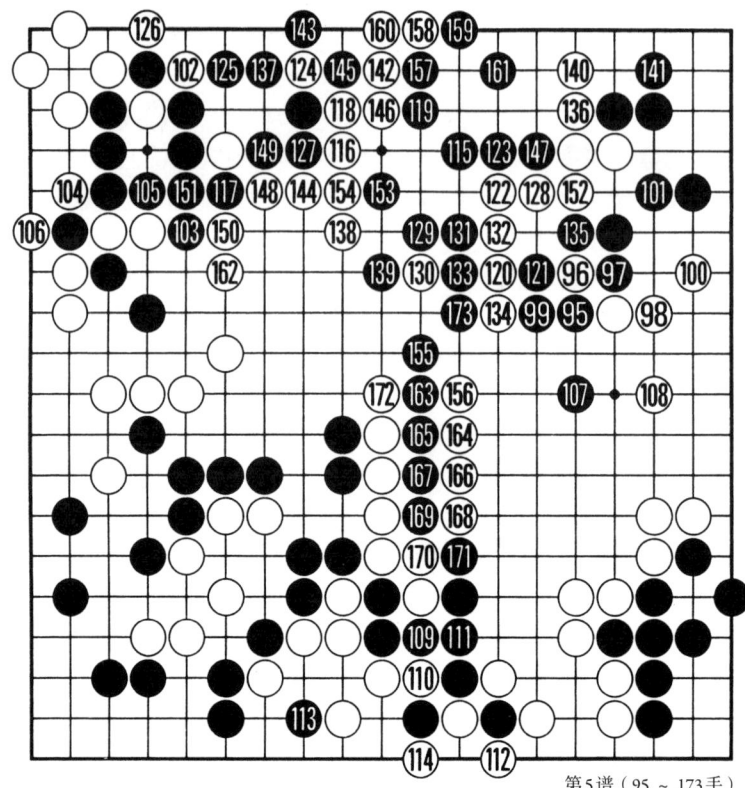

第5谱（95～173手）

第5谱 第二期第二名

坂田先生成为头衔挑战者，而我在第二期也排第二名，第三名是藤泽朋斋，第四名宫本直毅、第五名木谷实、第六名桥本昌二。这样的阵容余留了下来。新近从预选中胜出的宫下秀洋九段加以中村勇太郎、林海峰两位七段，再有前名人藤泽秀行先生，最终定下循环赛将在这九人间进行。

关于林海峰先生，一九五二年我去台湾，得蒋介石赠予"大国手"称号时和他进行过对局。他就是那一年来的日本。用区区十年左右的时间就打入了名人战循环圈，可见着实出色。况且不久后他就从坂田先生手上夺取了名人头衔。与这位林海峰的对局在下一谱。

173手终　黑中盘胜
限时各10小时　白方用时8小时 2 分
　　　　　　　黑方用时8小时19分

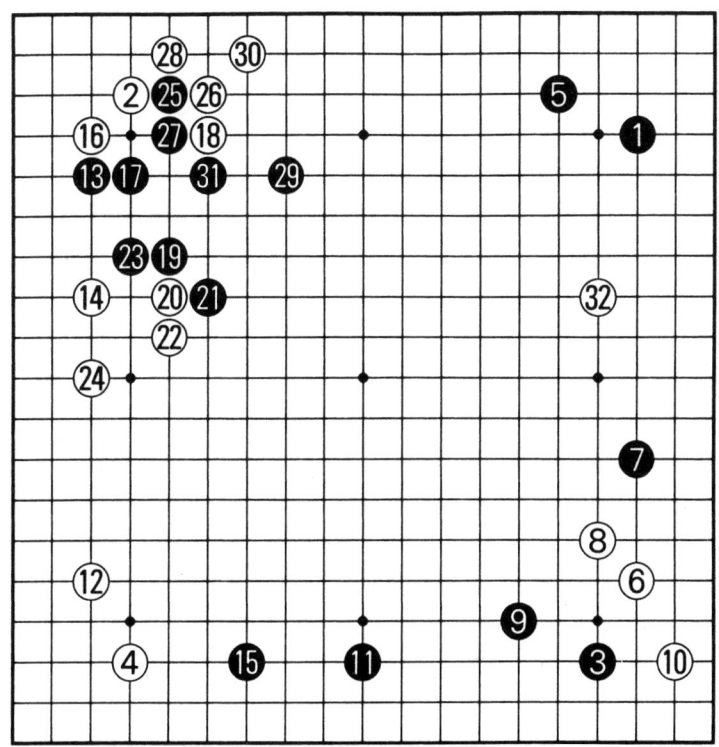

第1谱（1～32手）

读卖新闻"名人战"第三期

昭和三十八年（一九六三年）十一月十八、十九日弈于东京芝地域留园

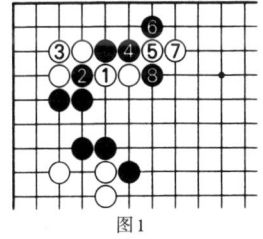

图1

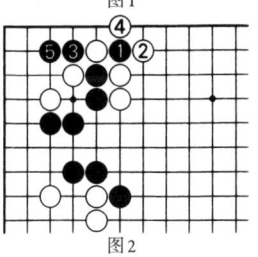

图2

41 与爱徒的对局

互先　九段　吴清源

黑　七段　林海峰

（贴目五目）

第1谱　虽为新着法

白26手上27位断见图1，不佳。此外黑29手虽是新着法，不过还是图2要来得好。

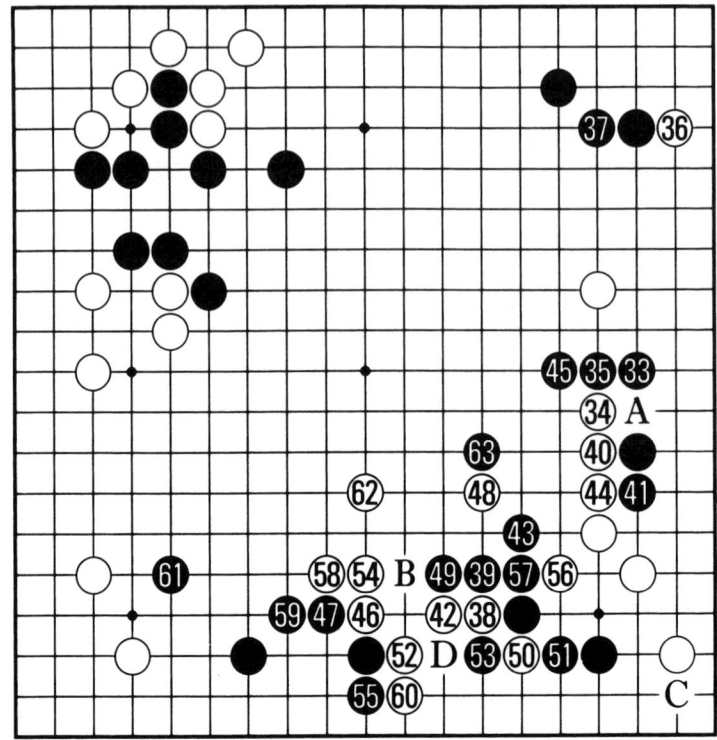

第2谱（33～63手）

第2谱 黑方的疑问手

坂田荣寿本因坊名人的评论解说有言：

"黑41手42位抱吃白方一子或方为气合。如此一来白棋将改于A位冲出。

"黑43手则57位扎实地粘上为好。由于白方大概还是会44位粘，此时便想黑棋走B位罩。

"黑63手反而凑了白棋好调，因而此处单纯下右下角C位的托，谋求安定并静待白方动向要来得聪明些吧。"

尤其黑59手上，给第55手的立争口气，走D位打于下边渡过的法子同样可想。白棋这样的话就会改在59位打，而黑棋要应在下方。

林海峰先生这一年二十一岁。这是很快的升段速度。

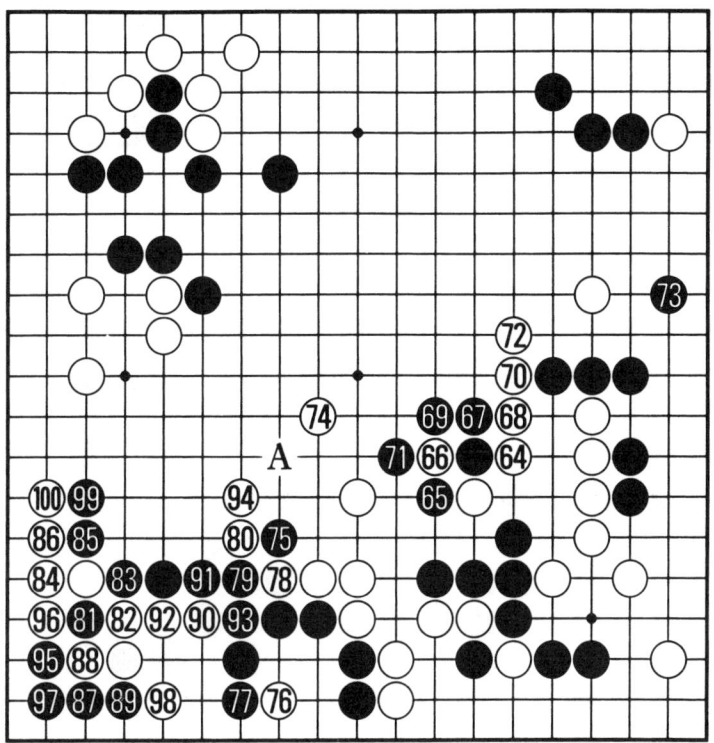

第3谱（64～100手）

第3谱 81以下机敏

同样引自坂田本因坊名人的评论解说：

"黑69手上会想不惜70位挡奋力一战。让白棋70位冲出，进军到74位，这样是白棋轻松。

"迎头而上预想出来便是图3，发展到黑15的话黑棋可以一战。

"此外黑73手也希望能罩于A位一决胜负。

"黑77手78位粘便仍可一战吧。黑81手以下诸着颇为机敏，有相当的收获。"

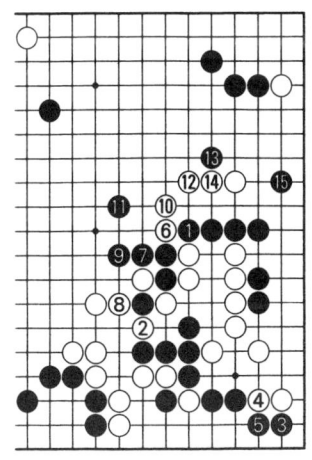

图3

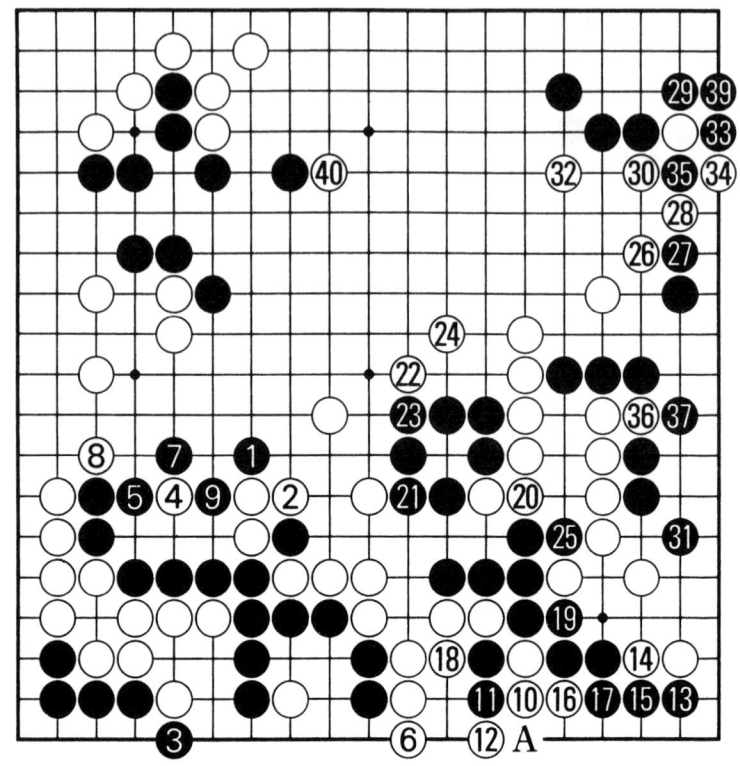

第4谱（101～140手）

㊳=㉟上

第4谱 15恶手

右下角的黑15弄错了手顺。

这一手在退之前必须先16位打。由于白方不用说正该粘A位应，那时再落子到15位便好。这一处的眼形差别，就让白方22、24位下出了理想的先手封锁。

白方利用先手之便行右上26位尖，右上角已有的一子也被活用起来，从远处眈视左上的黑棋。发展至这单方面挨打的棋，可以说白方的胜势已经就此确定了。

这之后黑方对白棋进行反拨尝试抵抗，但形势已几近不可动摇。一切为时已晚。

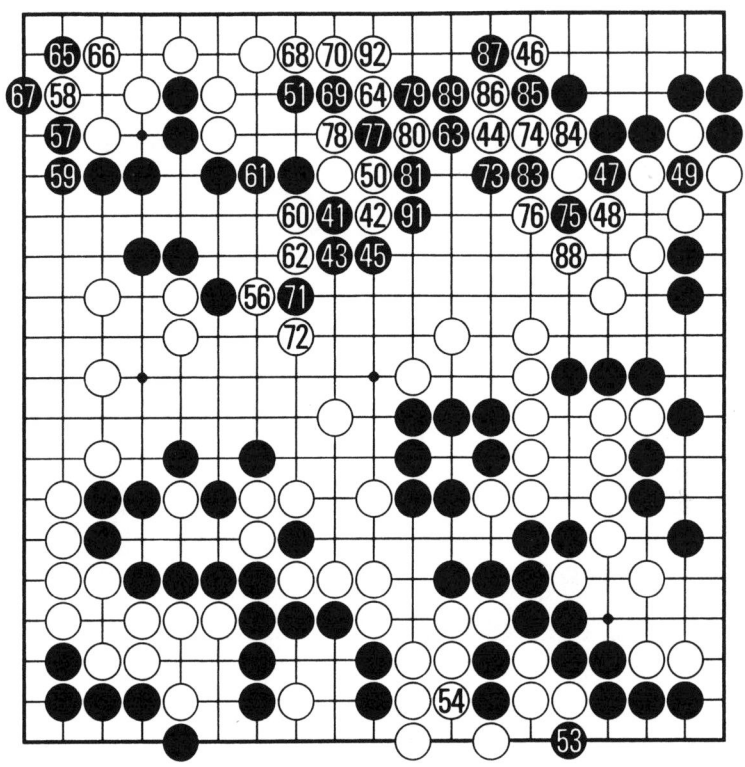

第5谱（141～192手）

㊾=㊾上　㊾=㊾　㊾=㊼　㊿=㊻

第5谱 林的勇斗

以二十一岁的弱冠之年突入被称为黄金座椅的名人战循环圈，林海峰先生此战虽未发挥出实力，却战胜了木谷九段、宫下九段、宫本直毅八段、中村勇太郎七段。负于藤泽秀行九段、藤泽朋斋九段、桥本昌二九段后，他以四胜四败第六名的成绩成功得以留在循环圈内。并且终究取得了挑战权，年纪轻轻就将名人头衔收入囊中。而后本因坊战循环圈他也自第20期开始跻身其中。

192手终　白中盘胜

限时各10小时　白方用时6小时8分

黑方用时9小时2分

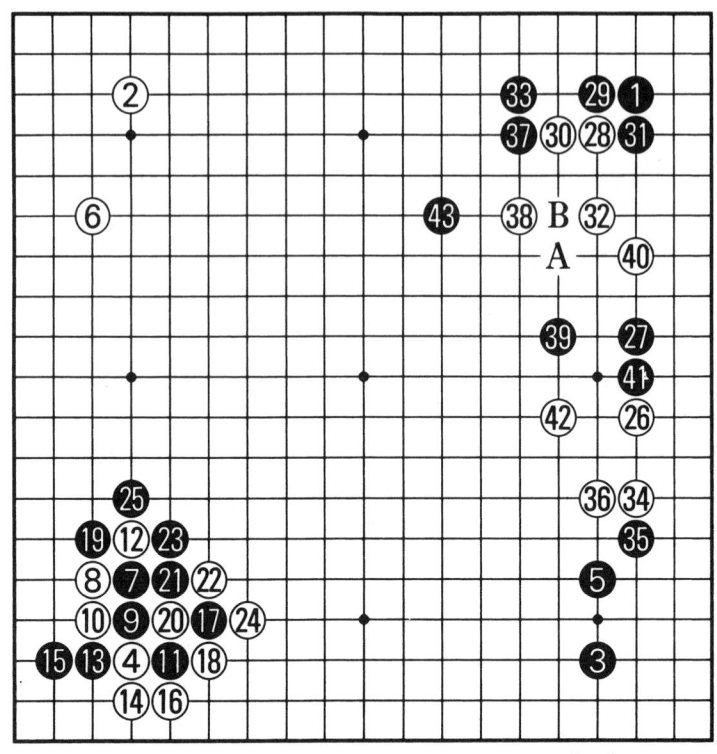

第1谱（1~43手）

读卖新闻"名人战"第三期
昭和三十九年（一九六四年）一月二十三、二十四日弈于热海温泉伊豆山美晴馆

42 关西的新秀

互先　八段　宫本直毅
黑　九段　吴清源
（贴目五目）

第1谱 初次对弈

和宫本先生这是第一次对弈。尽管同在第二期的名人战循环圈，却由于我住院不战而败，故此谱成为了我们的首次对局。

宫本直毅先生是桥本宇太郎先生的门生，此时二十九岁。四年前还跻身进了本因坊战循环圈。

说是为了和我下棋才成为的职业棋手，他对本次对局大为欣喜，我倍觉荣幸。

第43手之前应当先下黑A位、白B位。

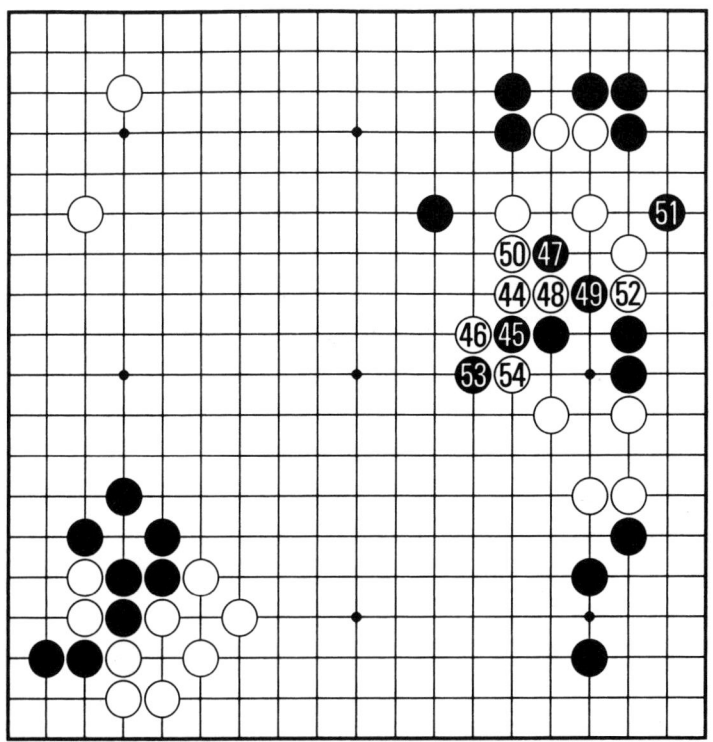

第2谱（44～54手）

第2谱 封锁

黑方如前所述，应当47位觑同白棋的粘交换之后再镇，这么一来便会如图1所示发展了。对白4位跳，黑棋5位长、7位靠即可行至外围。如此棋形的话，对白a位扳黑棋可b位退，尤其还得以盯住c位的扳，白d位觑则可以黑e位双来应。

实战谱中黑棋于第47手遭白48冲强力打击，黑53手则被白54位切断。但就算这么说，黑棋也不可能走54位逃脱。我已计算出遭封锁黑棋的腾挪方法。

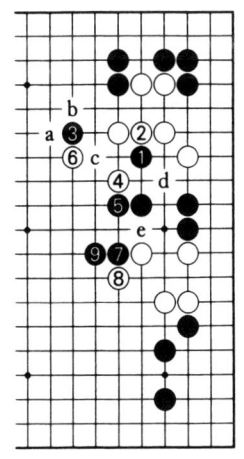

图1

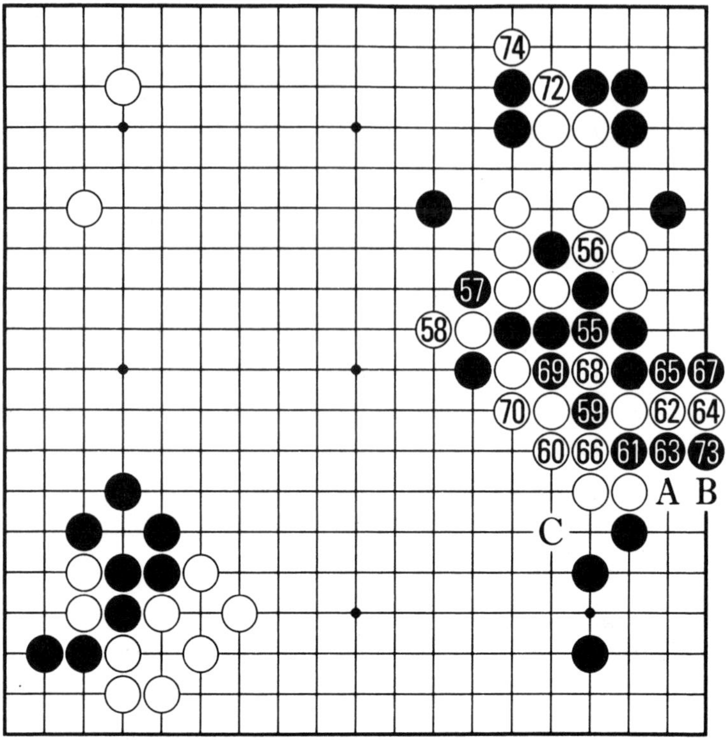

第3谱（55 ~ 74手）

(71)=(59)

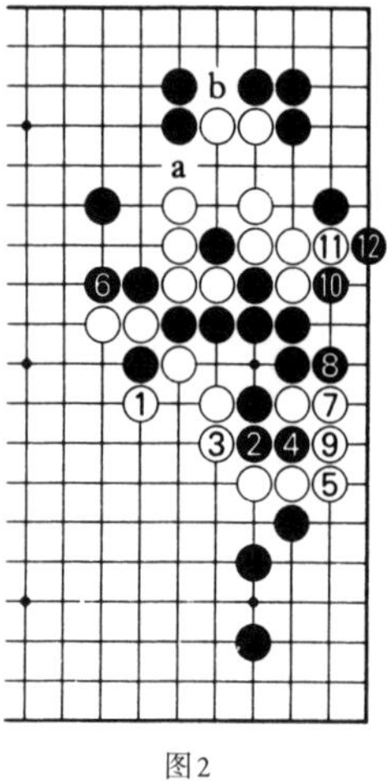

图2

第3谱 白64妙着

黑57、59手是早有准备的腾挪。白60手要是下图2的1位，黑棋则是2至12的准备。这样即使右上的白棋a位顶，也将因黑b位粘处境危险吧。

由是白60手至黑63手理所当然，而此时白64手的二度立下是妙着。黑65手66位粘则白A位、黑73位、白B位、黑68位、白C位，黑棋遭到凌虐。

黑棋除却造劫求生别无他法。任白棋72、74手冲破上边，始得存活。

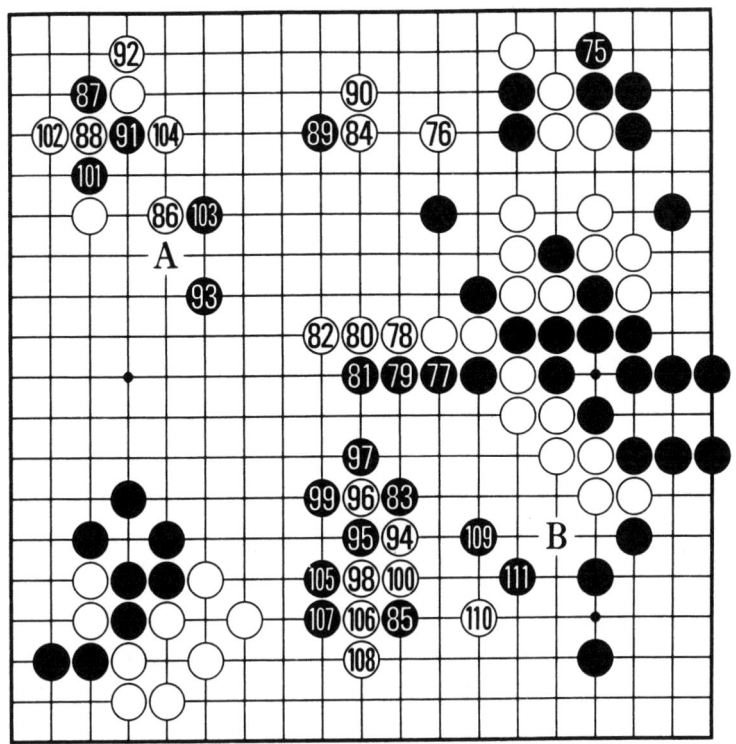

第4谱（75～111手）

第4谱 围地法

白86手若是图3的1位大飞，黑棋便打算2、4位扭十字埋下定时炸弹，自6至10占到两处大场。白方由是也就选择了86位的跳。

双方在围地上均无成算，故白方第94手以下诸着理所当然。黑111手A位虎便好了。这是因为即使白棋111位尖，黑B位尖就已止住其脚步。

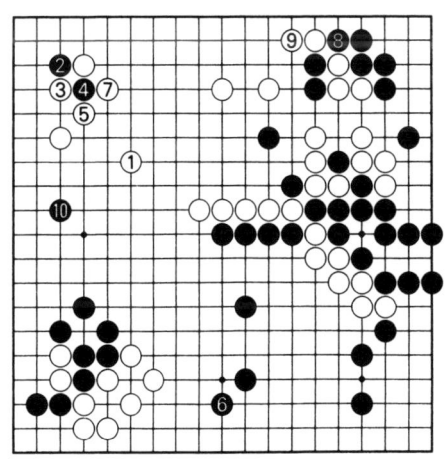

图3

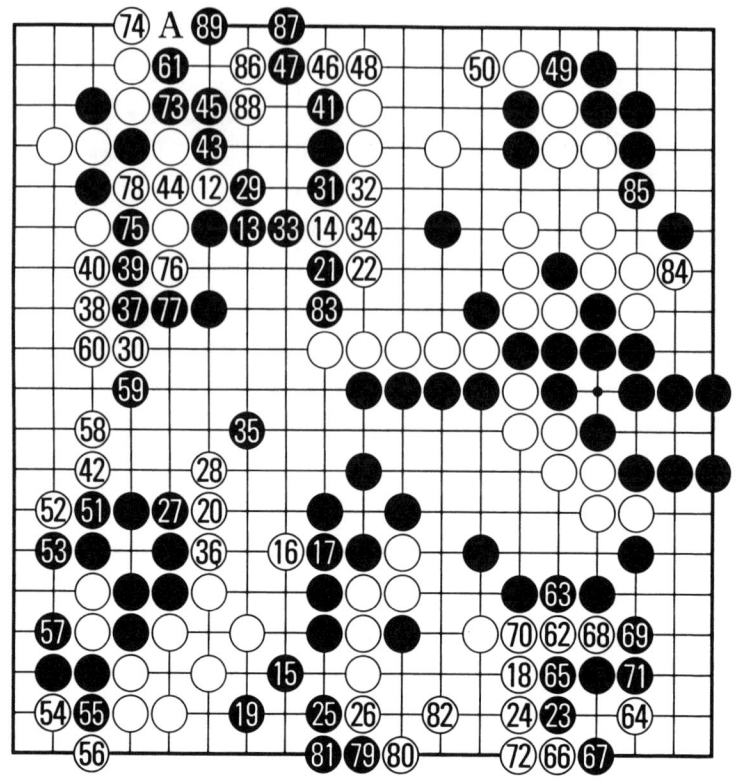

第5谱（112～189手）

第5谱 88羊入虎口

下边黑23、25是绝好的先手官子，白棋因为关系到做眼，不得不应。左上黑29位拐后黑棋占优。

不过黑35小，这样就又给盘上下成了细棋。这一手应当于上边41位挡住白棋，对争地更计较些。况且说到底，黑35换来白36位粘，也就失去了进攻这块白棋的乐趣。

让白棋42位走到最后的大场，盘面渐成细棋。右下角黑63选择65位粘，白70位，黑68位粘要来得坚实。左上的白88羊入虎口。按白89位、黑88位、白A位收官，盘面上黑方大概余出十目左右。

189手终　黑中盘胜

限时各10小时　白方用时9小时59分

黑方用时7小时14分

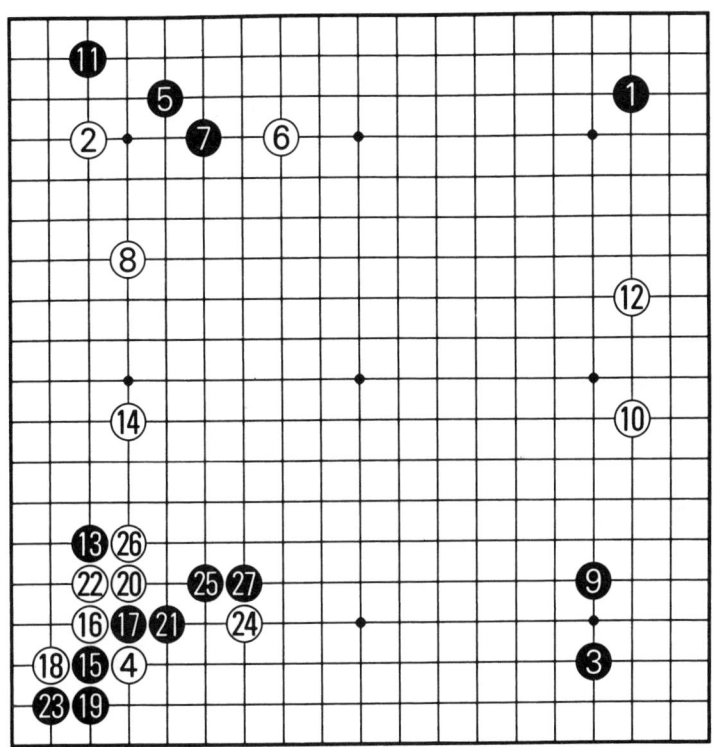

第1谱（1～27手）

读卖新闻"名人战"第三期

昭和三十九年（一九六四年）三月十二、十三日弈于热海温泉伊豆山美晴馆

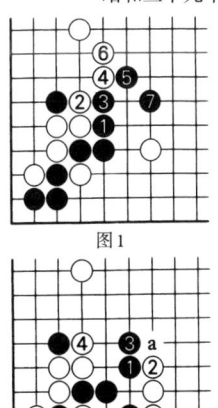

图1

图2

43 关西的中坚

互先　九段　　桥本昌二

黑　九段　　吴清源

（贴目五目）

第1谱 25手为我所创

黑25手是战后我创想出来的着法。此前为止是图1的展开。白26手也可走图2。黑5上a位拐，被白棋飞7位不佳。

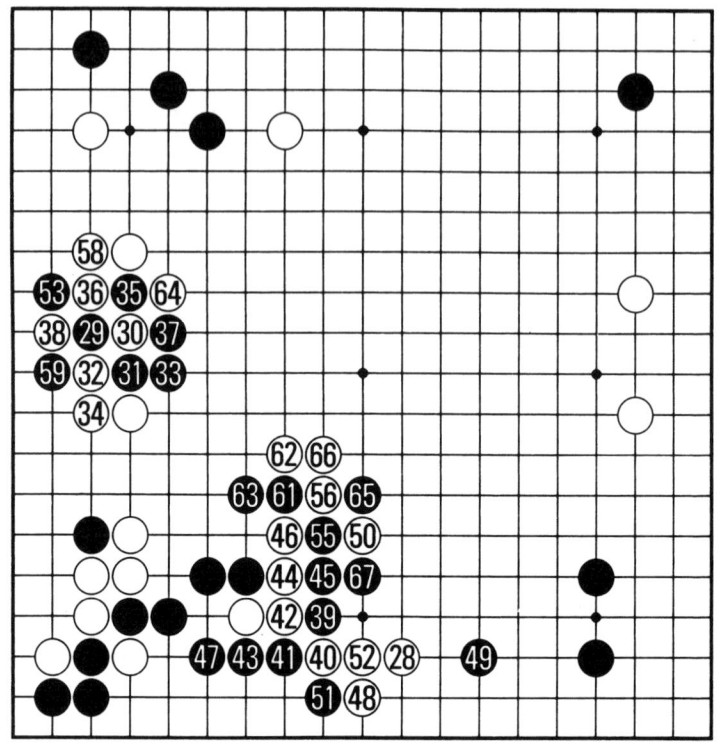

第2谱（28～67手）

第2谱 大劫

黑49手让白50位枷吃其两子，是为左边挑起大劫所做的准备。第53手开劫，第55手进入决战。白62手还可想到图3走法，不过这样黑方很是欢迎。黑63手提劫被白63位提子开花，黑棋糟糕。由是白62打吃便宜。

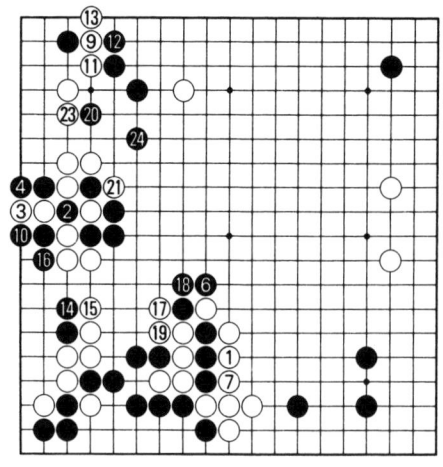

图3

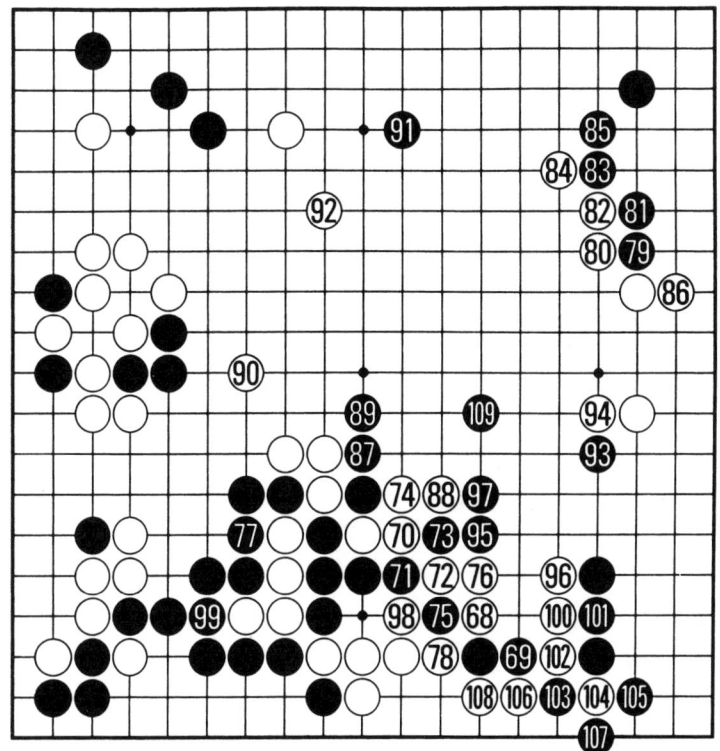

第3谱（68～109手）

第3谱 告一段落

黑棋第87、89手往中央长出以狙击白棋薄形。白90飞别无他法。应黑91手，白92飞亦不得不为。黑93手引征。针对于此，若行图4的白1补，黑棋便是推进至12的打算。若遇白94位挡的抵抗，则黑95位逃征。

白96手是漂亮的腾挪。这样一来，随后至黑109手皆是自然的进程。到此，可以说大劫争终究告一段落。另外，白104手断106位一边的情况，因黑棋将108位打，白棋不佳。

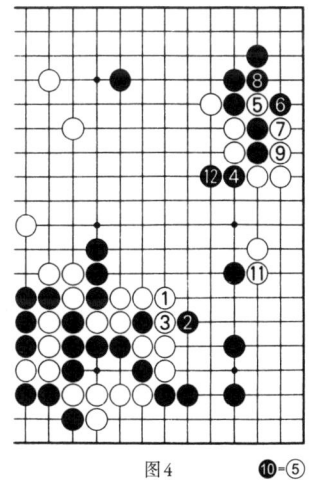

图4　⑩=⑤

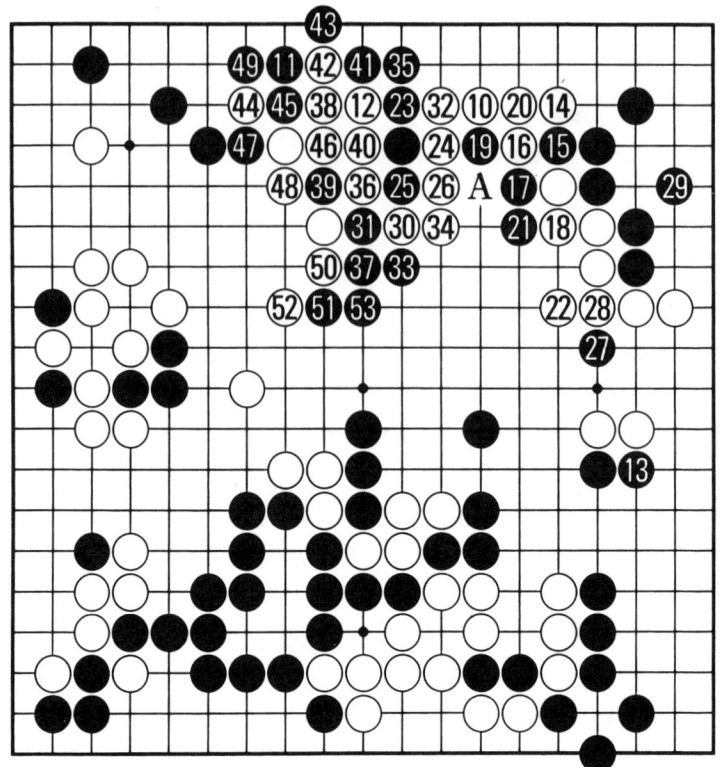

第4谱（110～153手）

第4谱 大势已决

白10打入，于上边寻求最后的对决。

黑方眼见形势大好，打算舍掉中腹，故行11以下诸着。

被右上白14逼迫，黑棋一路行至23，而其所不愿的是被白24从A位一边切断。那样将是黑24位粘、白34位尖的发展。对期盼安全的黑方来说，这样走成细棋应付起来是要脱皮断骨了。黑29补棋不可省略。这是由于脱先的话结果并非图5，而是如图6，白1小尖后保留下来一着砸进黑阵的劫。发展到黑53粘，大势已决。

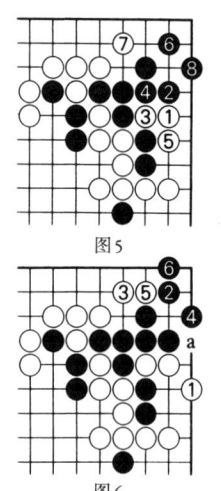

图5

图6

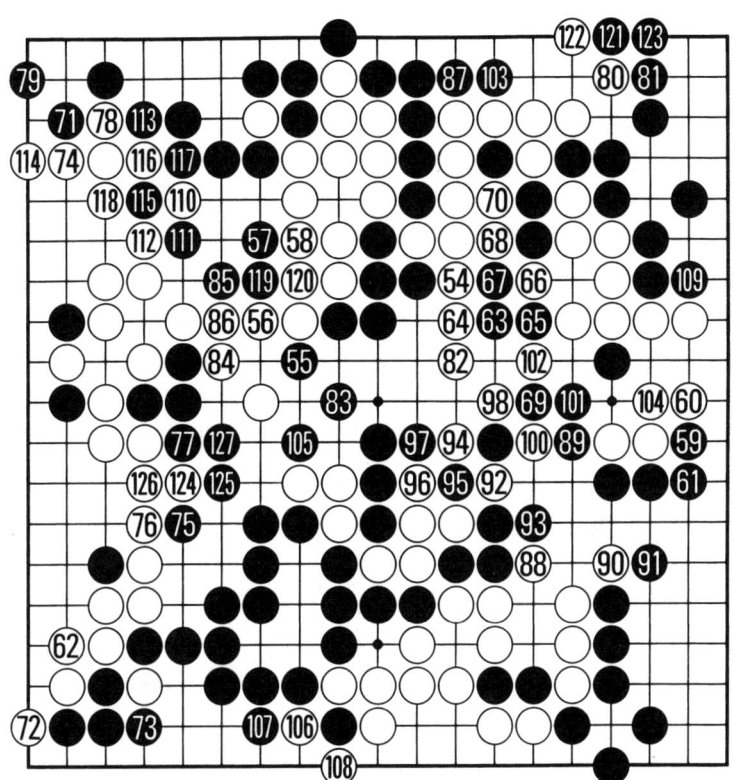

第5谱（154～227手）

⑨⑨=⑨⑤

第5谱 气魄

以下内容摘自浜田秀哉有乐子观战笔记：

"对四连胜的吴先生提到说'胜率您和秀行先生并驾齐驱了呢'，对方笑道：'哎呀，我已经是老兵了，并驾齐驱是不能啦。'本次对局前，藤泽前名人先行一步取得了五胜。这是事关吴先生能否追上的重要的一盘棋。回顾纵观这一局，吴九段极尽强势的气魄令人印象尤为深刻。对局中最为重要的是气力充沛——这也正是吴先生一贯所强调的。"

浜田有乐子与山田覆面子同为读卖社的文化版工作人员。

227手终 黑中盘胜

限时各10小时　白方用时9小时59分

黑方用时5小时34分

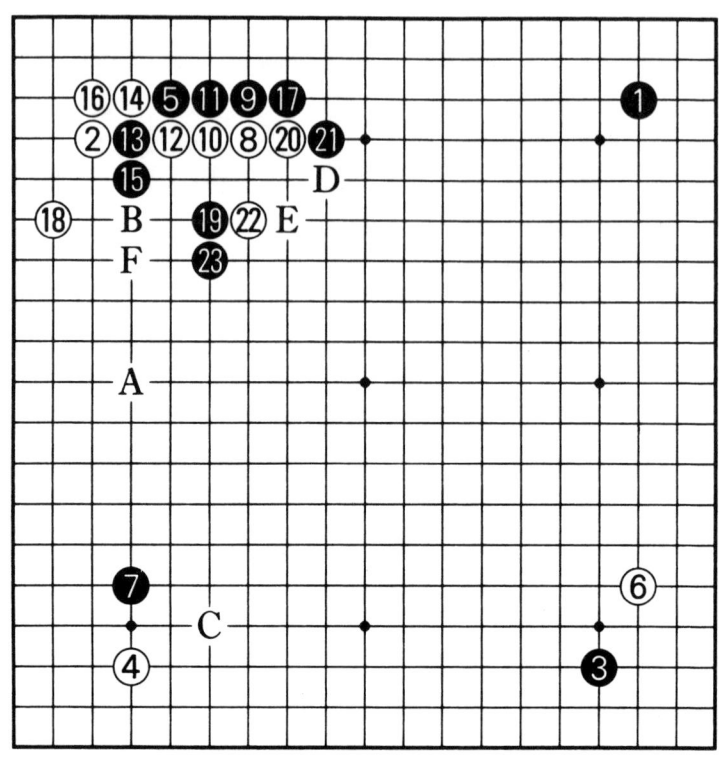

第1谱（1～23手）

读卖新闻"名人战"第三期

昭和三十九年（一九六四年）七月三、四日弈于东京赤坂地域大仓酒店

44 再一次的挑战者决定战

互先　九段　藤泽秀行
黑　九段　吴清源
（贴目五目）

第1谱　同为六胜一败

　　名人战第三期，我与藤泽秀行先生同样得到六胜一败，这最后的一局便成为了决出向坂田名人发起挑战的选手的比试。

　　左上的黑棋第9至23手虽是新型，不过黑23上还是A位拆抽身出来，白B位靠而黑C位飞要来得轻巧。由于这之后黑D位长交换白E位双是黑棋的权利，此外又蕴有黑F位夹可得的利益，即便舍掉两子照旧可下。

　　简要来说，第23手走重将棋势变复杂了。

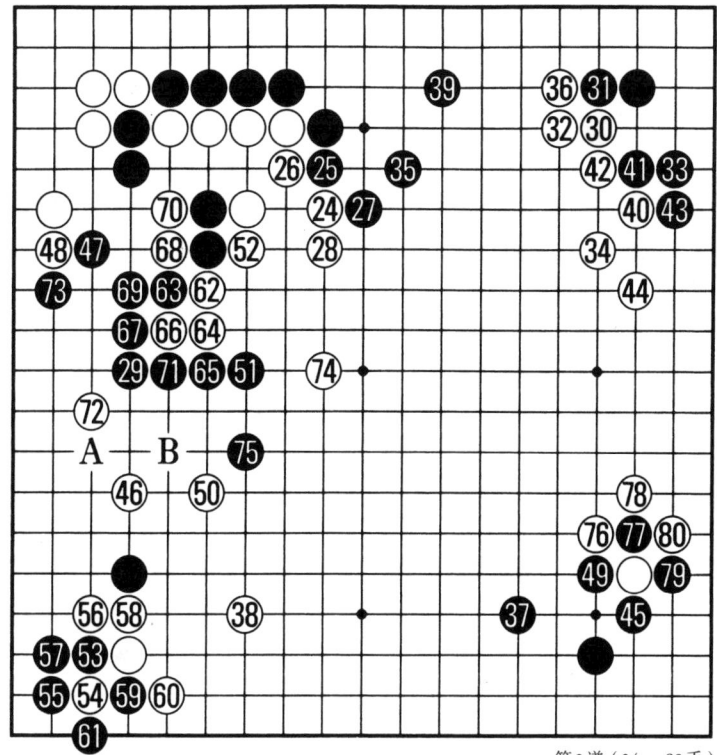

第2谱（24～80手）

第2谱 72位急所

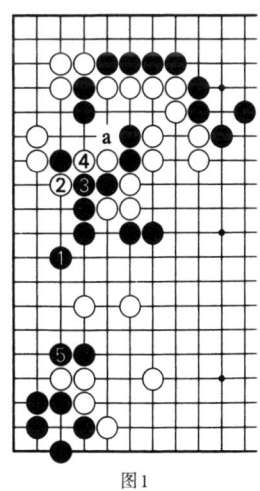

图1

对白68手断，本该应图1的黑1位尖。这1位已成了此时局面下的急所。白2上要是3位拔则黑2位退，随后的黑a位连会是好势头。白方若是贪大2、4位切断，黑棋5位挡严厉。同样在急所的意义上，黑71手不尖72位也不行。由于这样一来白棋会是A位尖顶，此时可作黑71位粘、白74位镇、黑B位觑行棋。若能如此，黑棋将于左边轻松保有实地而活。黑棋若省略73位扳，白73位长一手会很大。因为左边的黑棋薄弱，故有白80手的强行造劫。

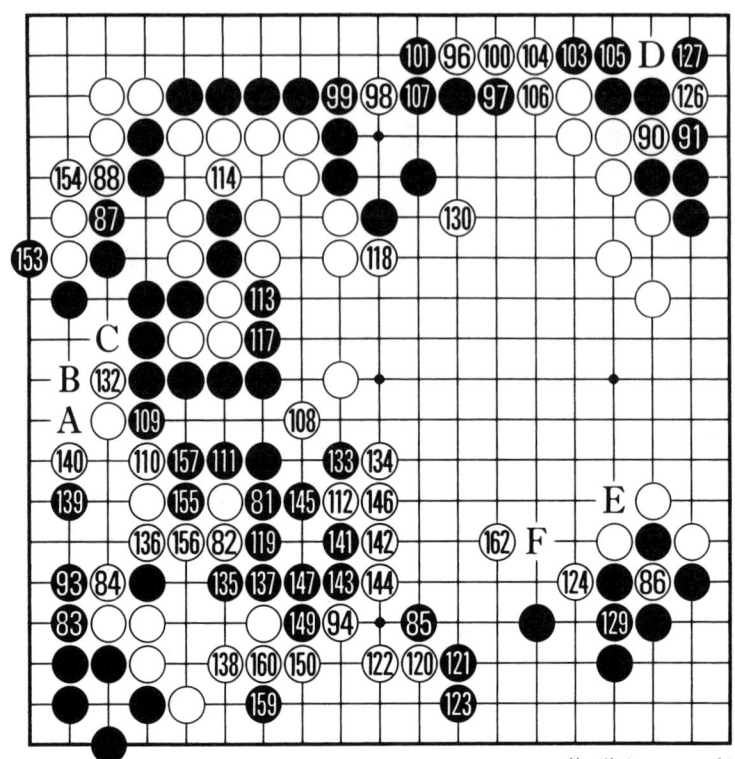

第3谱（81～162手）

⑧⑨ ⑨⑤ ⑫⑤ ⑬① ⑮① ⑯①=⑧⑥ 上　　⑨② ⑩② ⑫⑧ ⑭⑧ ⑮⑧=⑧⑥　　⑪⑤ ⑮② =⑪③ 左上　（⑪⑥）=（⑪④）下

第3谱　白棋大模样

左边黑93爬一手，是以此等待见机与右边大龙联络。也就是在白110手之后，黑A位夹、白132位爬、黑B位夹、白C位爬、黑139位跳渡过。

右上白96手托盯着黑100位扳、白104位夹、黑101位打、白105位虎、黑D位挡、白127位夹的攻击。黑97手长则是不让有此想法的白方轻易保有眼形的意思。

来到白130手，自此右边成了白棋模样，黑棋的形势则开始变得不太容易。左边的黑棋以第147手确保了成活，可白162手摆开阵势其地雄大。白棋这一手虽想下E位粘，可那样被黑棋F位觑断，实无自信。不论如何，白棋成了大模样。

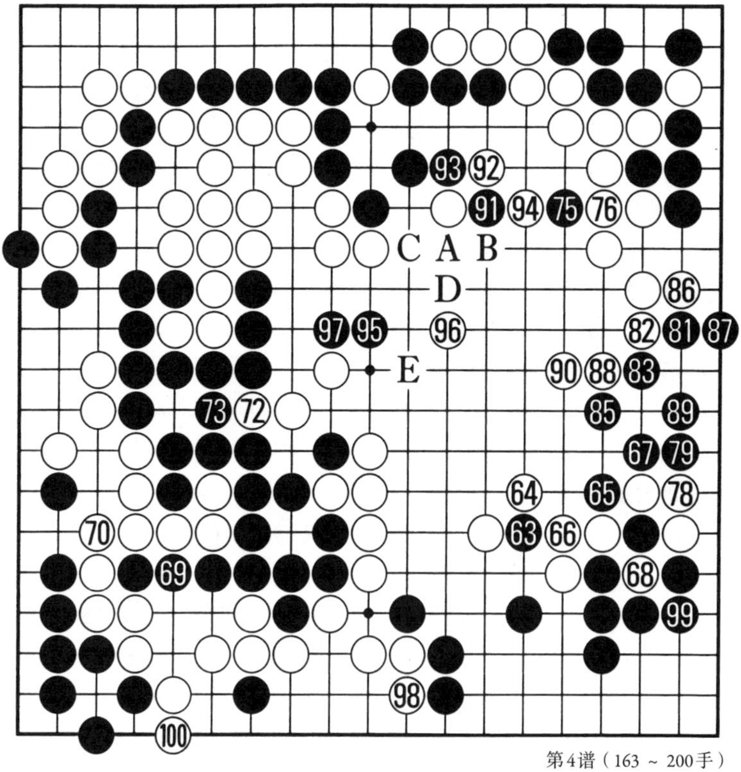

第4谱（163～200手）

㉑㊆㊙=㊻ 上　㊹㊵=㊻

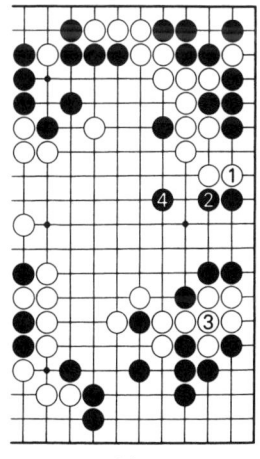

图2

第4谱　自满于劫材

白方没有 72 位之外的劫材可用。黑棋预见了这一点于是 67 位、79 位用强。发展至黑 81，这块黑阵已不能被攻下。对图 2 的白 1 挡，黑棋 2 位长、4 位跳重整态势便不会死。

对白 90 长，黑棋更进一步以 91 位靠逼迫。而后 95 位点。

白 96 上要是 97 位挡，黑 A 位打、白 B 位拔、黑 C 位退、白 D 位扳则白棋占优势。另外 98 时也好 100 时也罢，都是 E 位一着来得大。

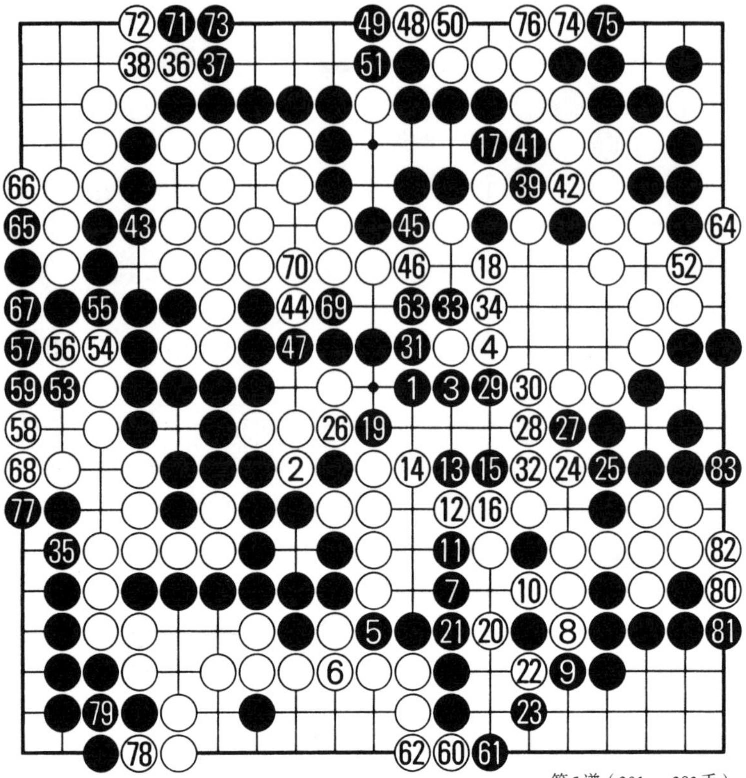

第5谱（201～283手）

㊵=⑱上

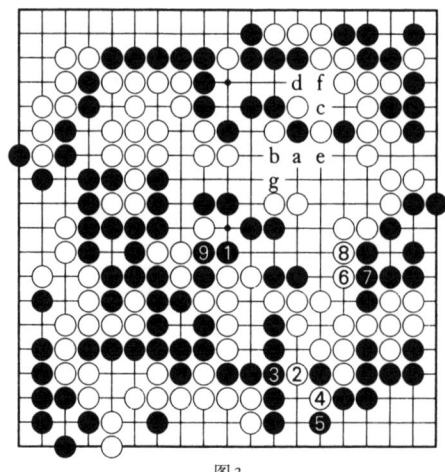

图3

第5谱 17败着

黑17打是败着。要是照图3就取胜了。此外白8上9位扳则黑8位冲，由此上方生出黑棋按字母顺序从a行至g掏空的手段。

283手终　白胜二目

限时各10小时

白方用时6小时48分

黑方用时5小时30分

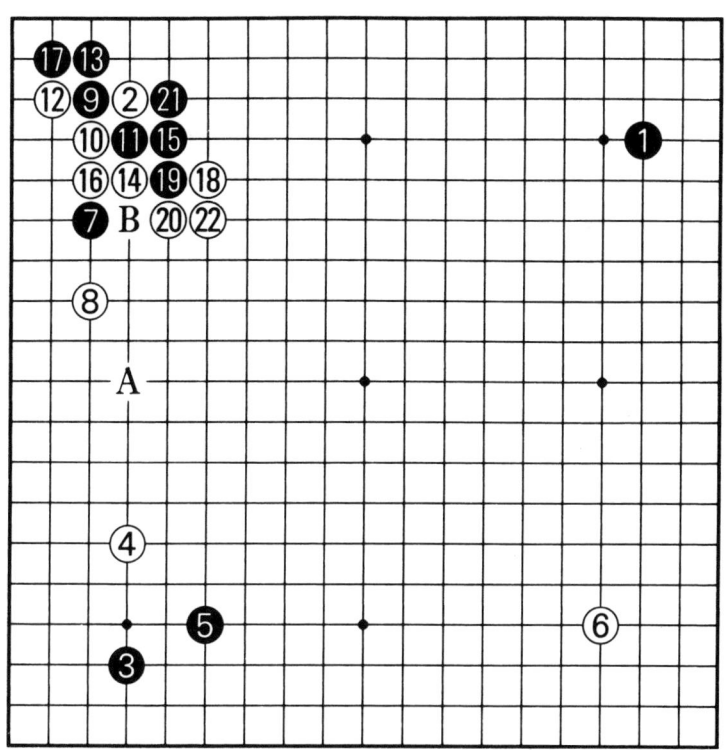

第1谱（1～22手）

朝日新闻"职业十杰战"第六期
昭和四十三年（一九六八年）十一月二日弈于东京四谷地域富田旅馆

45 木谷门下俊英

互先　九段　　吴清源
　　　黑　五段　　加藤正夫
（贴目五目半）

第1谱 新锐加藤

一九六五年的第四期名人战中我七战全败（木谷九段因病休战），从循环圈中退出。一九六六年搬迁到了位于现在东京中心四谷地域须贺町的公寓。而后我从一九六七年开始下日本经济报的王座战，又于同年岁末起在朝日报的职业十杰战中出场。加藤五段则是当时崭露头角正炙手可热的新锐。

白棋第8手上若10位小尖守角，则黑A位拆正好。白22手理所当然。粘B位则薄弱。

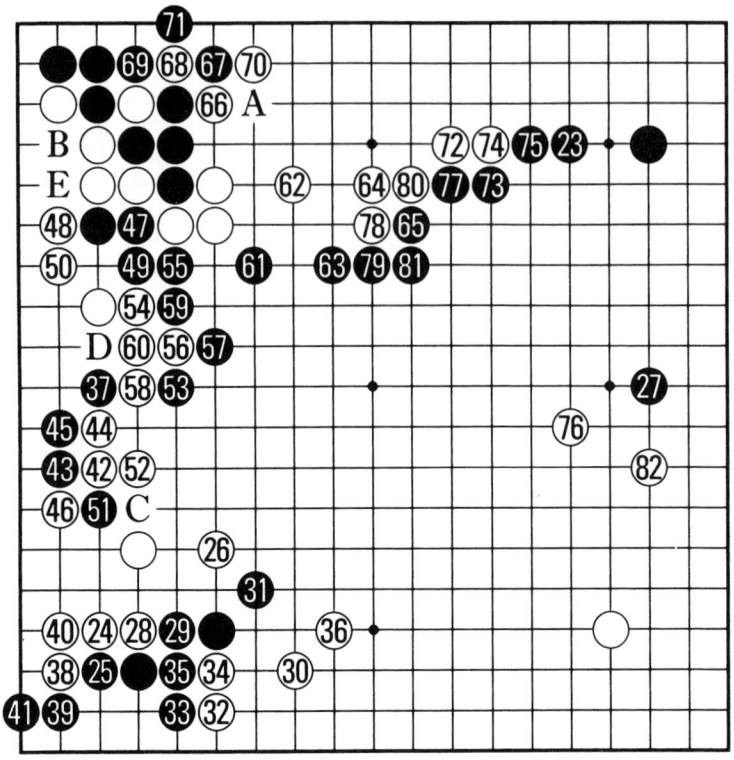

第2谱（23～82手）

第2谱 步调快

此时的加藤正夫先生二十一岁，以五段突入了本因坊战循环圈，正大为活跃。

白24手直接26位镇的话，黑24位尖就成了一步好棋。这样一来随后的白30位紧逼便没了效果。讨厌白棋走30位，黑棋第29手即便接受34位立的着法，白33位刺、黑35位粘，那时白棋果然还是会30位进逼。

黑37手考虑了二十五分钟。让白A位飞的话白棋B位粘将成先手，黑47位就要竹篮打水了。白42手飞不能省略，让黑棋下到这里的话结果会有云泥之别。黑43托是下了功夫的一手。白52手则是有点难注意到的一着。这里C位打吃的话黑54位压、白60位扳、黑D位断、白58位挡，这时黑棋有自E位切入再立的手段，上下将沦为双活。白54手于59位枷便已足够。白棋上边脱先，行右下76及之后82。步调很快。

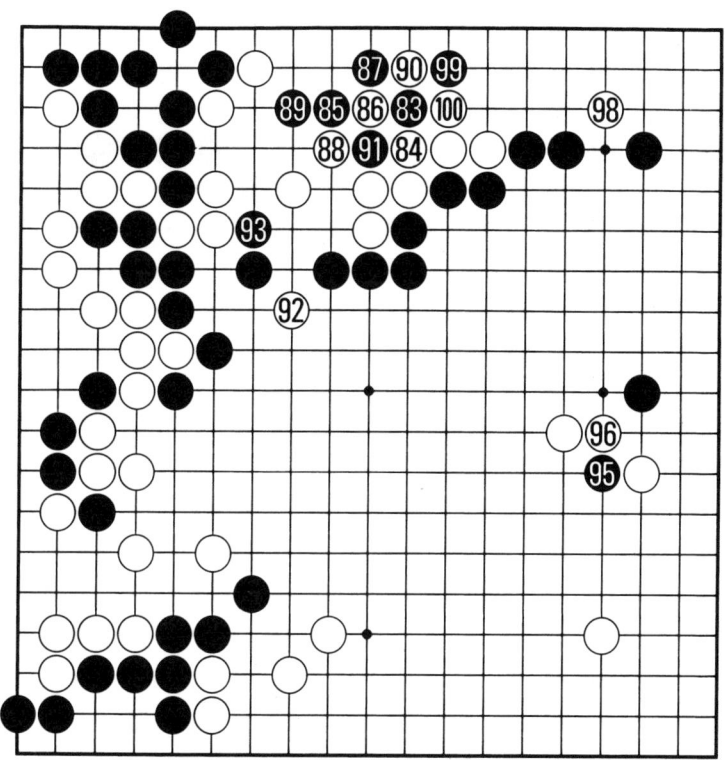

第3谱（83～100手）

㉔=㊽　㊾=㉛

第3谱 大劫

被白棋脱先，黑方想不生气也不行了。黑85手是图1的走向要来得好。若如此行棋便留有杀白棋六子的后手。白88手成劫大失脚。这一手当然是非按图2发展不可。黑10粘上的话便至白15杀棋。由是黑方舍弃三子，而白棋存活。

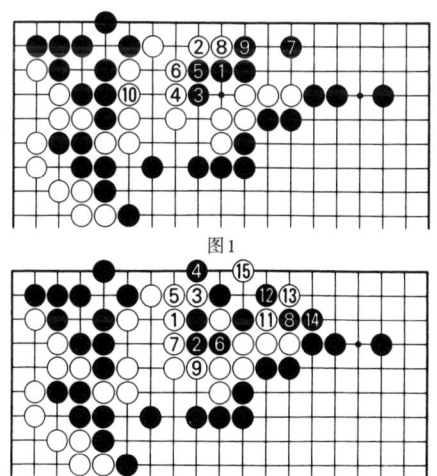

图1

图2 ⑩=⑥上

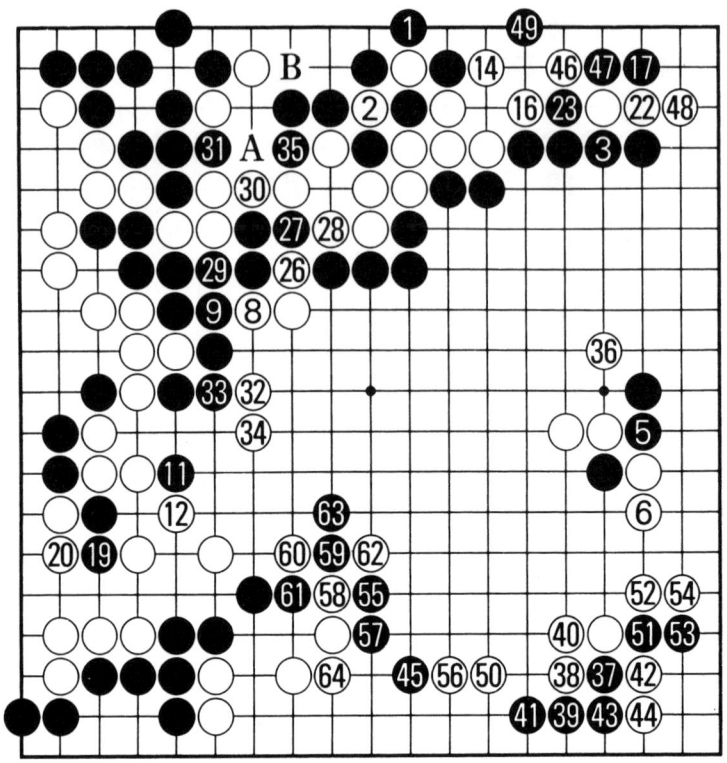

第4谱（101~164手）

④⑩㉕=❶下　❼⑬=②右　⑮㉑=②下　⑱㉔=②

第4谱 缓一气

黑17跳下好棋。这一手要是22位拐，白46位虎则生出顽强韧劲。白22考虑了二十三分钟，却是大恶手。此局若输掉，它便是那败着。因其之故，黑23白棋气紧。顺此，黑29上应当姑且在30位冲一手，之后白A位、黑29位、白35位、黑B位，这样取劫来下的话黑棋便能得胜。

实战谱中，发展至白34后，这里余留下个很大的缓一气劫。右下角白方下手重，也是因为得到此劫对黑棋的牵制之后，关键时刻就有了那种能连下到两手的乐趣。

白64团，至此双方都是一面紧盯着上边动向一面做的推进。

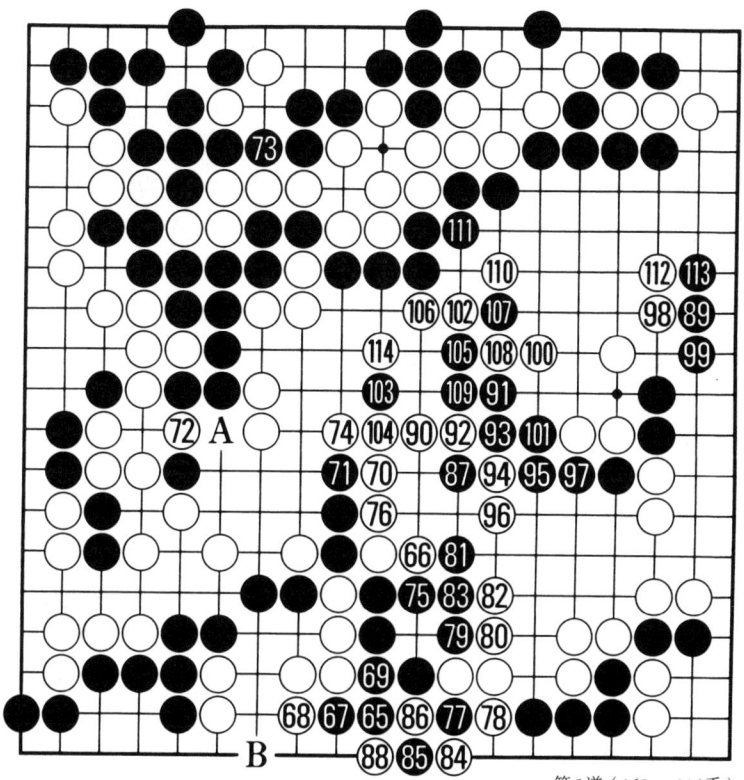

第5谱（165～214手）

第5谱 黑方投子

　　白72先行74位扳住黑子头会更好。由是黑73上可于74位长，应白A，黑73位紧气，白方若粘便提劫。因这里万劫不应，还是提吃为好。

　　白方若走75、85位吃掉下边会形成转换。但那样，黑棋在B位有点的手段。由于左方的两子黑棋可先手提走，这么一来局面甚至可以说是胜败不明了。

　　发展至白74，白棋处于显然的优势。这次就算让87以下的黑棋逃掉，目数也够。黑棋自91起迈向与白棋的最后对决，但白98尖顶后，到底还是无法可杀这块白棋。

214手终　白中盘胜
限时各6小时　白方用时5小时 6 分
黑方用时5小时11分

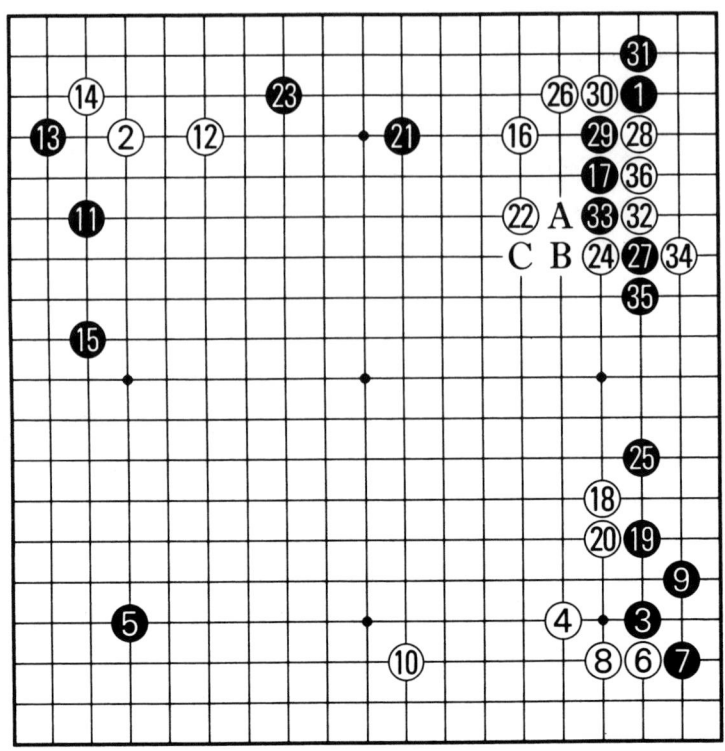

第1谱（1～36手）

朝日新闻"职业十杰战"第七期
昭和四十四年（一九六九年）十一月二十日弈于东京赤坂地域纪尾井町福田家

46 对一击专业户的反攻

互先　八段　工藤纪夫
黑　九段　吴清源

（贴目五目半）

第1谱　上勾拳

据说工藤先生的绰号里有一个叫"一击专业户"。而黑棋27手时就领受了一发来自28至36的，击中下颚的上勾拳。

按现在我审视这局面的想法，黑27手该要应36位的立，瞄准随后的黑A、白B、黑C的断。

白28至36手是反击的拳头，盘上成了黑方不是得弃角就是会被吃掉三子的场面。

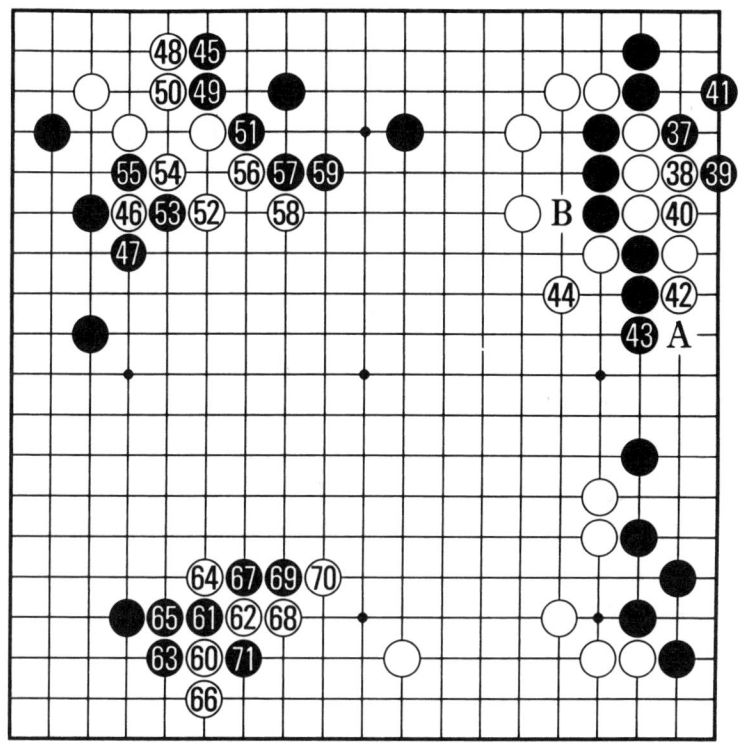

第2谱（37～71手）

第2谱 征子

白44手子力充分。由于走黑A位拐、白B位紧气，只一路也是在下方得了利。但也因此，白棋受到了黑方的利用。举例来说对黑71手，以图1的白1来征吃，黑棋即使走2、4、6位，白棋应3、5、7位征子仍旧成立，但黑2上只要5位靠便会形成引征。

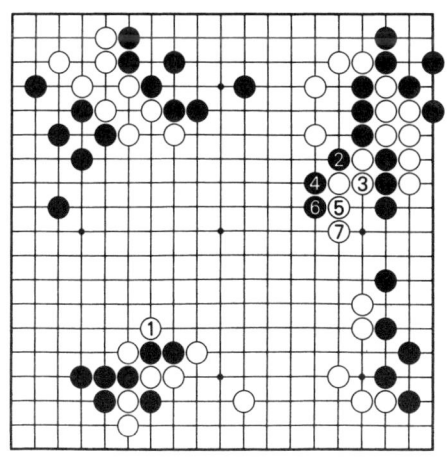

图1

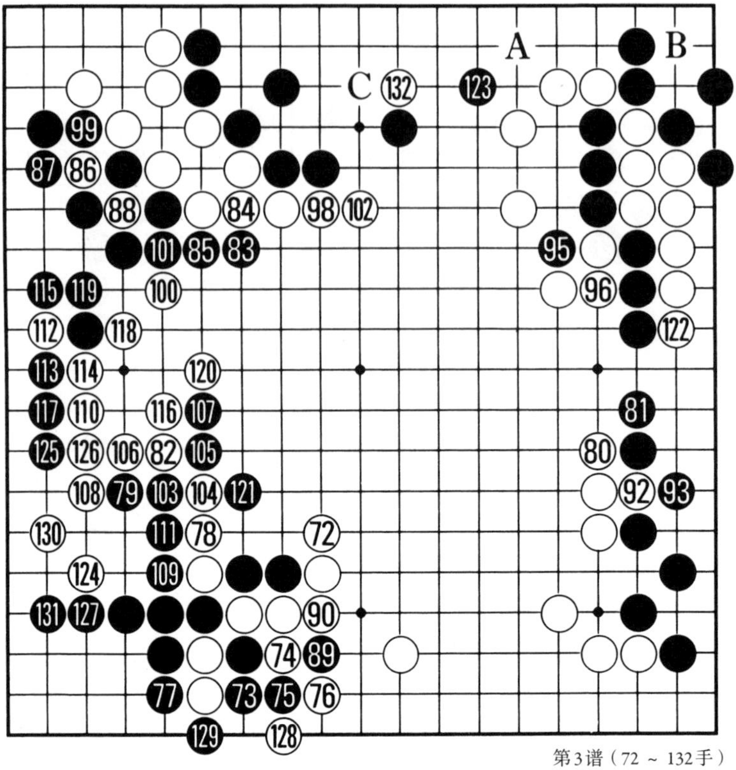

第3谱（72 ~ 132手）

(91)(97)=(88)上 (94)=(88)

第3谱 白棋的目的

黑99位拔掉左上的劫，留下进攻左上白棋的后手。这时虽是黑方简明的局面，但要确立优势仍旧还很难。白棋102手长出隔断上边有不得了的目的。这盘算直到右边122手爬仍在持续着，右上角的黑棋因此断绝了与右下友军的联络，之后便有白A位、黑B位、白C位的入侵手段生出。于是黑方第123手做了补强。不过即便如此，白方仍然有着其他强烈的意图，那便是第124至130手走左边之后转至上边132位托。

工藤先生就是这般长于中盘复杂局面。左边白106以下诸着巧妙地腾挪成功并破坏了黑地，这同样该说是机敏。

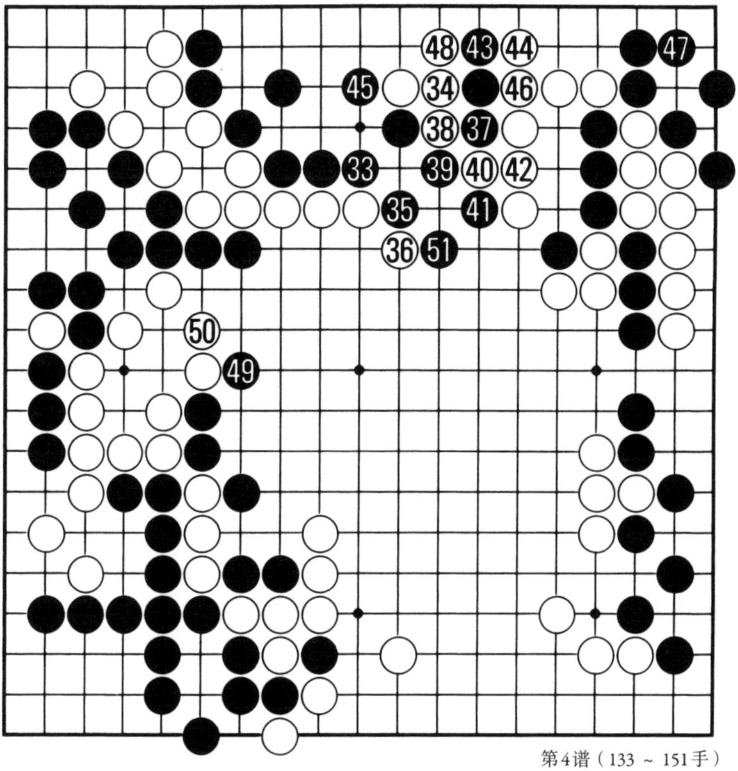

第4谱（133～151手）

第4谱 分化战法

白方的意图见图2，这么一来将是逆转。由是我33至35进行反攻。白36上要是38位拐则有图3的黑2位扳，白棋不得不3位立活角。角上黑a位、白b位按字母顺序行棋，白棋虽无死亡之虞，六子却无力回天。黑49扳、白50退，这块白棋仍旧没有双眼活净。

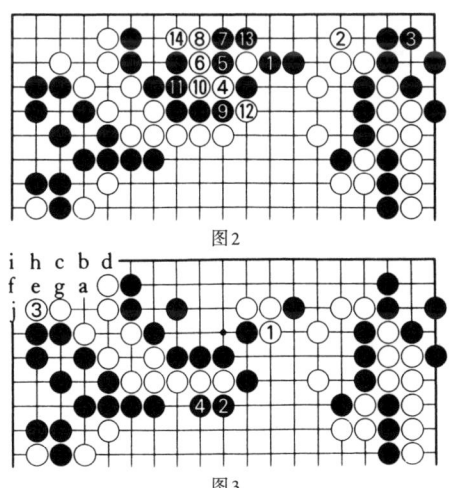

图2

图3

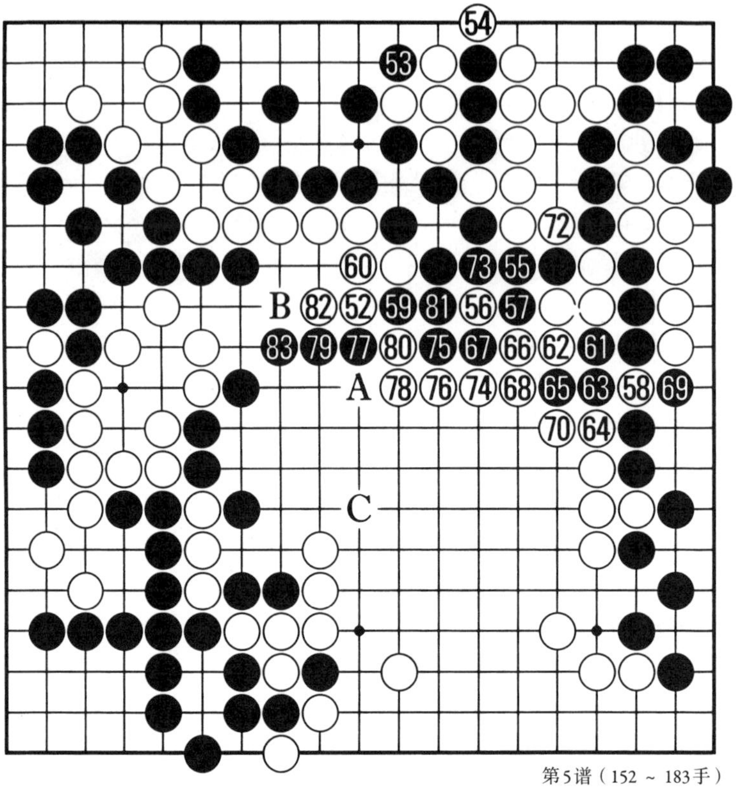

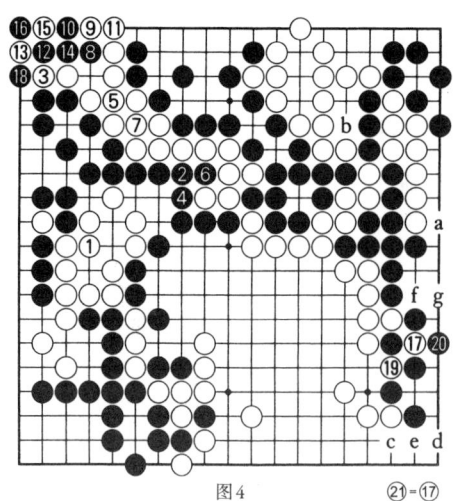

第5谱（152 ~ 183手）

71=58

图4

21=17

第5谱 白方投子

白78上要是79位扳而后黑A位、白B位，黑C位便告白负。投子之后的发展见图4，白棋舍弃左上进攻右下则对黑20打应有粘劫，而黑棋走a至g可得抵抗。

183手终 黑中盘胜

限时各6小时

白方用时5小时59分

黑方用时2小时56分

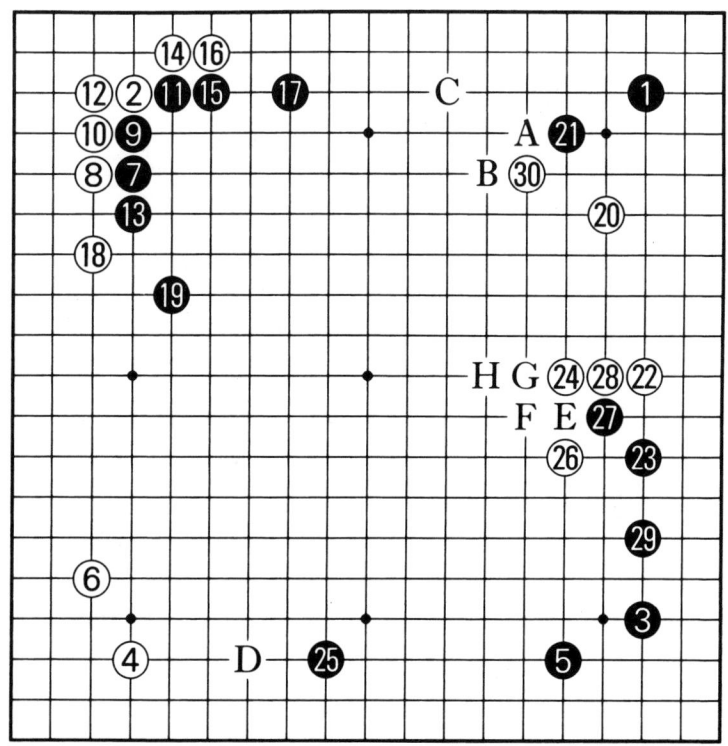

第1谱（1～30手）

朝日新闻"职业十杰战"第七期
昭和四十五年（一九七〇年）六月二十四日弈于东京赤坂地域纪尾井町福田家

47 顽强的桥本昌二

互先　九段　桥本昌二
　　　黑　九段　吴清源
（贴目五目半）

第1谱 不做收缩

黑27手的觑着实吴清源流——据说休息室里对此褒贬不一，而我是准备白28手如果选左方的粘就于28位冲断的。对白30手的肩冲，收缩的应手不好。那样一来会变成黑A位爬、白B位长、黑C位飞、白D位拆的发展，很是无趣。若说为何，黑棋是将黑E位、白F位、黑G位的冲断设为了目标的，前述那样的话，会被白棋H位吃掉用于切断的关键一子。

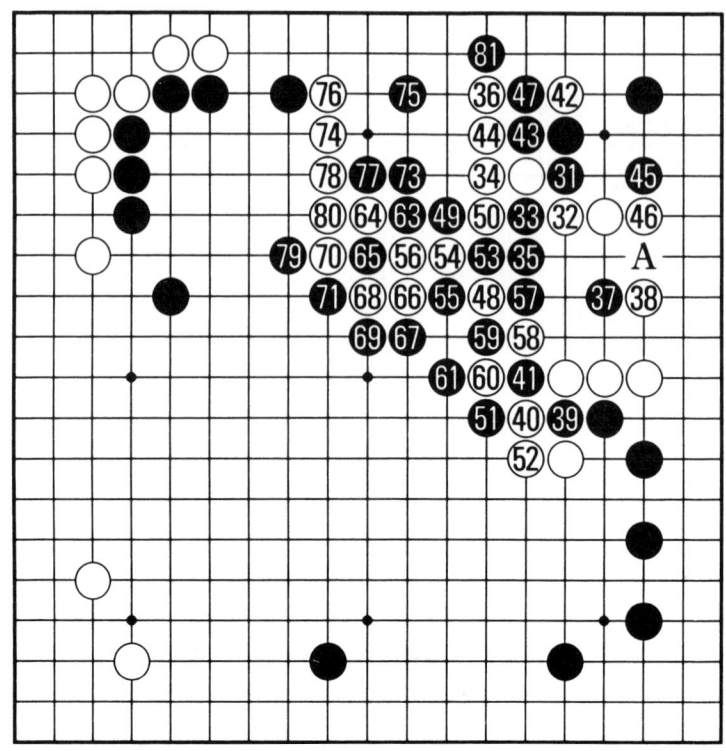

第2谱（31～81手）

㉖=㊶　㊷=㊺

第2谱 留有劫争

黑37飞与白38托的交换是给右上角的黑棋上保险的手段。若有万一便A位扳出。第39、41手是对早前谋划的断然执行。黑51手打是自觉满意的一着，之后的黑61打由此作为先手发挥作用。黑69打是关键。白70手若是71位长，黑棋便77位打。这一段上双方相互都是在一手上进行争夺。黑81扳姑且是把白棋五子包围了，不过白棋既有图1促成双活的方法，又有图2引发劫争的手段。图2之后黑棋提劫，白a位打则按字母顺序至黑f渡过。

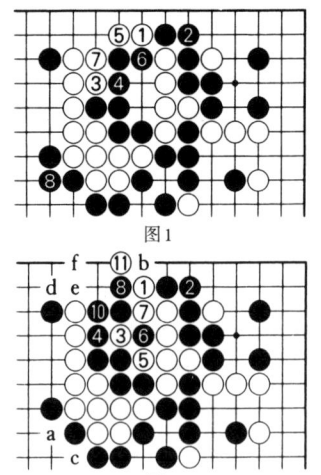

图1

图2　⑨=③

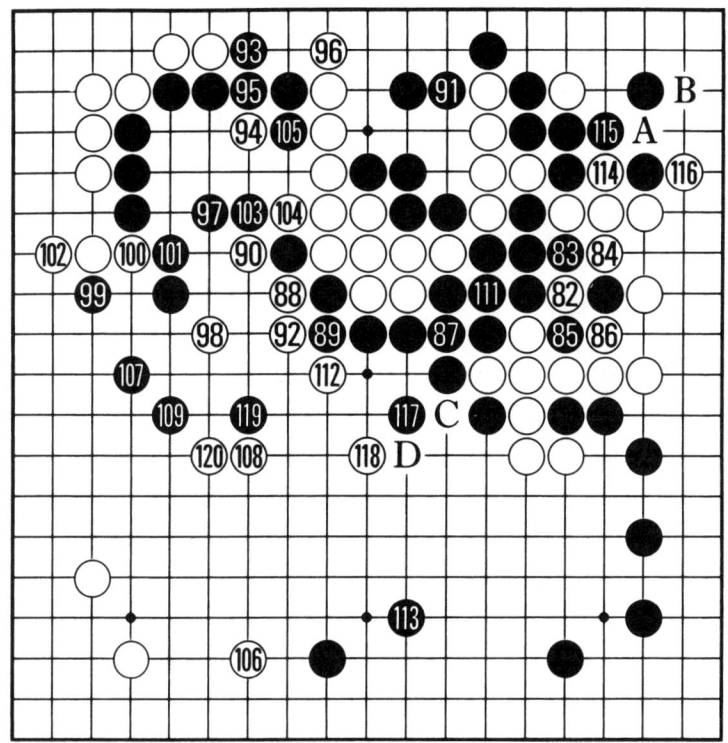

第3谱（82~120手）
⑩=㉒

第3谱 119败着

本局之中被评作我唯一的败着的，正是这119靠。该手本应如图3所示那样，从黑1位镇入手来下。如此一来可以预想到盘上将会发展到白12。自此再13、15、17位进行攻击就好了。

此外右上白114冲、116打吃是近二十目之大的两手。为了此后白A位提吃时可以应B位立，黑棋117手虎做好了准备。不补这一手而被白117位、黑C位、白D位封锁就很痛苦了。

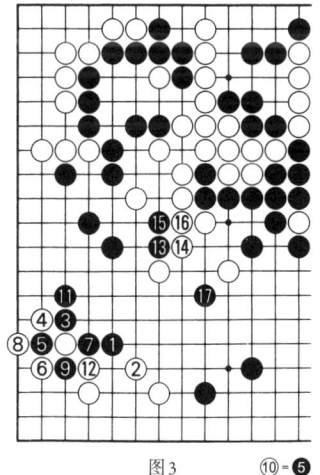

图3　⑩=❺

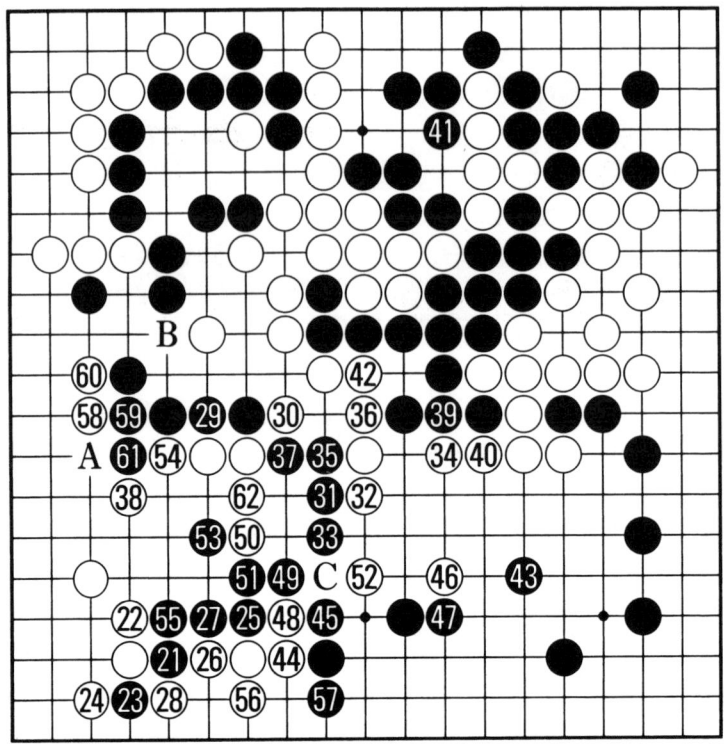

第4谱（121～162手）

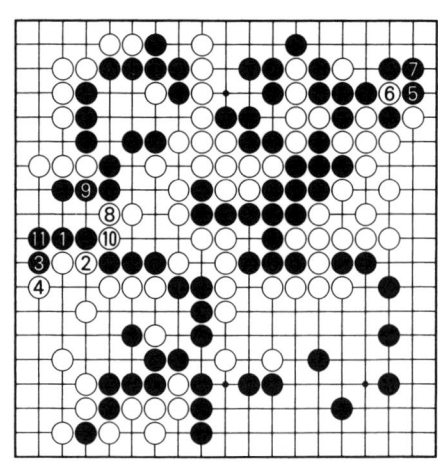

图4

第4谱 60、62胜负手

黑59粘太过用力，行图4的1至11为好，这样情势比较明了。白60上眼见A位不够，便60、62位放出了胜负手。这62以下白棋一旦生还，黑棋被同时威胁以B位、C位两方的切断，形势将一举逆转。

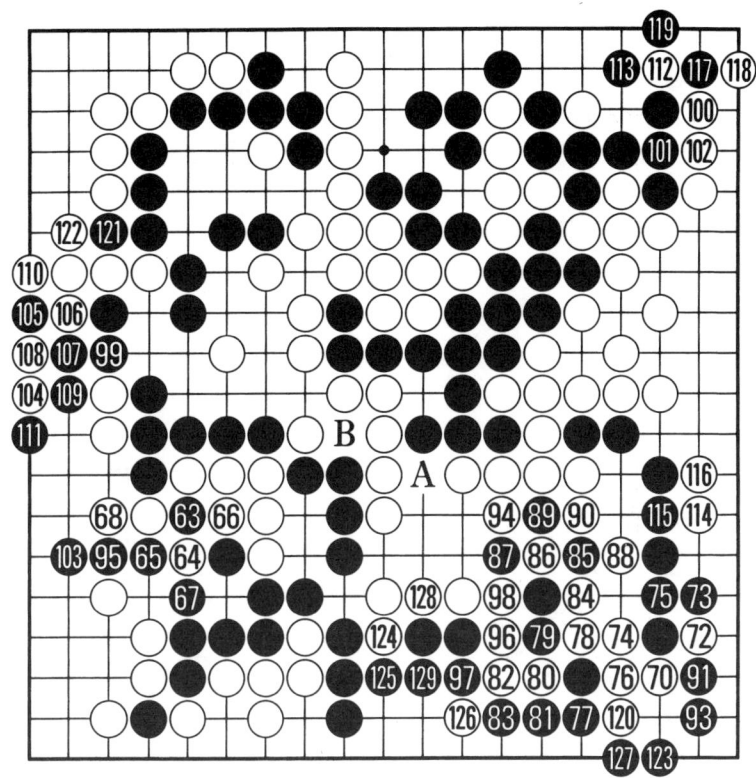

第5谱（163~229手）

㊀=㊅ ㊁=㊄ ㊈=㊆

第5谱 白棋力竭

黑方以劫争去夺取白棋六子。黑棋的自豪在于己方阵中没有致命的劫材。白方虽持 A 位的一处绝对劫材，不过黑方也保有 B 位的必杀一着，结果是相互抵消。

白方由是没有比着手右下角更好的办法，70、72 侵角成为消劫的补偿。

白 80 的扳是步好棋。凭借白 86 的手顺，白棋总算是成功腾挪。黑 93 长已经足够。

黑 95 和白 96 见合，不过还是 95 一边稍大。最终，劫争的结论是黑方得了便宜。

229手终 黑中盘胜

限时各6小时 白方用时5小时59分

黑方用时4小时 9 分

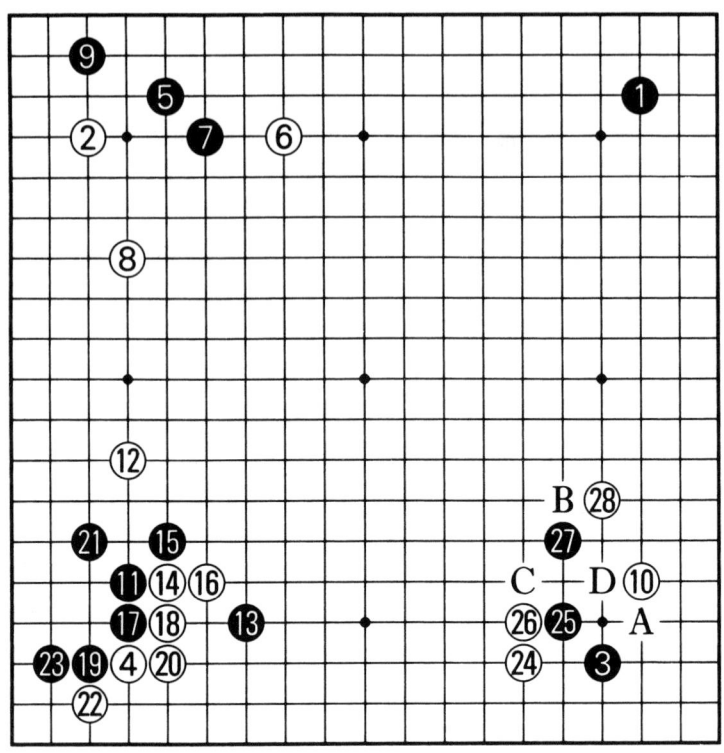

第1谱（1～28手）

朝日新闻"职业十杰战"第八期
昭和四十五年（一九七〇年）十二月十七日弈于东京虎门地域福田家[83]

48 山部变幻流

互先　九段　山部俊郎
黑　　九段　吴清源
（贴目五目半）

第1谱　木谷一门的新着法

和山部先生，这是久违的一次对局。他作为"治孤山部"颇有名，但却是缓手和严厉手段两方同时存在的情况下绝对会选苛烈一方的棋士。

右下白28手是这段时间木谷门生创想出来的着法，随后黑A位虎则白B位长，黑C位虎则白D位刺，以期黑棋形成愚形。

由是此处走C位会是不合情理的。

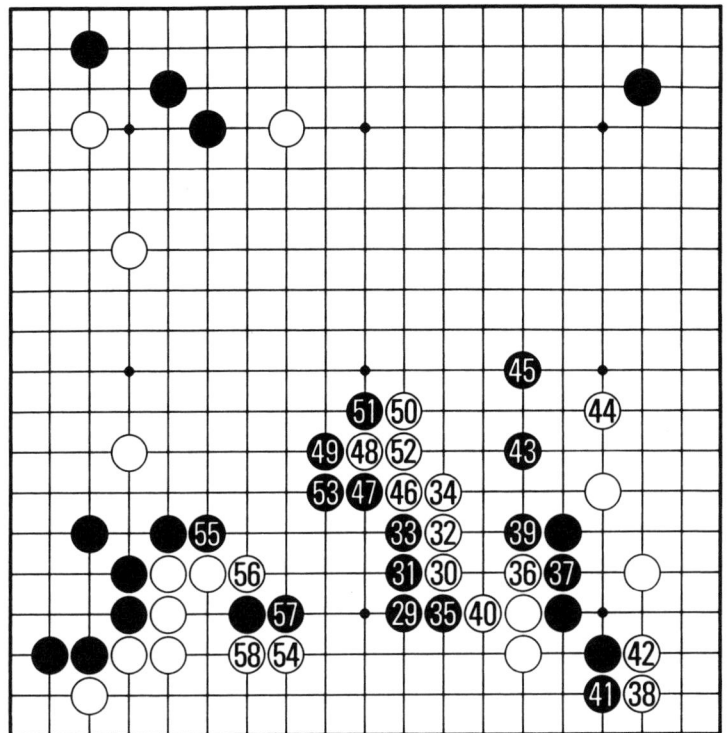

第2谱（29～58手）

第2谱 问题图

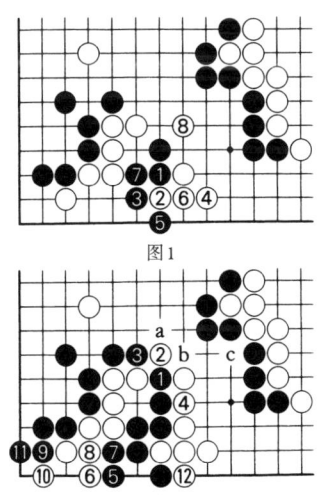

图1

图2

左下的白54手着实是山部先生风范的出色一着。黑55手上58位挡的话见图1，这样被白8位枷住黑棋不妙。换言之，这之后按图2发展至白12的话，对白方就太有利了。该图黑a位打有白b位粘，接着白c位切断，黑棋情况就又糟糕了。

再来，盘上至白58手是带着问题的局面——黑棋要如何冲击右边白棋的薄形进行反扑才好呢？

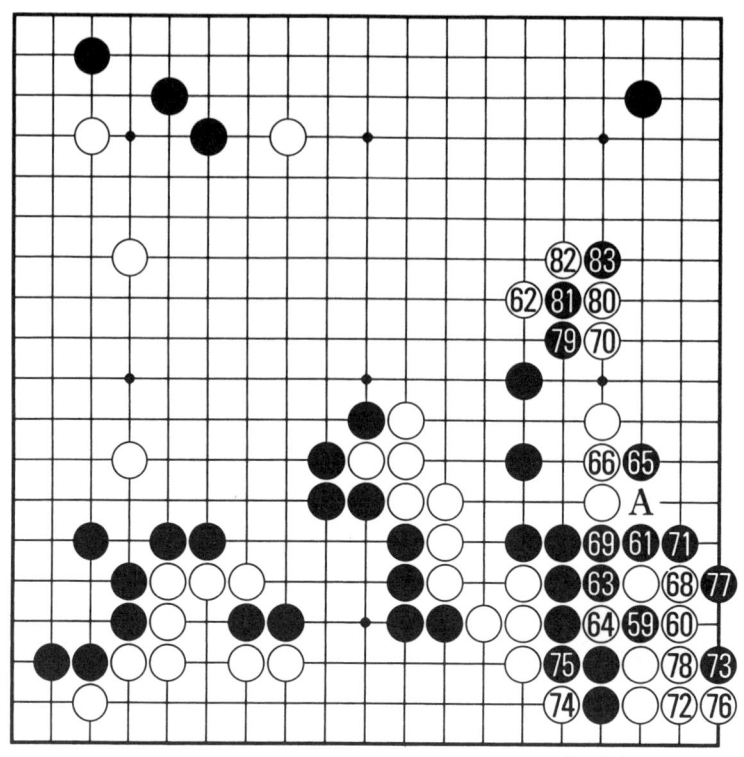

第3谱（59～83手）

㊻=㊾

第3谱 胜利在望

黑棋59位挖再61位靠是正确手顺。

这里从61位开始下，便会成白69位断、黑59位挖、白63位粘的失败图。我对白62手感佩于心。不愧是变幻的山部。只不过，白64手在活用62位一子的意义上也该是68位粘上为好。那样的话，对黑65觑就得以用白A位冲来对抗了。实战中白66手不得已粘上，发展至黑69粘、71挡，白棋右边被隔断开来，影响甚大。

黑棋之所以没有勉强去杀右下角的白棋，是考虑到用71以下诸着令白方后手活棋，并将随后79以下诸着的切断视作了决胜一击。

总之因黑79手，我看到了这局棋的胜利之光。当然，白棋要是81位挡，黑棋是准备80位断的。因为只要吃掉右边的白棋四子，黑棋便轻松了。

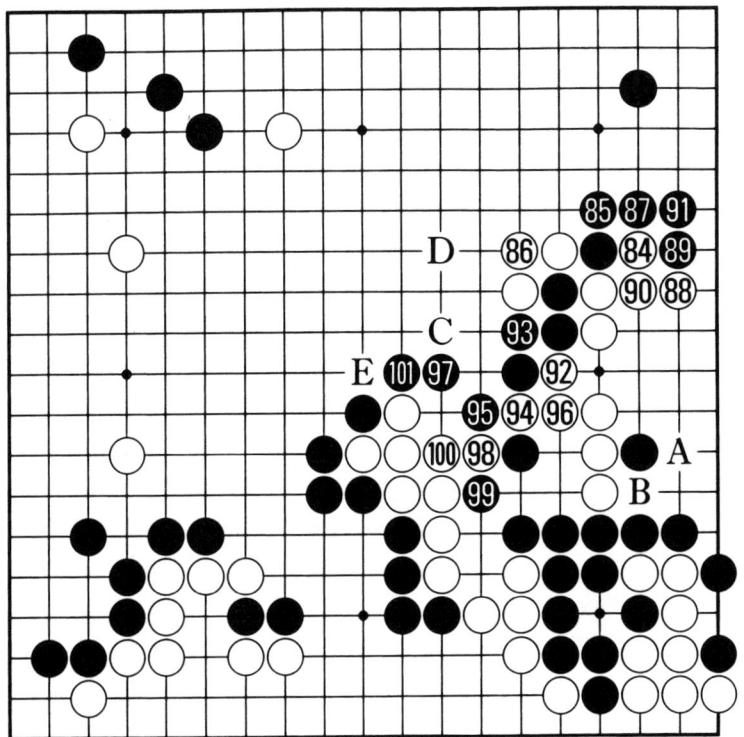

第4谱（84～101手）

第4谱 非常手段

黑83手猛烈切断白棋后黑棋顺利。

白86手若是爬图3的1位，黑棋将2位打、4位长，因而有黑6拐、黑8团迫使右边白棋做活之后10位长出。这样下边的白棋大龙受到攻击将处境艰难。

白86粘乃强手，而后92打吃、94挖以非常手段前来欲挑起此处一战。白92手假若A位夹，黑93手、白B位接上，则右边虽活棋，不过这样一来就被黑棋C位跳出，随后D位、E位必得其一，形势上佳。黑棋101手展开决战。

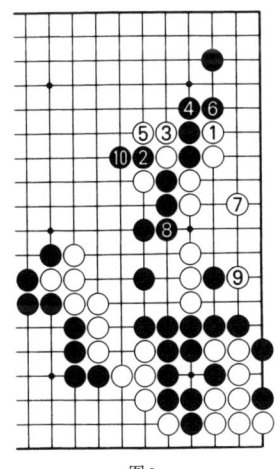

图3

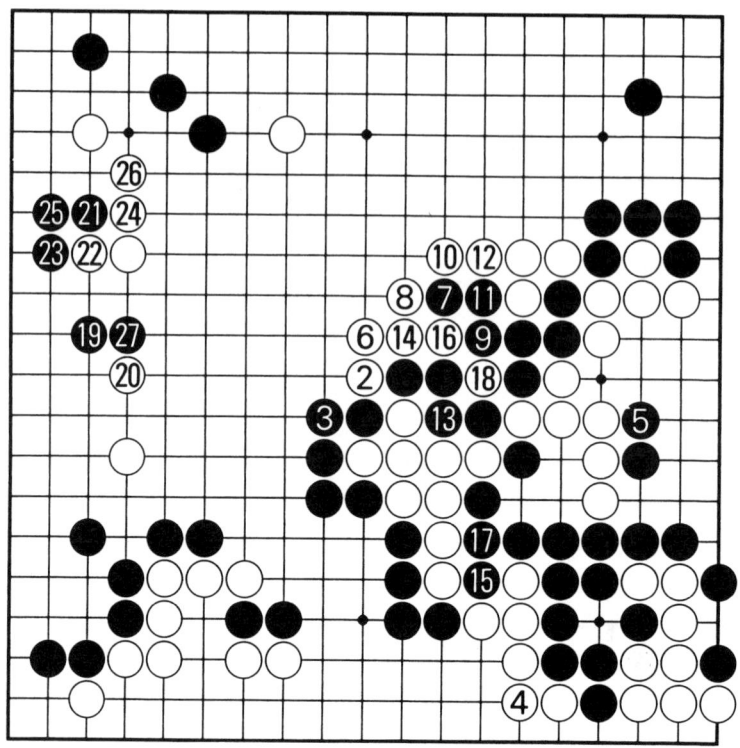

第5谱（102～127手）

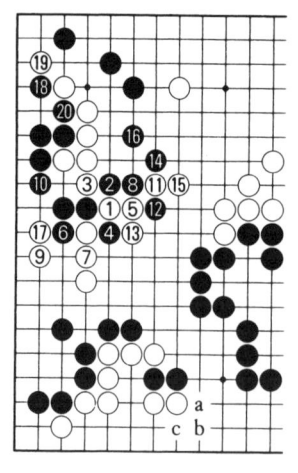

图4

第5谱 白玉碎

中央黑9仅此一手。白12如14位团，则应黑12位冲，白13位打成劫。黑方先手拔掉白棋九子，大势已决。白方在黑27时投子，而设想其后发展的话就是图4。此外，左下若由黑方开始着手，会是黑a位扳、白b位反扳、黑c位断的手顺。

127手终　黑中盘胜

限时各6小时　　白方用时3小时0分

黑方用时1小时28分

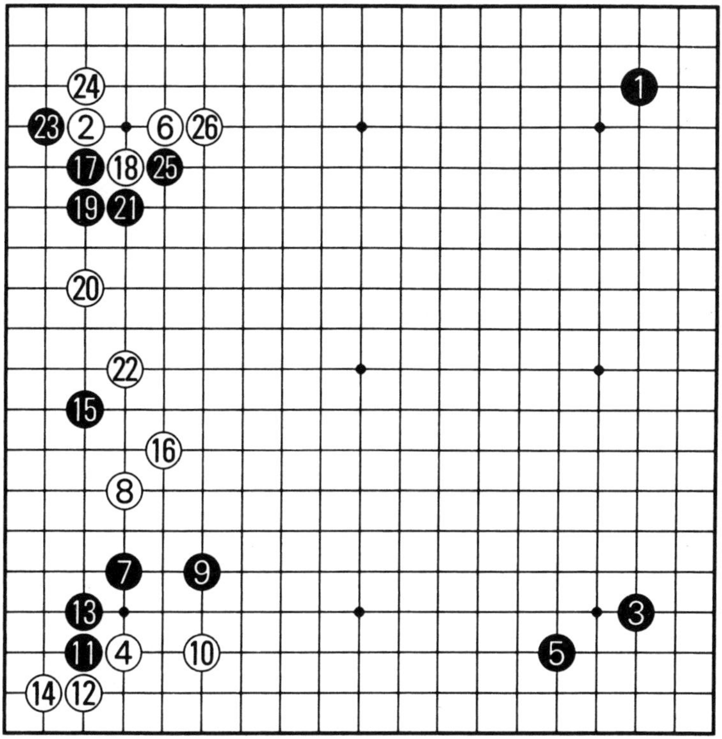

第1谱（1～26手）

产经新闻"十段战"第十一期
昭和四十七年（一九七二年）七月二十日弈于日本棋院

49 石之心梶原武雄

互先　九段　　梶原武雄
黑　九段　　吴清源
（贴目五目）

第1谱 偏离期望

这一年开始，十段战我也加入了进去。黑19长是期待如图1发展而下出的一着。而白20手不遂其愿，反而利用了对手的心思。

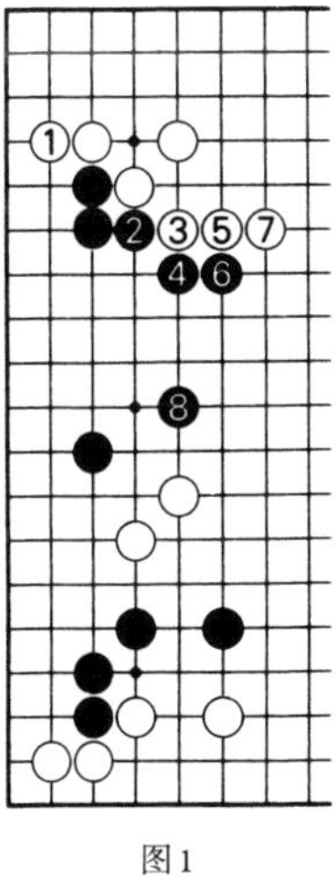

图1

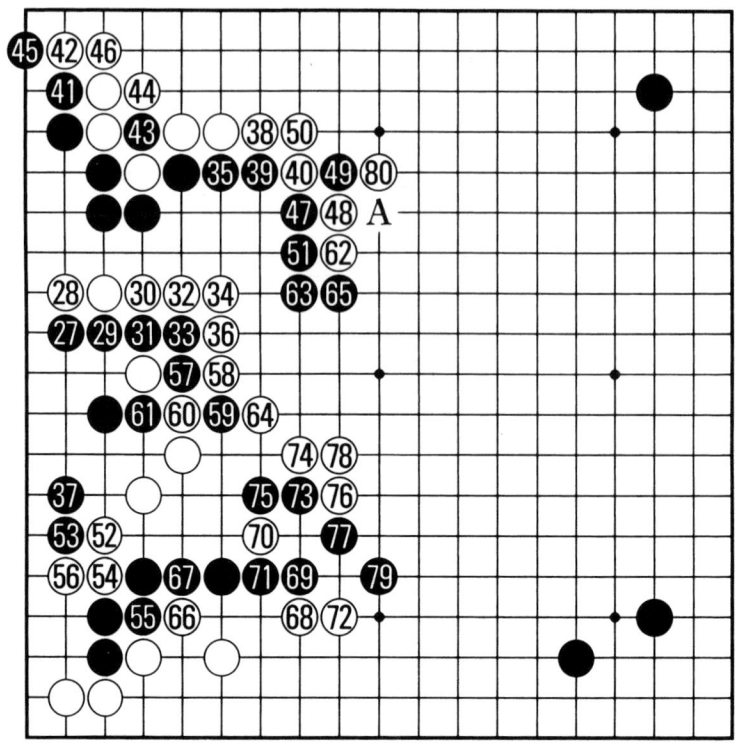

第2谱（27～80手）

第2谱 棋势

黑27手希望下成图2那样。要是按该图走，此后的黑a一手会具有相当的魅力。

白28手挡住之后变成了快节奏的棋势。盘上是双方皆无可避退的发展。白36拐是很厚的一手，且系梶原步调。白38手39位扳则黑棋38位断，而左上角也会变成以劫相争的局面。白62手本该A位长，"这样就像在压直O型腿"是梶原先生局终后的感想。然而，白棋A位的话，黑64位长就很讨厌了。白70手甚至都不用说，正是坐等征吃的一子。黑棋至第79手为止且做忍耐，盯着之后向下边发起反击的机会。

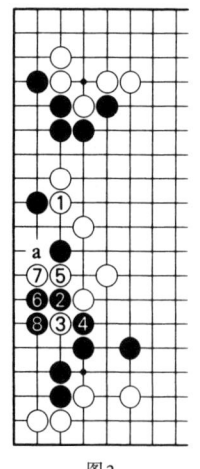

图2

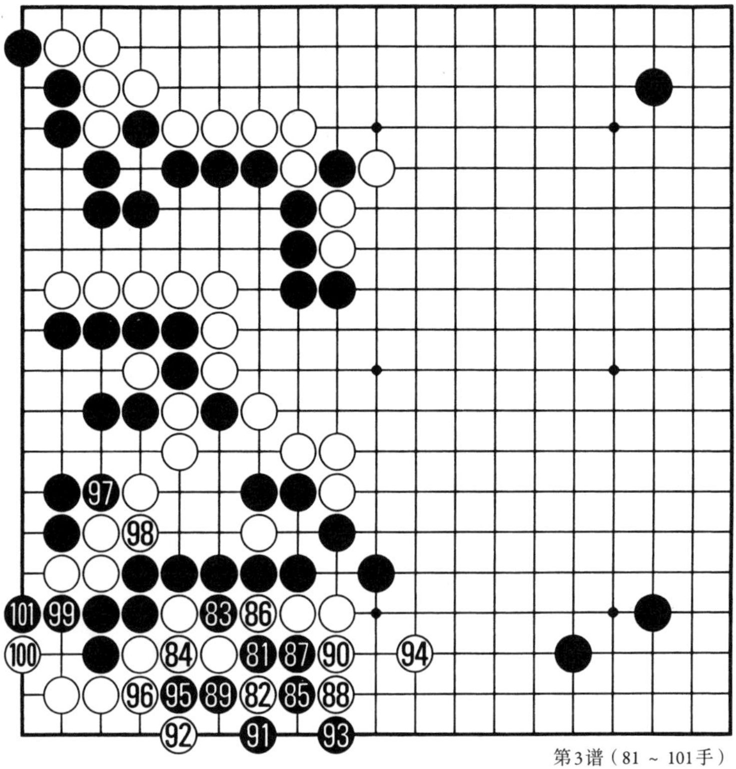

第3谱（81～101手）

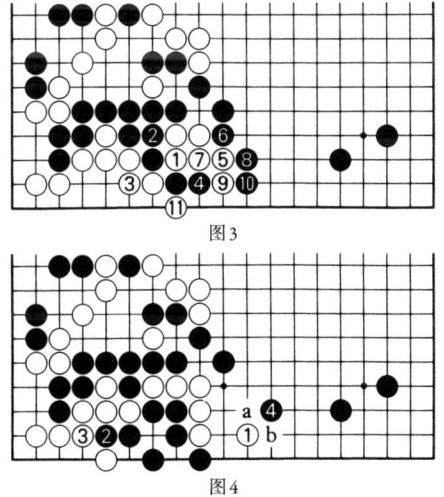

图3

图4

第3谱 得利

黑81至93手是准备把这设为弃子来发挥作用的意图。白86手走87位见图3，黑方先手筑成厚实的防壁。又白94手要是图4的1位跳，黑棋有2位冲、4位肩冲，此后白a位则黑b位，白b位则黑a位。不仅右方，黑棋结果连101位挡也能先手下到，由此可见并无损失。

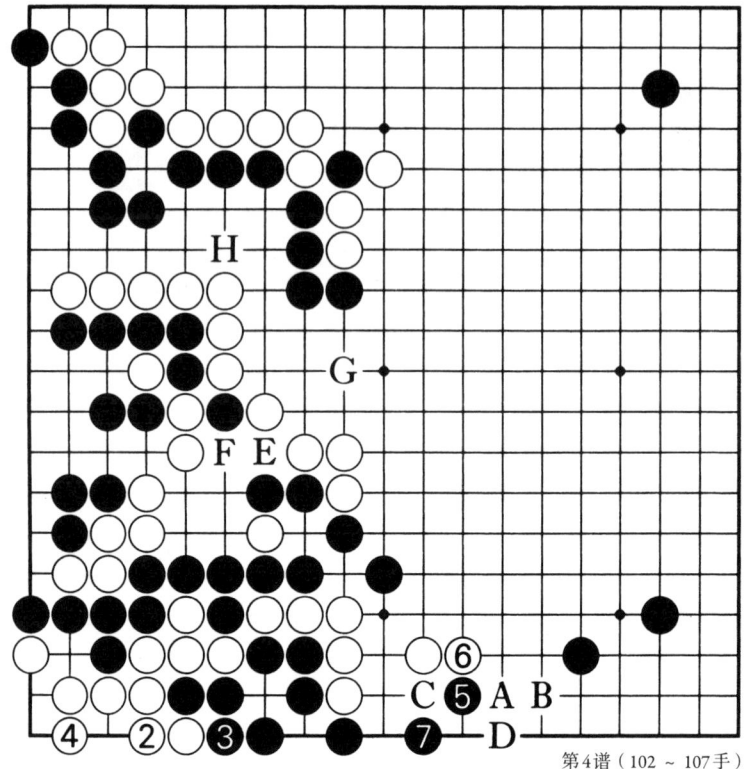

第4谱（102～107手）

第4谱 天边的劫材

以下内容摘自三堀将氏的观战记：

"晚餐小休结束棋局再开后不久，环顾着全局的吴考虑七分钟落子7位。霎时，梶原的面色就唰地沉了下来。最终他仰面朝天花板咯咯大笑着喊道'哎呀实在是'，而后便陷入了沉思。盘上预想到的是白A位、黑B位、白C位、黑D位的劫。记者室里瞥眼看到这等局面的山部九段说道：'黑棋毕竟有绝好的劫材嘛。就天边嘛。'换言之对于黑棋，黑E位后白F位、黑G位，天元旁边正有可遇不可求的进攻手筋。"[84]

梶原先生在这里进行了三十八分钟的长考。但很遗憾地，好的劫材白棋此刻并没有。就算白棋这时走H位，黑棋也只会将劫拔掉。

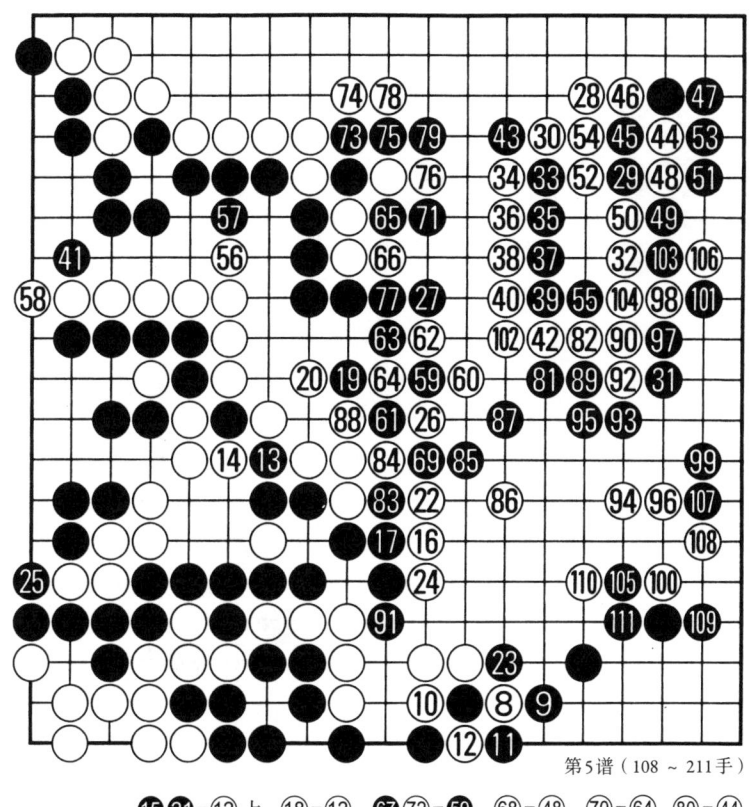

第5谱（108~211手）

⑮㉑=⑫上 ⑱=⑫ ㊻㊽=㊾ ㊽=㊽ ㊰=㊽ ㊿=㊽

第5谱 103犯糊涂

同样出自三堀将氏观战记：

"晚间十点十分，见黑棋的111落下——'哎呀我输了。'说着梶原投了子。'这一手太糟了。'吴指了指左下角的棋子（103）。若没了这一手同104的交换，本是有黑方断104位的手段的。这一大失手之所以没产生影响，或许该说是因为黑棋原就领先了如此之多吧。雨滴啪嗒啪嗒开始落了下来，局终的复盘检讨之后，我们在深夜的市谷好不容易才叫到了出租车。"

211手终　黑中盘胜

限时各6小时　　白方用时5小时47分

黑方用时2小时34分

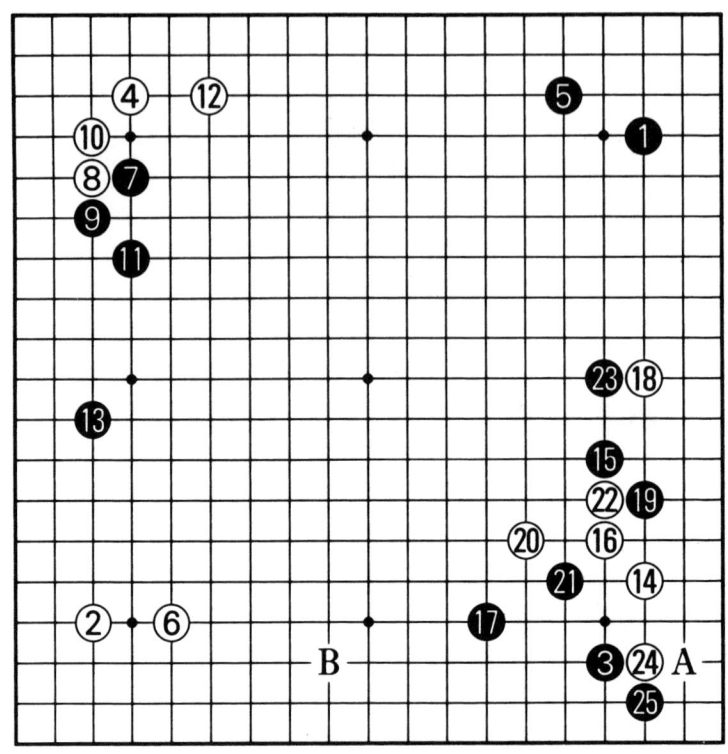

第1谱（1～25手）

产经新闻"十段战"第十二期
昭和四十八年（一九七三年）六月二十一日弈于日本棋院

50 好对手

|互先　九段　藤泽朋斋|
|黑　九段　吴清源|

（贴目五目半）

第1谱　右下角新型

被医生告知之前，我一直没注意到自己的健康状况。血压又高，心脏也有危险，被诊断说不要再对局为好之后，我这一年《朝日》的棋战也罢，《日经》《产经》也全都推辞掉，开始了静养。作为棋士无法进行实战着实遗憾，但因为有猝死的可能性，我无奈不得不这么做。

右下角走成了变形后的定式。白18手之前若交换有白A位、黑B位，黑棋便不能下19位了。

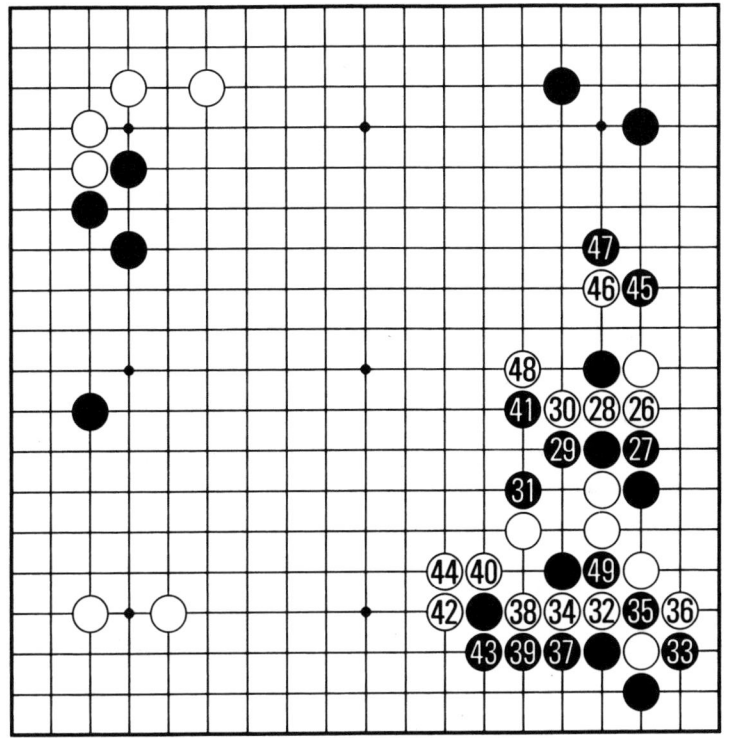

第2谱（26～49手）

第2谱 白34佳着

黑33手上进入了午餐的休息时间。朋斋先生吃的是鳗鱼的高级便当，我则是自带的简单饭菜。

白34乃佳着。我完全没有考虑过这一手。既然会变成这样的话，33一手便要下图1的1位退。由于之后大体上应该会发展至黑21，那就还是这么下为好。

白48扳是四十七分钟的长考后落下来的一手。我马上49位进行挤断。不用说，劫争是已经预见到了的。

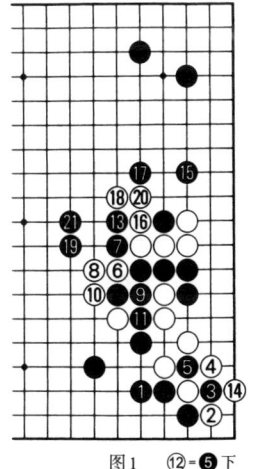

图1　⑫=❺下

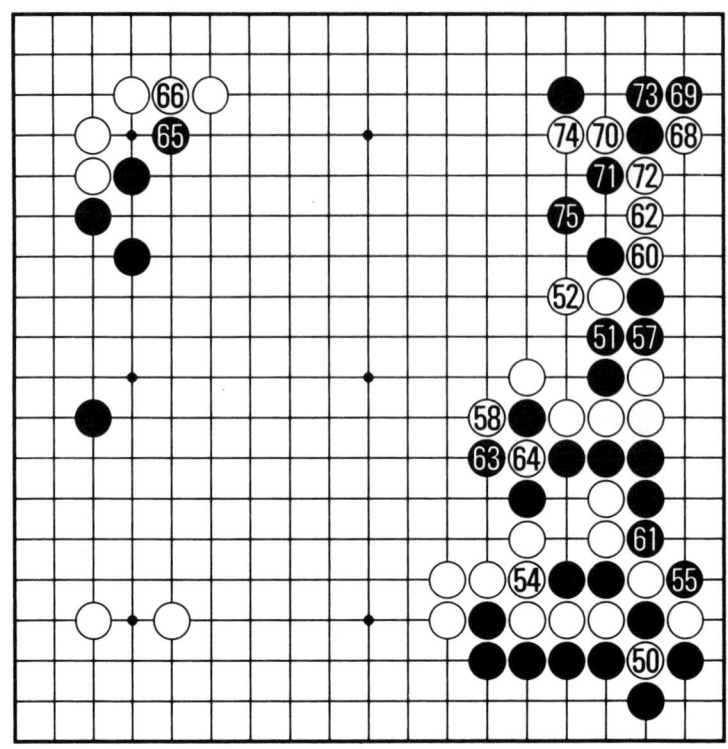

第3谱（50～75手）

㊼㊾=㊾上　㊿=㊿　㊼=㊿上

第3谱 中央有棋

以下内容摘自三堀将氏观战记：

"担任解说的坂田荣男十段感叹道：'这黑75可是相当不错的一着啊。正因为有了这一手白棋才失败了。'

"吴先生在这一手上仅耗费了十三分钟，落子的时候却果然还是充满自信。

"'呵呵，左右同型中央有棋。'他侧头朝坐在棋盘边的我看过来，露出了微笑。"

黑75是在棋士中间评价颇高，称一般发现不了的一手。毕竟身处紧张的相争动荡之中，双方都是心绪纷乱的状态。

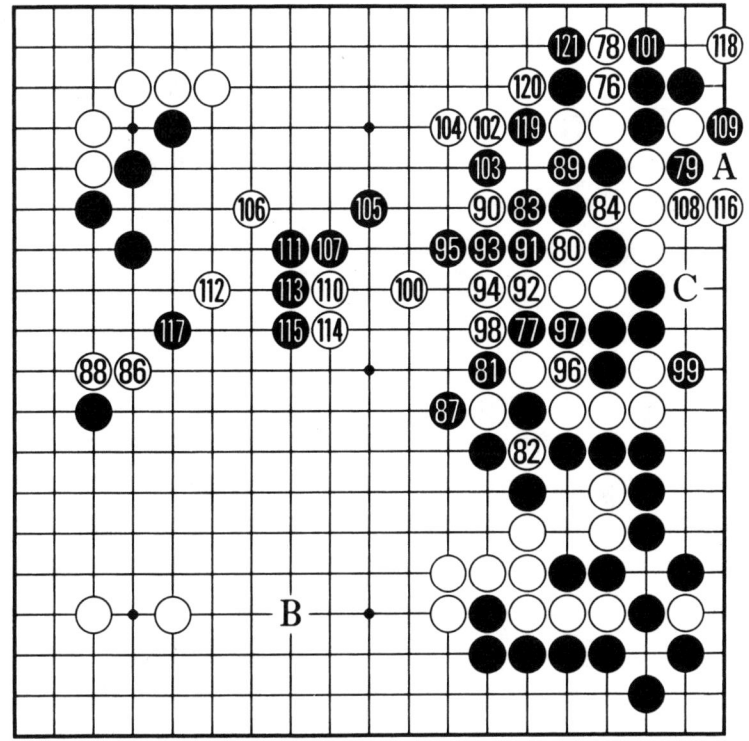

第4谱（76～121手）

㉟=㉜上

第4谱 劫仍将至

对白76冲还以黑77靠，此时由黑81打又再挑起了劫争。这是盘上再一次的大劫，黑83长以劫材得利亦拜此处棋形所赐。

"吴清源开劫必拔。"

虽受到如此评价，但说到底是因为算清劫材后才开的劫，会变成那样也理所当然。我本以为此劫的转换点可能会是白棋108位打。预想是就算那样黑棋也87位消劫，而后应白A位拔，黑棋B位夹攻。

然而藤泽先生走的是左边86肩冲、88冲下。既然是这样，我便选择救活右上角并攻击无眼的白棋。

白90手起白方做出最后的抵抗。右上白116立，其意是令黑棋应A位粘，再以白C位的先手于此做出一眼。而因我的脱先，盘上又成大劫。

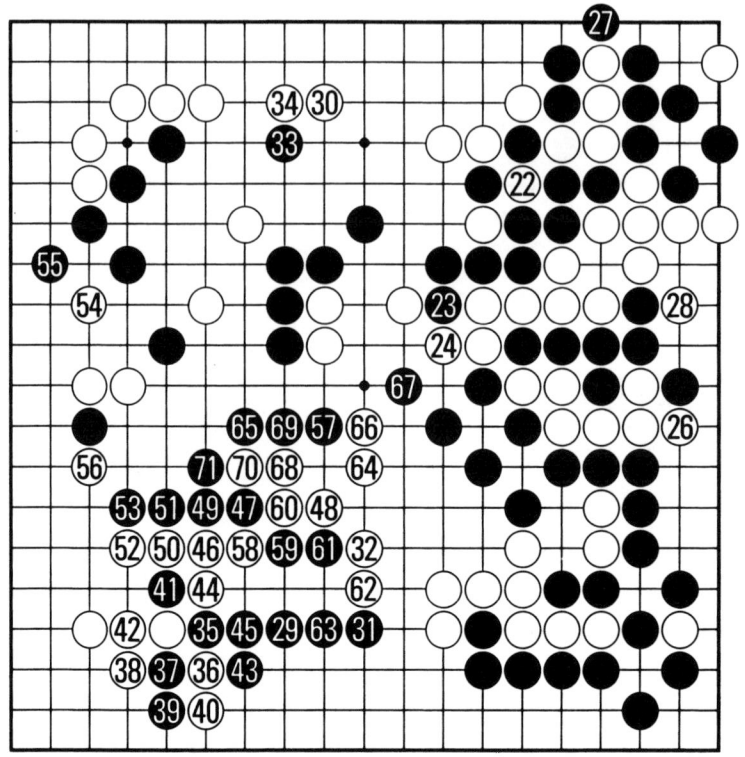

第5谱（122～171手）

㉕=㉒上

第5谱 大龙绝息

投子后续弈的设想见图2，白棋大龙未能得救。事前所行黑△与白△的交换成为了我自豪的一着。

171手终 黑中盘胜
限时各6小时
白方用时5小时58分
黑方用时2小时20分

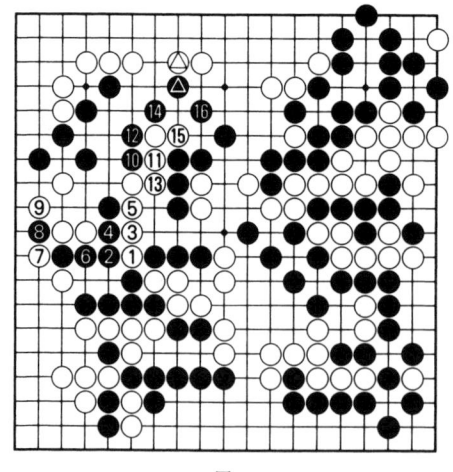

图2

注　释

1. 此址为日本棋院会馆初创时的所在地，其时东京尚未设都，下级行政区划也与现今有异。由于空袭中建筑物烧毁等原因，会馆几易其址。现日本棋院东京本院坐落于东京都千代田区五番町七番地。

2. 昭和初年恰处于日本金本位制度短暂恢复到彻底崩溃的当口，当时的一元相当于现在数千近万日元。

3. 原文"王手飛車"是日本将棋术语。译文选用中国象棋中与其异曲同工的"将军抽车"，意为一子既将军又捉车，使得对方若不接受将死便要接受丢车重创。

4. 大手合是以日本棋院为代表的日本主要棋士组织在一九二四年至二〇〇四年间所施行的升段战。"手合"即对弈。

5. "新闻棋战"指由报社主办或在报纸上刊登棋谱的棋战。

6. 所谓"最短距离"，是指吴清源一九三〇年大手合春期七胜一败、秋期八战全胜的战绩。更多信息见于本书上卷第八局。

7. 大手合升段实施之前，九段即唯一的终身名人。承旧制格调影响，八段人数也不过一二。最后的终身制名人本因坊秀哉辞世后又九年，藤泽库之助（朋斋）成为经大手合升至九段的第一人，自此九段位与名人位发生实质性分离，而名人成为棋战头衔则是在十三年之后的事了。

8. 大手合中按对局双方的段位差、棋份、先后手决定一局的胜负得分，累计各局分数取平均值作为升段与否的依据。规定的累计局数与考察周期则与段位高低有关。吴清源初战大手合的一九三〇年至平凡社出版本书日文版的一九八二年，其间大手合计分、升段细则发生过一些改动。升段分数线降低、均分开始跨期计算等等这些放宽条件的变化使得大手合制度的缺陷加速显现了出来。

9. 此处原文数据有误。一九三〇年秋期大手合，吴清源出阵八局，八战皆胜。

10. 这十次对弈，最后一局（即本局）虽是在一九三一年夏进行的，但吴清源的连胜纪录真正终止，是在一九三二年春读卖新闻特选手合对阵铃木为次郎七段先手负两目之时。更多信息见于本书上卷第十一局。

11. 吴清源编撰本书时，岩本薰尚为现役，位居九段，故此处称"岩本薰九段"。一九三二年当时，岩本薰与其师兄加藤信同为六段。

12. 西荻洼是日本东京都的一个旧有地名，在如今杉并区的西荻北、西荻南一带，大致以西荻洼站为中心。现在人们也惯用"西荻洼"来作为该地带的通称。

13. 原文对这段插曲的时间记录有误。铃木为次郎实于一九一五年出发巡游中国后抵达新加坡，而彻底结束经营返回日本是在一九二一年。

14. 坊门即本因坊一门。此处所列举的五人皆为本因坊秀哉名人之徒。

15. 十六六指是日本的一种传统图版游戏，由十六子对战一子，多者围少者，少者杀多者，由此决出胜负。

16. "鬼门"原是日本阴阳道中的概念，起源于中国风水学，指因其凶相而被避讳的东北方位。故日语中也以"鬼门"来形容往往招致不好结果的或极为棘手的事物。三三作为本因坊家之鬼门，简单来说也就是坊门的禁着，与旧的布局思想密切相关。坊门中人占角第一手不落三三，而面对坊门棋士下三三通常带有挑衅意味。

17. 该旧社址现已并入日本东京都中央区银座三丁目。

18. 这里指的是一九三二年度春季大手合的战况，吴清源当时是四段。由于段位差距的关系，此时他刚开始增加执白对阵木谷实的经历，大手合中尚仅有本节提及的一胜一和两役。此秋期和棋之前，另有一九三三年"新秀突围棋战"中一和。读卖新闻主办的三番胜负（先相先）以及本书第十三局所属十番棋（互先）已弈的四局，执白时皆告负。

19. 位于日本长野县下高井郡山之内町，以冬季野生日本猕猴入浴的奇景而闻名。"信州"为长野县的别名，来源于该地古称。

20. 该旅馆名为"后乐馆"，现存，保留有与新布局发祥相关的一些纪念物。

21. 吴清源编撰本书时，山部俊郎尚为现役，位居九段。故此处称"山部俊郎九段"。一九三四年当时，山部俊郎未满八岁，刚开始学习围棋不久。

22. 准确的对局信息是：第二局八月三十一日起连载，木谷实执黑六目胜；第三局九月二十三日起连载，吴清源执黑八目胜。

23. 安永一是日本围棋史上有名的业余棋手和评论家。其棋力了得，曾在一九八〇年的世界业余围棋锦标赛中取得第三名的成绩。身为日本棋院《棋道》（棋道）杂志的主编，也是岩谷书店《围棋春秋》（囲碁春秋）杂志的骨干，与木谷实、吴清源共著《围棋革命 新布局法》（囲棋革命 新布石法）一书。中国流布局的创出亦受其启发。

24. 田冈敬一是日本围棋史上有名的评论家。一度成为日本棋院院生，但最终放弃入段。与安永一同样，曾任职于日本棋院编辑部并参与过《围棋春秋》杂志的创办，亦致力于发展围棋教育与交流。另外，其在青壮年时期曾投身于剧作行业。

25. 当时称作"新京"，伪满洲国"首都"。

26. 朝鲜日据时期的中心都市，位于韩国首尔。

27. "八段无人"说的是主流的大手合升段制度所规制的棋士之间的情形。例外比如自有一套升段制度的棋正社，其元老雁金准一与高部道平于一九三三年晋升该社八段。

28. 与吴清源次年才正式成为六段同样，坂田荣男此时也未正式入段，故前文对局信息中作"初段格"记载。

29. 此去天津，吴清源加入了世界红卍字会。

30. 此别名读音为"Onita Tuyotarô"，与小野田千代太郎本名"Onoda Tiyotarô"十分接近。

31. 这座另与夏目漱石、伊藤博文等历史名人有深厚渊源的温泉旅馆已非现存。其建筑本为日本的登录有形文化财产，但仍于二〇〇八年被拆除。

32. 本组棋战原为七番棋，又称"昭和七番棋"，实弈六局胜负分晓。

33. 木谷实所着是明治以后男式和服中通常情况下规格最高的礼服。

34. 羽织是一种长度相对短的和服，多出于防寒目的或在较正式的场合穿着，可认为是和服中的外披。

35. 这里指的是大手合的甲乙组制度。五段以上棋士再加四段以下成绩优秀者编为甲组，其余四段以下棋士为乙组，两组各自进行组内成员间的对局。该制度一九四〇年起废止。

36. 一九三九年起，大手合从原先的每年春秋两期调整为前后两期，各期的时间跨度大幅拉长。

37. 西来院的正式名称是"西来庵"。其中庭所植大树应为圆柏，树形与柳杉等一些杉科植物有相似之处。

38. 此花即曼珠沙华，在日语里头同样有诸多别名。其中"てくさり"(Tekusari)以汉字写出则是"手腐"，意为"烂手花"。吴清源文中并未采用汉字记载该别称，故译文仅注其读音。

39. "覆面子"意即"蒙面人"，是《读卖新闻》围棋专栏观战记者代代传承的笔名。

40. "塔头"是指禅寺中附属的小院、小庵。

41. "怪童丸"是木谷实早年的绰号，取自传说人物坂田金时的异名，意为身有怪力的童子。

42. 如本书第9局所述，雁金准一早前便已不再是日本棋院麾下棋士。其作为元老所属的棋士组织棋正社并不参与大手合，而是有自己的升段规则。雁金准一在棋正社中晋为八段，此事甚至在日本棋院方面激起波澜。而就在与吴清源的升降十番棋开始前，雁金准一率众脱离棋正社创建琼韵社。故此处记载其段位特别注明为"琼韵社八段"。

43. 遭觑窥伺断点，往往以各种形式的接进行补强。日本亦有围棋格言，称"何来痴愚，遇觑不接（ノゾキにツガぬ馬鹿はなし）"。但本谱中根据具体情况，遭觑的黑方未采用接的常规处理。

44. 需注意这是大手合升段制度下棋士的情况。例外有如前述雁金准一，其为琼韵社的八段。

45. 即关山利一。其此时保有本因坊头衔，号"本因坊利仙"。

46. 此处原文记载有误。吴清源的母亲与妹妹归国是在一九四一年。

47. "士族"是明治维新后划定的日本社会阶层之一，来源于过去的武士阶级。地位在贵族阶级——华族之下，高于平民。二战后该身份制度消亡。

48. 因年龄计数方法不唯一，此处原文不利于准确载明藤泽库之助的履历，故追记年份如下：藤泽库之助（藤泽朋斋）生于一九一九年三月九日，一九三三年入段，同年升二段，一九三四年三段，一九三五年四段，一九三八年五段，一九四〇年六段，一九四三年七段。

49. "转而领先"不单单指这盘棋的局势变化。本轮十番棋进行至此，藤泽库之助先胜一局而吴清源追平的模式亦被打破，后者以三胜两负反超。

50. 当时日本处于战时物资管制下，对民众的着装做了规定。男子统一的制式服装即"国民服"。

51. 藤泽库之助生于一九一九年，原文中一九四四年"二十六岁"或采用的是当时日本仍在普遍使用的虚岁计龄。

52. 稍早一些时候，吴清源也收到了征召入伍的令状。因其健康问题，最终免除了兵役。

53. 关西棋院一九四八年便已存在，当时其作为法人虽财政自主，但实际上是日本棋院的下级组织，前身为日本棋院关西支部。桥本宇太郎即是其中一员。一九五〇年，以本因坊战赛制纠纷为契机，关西棋院脱离日本棋院成为独立的棋士组织，桥本宇太郎是其核心人物。选择仍旧栖身日本棋院的其余棋士则结成了日本棋院关西总本部。

54."播半"是阪神地区著名的高级日本料理店，在谷崎润一郎的《细雪》中亦数度登场。大阪三店西宫一店均非现存。

55. 本轮十番棋上一个升降决定局是第六局，开战前吴清源握有四胜，桥本宇太郎握有一胜。

56. 古稀庵原为日本政治人物山县有朋晚年建造并长居的别墅。此处一局对弈进行时，古稀庵已非山县家所有。现存，但除庵门与庭园片段外旧影难觅。

57. 这个年份指的是第一期本因坊战关山利一与加藤信决胜的开始时间，排除了一九三九年起的预选阶段。

58. 此处原文记载的时间点有误。本因坊战实行五目半贴目是从一九七五年第三十期开始，一直延续至二〇〇三年第五十九期二次预选结束。

59. 此处所述是吴清源编撰本书时的情况。当下棋界主流则是贴目六目半。

60. 当时藤泽朋斋使用的尚是"库之助"之名。

61. 本书上卷第四局提及的日本棋院旧会馆于一九四五年毁于战火。高轮的会馆开馆之前，棋院将岩本薰位于东京目黑区的家宅设为了临时事务所。

62. 本书平凡社版出版六年半之后的一九八九年四月，该规约做了修订。新规约推行至今。

63."江户"是明治以前东京的旧称。"江户气性"即所谓地道老东京人的性格，通常被描述作爽快、急躁、直肠子、好面子、富同情心、大而化之等等。

64. 原文"けたぐり"是相扑的一种招式，常用于奇袭。

65. 此处原文有误。洼内秀知生于一九二〇年一月二十五日，其时年满二十九岁。吴清源则是年满三十五岁。

66. 日本的旧制中学是对男子实施中等教育的学校类型之一，已在二战后的学制改革中被废止。

67. 第五高等学校是日本旧制高等学校之一，性质为当时帝国大学的预备校。学校本身已在二战后的学制改革中被废止，但成为了现今熊本大学与长崎大学的础石之一。

68. 两位皆是政治人物，均曾担任日本首相。

69. 这里需要注意的是，细川千仞学习围棋，开蒙实际是在童年时期，只不过有志于此的时点来临得颇晚。

70. 以上棋士段位皆为本书日文版编著当时的情况。

71. 即高川格。"名誉本因坊"是本因坊永世称号的旧名称，一九九八年起高川格改冠"二十二世本因坊秀格"称号。

72. "般若苑"是一家著名的高级日本料理店，原为实业家畠山一清的私人宅邸。三岛由纪夫的小说《宴后》，其故事舞台"雪后庵"的原型即是般若苑。非现存。

73. 吴清源与藤泽库之助这次对阵，实际是他们之间第三轮的升降十番棋，但与一九四二年开始的真正的第一次十番棋对局条件完全不同。或许出于这个原因，日文版中将其与相互承接的后两次十番棋分别看待。

74. 温泉旅馆阵屋至今已有近百年的历史，一路皆有围棋、将棋的盘上对话相伴。另外，动画人宫崎骏作为经营者的亲属对这家旅馆颇为熟悉，不时来此寻找创作灵感。

75. "元禄"是日本江户时代的年号之一，自一六八八年沿用至一七〇四年。本因坊道策就任名人棋所是在延宝年间的一六七七年，经天和、贞享直至元禄末的一七〇二年，其中元禄年所跨期间最长。

76. 准确来说，本轮升降十番棋开始时，吴清源满四十一岁，高川格即将满四十岁。

77. 即京都市市区北部。"洛"指京都，取自东都洛阳。

78. 十和田湖跨秋田、青森两县县境，而位于湖西的十和田酒店在秋田县境内。

79. 福田家是一家著名的高级日本料理店。最初在（原）东京市虎之门地域作为旅馆兼料亭开始营业时曾受到艺术家北大路鲁山人的指点，颇得其美学意趣。与川端康成、汤川秀树、野口勇等人亦有渊源。现存。

80. 此前吴清源与木谷实有记录的最后一次对阵，是在第三期本因坊战八段级预选中，时间是一九四五年三月，故而二人盘上一别应该是十二年余一月左右。

81. 桥本宇太郎与高川格在十战中同取三胜六负一和并列排在最后，两人间又进行了决定战分出谁去谁留。

82. 此处原文有误。该局应当是第三期中吴清源的第一战。

83. 此处原书记载有误。如注释 80 所志，虎之门是福田家最初的所在地。该店在空袭的火灾后已于一九四五年迁至纪尾井町。

84. 所谓"天边"正是"天元旁边"的缩略说法。这种语言风格本来是梶原武雄自己的习惯，而同样时常语出惊人的山部俊郎在评论时模仿了他的调调。

后　记

　　我少年时代，对局执黑居多，世人评价称我棋风坚实，循秀策流。当时不同于现在，根本不存在贴目制度这一点，亦成其一大原因。另有评判说布局上我步调很快，而这大概要归功于始终将争取先手早占大场放在心上吧。

　　赴日五年后的一九三三年起，我与艺兄木谷先生一道下开了新布局。这是对至今耗用两手据守的角，改以"星"或"三三"一手解决的下法。此外，新布局还对边上一贯低伏于三线的平面展开，进行了四线或五线高位、立体行棋的革命。

　　江户时代开始绵延一路被承续下来的围棋下法，就此掀起了一场大转变，这一点毋庸置疑。

　　因过多的对局损害了健康，经过两年的疗养之后才又在棋坛复活的我，执白变得多起来，在无贴目棋的白方走法方面我下了各种功夫。那所谓寻求妙机的手段，不得不说是现在的大贴目执白所不可想象的战法。当时，评论称我的棋之唯一软肋在于薄，不过，棋要子力充分的话相应也就会生出薄味，而这是我原本就做好了觉悟的。

　　现代围棋大体上都以五目半的大贴目为条件。循此，黑方对积极攻击上心，而白方稳重地在意识到贴目的前提下节奏缓和地行棋。这与战前完全是相反的。

退出名人战之后，我所弈的其他赛事的棋，说是变得比至今为止的任何阶段都更激进了。究其缘由，虽则有五目半的大贴目，我却对此不甚习惯，故而超出必要地将棋下得急迫。读卖十番棋时代已成习性的执白着法，在不经意间给下了出来。

　　此外，要说我的棋的特长，从以前开始就有收手快的评论。对形势进行判断，若已基本确立了优势，无用的战斗要避开那也是理所当然的吧。就这一点，大贴目的情形下，执黑也好执白也罢皆不容易，到达可以功成身退的局面之前都得先脱皮断骨一番。

　　从为数八百的对局之中一试自选百局，不禁重又震动于如此感慨：迢迢踏破终至此，山河几重，尤记纹枰，石错列如宿。

　　对垂阅本书的读者而言，若多少有几处棋子的调用是可以从中感受到共鸣的，于我那便是无上的喜悦。

昭和五十七年（一九八二年）冬　吴清源

致 谢

感谢为本书出版提供帮助的

故吴清源老师的助手兼秘书、职业棋手牛力力五段
中国光华科技基金会苗怀忠先生
北京河山一局棋文化传播中心刘小淀先生

图书在版编目（CIP）数据

吴清源自选百局 /（日）吴清源著；官岚行译 .
—北京：北京联合出版公司，2017.12（2023.7 重印）
ISBN 978-7-5596-1096-6

Ⅰ . ①吴… Ⅱ . ①吴… ②官… Ⅲ . ①围棋—对局（棋类运动）—棋谱 Ⅳ . ① G891.3

中国版本图书馆 CIP 数据核字 (2017) 第 253195 号

吴清源自选百局

著　　者：[日] 吴清源
译　　者：官岚行
审　　订：牛力力
选题策划：后浪出版公司
出 品 人：赵红仕
出版统筹：吴兴元
编辑统筹：梅天明
特约编辑：王介平
责任编辑：熊　娟
营销推广：ONEBOOK
装帧制作：墨白空间·黄　海

北京联合出版公司出版
（北京市西城区德外大街 83 号楼 9 层　100088）
北京盛通印刷股份有限公司印刷　新华书店经销
字数 346 千字　889 毫米 ×1194 毫米　1/32　16 印张
2017 年 12 月第 1 版　2023 年 7 月第 6 次印刷
ISBN 978-7-5596-1096-6
定价：88.00 元

后浪出版咨询(北京)有限责任公司　版权所有，侵权必究
投诉信箱：copyright@hinabook.com　fawu@hinabook.com
未经书面许可，不得以任何方式转载、复制、翻印本书部分或全部内容。
本书若有印、装质量问题，请与本公司联系调换，电话 010-64072833